옥루몽 I

Okrumong Ⅰ

Commentary by Lee, Yoon-suk · Choi, Woo-young

이 저서는 2002년도 한국학술진흥재단의 지원에 의하여 연구되었음.
(KRF-2002-071-AM3014)

연세국학총서 **34**

세책 고소설 11

옥루몽 I

이윤석 · 최우영 교주

景仁文化社

· 이윤석

연세대학교 국어국문학과 문학박사
현재 연세대학교 국어국문학과 교수
저서 『임경업전 연구』, 『홍길동전 연구』, 『세책 고소설 연구』 등

· 최우영

연세대학교 국어국문학과 문학박사
현재 한국외국어대학교, 한국산업기술대학교 강사
논문 「허균의 시관과 비평양상 연구」,
「임억령 시의 역동적인 측면에 대하여」, 「제호시화 소고」 등

연세국학총서 34
세책 고소설 11

옥루몽 I 값 29,000원

초판 인쇄 : 2006년 6월 2일
초판 발행 : 2006년 6월 12일

교주자 : 이 윤 석 · 최 우 영
발행인 : 한 정 희
발행처 : 경인문화사
편 집 : 김 소 라

주 소 : 서울시 마포구 마포동 324-3
전 화 : 02-718-4831~2, 팩 스 : 02-703-9711
이메일 : kyunginp@chol.com
홈페이지 : 한국학서적.kr | http://kyunginp.co.kr
등록번호 : 제10-18호(1973.11.8)

ISBN : 89-499-0411-X 94810
89-499-0410-1 94810(세트)

* 파본 및 훼손된 책은 교환해 드립니다.

머리말

소설이라는 장르에 대한 규정을 어떻게 하는가에 따라 그 발생에 대해서는 여러 가지 견해가 있을 수 있다. 그러나 이 책에서 우리가 주석을 붙여서 현대어로 옮긴 한글 고소설은, 조선 후기에 이르러 도시의 발달과 함께 이야기를 즐길 수 있는 시간과 경제적 여유를 갖게 된 사람들의 요구에 의해 생겨난 것이다. 한글로 된 이야기를 읽고 즐긴 사람들은 중국소설을 원문 그대로 읽을 수 있던 사람들과는 다른 계층의 사람들이었다. 조선 후기에 한문소설의 독자는 중국에서 들여온 소설을 직접 구입하거나 빌려서 읽었겠지만, 한글소설의 독자는 대부분 세책집을 통해서 소설을 읽었던 것으로 보인다. 특히 한 편의 작품이 수십 책에서 백 책이 넘는 한글 장편소설이나 번역소설은 대부분 세책집을 통해서 읽었을 것이다.

소설 연구에 있어서 소설이 갖고 있는 상업적인 측면은 무시할 수 없는 중요한 요소이다. 고소설도 마찬가지여서, 고소설이 하나의 상품이 되기 시작한 것이 어느 때부터인가를 잘 살펴보아야 할 것이다. 상업적 성격을 갖고 있는, 세책본, 방각본, 활판본(活版本)을 서로 연관지어 연구해야할 필요성이 여기 있다. 이렇게 세책본, 방각본, 활판본 등 명백한 상업적 성격을 갖고 있는 소설에 대해서는 순문예적인 접근뿐만 아니라 이들의 상업적 성격이 무엇인가에 대한 연구가 필요하다.

2002년 8월부터 2년간 조선 후기 세책을 연구하기 위한 기초작업으로 세책본 소설을 수집하고 이를 정리하는 작업을 해왔다. 한국학술진흥재단의 재정 지원으로 많은 연구자들이 안정적으로 이 일에 전념할 수 있어서 상당량의 세책본을 수집할 수 있었고, 이 가운데 약 반 정도는 원문의 전산입력과 현대어 역주가 이루어졌다. 될 수 있으면 이 작업의 결과를 모두 출판하려고 한다. 이번에 간행되는 책은 『옥루몽』이다. 분량이 많기 때문에 두 책으로 나누어서 출간한다.

1차 전체 역주 작업은 최우영이 맡아서 했고, 이 초고를 두 사람이 각각 따로 검토한 다음 의견이 서로 다른 부분은 상의를 해서 결정했다. 열심히 한다고 했으나 끝내 찾아내지 못하고 미상으로 처리한 곳이 있고, 또 오류를 최대한 줄인다고 했으나 잘못된 데가 있을 것이다. 독자들의 질정을 바란다.

해제는 『옥루몽』으로 박사학위를 받은 유광수 박사가 수고해주었다. 이 자리를 빌어 감사의 뜻을 전한다. 연구비 지원을 해준 한국학술진흥재단과 여러 연구교수들이 마음 놓고 연구할 수 있도록 좋은 연구 환경을 만들어 준 연세대학교 국학연구원에 감사드린다. 급하게 부탁을 했음에도 흔쾌히 출판을 맡아준 경인문화사에도 아울러 감사드린다.

2006년 5월

이윤석 최우영

해 제

『옥루몽』은 19세기 경기도 용인(龍仁)에 살던 담초(潭樵) 남영로(南永魯: 1810~1857)가 창작한 한문소설이다. 그는 남구만(南九萬)의 5대손으로 당파는 소론(少論)에 속한다. 현재 문집은 남아 있지 않고 소설 '『옥련몽(玉蓮夢)』'과 '『옥루몽(玉樓夢)』' 두 작품만 전한다. 1877년에 필사된 가람본 『육미당기』 발문에 두산(斗山) 서돈보(徐惇輔)가 "吾友南潭樵玉樓夢"이라고 한 것을 통해, 『옥루몽』은 최소한 1877년 이전에는 읽혀졌음을 알 수 있다. 또 한문현토활판본 『옥루몽』 서문에 "快讀我玉蓮子之玉樓夢"란 기록을 통해 『옥련몽』과 『옥루몽』의 상관관계가 짐작되는데, 남영로가 『옥련몽』을 창작한 후 『옥루몽』으로 개작한 것으로 판단된다.

현재 남아있는 이본 현황을 개괄하면, 『옥루몽』은 한글필사본, 한글활판본, 한문현토활판본은 있으나 한문필사본은 없다. 『옥련몽』은 한글필사본과 한글활판본만 있고 한문본은 없다. 남아있는 이본 수에서 『옥루몽』이 『옥련몽』보다 많고, 한글활판본으로 만들어진 파생작 『강남홍전』과 『벽성선』이 모두 한글활판본 『옥루몽』에서 파생된 것 등을 볼 때, 두 작품 중 『옥루몽』이 더 널리 유통된 것으로 생각된다.

『옥루몽』의 서사를 단순하게 말한다면, 양창곡의 욕망을 구체적으로 보여주는 것이라 할 수 있다. 양창곡이 어떻게 욕망을 성취하고 누리는지를 확인하고 그 즐거움에 동참하는 것이 독자의 즐거움이다. 그래서

『옥루몽』에는 양창곡의 욕망이 극대화되어 나타났다. 심지어 '가부장의 욕망' 충족을 위해 가부장제 하에서 마땅히 지켜져야 할 가치들이 은근히 거부되기까지 한다. 양창곡의 욕망을 보여주는 것이 목적임으로 양창곡 위주로 서사화시켰기 때문이다. 그래서 가부장제에 충실했던 황부인이 징치를 당했고, 가부장제 하에서 여성영웅으로 활약하는 강남홍을 겁박하여 군중에서 정사를 벌였던 것이다. 모든 서사는 자연스럽게 양창곡의 욕망대로 흘러가고 양창곡은 이루어지는 모든 상황을 지배하고 누리기만 할 뿐이다. 이런 양창곡의 욕망에 부응하기 위해 가부장제로 호도된 가부장의 욕망이 폭력적으로 구현된 것이다. 그래서 양창곡 개인의 욕망 충족을 위한 행위들이 모두 가부장제 하에서 이루어지는 것처럼 여겨지게 되었다.

한편, 『옥루몽』에는 서로 상반되어 충돌하는 가치를 동시에 동일한 비중으로 말하는 '중층서술'이 나타났다. 이런 중층서술은 작가의 의도적 서술 방식으로 작가의 서술태도를 짐작하게 하는 것이다. 작가는 결코 체제 전복적 이야기를 형상화하지 않고, 이상적인 중심·남성·가부장 이데올로기에 충실한 서술을 한다. 체제유지적인 내용에 일정한 긴장적 비판을 시도하는 중층서술 방식을 통해 유연한 비판을 꾀하고 있을 뿐이다. 이것이 대중성을 높이는 기능을 함과 동시에 진지한 삶의 성찰을 유도한다는 점에서 『옥루몽』의 가치를 확인하게 한다.

『옥루몽』은 전대의 훌륭한 문예적 역량의 집적을 통해 성립된 문예미가 뛰어난 작품으로 개화기를 지나 1940~1950년대까지도 높이 평가받았는데, 그 이유는 『구운몽』 같은 선행하는 작품을 창조적으로 수용하면서 사실적이고 입체적인 서사, 흥미 있으면서도 진지한 통찰을 세련되게 조화시킨 서사였기 때문이다.

동양문고본 『옥루몽』은 30권 30책으로 되어 있는 한글 필사본이다. 한 권은 30장 내외, 매 쪽 11줄, 한 줄에 13~16자 정도 필사되어 있다. 매 권 말미에 "셰무신ᄉ월일향목동셔" 같은 필사기가 있어 필사시기는 1908년이고, 서울의 향목동 세책집에서 세책으로 빌려주던 본임을 알 수 있다.

동양문고본 『옥루몽』은 후반부가 축약되어 변개된 이본이다. 이렇게 후반부가 축약 · 변개되어 있는 이본으로 낙선재본(15권 15책 완질, 한글필사), 국립중앙도서관본(5권5책 완질, 한글필사), 연세대본(16권 16책 4 · 5권 낙질, 한글필사) 등이 더 있다. 이 네 이본의 후반부 축약 양상은 비슷하여, 홍도국 정벌 대목에서 '오계를 건너는 대목'까지 네 이본 모두 동일하다. 다만 낙선재본은 '오계를 건너는 대목' 이후 변개되고, 국립중앙도서관본과 연세대본은 오계를 건넌 후 발해를 죽이는 대목, 양창곡과 강남홍의 군중정사 대목까지 서술되고 이후 변개되는데 비해, 동양문고본은 양창곡에게 호백구를 보내 경계하는 대목까지 서술된 후 변개가 이루어진다. 그리고 변개 양상은 네 이본이 동일하다. 원본계열로 추정되는 규장각본/신문관본의 서사와 비교해보면, 축약되기 이전 내용도 네 이본은 친연성이 있다. 특히 동양문고본과 연세대본은 친연성이 더욱 두드러진다. 그렇다고 해서 두 이본이 직접적인 수수관계가 있는 것은 아니다. 두 이본이 서로 각기 다르게 되어 있는 부분도 있는 것으로 보아, 동일한 선행본을 바탕으로 각기 성립된 것으로 보인다.

후반부가 축약 · 변개됨으로 인해 동양문고본 『옥루몽』은 원본계열에 비해 중세지향적이고 체제유지적인 모습을 띠게 되었다. 홍도국 정벌 부분부터 변개가 시작되어, 양창곡과 홍혼탈이 개선하는 대목과 집안에 돌아와 치가하는 대목은 동일하지만, 이후 흉노의 침입 대목부터 다시 변개되어 서사가 마무리 된다. 축약 · 변개의 결과 원본계열에 있는 황제의 친정(親征), 위씨와 황부인의 회과, 양창곡의 은거와 풍류, 대승사 보조국사를 만나는 이야기, 자식들의 활약 등이 빠지게 되었다. 대신 흉노가 중국내에서 격퇴되고, 황부인의 회과가 단순하게 처리되며, 논공행상과 자식들의 상황 서술 정도로 서사를 마무리하고 있다.

변개된 내용에서 주목할 점은, 첩들이 처를 제치고 집안 내에서 우위를 점하던 것이 당시 가부장제에 맞게 처들이 집안 내에서 우위를 점하는 것으로 바뀌었다는 점이다. 그래서 황부인의 회과가 그로테스크한 양상으로 나타나지 않고 감동적인 방식으로 처리되었으며, 서사 종결까지 강남홍, 벽성선 등의 첩들보다 처인 윤부인과 황부인을 서사가 주목하여 서술하고 있다. 또, 흉노왕 선우와 홍도국왕 탈해를 죽이지 않고 용서하여 그들에게 각기 나라를 다시 맡기는데, 원본계열처럼 선우를 죽이고 척발랄로 대신하며 탈해를 죽이고 음흉한 야심가 축융이 왕위를 대신하는 것을 의도적으로 바꾼 것이다. 이는 척발랄과 축융의 이율배반성을 삭제하려는 개작자의 의도가 반영된 것으로, 작가 남영로의 중층서술과 입체적 인물 형상화를 제대로 이해하지 못해 표면에 나타난 결과만 고친 것이다.

이렇게 후반부를 축약·변개시킨 것은 의도가 있는 개작 행위로, 작가의 이중적인 중층서술을 온전히 이해하지 못한 것이 가장 큰 이유이다. 그래서 부정적인 투기 등의 문제를 긍정적으로 그리고 있는 대목이나, 양창곡과 자식들의 이율배반이 드러나는 대목, 그리고 윤형문의 상황을 통한 압력 같은 장면과 내용은 삭제하거나 변개시켰다. 결과적으로 동양문고본을 비롯한 축약된 이본들은 모두 '중세 수호적 이념을 지향'하는 것으로 되어 버렸다. 동시에 의도적 열린 구조의 주제적 측면과 세련된 인물 형상화와 풍류의 흥성스러운 서술이 사라져 버렸다.

『옥루몽』 이본에서 동양문고본이 차지하는 위치는 독특하다. 동양문고본은 『옥루몽』과 『옥련몽』이 유통되는 과정에서 어떤 개작자가 의도적으로 축약 · 개작한 이본 계열에 속한다. 앞으로 『옥루몽』, 『옥련몽』 이본의 보다 많은 분석을 통해 축약 · 개작한 이본 계열의 실체가 밝혀질 것으로 예상되는데, 그때 이 동양문고본을 주요한 기준 이본으로 삼아야 할 것이다. 또 이 동양문고본 『옥루몽』이 세책으로 유통되던 것이었다는 점을 감안하여 축약 · 개작 이본 계열과 세책과의 관계 역시 면밀하게 탐색되어야 할 것이다.

일러두기

1. 원본에는 어휘가 두 번 반복된다거나 잘못된 낱말이 나온다든가 또는 글자가 빠지는 등의 오류가 있는데, 원문 입력은 이런 부분을 그대로 실었으나, 역주본에서는 그것을 교정하였다.
2. 고소설의 분위기를 살리기 위하여 현대어와 거리가 멀지 않은 고어는 되도록 그대로 표기하고, 현대어와 멀어져 그 뜻을 알 수 없는 경우에만 각주를 달았다.
3. 시의 번역은 원본에 나온 번역에 충실하였으나, 명백한 잘못이나 의미가 불명한 경우에는 한시의 원문에 따라 손질하였음.

   예) 吹散: 불연흔직 → 불어 흩어.

   泛清波而競渡兮: 맑은 물의 쩌더나가는 회호리여 → 맑은 물에 떠 다투어 건넘이여.
4. '의'의 경우엔 의미를 명확히 이해하기 위하여 '에'·'이'·'을' 등으로 바꾸었다.

   예) 옥경의 십이누대 있으되 → 옥경에 십이누대 있으되

   문창의 지은 글 → 문창이 지은 글

   산의 나왔다가 → 산을 나왔다가
5. 원본의 장차(張次) 표시는, 역주본은 글자 위에 방점을 찍고 좌우에 장수를 표시하고, 원문에는 각 장은 장수를 쓰고 띄어쓰기 없이 원문을 옮겼다.

차 례

옥루몽 권지일

화설(話說).[1] 옥경(玉京)[2]에 십이누대(十二樓臺) 있으매, 그 중의 이름 1
난 누대 있으니 호왈(號曰), 백옥루(白玉樓)라. 그 누대 제도가 굉걸(宏傑)
하고 경개(景槪) 절승(絶勝)하니 옥창수호(玉窓繡戶)에 서기(瑞氣) 몽롱(朦
朧)하고 취와홍영(翠瓦紅楹)[3]은 벽소(碧霄)[4]에 솟았으니 짐짓[5] 상계(上
界)[6] 명루(名樓)요, 열선소게(列仙所憩)[7]라. 일일(一日)은 옥제(玉帝) 천상
에 어좌(御座)를 베푸시고 열선(列仙)을 모아 잔치를 하실새 용생봉관(龍
笙鳳管)[8]은 운소(雲宵)[9]에 요량(嘹喨)[10]하고 우의예상(羽衣霓裳)[11]은 중
천(中天)에 표묘(飄渺)[12]하니 천상천하에 오색상운(五色祥雲)이 어리었더

---

1) 화설(話說): 이야기를 시작할 때 쓰는 말.
2) 옥경(玉京): 도가(道家)에서 옥황상제가 산다고 하는 서울.
3) 취와홍영(翠瓦紅楹): 녹색의 유리 기와와 붉은 기둥.
4) 벽소(碧霄): 푸른 하늘.
5) 짐짓: 과연.
6) 상계(上界): 천상 세계.
7) 열선소게(列仙所憩): 여러 선관(仙官)들이 쉬는 곳.
8) 용생봉관(龍笙鳳管): 용을 새긴 생(笙)과 봉을 새긴 관악기를 말하는 것으로 온갖 음악소리를 지칭한 말.
9) 운소(雲宵): 구름 낀 밤.
10) 요량(嘹喨): 소리가 맑아 멀리 들림.
11) 우의예상(羽衣霓裳): 예상우의곡을 말함. 당대(唐代)에 유명한 악곡으로 현종이 월궁(月宮) 선녀들의 노랫소리를 몰래 듣고 돌아와 지었다는 전설이 있음. 여기서는 천상의 악곡이며 선악(仙樂)의 명칭으로 쓰임.

라. 옥제(玉帝) 백옥배(白玉杯)에 옥하주(玉霞酒)를 가득 부어 특별히 문창성(文昌星)[13]을 주시며,

"백옥루 시를 지으라"

하시니, 문창이 취흥(醉興)을 띠어 즉시 백옥루시(白玉樓詩) 삼장(三章)을 지어 올리니,

제일장(第一章)에 왈,

주로금표상계추(珠露金飇上界秋)
구슬이슬[14]과 금(金)바람[15] 상계(上界)가을인데
자황고연오운루(紫皇高宴五雲樓)
자황[16]이 오운루[17]에 높이 잔치하였더라
예상일곡청풍기(霓裳一曲淸風起)
예상일곡(霓裳一曲)에 청풍이 일어나니
취산선향만십주(吹散仙香滿十洲)
선향(仙香)을 불어 흩어 십주[18]에 가득하더라

2 제이장(第二章)에 왈,

승난야입자미성(乘鸞夜入紫微城)
난(鸞)새[19]를 타고 밤에 자미성(紫微城)[20]에 들어가니

---

12) 표묘(飄渺): 소리가 맑고 긴 모양.

13) 문창성(文昌星): 북두(北斗)의 괴성(魁星) 근처에 있는 문창육성(文昌六星). 문장(文章)을 담당하는 별로, 이 별이 빛나면 문장에 뛰어난 인물이 태어난다고 함. 여기서는 이 별을 인격화함.

14) 구슬이슬: 이슬을 아름답게 표현한 말.

15) 금(金)바람: 가을바람. 오행(五行)에서 금(金)은 가을을 상징.

16) 자황(紫皇): 옥황상제의 또 다른 명칭.

17) 오운루(五雲樓): 호화롭고 아름다운 누각.

18) 십주(十洲): 한무제(漢武帝)가 서왕모(西王母)에게서 들었다는 신선들이 사는 섬. 조주(祖洲), 영주(瀛洲), 염주(炎洲), 장주(長洲), 원주(元洲), 유주(流洲), 생주(生洲), 봉린주(鳳麟洲), 취굴주(聚窟洲), 요주(幺洲)가 그것임.

계월광요백옥경(桂月光搖白玉京)
계수나무 달이 백옥경(白玉京)[21]을 흔들다
성두만천풍로박(星斗滿天風露薄)
성두는 만천(滿天)[22]하고 바람과 이슬이 잦아오니
녹운시하보허성(綠雲時下步虛聲)
녹운(綠雲)[23] 사이의 보(步)하는 소리 나리도다

제삼장(第三章)에 왈,

운리청룡옥락두(雲裏靑龍玉絡頭)
구름 속의 푸른 용을 옥굴레 씌이니
평명기출향단구(平明騎出向丹邱)
평명(平明)[24]에 타고 나서는 단구(丹邱)[25]를 향하도다
한종벽호규인세(閒從碧戶窺人世)
한가히 벽호(碧戶)으로 좇아 인세를 엿보니
일점추연변구주(一點秋烟辨九州)
한 점 가을 연기 구주(九州)[26]를 분변하리로다

옥제(玉帝) 보시고 대희(大喜) 칭찬하시며 근시(近侍)[27]에게 명하샤

---

19) 난(鸞)새: 중국 전설에 나오는 상상의 새. 신선이 타고 다닌 영조(靈鳥)로, 모양은 닭과 비슷하다고 함.
20) 자미성(紫微城): 북두성의 북방에 있는 옥황상제의 궁.
21) 백옥경(白玉京): 옥경(玉京)과 같음. 옥경(玉京)은 옥황상제가 사는 곳.
22) 만천(滿天): 하늘에 가득함.
23) 녹운(綠雲): 푸른 색의 운채(雲彩). 선인(仙人)을 둘러싼 서기(瑞氣)를 형용하는 데에 많이 쓰임.
24) 평명(平明): 동이 틀 무렵. 사방이 밝아질 때.
25) 단구(丹邱): 신선들이 사는 곳. 단구(丹丘)라고도 씀.
26) 구주(九州): 고대에 중국을 아홉 개의 주로 나누었는데, 그 후 중국 전체를 지칭하는 말로 쓰임.
27) 근시(近侍): 황제를 측근에서 모시는 신하.

"누상(樓上)에 새기라"

하시고, 고쳐 잔을 들어 문창을 권하시며 다시 글을 읊으시더니, 홀연(忽然) 천안(天顔)[28]이 경동(驚動)하샤 태을진군(太乙眞君)[29]을 돌아보샤 왈,

"문창이 지은 글을 자세히 보니 사의(辭意) 가장 진중한지라, 경천위지(經天緯地)[30]할 마음과 충의지사(忠義之辭)가 많으니 어찌 아름답지 않으리오? 경(卿)은 모로미[31] 마음에 어떠하뇨?"

진군이 주왈(奏曰),

"신(臣)이 근일(近日)에 문창성과 시부(詩賦)를 창화(唱和)하오며 그 위인(爲人)을 살피오니 흉중(胸中)에 제세지재조(濟世之才操)를 품었고
3 면모(面貌)에 부귀지상(富貴之相)이 현저하오니 신이 정(正)히 의아하나이다."

옥제(玉帝) 깊이 염려하샤 즉시 연석(宴席)을 파하시고 영소보전(靈宵寶殿)[32]에 들어가시며 왈,

"금야(今夜)에 월색(月色)이 아름다운지라 문창의 숙취(宿醉) 미성(未醒)하였으니 옥루에 머물러 완월(玩月)[33]하고 돌아오게 하라"

문창이 재배(再拜) 사은(謝恩)하고 어가(御駕)를 지송(祗送)[34]한 후 다시 옥루에 올라 주배를 내올새, 차시(此時) 추칠월(秋七月) 망간(望間)[35]이라. 금풍(金風)[36]이 소슬(蕭瑟)하고 은하(銀河)는 경경(耿耿)[37]한데 만리(萬里) 벽공(碧空)에 점운(點雲)[38]이 없더니 홀연 동북(東北)으로부터 흑

---

28) 천안(天顔): 천자의 얼굴을 높여 부르는 말.
29) 태을진군(太乙眞君): 북두칠성.
30) 경천위지(經天緯地): 천하를 경영하고 국정(國政)을 잘 다스림.
31) 모로미: 모름지기.
32) 영소보전(靈宵寶殿): 옥황상제가 거처하는 곳.
33) 완월(玩月): 달을 구경하며 즐김.
34) 지송(祗送): 신하가 황제의 행차를 공손히 배웅함.
35) 망간(望間): 음력 보름.
36) 금풍(金風): 가을 바람.
37) 경경(耿耿): 불빛이 반짝거리는 모양.

운(黑雲)이 일어나며 북해(北海) 용왕이 뇌기(雷氣)를 몰아오거늘, 문창이 대로(大怒)하여 왈,

"내가 월색을 구경하거늘, 노룡(老龍)이 어찌 구름을 일으켜 월색(月色)을 가리나뇨?"

용왕이 고두(叩頭)[39] 왈,

"금야(今夜)에 운손(雲孫)[40]이 모도이되 사해(四海) 용왕(龍王)이 절로이[41] 거행함이로소이다."

문창이 비소(鼻笑)하고 즉시 명하여

"운무(雲霧)를 거두라"

하니, 아이오[42] 옥루가 청량(淸凉)하고 백로(白鷺)가 횡공(橫空)[43]하니 문창이 취흥(醉興)을 못 이겨 난간에 의지하여 앉았더니, 백옥루 아래 운거(雲車) 소리 은은(隱隱)하며 양위(兩位) 시비(侍婢) 전도(前導)[44]하여 고왈(告曰),

"제방옥녀(帝旁玉女)가 오신다."

하거늘, 문창이 즉시 일어나 맞으니, 옥녀가 성관월패(星冠月珮)로 거지
(擧止) 단아(端雅)하여 길이 읍(揖)하고 왈, 4

"옥제 문창의 과취(過醉)[45]함을 염려하샤 첩으로 하여금 반도(蟠桃)[46] 육개(六個)와 옥액(玉液)[47] 일호(一壺)를 사급(賜給)하샤 금야(今

---

38) 점운(點雲): 조각구름.

39) 고두(叩頭): 머리를 조아림.

40) 운손(雲孫): 직녀성(織女星) 또는 천손(天孫)이라고도 함.

41) 절로이: 스스로.

42) 아이오: 이윽고, 잠시 후에.

43) 횡공(橫空): 하늘을 가로질러 날아감.

44) 전도(前導): 앞길을 인도함.

45) 과취(過醉): 지나치게 취함.

46) 반도(蟠桃): 삼천년에 한 번 꽃을 피우고 천년에 한 번 열매를 맺는다는 복숭아.

47) 옥액(玉液): 좋은 술.

夜) 성관(星官)의 완월호흥(玩月豪興)[48]을 도우라 하시더이다.”

문창이 공경배사(恭敬拜謝)하고 좌석을 나눠 빈주지례(賓主之禮)로 동서로 좌정(坐定) 후 문창이 종용(從容)[49] 문왈,

“옥녀는 심궁(深宮)에 처하고 문창은 외조(外朝)에 있어 항상 용광(容光)[50]이 묘연하더니 금소(今宵)[51] 월하(月下)에 같이 뵈시니 실로 의외라. 이 또한 옥제의 주신 밴가 하노라”

옥녀가 미소 답왈,

“향일(向日)[52]에 영소보전에서 상제를 뫼셔 투호(投壺)[53]를 칠새 문창이 마침 앞에서 봉조(奉詔)[54]를 초(抄)하시다가 첩이 투호 침을 보고 잠깐 웃으시더니, 이제 이미 오백년을 지내었으니 선가(仙家) 광음(光陰)이 훌훌(欻欻)함[55]을 알리로다”

문창이 소왈,

“옥녀가 청춘지년(青春之年)에 적막(寂寞)한 궁중에 있더니 금야(今夜)에 옥제 명을 받자와 왕림(枉臨)[56]하시니 일야(一夜)를 소창(消暢)[57]하고 돌아가소서”

옥녀가 미소 왈,

“첩이 오다가 홍난성(紅鸞星)을 만나니 직녀낭낭(織女娘娘)의 가기(佳
5 期)[58]를 치하하고 돌아오는 길에 이곳을 지나리라 하였으니, 홍난성은

---

48) 완월호흥(玩月豪興): 달을 보고 즐기는 호기로운 흥취.
49) 종용(從容): 말이나 행동을 점잖게 하는 모양.
50) 용광(容光): 빛나는 얼굴이라는 뜻으로, 상대방의 얼굴을 높여 이르는 말.
51) 금소(今宵): 오늘 밤.
52) 향일(向日): 지난 날.
53) 투호(投壺): 화살같이 긴 막대기를 병 속에 던져 넣는 놀이.
54) 봉조(奉詔): 천자의 명령을 받듦.
55) 훌훌(欻欻): 갑작스러움. 빠름.
56) 왕림(枉臨): 상대를 높이어 상대가 자기를 찾아옴을 이르는 말.
57) 소창(消暢): 갑갑한 마음을 풂.
58) 가기(佳期): 아름다운 기약.

풍류선관(風流仙官)이라 금야(今夜) 문창의 호흥을 돕사올까 하나이다."

말이 맞지 못하여 일위(一位)[59] 여선(女仙)이 채운(彩雲)을 타고 서(西)로 오거늘 자시 보니 제천선녀(諸天仙女)[60]라. 옥련화(玉蓮花)를 꺾어 가지고 누하(樓下)로 지나거늘, 문창이 잠깐 오름을 청하니 선녀가 운거(雲車)를 머무르고 답왈,

"우리 등이 세존(世尊)의 설법을 듣고 오다가 마침 이곳에 옥련화가 성개(盛開)하여 심히 아름답기로 한 가지를 꺾어 가지고 도솔궁(兜率宮)[61]으로 가나이다"

문창이 답왈,

"그 꽃이 가장 기이하니 잠깐 구경코자 하노라."

선녀가 웃고 수중에 가졌던 연화를 공중에 던지니, 문창성이 집어보고 미미히 웃으며 즉시 글 한 귀를 지어 꽃에 써 도로 공중에 던지니, 그 글에 하였으되,

가련옥련화(可憐玉蓮花)
가히 어여쁘다. 옥련화는
청정마하지(淸淨摩訶池)
마하지[62]에서 청정하였도다
상득춘풍의(尙得春風意)
오히려 봄바람 뜻을 얻어

---

59) 일위(一位): 한 분, 또는 한 사람.

60) 제천선녀(諸天仙女): 제천(諸天)은 천계(天界)라는 의미. 신문관 본에는 제천(齊天)으로 되어있으나 하늘처럼 높다는 뜻으로 인물의 성격과 맞지 않음.

61) 도솔궁(兜率宮): 지상에서 삼십 이만 유순(由旬)이나 되는 곳에 도솔천이 있고 그 도솔궁에서 미륵보살이 설법한다고 함.

62) 마하지(摩訶池): 중국 수나라 촉왕수(蜀王秀)가 광자성(廣子城)을 쌓기 위해 흙을 파서 생긴 못이라고 함. 한 승려가 이 못을 보고 마하궁비라(摩訶宮毘羅)라고 하였는데, 이 못이 광대하여 용이 살고 있다는 뜻이라고 하며 이 때문에 마하지라는 이름으로 불렸다고 함. 여기서는 중국에 있는 못이라기보다는 천상의 못을 가리킴.

임랑절일지(任娘折一枝)

낭에게 맏겨 일지(一枝)를 꺾었도다

선녀가 옥련화 시를 받아들고 은근히 문창을 향하여 사례하더니, 홀연
6 일위(一位) 여선이 채봉(彩鳳)을 타고 표홀(飄忽)히[63] 이르거늘 모두 보니
이는 천요선(天妖仙)[64]이라. 그 선낭(仙娘)이 제천선녀가 문창성과 설화
(說話)함을 보고 불열(不悅)[65]하여 왈,

"제천선은 입도(入道)한 선자(仙子)[66]라. 어찌 남포(南浦)에 채련(採蓮)하고[67] 해패(解珮)[68]하는 풍정(風情)을 효칙(效則)[69]하나뇨?"

선녀가 미처 답지 못하여서 선낭이 선녀의 가진 옥련화 가지를 취하여 그 쓴 글을 이윽히 보더니 냉소 왈,

"이 꽃과 글이 기이한 보배라. 내 옥제께 드려 구경하시게 하리라."

선녀가 정히 당황하더니, 문득 남방으로서 일위(一位) 여선(女仙)이 홍난(紅鸞)[70]을 타고 칠보성관(七寶星冠)을 쓰고 예상하의(霓裳霞衣)[71]를 입고 상운(祥雲)을 멍에하여 나오니 이는 홍난성(紅鸞星)[72]이라. 낭랑히 소리하여 왈,

"양위(兩位) 선낭(仙娘)은 무엇을 다투나뇨?"

천요선이 대왈,

---

63) 표홀(飄忽)히: 빠르게.

64) 천요선(天妖仙): 천요(天妖)는 하늘이 나타내 보이는 재앙을 의미.

65) 불열(不悅): 기뻐하지 않음. 탐탁하게 여기지 않음.

66) 선자(仙子): 도사(道士)나 선녀(仙女)의 뜻으로 쓰임.

67) 남포(南浦)에 채련(採蓮)하고: 물가로 아가씨들이 연밥을 따러가면 남정네들이 기웃거리면서 남녀 간의 사랑이 싹트기도 함.

68) 해패(解珮): 패물을 풀어 줌. 여자가 남자를 향하여 애정을 표시하는 뜻으로 쓰임.

69) 효칙(效則): 본받아 법으로 삼음.

70) 홍난(紅鸞): 붉은 빛 난새.

71) 예상하의(霓裳霞衣): 신선들이 입는 부드럽고 고운 의상.

72) 홍난성(紅鸞星): 길성(吉星)으로, 혼배(婚配)등의 기쁜 일을 주관함.

"다름이 아니라 문창성이 제선들과 담소가 자약하기로 그리하나이다."

홍난성이 웃고 왈,

"아직 물렀으라."

하고 문창성 앞에 나아가 길이 읍하여 왈,

"선군(仙君)은 길이 무양(無恙)[73]하시니잇가?"

문창성이 황망이 답례한대, 홍난성이 소왈, 7

"첩이 들으니 문창성이 요사이 문명재화(文名才華)가 제선(諸仙) 중에 으뜸이라 하니, 가히 치하할 바요, 또한 서왕모(西王母)[74]의 막중위존(莫重爲尊)[75]함으로도 주목왕(周穆王)[76]을 만나 백운요(白雲謠)[77]를 화답하였으니, 이제 제선이 문창성의 글귀를 수작함이 무슨 불가함이 있으리오? 하물며 문창은 존귀한 선관이라, 선낭이 어찌 시비하리오?"

천요선이 묵연무어(默然無語)[78]거늘, 홍난성이 다시 낭랑히 웃고 천요선의 꽃가지 가진 것을 뺏어 머리에 꽂고, 우수(右手)로 제천성을 잡고 좌수(左手)로 천요선의 소매를 이끌어 왈,

"금야(今夜)에 월백풍청(月白風淸)[79]하니 우리 백옥루에 올라 월색을 보사이다."

양낭(兩娘)이 홍난성을 좇아 누(樓)에 오르니 문창이 옥녀로 더불어 맞아 좌정(坐定)할새, 문창은 제일위(第一位)에 앉고, 제이위(第二位)는 제방

---

73) 무양(無恙): 몸에 탈이 없음.

74) 서왕모(西王母): 곤륜산에 산다는 선녀의 이름.

75) 막중위존(莫重爲尊): 더할 수 없이 존귀함.

76) 주목왕(周穆王): 주나라 다섯 번째 왕으로 이름은 만(滿). 서촉(西蜀) 곤륜산(崑崙山)에 사냥을 가서 서왕모(西王母)를 만나 요지(瑤池)에서 노닐었다고 함.

77) 백운요(白雲謠): 서왕모가 주목왕을 위해 불렀다고 전해지는 노래. 언젠가 인간을 죽게 마련이니 죽지 않으려면 이곳으로 다시 찾아오라는 내용을 담고 있음.

78) 묵연무어(默然無語): 잠잠하게 말이 없음.

79) 월백풍청(月白風淸): 달이 밝고 바람이 시원함.

옥녀요, 제삼위(第三位)에는 천요선이요, 제사위(第四位)에는 홍난성이요, 제오위(第五位)에는 제천선이니 차례로 앉은 후 옥녀가 홍난성을 돌아보며 왈,

"선낭(仙娘)이 돌아옴이 어찌 그리 더디뇨?"

홍낭이 소왈,

8 "첩이 그 사이 도화성(桃花星)[80]을 만나 한가지로 갈 것을 말한즉, 종시(終是) 연소(年少)한 선관이라 백단(百端)[81]으로 핑계하고, 광한전(廣寒殿)[82] 우의무(羽衣舞)[83]를 구경하다 가리라 하니 반드시 그 곳을 지날지라. 그 옴을 기다려 청코자 하노라."

말이 맞지 못하여서 좌우(左右)가 보(報)하되,

"도화성이 지나가신다"

하거늘, 모두 보니 일위 소년여선이 자하거(紫霞車)[84]를 타고 오니 용모가 부용(芙蓉)같으여 일지(一枝) 도화(桃花)가 춘풍에 반개(半開)한 듯 광채 휘황하고 자태 아름답거늘, 난성이 난두(欄頭)[85]에 나서며 높이 소리하여 왈,

"도화성은 잠깐 머무르라. 이 곳에 제방옥녀와 제천선녀가 한가지 모였으니 완월(玩月)함이 어떠하뇨?"

도화성이 미소하고 자하거를 도로혀[86] 백옥루에 오르니 문창과 모든 선낭이 일시에 일어 맞거늘, 도화성이 문창을 보고 수습(收拾)하는 빛이 옥면(玉面)에 가득하거늘, 대개 천상 선녀 중에 도화성의 안색이 제일이

80) 도화성(桃花星): 본문에는 '도화성'과 '도화선'이 혼용되어 있는데, 도화성(桃花星)으로 통일함.
81) 백단(百端): 온갖 방법.
82) 광한전(廣寒殿): 달 속에 있다는 궁전으로 월궁(月宮)을 의미함.
83) 우의무(羽衣舞): 월궁 선녀들의 춤.
84) 자하거(紫霞車): 도가(道家)에서는 신선들이 자하(紫霞)를 타고 다닌다고 함.
85) 난두(欄頭): 난간머리.
86) 도로혀: 돌이켜.

요, 또한 연기(年紀)[87] 어린 고로 항상 선관을 보지 아니터니, 이날 홍난
에게 속은 배 되어 문창과 마주치매 옥면(玉面)의 수색(愁色)을 띠어 제 9
육위(第六位)에 앉으며 자주 홍난에게 눈 주어 불편한 빛이 있더라.

차시(此時) 문창이 숙취 몽롱하여 파리(玻璃)채[88]로 낯을 가리우고 말하기를,

"옥루는 천상 제일 누대라. 추칠월은 일년 가절(佳節)이니 내 옥제 명을 받자와 월색을 완상(玩賞)[89]하매 독락(獨樂)함이 무료하더니, 의외에 모든 선낭(仙娘)을 상봉하니 이 또한 연분이라. 다만 유객무주(有客無酒)[90]하니 여차(如此) 양야(良夜)에 가한(可恨)이로다."

홍난성이 소왈,

"첩이 작일(昨日)[91]에 마고선녀(麻姑仙女)[92]를 천태산(天台山)에서 만나매, 선녀가 이르되, '군산(君山)[93]에 천일주(千日酒)[94]가 새로이 익어 맛이 아름답다' 하니 일개 시녀를 보내어 얻어올까 하나이다"

제방선녀가 웃고 자기 시녀를 천태산에 보내니, 마고선녀가 옥녀의 시녀 이름을 보고 대경(大驚) 왈,

"제방옥녀는 선녀 중에 지개(志概)[95] 높아 일찍이 술을 구함이 없더니 가장 고이한 일이로다."

---

87) 연기(年紀): 나이.

88) 파리(玻璃)채: 칠보(七寶) 중의 하나인 파리로 만든 채.

89) 완상(玩賞): 보고 즐김.

90) 유객무주(有客無酒): 손님은 있으나 술은 없음.

91) 작일(昨日): 어제.

92) 마고선녀(麻姑仙女): 손이 새의 발톱처럼 생겼으며 불로장수하는 여선(女仙)의 이름. 삼월 삼짇날 서왕모의 생일에 영지(靈芝)로 술을 빚어 장수를 축원하였다고 함.

93) 군산(君山): 호남(湖南) 동정호(洞庭湖) 근처에 있는 산. 상산(湘山)이라고도 함.

94) 천일주(千日酒): 빚어 넣은 지 천 일 만에 먹게 담근 술.

95) 지개(志概): 지기(志氣). 의지와 기개.

하고 마노병(瑪瑙甁)에 수두(數斗) 주(酒)[96]를 넣어 보내니 홍난성이 보고 낭랑히 꾸짖어 왈,

"천태산 늙은이 갈수록 극악하여 동해 상전(桑田)이 세 번 변함을 보고 인색한 마음이 더하여 사소두주(些小斗酒)[97]를 보내니 가히 애닯도다. 첩이 들으니 향일 옥제(玉帝) 균천광악(鈞天廣樂)[98]을 들으시다가 잠깐 취하사 창순성(蒼鶉星)[99]의 작난(作亂)함을 알으시고 그 후에 주성(酒星)을 가두시고 술을 찾지 않으시니 반드시 저축한 술이 있을지라. 문창성이 친히 구하신즉 얻어올까 하나이다."

문창이 허락하고 즉시 선동(仙童)을 명하여 주성부(酒星府)에 이르러 술을 청하니, 아이오 주배를 내올새, 천사성(天駟星)이 술을 싣고 북두성(北斗星)이 잔을 씻어 용포봉적(龍脯鳳炙)[100]과 옥액금장(玉液金漿)[101]이 일시에 나와 주석을 베풀매, 만좌(滿座) 제선(諸仙)이 미란(迷亂)히[102] 취한지라.

홍난성이 아미(蛾眉)[103]를 쓸고 추파(秋波)[104]를 흘려 옥수(玉手)로 달을 가리켜 왈,

"저 일륜명월(一輪明月)[105]이 천상과 인간이 다름이 없나니, 비록 상계광음(上界光陰)[106]이 장구(長久)타 하나, 만일 겁수(劫數)[107]를 만

---

96) 수두(數斗): 여러 말.
97) 사소두주(些小斗酒): 보잘것 없이 적은 양의 술.
98) 균천광악(鈞天廣樂): 천상의 음악 또는 선악(仙樂).
99) 창순성(蒼鶉星): 별이름. 창성(蒼星)과 순성(鶉星).
100) 용포봉적(龍脯鳳炙): 신선들이 먹는 좋은 안주.
101) 옥액금장(玉液金漿): 신선들이 마시는 좋은 술.
102) 미란(迷亂): 정신이 흐리멍덩하게.
103) 아미(蛾眉): 가늘고 길게 굽어진 아름다운 눈썹.
104) 추파(秋波): 여인의 아름다운 눈짓.
105) 일륜명월(一輪明月): 수레바퀴처럼 둥근 보름달.
106) 상계광음(上界光陰): 천상의 시간.
107) 겁수(劫數): 겁은 범어(梵語)의 음역(音譯)으로 가장 긴 시간.

난 즉 항아(姮娥) 쌍빈(雙鬢)에 추상(秋霜)이 새로울지라.[108] 구태여 고담(枯淡)[109]한 선술(仙術)로 높은 체하여 여차호흥(如此豪興)을 무료(無聊)케 하리오? 만일 이 자리에서 대백(大白)[110]을 사양하는 자가 있으 11
면 벌이 있으리라."

하고 인하여 주배를 내오매, 도화성이 역시 대취하여 홍난성의 머리에 꽂은 옥련화를 빼어들고 탄왈,

"이 꽃이 청령한 상계(上界)에 피었으니 맑은 향내와 고운 빛이 춘광(春光)을 감추지 못하여 마침내 사랑하는 자에게 꺾인 배 되었으니 어찌 차석(嗟惜)[111]지 않으리오."

문창이 대소(大笑)하고 친히 대백(大白)을 들어 차례로 권하니, 일좌(一座)가 대취하여 여섯 선관이 각각 난두(欄頭)를 베고 잠들매, 옥산(玉山)이 자도(自倒)[112]하고 화영(花影)이 산란(散亂)하여, 교결(皎潔)한 성월(星月)은 처마에 둘러있고 청랑(晴朗)한 풍로(風露)는 요지(瑤池)[113]에 가득하니, 거연(遽然)[114]이 옥루 풍월이 변하여 호중천지(壺中天地)[115] 된지라. 다만 시녀(侍女) · 선동(仙童)이 난두(欄頭)에 시립(侍立)하고 채봉난학(彩鳳鸞鶴)이 누하(樓下)에 배회하더라.

차시(此時) 석가세존(釋迦世尊)[116]이 영산도장(靈山道場)[117]을 파(罷)하

---

108) 항아(姮娥) 쌍빈(雙鬢)에 추상(秋霜)이 새로울지라: 천상에서도 오랜 시간이 흐르면, 남편의 불사약(不死藥)을 훔쳐 달로 도망한 항아의 귀밑머리에도 흰 터럭이 난다는 뜻.

109) 고담(枯淡): 활기가 없고 담담함.

110) 대백(大白): 큰 술잔.

111) 차석(嗟惜): 애달프고 아까움.

112) 옥산(玉山)이 자도(自倒)하고: 얼굴이 아름다운 사람이 술에 취한 모양.

113) 요지(瑤池): 중국 곤륜산에 있다고 하는 못으로 신선이 살았다고 함. 여기서는 천상의 못.

114) 거연(遽然): 갑자기.

115) 호중천지(壺中天地): 술 항아리 속의 세상이라는 뜻으로, 취하였음을 의미함.

116) 석가세존(釋迦世尊): 부처님을 부르는 열 가지 명칭 중에 하나. 세상에서 가장 높으심을 뜻함.

시고 연화대(蓮花臺) 위에 앉으사 여러 제자와 불법(佛法)을 강론(講論)하실새, 홀연 마하지(摩訶池)에 갔던 화상(和尙)[118]이 고왈,

"마하지 중의 열 송이 옥련화(玉蓮花)가 십방(十方)[119]을 응하여 난
12 개(爛開)[120]하였더니 금일(今日) 한 송이가 간 곳이 없나이다."

하거늘, 세존이 침음양구(沈吟良久)[121]에 관음보살을 돌아보아 왈,

"이 꽃이 일월정화(日月精華)와 천지정기(天地精氣)를 띠어 그 있는 곳에 이상한 향내와 조요(照耀)[122]한 광채 십방(十方)을 비칠지라. 보살은 그 곳을 살펴보라."

보살이 합장수명(合掌受命)[123]하고 즉시 구름을 타고 공중에 올라 위로 십이중천(十二中天)[124]을 우러러보며 아래로 삼십삼계(三十三界)[125]를 굽어 살피니, 옥경 십이루(十二樓)의 한 줄기 이상한 광채가 있는지라. 백옥루에 이르니 배반(杯盤)이 낭자(狼藉)[126]한대 여섯 선관이 일시(一時)에 대취(大醉)하여 난간을 베개 하여 동퇴서도(東頹西倒)[127]한 중 일지(一枝) 연화(蓮花)가 좌상(座上)에 놓였거늘, 보살이 혜안(慧眼)을 흘려 한 번 체

---

117) 영산도장(靈山道場): 영산은 영추산(靈鷲山)을 말함. 영추산은 인도 마갈타국 왕사성 부근에 있는 산으로 부처님이 설법하시던 곳. 이 산에는 신선들이 살았고 또 독수리가 많이 있다고 하여 붙은 이름. 도장은 도량이라고도 하며 불·보살들이 성도(聖道)를 얻거나 얻으려고 수행하는 장소.

118) 화상(和尙): 덕이 높은 스님이라는 뜻.

119) 십방(十方): 동·서·남·북·동북·동남·서남·서북·상·하의 열 군데를 뜻하는데, 시방이라고도 읽음.

120) 난개(爛開): 꽃이 만발함.

121) 침음양구(沈吟良久): 오랫동안 깊이 생각함.

122) 조요(照耀): 환히 빛남.

123) 합장수명(合掌受命): 두 손을 합하여 예를 표하고 명(命)을 받음.

124) 십이중천(十二中天): 천상계의 열두 단계.

125) 삼십삼계(三十三界): 범어(梵語) 도리천(忉利天)의 의역(意譯).

126) 배반(杯盤)이 낭자(狼藉): 술잔과 그릇이 여기저기 흩어져 어지러움.

127) 동퇴서도(東頹西倒): 동쪽으로 기울고 서쪽으로 엎어짐. 사람이나 물건 따위가 이리저리 쓰러짐을 이르는 말.

시(諦視)[128]하고 미미히 웃으며 연화를 취하여 손에 들고 누에 내려 다시 구름 타고 공중에 솟아 영산에 돌아와 세존께 연화를 드리고 백옥루에서 여섯 선관이 취함을 고하니, 세존이 연화를 받아 글 쓴 것을 보시고 미소하샤 밀다심경(密多心經)[129]을 염(念)[130]하신대, 꽃잎에 쓴 글이 낱낱이
탑상(榻上)에 떨어지니 십 개 구슬이 되는지라. 세존이 다시 윤회진연(輪 13
廻塵緣)[131]을 웃으시며 파리채를 들어 탑상을 치신대, 십 개 구슬이 쌍쌍이 굴러 합하여 두 번 변하여 다섯 낱 구슬이 되어 광채 통명(通明)[132]한지라. 세존이 구슬과 연화를 수습(收拾)하여 앞에 놓으신대, 보살이 미소하고 게시(偈詩)[133]를 지어 화답하니 그 시에 왈,

묘재연화(妙哉蓮花)는
묘하다 연화는
원유묘법(原有妙法)이라
원간 묘한 법이 있도다
병체춘풍(竝蔕春風)하야
춘풍에 병체(竝蔕)[134]하여
시아결습(示我結習)이라
나를 결습(結習)[135]을 뵈도다

어시(於時)에 세존이 게시를 보시고 칭찬하여 왈,

---

128) 체시(諦視): 사물을 자세히 살펴 봄. 사물의 본체를 꿰뚫어 봄.
129) 밀다심경(密多心經): 마하반야바라밀다심경(摩訶般若波羅密多心經).
130) 염(念): 불경이나 진언을 조용히 외움.
131) 윤회진연(輪廻塵緣): 윤회를 하는 속세와의 번거로운 인연.
132) 통명(通明): 매우 밝고 환함.
133) 게시(偈詩): 게송(偈頌)이라고도 함. 부처의 덕을 찬양하거나 교지(敎旨)를 설명하는 운문(韻文).
134) 병체(竝蔕): 함께 함. 부부(夫婦)가 됨을 의미.
135) 결습(結習): 세상의 번뇌. 여기서는 부부(夫婦)의 인연으로 보임.

"선재(善哉)라, 불음(佛音)이여! 다시 한 마디로 대중을 효유(曉諭)[136]하라."

보살이 재배하고 연화를 가리켜 왈,

"저 옥련화가 본질이 비록 청정(淸淨)하나 또한 천지간 봄빛을 얻어
잠깐 윤회(輪回) 호탕지겁(浩蕩之㤼)[137]을 띠었으니, 중생에 비한즉 천
성(天性)이 허령(虛靈)[138]하나 진근(塵根)[139]이 중탁(重濁)[140]하여 오욕
칠정(五慾七情)[141]을 임의로 못하고 칠계십률(七戒十律)[142]을 자취(自
14 取)함 같은지라. 우리 불법이 광대무량(廣大無量)하니 정근(情根)[143]을
말미암아 인연(因緣)을 말씀함이니, 대개 사람의 심정(心情)은 연화(蓮
花) 같고 영욕(榮辱)은 춘풍(春風)이라. 춘풍이 아닌 즉 연화가 피지 못
하며 정욕이 아닌 즉 심정을 깨닫기 어려우니, 모든 대중과 선남선녀
는 법심(法心)을 갖추고 법안(法眼)[144]을 밝혀 연화가 발(發)하고 춘풍
이 인견(引牽)한 곳을 보라. 천지가 청정(淸淨)하고 강산이 허적(虛寂)
하니, 이 이른 바 묘법(妙法)이요, 성각(聖覺)이니이다."

---

136) 효유(曉諭): 알아듣게 타이름.

137) 호탕지겁(浩蕩之㤼): 세차게 내달리는 기운.

138) 허령(虛靈): 잡념(雜念)이 없이 마음이 영묘(靈妙)함.

139) 진근(塵根): 근(根)은 육감(六感)을 일으켜 외계의 여러 대상을 인식하게 하는 근원적인 요소이며 진(塵)은 근(根)의 대상이다. 근(根)과 진(塵)이 서로 접하게 되면 여러 종류의 번뇌를 일으키게 됨.

140) 중탁(重濁): 무겁고 탁함.

141) 오욕칠정(五欲七情): 오욕은 눈·귀·코·혀·몸의 오근(五根)에 의하여 일어나는 욕망을 말한다. 칠정은 희(喜)·노(怒)·애(哀)·락(樂)·애(愛)·오(惡)·욕(欲)을 말함.

142) 칠계십률(七戒十律): 칠계는 '물건을 훔치는 것', '삿된 음행을 하는 것', '망령되게 말하는 것', '살생하는 것', '술을 마시는 것', '고기를 먹는 것', '삿된 견해를 갖는 것'이며, 십률은 여기에다 비방하는 것, 헐뜯는 것, 남을 속이는 것이 더해진 것.

143) 정근(情根): 애정의 뿌리.

144) 법안(法眼): 일체 법을 분명하게 비춰 보는 눈, 보살은 이 눈으로 모든 법의 진상을 잘 알고 중생을 제도함.

이 때 세존이 보살의 설법을 들으시고 대희(大喜)하샤 왈,

"선재(善哉)라. 뉘 능히 이 뜻을 가져 연화와 구슬로 결습(結習)을 지으리오?"

아난(阿難)[145]이 합장 고왈,

"제자가 비록 법덕(法德)이 없사오나 저 연화를 가져 변하여 패다라수(貝多羅樹)[146]되어 팔만대장경(八萬大藏經)으로써 세계 중생의 총명지력(聰明之力)으로 법계에 돌아오게 하리이다."

세존이 미소부답(微笑不答)[147]하신대, 가섭(迦葉)[148]이 또 합장 고왈,

"제자가 비록 불민(不敏)하오나 원컨대 저 구슬을 가져 변하여 장명등(長明燈)[149]이 되어 세계 중생의 육근육진(六根六塵)[150]을 비치어 청정광대한 데 돌아오게 하리이다."

세존이 미소무언(微笑無言)하시니 관음보살이 다시 내려 연화대 앞에 15
나아가 세존께 고왈,

"팔진미(八珍味)[151]를 먹은 후에 숙죽(菽粥)[152]의 담(淡)함을 알고, 문수지복(紋繡之服)[153]을 입은 후에 조백(粗帛)[154]의 검소함을 깨닫

---

145) 아난(阿難): 석가의 십대 제자 중의 한 사람으로 다문(多聞)으로 손꼽힘. 부처님의 사촌동생으로 8세에 출가하여 수행하였는데, 미남인 탓에 여자의 유혹이 여러 번 있었으나 지조가 견고하여 수행을 완성.

146) 패다라수(貝多羅樹): 인도의 식물로, 그 잎에 불경을 베꼈음.

147) 미소부답(微笑不答): 소리 없이 빙긋이 웃고 대답하지 않음.

148) 가섭(迦葉): 불제자 중에 가섭이 여섯이 있는데, 흔히 마하가섭을 가리킴. 석가의 십대제자 중 한 사람으로 엄격하게 계율을 지켜 두타제일이라고 일컬어짐.

149) 장명등(長明燈): 밤새도록 불을 켜두는 등.

150) 육근육진(六根六塵): 불교에서는 색(色) · 성(聲) · 향(香) · 미(味) · 촉(觸) · 법(法)을 육진(六塵)이라고 하고 안(眼) · 이(耳) · 비(鼻) · 설(舌) · 신(身) · 의(意)를 육근(六根)이라고 함. 근(根)과 진(塵)이 서로 접하게 되면 육식(六識)을 내게 되고 여러 가지 종류의 번뇌를 만들어냄.

151) 팔진미(八珍味): 곰 발바닥, 표범의 발 등을 요리한 여덟 가지 진귀한 음식의 맛.

152) 숙죽(菽粥): 콩죽.

나니, 제자가 저 연화와 구슬을 가져 일종일연(一種一緣)을 지어 천추만세(千秋萬歲)의 취몽부생(醉夢浮生)[155]으로 구경(究竟)[156]을 깨닫게 하여 불가(佛家) 상승(上乘)이 청정광대(淸淨廣大)함을 알게 하리이다."

세존이 대희하샤 탑상(榻上)의 일지(一枝) 연화와 다섯 낱 구슬을 집어 보살을 주시니, 보살이 합장재배(合掌再拜)하고 금란가사(金襴袈裟)[157]를 입고 좌수(左手)에 다섯 낱 구슬을 들고 우수(右手)에 한 송이 연화를 가져 천문(天門)에 올라 대천토(大千土)[158]를 굽어보니, 망망대해(茫茫大海)에 농연(濃烟)[159]이 접천(接天)하고 도도(滔滔)한 홍진(紅塵)에 취몽(醉夢)이 깊었거늘, 보살이 미소하고 우수(右手)에 연화와 좌수(左手)에 구슬을 가져 일시에 공중을 향하여 던진대, 구슬이 사방에 흩어져 간 곳을 모르고, 다만 옥련화 한 송이 백운간(白雲間)에 날아 하계(下界)에 떨어져 일좌(一座)[160] 명산(名山)이 되니, 아지 못게라, 보살의 법력(法力)이 장차 무슨 인연을 지어 어찌코자 함인고?

16 하회(下回)를 보라.[161]

---

153) 문수지복(紋繡之服): 화려하게 수놓은 옷.

154) 조백(粗帛): 거친 명주.

155) 취몽부생(醉夢浮生): 술에 취하여 자는 동안에 꾸는 꿈처럼 덧없는 인생.

156) 구경(究竟): 가장 지극한 깨달음.

157) 금루가사(金縷袈裟): 금실로 짠 승려의 법의(法衣).

158) 대천토(大千土): 대천세계(大千世界)를 말함. 불교어로 광활무변(廣闊無邊)한 세계를 뜻함.

159) 농연(濃烟): 짙은 안개.

160) 일좌(一座): 좌(座)는 산이나 집, 불상 등을 세는 단위.

161) 하회(下回)를 보라: 다음 회를 보라는 의미로 각 회나 각 권의 마지막에 상투적으로 붙는 말이다, 이 동양문고본 세책본에는 장회제목이 불규칙하게 붙어 있어서 각 권의 마지막 대목이 아니더라도 이 말이 나오는 경우가 있음.

허부인춘유옥련봉(許夫人春遊玉蓮峰)[162]
양공자노봉녹림객(楊公子路逢綠林客)[163]

각설. 남방(南方)에 일좌(一座) 명산(名山)이 있으니 주회(周回) 오백여 리요, 높기 일만팔천 장이라. 돌 빛이 희어 백옥(白玉)을 묶은 듯하고 멀리서 바라본즉 한 떨기 옥련화(玉蓮花)가 평지에 놓인 듯하니, 세인(世人)이 이르되 옥련봉이라 하더라. 중고(中古)에 일개도사(一個道士) 있어 봉두(峰頭)에 올라 산세를 보고 차탄(嗟歎) 왈,

"미재(美哉)라! 차산(此山)이여. 돌연(突然)한 용세(湧勢)[164]가 웅건하고 정숙한 기운이 또한 온전히 받았으니, 이는 우공(禹貢) 구주(九州)의 도산도수(導山導水)[165]한 뫼가 아니라 불가(佛家)의 이른 바 비래봉(飛來峯)[166]이니, 불출삼백년(不出三百年)[167]의 특출한 인재 나매 천지정기를 응하리라."

하더니, 과연 그 후 수백 년에 봉하(峯下)에 수삼(數三) 촌락이 생기고 촌중(村中)에 한 처사(處士)[168]가 있으니 성(姓)은 양(楊)이요, 명(名)은 현(玄)이라. 아내 허씨(許氏)로 더불어 뫼에 올라 나무를 캐고 물에 내려 고기를 낚아 세상 부귀영욕(富貴榮辱)을 부운(浮雲)같이 아니, 짐짓 물외(物外)[169]의 높은 사람이라. 다만 연기(年紀) 사십에 자녀가 없어 부처(夫妻) 17

---

162) 허부인춘유옥련봉(許夫人春遊玉蓮峰): 허부인이 봄날에 옥련봉을 노닐다.

163) 양공자노봉녹림객(楊公子路逢綠林客): 양공자가 길에서 도적을 만나다.

164) 용세(湧勢): 용솟음치는 기세.

165) 도산도수(導山導水): 『서경』「우공(禹貢)」의 내용에 따르면, 우임금이 홍수를 다스린 후에 구주(九州)를 나누고 나무를 베어 길을 통하게 하고 고산(高山)과 대천(大川)을 정하여 구역을 밝혔다고 함.

166) 비래봉(飛來峯): 영취봉(靈鷲峯)이라고도 함. 천축국(天竺國) 영취산의 작은 고개가 날아왔다고 하여 비래봉이라고 이름지어짐.

167) 불출삼백년(不出三百年): 삼백년을 지나지 않아.

168) 처사(處士): 벼슬을 하지 않고 초야에 묻혀 사는 선비.

169) 물외(物外): 세속을 초월한 바깥 세상.

상대(相對)한즉 울울불락(鬱鬱不樂)[170]하더라,

일일(一日)은 삼월 모춘(暮春)을 당하여 허씨가 사창(紗窓)을 열고 무료히 앉았으니 쌍쌍춘연(雙雙春燕)은 처마에 새끼 쳐 날아들고 날아가니, 허씨 망연(茫然)[171]히 바라보고 길이 탄식하되,

"천지만물이 상생지법(相生之法)[172]을 아니 탄 자가 없고 자모지정(子母之情)을 모르는 자가 적거늘, 나 같은 인생은 평생이 적막하여 저 제비만 못하니 어찌 가련치 않으리오."

하며 자연 옷깃에 눈물이 내림을 깨닫지 못하더니, 양처사 들어와 앉으며 왈,

"부인이 어찌 심사가 불예(不豫)[173]한 듯하뇨? 금일 일기(日氣) 청랑(淸朗)하고, 우리 이곳에 있은 지 오래되, 일찍이 옥련봉에 올라보지 못하였으니, 이제 한 번 등척(登陟)[174]하여 울적한 회포를 풂이 어떠하뇨?"

허씨 대희하여 부처 양인이 죽장(竹杖)을 집고 산경(山徑)을 찾아갈새, 행화(杏花)[175]는 진(盡)하고 척촉(躑躅)[176]이 만발한대, 처처(處處)의 나비 춤과 곳곳의 벌의 소리 일년 춘광을 속절없이 재촉하니, 혹 유수(流水)를 희롱하여 손을 씻으며 혹 수음(樹陰)을 찾아 각력(脚力)을 쉬더니, 석각
18 (石角)이 준급(峻急)하고 산로(山路)가 기험(崎險)하거늘, 허씨 암상에 앉으며 원근(遠近)을 살피니 의사(意思)가 맥맥(脈脈)[177]하여 구슬땀이 나삼(羅衫)에 사뭇는지라. 처사가 웃어 왈,

---

170) 울울불락(鬱鬱不樂): 매우 답답하고 즐겁지 않음.
171) 망연(茫然): 아무 생각 없이 멍하게.
172) 상생지법(相生之法): 서로 조화를 이루는 법.
173) 불예(不豫): 기쁘지 아니함.
174) 등척(登陟): 산에 오름.
175) 행화(杏花): 살구꽃.
176) 척촉(躑躅): 철쭉.
177) 맥맥(脈脈): 생각이 잘 들지 않아 답답함.

"부인은 종시 범골(凡骨)[178]이라. 상봉(上峰)을 구경치 못하리로다."

허씨 소이대왈(笑而對曰),

"첩은 선분(仙分)이 없거니와 군자의 기색이 또한 안서(安舒)[179]치 못하시니, '낭음비과동정호(朗吟飛過洞庭湖)'[180]는 여동빈(呂洞賓)[181]에 부끄릴 바 있을지니 잠깐 암상에 쉬어 다시 전진(前進)함이 좋을까 하나이다."

처사가 대소하고 죽장(竹杖)을 들어 상봉(上峰)을 가리켜 왈,

"우리 이미 이곳에 이르렀으니 잠깐 쉬어 차산(此山) 경개를 편답(遍踏)[182]하고 돌아가리라"

하고 반향(半晌)[183]을 앉았다가 다시 일어 부인과 중봉(中峰)에 오르매, 뫼가 높고 골이 깊어 창송녹죽(蒼松綠竹)[184]이 사면에 우거지고 기암괴석(奇巖怪石)이 좌우에 층층(層層)한대 사슴의 발자취와 잔나비 그림자가 인적(人跡)에 놀라 분분(紛紛)히 피하니, 허씨 걸음을 멈추고 송연(悚然)한 빛이 있어 왈,

"이곳이 가장 기험(崎險)하여 전진키 어려우니 첩은 구태여 상봉을 구경코자 아니하나이다."

처사가 미소하고 석경(石逕)에 배회하더니, 한 곳을 바라보매 일좌(一
座) 석벽(石壁)이 공중에 달렸는데 낙락장송(落落長松)이 벽상(壁上)에 늘 19
어졌거늘, 허씨가 가리켜 왈,

"저 곳이 심수(深邃)[185]하니 찾아가 보사이다."

---

178) 범골(凡骨): 도를 닦지 못한 보통 사람.

179) 안서(安舒): 마음이 편안함.

180) 낭음비과동정호(朗吟飛過洞庭湖): 여동빈(呂洞賓)이 지은 시의 한 구절. "낭랑하게 시를 읊으며 동정호를 날아서 지나가네."

181) 여동빈(呂洞賓): 당나라 사람. 세칭 팔선(八仙) 중의 한 사람. 백여 세인데도 동안(童顔)이고 걸음이 풍우(風雨)처럼 빨랐다고 함.

182) 편답(遍踏): 이곳저곳을 돌아다님.

183) 반향(半晌): 반나절.

184) 창송녹죽(蒼松綠竹): 푸른 소나무와 대나무.

처사가 대희하여 덤불을 붙들고 백여 보를 행하여 가니 과연 창연(蒼然)한 바위 높기 수십 장이요, 사면에 무엇을 새긴 흔적이 있거늘, 쓸고 자세히 보니 이는 관음보살의 진면(眞面)이라. 새김이 공교(工巧)하여 이목(耳目)이 분명하거늘, 이에 처사를 돌아보아 왈,

"부처 면상이 분명한데[186] 인적이 없으니 반드시 영험할지라. 우리 이제 기도발원(祈禱發願)[187]함이 좋을까 하나이다."

처사 연기언(然其言)[188]하여 부처(夫妻) 양인이 고이 공경예배(恭敬禮拜)하고 심중에 구자(求子)함을 축원(祝願)을 은근히 하고 서로 대하여 탄식함을 마지아니하더니, 아이오 석양이 재산(在山)하고 어두운 빛이 수풀에 나거늘 처사가 허씨의 손을 이끌어 오던 길로 찾아 내려갈새, 공산(空山)은 적적(寂寂)하고 송풍(松風)은 소슬(蕭瑟)한데 석경(石逕)에 죽장(竹杖) 내던지는 소리에 잔나비 놀라니, 고적한 심사와 처량한 회포를 이기지 못하여 허씨 중심(中心)에 가만히 축수(祝手)[189]하여 왈,

"우리 부처가 자고로 반생(半生)에 별로 적악(積惡)[190]이 없거늘, 산간(山間)에 유락(流落)[191]하여 승니(僧尼)와 도사(道士)같이 혈속(血屬)이 없으니, 바라건대 산령보살(山靈菩薩)은 가련히 보사 자비지심(慈悲之心)을 발(發)하소서."

빌기를 마치매 걸음이 이미 산문(山門)에 다다른지라.

휴수승당(携手昇堂)[192]하여 의구(依舊)히 등잔을 돋우고 부부 양인(兩人)이 상대(相對)하였더니, 시야(是夜)에 허씨 일몽(一夢)을 얻으니, 일위

---

185) 심수(深邃): 깊숙하고 그윽함.
186) 부처 면상이 분명한데: '이 부처 명산에 있어'가 잘못 된 것임.
187) 기도발원(祈禱發願): 기도하며 소원을 빎.
188) 연기언(然其言): 그 말을 옳다고 여김.
189) 축수(祝手): 두 손바닥을 마주 대고 기원함.
190) 적악(積惡): 남에게 악한 짓을 많이 함.
191) 유락(流落): 보잘것없이 되어 떠돌아다님.
192) 휴수승당(携手昇堂): 손을 이끌고 당(堂)에 오름.

(一位) 보살이 한 송이 꽃을 들고 옥련봉으로 내려와 허씨를 주거늘, 받아 들고 사례(謝禮)코자 하더니, 보살의 죽장 던지는 소리에 깨니 침상일몽(枕上一夢)이라. 이에 처사를 대하여 몽사(夢事)를 말하니, 처사가 미소 왈

"내 또한 금야(今夜)에 이상한 몽조(夢兆)가 있으니, 일도금광(一道金光)[193]이 하늘로 좇아 내려와 변하여 일개 미남자가 되어 왈 '나는 천상(天上) 문창성이러니 귀문(貴門)에 일시(一時) 연분(緣分)이 있기로 의탁고자 하노라' 하고 품에 안기며 서기(瑞氣) 만실(滿室)하고 광채 휘황하거늘, 놀라 깨달으니 어찌 심상한 꿈이리오?"

하여 부부가 기이히 여기더라. 과연 그 달부터 태기(胎氣) 있어 거연(遽然)히[194] 십삭(十朔)이 차매 일개 옥동(玉童)을 생(生)하니, 그 날 옥련봉
위에 선악(仙樂)이 은은하고 상서로운 기운이 집을 둘러 삼일(三日)을 흩 21
어지지 아니하더라.

아해(兒孩) 나매 얼굴이 관옥(冠玉)[195]같고 미우(眉宇)[196]에 산천정기(山川精氣)를 띠었으며 양안(兩眼)의 일월지광(日月之光)이 가작하니[197] 청수(淸秀)한 기질과 준일(俊逸)한 풍채 짐짓 선풍도골(仙風道骨)이라. 처사 부부가 천금(千金)같이 사랑하고, 보는 자가 뉘 아니 칭찬하리오? 난지 칠일에 언어를 능통하고 이세(二歲)에 시비(是非)를 분변(分辨)하고, 삼세(三歲) 됨에 이웃 아해를 찾아 문에서 놀새 땅을 그어 글자를 만들며 돌을 모아 진법(陣法)을 벌이니, 마침 일개 노승이 지나다가 그 숙성함을 보고 대경하여 왈,

"이 아해 문창무곡(文昌武曲)[198]의 정기(精氣)를 띠었으니 타일(他

---

193) 일도금광(一道金光): 한 줄기 금빛.

194) 거연(遽然)히: 금새. 금방.

195) 관옥(冠玉): 관의 앞을 꾸미는 옥으로, 남자의 아름다운 얼굴을 비유적으로 이르는 말.

196) 미우(眉宇): 이마와 눈썹 언저리.

197) 가작하니: 가득하니, 그득하니.

198) 문창무곡(文昌武曲): 문창성(文昌星)과 무곡성(武曲星). 인간의 모든 일을 상

日) 반드시 대귀(大貴)하리로다."

설파(說罷)에 칭찬하기를 마지않으니 처사가 기특하게 여겨 아자(兒子)의 이름을 창곡(昌曲)이라 하니라.

창곡이 일일(一日)은 언덕에 올라 모든 아해와 꽃싸움[199] 할새, 처사가 나아가보니 여러 아해 다 각각 산화(山花)를 꺾어 두상(頭上)에 가득히 꽂았으되 창곡은 그저 앉았거늘, 처사가 그 곡절을 물은대, 대왈,

"소자는 이름난 꽃이 아니기로 취치 아니하나이다."

처사가 소왈,

22 "어떤 꽃이 이름난 꽃이뇨?"

창곡이 대왈,

"침향정(沈香亭)[200] 해당화의 고운 태도와 서호(西湖)[201] 매화의 담박(淡泊)한 절개로 낙양(洛陽) 목단(牧丹)의 부귀지상(富貴之像)을 겸한 꽃이 바야흐로 이름난 꽃이니이다."

처사가 웃고 타일(他日)에 풍류걸사(風流傑士)가 될 줄 알더라.

오륙 세 되매 능히 글자를 보아 글귀를 만드니 처사가 그 과재(過才)[202]함을 아처로이 여기더라. 일일은 밤든 후 월색(月色)이 만천(滿天)하고 성광(星光)이 조요(照耀)한대, 처사가 창곡을 안고 뜰에서 거닐며 우연히 달을 가리켜 왈,

"네 능히 저 달을 두고 글을 지을소냐?"

창곡이 즉시 응구첩대(應口捷對)[203]하니 왈,

천(上天)의 별들이 담당하는데, 문창성은 문장(文章)을 담당한 별이고 무곡성은 무사(武事)를 담당한 별.

199) 꽃싸움: 여러 가지 꽃을 꺾어 모아 가지고 그 수효를 대보아 많고 적음을 내기하는 장난. 또는 꽃이나 꽃술을 맞걸어 당겨서 끊어지고 안 끊어지는 것으로 이기고 짐을 내기하는 장난.

200) 침향정(沈香亭): 당나라 때 궁중에 세워졌던 정자 이름. 침향목으로 지었다고 함.

201) 서호(西湖): 절강성(浙江省) 항주(杭州) 서쪽에 있는 호수로, 풍경이 뛰어남.

202) 과재(過才): 재주가 매우 뛰어남.

대성명황황(大星明煌煌)이오
큰 별은 밝기 황황(煌煌)[204]하고
소성명경경(小星明耿耿)이라
작은 별은 밝기 경경(耿耿)[205]하다
유유일편월(唯有一片月)이
오직 한 조각 달이
사해현여경(四海懸如鏡)이라
사해에 거울같이 달리도다

양처사가 크게 기특하게 여겨 허씨를 돌아보아 왈,

"이 아희 기상이 탁월하여 생(生)[206]의 적막함을 본받지 않으리라." 하더라.

일일은 처사가 낚시대를 들고 봉하(峯下)에 낚시질 할새 창곡이 부친을 좇아 구경하더니, 처사가 이르되, 23

"네 이렇듯 기특하니, 기재(奇哉)며 묘재(妙哉)로다! 공부(工部)[207]는 완화계(浣花溪)[208]에 고기 낚을새 치자(稚子)[209] 종문(宗文)이 바늘을 두드려 낚시를 만드니, 그 글에 하였으되 '치자고침작조구(稚子敲針作釣鉤)'[210]라 하여 지금까지 유전(流傳)하니 네가 종문의 고침(敲針)함

203) 응구첩대(應口捷對): 물음에 응하여 민첩하게 대답함.

204) 황황(煌煌): 밝은 빛이 반짝반짝 빛나는 모양.

205) 경경(耿耿): 불빛이 깜빡깜빡함.

206) 생(生): 양처사 자신을 지칭한 말.

207) 공부(工部): 두보(杜甫)를 말함. 자(字)는 자미(子美). 검남절도사(劍南節度史) 엄무(嚴武)의 막하(幕下)에서 참모(參謀)로 있을 때에 엄무(嚴武)의 검교공부원외랑(檢校工部員外郞)으로 표전(表箋)을 올리니 이후부터 두공부(杜工部)라 부르게 되었음.

208) 두보가 안록산의 난 때문에 봉상(鳳翔)으로 피난할 적에 숙종(肅宗)을 만나 좌습유(左拾遺)가 되었으나, 오래 되지 않아서 벼슬을 그만두고 성도(成都)로 이사하여 완화계(浣花溪) 곁에 초당(草堂)을 짓고 살았음.

209) 치자(稚子): 어린 아들.

210) 치자고침작조구(稚子敲針作釣鉤): '어린 아이는 바늘을 두드려 낚시를 만든

을 배워 여부(汝父)의 흥미를 도울소냐?"

창곡이 대왈,

"종문이 마침내 성취(成就)함이 어떠하니잇고?"

처사가 왈,

"별로이 탁월한 사업이 없는가 하노라."

창곡이 대왈,

"어초문답(漁樵問答)[211]은 한가한 사람의 자취라. 대장부의 연소(年少) 예기(銳氣)[212]로 여력(膂力)[213]이 방장(方壯)[214]하여 사방을 경영하며 만민(萬民)을 구제할진대 어찌 소졸(踈拙)한 대 막대를 산간(山間)에 던져 세월을 적적히 보내리잇고?"

하니, 차시(此時) 창곡의 나이가 육 세라. 양처사가 심중에 두굿김[215]을 마지아니하나 짐짓[216] 힐난(詰難)하여 그 마음을 보고자 하여 우(又) 문왈(問曰),

"한신(韓信)[217]은 군자(君子)로되 집이 간난(艱難)하여 성하(城下)에

다'는 뜻으로, 칠언 율시 강촌(江村)의 여섯 번째 구임.

211) 어초문답(漁樵問答): 북송의 유학자 소강절이 '어초문대(漁樵問對)'를 지어 어부와 초부가 서로 문답하는 체재로 천지 사물의 의리를 규명하였음. 따라서 세속에 골몰하지 않고 자연을 토대로 천리에 따라 사는 삶을 의미하는 말이지만 여기서는 세상과의 인연을 끊은 사람의 의미로 쓰였음.

212) 예기(銳氣): 날카롭고 굳세며 적극적인 기세.

213) 여력(膂力): 육체적인 힘.

214) 방장(方壯): 바야흐로 한창임.

215) 두굿김: 즐거워함.

216) 짐짓: 일부러.

217) 한신(韓信): 중국 초한(楚漢)시대 때에 한나라의 공신(功臣)으로, 소하(蕭何) · 장량(張良)과 더불어 유방(劉邦)을 도와 항우(項羽)를 멸하고 천하를 통일하여 한나라를 창업한 삼걸(三傑) 중의 하나. 그가 뜻을 펼치지 못하고 있을 때에 회음(淮陰)의 저잣거리에서 다른 사람의 사타구니 밑으로 기어 나가고 빨래하는 여인에게 밥을 얻어먹는 수모를 당하기도 하였으나, B.C. 250년에 유방(劉邦)의 통일의 대업을 도와서 연(燕) · 제(齊) · 조(趙)나라를 차례로 멸망시키고, 회음후(淮陰侯)에 봉해졌음.

고기 낚고, 태공(太公)[218]은 현인이나 문왕(文王)을 못 만나 위수변(渭水邊)에 낚시를 던졌으니, 부귀궁달(富貴窮達)은 인력(人力)으로 못할
배라. 어옹(漁翁)의 적막함을 아자(兒子)가 어찌 조롱하나뇨?" 24

창곡 왈,

"승패(勝敗)는 하늘에 있고 경륜(經綸)은 사람에게 달렸으니, 소자가 비록 불초(不肖)하오나 고(皐) · 기(夔) · 직(稷) · 설(卨)[219]과 방숙(方叔) · 소호(召虎)[220]를 효칙(效則)하여 훈업(勳業)을 천추(千秋)에 빛낼지니 어찌 노장(老將)의 응양(鷹揚)[221]과 필부(匹夫)의 걸식(乞食)함[222]을 부러워하리잇고?"

처사가 이 말을 듣고 더욱 기특히 여기더라.

광음(光陰)이 훌훌(欻欻)하여 창곡의 나이 십륙 세 되매, 엄연(儼然)히 장부(丈夫)의 체모(體貌)를 이루고 학문과 학식이 출중하고 효성이 지극하여 현인군자지풍(賢人君子之風)이 있고, 영발(英拔)[223]한 풍류와 호방

---

218) 태공(太公): 주(周)나라 초기의 정치가. 강상(姜尙), 여상(呂尙), 태공망(太公望) 등 다양한 명칭으로 불림. 나이 칠순에 위수(渭水)에 낚시를 드리우며 때를 기다린 지 10여 년만에 주나라 문왕(文王)을 만나 초빙된 뒤, 문왕의 스승이 되었다. 문왕은 그가 조부인 태공(太公)이 항시 바라던 사람이라는 뜻에서 '태공망(太公望)'이라고 했음. 병법의 이론에도 밝아서 문왕(文王)이 죽은 뒤에 무왕(武王)을 도와 목야(牧野)의 전투에서 은(殷)나라 주(紂)왕의 군대를 물리치고 주(周)나라를 세우는 데 큰 공을 세웠고, 후에는 제(齊) 땅을 영지로 받아 제(齊)나라의 시조(始祖)가 되었음.

219) 고(皐) · 기(夔) · 직(稷) · 설(卨): 순임금의 현신(賢臣)인 고요(皐陶), 기(夔), 후직(后稷), 설(卨)을 말함. 고요는 옥관장(獄官長), 기는 전악관(典樂官), 후직은 농관(農官), 설은 사도(司徒)를 맡았음.

220) 방숙(方叔) · 소호(召虎): 주나라 선왕(宣王)의 현신(賢臣). 방숙은 형만(荊蠻)을, 소호는 회이(淮夷)를 정벌하였음.

221) 노장(老將)의 응양(鷹揚): 응양은 매가 하늘로 날아오른다는 뜻으로, 늙은 장수가 위엄이나 무력(武力)을 드날림을 이르는 말. 여기서는 태공망의 활약을 가리킴.

222) 필부(匹夫)의 걸식(乞食)함: 한신이 걸식한 고사를 가리킴.

223) 영발(英拔): 영준수발(英俊秀拔)의 줄임말. 영민하고 빼어남.

(豪放)한 기상은 영웅호걸의 풍채를 겸하였는지라. 향리(鄕里) 제인(諸人)이 칭찬치 않을 이 없더라.

차설(且說). 이때 천자가 즉위하시고 대사천하(大赦天下)[224]하신 후 만방다사(萬方多士)를 모아 과거를 뵈실새 창곡이 부친께 고왈,

"남자가 세상에 나매 충효를 쌍전(雙全)하여 후세에 성명을 빛내고자 함이라. 소자(小子)가 비록 무재(無才)하오나 나이 이제 십륙 세 되었사오니 구구(區區)히 전원(田園)을 지키어 부모의 근심을 더함이 불효이오니, 원컨대 황성(皇城)에 올라가 공명(功名)을 구코자 하나이다."

처사가 그 뜻을 기특하게 여겨 아자(兒子)를 데리고 내당(內堂)에 들어가 허씨와 상의하니, 허씨 불열(不悅) 왈,

"우리 부처가 늦도록 자식이 없어 한탄하더니 하늘이 도우사 너를 얻어 장차 옥련봉하(玉蓮峯下)에 나물을 캐어 고기 낚아 평생을 떠나지 말고 여생을 지냄이 좋을지라. 어찌 다시 부귀를 희롱하고 공명을 탐하여 이별을 경(輕)히[225] 하리오? 또 생각건대 너의 나이 불과 이팔(二八)이오, 황성(皇城)이 여기서 삼천여 리라. 내 어찌 차마 너를 보내리오?"

창곡이 다시 꿇어 고왈,

"소자가 비록 미거(未擧)[226]하여 정원(定遠)의 투필(投筆)하고 만리(萬里)에 봉후(封侯)[227]한 지견(知見)[228]이 없사오나 세월이 여류(如流)하니 시불가실(時不可失)[229]이라. 이 때를 놓친즉 조물(造物)이 다시

---

224) 대사천하(大赦天下): 나라의 큰 경사를 맞아 온 나라의 죄인을 사면함.

225) 경(輕)히: 가볍게.

226) 미거(未擧): 철이 안 나고 사리에 어두움.

227) 정원(定遠)의 투필(投筆)하고 만리(萬里)에 봉후(封侯): 동한(東漢) 때 반초(班超)가 서역에서 공을 세우고 정원후(定遠侯)에 봉해졌는데 이후부터 간략하게 정원이라고 부르기도 함. 어느 날 반초가 붓을 내던지고 서역으로 나가 무공(武功)을 세워서 정원후에 봉해진 일에서 연유한 말.

228) 지견(知見): 지식과 견문.

229) 시불가실(時不可失): 좋은 시기를 놓칠 수 없음.

좋은 때를 빌리지 않을까 하나이다."

양처사가 대언 왈,

"남자가 공명에 뜻을 두되, 구구한 사정(私情)을 돌아보지 못할지라. 부인은 일시 이별을 슬퍼 말지어다."

허씨 하릴없어 창곡의 손을 잡고 왈,

"우리 부부가 아직 쇠로(衰老)치 않았으니 잠깐 떠남을 어찌 그다지 슬퍼하리오마는, 내 이제 너를 유치(幼稚)로 알다가 처음으로 슬하를 떠나 수천 리 밖에 가니 노모(老母)의 의려지망(依閭之望)[230]이 장차 어떠하리오?"

설파(說罷)에 초창(怊悵)[231]함을 마지않으니, 창곡이 위로 왈, 26

"소자가 불초하오나 몸을 삼가 우려하심을 끼치지 않으리니 모친은 존체(尊體)를 보중(保重)하소서."

허씨 이에 농중(籠中)[232]에 남은 의상과 비녀를 팔아 행장(行裝)을 준비할새, 처사 부부가 동구(洞口) 밖에 나와 보내며 일필(一匹) 청려(靑驢)[233]와 일개(一個) 가동(家僮)으로 수십 냥 은자(銀子)를 갖추어 주고 연연함을 마지않으니, 차시(此時) 창곡이 비록 지식이 있으나 연기(年紀) 어리고 자모(慈母) 슬하를 처음으로 떠나매 나귀를 타고 소매로 낯을 가리오고 눈물이 영영(盈盈)[234]하나 스스로 억제하여 황성으로 향할새, 이때는 춘말하초(春末夏初)[235]라. 녹음(綠陰)이 난만(爛漫)하고 방초(芳草)는 처처(萋萋)[236]한대, 동풍에 우는 새는 행객(行客)의 심회를 돕는지라.

---

230) 의려지망(依閭之望): 문에 몸을 기대고 밖에 나간 아들을 기다림.

231) 초창(怊悵): 마음에 섭섭함.

232) 농중(籠中): 옷 따위를 넣어두는 상자 모양의 자그마한 가구. 흔히 두세 개를 포개어 놓고 씀.

233) 청려(靑驢): 털빛이 검푸른 당나귀.

234) 영영(盈盈): (눈에) 눈물이 그렁그렁한 모양.

235) 춘말하초(春末夏初): 봄이 지나가고 여름으로 접어들 때.

236) 처처(萋萋): (초목이) 우거져 무성함.

양공자(楊公子)가 글귀를 생각하여 망운(望雲)[237]하는 근심을 스스로 억제하더니 십여 일을 행하여 소주지경(蘇州地境)에 이르니, 이때 소주가 년흉(年凶)하여 도적이 사면(四面)에 편만(遍滿)한지라. 공자(公子) 노주(奴主)[238]가 행리(行李)[239]를 조심하여 일찍이 객점(客店)에서 쉬고 늦은 후 동하여 촌촌전진(寸寸前進)[240]하더니, 일일(一日)은 마침 길에 행인이
27 희소(稀少)하고 주점이 드물거늘 나귀를 몰아 망망(忙忙)히 행할 새, 어언간(於焉間)[241]에 일색(日色)이 저물어 황혼이 되니, 공자 노주가 황망하여 다만 앞길을 바라고[242] 행(行)하여 한 곳에 이르니 수목이 참천(參天)[243]하고 준령(峻嶺)이 앞을 당하였거늘, 공자가 나귀를 내려 걸어 넘을새 월색이 희미하고 산중에 나뭇잎이 펴졌으니 앞길이 분명치 못한지라. 동자가 채를 던져 나귀 가는 대로 행하며 고개 밑에 다다라 동자가 홀연 크게 소리하고 채를 던지고 물러서거늘, 공자가 곡절을 물은대, 동자가 덤불을 가리켜 왈,

"이곳에 도적이 많다."

하거늘, 공자가 다시 보니 일주고목(一株枯木)이 풍마우세(風磨雨洗)[244]하여 썩은 등걸이 월하(月下)에 섰는지라. 공자가 웃고 동자의 경망함을 책(責)하고 다시 채를 수습하여 갈 새, 불과 수십 보는 가서 오륙 개 강도가 수풀 속으로서 내달아 각각 서리 같은 창검을 들고 달려들거늘, 공자가 불변안색(不變顔色)[245]고 태연히 이르되,

---

237) 망운(望雲): 객지에서 고향의 부모를 생각하는 일.
238) 노주(奴主): 종과 주인을 아울러 이르는 말.
239) 행리(行李): 여행할 때 쓰는 물건.
240) 촌촌전진(寸寸前進): 조금씩 앞으로 나아감.
241) 어언간(於焉間): 알지 못하는 동안에 어느덧.
242) 바라고: 향하고.
243) 참천(參天): 하늘을 찌를 듯이 공중으로 높이 솟아서 늘어섬.
244) 풍마우세(風磨雨洗): 바람에 닳고 비에 씻김.
245) 불변안색(不變顔色): 얼굴빛이 변하지 않음. 평상시와 다름없음을 의미함.

"너희 평일 양민으로 흉년을 당하니 기한(飢寒)에 핍박하여 행인의 재물을 탐함은 군자의 측연(惻然)[246]하는 배라. 내 행장과 의복을 아끼 28
지 아니하려니와 사람을 해함은 어찌 불가치 않으리오?"

그 한자(漢子)[247]가 소왈(笑曰),

"세간 사람이 재물을 성명(性命)보다 중히 아나니, 만일 죽이지 않으면 어찌 뺏으리오?"

공자가 소왈,

"군자는 허언(虛言)이 없나니 너희가 잠깐 물러서면 의복과 행구(行具)[248]를 몰수(沒數)히[249] 주리라."

적한(賊漢)이 바야흐로 칼을 거두고 물러서거늘, 공자가 동자를 명하여 행구를 가져오라 하여 몰수히 내어 적한을 주며 입은 옷을 차례로 벗을새 기색이 편안하여 조금도 창황(蒼黃)함이 없거늘, 적한이 서로 돌아보며 왈,

"가히 영웅군자로다."

하여 혀를 두르며, 공자가 의복을 다 벗고 다만 단의(單衣)[250] 일습(一襲)[251]을 머물러 왈,

"이것은 몸을 가리어 수치를 면코자 하노라."

적한이 쾌히 허락하고 왈,

"우리 이 노릇을 한 후로 담대한 사람을 많이 보았으나 이런 수재(秀才)[252]는 처음이로다."

---

246) 측연(惻然): 가엽게 생각함. 측은하게 여김.
247) 한자(漢子): 사나이. 남자.
248) 행구(行具): 행장.
249) 몰수히: 있는 수효대로 다.
250) 단의(單衣): 홑옷.
251) 일습(一襲): 한 벌.
252) 수재(秀才): 머리가 좋고 재주가 뛰어난 사람이라는 뜻이 있으나, 여기서는 미혼 남자를 높여 부르는 말로 쓰임.

하고 행리와 의복을 거두어 가지고 수풀 속으로 들어가니 공자 노주가
29 나귀를 끄을고 고개를 내려 객점(客店)을 찾아갈새, 차시(此時)는 삼경(三
更)이 되었는지라. 점문을 두드리고 소리치니 점인(店人)이 나와 보고 대
경 왈,

"어떤 공자가 이같이 깊은 밤에 창황히 이르뇨?"

공자가 도적 만남을 자시 말하니, 점인이 다시 놀라 왈,

"이곳에서 행인이 도적에게 죽은 재 무수하니 비록 백일(白日)[253]이라도 저같이 고단(孤單)한 행인은 혼자 다니지 못하나니, 금일 수재의 복력(福力)이 무량(無量)하여 명(命)을 보전하도다."

공자가 왈

"내 일찍 들으니 소주(蘇州)는 강남 제일 대읍(大邑)이라 하더니 어찌 관부(官府)에서 도적을 금치 아니하나뇨?"

점인이 냉소(冷笑) 왈,

"공자는 잠깐 앉았으면 자세한 말을 하리이다."

하고 일간(一間) 객실(客室)을 정하여 일행을 안돈(安頓)한 후, 주인이 등잔을 켜고 들어와 봉적(逢賊)한 수말(首末)[254]을 자시 묻고 탄왈(歎曰),

"관부가 비록 머지 아니하나 자사(刺史) 주색에 침닉(沈溺)[255]하여 치민지정(治民之政)을 폐하였으니 뉘 도적을 겸제(箝制)[256]하리오?"

하며 일변 공자의 행구(行具)가 없음을 민망하여, 밤을 지낸 후 하늘이
밝으매 공자가 장차 발행(發行)코자 하나 낭탁(囊橐)[257]이 비었으니 진퇴
30 양난(進退兩難)하여 정히 근심하더니, 홀연 양개(兩個) 소년이 들어오거
늘 눈을 들어 보니 수중(手中)에 각각 궁시(弓矢)를 들고 호협(豪俠)한 거
동이 얼굴에 나타나더라.

---

253) 백일(白日): 대낮.
254) 수말(首末): 처음부터 끝까지의 과정.
255) 침닉(沈溺): (술이나 여자에) 빠짐.
256) 겸제(箝制): (말에 재갈을 물리듯이) 자유를 구속하여 억누름.
257) 낭탁(囊橐): 주머니.

일변 주인을 불러 술을 가져오라하며 창곡(昌曲) 노주(奴主)가 소졸(疏拙)[258]이 앉았음을 보고 문왈,

"수재(秀才)는 어떤 사람이뇨?"

공자가 대왈

"황성으로 올라가나이다."

기인(其人)이 우(又) 문왈,

"수재의 나이가 몇이뇨?"

대왈,

"십륙 세니이다."

소년 왈

"나이 어린 수재 행색이 어찌 그리 고단하뇨?"

공자가 왈

"집이 가난하여 기구(器具)를 갖추지 못한 중에 길에서 도적을 만나 의복과 행구를 잃고 상경할 모책(謀策)이 없나이다."

소년이 소왈

"대장부가 그만 도적을 대적지 못하여 저같이 낭패하니 수재의 무용(無勇)함을 알지라. 수재가 이미 황성으로 갈진대 반드시 응과(應科)하는 선비라. 능히 글을 하느냐?"

공자가 왈

"생이 하토(遐土)[259]에 생장하여 문견(聞見)이 고루하니 비록 약간 글을 배웠으나 성편(成篇)[260]치 못하나이다."

소년 왈,

"수재는 너무 겸사(謙辭)치 말라. 내 한 계교가 있어 수재로 하여금 행자(行資)[261]를 얻게 하리라. 명일(明日) 소주자사가 압강정(壓江亭)에

258) 소졸(疏拙): 어색하고 초라함.

259) 하토(遐土): 수도(首都)에서 멀리 떨어진 곳.

260) 성편(成篇): 시문(詩文) 따위를 지어 완성된 한 편을 이룸.

31 대연(大宴)을 배설(排設)하고 소(蘇) · 항(杭)[262] 양주(兩州) 문장재사(文
章才士)를 모아 압강정시(壓江亭詩)를 지어 장원하는 자를 중상(重賞)
한다 하니, 수재가 만일 시율(詩律)에 재주가 있을진대 황성 갈 행자
(行資)를 어찌 근심하리오?"

그 중의 일개 소년이 또 웃어 왈,

"더욱 묘한 곡절이 있나니, 비록 연기(年紀) 성장(成長)치 못하였으
나 종시(終是) 남자라. 이러한 일을 알아도 무방할까 하노라. 강남(江
南) 삼십육주(三十六州) 기악(妓樂)에 항주(杭州)가 제일이요, 항주 삼
십육방 중의 이름난 기녀 중에 강남홍(江南紅)이 일등이니, 강남홍의
문장 재화와 용모 재질이 기녀 중 독보(獨步)하니 자사수령(刺史守令)
이 심복(心服)지 아니한 자가 없으나, 저의 성품이 저의 뜻에 들지 아
니한즉 죽기로써 몸을 허치 아니하매, 홍의 나이가 지금 십사 세에
감히 가까이 한 자가 없더니, 방금 소주자사는 승상 황희병의 아들이
니 풍류주색(風流酒色)에 재화(才華)를 겸전(兼全)하고 연기 삼십에
인물이 동탕(動蕩)[263]하니, 방계곡경(方計曲徑)[264]으로 강남홍을 달래
며 좌우에 두고자 하여 명일 압강정에서 잔치함이 전혀 홍(紅)을 위
함이니 그 중에 반드시 장관(壯觀)이 있을 듯하나, 우리는 무부(武夫)
32 라 문인 좌석에 참예(參預)치 못하거니와 수재는 가 구경함이 좋을까
하노라."

공자가 소왈,

"나는 본디 무재(無才)한 아이라. 이러한 승회(勝會)[265]에 어찌 참예
하리오?"

---

261) 행자(行資): 먼 길을 오가는데 드는 비용.

262) 소(蘇) · 항(杭): 소주와 항주.

263) 동탕(動蕩): 토실토실하고 잘 생김.

264) 방계곡경(方計曲徑): 개인의 이익을 위하여 취하는 바르지 못한 방법.

265) 승회(勝會): 성대한 모임.

두 소년이 대소(大笑)하고 금낭(錦囊)을 열고 주채(酒債)를 준 후에 가거늘, 공자가 심중에 생각하되 '황자사가 조정명리(朝廷命吏)[266]로 주색에 침닉(沈溺)하여 정사(政事)를 폐하니 내 구태여 대하고자 함이 아니나, 이제 박액(迫阨)[267]한 정세를 당하여 진퇴무로(進退無路)하니 소년의 말대로 일시(一時) 권도(權道)[268]를 써 일장가소지사(一場可笑之事)[269]를 보리라.' 하고 또 스스로 웃어 왈,

"강남은 천하에 유명한 곳이라. 문장과 물색이 가장 구경할 만할 것이요, 강남홍은 어떤 기녀(妓女)완대 이렇듯 교만한고."

하여 풍류남자의 호방한 마음이 일시에 맹동(猛動)하여 주인을 불러 왈,

"압강정이 여기서 몇 리나 되나뇨?"

대왈,

"삼십 리니이다."

공자가 왈,

"내 이제 의관(衣冠)이 없어 길에 날 수 없으니 저 나귀를 점중(店中)에 주고 우리 노주(奴主)의 조석(朝夕)을 하여줌이 어떠하뇨?"

주인이 대왈,

"심상(尋常)한 행인(行人)이라도 행자(行資)가 없은즉 괄시치 못하려
든 하물며 공자의 비범하신 풍채를 그윽이 흠앙(欽仰)하나니 수일 조 33
석(朝夕) 진괴[270]를 어찌 어려워하리오."

양공자가 대희(大喜)하여 노주가 다시 일일(一日)을 점중에서 쉬고, 익일(翌日)에 주인에게 압강정 구경감을 말하고 의관(衣冠)을 빌림을 청하니 점주(店主)가 즉시 주거늘, 공자가 의관을 정제하고 동자를 데리고 동

266) 조정명리(朝廷命吏): 조정에서 명을 받은 관리.
267) 박액(迫阨): 곤궁하고 답답함.
268) 권도(權道): 그때그때 형편에 따라서 임기응변으로 일을 처리하는 방도.
269) 일장가소지사(一場可笑之事): 한바탕 웃을 만한 일.
270) 진괴: '진지'라는 의미. '진지'는 식사의 높임말.

으로 수십 리를 행하여 압강정으로 가니.

하회(下回) 어찌 된고? 석람(釋覽)하라.[271]

세(歲) 무신(戊申) 사월일 향목동 서(書)

271) 하회(下回) 어찌 된고? 석람(釋覽)하라: '다음 회는 어떻게 될 것인가 잘 보라'는 내용으로, 장회소설의 한 회 마지막에 상투적으로 붙는 구절.

옥루몽 권지이

화설. 공자가 동자를 데리고 수십 리를 행하여 가니 산천이 명려(明麗) 1
하고 물색(物色)이 번화하여 곳곳이 경개절승(景槪絶勝)하더라. 공자가
심중에 헤오되, "압강정(壓江亭)이 반드시 물가에 있을 것이니 내 물을
따라 가보리라." 하고, 또 수리(數里)를 행하매 강색(江色)이 광활하고 산
색이 아름다워, 백운(白雲)은 취수(翠水)에 어리고 백구(白鷗)는 명사(明
沙)에 벌였으니 압강정이 멀지 않음을 알지라. 다시 수리를 행하니 풍편
(風便)[1]에 사죽(絲竹)[2] 소리 은은하게 들리며 과연 일좌(一座)[3] 패루(牌
樓)[4]가 강변에 표묘(縹渺)[5]하고 정하(亭下)에 거마(車馬)와 사람이 물 끓
듯 하거늘, 정상(亭上)을 바라보니 푸른 기와에 붉은 난간이 반공(半空)에
표묘(縹渺)하고, 금자(金字)로 현판(懸板)[6]에 썼으되, '압강정'이라 하였더
라. 아름다운 풍류와 청아한 노래 소리 누대(樓臺)를 흔들거늘, 양(楊)공
자가 동자를 돌아보아 왈,

"너는 여기서 기다리라."

---

1) 풍편(風便): 바람결.
2) 사죽(絲竹): 현악기와 죽관악기(竹管樂器)의 총칭으로, 보편적으로 음악을 일컫는 말.
3) 일좌(一座): 한 채. 이때 좌(座)는 산이나 건축물 등의 고정된 물체를 셀 때 쓰는 단위.
4) 패루(牌樓): 중국 거리에 세우던 큰 문.
5) 표묘(縹渺): 멀리 희미하게 보이는 모양.
6) 현판(懸板): 글씨 따위를 써서 문 위의 벽 같은 곳에 다는 널조각.

하고, 바로 정하(亭下)에 다다라 모든 소(蘇) · 항(杭) 선비를 좇아 정상에
2 올라보니, 그 정자가 너르기 수백 간이요, 금벽단창(金壁丹靑)이 휘황찬
란하니 짐짓[7] 강남 중 제일 누대러라. 동편(東便) 교의(交椅)[8] 위에 홍포
오사(紅袍烏紗)[9]로 반취(半醉)하여 앉은 자는 소주자사 황여옥(黃汝玉)이
요, 서편 교의 위에 창안학발(蒼顔鶴髮)[10]로 숙연(肅然)하게 앉은 이는 항
주자사 윤형문(尹衡文)이라. 윤자사가 위인(爲人)이 관홍(寬弘)[11]하여 비
록 항주자사와 연기부적(年紀不適)[12]하나 인읍지의(隣邑之誼)로 간청함
을 인하여 옴이라.

차시(此時) 소 · 항 문사가 정상(亭上)에 가득하여 각각 의관을 선명하
고 용지(容止)를 아름다이 하여 동서로 분좌(分坐)[13]하매, 양부(兩府) 기
녀 백여 명이 주취홍장(朱翠紅粧)[14]으로 좌우에 벌여 아리따운 웃음과
교연(嬌姸)한 태도로 안색을 자랑하여 풍정(風情)을 희롱하거늘, 양공자
가 추수양안(秋水兩眼)[15]을 흘려 살펴보니 그 중에 일개 미인이 불언불
소(不言不笑)하고 표연(飄然)히 앉았으니, 옥 같은 귀밑에 운빈(雲鬢)이
삼사(鬖髿)[16]하고 파리한 옥안(玉顔)에 춘광(春光)이 초췌하여 냉담(冷淡)
한 기상은 빙호추월(氷壺秋月)[17]의 정신을 머금었고 총명한 자질은 창해
3 명주(滄海明珠)[18]가 광채를 감추었으니, 침향정(沈香亭)[19] 상의 조로(朝

---

7) 짐짓: 과연.
8) 교의(交椅): 다리가 교차되어 접을 수 있게 된 의자.
9) 홍포오사(紅袍烏紗): 붉은 색의 도포와 검은 깁으로 만든 모자. 모두 벼슬아치들이 착용함.
10) 창안학발(蒼顔鶴髮): 나이가 먹어 여윈 얼굴과 하얗게 센 머리.
11) 관홍(寬弘): 관대하고 도량이 넓음.
12) 연기부적(年紀不適): 서로의 나이가 어울릴 만하지 않음.
13) 분좌(分坐): 나누어 앉음.
14) 주취홍장(朱翠紅粧): 여인의 성장(盛妝).
15) 추수양안(秋水兩眼): 가을물 같이 맑고 깨끗한 두 눈.
16) 삼사(鬖髿): 머리가 헝클어진 모양.
17) 빙호추월(氷壺秋月): 아주 깨끗하고 맑은 마음을 비유한 말.

露)를 머금은 해당화에 비유할 배 아니라. 공자가 심중에 생각하되, '내 경성경국지색(傾城傾國之色)[20]을 옛 글에 들었더니 이제 보는지라. 이는 반드시 심상(尋常)한 여자가 아니라, 소년이 말하던 바 강남홍(江南紅)이로다.' 하고 여러 선비를 좇아 말석(末席)에 앉으니, 이때 강남홍이 또한 일쌍추파(一雙秋波)[21]를 흘려 석상(席上)의 모든 문사를 살펴보매, 방탕한 거동과 용속(庸俗)[22]한 말씀이 모두 녹록지배(碌碌之輩)[23]로되 그 중에 일개 수재 말석(末席)에 앉았으니, 초초(草草)[24]한 의복과 서어(齟齬)[25]한 행색이 비록 빈한(貧寒)한 선비나 표일(飄逸)한 기상과 동탕(動蕩)한 풍도(風度)가 일좌(一座)의 제일이니, 단산서봉(丹山瑞鳳)[26]이 계군(鷄群)에 처(處)하고 창해신룡(滄海神龍)이 풍운(風雲)을 희롱하는 듯하거늘, 홍낭이 심중(心中)에 놀라 왈,

"내 청루(青樓)[27]에 처하여 열인(閱人)[28]함이 허다하나 어찌 저 같은 기남자(奇男子)를 보았으리오?"

---

18) 창해명주(滄海明珠): 넓고 큰 바다에 빠진 아름다운 구슬. 원래는 '창해유주(滄海遺珠)'라는 말로 현자(賢者)가 그 재주를 인정받지 못하는 비유로 쓰임.

19) 침향정(沈香亭): 당나라 때 궁중에 세워졌던 정자 이름. 침향목으로 지었다고 함.

20) 경성경국지색(傾城傾國之色): 한나라 때에 이연년(李延年)이 무제 앞에서 부른 노래 가사 "북방에 미인 있으니 세상에 다시 없이 빼어났네. 한번 돌아보면 성을 기울게 하고 또 돌아보면 나라를 기울게 한다네(北方有佳人 絶世而獨立 一顧傾人城 再顧傾人國)"에서 유래되어 생긴 말. 임금이 홀딱 반하여 정사에 무심해질 정도로 아름다운 여인이라는 뜻.

21) 일쌍추파(一雙秋波): 맑고 아름다운 미인의 눈길.

22) 용속(庸俗): 평범하고 속되어 이렇다할 특징이 없음.

23) 녹록지배(碌碌之輩): 보잘것 없는 무리.

24) 초초(草草): 갖출 것을 다 갖추지 못하여 초라함.

25) 서어(齟齬): 어색하고 제대로 갖추지 못함.

26) 단산서봉(丹山瑞鳳): 단산은 산 이름으로 금옥(金玉)이 많이 나는 곳. 그 곳엔 오채(五彩)의 무늬가 있는 봉황이 있다고 함.

27) 청루(青樓): 푸른색으로 칠한 화려한 집으로, 기녀의 집을 말함.

28) 열인(閱人): 사람을 많이 겪어봄.

하고 자주 눈을 들어 그 거동을 살피니, 공자가 또한 정신을 쏘아 은근히 보더라.

4 황자사 모든 선비를 정상(亭上)에 모으고 홍낭을 돌아보아 왈,

"압강정은 강남 중 제일 누대라. 금일 제공(諸公)의 문장재화(文章才華)가 만좌(滿座)하니 홍낭은 맑은 노래 한 곡조를 화(和)하여 제공의 흥치를 도움이 어떠하뇨?"

홍낭이 머리를 숙이고 침음양구(沈吟良久)[29]에 대왈,

"상공이 이제 문인재사(文人才士)가 좌우에 가득하였으니 어찌 시속(時俗) 노래로 제빈(諸賓)의 귀를 더럽히릿고? 마땅히 제공의 금수문장(錦繡文章)을 빌어 황하(黃河) · 백운(白雲)[30]의 아담한 곡조를 화답함이 좋을까 하나이다."

모든 선비 일제히 용약(踊躍)[31]하니 황자사가 심중에 불열(不悅)하여 생각하되, '내 오늘 놀음에 풍류수단(風流手段)을 부려 홍낭을 뵈고자 하였더니, 만일 좌중에 왕창령(王昌齡)[32]의 재주가 있은 즉 내 어찌 도로혀[33] 무색(無色)지 않으리오? 그러하나 홍낭의 뜻이 이러하고 모든 선비 용약하니 만일 저희(沮戲)[34]하면 더욱 용속(庸俗)한 일이라. 내 먼저 일수(一首) 시를 지어 좌중을 압두(壓頭)[35]하여 홍낭으로 하여금 나의 재주를 알게 하리라.' 하고 흔연(欣然)히 웃어 왈,

"홍낭의 말이 정히 내 뜻과 같으니 시제(詩題)를 바삐 내리라."

5 하고 모든 선비를 각각 채전(彩箋)[36]을 주어 압강정 시를 지으라 한대,

---

29) 침음양구(沈吟良久): 오랫동안 깊이 생각함.
30) 황하(黃河) · 백운(白雲): 가곡(歌曲)의 이름.
31) 용약(踊躍): 좋아서 뜀.
32) 왕창령(王昌齡): 당나라 때 시인으로 변새풍(邊塞風)의 시를 잘 씀.
33) 도로혀: 도리어.
34) 저희(沮戲): 귀찮게 하여 방해함.
35) 압두(壓頭): 압도해서 앞서거나 또는 첫째 자리를 차지함.
36) 채전(彩箋): 시를 쓰기 위해서 사용하는 무늬가 있는 색종이.

소 · 항 다사(多士)가 분분(紛紛)히 붓을 빼어 재주를 다툴새, 황자사가 즉시 몸을 일어 방중에 들어가 서안(書案)을 의지하여 글귀를 생각하나 의사(意思)가 삭막하여 착급(着急)[37]함을 이기지 못하여 눈쌀을 찌푸리고 좌불안석(坐不安席)하더니, 이윽고 모든 선비가 글을 다 지었거늘, 황자사 다시 좌상에 나와 소왈,

"석일(昔日)에 조자건(曹子建)[38]이 칠보성시(七步成詩)[39]를 하였거늘 이제 제공은 반일(半日)에 바야흐로 일수시(一首詩)를 성편(成篇)하니 어찌 그리 더디뇨?"

하더라.

차시(此時) 홍낭이 추파(秋波)를 가만히 흘리며 미소하고 생각하는 바 없이 채전(彩箋)을 펴고 경각(頃刻)에 삼장시(三章詩)를 이뤄 석상(席上)에 던지며, 짐짓 소 · 항 선비의 글을 취하여 수십여 장을 보나 도시(都是)[40] 용속지재(庸俗之才)[41]요, 일개(一個)도 출중한 글이 없거늘, 아미(蛾眉)를 찡그리며 바야흐로 양공자의 글을 집어보매, 먼저 필법이 찬란하여 용사(龍蛇)가 비등(飛騰)하고[42] 풍운이 일어나니 이미 안목(眼目)이 휘

---

37) 착급(着急): 몹시 급함.

38) 조자건(曹子建): 이름은 식(植)이고 자건은 자(字). 조조의 둘째 아들이며 조비(曹丕)의 친동생. 조조는 조식의 뛰어난 재주와 대범한 성품을 총애하여 여러 번 태자로 삼고자 했음. 이 때문에 조비에게 미움을 받았고 조비가 문제(文帝)로 즉위한 후엔 등용되지 못하고 거의 해마다 새 봉지(封地)에 옮겨 살도록 강요받았음. 그는 엄격한 감시 하에 신변의 위험을 느끼며 불우한 나날을 보내다가 마지막 봉지인 진(陳)에서 41세의 나이로 죽었음.

39) 칠보성시(七步成詩): 빠른 시간 내에 시를 짓는 것을 의미함. 이 일의 유래는 문제(文帝)가 조식에게 일곱 걸음 안에 시를 지으라고 명한 일에서 비롯됨. 문제는 조식이 시를 짓지 못하면 극형에 처하려고 하였지만, 조식은 명이 떨어지자마자 곧장 형제의 불화를 소재로 '콩을 삶기 위하여 콩대를 태우나니, 콩이 가마 속에서 우나니 본디 한 뿌리에서 같이 태어났거늘, 서로 괴롭히기가 어찌 이리 심할까(煮豆燃豆萁 豆在釜中泣 本是同根生 相煎何太急)'라는 시를 지었음.

40) 도시(都是): 도무지. 전혀.

41) 용속지재(庸俗之才): 평범하고 속되어 보잘 것이 없는 재주.

황(輝煌)하고, 다시 글을 보매 건안재사(建安才士)[43]의 기이한 수단과 성
6 당제공(盛唐諸公)의 최찬(璀璨)[44]한 재사(才思) 있고, 포참군(鮑參軍)[45]의
준일(俊逸)함과 유개부(庾開府)[46]의 청신(淸新)함을 겸하였으니 짐짓[47]
수중지월(水中之月)이요, 경중지화(鏡中之花)[48]라.

그 글 제일장에 왈,

최외정자대강두(崔嵬亭子大江頭)
높은 정자가 큰 강 머리에 있으니
화동주란압벽류(畵棟朱欄壓碧流)
그림 그린 기둥과 붉은 난간이 푸른 물을 둘렀더라
백조관문종경향(白鳥慣聞鐘磬響)
흰 새가 종경소리를 익히 들었으니
석양점점낙평주(夕陽點點落平洲)
석양에 점점이 물가에 떨었더라

제이장에 왈,

평사롱월수롱연(平沙籠月水籠煙)
모래에 달이 어롱지고 물에 연기 어롱지니

---

42) 용사(龍蛇)가 비등(飛騰)하고: 글씨의 획에 나타난 기세가 용이 나는 듯이 힘참.

43) 건안재사(建安才士): 건안(建安)시대에 문명을 떨치던 일곱 사람. 건안은 한말(漢末) 헌제(獻帝)의 연호.

44) 최찬(璀燦): 빛나고 아름다움.

45) 포참군(鮑參軍): 남조(南朝) 송나라 때 시인. 이름은 포조(鮑照)로 악부에 뛰어났으며, 두보가 그를 준일(俊逸)하다고 높이 평가함.

46) 유개부(庾開府): 북주(北周) 때 사람으로 이름은 유신(庾信). 벼슬을 하면서도 고향을 잊지 못해 강남부(江南賦)를 지었음.

47) 짐짓: 과연, 진실로.

48) 수중지월(水中之月)이요, 경중지화(鏡中之花)라: 엄우(嚴羽)가 뛰어난 시의 미덕을 거론할 때에 한 말. 원래는 경중지화가 아니라 경중지상(鏡中之象)임.

적수공청일색천(積水空淸一色天)
쌓인 물이 맑아 모래와 한 빛이로다
호시군종평지망(好是君從平地望)
좋다! 그대가 평지에서 바라보니
화중누각경중선(畵中樓閣鏡中仙)
화중누각이요, 거울 속의 신선이로다

제삼장에 왈,

강남팔월문향풍(江南八月聞香風)
강남 팔월의 이상한 향내를 들으니
만타하화일타홍(萬朶荷花一朶紅)
일만 떨기 연꽃에 한 떨기 붉었도다
막타원앙화하기(莫打鴛鴦花下起)
원앙을 때려 꽃 아래 일어나게 마소
원앙비거절화총(鴛鴦飛去折花叢)
원앙이 날아가면 꽃떨기 떨어질까

홍낭이 이윽히[49] 보다가 홀연 푸른 눈썹을 들고 단순(丹脣)[50]이 열리
며 머리에 꽂은 금봉차(金鳳叉)[51]를 빼어 주호(酒壺)[52]를 치며 알연(戛然)
히[53] 맑은 목으로 노래하니, 남전(藍田)[54] 편옥(玉)이 석상(石上)에 바아
지고,[55] 청천(靑天) 고학(孤鶴)이 벽공(碧空)에 소리하는 듯, 양진(樑塵)이 7

49) 이윽이: 한참동안.
50) 단순(丹脣): 여자의 붉고 고운 입술.
51) 금봉차(金鳳叉): 봉황을 새긴 금비녀.
52) 주호(酒壺): 술병.
53) 알연(戛然)히: 학이 길게 우는 듯한 소리의 형용.
54) 남전(藍田): 섬서성(陝西省) 위하(渭河) 평원(平原) 남쪽에 있는 현(縣)의 이름으로, 좋은 옥의 산지(產地)로 유명함.
55) 바아지고: 부서지고.

날아가며[56] 청풍(淸風)이 삽삽(颯颯)하거늘, 일좌(一座)가 홀연 변색(變色)하고 소·항 문사가 돌아보며 뉘 글임을 모르더라.

홍낭이 노래를 마친 후 채전(彩箋)을 들어 양자사(兩刺史)께 드리니, 황자사는 가장 불평한 빛이 있고 윤자사 재삼 읊으며 격절(擊節)[57] 칭찬하고 이름을 바삐 떼어봄을 재촉하니, 홍낭이 심중에 생각하되, '내 비록 조감(藻鑑)[58]이 없으나 평생의 지기(知己)를 만나 일생을 의탁고자 하되, 풍채를 가진 자는 한묵(翰墨)의 사업을 기필(期必)치 못하며 이(李)·두(杜)[59]의 문장을 품은 자는 장경(長卿)[60]의 방탕함이 많으니, 다 나의 소원이 아니라. 뜻밖에 저 말석(末席)에 앉은 수재가 구슬을 흩으며 석상(席上)의 보배 될 줄 알았으리오.[61] 이는 하늘이 홍낭을 불쌍히 여겨 짝을 정하샤 영웅 군자의 개세풍류(蓋世風流)[62]함으로 홍의 소원을 이뤄 주시도다. 비록 그러하나 수재의 행색이 소·항 선비가 아니라, 만일 성명(姓名)을 노출한즉 황자사의 방탕무례함과 모든 문사의 간활(奸猾)함으로 필경 재조를 시기하여 고단한 수재를 곤(困)케 하리니, 어찌하면 좋으
8 리오.' 하여, 한 계교를 생각하고 양 자사께 고왈,

"첩이 금일 제공의 글을 한 번 창화(唱和)[63]함은 승회(勝會)[64]의 환소(歡笑)를 돕고자 함이요, 구태여 그 재주의 우열을 빠혀[65] 좌중의 호

56) 양진(樑塵)이 날아가며: 대들보의 먼지가 날림. 노래를 잘 하는 것의 형용.
57) 격절(擊節): 두들겨 박자를 맞춤.
58) 조감(藻鑑): 인물을 식별하는 안목.
59) 이(李)·두(杜): 이백과 두보.
60) 장경(長卿): 한(漢)나라 때 사람인 사마상여(司馬相如)의 자. 문사(文辭)로 유명하였는데, 임공(臨笻)을 지나다가 과부로 있던 탁문군(卓文君)을 꾀어내어 함께 살았음.
61) 구슬을 흩으며 석상의 보배가 되었다는 것은 양공자가 여러 뛰어난 선비들을 제치고 그 중에서 으뜸이 되었다는 뜻.
62) 개세풍류(蓋世風流): 세상을 뒤덮을 만한 대단한 풍류.
63) 창화(唱和): 노래로 화답함.
64) 승회(勝會): 성대한 모임이나 연회.
65) 빠혀: 뽑아.

흥(好興)을 무색(無色)게 함이 아니오니, 원컨대 그 이름을 드러내지 말으시고 종일 환락(歡樂)하고 떼어 보심이 좋을까 하나이다."

양 자사 허락하니, 양공자는 총명한 남자라 어찌 홍낭의 뜻을 모르리오. 그 위인을 탄복하더라.

아이오[66] 배반(盃盤)을 내와 낙성연(落成宴)[67]을 할새, 봉관용생(鳳管龍笙)[68]과 청가묘무(清歌妙舞)[69]로 즐기더니, 이윽고 양 자사가 주흥이 도도하여 제기(諸妓)를 명하여 모든 좌중에 각각 잔을 드릴새, 공자가 본디 일두(一斗)를 사양치 않을 주량(酒量)이 있더니 연(連)하여[70] 사양치 아니하고 마시매 잠깐 취기 있으니, 홍낭이 공자의 실수함이 있을까 염려하여 몸을 일어 제기(諸妓)와 한가지로 행배(行杯)[71]함을 청하고 차례로 잔을 드릴새, 공자에게 미쳐는[72] 짐짓[73] 잔을 석상(席上)에 엎지르고 놀라는 체하니, 공자가 그 뜻을 알고 거짓 대취한 체 하여 순배(巡盃)를 고사(固辭)[74]하더라.

술이 다시 십여 배에 지남에 좌중이 대취하여 거조(擧措)가 착란(錯亂)
하고 말씀이 해태(懈怠)하더니, 소 · 항 선비 중 수인(數人)이 몸을 일어 9
자사께 청왈,

"소생 등이 승회(勝會)에 참예(參預)하여 황잡(荒雜)한 글로 홍낭의 고안(高眼)을 속이지 못하였으니 원망할 배 없사오나, 들으니 홍낭이 화답한 글이 소 · 항 선비의 글이 아닌가 하오니, 생(生) 등이 그 근본

---

66) 아이오: 이윽고. 잠시 후.
67) 낙성연(落成宴): 건물이 완성됨을 축하하는 잔치.
68) 봉관용생(鳳管龍笙): 봉황을 새긴 피리와 용을 새긴 생황.
69) 청가묘무(清歌妙舞): 맑은 목소리로 부르는 노래와 교묘하게 잘 추는 춤.
70) 연하여: 계속하여.
71) 행배(行杯): 잔에 술을 부어 돌림.
72) 미쳐는: 이르러서는.
73) 짐짓: 일부러.
74) 고사(固辭): 권유를 굳이 거절함.

을 찾아 다시 계교(計較)[75]하여 자웅(雌雄)을 결단하여 소 · 항 양주(兩州)의 수치를 씻고자 하나이다."

자사가 미처 답지 못하여서 홍낭이 심중에 대경하여 왈,

"저 무리 취중의 분울(憤鬱)[76]함이 이 같으니 수재 반드시 그 화(禍)를 받을지라. 내 아니 구치 못하리라."

하고 수중(手中)에 단판(檀板)[77]을 들고 좌(座)에 나가 가로되,

"소 · 항 문장이 천하에 유명함을 세상이 아는 배라. 지금 선비의 분울(憤鬱)하심은 첩의 식안(識眼)이 불명(不明)한 죄라. 날이 이미 저물었고 좌중이 다 취하였거늘 다시 시문(詩文)을 의논함은 불가하오니 첩이 마땅히 두어 곡조 노래로 제공의 취흥(醉興)을 도와 첩의 불명(不明)한 죄를 속(贖)하여지이다."

윤자사가 웃고 칭찬하니, 홍낭이 아미(蛾眉)를 숙이고 단판을 치고 강남농(江南弄)[78] 두어 곡조를 부르니, 그 노래에 왈,

동정호 밝은 달에 채련(採蓮)하는 아이들아
십리 청강(淸江)에 배를 띄워 물결이 곱다 마라
네 소리에 잠든 용(龍)이 놀라 깨면 평지에 풍파 일까

제이(第二)에 왈,

청노새 바삐 몰아 저기 가는 저 사람아
해는 지고 길은 머니 주점(酒店)에 쉬지 말고 빨리 돌아갈지어다
급한 바람 급한 비에 옷 젖을까

75) 계교(計較): 서로 견주어 살펴봄.
76) 분울(憤鬱): 분한 마음이 일어나 답답함.
77) 단판(檀板): 박자를 맞추어 치는 목판(木板).
78) 강남농(江南弄): 악부(樂府) 청상곡(淸商曲)의 이름.

제삼(第三)에 왈,

항주성 돌아들 제 대도(大道) 청루(靑樓) 집을 삼아
문 앞에 벽도화는 우물 위에 피어 있고 담 머리에 솟은 누각 강남 풍월 분명하다
그 곳에 아이를 불러 오거든 연옥인가

이 노래는 홍낭이 창졸간의 소작(所作)이라. 그 초장은 자사와 모든 선
비가 공자의 재주를 시기하여 풍파가 일어나리란 말이요, 중장은 공자더
러 바삐 돌아가란 말이요, 삼장은 홍낭이 제 집으로 돌아가리란 말이라. 11

이때 자사와 소·항 선비 모두 대취하여 지껄이며 자사도 듣지 못하였으나 양공자의 절인(絶人)한 총명으로 어찌 홍낭의 의사를 모르리오. 심중에 황연대각(惶然大覺)[79]하여 피신할 꾀를 생각하여 즉시 여측(如厠)[80]함을 핑계하고 몸을 일어 누(樓)에 내려가니, 아이오 일락서산(日落西山)하매 등촉을 밝히고 장차 파연(罷宴)코자 하여 황자사가 좌우를 명하여 장원한 글을 가져오라 하여 이름을 떼어보니 여남(汝南) 양창곡이라. 급히 창곡을 찾으나 간 곳이 없다 하거늘, 황자사가 대로(大怒) 왈,

"어떠한 소동(小童)이 우리 승회(勝會)를 만모(慢侮)[81]하여 옛 글을 외워 좌중(座中)을 기롱(欺弄)[82]하고 본색이 탄로할까 두려 가만히 도망하니 어찌 당돌치 않으리오."

하고 좌우를 호령하여 그 소동을 바삐 찾아 들이라 하니, 소·항 선비 중의 무뢰지배(無賴之輩) 일시에 성군작당(成群作黨)[83]하여 팔을 뽐내며 크게 외쳐 왈,

---

79) 황연대각(惶然大覺): 깜짝 놀라 깨달음.
80) 여측(如厠): 변소에 감.
81) 만모(慢侮): 거만한 태도로 업신여김.
82) 기롱(欺弄): 남을 속이거나 놀림.
83) 성군작당(成群作黨): 무리를 이루고 떼를 지음.

"소 · 항 양주는 본디 시주풍류(詩酒風流)로 천하에 유명하거늘, 이
12 제 빌어먹던 아해에게 농락을 받아 승회가 무색하니 이는 우리들의
수치라. 마땅히 이 아해를 잡아 설치(雪恥)[84]하리라."

하고 일제히 일어서니, 아지 못게라, 공자의 성명(性命)이 어찌 된고?

하회(下回)를 분해(分解)하라.[85]

수재항주방청루(秀才杭州訪靑樓)[86]
홍낭월아영중문(紅娘月娥迎中門)[87]

차설(且說). 소 · 항 선비들과 항주 하리(下吏)들이 자사의 분부를 듣고 사면으로 흩어져 찾으되, 그 거취를 아지 못할지라. 하릴없어 돌아와 자사를 보고 수말(首末)을 갖춰 고한대, 자사가 분연(憤然) 왈,

"여등(汝等)이 필연 그 아해의 달램을 인하여 뇌물을 받고 놓아 보냄이로다."

하거늘, 제졸(諸卒)이 복지(伏地) 왈,

"소인 등이 어찌 노야(老爺)[88]의 엄령(嚴令)을 항거하여 사죄(死罪)를 지으리잇고? 과연 사면(四面)을 찾으되 형영(形影)[89]이 없기로 그저 돌아왔나이다."

자사가 왈,

---

84) 설치(雪恥): 부끄러움을 씻음.

85) 하회(下回)를 분해(分解)하라: '다음 회를 또 들어보라.'는 말로, 장회소설의 한 회 마지막에 상투적으로 붙는 구절.

86) 수재항주방청루(秀才杭州訪靑樓): 수재가 항주로 와서 청루를 찾다.

87) 홍낭월아영중문(紅娘月娥迎中門): 홍낭이 월궁항아가 되어 중문에서 맞이하다. 원문에는 '중문'이 '초문'으로 되어있으나, 내용 중에 '중문'에서 양공자를 맞이하는 부분이 있어 수정하였음.

88) 노야(老爺): (성이나 직함 뒤에 쓰여) 남을 높여 부르는 말.

89) 형영(形影): 형체와 그림자.

"이 아해 일야지간(一夜之間)에 어찌 종적이 없으리오? 가히 괴상한 일이로다."

하고 다시 가동(家僮)을 분부하여 홍낭을 부르니 홍낭이 들어오되, 자사가 문왈,

"네 그 수자(竪子)[90]의 근본을 알거든 실진무은(悉陳無隱)[91]하라."

홍낭이 대왈,

"천첩은 항주 창기요, 저는 여남(汝南) 사람이라. 그 근본을 어이 알 13
리잇고?"

자사가 침음묵연(沈吟默然)[92]이어늘, 소 · 항 다사(多士) 일제히 고왈,

"소생 등이 지은 글이 홍낭의 노래에 오르지 못함을 부끄리나니 이제 한 번 홍낭의 읊음을 얻은즉 한(恨)이 없을까 하나이다."

황자사가 점두(點頭)[93]하고 눈으로 홍낭을 보니, 홍낭이 미소하고 좌(座)에 나가 아미를 숙이고 옥성(玉聲)을 열어 차례로 외우니 일호차착(一毫差錯)[94]이 없는지라, 좌중이 모두 책책칭선(嘖嘖稱善)[95]하며 홍낭의 총명(聰明)을 놀라더라.

매양 한 편을 외운 후에 홍낭이 제기(諸妓)를 돌아보아 순배(巡杯)를 재촉하니, 차시(此時) 모든 문사가 십분 취하였으나 각각 제 글귀 외움을 영화로이 알아 다투어 잔을 받으며 도로혀 재촉하니, 홍낭이 연하여 육십여 편을 외우매 술이 또한 오륙십 배에 지난지라. 좌상이 진취(盡醉)하여 동퇴서비(東頹西圮)[96]하여 혹 술을 토하고 잔을 엎치며 차례로 엎어

---

90) 수자(竪子): 남을 낮잡아 이르는 말로 풋내기라는 뜻.

91) 실진무은(悉陳無隱): 숨김없이 사실대로 진술함.

92) 침음묵연(沈吟默然): 속으로 깊이 생각하며 아무 말도 하지 않음.

93) 점두(點頭): 승낙하거나 옳다는 듯으로 머리를 약간 끄덕임.

94) 일호차착(一毫差錯): 조금이라도 순서가 틀리거나 앞뒤가 서로 맞지 않음.

95) 책책칭선(嘖嘖稱善): 큰 소리로 떠들며 칭찬함.

96) 동퇴서비(東頹西圮): 동쪽으로 기울고 서쪽으로 기울어진다는 뜻으로, 사람이나 물건, 집 따위가 이리저리 쓰러짐을 이르는 말.

져 인사(人事)를 모르거늘, 황자사가 또한 취안(醉眼)이 몽롱하여 말씀을
14 이루지 못하고 서안(書案)을 의지하여 인사(人事)를 차리지 못하니, 차시
윤자사가 이미 주석(酒席)을 피하여 방중(房中)에 들어가고 나지 아니한
지라. 홍낭이 가만히 윤자사 창두(蒼頭[97])더러 왈,

"내 이미 황자사에게 득죄(得罪)함이 있으므로 익주로 들어가 백부(伯父)에게 의탁고자 하나니 너는 나의 일을 누설치 말라."

하고 머리의 꽂았던 금봉채(金鳳釵)를 빼어주며 왈,

"이것이 값이 천금이라. 너를 주나니 부디 나의 말을 잊지 말라."

하니, 창두는 홍낭의 동향지인(同鄕之人)이요 이미 천금을 얻으니 심중에 대희하여 머리의 푸른 수건과 몸에 입은 푸른 옷과 일쌍초혜(一雙草鞋)를 벗어 주거늘, 홍낭이 다시 장속(裝束[98])을 고친 후 황망히 문을 나서 항주 길을 바라고 십여 리를 행하매, 밤이 이미 삼경이 되었더라.

달빛이 희미하여 겨우 길을 분변(分辨)하고 이슬이 분분(紛紛)하니 옷이 이미 젖었는지라. 주점을 찾아 문을 두드린대, 주인이 나와 반야(半夜[99]) 행색이 괴이함을 물으니, 홍낭이 답왈,

15 "나는 항주로 가는 창두러니 급한 일이 있어 본부(本府)로 가거니와 이 길로 어떤 수재 지나지 아니하더냐?"

점인(店人)이 답왈,

"우리 점문(店門)을 닫은 지 오래지 아니하고 나는 술 파는 사람이라 야심(夜深)토록 앉았으나 수재를 보지 못하였노라."

홍낭이 청파(聽罷)[100]에 더욱 착급(着急)[101]하여 주인을 망망(忙忙)이 작별하고 또 십여 리를 행하여, 길에 오는 사람이 있은즉 문득 수재의 행색을 탐문하되 다 '보지 못하였다.' 하거늘, 홍낭이 심신이 황홀하여 길

---

97) 창두(蒼頭): 노복(奴僕).
98) 장속(裝束): 몸차림을 갖추어 꾸미는 것.
99) 반야(半夜): 한 밤중.
100) 청파(聽罷): 듣고 나서.
101) 착급(着急): 몹시 급함.

가에 앉아 생각하되, ‘양공자가 이 길로 가신즉 반드시 만날 자가 있을 것이로되 이제 오는 자가 다 보지 못하였다 하니, 이는 소루(疏漏)[102]함이 있어 무뢰배에게 잡혀 큰 욕을 당함이 있는가? 내 어찌 홀로 평안히 돌아가리오. 차라리 도로 들어가 공자의 화를 대신하리라.’ 하고 소주 길로 향하여 오니라.

차시(此時) 양공자가 여측(如厠)함을 핑계하여 누(樓)에 내려 동자를 데리고 다시 점중(店中)에 들어와 주인을 보고 왈,

“내 마음이 바쁘고 행자(行資)를 취치 못하였으니 저 나귀를 점중
(店中)에 두고 갔다가 돌아오는 길에 찾아가리라.” 16

주인이 소왈,

“비록 일시간(一時間)이라도 주객지의(主客之誼)[103] 있거늘 이런 말을 듣지 않으리라.”

하고 나귀를 도로 주고 원로(遠路)에 보중(保重)하심을 이르니, 공자가 사양치 못하여 후일을 기약하고 주인을 작별한 후 동자로 나귀를 몰아 행하며 심중에 자저(赼趄)[104] 왈,

“홍낭이 아까 제 집을 정녕(丁寧)[105]히 가르치나 내 이제 초행(初行)이니 어찌 도로(道路)에 방황하리오.”

하다가 다시 생각하되, ‘홍낭은 무쌍(無雙)한 국색(國色)이라. 사기(事機) 공교하여 이같이 만났으니, 내 또한 장부의 마음이라 어찌 그 은근한 뜻을 저버리리오. 이제 찾아가 봄이 옳도다.’ 하고 나귀를 몰아 행할새, 밤이 깊고 행인이 희소(稀少)하고 길이 희미하거늘, 한 주점을 찾아 문을 두드리니 주인이 나와 보고 혼자 말로 가로되,

“이제야 오도다.”

---

102) 소루(疏漏): (하는 생각이나 일 따위가) 꼼꼼하지 못하고 소홀함.

103) 주객지의(主客之誼): 주인과 손님으로 만난 친분.

104) 자저(赼趄): 머뭇거리며 망설임.

105) 정녕(丁寧): 태도가 매우 간곡함.

하거늘, 공자가 괴히 여겨 문왈,

"내 주인과 안면이 없거늘 어찌 이제야 옴을 말하느뇨?"

주인 왈,

"아까 일개 창두(蒼頭)가 급히 항주로 가며 수재의 행색을 탐문(探問)하는 고로 그리하니이다."

17 공자가 우(又) 문왈,

"그 창두가 무슨 일로 간다 하더뇨?"

주인 왈,

"그는 미처 묻지 못하였노라."

공자가 다시 묻지 아니하고 나귀를 몰아갈새 심중에 의혹하여 왈,

"홍낭의 노래에 '주점에서 쉬지 말라.' 하거늘 내 부질없이 들어왔도다. 그 창두는 반드시 황자사의 창두라 나를 찾음이로다. 만일 서로 만난즉 어찌 불행치 않으리오?"

하며 수리(數里)를 행하매 원촌(遠村)의 닭의 소리 악악(喔喔)[106]하며 동방이 의희(依俙)[107]한 중 멀리 바라보매 일개 창두가 망망(忙忙)이 마주 나오거늘 공자가 헤오되, '저기 오는 자가 필연 소주(蘇州) 창두라. 내 종적을 보지 못하고 돌아옴이라. 내 잠깐 피하리라.' 하고 걸음을 도로혀 길가 수풀을 찾아 은신하여 섰으니, 그 창두가 가장 급히 걸어 지나매 공자가 다시 나귀를 채 쳐 수십 리를 행하니 하늘이 이미 밝은지라. 행인(行人)더러 항주 이수(里數)를 물으니 불과 삼십여 리가 남았더라.

한 곳에 이르니 산이 낮고 물이 많아 명기(明氣)[108] 가득하여 그림 속
18 같고, 언덕의 버들과 물가의 누각이 경개절승하여 큰 다리 공중에 무지
개를 이뤘고 열두 구비 석난간(石欄干)이 백옥을 아로새겨 햇빛이 영롱
하니 이는 소공제(蘇公堤)[109]라. 석일(昔日)에 송나라 소동파가 항주자사

106) 악악(喔喔): 닭이나 새가 우는 소리.

107) 의희(依俙): 어렴풋함.

108) 명기(明氣): 맑고 아름다운 산천의 기운.

로 서호(西湖)의 물을 인하여 장제(長堤)를 모으고[110] 이 다리를 놓았으니, 위에 정자를 지어 칠팔월(七八月)에 연화(蓮花)가 성개(盛開)한즉 제기(諸妓)를 데리고 수중(水中)에 채련(採蓮)하며 놀던 곳이라.

공자가 풍광(風光)에 뜻이 없어 바로 성문(城門)에 들어 대로(大路)로 좇아 갈새 인물이 번화하고 시정(市井)이 조밀하여 소주(蘇州)에 비할 배 아니라. 청루주사(青樓酒肆)가 길에 무수하여 곳곳이 붉은 기를 누전(樓前)에 꽂았으니, 공자가 나귀를 몰아 문전(門前) 벽도화 핀 곳을 살피되, 보지 못하매 심중에 의혹하여 묻고자 하나 수재로 청루를 찾음이 괴이한지라. 이에 길가 주점에 나귀를 내려 쉬는 체하고 술 파는 노파더러 왈,

"저 길 가에 기 꽂은 곳이 다 뉘 집인다?"

노파가 소왈,

"공자가 이곳을 처음으로 보는도다. 저 기 꽂은 집은 다 청루라. 항
주 청루가 모두 칠십이처(七十二處)니, 내교방(內教坊)이 삼십육 처요 19
외교방(外教坊)이 삼십육 처니, 외교방에는 창녀(娼女)가 있고 내교방
에는 기녀(妓女)가 있어 내외 교방이 현수(懸殊)[111]하니이다."

공자가 소왈,

"내 옛 글을 보매 창기(娼妓)는 일류(一類)[112]라. 무슨 분간이 있으리오?"

파(婆)가 왈,

"다른 곳에서는 분간이 없으나 우리 항주에서는 창기의 분간이 절엄(絶嚴)하니, 창녀는 외교방에 처하여 행인(行人)과 객(客)을 보고자 한즉 마음대로 할 것이요, 기녀라 하는 것은 내교방에 처하여 그 품수

---

109) 소공제(蘇公堤): 북송 원우(元祐) 연간에 소동파가 항주자사로 있으면서 쌓은 제방.

110) 모으고: 서호(西湖)는 인공적으로 만든 호수로, 안의 진흙을 끌어 모아서 호수의 제방을 쌓았음.

111) 현수(懸殊): 현격하게 다름.

112) 일류(一類): 한 가지.

(品數)가 네 층이니, 제일(第一)은 지개(志槪)를 보고, 제이(第二)는 문장(文章)을 보고, 제삼(第三)은 가무(歌舞)를 보고, 제사(第四)는 자색(姿色)을 보나니, 행인과 객이 금백(金帛)이 뫼 같으나 문장재예(文章才藝)에 취할 것이 없은즉 보지 아니하고, 궁유한사(窮儒寒士)[113]라도 지기상합(志氣相合)한즉 수유불리(須臾不離)[114]코자 하나니 어찌 분간이 없으리오?"

공자가 문왈,

"그러한즉 내교방이 어디 있으며 기녀가 몇이나 되나뇨?"

파가 왈,

"이 길가에 기 꽂은 집은 모두 교방이니 청루라 하고, 남문으로 들
20 어올 제 돌아드는 길이 있으니 그 길로 내려가며 좌우에 있는 집이 내
교방이니, 외교방 기녀는 수백 명이요, 내교방 기녀는 삼십여 명이라. 그 중에 문장재화(文章才華)와 가무자색(歌舞姿色)이 겸한 기녀는 제일방(第一坊)에 처하고, 재주문장만 있는 기녀는 제이방(第二坊)에 처하여 각각 품수절엄(品殊絶嚴)하니이다."

공자가 우 문왈,

"지금 제일방의 기녀는 누구뇨?"

파가 왈,

"강남홍이니 항주 사람의 공론(公論)이 그 재주와 문장이며 가무 자색이 강남에 독보(獨步)하다 하더이다."

공자가 소왈,

"파파(婆婆)는 항주를 너무 포장(褒奬)치 말라."

하고 갈 길이 총요(悤擾)[115]함을 일컬어 주인 노고(老姑)를 작별하고 나귀를 몰아 남문으로 다시 들어가며 보니 과연 돌아드는 길이 있거늘, 공

---

113) 궁유한사(窮儒寒士): 곤궁하거나 권력이 없는 선비.

114) 수유불리(須臾不離): 잠시라도 떨어지지 아니함.

115) 총요(悤擾): 바쁘고 부산함.

자가 황망히 깨달아 왈,

"홍의 노래에 '항주성 돌아들제, 대로(大路) 청루 몇 곳인고.' 함이
어찌 자세치 아니리오."

하며 또 길로 좇아 내려가며 좌우를 살펴보니 동구(洞口)가 정제(整齊)하
고 누각이 화려하여 외교방 십 배 더하니, 푸른 기와와 붉은 난간이 햇빛 21
에 찬란하고 약한 버들과 기이한 꽃은 틈틈이 벌였으니, 처처(處處)에 사
죽(絲竹) 소리와 가가(家家)에 노래 곡조가 풍편(風便)에 낭자하여 인심을
호탕게 하는지라.

공자가 완완(緩緩)히 행하여 서른다섯 청루를 지나 한 곳을 바라보니,
장원이 높고 누각이 가려(佳麗)하여 맑은 시내에 명사(明沙)를 깔아 수정
같은 물결을 인도(引導)하고, 작은 다리에 홍예(虹霓)를 틀어[116] 길을 인
도하였거늘, 공자가 석교(石橋)를 지나 십여 보를 행하여 보니 과연 벽도
화는 우물 위에 난만(爛漫)[117]히 피었거늘, 나귀에 내려 문 앞에 이르니
문 위에 금자(金字)로 썼으되, '제일방'이라 하였고, 동편(東便)으로 한 구
비 분장(粉牆)이 벌여 버들 사이에 은은히 솟았으니 분벽사창(粉壁紗
窓)[118]에 주렴(珠簾)을 드리웠고 서호풍월(西湖風月) 네 자를 분명히 걸었
는지라. 동자(童子)로 문을 두드리니 일개 차환(叉鬟)[119]이 녹의홍상(綠衣
紅裳)으로 나오거늘, 공자가 문왈,

"네 이름이 연옥이 아니냐?"

차환이 소왈,

"공자가 어디 계시관대 소환(小鬟)의 이름을 아시나잇가?"

공자가 왈,

"네 주인이 있느냐?" 22

---

116) 홍예(虹霓)를 틀어: 무지개 다리를 꾸며.

117) 난만(爛漫): 꽃이 활짝 많이 피어 화려함.

118) 분벽사창(粉壁紗窓): 하얗게 꾸민 벽과 깁으로 바른 창.

119) 차환(叉鬟): 원래는 '주인 가까이에서 잔심부름을 하는, 머리를 얹은 여자 종'을 뜻하나 여기서는 결혼을 안한 계집종을 가리킴.

옥이 대왈,

"이제 본부자사(本府刺史) 노야(老耶)를 뫼시고 소주(蘇州) 압강정 놀음에 가니이다."

공자가 왈,

"내 네 주인과 친함이 있더니 어느 때에 돌아오나뇨?"

연옥 왈,

"금일에 회환(回還)하려니와 공자가 보고자 하시나잇가?"

생(生)이 가로되,

"그러하거니와 주인 없는 집에 어찌 머물리오? 이 앞 주점(酒店)에 가 기다릴 것이니 네 주인이 오거든 잠깐 통할소냐?"

옥 왈,

"이미 주인을 찾아오샤 객점(客店)에 방황하심이 불가하니 소환의 방이 비록 누추하나 가장 조용하니 잠깐 쉬어 기다리심이 좋을까 하나이다."

공자가 심중에 생각하되, '청루는 번요(煩擾)[120]한 곳이라. 내 이제 수재로 두류(逗遛)[121]함이 어찌 타인의 이목에 구애(拘碍)함이 없으리오.' 하며 나귀를 타며 연옥을 돌아보아 왈,

"네 주인이 온 후 다시 오리라."

하고 가까운 주점을 가리어 쉬며 홍낭이 돌아오기를 기다리더라.

차설. 홍낭이 도로 소주 길을 향하여 올새 발이 부릇고 다리 아파 행
23 (行)키 어려운지라. 천색(天色)이 점점 밝아오니 복색(服色)이 비록 창두
(蒼頭)나 용모를 감출 길이 없는지라. 올 제 지나던 주점을 다시 찾아 들
어오니, 주인이 맞아 왈,

"그대가 어제 저녁에 지나가던 창두가 아니냐?"

홍낭 왈,

---

120) 번요(煩擾): 번거롭고 시끄러움.

121) 두류(逗遛): 객지에서 일정기간 동안 머물러 묵음.

"밤에 보던 사람을 오히려 기억하니 주인의 다정함을 알리로다."

주인 왈,

"그대가 수재의 행색(行色)을 묻더니 과연 닭이 울 때에 그 수재가 항주로 향하여 가더라."

홍낭이 청파(聽罷)에 차경차희(且驚且喜)[122]하여 자세히 물어 왈,

"그 수재의 행색이 어떠하더뇨?"

주인 왈,

"밤이라 십분 분명치 못하나 일개(一個) 동자(童子)와 일필(一匹) 청려(靑驢)로 행장이 초초(草草)하여 입은 의복이 모양을 이루지 못하고 기색이 가장 총요(悤擾)하나 그 용모체지(容貌體肢)[123] 심히 비범하니, 아지 못게라, 어찌하여 서로 만나지 못하뇨?"

홍낭 왈,

"밤길이 상위(相違)[124]하여 만나지 못함이 괴이치 아니하나 그 수재 정녕(丁寧)[125] 항주로 가더냐?"

주인 왈,

"그 사람이 실로이 항주로 가되 길을 재삼 물으니 초행(初行)인가 24
하노라."

홍낭이 주인의 말을 재삼 듣고 심중에 생각하되, '공자(公子)가 이 길로 갔으니 그 면화(免禍)함을 아나 나의 집을 찾아가 주인이 없음을 무료하리니 어찌하면 좋을고.' 도로혀 조급하더니, 홀연 들으니 문외(門外)에 알도(喝導)[126] 소리 나며 일위(一位) 관원이 지나는지라. 홍낭이 문틈으로 엿보니 이는 항주자사 윤공이라.

---

122) 차경차희(且驚且喜): 놀라기도 하고 기쁘기도 함.

123) 용모체지(容貌體肢): 얼굴모습과 몸매.

124) 상위(相違): 서로 어긋남.

125) 정녕(丁寧): 조금도 틀림없이.

126) 알도(喝導): 상급관원이 행차할 때 하례(下隷)들이 앞에 서서 큰 소리로 외치면서 행인들의 왕래를 금하며 길을 인도하던 일.

그날 압강정에서 황자사와 모든 선비 대취하여 요란함을 보고 심중에 불열(不悅)하더니, 홍낭과 수재 일시에 간 데 없으니 황자사가 대로하여 좌우를 호령하여 부중관속(府中官屬)을 두 패로 나눠, '한 패는 황성(皇城)으로 올라가 양창곡을 잡아오고, 한 패는 항주(杭州)로 가 강남홍을 잡아오라.' 하니, 부중이 진동(震動)하고 소 · 항 선비는 승취(乘醉)하여 기세 가장 위태하거늘, 윤자사가 정색(正色) 왈,

"노부(老夫)가 명공(明公)[127]으로 더불어 천은(天恩)을 입사와 승평무사지시(昇平無事之時)[128]에 일면(一面) 방백지임(方伯之任)을 맡기시
25 니, 우리 마땅히 백성의 간고(艱苦)를 살피고 잠깐 한가함을 타 시주(詩酒)를 갖추어 누대(樓臺)에 오유(遨遊)[129]함은 장차 위로 성덕(聖德)을 찬양하고 아래로 강구연월(康衢煙月)[130]에 격양가(擊壤歌)[131]를 화답하여 성은(聖恩)을 만분지일이나 갚삽고자 함이라. 이제 압강정 잔치는 소 · 항 일경(一境)이 모를 자가 없거늘, 명공의 체중(體重)함과 노부(老夫)의 젊지 아니함으로 일개 창기의 풍정(風情)을 인(因)하여 요란함을 이루고 삼척동자의 재주를 시기하여 과거(過擧)[132]를 행하려 하니, 듣는 자가 필연 양자사(兩刺史)가 정사를 폐하고 주색을 일삼아 체모를 잃는다 하리니 이 어찌 성은을 저버림이 아니리오. 강남홍은 노부의 부하(府下) 창기라, 명공이 이르지 아니하여도 조용히 처치(處置)함이 있을 것이요, 지어(至於)[133] 창곡은 타읍(他邑) 선비라. 지날 길에 종적을 감추고 재주를 발하여 문장을 시험함이 불시[134] 상사(常

---

127) 명공(明公): 듣는 이가 높은 벼슬아치일 때, 그 사람을 높여 이르던 이인칭 대명사.

128) 승평무사지시(昇平無事之時): 나라가 태평하고 아무 일이 없음.

129) 오유(遨遊): 재미있고 즐겁게 놂.

130) 강구연월(康衢煙月): 태평한 시절. 도로가 오방(五方)으로 통한 것을 강(康), 사방으로 통한 것을 구(衢).

131) 격양가(擊壤歌): 요임금 때에 땅을 두드리며 태평성대를 칭송한 노래.

132) 과거(過擧): 지나친 행동.

133) 지어(至於): 심지어.

事)라. 명공이 이제 관예(官隷)를 놓아 성군작당(成群作黨)하여 중로(中路)에서 작경(作梗)[135]코자 하니 어찌 해연(駭然)[136]치 않으리오. 노부가 불행(不幸)하여 좌석에 참예하니 실로 참괴(慙愧)하도다.” 26

언파(言罷)[137]에 기색(氣色)이 숙엄(肅嚴)하거늘, 황자사가 묵연히 사례 왈,

“소생이 연소미거(年少未擧)하여 미처 생각지 못함이니 대인(大人)은 용서하소서.”

하고 인하여 좌우를 분부하여,

“아직 물러 있으라.”

하니 여러 선비 크게 소리하여 왈,

“항주 상공이 일개 창기를 위하여 중인(衆人)의 분노함을 위로치 않으시니 생(生) 등이 불승해연(不勝駭然)[138]하나이다.”

윤자사가 정색(正色) 왈,

“선비의 도리 학업을 힘쓰고 재주를 닦아 승기자(勝己者)[139]를 원망치 아니하고 내 도리를 차릴지라. 이제 남의 이름을 시기하여 자기 행신(行身)[140]이 그릇 곳에 빠지고자 하니 노부가 비록 불민하나 백성에게 법관이요, 선비에게 스승이라. 만일 교훈을 듣지 아니하는 자가 있으면 마땅히 하초지물(榎楚之物)[141]로 다스려 관장(官長)의 존엄함을 알게 하리라.”

하고 인하여 행장(行裝)을 재촉하여 돌아가려 하거늘, 황자사가 만류하여

---

134) 불시: 미상. 신문관 본에는 이 부분이 ‘문인(文人)의’로 되어있음.

135) 작경(作梗): 행패를 부림.

136) 해연(駭然): 매우 놀라워함.

137) 언파(言罷): 말을 마침.

138) 불승해연(不勝駭然): 놀라움을 이기지 못함.

139) 승기자(勝己者): 자기보다 나은 사람.

140) 행신(行身): (남 앞에서의) 몸가짐이나 행동.

141) 하초지물(榎楚之物): 개오동나무로 만든 형구(刑具)로 매질할 때 씀.

27 잠깐 부중에 들어감을 청하니 윤자사 떨치지 못하여 소주부(蘇州府)에 들어오매, 황자사가 주배(酒杯)를 내와 은근히 대접하고 다시 조용히 고왈,

"소생이 대인의 지우(知遇)[142]하심을 입사왔사오나 마땅히 우러러 청할 말씀이 있사오나 능히 그 당돌함을 용서하시리잇가?"

윤자사가 소왈,

"무슨 일이 있느뇨?"

황자사가 왈,

"소생의 나이가 삼십이 넘지 못하였고 일처일첩(一妻一妾)은 인지상사(人之常事)라. 천하 여색을 다 보지 못하였으나 이제 강남홍 같은 국색(國色)[143]은 거의 고금(古今)에 소무(所無)요, 당세(當世)의 무쌍(無雙)이라. 소생이 홍을 좌우에 두지 못한즉 일로 말미암아 성병(成病)[144]하여 성명(性命)을 보전치 못할까 하나이다. 고어(古語)에 운(云)하되, '색계상(色界上)에는 영웅과 열사가 없다.' 함을 오늘이야 알았사온지라. 바라건대 대인은 홍낭을 효유(曉諭)[145]하사 소원을 이루게 하여주옵심을 바라나이다."

윤자사가 웃어 왈,

"속인(俗人)의 이른 말이, '백만진중(百萬陣中)의 상장(上將)되기는 쉽거니와 한 사람의 마음 뺏기는 어렵도다.' 하니, 홍이 비록 천기(賤
28 妓)나 그 지킨 마음을 노부(老夫)가 어찌하리오? 명공(明公)은 다만 노부의 저어함[146]이 있을까 염려말라."

황자사가 소왈,

"만일 그러한즉 소생이 세상에 부지(扶支)함이 오래지 않을지니, 다만 한 계교가 있으니, 금은채단(金銀綵緞)으로 저의 마음을 달래고 오

142) 지우(知遇): 자기의 인격이나 재능을 남이 잘 알고 아주 후하게 대우함.
143) 국색(國色): 나라 안에서 으뜸가는 미인.
144) 성병(成病): 근심이나 걱정으로 병이 됨.
145) 효유(曉諭): 알아듣도록 타이름.
146) 저어함: 염려하거나 두려워함.

월 오일에 전당(錢塘) 압강정에서 경도희(競渡戱)[147]를 청하여 선생을 청하고 홍낭을 부른즉 아니 오지 못하리니, 소생이 그 때를 타 자연 묘리(妙理) 있을까 하나이다."

윤자사가 웃고 즉시 몸을 일어 황자사를 작별하고 항주로 돌아갈새 새벽빛을 띄어 한 주점을 지나더니, 이 때 홍낭이 진퇴무로(進退無路)하여 점중(店中)에 앉았다가 반겨 내달아 거전(車前)에 문후(問候)하니 윤자사가 그 복색을 보고 의희(依俙)[148]하여 문왈,

"어떤 사람이뇨?"

홍낭이 대왈,

"소첩은 항주 기생 강남홍이니이다."

자사가 경왈(驚曰),

"네가 잔치를 파치 아니하여 무단(無斷)[149]이 황자사께 고치 아니하고 변복(變服) 도망하니 이 무슨 곡절이뇨?"

홍낭이 사례 왈,

"첩은 들으니, 주(周)나라 여상(呂尙)[150]은 팔십 년을 고초(苦楚)하고, 은나라 부열(傅說)[151]은 암하(巖下)에 담을 쌓아 종적을 감추어 범 29

147) 경도희(競渡戱): 강을 빨리 건너가는 것을 목적으로 삼는 놀이.

148) 의희(依俙): 어렴풋함.

149) 무단(無斷): 미리 연락을 하거나 승낙을 받지 않고 함부로 행동하는 일.

150) 여상(呂尙): 강상(姜尙), 강태공(姜太公), 태공망(太公望) 등 다양한 명칭으로 불림. 나이 칠순에 위수(渭水)에 낚시를 드리우며 때를 기다린 지 10여 년 만에 주나라 문왕(文王)을 만나 초빙된 다음, 문왕(文王)의 스승이 되었다. 문왕은 그가 조부인 태공(太公)이 항시 바라던 사람이라는 뜻에서 '태공망(太公望)'이라고 했음. 병법의 이론에도 밝아서 문왕(文王)이 죽은 뒤에 무왕(武王)을 도와 목야(牧野)의 전투에서 은(殷)나라 주(紂)왕의 군대를 물리치고 주(周)나라를 세우는 데 큰 공을 세웠고, 후에는 제(齊) 땅을 영지로 받아 제(齊)나라의 시조(始祖)가 되었음.

151) 부열(傅說): 은나라 고종(高宗)이 꿈속에 보필할 신하를 얻는 꿈을 꾸고, 꿈속에 본 모습을 바탕으로 그림을 그려 전국에서 찾다가 열(說)이라는 사람을 발견하였는데, 열(說)은 그 당시 형벌을 받는 죄수의 일원으로서 부암(傅

주(凡主)를 섬기지 아니하고 은고(殷高)[152] · 주문(周文)[153]을 기다려 허신(許身)[154]하니, 지기(知己)를 만나지 못한즉 재주를 펴지 못함은 귀천남녀(貴賤男女)가 일반(一般)이라. 첩이 비록 창기(娼妓)의 천한 이름이 있사오나 지개(志槪)는 한가지로소이다."

하니,

하회(下回) 어찌 된고? 석람(釋覽)하라.

세(歲) 무신(戊申) 사월일 향목동 서(書)

岩)의 도로를 수축하는 일에 종사하고 있는 중이었지만, 그를 불러다가 부암(傅岩)에서 발견하였다고 하여 '부열(傅說)'이라 이름을 지어주고 재상의 직책을 맡기자, 이때부터 은나라의 정사(政事)가 크게 진작되었다고 함.

152) 은고(殷高): 은나라 고종(高宗). 이름은 무정(武丁). 현신(賢臣) 부열(傅說)을 얻어 은을 중흥시켰음.

153) 주문(周文): 주나라 문왕(文王)으로 주 왕실의 기틀을 세움. 성은 희(姬), 이름은 창(昌). 고공단보(古公亶父)의 손자이며 무왕(武王)의 부친. 은(隱)나라 때 서백(西伯)에 봉해진 후 농업을 적극 장려하여 경제를 부흥시킴.

154) 허신(許身): 자신의 몸을 맡김.

옥루몽 권지삼

화설. 홍낭이 대왈, 1

"첩이 비록 창기(娼妓)의 천한 이름이 있사오나 스스로 지킨 마음은 고인(古人)과 다름이 없삽거늘, 소주 상공이 소첩을 천대(賤待)하샤 위력으로 핍박하시니 첩이 도망함은 그 기틀을 봄이라. 고하지 못한 죄는 만사무석(萬死無惜)[1]이로소이다."

자사가 묵연부답(默然不答)하고 침음양구(沈吟良久)[2]에 문왈,

"항주가 여기서 길이 머니 네가 어찌 도망하여 가고자 하느뇨?"

홍낭이 대왈,

"첩이 승야(乘夜)[3]하여 오매 각력(脚力)[4]이 진(盡)하고 신기(身氣) 불평(不平)하여 도보(徒步)[5]할 길이 없나이다."

자사가 왈,

"네가 올 적에 타고 온 수레는 나의 수레와 한 곳에 두었나니 타고 감이 어떠하뇨?"

홍낭이 사례하고 즉시 옷을 벗어 창두를 주고 수레에 올라 자사의 뒤를 따라 항주로 갈새, 부중(府中)까지 이르러 자사가 부중에 듦을 보고

---

1) 만사무석(萬死無惜): 만 번 죽어도 아깝지 않을 만큼 죄가 무거움.
2) 침음양구(沈吟良久): 오랫동안 깊이 생각함.
3) 승야(乘夜): 밤중을 틈탐.
4) 각력(脚力): 다릿심. 또는 길을 걷는 힘.
5) 도보(徒步): 걸어서 감.

하직하고 물러오려 하니, 자사가 이르되,

2 "소주자사 상공이 오월 오일에 너를 청하여 전당호에 경도희(競渡戱)[6]를 하려 하니 그리 알라."

홍낭이 머리를 숙이고 답지 아니하거늘, 자사가 그 뜻을 알고, 즉시 물러가 쉬라 하니, 홍낭이 문에 나와 수레를 타고 길가를 오며 공자의 소식을 몰라 궁거이[7] 여겨 집으로 향하여 오더니, 남문 앞 작은 주점에 일개 동자가 나귀를 길가에 매고 바장이거늘[8] 자세히 보니 점중(店中)에 앉은 수재가 이 곧 양공자라. 홍낭이 비록 반기나 다시 생각하되, '내 공자를 압강정 좌석에서 총총(悤悤)[9]이 상대하여 비록 용모 문장은 대강 알았으나 그 근본을 알지 못하니, 장차 백년지기(百年之期)[10]를 의탁고자 하며 거연(遽然)[11]이 허심(許心)치 못하리니 내 마땅히 권도(權道)[12]를 써 다시 그 마음을 시험하리라.' 하고 수레를 몰아 바로 지나 집에 이르니 연옥이 바삐 내달아 맞거늘, 홍낭이 문왈,

"그 사이 나를 찾아 온 사람이 있더냐?"

옥이 대왈,

3 "아까 한 수재 낭자를 찾아 왔다가 돌아가며 이르되, '이 앞 주점에 머물러 낭자를 기다린다.' 하더이다."

하거늘, 홍낭 왈,

"객인(客人)이 온 것을 주인 없어 대접지 못하였으니 도리에 어긋난지라. 네 주과(酒果)를 가지고 점중(店中)에 이르러 수재를 대접하고

---

6) 경도희(競渡戱): 배를 저어 강을 빨리 건너가는 것을 목적으로 하는 놀이.
7) 궁거이: 궁금하게.
8) 바장이거늘: 부질없이 가까운 거리를 오락가락하다.
9) 총총(悤悤)이: 바쁘게.
10) 백년지기(百年之期): 백년의 기간.
11) 거연(遽然)이: 갑자기.
12) 권도(權道): 수단이나 방법은 정도(正道)가 아니지만 목적은 정도에 맞는 방식. 또는 임기응변의 방편.

여차여차(如此如此)하라."

옥이 웃고 낙낙(諾諾)[13]이 가니라.

차시(此時) 양공자가 주점에 무료하게 앉았으니 석양이 서산에 넘어가고 저녁 안개 처처(處處)에 일어나매 바야흐로 인간의 대인(待人)함이 어려움을 알지라. 홀연 길가가 드레며[14] 일위 대관(大官)이 지나거늘 방인(傍人)[15]더러 물으니 모두 이르되, '자사 상공이라.' 하거늘, 공자가 심중에 생각하되, '본주자사(本州刺史)가 이미 파연(罷宴)하고 돌아오니 홍낭이 환가(還家)함이 머지않을지라. 잠깐만 더 기다리리라.' 하고 동자를 명하여 나귀를 빗기며 연옥의 고함을 고대하더니, 일개 차환(叉鬟)[16]이 주
합(酒盒)과 찬합(饌盒)을 가지고 오거늘 자시 보니 연옥이라. 공자가 반겨 4
문왈,

"너의 주인이 돌아온다?"

옥이 대왈,

"본주자사 상공이 돌아오실새 소식을 들으니 주인이 소주 상공에게 잡히어 오륙일 후 돌아오마 하더이다."

공자가 청파(聽罷)[17]에 기막히어 묵연양구(默然良久)에 왈,

"저 주과(酒果)는 어찌한 것이뇨?"

옥 왈,

"공자 적막히 앉으샤 심란(心亂)하실지라. 이러므로 주인을 대신하여 주과를 가져오니이다."

공자가 그 은근한 뜻을 기특히 여겨 일배주(一杯酒)를 마시고 초창(怊悵)[18]함을 이기지 못하여 배주(杯酒)에 뜻이 없어 옥을 돌아보아 왈,

---

13) 낙낙(諾諾): 남의 말을 잘 좇는 모양.

14) 드레며: 시끄러우며.

15) 방인(傍人): 옆에 있는 사람.

16) 차환(叉鬟): 주인 가까이에서 잔심부름을 하는 여자 종.

17) 청파(聽罷): 듣고 나서.

18) 초창(怊悵): 마음에 섭섭함.

"내 길이 바쁘니 오래 머물지 못할지라. 금일은 날이 저물어 길을 가지 못하나 명일(明日)은 이곳에 머물지 못할 것이요, 또한 서어(齟齬)[19]한 자취로 지접(止接)[20]할 곳이 없으니 네 나를 위하여 이 근처에 정(淨)한 주점(酒店)을 지시(指示)할소냐?"

옥이 응낙(應諾) 왈,

"소환의 집이 주인의 집에서 머지 아니하고 자못 정쇄(精灑)[21]하오니 공자가 비록 백일(百日)을 유하시나 무방할까 하나이다."

공자 대희하여 연옥을 따라 그 집에 이르니 과연 한벽(閒僻)[22]하더라. 공자가 나귀와 동자를 연옥에게 부탁하고 일간(一間) 객실을 정하여 쉴새, 연옥이 돌아와 홍낭더러 이르니, 홍낭이 소왈,

"석반(夕飯)을 내 차려 줄 것이니 누설치 말라."

연옥이 응낙(應諾)고 석반을 갖추어 객실에 이르니, 공자가 먹기를 다함에 옥을 향하여 치하 왈,

"일시 과객(過客)을 이렇듯 관대(款待)[23]하니 불안하도다."

옥이 소왈,

"주인이 없어 공자로 하여금 추한 객실에 머무시게 하고 채갱소찬(菜羹素饌)[24]을 감수케 하니 죄 가장 깊도소이다."

인하여 편히 숙침(宿寢)하심을 말하고 돌아와 홍낭더러 고하니, 홍낭이 소왈,

"내 양공자를 보매 녹록(碌碌)[25]한 부유서생(浮遊書生)[26]이 아니라

---

19) 서어(齟齬): 부족하고 제대로 갖추지 못함.
20) 지접(止接): 몸을 붙이어 의탁함.
21) 정쇄(精灑): 깨끗함.
22) 한벽(閒僻): 조용하고 외짐.
23) 관대(款待): 후하게 대접함.
24) 채갱소찬(菜羹素饌): 나물국과 고기나 생선이 없는 반찬.
25) 녹록(碌碌): 평범하고 보잘것 없음.
26) 부유서생(浮遊書生): 떠돌아 다니는, 쓸모없는 선비.

풍류남자의 기상을 띠었으나, 오늘 밤 나의 수단을 경복(驚服)[27]함이 있으리라."

하고 연옥더러 가만히 일러 왈,

"네 다시 객실에 가 공자의 동정(動靜)을 보고 와 이르라."

옥이 웃고 객실에 이르러 공자가 자는 창 앞에 가 동정(動靜)을 규찰 6
(窺察)하니, 적적히 숨 쉬는 소리도 없더니 홀연 공자의 기침 소리 나거
늘, 옥이 창궁[28]을 뚫고 보니, 공자가 정신없이 벽을 의지하여 안색이 맥
맥하여 등잔을 바라보며 초창한 기색과 우려(憂慮)한 모양이 얼굴에 나
타나고 요요(寥寥)[29]한 심사와 암암(黯黯)[30]한 정회가 미우(眉宇)[31]에 가
득하여 홀연 길이 탄식하고 베개에 누워 자는 듯하거늘, 옥이 자취를 가
만히 하여 돌아오려 하더니 방중(房中)에서 다시 신음하는 소리 나며 공
자가 문을 열고 나오거늘, 옥이 즉시 몸을 돌쳐[32] 담 모퉁이에 피하여 서
서 규시(窺視)[33]하니, 공자가 뜰에 내려 거닐새 밤이 거의 삼경이나 되었
고 반륜잔월(半輪殘月)[34]이 서벽(西壁)에 걸리고 찬이슬이 공중에 가득하
니, 공자가 달을 향하여 망연(茫然)히 섰다가 홀연 일수 시를 지어 읊으
니 그 글에 왈,

종잔루촉전성하(鍾殘漏促轉星河)
북이 쇠잔하고 누수가 재촉한대 별과 은하가 굴렀으니
객관고등루전화(客館孤燈屢剪花)
객관의 외로운 등잔이 여러 번 꽃[35]을 갈기도다[36]

27) 경복(驚服): 놀라 복종함.
28) 창궁: 창굼의 잘못인 듯. 뜻은 창구멍.
29) 요요(寥寥): 적막하고 쓸쓸함.
30) 암암(黯黯): 속상하여 시무룩함.
31) 미우(眉宇): 이마와 눈썹 언저리.
32) 돌쳐: 기본형은 '돌치다'로 돌이키다의 옛말.
33) 규시(窺視): 몰래 엿봄.
34) 반륜잔월(半輪殘月): 희미한 반달.

7 **연하풍철부운기(緣何風掇浮雲起)**
어찌하여 바람이 뜬 구름을 거둣쳐[37] 일으켜
난향월중견소아(難向月中見素娥)
월중(月中)을 향하여 소아(素娥)[38]를 보기 어렵도다

연옥이 본디 총혜(聰慧)[39]한 여자로 홍낭을 따라 글자를 해득(解得)한 고로 심중에 자시 기억하여 돌아와 홍낭더러 일일이 고하니, 홍낭 왈,

"용모와 기색이 어떠하시더뇨?"

옥이 소왈,

"어제는 공자의 용광(容光)[40]이 화창한 춘풍 같으샤 동풍백화(東風百花)[41]가 봄빛을 띠었는 듯하시더니, 일야지간(一夜之間)에 안색이 초췌하여 추상(秋霜)에 홍엽(紅葉)이 이운[42] 빛을 머금은 듯하시니 가장 괴히 하시더이다."

홍낭이 꾸짖어 왈,

"비자(婢子)의 말이 가장 풍설(風說)[43]이로다."

옥이 대왈,

"천비 오히려 언둔(言鈍)[44]하여 이루 형용치 못하나니, 공자가 베개 위에 누우시매 처량한 심사를 참지 못하시니 만일 불평함이 아니신즉

35) 꽃: 촛불을 말함.
36) 갈기도다: 날카로운 연장으로 베어 떨어뜨리다.
37) 거둣쳐: 걷어 올려.
38) 소아(素娥): 항아(嫦娥)의 별칭.
39) 총혜(聰慧): 총명하고 슬기로움.
40) 용광(容光): 빛나는 얼굴이라는 뜻으로, 상대방의 얼굴을 높여 이르는 말.
41) 동풍백화(東風百花): 봄바람에 피어난 온갖 꽃.
42) 이운: 시든.
43) 풍설(風說): 실제보다 과장하여 믿음이 없는 말.
44) 언둔(言鈍): 말솜씨가 없음.

무슨 회포가 있는가 하나이다."

홍낭이 심중에 생각하되, '예로부터 대장부가 아녀자에게 아니 속는 자가 없으나 내 너무 조롱치 못하리라.' 옥을 돌아보아 왈,

"공자가 이미 저같이 심란(心亂)하여 하실진대 내 어찌 위로치 않으 8
리오."

하고 협중에 일습(一襲) 남의(男衣)를 내니.

차회(此回) 어찌 된고? 석람하라.

원앙침상몽운우(鴛鴦枕上夢雲雨)[45]
연노정전절양류(鸞鷺亭前折楊柳)[46]

화설. 홍낭이 남복을 내어 입고 거울을 들어 비취며 소왈,

"석일(昔日)에 무산신녀(巫山神女)[47]는 위운위우(爲雲爲雨)[48]하여 초양왕(楚襄王)[49]을 속였더니 이제 강남홍은 위남위녀(爲男爲女)[50]하여 양공자를 희롱하니 어찌 우습지 않으리오."

옥이 소왈,

"낭자가 남복을 입으시매 용모 풍채 양공자와 흡사하시나 얼굴에

---

45) 원앙침상몽운우(鴛鴦枕上夢雲雨): 원앙베개를 베고 꿈결같이 운우의 정을 나누다.

46) 연로정전절양류(鸞鷺亭前折楊柳): 연로정 앞에서 버드나무 가지를 꺾다.

47) 무산신녀(巫山神女): : 초나라의 양왕(襄王)이 낮잠을 자다 꿈 속에서 만나 사랑을 나누었다는 무산의 신녀(神女). 무산은 중국(中國) 사천성(四川省) 무산현(巫山縣) 동쪽에 있는 명산(名山).

48) 위운위우(爲雲爲雨): 무산의 여신이 초(楚)나라의 양왕(襄王)에게 "아침에는 구름이 되고, 저녁에는 비가 되어 아침이나 저녁이나 양대(陽臺)의 아래에 나타난다."고 한데서 비롯된 말.

49) 초양왕(楚襄王): 초나라의 경양왕(頃襄王)을 말함.

50) 위남위녀(爲男爲女): 여자가 되기도 하고 남자가 되기도 함.

분 흔적이 완연하니 본색(本色)을 감출이 불가할까 하나이다."

홍낭이 소왈,

"석일에 반악(潘岳)[51]은 남자의 얼굴이 분 바른 듯하니 세간(世間)에 백면서생(白面書生)[52]이 흔한지라. 하물며 밤에 보는 자가 어찌 알리오?"

하고 양인(兩人)이 각각 대소(大笑)하고 가만히 두어 말을 이른 후 표연히 문으로 나가니라.

9 차시 양공자가 압강정 상에서 홍낭을 잠깐 보고 사모하는 정이 이미 오매(寤寐)[53]에 깊었으니 그 만남이 조석(朝夕)에 있을까 하였더니 호사다마(好事多魔)하여 가기묘망(佳期渺茫)[54]하니, 객방(客房) 고등(孤燈)에 적막한 근심이 울울불락(鬱鬱不樂)하여 야심토록 잠을 이루지 못하고 달 아래 거닐며 일수(一首) 시를 지어 음영하고, 초창방황(怊悵彷徨)[55]하여 찬 이슬이 의금(衣襟)[56]에 젖음을 깨닫지 못하더니, 홀연 서편 이웃에서 글 외는 소리 나거늘, 귀를 기울여 자세히 들음에 비록 남녀 성음(聲音)은 자세치 못하나 소리 청랑(清朗)하여 절절(節節)이 율려(律呂)에 맞으니, 추풍(秋風)에 돌아가는 기러기 무리를 찾는 듯, 단산(丹山)의 외로운 봉황이 짝을 부르는 듯하니 범인(凡人)의 음영(吟詠)함이 아니라. 공자가 기이히 여겨 이에 조자건(曹子建)[57]의 낙부시(洛賦詩)[58]를 외워 화답하니

51) 반악(潘岳): 진(晉)나라의 문인. 중모(中牟)사람으로 자(字)는 안인(安仁). 미남자로 부인들이 그를 보면 앞을 막고 과실을 던졌음. 관직이 산기상시(散騎常侍)에 이르렀으나, 성품이 경박하여 모함에 빠진 후에 불행한 일생을 마침.

52) 백면서생(白面書生): 글만 읽고 세상일에는 전혀 경험이 없는 선비.

53) 오매(寤寐): 자나 깨나.

54) 가기묘망(佳期渺茫): 사랑을 처음 맺게 되는 시기가 아득하게 멀어짐.

55) 초창방황(怊悵彷徨): 실망하여 이리저리 헤매어 다님.

56) 의금(衣襟): 옷깃.

57) 조자건(曹子建): 이름은 식(植)이고 자건은 자(字). 조조(曹操)의 둘째 아들이며 조비(曹丕)의 친동생.

58) 낙부시(洛賦詩): 낙신부(洛神賦)를 말함. 낙수(洛水)에 익사하여 낙수의 신이

그 소리 상응(相應)하여 일창일화(一唱一和)하니, 동성(東聲)은 요량(暸喨)하여 옥반(玉盤)에 산호주(珊瑚珠)를 굴리는 듯하고, 서성(西聲)은 호탕하여 전장(戰場)에 도창(刀槍)을 울리는 듯 반향(半晌)[59]을 수창(酬唱)하더니, 동편 소리 점점 그치며 문외에서 박탁(剝啄)[60]하는 소리 나거늘, 공자가 바삐 나아가 보매 일개 수재가 월하에 섰으니, 옥 같은 얼굴과 버들 같은 눈썹이며 별 같은 눈의 정신이 돌돌하고 풍채발월(風采發越)[61]하여 진세인물(塵世人物)이 아니요, 옥경요대(玉京瑤臺)[62]의 적막한 선자(仙者)라. 공자가 황망(慌忙)히 맞아 왈,

"밤이 깊었고 객관이 적요(寂寥)하거늘 어떠한 수재가 신근(辛勤)이[63] 심방(尋訪)하느뇨?"

그 수재 소왈,

"소제(小弟)[64]는 서천(西川) 사람이라. 산천이 기이함이 천하의 제일임을 듣고 구경코자 왔더니 이웃 객점에 머물러 마침 글을 외우다가 형의 화답함을 듣고 월색을 따라 반야(半夜)[65]를 한담(閑談)하여 피차의 객회(客懷)를 위로코자 왔나이다."

공자가 대희하여 즉시 인도하여 자기 객실로 들어감을 청하니, 그 수재가 왈,

"이 같이 아름다운 달을 두고 방중에 들어가 무엇 하리오. 우리 월하(月下)에 앉아 말함이 좋을까 하노라."

공자가 웃고 서로 달을 향하여 앉으니, 공자의 총명함으로 어찌 반일

되었다는 복희씨의 딸인 복비(宓妃)를 생각하고 지은 부.

59) 반향(半晌): 반나절.

60) 박탁(剝啄): 문을 똑똑 두드림.

61) 풍채발월(風采發越): 풍채가 깨끗하고 훤칠함.

62) 옥경요대(玉京瑤臺): 옥황상제가 산다고 하는 하늘의 도성 안에 신선이 사는 곳.

63) 신근(辛勤)이: 애써 부지런히.

64) 소제(小弟): 말하는 사람이 자신을 낮추어 이르는 일인칭 대명사.

65) 반야(半夜): 한밤중.

11 (半日) 상대하여 놀던 얼굴을 모르리오마는, 월색이 조요(照耀)하나 백주(白晝)와 다르고 또한 남복(男服)을 입었으며 기색을 고쳐 일분 수습하여 나타내지 아니하니, 공자가 생각하되, '강남의 인물이 천하의 으뜸이라. 산천수기(山川秀氣)를 응하매 남자도 여자 같은 자가 많다 하나 어찌 저 같이 아리따운 자 있는고.' 하더니, 수재가 문왈,

"형(兄)[66]은 어디로 가는 사람인고?"

공자가 답왈,

"소제(小弟)는 여남 사람으로 황성(皇城)으로 향하여 가더니 마침 이곳에 친한 자가 있기로 왔더니 주인이 없으매 인하여 객관에 두류(逗留)[67]하노라."

수재 소왈,

"남아(男兒)의 평수상봉(萍水相逢)[68]함이 이같이 기이하니 부유(蜉蝣)[69] 같은 인세(人世)에 쉽지 아닌 연분이라. 어찌 무미(無味)히 상대하여 월색(月色)을 무료히 보내리오. 소제의 낭중(囊中)에 수엽청동(數葉青銅)[70]이 있으니 문 밖에 사후(伺候)[71]하는 동자를 불러 일배(一杯) 춘주(春酒)[72]를 내오고자 하나니 형은 사양치 아니할소냐?"

공자가 답왈,

12 "내 비록 태백금성(太白金星)[73]의 주량(酒量)이 없으나 형이 능히

---

66) 형(兄): 상대방을 높여 부르는 말.

67) 두류(逗留): 머무름.

68) 평수상봉(萍水相逢): 부평초와 물이 서로 만난다는 뜻으로 여행 중에 벗을 우연히 만남을 비유적으로 이르는 말.

69) 부유(蜉蝣): 하루살이.

70) 수엽청동(數葉青銅): 몇 닢의 동전. 엽(葉)은 동전을 세는 단위.

71) 사후(伺候): 웃어른의 분부를 기다림.

72) 춘주(春酒): 겨울에 담갔다가 봄에 숙성된 술. 또는 춘절기에 벌이는 술자리를 의미.

73) 태백금성(太白金星): 태백은 이백의 자(字). 금성은 곧 태백성이니 역시 이백을 지칭한 것.

하지장(賀知章)[74]의 금초환주(金貂換酒)[75]할 풍치 있으니 어찌 족히 사양하리오."

수재가 웃고 금낭(錦囊)[76]을 열어 수냥 은자를 내어 주며, '주효(酒肴)를 갖추어 오라.' 하니 수유(須臾)[77]에 배반(杯盤)이 이르거늘, 양인(兩人)이 대희하여 수배(數杯)를 마시고 각각 미취(微醉)[78]하여 수재 소왈,

"우리 이같이 모였다가 다시 상봉키 어려오니 두어 귀 글을 지어 정회를 표함이 좋을지라. 내 비록 이청련(李青蓮)[79]의 일두백편(一斗百篇)[80]할 재주 없으나 또한 뇌문포고(雷門布鼓)[81]의 부끄럼이 없나니 형은 주옥을 아끼지 말라."

---

74) 하지장(賀知章): 당나라 때 시인. 자는 계진(季眞). 성격이 광달(曠達)하고 평이(平夷)하였으며 담소(談笑)를 잘하였다. 태상박사(太常博士), 비서감(秘書監) 등을 지냈으며 만년에는 더욱 방탄(放誕)하게 세상을 오유(遨遊)하였다. 스스로 사명광객(四明狂客), 비서외감(秘書外監)이라고 칭하였음. 그가 관직을 그만두고 향리로 돌아갈 때 현종은 경호(鏡湖)의 한 구비를 하사하였다고 함. 이백과는 막역(莫逆)한 친구였음.

75) 금초환주(金貂換酒): 하지장과 직접적인 관련이 없는 말로, 다만 이백이 금구(金龜)로 술을 바꾸어 마시며 죽은 하지장을 추억한 일은 있음. 문인들이 거리낌 없이 사회관습 따위에 얽매이지 않는 것을 비유하는 말로 쓰임. 원래 금초는 황제를 모시는 신하가 관에 다는 장식인데, 진(晋)나라 완부(阮孚)가 금초로 술을 바꾸어 마셨다. 이 일이 알려지자 완부는 탄핵을 받게 되었는데 황제가 그 일을 용서한 데에서 비롯됨.

76) 금낭(錦囊): 비단주머니.

77) 수유(須臾): 잠시.

78) 미취(微醉): 약간 취함.

79) 이청련(李青蓮): 당나라의 문인인 이백(李白). 태백(太白)은 그의 자(字)이며, 청련은 그의 호(號). 천상에서 귀양온 신선이라는 뜻으로 스스로를 '적선(謫仙)'이라고도 불렀음.

80) 일두백편(一斗百篇): 술 한 말을 마시는 동안에 시 백편을 짓는다고 함.

81) 뇌문포고(雷門布鼓): 뇌문은 회계(會稽)의 성문(城門)인데 그 곳에는 큰 북이 있어 이 북을 한 번 치면 그 소리가 낙양까지 들렸다고 한다. 그런데 포고(布鼓)는 베로 만들어서 소리가 나지 않는 북이라는 뜻이므로, 뇌문포고는 고수(高手) 앞에서 뽐내고 자랑하는 것을 비유한 말.

설파(說罷)에 공자의 부채를 펴고 옥수(玉手)로 채필(彩筆)[82]을 들어 일수 시를 지어 쓰니, 그 글에 하였으되,

곡방삼십문동서(曲坊三十問東西)
곡방(曲坊) 서른에 동서를 물으니
연우누대처처미(烟雨樓臺處處迷)
연기와 비에 누대가 처처에 희미하도다
막도무심화리조(莫道無心花裏鳥)
꽃 속 새가 무심타 이르지 마소
변음갱욕진정제(變音更欲盡情啼)
소리를 변하여 다시 뜻을 다하여 울 듯 하노라

공자가 그 글을 보매 재주의 정미함과 시구의 쾌첩(快捷)[83]함을 탄복
13 하나 오직 글 뜻이 무슨 탁의(託意)함이 있음을 괴히 여겨 재삼 보다가,
그 수재의 부채를 청하여 일수(一首) 시를 지어 화답하니, 그 글에 하였
으되,

방초처처일이사(芳草處處日已斜)
방초는 처처하고 날이 이미 비꼈는데
벽도수하방수가(碧桃樹下訪誰家)
벽도화 아래 뉘 집을 찾는고
강남귀객선연박(江南歸客仙緣薄)
강남에 돌아올 손 선연(仙緣)이 얇았으니
지견전당불견화(只見錢塘不見花)
다만 전당호만 알고 꽃은 보지 못하도다

---

82) 채필(彩筆): 강엄(江淹)이 어렸을 적에 꿈속에서 오색필(五色筆)을 얻은 후부터 문사(文思)가 크게 진보하였다고 함. 그 뒤로부터 사조부려(詞藻富麗)한 문필을 가리킴.

83) 쾌첩(快捷): 빠르고 민첩함.

그 수재가 보고 낭연(朗然)이 읊어 왈,

"형의 문장은 소제가 미칠 바가 아니로라. 그러나 첫 귀 박짝에 '벽도수하방수가'라 함은 뉘 집을 이름이오?"

공자가 소왈,

"우연히 씀이니라."

차시 홍낭이 가만히 생각하되, '공자의 문장은 더 볼 바가 없으나 그 마음을 다시 시험하여 보리라.' 하고 남은 술을 권하여 공자께 드려 왈,

"이 같은 양야(良夜)에 취하지 아니코 무엇 하리오. 내 들으니 항주 청루물색(青樓物色)이 천하에 유명하다 하니 우리 이제 월색을 띠어 잠깐 구경함이 어떠하뇨?"

공자가 침음양구에 답왈,

"유생(儒生)이 청루에 놂이 아름답지 아니한 일이요, 또 형과 내가
동시 수재라, 열뇨(熱鬧)[84]한 곳에 갔다가 남의 이목에 괴이하게 보인 14
즉 뉘우침이 있을까 하노라."

수재가 소왈,

"형의 말씀이 과도하도다. 옛 말에 하였으되, '주색(酒色)은 근어인(近於人)이라.' 하였으니, 한나라 소자경(蘇子卿)[85]은 충렬(忠烈)이 빙설(氷雪)같으나 호희(胡姬)를 가까이 하여 통국(通國)[86]을 생(生)하였고, 사마장경(司馬長卿)[87]은 문장이 절세(絶世)하나 탁문군(卓文君)[88]

84) 열뇨(熱鬧): 많은 사람이 모여 떠들썩함.

85) 소자경(蘇子卿): 한나라 소무(蘇武)의 자(字)가 자경(子卿). 무제(武帝) 때에 중랑장(中郎將)이 되어 흉노에 사신으로 갔을 때, 선우가 그를 항복시키려 하였으나 한나라에 대한 충성을 바꾸지 않아 19년 간 온갖 고초를 겪었음.

86) 통국(通國): 소자경이 흉노에 있을 때에 호희(胡姬)와의 사이에 낳은 아들로, 한나라로 돌아온 뒤에 데려왔음.

87) 사마장경(司馬長卿): 장경(長卿)은 사마상여(司馬相如)의 자(字). 부(賦)를 잘 지어 무제(武帝)로부터 칭찬을 많이 받았음. 통치자의 사치를 은연중 경계하는 내용의 작품을 많이 지었으며 대표작으로 <자허부(子虛賦)>와 <상림부(上林賦)> 등이 있음.

을 사모하여 봉황곡(鳳凰曲)[89]을 아뢰었으니, 이로 본즉 여색(女色)에는 영웅(英雄)이 없을까 하노라."

공자가 소왈(笑曰),

"그렇지 아니하다. 사마상여가 탁문군을 꾀어내어 독비곤(犢鼻褌)[90]을 입고 길가의 술을 파니 그 주색의 방탕함이 범부(凡夫)로 효칙한즉 명교(名敎)[91]에 득죄하니 천추에 기인(棄人)[92]이 될지라. 오직 장경의 문장이 당세(當世)에 독보하고 충성이 임금을 직간하여 교화(敎化)가 유풍(裕豊)하니 촉중(蜀中)의 우레 같고, 풍채와 기상이 후세에 휘황하니 풍류 주색의 작은 허물이 그 이름을 가리우지 못하여 불과 연성지하(連城之瑕)[93]라. 형과 우리 문학이 고인(古人)을 당치 못하고 명망이 당세에 미쁨[94]이 없거늘, 이제 옛 사람의 덕을 말하지 아니하고 다만 그 허물을 효칙(效則)고자 하니 어찌 그르지 않으리오."

홍낭이 청파에 심중에 탄복하되, '내 공자를 한갓 풍류남자로 알았더니 어찌 도학군자(道學君子)의 식견(識見)을 겸하였음을 짐작하였으리오.' 하고 다시 문왈,

"그는 그러하나 세강속말(世降俗末)[95]하여 신의(信義) 없은지 오래

---

88) 탁문군(卓文君): 임공(臨邛)의 부호 탁왕손(卓王孫)의 딸로 과부가 되어 아버지의 집에 돌아와 지내다가 사마상여를 만나게 됨. 음악을 좋아하여 사마상여의 거문고 소리를 듣고 집을 나감.

89) 봉황곡(鳳凰曲): 사마상여가 녹기금(綠綺琴)으로 이 곡을 타서 탁문군(卓文君)을 꾀어냄.

90) 독비곤(犢鼻褌): 쇠코잠방이. 천인(賤人)들이 입는 옷으로 모양이 송아지의 코와 같고 무릎까지만 내려오는 짧은 바지. 사마상여가 탁문군과 도망쳐 나온 뒤에 가난하여 이 옷을 입고 술을 팔았다고 함.

91) 명교(名敎): 사람이 마땅히 지켜야 할 가르침. 또는 유학(儒學)의 가르침을 달리 이르는 말.

92) 기인(棄人): 도리에 어긋난 행동을 하여 버림을 받은 사람.

93) 연성지하(連城之瑕): '옥의 티'라는 뜻. 연성(連城)은 천하의 귀한 구슬인 화씨벽(和氏璧).

94) 미쁨: 미더움.

니, 왕왕(往往)이 궁한지시(窮寒之時)에 사귄 정을 부귀지시(富貴之時)에 저버리는 자가 많으니 형이 후일의 부귀궁달(富貴窮達)에 시종(始終)이 여일(如一)할소냐?"

공자가 낭연 소왈,

"옛말에 하였으되, '빈천지교(貧賤之交)는 불가망(不可忘)[96]이요, 조강지처(糟糠之妻)는 불하당(不下堂)[97]이라.' 하였으니 부귀궁달(富貴窮達)로 친소(親疎)를 변역(變易)함은 경박자(輕薄子)[98]의 일이라. 어찌 이러할 리 있으리오."

수재 소왈,

"형의 말이 충후하되 소제(小弟)는 본디 재주 없는 사람이라. 옛말
에 하였으되, '나는 새도 나무를 골라 깃들인다.' 하니, 신하가 임군을 16
섬기며 선비가 붕우(朋友)를 사귀며 혹 명망을 닦고 예절을 지키어 도리에 합할 자도 있으며, 혹 재주를 나타내며 찬양함을 사양치 아니하여 이름을 요구하는 자도 있나니, 형은 써 어떻다 하나뇨?"

공자가 답왈,

"사람의 행사(行事)를 내 어찌 경(輕)히 의논하리오. 성인(聖人)도 경권(經權)[99]이 있나니 군신지제(君臣之際)와 붕우지간에 다만 한 조각 맑은 마음을 비치어 사귈 따름이라. 내 또한 초야궁유(草野窮儒)[100]로 도학을 닦아 이름을 빛내지 못하고 군상(君上)의 거두심을 요구하니 이 어찌 규중처자를 보기 부끄럽지 않으리오. 이로 본즉 남아의 행사

---

95) 세강속말(世降俗末): 세대가 내려갈수록 풍속은 말단으로 흐름.

96) 빈천지교(貧賤之交)는 불가망(不可忘): 가난했을 때 맺은 사귐은 잊을 수 없음.

97) 조강지처(糟糠之妻)는 불하당(不下堂): 어려움을 함께 한 아내는 내쫓을 수 없음.

98) 경박자(輕薄子): 언행이 방정맞고 신실(信實)하지 못한 사람.

99) 경권(經權): 경법(經法)과 권도(權道). 근본이 되는 법과 때에 따라 맞게 하는 처리(處理).

100) 초야궁유(草野窮儒): 궁벽한 시골의 가난한 선비.

가 정대개결(正大介潔)하여 고인(古人)에 부끄러움이 없으리이다."

수재 미소하고 즉시 몸을 일며 왈,

"밤이 깊고 객중에 실섭(失攝)[101]함이 보신(保身)하는 도리 아니라. 무궁한 정화(情話)는 명일로 다시 기약하노라."

17 공자가 차마 떠날 뜻이 없어 수재의 손을 잡고 월색을 다시 구경할새, 수재가 홀연 일수 시를 읊으니 왈,

점점소성경경하(點點疎星耿耿河)
성긴 별은 점점(點點)하고 은하는 경경(耿耿)한데
녹창심쇄벽도화(綠窓深鎖碧桃花)
녹창의 벽도화를 깊이 맛져도다[102]
나식금야간월객(那識今夜看月客)
어찌 오늘 밤 달 보는 손이
전신증시월중아(前身曾是月中娥)
전신이 일찍 가로되 항아가 아닌 줄 알리로다

공자가 그 외우는 글을 수상히 여겨 무슨 뜻이 있음을 알고 묻고자 하더니, 수재가 소매를 떨쳐 표연히 돌아가니라.

차시 홍낭이 양공자의 뜻을 알려 하여 수재의 맵시를 갖추고 객관 월하에 공자를 대하여 두어 마디 말을 들으매 그 식견을 알지라. 지기(知己)로 허신(許身)하여 백년 기약함이 그르지 아니한 고로 일수 시를 읊어 종적을 잠깐 드러내고 표연히 돌아가, 즉시 장속(粧束)[103]을 고쳐 화려한 의상과 무르녹은 단장으로 본색을 내어 등촉을 돋우고 연옥을 명하여 객실에 가 공자를 청하니, 차시 공자가 수재를 보내고 어린듯이[104] 서서 여

---

101) 실섭(失攝): 몸조리를 잘 하지 못함.
102) 맛져도다: 맺었도다.
103) 장속(粧束): 화장과 몸치장.
104) 어린듯이: 멍한 채로.

취여몽(如醉如夢)[105]이러니, 방중에 들어 베개에 누워 수재의 거동과 외 18
우던 글을 생각하고 황연대각(惶然大覺)[106]하여 스스로 웃어 왈,

"내 홍낭의 계교에 속았도다."

하더니, 창 밖에 기침 소리 나며 연옥이 미미히 웃고 왈,

"주인이 이제 돌아와 공자를 청하나이다."

공자가 또한 미소하고 옥을 따라 홍낭의 집에 이르니, 홍낭이 이미 중문(中門)에 의지하여 기다리다가 웃고 맞아 왈,

"첩이 돌아옴이 더디어 공자로 객점의 고초를 겪으시게 하니 비록 죄송하오나 공자가 금야 월하에 지기를 사귀어 시주(詩酒)로 소견(消遣)[107]하시니 치하하나이다."

공자가 답왈,

"사람이 세상에 처하매 취산봉별(聚散逢別)[108]이 도무지 꿈이라. 압강정 상의 미인을 언약함도 꿈이요, 객점 월하에 수재로 해후(邂逅)함도 꿈이요, 허허대몽(栩栩大夢)[109]이 표탕무정(飄蕩無定)[110]하니 장주(莊周)의 호접(胡蝶)됨과 호접이 장주됨을 뉘라서 알리오."

양인이 대소하고 당상(堂上)에 올라 좌를 정한 후 홍낭이 염용(斂
容)[111] 사왈(謝曰), 19
"첩이 창기로 노류장화(路柳墻花)[112]의 본색을 도망치 못하여 공자

105) 여취여몽(如醉如夢): 술에 취한 듯 꿈을 꾼 듯.

106) 황연대각(惶然大覺): 깜짝 놀라 크게 깨달음.

107) 소견(消遣): 어떤 것에 재미를 붙여 심심치 않게 시간을 보냄.

108) 취산봉별(聚散逢別): 모였다 흩어졌다 만났다 헤어짐.

109) 허허대몽(栩栩大夢): 『장자』의 「제물론」에서 인생을 비유한 말. 이백(李白)도 <춘일취기언지(春日醉起言志)>라는 시 속에서 세상을 살아가는 것은 대몽을 꾸는 것과 같다고 하였음. 허허(栩栩)는 기뻐하는 모양.

110) 표탕무정(飄蕩無定): 정처 없이 떠돌아다님.

111) 염용(斂容): 용모와 몸가짐을 단정히 함.

112) 노류장화(路柳墻花): 아무나 쉽게 꺾을 수 있는 길가의 버들과 담 밑의 꽃이라는 뜻으로 기생을 비유적으로 이르는 말.

를 희롱코자 하여 반야삼경(半夜三更)에 변복하여 남자의 맵시를 하고 잠깐 농락함이 있으니 군자는 용서하심을 바라나이다. 그러하오나 첩의 구구(區區)한 소회는 광풍(狂風)에 나는 꽃이 측중(厠中)[113]에 떨어지나 진애(塵埃)에 묻힌 옥이 광채를 잃지 않았는지라. 해서산맹(海誓山盟)[114]을 기약하여 일인(一人)에게 의탁하고 종고금슬(鐘鼓琴瑟)[115]로 백년을 안향(安享)[116]코자 함이라. 이제 공자가 일언(一言)의 중함을 아끼지 않으신즉, 첩이 또한 십년 청루의 일편고심(一片苦心)을 변역(變易)지 아니하여 평생소원을 이룰까 하나이다."

말을 마치며 사기(辭氣) 단정하고 안색(顏色)이 강개하거늘, 공자가 앞에 나아가 집수(執手)[117] 왈,

"내 비록 호탕한 남자나 옛글을 읽었고 신의를 들었으니 어찌 탐화광접(貪花狂蝶)[118]의 무정지태(無情之態)[119]를 하리오. 오월비상(五月飛霜)[120]의 함원(含怨)하는 뜻을 생각지 않음을 취치 아니하노라."

홍낭이 사례 왈,

"공자가 천한 몸을 거두고자 하시니 마땅히 견마(犬馬)의 정성을 다하여 섬기려니와, 아지 못게라, 공자의 행색이 어찌 저리 초초(草草)하시며, 양위존당(兩位尊堂)[121]께 농추무반(弄雛舞斑)[122]하는 즐거움이

---

113) 측중(厠中): 변소 안.

114) 해서산맹(海誓山盟): 산이나 바다처럼 영원불멸한 맹세.

115) 종고금슬(鐘鼓琴瑟): 『시경』 <관저(關雎)>의 '금슬우지(琴瑟友之)', '종고낙지(鐘鼓樂之)의 귀절'로 부부화락(夫婦和樂)의 의미를 가지고 있음.

116) 안향(安享): 하늘이 준 복을 평안하게 누림.

117) 집수(執手): 손을 잡음.

118) 탐화광접(貪花狂蝶): 꽃을 탐내는 미친 나비.

119) 무정지태(無情之態): 인정이나 동정심이 없는 행태.

120) 오월비상(五月飛霜): 오월에 서리가 내림. 여자가 한을 품으면 음력 오월 더운 여름에도 서리가 내린다고 함.

121) 양위존당(兩位尊堂): 상대의 부모를 높여 부른 말.

122) 농추무반(弄雛舞斑): 노래자(老萊子)의 고사에서 유래한 말로, 늙으신 부모를 기쁘게 하기 위하여 병아리 소리를 내거나 어린아이 같이 색동저고리를

계시니잇가?"

공자가 왈,

"나는 여남(汝南) 사람이라. 양(兩) 존당(尊堂)이 구존(俱存)하샤 연기융로(年紀隆老)[123]치 않으시나 집이 한미하고, 나의 망녕된 생각은 금번에 상경하여 과갑(科甲)[124]에 참예한즉 영화부귀를 노년쌍친(老年雙親)께 뵈옵고자 하였더니 중로에 적화(賊禍)[125]를 만나 행구를 다 잃고 상경할 반전(半錢)[126]이 없어 점중(店中)에 두류하다가 압강정을 구경하러 갔더니 낭자를 만났으니 이 또한 인연이라. 낭자는 어떠한 사람이며 성이 무엇이뇨?"

홍낭이 대왈,

"첩은 본디 강남 사람이요, 성은 사씨라. 첩이 생세(生世)한 지 삼년에 산동(山東)에 도적이 일어나 부모를 난중(亂中)에 실산(失散)하고 일신(一身)이 의지할 곳이 없어 전전표박(轉轉漂泊)[127]하여 청루에 팔
리니 이 또 첩의 명도(命途)[128]라. 천성이 괴이하여 범부속자(凡夫俗 21
子)에게 허신(許身)할 뜻이 없어 청루 십년에 허다히 열인(閱人)함이 있으나 지기를 만나지 못하였더니, 이제 공자를 뵈오매 첩이 비록 지인(知人)하는 안력(眼力)이 없사오나 공자의 영준(英俊)한 기상을 뵈오니 가히 당세(當世)의 일인이 될지라. 이러므로 일신을 공자에게 의탁하여 천한 이름을 신설(伸雪)[129]코자 하나이다."

인하여 배반(杯盤)을 내와 은근한 정화와 번화한 담소가 녹수(綠水)의

입고 재롱을 피우는 것.

123) 연기융로(年紀隆老): 나이가 칠팔십 세 이상 됨.

124) 과갑(科甲): 과거.

125) 적화(賊禍): 도적들에게 입은 재난.

126) 반전(半錢): 아주 적은 돈을 비유적으로 이르는 말.

127) 전전표박(轉轉漂迫): 정처 없이 떠돌아다님.

128) 명도(命途): 운명과 재수.

129) 신설(伸雪): 신원설치(伸冤雪恥)의 줄인 말. 가슴에 맺힌 한을 풀어버리고 부끄러운 일을 씻어버림.

원앙(鴛鴦)이 춘풍을 희롱하고 단산(丹山)의 서봉(瑞鳳)이 상서(祥瑞)를 화명(和鳴)함 같더라.

이에 금금(錦衾)[130]을 포설(鋪設)하고 봉침(鳳枕)을 연할새, 홍낭이 나삼(羅衫)을 벗으매 옥 같은 팔에 일점 앵혈(鶯血)[131]이 완연하여 동풍춘설(東風春雪)에 도화(桃花) 일점이 떨어진 듯, 해상(海上) 홍일(紅日)이 운간(雲間)에 솟아난 듯하거늘, 공자가 놀라 왈,

"내 홍낭의 얼굴을 보고 그 마음을 보지 못하며 그 마음을 아나 그
22 행사가 저렇듯 탁월함을 오히려 믿지 못하였더니, 이제 청루 명기의 탕일(蕩佚)한 몸으로 홍규처녀(紅閨處女)[132]의 정정(貞靜)한 마음이 있음을 생각지 못하였도다."

하더라.

차시 홍낭은 절대가인이요, 양공자는 소년재사라. 남녀풍정이 어찌 담연(淡然)하리오. 양정(兩情)이 권권(綣綣)하여 추야(秋夜)가 저저함[133]을 한하더라. 홍낭이 침상에 누워 공자더러 왈,

"공자가 연기장성(年紀長成)하시니 고문갑제(高門甲第)[134]에 기러기를 전하실지라.[135] 이미 정하심이 있나니잇가?"

공자가 답왈,

"우리 집이 본디 한미하여 하토(遐土)[136]에 있으므로 아직 정혼치 못하였노라."

---

130) 금금(錦衾): 비단으로 만든 이불.

131) 앵혈(鸚血): 여자의 팔에 있는 붉은 점흔(點痕)으로 처녀의 표시. 남자와 정을 통하면 없어진다고 함.

132) 홍규처녀(紅閨處女): 화려하게 치장한 방 안의 처녀.

133) 추야(秋夜)가 저저함: 내용상 '추야(秋夜)'는 '춘야(春夜)'의 잘못. '저저'는 미상이나 문맥상 시간이 빨리 흐름을 의미함.

134) 고문갑제(高門甲第): 양반 중에도 으뜸가는 양반집안.

135) 기러기를 전하실지라: 혼인함을 뜻함. 혼례에 신랑이 목기러기를 전하는 전안례(傳雁禮) 의식이 있음.

136) 하토(遐土): 서울에서 멀리 떨어진 곳.

홍낭이 소왈,

"첩이 공자께 충곡(衷曲)[137]을 열어 고할 말씀이 있사오나 공자 그 범람함을 책하지 아니시리잇가?"

공자가 왈,

"내 이미 너의 위인을 허심(許心)하거늘 어찌 정외지언(情外之言)[138]을 하느뇨? 심중소회를 은휘(隱諱)[139]치 말라."

홍낭이 다시 웃고 왈,

"첩이 말씀하온 바 여의(如意)하온즉 석 잔 술을 먹을 것이요, 만일
불연(不然)한 즉 빰을 세 번 맞으려니와, 대저 규목(樛木)[140]의 그늘이 23
두터운 후 갈류(葛藟)[141]의 의탁이 번성하나니 공자의 요조호구(窈窕好
逑)를 정하심은 천첩의 복이라. 이제 본주 자사 윤공이 일개 소교(小
嬌)[142]가 있으니 연기 십륙세라. 화용월태(花容月態)가 요요정정(夭夭
貞靜)[143]하여 짐짓[144] 군자의 짝이라. 윤공이 가서(佳壻)를 구하려 하되
지금까지 정치 못하였으니 공자가 금번 용루(龍樓)[145]에 오르샤 계화
일지(桂花一枝)[146]를 남에게 사양치 않을 줄을 첩이 이미 짐작하오니,
다른 데 매파(媒婆)를 보내어 구치 마시고 첩의 말씀을 생각하소서."

공자가 점두(點頭)[147]하더라.

---

137) 충곡(衷曲): 마음 깊은 속.

138) 정외지언(情外之言): 인정에 벗어나는 말이라는 뜻으로, 가까이 지내는 사람에게 버성기게 구는 말.

139) 은휘(隱諱): 꺼리어 감추거나 숨김.

140) 규목(樛木): 『시경』 <규목(樛木)>에서, 규목은 문왕의 비인 태사(太姒)를 가리키나 여기서는 정실(正室)을 의미.

141) 갈류(葛藟): 『시경』 <규목>에서 여러 첩들이 스스로를 칭한 말.

142) 소교(小嬌): 어린 딸.

143) 요요정정(夭夭貞靜): 아리땁고 행실이 곧으며 조용함.

144) 짐짓: 과연. 진실로.

145) 용루(龍樓): 조당(朝堂)을 가리킴.

146) 계화일지(桂花一枝): 과거를 보는 사람 중에서 빼어난 사람. 즉 과거급제를 의미.

아이오[148] 동방이 기백(旣白)하니, 홍낭이 일어나 새벽 단장을 파하고
거울을 들어 보매 부용 같은 얼굴에 화기 영발(英發)하여 반개(半開)한
목단이 춘풍에 경발(驚發)한 듯 일야지간(一夜之間)에 화려한 용광(容光)
이 더욱 아리따운지라. 심중에 차경차희(且驚且喜)하더라. 공자가 홍낭더
러 왈,

24 "내 길이 총총(悤悤)[149]하니 오래 지체치 못할지라. 명일(明日)은 황
성을 가고자 하노라."

홍낭이 추연 왈,

"아녀자의 세세한 사정(私情)으로 군자의 큰 일을 그릇 하지 못하리
니 마땅히 행리(行李)[150]를 준비하려니와 재명일에 발행하소서."

공자 또한 떠날 뜻이 없어 수일 후 발행할새, 홍낭이 고왈,

"공자의 행색이 너무 초솔(草率)[151]하시니 첩이 비록 빈한하오나 협
중(篋中)에 약간 은자(銀子)가 있기로 일습(一襲) 의복과 사소(些少)[152]
한 반전(半錢)을 준비하였사오니 행중에 감추시고, 또 황성이 여기서
천여 리라 일개 서동을 데리고 행하심이 고단하오니 첩의 집 창두가
거의 행리를 가음알[153]만하오니 행거래(行去來)에 좇음을 허하소서."

공자가 허락하고 익일(翌日)에 발할새, 홍낭이 배반을 갖추어 연옥과
창두를 데리고 작은 수레를 타고 십 리 역점에 나와 전송하려하니, 그 정
자 이름은 연로정(燕鷺亭)이라 하니 '동비백로서비연(東飛白鷺西飛燕)'[154]
25 이라 함을 취함이요, 큰 길을 임하여 경개절승하니 좌우에 버들을 심어

---

147) 점두(點頭): 동의의 뜻이나 옳다는 뜻으로 고개를 약간 끄덕임.
148) 아이오: 이윽고.
149) 총총(悤悤): 바쁨. 총총(怱怱)으로 쓰기도 함.
150) 행리(行李): 여행할 때에 쓰는 모든 기구.
151) 초솔(草率): 거칠고 엉성하여 볼품이 없음.
152) 사소(些少): 하잘것없이 적음.
153) 가음알: '관장하다', '다스리다'의 뜻.
154) 동비백로서비연(東飛白鷺西飛燕): 동쪽으로는 흰 해오라기 날아가고, 서쪽으로는 제비 날아가네.

푸르렀고 앞으로 물을 임하여 홍교(虹橋)를 틀었으니, 예부터 송객(送客)하는 정자(亭子)라.

홍낭과 공자 정하에 이르러 수레와 나귀를 버들가에 매고 서로 손을 잡아 정상에 오르니 차시(此時)는 하사월(夏四月) 초순이라. 버들 사이의 꾀꼬리 소리 요란하고 시냇가의 꽃다운 풀이 처처(萋萋)하니 심상(尋常)한 행인이라도 소혼단장(消魂斷腸)[155]하려든, 하물며 미인이 옥랑(玉郎)을 보내고 옥랑이 미인을 이별함이리오. 공자와 홍낭이 창연상대(悵然相對)하여 맥맥히 말이 없더니 연옥이 배반을 나오매 홍낭이 개연(慨然)이 잔을 들어 공자에 드리며 일수 시를 지어 노래하니, 그 글에 하였으되,

> **동비백로서비연(東飛白鷺西飛燕)**
> 동으로 나는 백로와 서로 나는 제비야
> **양류천사부만사(楊柳千絲復萬絲)**
> 약한 버들이 일천 실이요, 다시 일만 실이로다
> **사사욕단풍월소(絲絲欲斷風月少)**
> 실마다 끊어지듯 하여 풍정이 적어서
> **위불가연창별리(爲拂歌筵悵別離)** 26
> 위하여 노래 자리에 떨쳐 이별함이 창연하도다

공자가 잔을 받아 마시고 다시 일배를 부어 홍낭을 주며 일수 시를 지어 화답하니, 그 글에 왈,

> **동비백로서비연(東飛白鷺西飛燕)**
> 동으로 나는 백로와 서로 나는 제비야
> **양류청청불위성(楊柳青青拂渭城)**
> 양류는 청청하여 위성에 걸치도다
> **생증기로분남북(生憎岐路分南北)**

155) 소혼단장(消魂斷腸): 근심이나 슬픔으로 넋이 빠지고 창자가 끊어지는 듯함.

생의 길이 남북으로 나누임을 미워하나니
거객하여송객정(去客何如送客情)
가는 손이 정히 손 보내는 정과 어떠하뇨

홍낭이 잔을 받으며 옥루가 방방(滂滂)[156]하여 왈,

“첩의 구구한 소회는 공자가 알시[157] 거울같이 비치시니 다시 말씀
할 바가 아니라. 피차의 종적이 남북 천리에 구름같이 나누이니 유유
(悠悠)한 앞기약이 없음이 아니로되 인사(人事)의 번복(翻覆)과 취산(聚
散)의 무정함을 어찌 측량(測量)하리오. 하물며 첩의 몸이 관부(官府)
에 매이어 지킨 뜻을 핍박하는 자가 많으니 내두사(來頭事)[158]를 알
길이 없사오나, 다만 바라건대 공자는 천금중신(千金重身)을 보중하샤
득달(得達)[159]하여 공명을 취하시고 타일에 금의(錦衣)로 환향(還鄕)하
27 시는 날에 첩을 잊지 말으소서.”

공자가 창연함을 이기지 못하여 홍낭의 손을 잡고 위로 왈,

“세간만사(世間萬事) 무비천정(無非天定)[160]이라. 인력으로 못할 배니 내 낭자로 더불어 이같이 만남도 천정(天定)이요 오늘날 이별함도 천정이니, 다시 서로 모여 영화 부귀로 화락하게 지냄이 천정이 없는 줄 어이 알리오.[161] 잠깐 이별을 과도히 상심하여 가는 사람의 마음을 요란케 말라.”

홍낭이 이에 창두를 돌아보아 왈,

“네 공자를 뫼셔 원로에 조심하여 다녀오라. 별(別)로 중상(重賞)하리라.”

---

156) 방방(滂滂): 눈물이 비 오듯 흐름.
157) 알시: 미상이나 문맥상 ‘아다시피’의 의미로 보임.
158) 내두사(來頭事): 앞으로 다가올 일.
159) 득달(得達): 목적한 곳에 도달함. 여기서는 과거 급제.
160) 무비천정(無非天定): 하늘에서 정하지 않음이 없음.
161) 없는 줄 어이 알리오: ‘없지 않을 줄 어이 알리오’라는 의미임.

창두가 수명(受命)하매 공자가 몸을 일어 정자에 내리려 하니, 홍낭이 다시 잔을 들어 왈,

"총총고별(悤悤告別)에 운산(雲山)이 묘묘(杳杳)하고 어안(魚雁)이 창망(滄茫)[162]하니 풍조우석(風朝雨夕)과 객관잔등(客館殘燈)에 천첩의 단장(斷腸)함을 생각하소서."

공자가 묵연부답(默然不答)하고 나귀에 올라 동자와 창두를 데리고 석
교를 건너 표연히 가거늘, 홍낭이 난간머리에서 공자가 가는 곳을 바라 28
보매, 첩첩(疊疊)한 운산(雲山)은 석양을 띠어 푸르렀고 막막(寞寞)[163]한 야색(野色)은 모연(暮煙)을 머금었으니, 한 점 푸른 곳에 나귀 그림자를 보지 못할지라. 다만 수풀의 새소리는 바람을 부르고, 천애(天涯)의 뜬 구름은 비 기운을 희롱하니, 홍낭이 나삼 소매를 자주 들어 옥면(玉面)을 가리우고 주루(珠淚)가 삼삼함을 깨닫지 못할러라. 연옥이 배반을 거두고 가기를 재촉하니 홍낭이 하릴없어 눈물을 뿌리며 집으로 돌아오니라.

차시 양공자가 홍낭을 이별하고 황성으로 올라올새, 경경일념(耿耿一念)이 홍낭을 잊지 못하여 객점에 이른즉 슬픈 마음을 진정하고 밤이면 외로운 등잔을 대하여 잠을 이루지 못하고, 길을 나매 높은 언덕과 푸른 물을 임하여 초창한 심회를 정치 못하더니, 십여 일 만에 황성에 이르니
궁궐의 장려(壯麗)함과 시정의 열뇨(熱鬧)함이 상국(上國)[164] 번화(繁華) 29
를 가히 알지라. 객관을 정하여 행리를 안돈(安頓)[165]하고 수일을 쉬어 창두를 항주로 돌려 보낼새, 채전(彩箋)을 취하여 일봉 서찰을 닦아 창두에게 부치고 오냥(五兩)[166] 은자를 주어 바삐 돌아감을 분부하니, 창두가

162) 어안(魚雁)이 창망(滄茫): 서신(書信)이 없음을 비유한 말.

163) 막막(寞寞): 쓸쓸하고 고요한.

164) 상국(上國): 조선에서 중국을 부르던 말. 중국이 배경이므로 이런 표현을 쓸 수 없으나, 조선에서 만든 소설이므로 무의식적으로 이런 표현을 쓴 것으로 보임.

165) 안돈(安頓): 물건 따위를 잘 정돈함.

166) 오냥(五兩): 다섯 냥. '냥'은 은자(銀子)를 세는 단위.

하직할새 또한 창연한 빛이 있어 왈,

"소인이 이미 객관을 알았으니 다시 낭자의 서간을 가져 왕래할까 하나이다."

하고 인하여 동자와 작별하고 항주로 가니라.

차설. 이때 강남홍이 공자를 보내고 집에 돌아와 칭병두문(稱病杜門)[167]하고 손을 아니 보고 남루한 의복과 때 묻은 얼굴에 지분(脂粉)을 단장치 아니하더니, 일일(一日)은 생각하되, '내 이미 본주 자사의 소교(小嬌)를 공자에게 중매하니, 공자는 유신(有信)한 남자라 거의 잊지 않을지니, 이러한즉 윤소저는 나와 백년고락(百年苦樂)을 같이 할 사람이니 내 어찌 정의(情誼)를 먼저 두텁게 않으리오.' 하고 즉시 담장소복(淡粧素服)[168]으로 부중(府中)에 들어가니.

차회(次回) 어찌 된고? 석람(釋覽)하라.

세(歲) 무신(戊申) 사월일 향목동 서(書)

---

167) 칭병두문(稱病杜門): 병이 들었다고 하며 방문을 닫아걸음.

168) 담장소복(淡粧素服): 수수하게 엷게 화장을 하고 색깔이 없는 옷을 입음.

옥루몽 권지사

재설(再說). 홍낭이 담장소복(淡粧素服)[1]으로 부중에 들어와 자사께 문 1
후(問候)한대, 자사가 소왈,

"근일에 들으니 낭자가 병들었다 하더니 어찌 몸을 강잉(强仍)[2]하여 노부를 찾으뇨?"

홍낭이 사례 왈,

"첩이 관부(官府)에 매인 몸이나, 부르시는 명이 없기로 들어와 현알(見謁)치 못하였더니 오늘날 구구(區區)한 소회 있어 감히 들어와 뵈옵고자 하나이다."

자사가 왈,

"근일(近日)에 공사(公事)가 없고 정히 한가하기로 낭자를 불러 소견(消遣)코자 하나 그대의 칭병함을 인하여 부르지 못하였더니 무슨 소회 있느뇨?"

홍낭이 대왈,

"첩이 요사이 심복지질(心腹之疾)[3]이 있어 괴로움이 많기로 상공께 고하옵나니, 원컨대 부중에 들어와 소저를 모셔 침선여공(針線女工)[4]을 배우고 쇄소건즐(灑掃巾櫛)[5]을 받들어 조용히 병을 조보(調保)고자

1) 담장소복(淡粧素服): 수수하게 화장하고 화려하지 않은 옷을 입음.
2) 강잉(强仍): 억지로 참음. 마지못하여 그대로 함.
3) 심복지질(心腹之疾): 몸속의 치명적인 질병으로, 숨겨진 큰 근심을 비유함.
4) 침선여공(針線女工): 바느질과 길쌈일.

하나이다."

2 자사가 본대, 홍낭의 위인이 단정정일(端正貞一)하여 규중 여자의 풍도(風度)가 있는지라 심리(心裏)에 매양 사랑하더니 대희하여 홍낭을 데리고 내당에 들어가 소저를 불러 왈,

"네 규중에 고적(孤寂)이 있음을 노부가 매양 근심하더니, 강남홍이 저의 가중(家中)이 분요(紛擾)[6]함을 슬피 여겨 너를 좇아 조용히 수선침적(繡繕針績)[7]을 배우고 시부(詩賦)를 창화코자 하기로 허락하였으니 네 뜻이 어떠하뇨?"

소저가 심리(心裏)에 생각하기를, '강남홍은 창기라, 비록 총혜영민(聰慧英敏)하나 규녀(閨女)의 좌우에 가까이 둘 바가 아니로되 야야(爺爺)[8]가 저의 위인이 양순(良順)함을 알으시고 이미 허락하셨으니 내 어찌 역명(逆命)하리오.' 하고 온순하게 수명하니, 자사가 대희하여 홍낭을 불러 왈,

"너는 나이 어리고 비록 창기의 이름이 있으나 규녀(閨女)의 정정(貞靜)한 예절이 있기로 소저와 규방에 상수(常隨)[9]함을 허하노라."

3 홍낭이 자사의 명을 받아 소저에 배례 왈,

"천첩이 그릇 몸을 청루주사(青樓酒肆)에 처(處)하와 호협방탕함을 배웠으니 소저의 장대하(粧臺下)에 뫼심이 욕될까 하나이다."

소저 미소하고 호언(好言)으로 위로하니, 홍낭이 소저의 숙연(淑然)[10]함을 앙모(仰慕)하여 이윽히 앉았다가 명일 다시 들어옴을 고하고, 집으로 나와 연옥을 불러 가사를 맡기고 익일(翌日)에 다시 부중으로 들어와 바로 소저의 침실에 이르니, 소저가 바야흐로 열녀전(列女傳)[11]을 보거

---

5) 쇄소건질(灑掃巾櫛): 물 뿌리고 비로 쓸며, 수건과 빗을 들고 시중을 들음.
6) 분요(紛擾): 어수선하고 소란스러움.
7) 수선침적(繡繕針績): 수놓고 바느질하는 것과 길쌈하기.
8) 야야(爺爺): 아버지.
9) 상수(常隨): 항상 곁에서 따름.
10) 숙연(淑然): 맑고 고움.
11) 열녀전(列女傳): 서한(西漢)의 사상가 유향(劉向)이 역사적인 여성 인물 106명

늘, 홍낭이 소저에 문왈,

"소저가 보시는 책이 무슨 글이니잇고?"

소저가 답왈,

"열녀전이니라."

홍낭이 문왈,

"첩이 들으니, 열녀전에 하였으되, '태사(太姒)[12]는 문왕의 아내시니
여러 후궁이 규목시(樛木詩)[13]를 지어 태사의 덕을 칭송하다.' 하니,
아지 못게라, 태사가 어하(御下)[14]를 잘하여 후궁을 화목하니잇가? 여
러 후궁이 인선(仁善)하므로 태사가 감동하시니잇가? 옛말에 하였으되
'부녀의 투기는 인개유지(人皆有之)[15]라.' 하니 태사의 숙덕(淑德)이 어 4
떠하시관대 후궁의 투기를 감화하옵신지 첩이 알지 못하리로소이다."

소저가 추파를 들어 홍낭을 양구(良久)[16]히 보다가 왈,

"내 들으니 근원이 지극히 맑은즉 흐리기 어렵고, 형용(形容)이 단정한즉 그림자가 절로이[17] 바르나니, 내 몸을 닦으면 비록 만맥지방(蠻貊之邦)이라도 가히 행하려든 하물며 일실지인(一室之人)이리오?"

홍낭이 소왈,

"주역에 하였으되, '운종룡(雲從龍) 풍종호(風從虎)[18]라.' 하였으니

을 뽑아 열전(列傳)의 형식으로 저술한 책. 고대 문헌에 기록된 여성의 기록을 뽑아 일곱 주제로 분류한 후 각 주제에 15인 안팎의 인물을 배치하였음.

12) 태사(太姒): 문왕의 아내이며 무왕의 어머니. 호는 문모(文母). 어질고 부지런하여 부도(婦道)를 다하였음.

13) 규목시(樛木詩): 『시경』「주남(周南)」에 실린 시로, 그 내용은 태사의 은덕이 아래 사람까지 미치며 질투하는 마음이 없음을 말한 것.

14) 어하(御下): 아랫사람을 통솔하고 지휘함.

15) 인개유지(人皆有之): 사람들은 모두 가지고 있음.

16) 양구(良久): 한참동안.

17) 절로이: 저절로.

18) 운종룡(雲從龍) 풍종호(風從虎): 『주역』의 구절로 "구름은 용을 따르고 바람은 호랑이를 따른다"는 것으로 사물 간에 상호감응(相互感興)함이 있음을 의미함.

요(堯) · 순(舜)의 치정(治政)으로도 고요(皐陶)[19] · 직(稷)[20] · 설(卨)[21] 같은 신하가 아닌즉 어찌 당우지치(唐虞之治)[22]를 하였으며, 탕(湯) · 무(武)의 관인(寬仁)함으로도 주각[23]의 보필이 없은즉 은(殷) · 주(周)의 교화를 행하리오. 이로 보건대 태사의 덕이 비록 크시나 후궁이 포사(褒姒),[24] 달기(妲己)[25]의 간사함이 있은즉 규목(樛木)의 교화를 나타내지 못할까 하나이다."

소저가 소왈,

"내 들으니 현불현(賢不賢)은 몸에 있고 행불행(幸不幸)은 천수(天數)에 있나니, 군자는 재아지도(在我之道)를 말하고 재천지명(在天之命)을 의논치 아니하나니, 인인(仁人)이 비첩(婢妾)의 착지 못함을 만남은 천정(天定)한 수(數)이어니와 다만 여자의 근본은 태사의 덕을 닦을 따름이니라."

---

19) 고요(皐陶): 순임금의 신하, 병형(兵刑)을 관장하는 사(士)란 벼슬을 지낸 사람. 맡은 바의 직분을 충실히 이행하였으며 덕(德)으로써 민(民)을 다스리려고 노력했음.

20) 직(稷): 순임금의 신하로 농업 일을 맡았음.

21) 설(卨): 순임금의 신하로 사도(司徒)를 맡음.

22) 당우지치(唐虞之治): 요임금과 순임금의 정치.

23) 주각: 이윤(伊尹)과 주공(周公)의 잘못인듯. 이윤은 본래 초야에 묻혀 농사를 짓고 살았는데, 탕왕이 직접 두터운 예를 갖춰서 세 번을 찾아온 열의에 감동하여 아직 천하의 군주가 되지 않은 탕왕을 도와 천하를 얻게 했음. 주공(周公)은 무왕 때부터 비롯된 봉건제도를 더욱 확립시켰으며 종법(宗法)제도와 정전(井田) 제도를 시행하였을 뿐만 아니라 예의와 음악을 크게 일으켰음.

24) 포사(褒姒): 서주(西周)의 왕인 유왕(幽王)의 총희(寵姬)로 뛰어난 미인. 주나라 유왕(幽王)이 포땅에 이르러 포인(褒人)의 죄를 문책하려 하자 어떤 여자를 바치니, 유왕(幽王)은 그녀의 이름을 포사(褒似)라고 지어주고 포인(褒人)의 죄를 용서하여 주었다고 함.

25) 달기(妲己): 은나라 주왕(紂王)의 총희(寵姬). 주왕(紂王)이 유소씨(有巢氏)를 정벌하려 하자 유소씨(有巢氏)가 달기(妲己)라는 여자를 바쳤는데 미색이 뛰어나 주왕은 그녀의 말이라면 다 들어주었다고 함.

홍이 탄복함을 마지 아니터라. 이후로 홍낭이 소저의 현숙(賢淑)함을 심복(心服)하고 소저는 홍낭의 총혜(聰慧)함을 사랑하여 정의(情誼) 날로 깊어, 앉은즉 자리를 한가지로 하고 누운즉 베개를 연하여 세월을 보내더라.

일일은 홍낭이 소저에 고왈,

"첩이 일찍 양공자와 언약이 있기로 창두를 황성에 보내였더니 지금껏 소식이 없사오니 이 일을 소저께 고치 않음이 불가하므로 말씀하나이다."

소저가 미소하더라.

홍낭이 심회 울적하여 춘경(春景)이 번화함을 보고자 하여 후원에 들
어가 백화(百花)를 완상(玩賞)하며 양류(楊柳) 그늘에 앉았더니, 문득 창
두가 경사(京師)로 좇아 이르러 서간을 드리거늘 홍낭이 경성 소식을 물 6
은대, 창두가 고왈,

"공자가 황성에 무사히 득달하샤 객관을 얻어 안돈(安頓)하시고 서간을 닦아 주시더이다."

홍낭이 기쁨과 창연함을 이기지 못하여 서찰을 떼어 보니 그 글에 하였으되,

여남 양창곡은 일봉(一封) 서찰을 강남 풍월(風月)[26] 홍난성(紅鸞城)[27]에게 부치노라. 생은 불과 여남 향곡(鄉曲)의 일면[28] 서생이요, 그대는 강남 번요지지(煩擾之地)[29]의 청루 절대가인(絶代佳)人이라. 내 이미 장경(長卿)[30]의 도금(挑琴)[31]하는 수단이 없으니 낭자가 어찌 양주(楊州)의 투귤

---

26) 풍월(風月): 적문서관 본에 따르면, 홍낭이 사는 곳을 풍월루(風月樓)라 하였음.

27) 홍난성(紅鸞城): 선녀의 신분일 때는 홍난성(紅鸞星)이나 하강하여 양창곡과 만날 때는 이름이 홍난성(紅鸞城)으로 바뀜.

28) 일면: 일개(一個)의 잘못인 듯. 적문서관 본에는 백면(白面), 신문관 본에는 백의(白衣)로 되어있음.

29) 번요지지(煩擾之地): 번거롭고 요란한 곳.

(投橘)하는 풍정(風情)[32]을 효칙하리오. 하늘이 녹림제객(綠林諸客)[33]을 보내샤 적승월로(赤繩月姥)[34]의 연분을 이루시니, 압강정 상의 꽃가지를 희롱하고 연로정 상에 버들가지를 꺾으면 실로 풍류성색(風流聲色)에 유의(留意)함이 아니라 고산유수(高山流水)[35]의 지기를 만남이니, 연진(延津)의 칼[36]과 성도(成都)의 거울[37]이 일시(一時)에 합함[38]을 어찌 설워하리오.

---

30) 장경(長卿): 사마상여(司馬相如)의 자(字). 부(賦)를 잘 지어 한무제(漢武帝)로부터 칭찬을 많이 받았음. 통치자의 사치를 은연중 경계하는 내용의 작품을 많이 지었으며 대표작으로 자허부(子虛賦)와 상림부(上林賦) 등이 있음.

31) 도금(挑琴): 거문고로 유인함. 사마상여가 병을 핑계로 관직을 그만두고 유람을 다닐 적에 임공(臨邛)을 지나가다가 그 곳 부호의 딸로 과부가 된 탁문군이 음악을 좋아하자, 거문고로 봉황곡을 연주하여 유혹하였음.

32) 양주의 투귤하는 풍정: 당나라의 시인 두목지(杜牧之)가 양주의 길을 수레를 타고 가는데 양주 기생들이 그의 아름다운 모습을 보기 위해서 귤을 던져 뒤돌아보게 하였다는 고사.

33) 녹림제객(綠林諸客): 도적의 이칭(異稱).

34) 적승월로(赤繩月姥): 결혼의 신. 그 노인은 주머니 속에 붉은 줄을 가지고 있는데 그가 이 줄로 남녀의 발을 매면 비록 원수의 집이라고 하더라도 그 인연을 끊지 못한다고 함.

35) 고산유수(高山流水): 백아(伯牙)가 연주한 곡을 종자기(鍾子期)만이 알아들었다는 '지음(知音)'의 고사에서 비롯된 내용. 백아(伯牙)가 높은 산을 생각하며 거문고를 연주하자, 종자기(鍾子期)는 '훌륭하도다, 높기가 태산과 같구나(善哉 巍巍兮如太山)'라고 말하였고, 넓은 바다를 생각하며 연주하자, '훌륭하도다, 넓기가 하수와 같구나(善哉 洋洋兮如江河)'라고 말하여 백아(伯牙)가 연주하는 거문고 곡조를 알아주었다고 함.

36) 연진(延津)의 칼: 오(吳)나라 왕 합려(闔閭) 때에 간장(干將)과 막야(莫耶)라는 천하의 명검이 만들어졌다. 간장은 양검(陽劍)으로 거북이 문양이 새겨졌으며, 막야는 음검(陰劍)으로 물결무늬가 새겨졌다. 진(晋)나라 때 장화(張華)가 간장을, 뇌환(雷煥)이 막야를 가지고 있었는데, 장화가 죽자 간장도 없어졌다. 그 후에 뇌환이 죽고 뇌환의 아들이 막야를 가지고 연진(延津)을 건너는데 막야가 저절로 강물 속으로 뛰어 들어갔다. 이에 물 속을 찾아보니 물 속에 두 마리 용이 서로 휘감고 있다가 떠나갔다고 함.

37) 성도(成都)의 거울: 진후주(陳後主)의 동생 낙창공주(樂昌公主)는 서덕언(徐德言)에게 시집갔으나 나라가 망하자 부득이 양소(楊素)의 아내가 되었다. 서덕언은 헤어지기 전에 거울을 반으로 쪼개어 주며 다시 만날 것을 기약하였다. 그 뒤에 서덕언이 성도 시장에서 그 거울의 반쪽을 보고 거기에 시를 써 보

다만 여관 한등(寒燈)[39]에 외로이 누워 저녁 북소리와 새벽 누수(漏水)[40] 7
소리에 오매불망하며 서호(西湖) 전당(錢塘)의 가려(佳麗)한 경개와 곡방
(曲坊) 심선[41]의 오유(遨遊)[42]하던 자취 완연(宛然)함을 염려하나니, 무단
이 나를 생각지 말라 소혼단장(消魂斷腸)[43]할 따름이로다. 홀연히 창두가
고귀(告歸)[44]하니 종차(從此)로 산천이 요원(遙遠)하고 어안(魚雁)[45]이 무
빙(無憑)[46]이라. 북풍을 향하여 두어 줄 글월이 면면(綿綿)한 정회를 어찌
다하리오. 구구(區區)[47]이 바라는 바는 옥부방신(玉膚芳身)[48]을 천만보중(千
萬保重)하고 천만자애(千萬自愛)하여 천리원객(千里遠客)의 현고(懸苦)[49]
한 정을 잊지 말라.

하였더라.

홍낭이 보기를 마치매 자연한 눈물이 옷깃을 적시며 초창하여 맥맥(脈脈)이 말이 없더니, 창두를 불러 금 십 냥을 상 주고 타일 다시 감을 분부하매 심사가 요요(寥寥)[50]하여 울울불락하더니, 홀연 연옥이 보왈,

---

내자, 공주가 그것을 보고 먹지도 않고 슬퍼하니 양소가 서덕언에게 다시 공주를 돌려보냈다는 고사.

38) 합함: 문맥상 '떠남' 또는 '떨어짐'의 잘못으로 보임.

39) 한등(寒燈): 쓸쓸히 비치는 등불.

40) 누수(漏水): 물시계.

41) 심선: 미상.

42) 오유(遨遊): 즐겁게 놂.

43) 소혼단장(消魂斷腸): 근심과 슬픔으로 넋이 빠지고 창자가 끊어질 듯함.

44) 고귀(告歸): 돌아간다고 고함.

45) 어안(魚雁): 물고기와 기러기가 편지를 전한 고사. 서찰 또는 서찰을 전할 사람을 의미함.

46) 무빙(無憑): 의탁할 곳이 없음.

47) 구구(區區): 자기자신을 지칭하는 대명사로 '저' 또는 '소인'의 뜻을 지님.

48) 옥부방신(玉膚芳身): 옥부는 여자의 깨끗하고 아름다운 피부이고, 방신도 귀하고 아름다운 여자의 몸을 높여 이르는 말.

49) 현고(懸苦): 멀리 떨어져 괴로운.

50) 요요(寥寥): 외롭고 쓸쓸함.

"소주 창두가 왔다."

8 하거늘, 홍낭이 악연실색(愕然失色)[51]하여 마지못하여 서간을 받드니.

하회 어찌 된고? 석람(釋覽)하라.

경도희탕자기풍파(競渡戲蕩子起風波)[52]
전당호제기읍낙화(錢塘湖諸妓泣落花)[53]

각설. 황자사가 방탕지심(放蕩之心)과 호색지욕(好色之慾)을 이기지 못
하여 홍낭을 향하는 마음이 그윽하더니, 압강정상 연회에 뜻을 이루지
못하고 홍낭이 가만히 도망함을 심중에 앙앙(怏怏)[54]하여 흠모하는 마음
을 걷잡지 못하여 주야로 침식을 전폐하고 미칠 듯하나 다만 윤자사의
부탁함만 믿고 있더니, 홍낭이 한 번 가매 마침내 오지 않음을 근심하여
울울불락(鬱鬱不樂)하여 생각하기를, '내 위력으로 겁박(劫迫)[55]지 못함
을 한(恨) 되나 내 저를 한 번 시험하리라.' 하고, 이에 황금 일백 냥과 채
단 백 필을 봉하여 일봉서(一封書)를 닦아 홍낭에게 보낼새, 심복 창두를
명하여 '압령(押領)[56]하여 가 홍낭을 주고 회서(回書)[57]를 받아오라.' 하
9 니, 창두가 가지고 왔거늘, 홍낭이 받아보고 심히 불락(不樂)하여 심중에
생각하되, '황자사가 비록 방탕하나 또한 혼암(昏暗)한 자가 아니라. 내
일개 기녀로 교태를 아니하고 도망하였으니 저를 촉노(觸怒)함이 있거늘
저가 도로혀[58] 나를 이같이 달래니 그 뜻이 가장 깊으니 내 어찌하면 저

---

51) 악연실색(愕然失色): 깜짝 놀라서 얼굴빛이 달라짐.
52) 경도희탕자기풍파(競渡戲蕩子起風波): 경도희에서 탕자가 풍파를 일으키다.
53) 전당호제기읍낙화(錢塘湖諸妓泣落花): 전당호에서 꽃이 떨어지자 뭇 기생들이 흐느끼다.
54) 앙앙(怏怏): 마음에 만족스럽지 못함.
55) 겁박(劫迫): 으르고 협박함.
56) 압령(押領): 물건을 호송함.
57) 회서(回書): 답장.

를 격노치 않으리오.' 또 생각하매, '소 · 항은 이곳과[59] 인읍(隣邑)이라. 그 주는 바를 받지 아니한즉 화를 받기 쉬울 것이요, 받자한즉 내 뜻이 아니라 어쩌면 좋으리오.' 하여 침음양구(沈吟良久)[60]에 일봉서(一封書)를 닦아 주니, 갈왔으되,

> 항주 천기 강남홍은 소주 상공(相公) 합하(閤下)[61]께 글월을 올리나이다. 첩이 본디 심복병(心腹病)이 있어 의약으로 치료하여도 고치지 못할지라. 향일(向日)[62] 승회(勝會)[63]에 고(告)치 못하고 돌아감은 병증이 발하와 총망(悤忙)[64] 중에 상공께 득죄하였더니, 이제 도로혀 금은으로 상 주시니 이를 받음이 의리에 불가하오나, 일변 생각하오면 소 · 항은 형제지읍(兄弟之邑)이라, 천첩의 우견(愚見)에 상공을 앙망(仰望)함이 부모나 다름이 없기로 물리치지 못하오나 황공하와 천첩의 사정을 다 고치 못하나이다.

하였더라.

홍낭이 쓰기를 다하매 소주 창두를 주어 돌려 보내고 도로 부중에 들어와 소저 침실에 이르니, 소저가 바야흐로 침선(針線)을 다스릴새 십지섬수(十指纖手)를 풍우같이 놀려 금사(錦絲)를 희롱하니, 박상춘잠(箔上春蠶)[65]이 경륜(經綸)[66]을 토하는 듯, 풍전호접(風前胡蝶)[67]이 꽃송이를 어르는 듯한지라. 홍낭이 울울한 심사가 춘설(春雪)같이 풀어지고 웃음을

---

58) 도로혀: 도리어.
59) 이곳과: 홍낭이 사는 곳은 항주이므로, 이 구절은 빼야 의미가 통함.
60) 침음양구(沈吟良久): 속으로 생각하기를 오래함.
61) 합하(閤下): 존귀한 사람이라는 뜻으로, 상대편을 높여 부르는 말.
62) 향일(向日): 지난 번.
63) 승회(勝會): 성대한 모임.
64) 총망(悤忙): 매우 바쁘고 급함.
65) 박상춘잠(箔上春蠶): 발 위에 있는 봄누에.
66) 경륜(經綸): 실.
67) 풍전호접(風前胡蝶): 바람 앞에 나비.

미미하게 띠어 왈,

"소저가 침선(針線)만 중히 알고 사람은 모르시나잇가?"

소저가 놀라 돌아보며 미소 왈,

"내 정히 심심하기로 스스로 소견(消遣)하더니 낭자가 들어옴을 몰랐도다."

11 홍낭이 웃으며 소저와 한가지로 좌하여 수놓은 것을 보니 일쌍(一雙) 호접(胡蝶)이 꽃가지에 앉아 조으는 모양이라. 홍낭이 보기를 다하고 원앙을 가리키며 왈,

"저 원앙이라 하는 새는 나며 정한 짝이 있어 분운(紛紜)[68]함이 없거늘, 이제 사람의 지령(至靈)함으로 금수만 못하여 제 마음을 제 임의로 못하게 하니 어찌 가련치 않으리오?"

소저가 그 연고를 물으니 홍낭이 대왈, 소주 자사가 자기를 겁박(劫迫)고자 하는 말을 일일이 고하며 옥루(玉淚)가 방방(滂滂)하거늘, 소저가 추연히 위로 왈,

"낭자의 지개(志槪)는 내 이미 아는 배라. 그러나 평생을 어찌 혼자 늙고자 하나뇨?"

홍낭이 추연 왈,

"첩은 들으니, 봉황이 죽실(竹實)이 아니면 먹지 아니하나니 이제 주옥(珠玉)을 보고 와석(瓦石)을 어이 취하며, 그 집이 없음을 근심하나 가시덤불을 가리켜 집이라 한들 어찌 거처하리잇고."

12 설파(說罷)에 추연(惆然)한 빛이 있거늘, 소저의 총명함으로 어찌 저의 뜻을 모르리오마는 짐짓 희롱하여 왈,

"그러나 낭자의 기색을 보니 심중에 무슨 난처한 일이 있는 듯하나 규중 여자의 의논할 배 아니니 모로미[69] 부친께 조용히 고하라."

홍낭이 사례하더라.

---

68) 분운(紛紜): 복잡하고 어지러움.

69) 모로미: 모름지기.

차설. 황자사가 홍낭의 서찰을 보고 대로하여 생각하되, '제 불과 일읍(一邑) 천기(賤妓)로 나를 이렇듯 능만(凌慢)[70]하니 마땅히 저를 중치(重治)[71]하리라.' 하고 반항(半晌)을 침음(沈吟)[72]하다가 다시 소왈(笑曰),

"자고로 명기(名妓)의 교항(驕亢)[73]함은 괴이치 아니하나, 제 아무리 뜻을 지키고자 한들 필경은 재물과 위세에서 벗어나지 못하나니 어찌 묘한 방략(方略)[74]이 없으리오."

하고, 오월 오일을 굴지(屈指)[75]하여 선척(船隻)을 준비하여 선유(船遊)함
을 고대하더니, 광음이 훌훌(欻欻)하여 오월 초일일(初一日)이 되니, 황자
사가 윤자사에게 통하여 '압강정에서 배를 타고 하류(下流)하여 초오일
(初五日) 조조(早朝)에 전당에 당두(當頭)하올지니 귀읍(貴邑)에서 강남홍 13
과 풍류를 갖추어 오소서.' 하였거늘, 윤자사가 홍낭을 불러 황자사의 서
간을 뵌대, 홍낭이 묵연무어(默然無語)하고 즉시 집에 나와 연일(連日)[76]
부중에 들어가지 아니하고 울울불락(鬱鬱不樂)하여 생각하되, '황자사의
방탕무행(放蕩無行)함으로 전일(前日) 나의 회서(回書)를 보고 흉계(凶計)
를 내어 압강정에 선유(船遊)하여 놂을 핑계하고 금번 놀음에 나를 겁박
고자 함이니, 일이 만일 급하거든 만경창파(萬頃蒼波)[77]에 몸을 감추어
죽음이 옳다.' 하고 계교를 정하매 마음을 도로혀 태연하나, 오직 양공자
를 다시 만나지 못하매 유유원한(悠悠怨恨)이 가이없을 뿐 아니라 생리
사별(生離死別)에 일언(一言)이 없으니 이 어찌 인정(人情)이리오. 이에
전일 황성에 갔던 창두를 불러 왈,

---

70) 능만(凌慢): 능멸하고 업신여김.
71) 중치(重治): 엄하게 다스림.
72) 침음(沈吟): 속으로 깊이 생각함.
73) 교항(驕亢): 교만하고 자존심이 강함.
74) 방략(方略): 일을 꾀하고 해나가는 방법.
75) 굴지(屈指): 손가락을 꼽음.
76) 연일(連日): 여러 날을 계속해서.
77) 만경창파(萬頃蒼波): 한없이 넓고 넓은 바다.

"명일에 다시 황성에 올라가 다녀오라."

하고, 이에 석반(夕飯)을 파하고 누에 올라 멀리 북편을 바라고[78] 희허탄
14 식(唏嘘歎息)[79]하니, 차시 반륜명월(半輪明月)이 첨하(簷下)에 걸렸고 경경(耿耿)한 성광(星光)이 밤빛을 재촉하니, 홍낭이 난간을 의지하여 이적선(李謫仙)[80]의 원별리(遠別離)[81] 한 곡조를 소리하고 길이 탄식 왈,

"인간 차곡(此曲)이 능히 광릉산(廣陵散)[82]이 아니 될소냐?"

하더라.

다시 침실에 돌아와 촉(燭)을 돋우고 채전(彩箋)을 내어 일봉서를 닦아 촉하(燭下)에서 재삼 보고 탄식하다가 베개를 의지하여 전전불매(輾轉不寐)[83]하더니, 동창(東窓)에 효색(曉色)이 희미하게 밝아오거늘, 창두를 불러 서간과 은자 일백 냥을 주어 재삼 당부하여 '쉬이 다녀오라' 하고 주루(珠淚)가 만면(滿面)하거늘, 창두가 고왈,

"노자(奴子)가 마땅히 빨리 돌아와 공자의 평안한 소식을 알으시게 하올 것이니 낭자는 슬퍼 말으소서."

하고 하직한 후 황성을 가니라.

차시 황자사가 부귀를 자랑코자 하여 기구를 준비하여 오월 초사일에 압강정 하에 배를 타고 항주로 갈새, 십여 척을 결선(結船)[84]하여 소주

---

78) 바라고: 향하고.

79) 희허탄식(唏嘘歎息): 한숨을 지으며 탄식함.

80) 이적선(李謫仙): 이백을 가리킴. 이백이 처음 장안에 왔을 때 하지장(賀知章)이 그의 선풍(仙風)을 알아보고 적선인(謫仙人)이라고 부름.

81) 원별리(遠別離): 악부의 제목으로 이별을 노래한 열아홉 곡 중의 하나. 순(舜)임금과 아황(娥皇)·여영(女英)의 일을 읊은 것.

82) 광릉산(廣陵散): 거문고 곡명. 혜강(嵇康)이 이 곡을 잘 연주하였으나 아무에게도 전수하지 않았다. 뒤에 혜강이 형을 받게 되자, 광릉산을 마지막으로 연주하며 "여기서 광릉산이 끊어지게 되었구나." 라고 하였다. 이후로는 후계가 없어 끊어지는 것을 의미하게 됨.

83) 전전불매(輾轉不寐): 뒤척이며 잠을 이루지 못함.

84) 결선(結船): 여러 척의 배를 한데 연결함.

기악(妓樂) 열두 대(隊)를 뽑아 배 위에 싣고 북을 치며 발선(發船)할새, 15
강구월음(江謳越吟)[85]은 어룡(魚龍)을 놀래고, 비단돛은 대강(大江)을 덮
었으니 강두(江頭)에 구경하는 자 구름 같더라.

윤자사가 황자사의 옴을 듣고 홍낭을 부르니, 홍낭이 부중으로서 바로 소저 침실에 이르니, 소저가 반겨 문왈,

"낭자는 무슨 연고로 수일을 절적(絶迹)[86]하였느뇨?"

홍낭이 소왈,

"수일 절적이 어찌 평생 절적이 아니 될 줄 어찌 알리잇고."

소저가 놀라 연고(緣故)를 물은대, 홍낭이 추연 대왈,

"첩이 소저의 애휼(愛恤)하심을 입사와 종신토록 좌우에 뫼셔 견마지력(犬馬之力)을 다할까 하였삽더니, 조물(造物)이 시기하여 금일 이별이 기한이 없사오니, 바라건대 소저는 타일 군자를 만나샤 종고지락(鐘鼓之樂)[87]에 금슬우지(琴瑟友之)[88]하샤 영화 부귀를 누리실 제, 금일 천첩의 애연(哀然)한 심사를 생각하소서."

언파(言罷)에 소저의 옥수를 잡고 눈물이 비 오듯 하니, 소저가 비록 연 16
고(緣故)를 모르나 역시 함루(含淚)함을 깨닫지 못하여 이에 위로 왈,

"낭자가 항상 불길지언(不吉之言)을 아니 하더니 금일지언(今日之言)이 어찌 그리 수상하뇨?"

홍낭이 다시 답지 아니코 외당에 나와 자사께 뵈온대, 자사가 그 누흔(淚痕)을 보고 책왈,

"황자사 금일 잔치는 노부가 비록 그 뜻을 아나, 연(然)이나 불행히 인읍(隣邑)에 처하여 저의 간청함을 괄시치 못하나니 낭자는 편협한

---

85) 강구월음(江謳越吟): 장강(長江)과 절강(浙江) 일대의 민간가곡과 월(越)나라의 노래.

86) 절적(絶迹): 발길을 끊고 왕래하지 아니함.

87) 종고지락(鐘鼓之樂): 부부의 화락(和樂)을 뜻함.

88) 금슬우지(琴瑟友之): '거문고와 비파로 다정하게 한다.'는 것도 부부의 화락을 의미.

마음을 두지 말고 사기(事機)를 보아 주선(周旋)[89]하라."

홍낭이 사례하고 집에 나와 행장을 차릴새, 낡은 옷과 병든 모양으로 지분(脂粉)을 다스리지 아니하고 옥면(玉面)에 수색(愁色)이 가득하여 나올새, 연옥을 돌아보며 소매로 낯을 가리우고 주루(珠淚)가 거하(車下)에 떨어지거늘, 옥이 감히 묻지 못하나 심중에 의아하더라.

차시 윤자사가 내당에 들어가 황자사의 청함으로 전당(錢塘)으로 가
17 수일을 선유함을 말하니, 소저가 왈,

"아까 강남홍이 또한 전당으로 가노라 하고 하직하며 기색이 가장 비창(悲愴)하니, 아지 못게라, 오늘 잔치에 무슨 연고가 있나니잇가?"

자사가 침음 왈,

"소주 황자사가 홍낭을 사모하여 계교로 겁탈고자 함인가 하노라."

소저가 악연 왈,

"홍낭은 열협(烈俠)[90]이라. 황자사의 겁박함이 되지 않을지니 무죄한 여자로 어복(魚腹)의 고혼(孤魂)이 되게 말으소서."

언필(言畢)에 산연(潸然)[91]히 눈물을 머금거늘, 윤자사가 묵묵무언하고 나가더라.

윤자사가 좌우를 분부하여 본부기악(本府妓樂)을 갖추어 '지금으로 강두(江頭)로 대령하라.' 하고 교자(轎子)[92]에 올라 전당호에 이르니, 황자사가 이미 배를 강두에 다히고 호상정(湖上亭)에 올라 윤자사를 고대하더니, 반겨 예필(禮畢)에 홍낭이 나옴을 묻거늘, 윤자사가 소왈,

"홍낭이 비록 나오나 근일 신병(身病)이 있어 가장 무료하더이다."

황자사가 소왈,

18 "그 병은 생(生)이 아나이다. 풍류남자를 낚으는 본색이라. 선생 같

89) 주선(周旋): 일이 잘 되도록 여러 가지 방법으로 잘 씀.

90) 열협(烈俠): 곧고 의협심이 강한 사람.

91) 산연(潸然): 눈물이 줄줄 흐르는 모양.

92) 교자(轎子): 앞뒤에 두 사람씩 어깨에 메고 가는 가마.

은 충후장자(忠厚長者)는 속이려니와 생은 못 속일지니 금일 수단을 보소서."

윤자사가 어이없어 소이부답(笑而不答)이러라.

정히 말할 사이에 멀리 바라보니 작은 수레 북편으로서 오거늘, 황자사가 난간머리에 앉아 자시 보니 양개(兩個) 창두가 앞을 인도하여 정하(亭下)에 이르니 일위 미인이 거중(車中)으로서 내려오니 이 곧 홍낭이라. 허튼 머리에 봄 구름이 요란하고 때 묻은 얼굴에 지는 안개 한가하니, 담담한 태도와 초췌한 모양이 녹수(綠水)에 부용이 서리를 띠었고, 섬섬(纖纖)[93]한 세요(細腰)는 광풍(狂風)에 부치일 듯하니,[94] 황자사 눈이 현황미란(眩惶迷亂)[95]함을 깨닫지 못할지라. 황자사 웃음을 띠어 오름을 재촉하니, 홍낭이 정상에 올라 추파를 흘려 황자사를 보매 오사절각모(烏紗折角帽)[96]를 머리에 비끼고, 강사학창의(絳紗鶴氅衣)[97]를 앞을 헤쳐 입고,
허리에 야자대(也字帶)[98]를 띠고, 팔은 난간에 걸치고, 홍접선(紅摺扇)[99] 19
을 흔들며 취안(醉眼)이 몽롱하여 앉았으니, 방탕한 행지(行止)[100]와 추루(麤陋)한 기상이 보기에 비아(非雅)하여 강수청랑(江水淸浪)에 눈을 씻고 싶은지라. 홍낭이 마지못하여 앞에 나아가 문후예필(問候禮畢)[101]에 항주 제기(諸妓)를 좇아 앉으니 황자사가 책왈,

"소 · 항은 인읍이라. 낭자가 향일 압강정에서 연석(宴席)을 파치 아

---

93) 섬섬(纖纖): 가냘프고 여림.
94) 부치일 듯하니: 이겨내지 못함.
95) 현황미란(眩惶迷亂): 정신이 어지럽고 황홀함.
96) 오사절각모(烏紗折角帽): 검은 깁으로 만든, 각진 모자.
97) 강사학창의(絳紗鶴氅衣): 진홍색 깁과 학의 털로 만든 옷.
98) 야자대(也字帶): 허리에 두르는 띠의 한 가지. 한 끝이 아래로 늘어져 '也' 자 모양으로 되기 때문에 붙여진 이름.
99) 홍접선(紅摺扇): 붉은 색의 접는 부채.
100) 행지(行止): 행동거지.
101) 문후예필(問候禮畢): 안부를 묻는 예를 마침.

니하여 가만히 도망하니 어찌 기녀의 도리뇨?"

홍이 염임(斂衽)[102] 사왈,

"첩이 상공께 고치 아니코 돌아감은 신병(身病)을 인함이니 저의 사정을 용서하실 배어니와 당일에 천첩의 죄 세 가지라. 열위(列位) 상공의 높은 연석에 천한 몸이 참예하니 죄 한 가지요, 망녕되이 다사(多士) 중의 문장(文章)을 의논하니 죄 두 가지요, 창기라 하는 것이 매인열지(每人悅之)[103]하여 여자의 행실로 족히 의논할 배 아니어늘 당돌
20 히 구구한 소회를 지키어 고집하니 죄 세 가지라. 첩이 이제 세 가지 죄 있거늘, 상공이 인후관대(仁厚寬大)하심으로 일주(一州) 방백(方伯)의 중임을 가지사 경내(境內) 인민(人民)을 풍화(風化)로 인도하시고 예절로 훈계하시나니, 첩의 천한 몸을 측은히 여기시고 뜻이 그르지 않음을 살피샤 죄를 사(赦)하시고 도로혀 상사(賞賜)를 후히 하시니 첩이 상공의 은덕을 주야축수(晝夜祝手)하나이다."

황자사가 묵연양구(默然良久)[104]에 왈,

"기왕지사(旣往之事)는 물론이어니와 내 이미 강상(江上)에 선유(船遊)코자 하나니 낭자는 한가지로 즐김을 사양치 말라."

윤자사가 또한 배에 오름을 명하니 홍낭이 마지못하여 응명(應命)하매, 윤 · 황 양 자사가 홍낭을 데리고 기악을 갖추어 선상에 오르매, 차시 대강의 바람이 고요하고 거울 같은 물결이 백깁[105]을 펼친 듯, 한 곳의 쌍쌍한 백구는 수변상에 멀리 떴으니, 흐르는 배를 중류에 띄움에 배반(杯盤)이 낭자하고 사죽(絲竹)[106]이 청렬(淸烈)[107]하니 황자사가 취흥이

---

102) 염임(斂衽): 옷섶을 여밈. 몸을 단정히 하여 경의를 표함.

103) 매인열지(每人悅之): 대하는 사람마다 기쁘게 함.

104) 묵연양구(默然良久): 한참동안 말이 없음.

105) 백깁: 흰색 비단.

106) 사죽(絲竹): 사(絲)는 현악기를, 죽(竹)은 관악기를 의미하는 것으로 악기를 연주하는 소리를 뜻함.

107) 청렬(淸烈): 소리가 맑고도 격렬함.

도도하여 뱃전을 치며 노래하니, 기가(其歌)에 왈, 21

휴미인혜(携美人兮)여
미인을 끎이여
소류광(遡流光)이로다
흐르는 빛이 거스리도다
중류유혜(中流遊兮)여
중류에 놂이여
낙미앙(樂未央)이로다
즐거웁기 마지아니토다

황자사가 노래를 마치매 홍낭을 돌아보아 화답하라 하거늘 홍낭이 사양치 아니코 노래하니, 기가(其歌)에 왈,

범청파이경도혜(泛淸波而競渡兮)여
맑은 물에 떠 다투어 건넘이여
안유풍혜정유란(岸有楓兮汀有蘭)이라
언덕에 단풍이 있고 물가에 난초 있도다
수중대어초국혜(水中大於楚國兮)여
수중이 초국보다 큼이여
탁충신지고혼(託忠臣之孤魂)이라
충신의 외로운 혼을 탁하도다
군막경도초고혼(君莫競渡招孤魂)하소
그대는 경도하여 고혼을 부르지 말으소
고혼평안(孤魂平安)이로다
고혼이 평안하도다

홍낭이 노래를 마치매 황자사가 소왈,

"낭자는 강남 사람이라. 능히 경도(競渡)의 근본을 아나냐?"

차시 홍낭이 맑은 강을 임하여 눈에 가득한 풍광이 강개울읍(慷慨鬱悒)[108]한 심사를 돕는지라. 토설(吐說)할 곳이 없더니 황자사의 물음을 인하여 추연 대왈,

22 “첩이 들으니 옛적에 삼려대부(三閭大夫)[109]는 초나라 충신이라. 충
성을 다하여 초왕을 섬기더니 초회왕(楚懷王)이 참소를 듣고 강상(江
上)에 방축(放逐)[110]하매, 삼려대부가 맑은 마음과 개결한 뜻으로 탁세
(濁世)에 처하매 지개(志概)를 보전치 못함을 슬퍼하여 회사부(懷思賦)
를 짓고 오월 오일에 돌을 안고 강심(江心)에 빠졌으니, 후인이 원통히
죽음을 불쌍히 여겨 그 날을 당한즉 배를 강심에 띄워 충혼(忠魂)을
건지려 하는 놀음이라. 그러하나 만일 굴삼려(屈三閭)의 영혼이 있은
즉 청강어복(淸江魚腹)에 탁신(託身)[111]을 조결(澡潔)하여 더러움을 면
함이 도로혀 쾌활안락(快活安樂)할지라. 어찌 속자범부(俗子凡夫)의
돛대를 희롱하고 물결을 휘저어 건짐을 바라리오.”

차시 황자사 대취하여 어찌 홍낭의 깊은 뜻을 짐작하리오. 이에 웃음을 띠어 왈,

“내 성은을 입어 소년 공명이 재열(宰列)에 처하여 부귀 족하고 영
23 화가 극하니, 굴삼려의 초췌불우함을 조롱하여 좌수(左手)로 강산풍월
(江山風月)을 읍(悒)하고, 우수(右手)로 절대가인(絶代佳人)을 이끌어,
한 번 웃으매 춘풍이 호탕하고 두 번 성냄에 상설(霜雪)이 내리나니,

---

108) 강개울읍(慷慨鬱悒): 의기가 복받쳐 원통하고 슬픔.

109) 삼려대부(三閭大夫): 전국시대(戰國時代) 초(楚)나라 우국지사(憂國之士)이자 시인(詩人)인 굴원(屈原)을 말함. 삼려대부(三閭大夫)의 관직를 지냈기 때문에 굴삼려(屈三閭)라 부름. 굴원은 초나라 회왕(懷王)을 섬겼으나 간신의 모함으로 강남에 귀양 갔다가 멱라수(汨羅水)에 빠져 죽음. 그는 죽으면서도 조국과 임금을 위하는 마음을 변하지 않았기 때문에, 후대에 충신(忠臣)의 대명사로 알려짐.

110) 방축(放逐): 자리에서 쫓아냄.

111) 청강어복(淸江魚腹)에 탁신(託身): 맑은 강에 사는 물고기의 뱃속에 몸을 맡김. 물에 빠져 죽음을 말함.

심지지욕(心志之慾)[112]과 이목지락(耳目之樂)[113]을 막을 자가 없을지라. 어찌 적막한 강중의 소슬한 충혼을 말하리오."

하고 제기를 명하여 '풍악을 일시에 주하라.' 하니, 관현지성(管絃之聲)이 청렬(淸烈)하여 공중에 어리었고 예상무수(霓裳舞袖)[114]는 편편(翩翩)하여 강중에 번득이니 주취홍장(朱翠紅粧)이 수중(水中)에 조요(照耀)하여 십리(十里) 전당에 꽃밭을 이뤘거늘, 황자사가 다시 십여 배(杯)를 거후르고[115] 취흥이 도도하여 홍낭의 어깨를 치며 왈,

"인생 백년이 저 물 흐르는 것 같으니 구구한 심회를 어찌 교계(較計)하리오. 나 황여옥은 풍류 재사요, 강남홍은 절대 가인이라. 재자가인(才子佳人)이 이같이 아름다운 경개와 쾌활한 풍정이 도도하니 어찌 하늘이 주신 인연이 아니리오."

홍낭이 저의 추레함[116]이 점점 더함을 보고 추연(惆然)[117]히 답지 아니 24
한대, 황자사가 미친 흥을 걷잡지 못하여 좌우를 호령하여 일척 소선을 준비하여 강중에 띄우고, 소주제기(蘇州諸妓)로 홍낭을 붙들어 선상에 올리니 선중(船中)에 비단 장을 첩첩이 두르고 아무 것도 없더라. 황자사가 장중에 뛰어들어 홍낭의 손을 잡고 왈,

"홍낭아! 네 비록 철석간장(鐵石肝腸)[118]이나 황여옥의 불같은 욕심에 어찌 녹지 않으리오. 오늘은 내 오호편주(五湖片舟)에 서시(西施)[119]를 싣고 범대부(范大夫)[120]를 효칙하여 평생을 쾌활히 하리라."

---

112) 심지지욕(心志之慾): 마음과 뜻으로 이루고자 하는 욕심.

113) 이목지락(耳目之樂): 눈과 귀로 누리는 즐거움. 즉 성색(聲色)을 누리는 즐거움.

114) 예상무수(霓裳舞袖): 예상곡을 춤추는 소매.

115) 거후르고: 기울이고.

116) 추레함: 태도가 너절하고 고상하지 못함.

117) 추연(惆然): 처량하고 슬픔.

118) 철석간장(鐵石肝腸): 굳센 의지나 지조가 있는 마음.

119) 서시(西施): 중국 춘추전국(春秋戰國) 시대 월(越)나라의 미인 조서시(趙西施)를 말함. 월나라의 왕 구천(句踐)이 오(吳)나라에게 망한 뒤 서시를 오나

차시 홍낭이 이 거조(擧措)를 보니 강포지욕(强暴之辱)[121]을 면치 못할 지라, 안색을 불변하고 태연히 웃어 왈,

"상공의 체중하심으로 일개 천기를 이같이 겁박하시니 상공의 체면을 휴손(虧損)[122]하심이라. 첩은 이미 청루천종(靑樓賤種)으로 어찌 열렬지개(烈烈之槪)를 말씀하리잇고마는, 다만 평생의 지킨 뜻을 오늘
25 보전치 못하오니 원컨대 벽상(壁上)에 걸린 거문고를 주시면 두어 곡조를 아뢰어 심회를 풀어 화열(和悅)한 기상(氣像)으로 상공의 즐기심을 돕사올까 하나이다."

황자사가 홍낭의 낙종(諾從)[123]함을 보고 자기 위풍(威風)을 두려 회심(回心)[124]함인가 하여 바야흐로 손을 놓고 소왈,

"낭자는 여중호걸이요, 수단 있는 명기라. 내 일찍 황성(皇城) 청루를 편답(遍踏)하여 이름 있는 기녀와 재주 있는 여자를 내 수중에 못 달랜 자가 없거늘, 낭자가 일향(一向)[125] 고집하여 순종치 아니한즉 거의 위태한 거조를 당할 뻔 하였도다. 이제 이같이 회심하여 전화위복하니 이는 낭자의 복이라. 내 비록 부귀치 못하나 당시의 승상의 장자(長子)요, 일도(一道) 방백(方伯)의 존귀함을 겸하였으니 마땅히 금옥(金玉)으로 집을 짓고 낭자로 더불어 평생 부귀를 누리게 하리라."

설파(說罷)에 친히 거문고를 들어 홍낭을 주며 왈,

라 왕 부차(夫差)에게 보내자, 부차가 반하여 국사를 돌보지 아니하여 구천의 침공을 받아 망하였음.

120) 범대부(范大夫): 춘추시대(春秋時代) 월(越)나라의 공신(功臣)인 범려(范蠡)를 가리킴. 자(字)는 소백(少伯). 월왕 구천(句踐)을 도와서 오왕 부차(夫差)를 망하게 하고난 뒤 벼슬을 내어 놓고 미인 서시(西施)와 더불어 오호에 배를 띄우고 놀았다고 함.

121) 강포지욕(强暴之辱): 몹시 우악스럽고 사나운 행패나 모욕.

122) 휴손(虧損): 깎아내림.

123) 낙종(諾從): 마음속으로 받아들여 따름.

124) 회심(回心): 마음을 돌이켜 먹음.

125) 일향(一向): 한결같이.

"낭자는 재주를 다하여 화락하는 곡조를 타라." 26
하니, 홍낭이 미소하고 거문고를 받아 한 곡조를 타니, 그 소리 화창 방탕하여 삼월 춘풍에 백화가 만발한 듯, 오릉소년(五陵少年)[126]이 준마(駿馬)를 달리는 듯, 언덕의 버들은 비 기운을 띠었고 물가의 갈가마귀 분분(紛紛)하게 춤을 추니, 황자사가 호탕함을 이기지 못하여 장을 걷고 좌우를 돌아보아 다시 배반을 내와 홍낭을 의심치 아니하거늘, 홍낭이 다시 옥수로 줄을 골라 한 곡조를 타니 그 소리 소슬강개(蕭瑟慷慨)하여 소상반죽(瀟上斑竹)[127]에 저녁 비 떨어지고 새외청총(塞外靑冢)[128]에 찬 바람이 일어나니, 강상(江上)의 나뭇잎이 풍운에 소슬(蕭瑟)하고, 천애(天涯)의 기러기 애원(哀怨)히 소리하니, 일좌(一座)가 추연한 빛이 있어 소·항 제기 무단이 눈물을 머금더라.

홍낭이 이에 곡조를 변하여 소현(小絃)을 거두고 대현(大絃)을 울려 우조(羽調)[129]를 아뢰니, 그 소리 비창 강개하여 불평한 심사와 오열(嗚咽)
한 흉금이 일좌(一座)를 경동(驚動)하니, 주중제인(舟中諸人)이 일시에 읍 27
하(泣下)하더라. 홍낭이 거문고를 밀치고 열렬한 빛이 미우(眉宇)에 가득

126) 오릉소년(五陵少年): 장안(長安) 북쪽에 한대(漢代)의 다섯 황제의 능묘(陵墓)가 있는데, 그 부근에는 한대의 호협(豪俠)한 소년들이 모였음. 그 후로는 호협한 소년을 의미하는 말로 쓰임.

127) 소상반죽(瀟上斑竹): 중국의 소상 지역에서 생장하는 얼룩무늬 흔적이 있는 대나무. 아황(娥皇)과 여영(女英)이 순(舜)임금이 창오(蒼梧)에서 죽었다는 소식을 듣고 남쪽으로 내려가던 중, 흩뿌린 눈물로 인해 대나무에 얼룩무늬가 생겨났다는 고사에서 유래한 말.

128) 새외청총(塞外靑冢): 국경 밖에 있는 푸른 풀이 돋아난 무덤. 왕소군(王昭君)의 무덤을 가리킴. 왕소군은 중국 한나라 원제(元帝) 때의 궁녀로 이름은 장(嬙), 소군(昭君)은 자(字). 흉노와의 친화정책 때문에 흉노(匈奴)의 호한야선우(呼韓邪單于)에게 강제로 시집갔음. 왕소군(王昭君)은 떠나가는 말 위에서 비파를 뜯어 슬피 노래하고 흉노의 땅에서 평생토록 한나라를 그리워하며 살다가 죽었으며, 그녀의 무덤에 늘 푸른 풀이 돋아났다고 하는 전설이 있음.

129) 우조(羽調): 우(羽)음을 으뜸으로 하는 곡조. 다른 곡조보다 맑고 씩씩함.

하여 왈,

"유유창천(悠悠蒼天)[130]아, 홍낭을 내실 제 그 근본은 천히 하시고 마음은 강렬히 하여 광활한 세계에 일신을 용납할 땅이 없으니 청강어복(淸江魚腹) 굴삼려를 좇을지라. 바라건대 첩이 죽은 후에 신체를 건지지 말아 죽어도 조결(操潔)한 땅에 놀게 하소서."

말을 마치며 몸을 날려 강심(江心)에 뛰어드니, 오호(嗚呼) 석재(惜哉)라. 필경 성명(性命)이 어찌 된고? 하회를 보라.

강남홍탁신백운동(江南紅託身白雲洞)[131]
양창곡대책자신전(楊昌曲對策紫宸殿)[132]

각설. 이때에 강남홍이 강중에 빠지매 주중(舟中) 제인이 대경 차악하여 급히 붙들고자 하나 날랜 몸을 미처 잡지 못하여 물결에 나군(羅裙)이 나부끼며 간 곳이 없는지라. 소 · 항 제기와 모든 악공이 아니 우는 자가
28 없고, 양 자사가 악연실색(愕然失色)하여 사공을 호령하여 건지라 재촉하니, 결선(結船)한 배를 풀어 강중에 덮어 찾으나 기척을 보지 못하매, 모든 사공이 서로 돌아보며 왈,

"사람이 물에 빠진즉 반드시 물에 뜨거늘, 이는 기척이 없으니 수상하다."

하더라.

양 자사 하릴없어 사공과 어부를 명하여 물목[133]을 지키고 찾으라 하니, 사공이 고왈,

---

130) 유유창천(悠悠蒼天): 주로 원한을 표현할 때 쓰는 말로, 멀고 푸른 하늘이라는 뜻.

131) 강남홍탁신백운동(江南紅託身白雲洞): 강남홍이 백운동에 몸을 의탁하다.

132) 양창곡대책자신전(楊昌曲對策紫宸殿): 양창곡이 자신전에서 대책을 아뢰다.

133) 물목: 물이 흘러 들어가거나 나오는 어귀.

"이 호중(湖中)에서 못 찾은즉 아랫목은 조석수(潮汐水)가 미는 곳이라 물 형세가 가장 급하니 모래에 묻히면 찾을 곳이 없나이다."

하거늘, 양 자사가 더욱 차악하여 눈물을 흘리며 각각 돌아가니라.

차시 윤소저가 홍낭을 보내고 생각하되, '홍낭의 성품과 금일 사기(辭氣) 반드시 구차히 투생(偸生)[134]치 않을지니 무슨 방책으로 저를 구하리오. 내 저를 지기(知己)로 사귀었으니 구치 않은즉 의(義) 아니라.' 하고 구할 방략을 생각하더니, 마침 유모 설파(薛婆) 들어오거늘, 설파는 경성
사람이라, 위인은 영리치 못하나 마음은 충직한 고로 소저를 좇아 부중 29
에 있은 지 이미 수 년이라. 자연 황자사 부중 사람과 친한 자가 많더라. 차시 소저가 설파를 보고 왈,

"내 그대에게 부탁할 말이 있으니 능히 주선할소냐?"

설파가 왈,

"노신(老身)이 소저를 위하여 비록 부탕도화(赴湯蹈火)[135]라도 사양치 아니할지니 무슨 말씀인지 듣고자 하나이다."

소저가 왈,

"내 들으니 강남 사람이 물에 익어 혹 수중에 잠신(潛身)하여 수십 리를 행하는 자가 있다 하니 그대 알소냐?"

설파가 침음 왈,

"광구(廣求)[136]하면 있을까 하나이다."

소저가 왈,

"일이 급하니 지금 시각이 바빠 때 지난즉 쓸 데 없으니 그대는 바삐 일인(一人)을 천거하라."

설파가 다시 침음양구에 왈,

---

134) 투생(偸生): 죽어 마땅할 때에 죽지 않고 욕되게 살기를 탐함.

135) 부탕도화(赴湯蹈火): 끓는 물에 들어가고 뜨거운 불도 밟고 지나간다는 뜻으로, 무슨 일이라도 하겠다는 것을 말함.

136) 광구(廣求): 널리 구함.

"물에 익은 사람을 친하였더니 노신(老身)이 졸지에 생각지 못하나이다."

소저가 아미(蛾眉)를 찡그리며 왈,

"다만 그 사람을 천거하고 곡절은 후에 들으라."

30 설파가 바야흐로 몸을 일어 나가거늘, 소저가 따라 나오며 다시금 당부하여 왈,

"부디 지완(遲緩)[137]치 말라."

하니 파(婆)가 점두(點頭)[138]하고 나간 지 수유(須臾)[139]에, 한 사람을 데리고 들어와 소저더러 왈,

"그 친한 사람은 남자니 그 사람은 어디로 가고 마침 이 여자가 있으니 강호상(江湖上)에 구슬 캐는 사람이라. 물 속으로 능히 오륙십 리를 행하는 고로 일컫기를. '수중야차(水中夜叉) 손삼낭(孫三娘)'이라 하나이다."

소저가 그 여자를 더욱 신통히 여겨 불러보니, 그 여자가 신장이 팔척이요 머리털이 누르고 얼굴이 검으며, 곁에 오매 비린내 코를 거슬리더라. 소저가 놀라 문왈,

"삼낭이 능히 물 속으로 몇 리나 가나냐?"

대왈,

"일찍 절강(浙江) 어귀에서 구슬을 캐다가 이시미[140]를 만나 서로 싸워 삼십 리를 쫓아다니다가 잡아 어깨에 메오고 올라올새, 저녁 조수에 밀리어 다시 수십여 리를 기어 물 밖에 나오니, 만일 단신(單身)
31 으로 행한 즉 칠팔십 리를 행할러이다."

소저가 놀라며 칭찬 왈,

---

137) 지완(遲緩): 더디고 느즈러짐.

138) 점두(點頭): 그러겠다는 뜻으로 고개를 약간 끄덕임.

139) 수유(須臾): 잠시 후에

140) 이시미: 이무기.

"내 삼낭을 잠깐 쓸 데가 있으니 수고를 아끼지 말라."

삼낭 왈,

"마땅히 갈력(竭力)하리이다."

소저가 이에 백금 이십 냥을 주며 왈,

"이것이 비록 적으나 먼저 정을 표하노라."

하니.

하회 어찌 된고? 분석(分釋)하라.[141]

세(歲) 무신(戊申) 오월일 향목동 서(書)

141) 분석(分釋)하라: '다음 회를 잘 보라.'는 내용으로 장회소설의 한 회 마지막에 상투적으로 붙는 구절.

옥루몽 권지오

1 어시(於是)에 윤소저가 백금 이십 냥을 주며 왈,

"이것이 비록 적으나 먼저 정을 표하나니 공을 이룬 후 다시 중상(重賞)하리라."

삼낭이 대희하여 그 쓸 곳을 물은대, 소저가 좌우를 물리고 가만히 이르되,

"금일 전당호에 소 · 항 양주(兩州) 상공이 경도희(競渡戲)를 하실새 반드시 일개 여자가 수중에 빠질 것이니, 그대는 물 속에 잠신(潛身)하였다가 즉시 구하여 수중으로 기어 달아나되, 만일 소주 사람의 눈에 뜨인즉 대화(大禍)가 있을 것이니 십분 조심하여 공을 이룬즉 내 다시 중상할 뿐 아니라 활인지덕(活人之德)[1]이 되리라."

삼낭이 응낙하고 가거늘, 소저가 재삼 부탁하여 그르치지 말라 하니라.

차시 삼낭이 이십 냥 은자를 집에 두고 바삐 전당호로 물가에 나아가
반일(半日)을 앉아 경도희를 구경하더니, 일색(日色)이 반오(半午)[2]에 지
2 나 석양 때에 이르러는 문득 일엽소선(一葉小船)[3]에 소주 제기(諸妓)가
일개 미인을 붙들어 주중(舟中)에 올리거늘, 삼낭이 생각하되, '이 반드시
곡절이 있음이라.' 하고 즉시 물 속에 뛰어들어 가만히 기어 그 배 밑에
엎드렸더니, 아이오[4] 주중에 거문고 소리 나거늘 삼낭이 귀를 기울여 듣

1) 활인지덕(活人之德): 사람을 살리는 덕.
2) 반오(半午): 한나절.
3) 일엽소선(一葉小船): 한 조각 작은 배.

더니, 홀연 주중이 요란하며 일위(一位) 미인이 뱃머리에 떨어지니 삼낭이 몸을 솟아 둘러쳐 업고 살같이 기어 순식간에 육칠 리를 행하며 생각하되, '인적이 없고 등에 업은 여자 살기가 어려우니 수상(水上)에 솟아 언덕으로 좇아 나오리라.' 하더니, 물 위에 일척 소선이 떠오며 선상의 양개 어부가 낚싯대를 들고 노래하며 내려오거늘, 삼낭이 크게 외쳐 왈,

"급한 사람을 구하라."

하니, 어부가 노래를 그치고 배를 빨리 저어 이르니 삼낭이 그 여자를 업
은 채 주중에 뛰어올라 내려놓고 보니, 운빈(雲鬢)이 흩어지고 옥안(玉顔) 3
이 푸르게 되어 일분 생도(生道)가 없는지라. 마른자리를 구하여 누이고 젖은 의상을 말리며 회생하기를 기다리더니, 그 어부가 문왈,

"이는 어떠한 낭자완대 이런 액을 만났시뇨?"

삼낭 왈,

"나는 구슬 캐는 사람이러니 마침 저 낭자가 물에 빠짐을 보고 구하여 가거니와 이 배는 어디로 가는 배오?"

어부가 왈,

"우리는 고기 잡는 사람이라. 강호에 생장하여 수환(水患)을 당한 자를 많이 보았으나 이러한 거동은 처음이라. 이곳에 인가가 없으니 어찌 구완[5]하려 하나뇨?"

삼낭 왈,

"조금 기다려 생도가 있음을 다시 의논하리라."

하고 수족을 만져보니 미미한 온기 있어 수유(須臾)에 정신을 차려 눈을 떠 삼낭을 보고 겨우 물어 왈,

"노낭(老娘)은 어떠한 사람이완대 끊어진 목숨을 살리나뇨?"

삼낭이 오히려 이목이 번거함을 염려하여 왈,

"낭자는 정신을 차려 서서히 물으소서." 4

---

4) 아이오: 잠시 후에.

5) 구완: 구원(救援).

하고 어부를 돌아보아 왈,

"해 이미 저물고 인가가 멀어 갈 길이 없으니 선중(船中)에서 일야(一夜)를 유숙(留宿)할지라. 나의 몸은 무방하나 저 낭자는 규중약질(閨中弱質)[6]로 만사여생(萬死餘生)[7]이라. 풍로(風露)에 쏘임이 민망하니 혹 주중에 방풍(防風)할 제구(諸具)가 있나냐?"

어부가 두어 조각 뜸[8]으로 의지할 곳을 정하여 주거늘, 배를 중류(中流)하여 닻을 주고 야심하매 양개 어부가 뜸집[9] 밖에서 잠이 깊었거늘, 삼낭이 가만히 홍낭더러 문왈,

"낭자가 황주 자사 소교(小嬌) 윤소저를 아나냐?"

홍낭이 일어 앉아 그 묻는 곡절을 물은대, 삼낭이 이에 윤소저가 자기를 구하여 보내던 말을 일일이 전하니, 홍낭이 묵연탄식(默然歎息)하고 눈물을 흘리며 왈,

"나는 다른 사람이 아니라 항주 강남홍이라."

그 죽으려 하는 곡절을 자시 말하니, 삼낭이 대경 왈,

5 "그러면 낭자가 항주 제일방 청루 홍낭이니잇가?"

홍낭이 대왈,

"노낭(老娘)이 어찌 나의 이름을 아나뇨?"

삼낭이 다시 놀라 왈,

"낭자의 차환(叉鬟)이 연옥이 아니니잇가?"

홍낭 왈,

"연(然)하다."

삼낭이 악연(愕然)[10]히 홍낭의 손을 잡아 왈,

---

6) 규중약질(閨中弱質): 규방에서 생활한 약한 체질.

7) 만사여생(萬死餘生): 죽을 고비를 넘기고 살게 된 목숨.

8) 뜸: 짚, 부들, 띠 따위로 거적처럼 엮어 만든 물건으로 비나 바람을 막는 데에 씀.

9) 뜸집: 띠나 부들 따위로 지붕을 이어 간단하게 만든 집.

10) 악연(愕然): 깜짝 놀라며.

"노신(老身)이 연옥의 이모라. 옥이 매양 낭자의 절개 높음을 말씀하오매 한 번 뵈옵고자 하나 노신의 생애(生涯) 괴이하여 추한 모양으로 뵈옵기를 부끄러워 가지 못하였더니, 금일 이에 뵈오니 이는 하늘이 지시하심이라."

하고 더욱 공경하거늘, 홍낭이 더욱 놀라 각별이 친독(親篤)하여 서로 위로하며 누웠더니, 강천(江天)에 달이 지고 밤이 사오경에 가까오매 뜸집 밖에 여러 어부가 말하거늘, 삼낭이 귀를 기울여 들으니, 일인(一人) 왈,

"분명히 모르고 어찌 경솔히 하리오?"

일인 왈,

"내 전일 어선을 팔러 항주로 다니다가 들으니 '강남홍이라 하는
기녀가 천하의 일색이라.' 하더니, 금일 저 낭자를 보니 그 사람인가 6
하노라."

하고 서로 말하거늘, 삼낭이 듣기를 다하매 심중에 의혹하여 어부더러 배를 띄우라 재촉하니, 어부가 바야흐로 운동(運動)[11]하여 왈,

"아침 파도를 만나면 어찌 두렵지 않으리오?"

하거늘 삼낭 왈,

"갈 길이 바쁘니 어서 띄우라. 속히 감이 옳거늘 어찌 지체하리오."

하고 재촉하여 가더니, 날이 점점 밝으매 홀연 풍랑(風浪)이 일어나 풍세가 점점 급하니 배를 건잡지 못하여 물결 소리 하늘이 무너지고 땅이 꺼어지는 듯하여 풍랑이 뇌같이 일어나니, 삼낭이 역시 정신이 아득하여 홍낭을 붙들고 엎드렸더니 반일(半日) 만에 바야흐로 풍세(風勢)가 그치며 물결이 조용하거늘, 홍낭과 삼낭이 정신을 차려 살펴보니 망망대해(茫茫大海)에 물가를 보지 못할지라.[12]

향할 바를 몰라 다만 물결을 따라 배 가는 대로 행하더니 멀리 바라보

---

11) 운동(運動): 움직인다는 뜻.

12) 이 세책본에서는 두 어부가 강남홍을 겁탈하려다가 계책에 빠져 죽는 대목이 빠져 있음.

7 니 하늘가에 한 점 푸른 뫼가 있거늘, 그곳을 향하여 배를 저어 반일을 행하여 바로 언덕 위에 다히거늘,[13] 자세히 보니 대수풀이 우거진 곳에 수삼 촌락이 은은(隱隱)히[14] 뵈거늘, 언덕에 올라 수풀을 헤치고 문을 두드리니 한 사람이 나아오니 의관이 중국 제도와 다르고 성음(聲音)이 괴이한 자가 얼굴이 검고 눈이 푸르더라. 문왈,

"그대는 어떤 사람이완대 뉘 집을 찾나뇨?"

삼낭 왈,

"우리는 강남 사람이라. 풍파에 밀리어 이곳에 이르니 이곳 지명이 무엇이뇨?"

그 사람이 대경 왈,

"이곳은 남방 나탁해라 하는 바다요, 나라 이름은 탈탈국(脫脫國)이니 강남이 육로(陸路)로 삼만여 리오, 수로(水路)로 칠만여 리라."

하거늘, 삼낭 왈,

"우리 만사여생(萬死餘生)으로 갈 바를 알지 못하나니 일야(一夜)를 자고 갈까 하노라."

주인이 허락하고 일간 객실을 정하여 주거늘, 양인이 칭사(稱謝)[15]하
8 고 집에 들어가 보니 갈잎으로 처마를 덮고 돌을 쌓아 벽을 하고 대자리에 풀방석을 깔았으니 일시(一時)를 머무르기 어려우나, 해가 이미 저문지라 부득이 유숙(留宿)할새, 주인이 석반(夕飯)을 내오니 마름 열매로 밥을 짓고 비린 고기와 쓴 나물로 반찬을 하였으니 먹을 길이 없으나, 삼낭은 허핍(虛乏)[16]함을 참지 못하여 먹거늘, 홍낭이 접구(接口)[17]치 못하고 누웠으니 누습(漏濕)[18]한 기운과 훈증(熏蒸)[19]한 바람에 잠을 이루지 못

---

13) 다히거늘: 대거늘.

14) 은은(隱隱)히: 겉으로 뚜렷하게 드러나지 않고 어슴푸레하게.

15) 칭사(稱謝): 고마움을 표현함.

16) 허핍(虛乏): 굶주려서 기운이 없음.

17) 접구(接口): 입에 댐.

18) 누습(漏濕): 축축함.

하더라.

홍낭이 삼낭더러 왈,

"노낭(老娘)이 나로 인연하여 무단히 표박(漂泊)[20]한 종적이 되니 이곳은 일시도 머물지 못할 곳이라. 나는 죽음이 원통치 아니하나 노낭은 살아 고국으로 돌아갈 도리를 생각하라."

삼낭이 개연(慨然) 왈,

"노신(老身)이 평생에 사모하던 정성을 오늘 시험하여 사생고락을 한가지로 하리니, 이곳의 뫼가 높고 물이 맑으니 반드시 도관승당(道
觀僧堂)이 있을지라. 명일 다시 찾아봄이 옳을까 하나이다." 9

홍낭이 칭사(稱謝)하고 양인이 앉아 밤을 지내고 익일(翌日)에 주인더러 문왈,

"이곳에 승니(僧尼)와 도사(道士)가 있나냐?"

주인 왈,

"우리 곳은 본디 승니와 도사는 없고 산중에 혹 처사(處士)는 있나니라. 연(然)이나 왕래종적(往來蹤迹)은 알 길이 없노라."

하거늘, 양인(兩人)이 주인을 이별하고 죽장(竹杖)을 짚고 산길을 찾아 지향(指向) 없이 가더니, 한 곳에 이르니 골이 깊고 길이 없거늘 바위 위에 앉아 쉴새, 홀연 보니 한 줄기 시냇물이 높은 봉으로서 내려오거늘, 홍낭이 손으로 물을 우희여[21] 마시고 삼낭을 돌아보아 왈,

"이 물에서 이상한 향내 촉비(觸鼻)[22]하니 우리 시내를 좇아 올라감이 어떠하뇨?"

삼낭이 응낙하고 물을 따라 올라갈새, 수백여 보를 행하매 한 동학(洞壑)이 있고 동중(洞中)에 들어가매 기이한 꽃과 아름다운 경개 절승하여

---

19) 훈증(熏蒸): 찌는 듯이 더움.

20) 표박(漂泊): 고향을 떠나 정처 없이 떠돌아다님.

21) 우희여: 움켜.

22) 촉비(觸鼻): 코에 닿음.

10 남방의 누추한 기운이 없거늘, 홍낭이 삼낭을 돌아보아 왈,

"내 고국을 떠난 지 오래지 아니하나 남중풍토(南中風土)에 기운이 저상(沮喪)[23]하였더니 금일 이곳은 짐짓 별유천지비인간(別有天地非人間)[24]이라."

하고 서로 말하며 수십 보를 더 행하여 가니, 한 시내 구비 있고 시내 위에 반석(磐石)[25]이 놓였는데, 석상에 일개 소동(小童)이 흐르는 물을 대하여 차를 달이거늘, 홍낭이 앞에 나아가 동자더러 왈,

"우리는 길을 잃은 사람이라. 길을 잠깐 가르침이 어떠하뇨?"

동자가 왈,

"이곳은 다른 길이 없고 일찍 행인이 들어오지 아니하거늘 그대는 어떠한 사람이뇨?"

홍낭이 미처 답지 못하여서 일위 도사가 홍안학발(紅顔鶴髮)[26]에 풍채표일(風采飄逸)[27]하며 머리에 갈건(葛巾)을 쓰고 손에 백우선(白羽扇)[28]을 들고 웃음을 띠어 나오거늘, 홍낭이 나아가 예필(禮畢)에 꿇어 고왈,

"이역(異域) 사람이 풍파에 표박하여 갈 바를 알지 못하오니 선생은 생로(生路)를 지시하소서."

11 도사가 숙시양구(熟視良久)[29]에 동자를 명하여 길을 인도하라 하고 몸을 도로혀[30] 죽림으로 들어가더라.

홍낭과 삼낭이 동자를 따라 수리(數里)는 행하니 수간초옥(數間草屋)

---

23) 저상(沮喪): (기운을) 잃음.

24) 별유천지비인간(別有天地非人間): 이백(李白)의 시귀절로, 인간세상이 아니라 딴 세상임.

25) 반석(磐石): 넓고 평평한 큰 돌.

26) 홍안학발(紅顔鶴髮): 혈색이 좋은 얼굴과 흰 머리털이라는 뜻으로 신선의 모습을 형용한 말.

27) 풍채표일(風采飄逸): 풍채가 뛰어나게 훌륭함.

28) 백우선(白羽扇): 흰 깃털로 만든 부채.

29) 숙시양구(熟視良久): 오랫동안 눈여겨 자세히 봄.

30) 도로혀: 돌이켜.

이 극히 정쇄(淨灑)[31]한대, 일쌍 백학은 송림(松林)에 조올고 두어 낱[32] 사슴은 석경(石逕)에 배회하니, 홍낭이 평생을 번화지지(繁華之地)에 생장하였으니 청정한 별세계를 어찌 보았으리오. 흉금이 상쾌하고 정신이 쇄락(灑落)[33]하여 거의 진세영욕(塵世榮辱)을 잊을러라. 도사가 양인을 명하여 당에 오르라 하여 왈,

"나는 산야(山野) 늙은이라. 앉아 청함을 허물치 말라."

하거늘, 삼낭과 홍낭이 승당입실(陞堂入室)[34]하여 공경 재배하고 좌우에 시립(侍立)하니, 도사가 왈,

"그대의 모양을 보니 묻지 아냐[35] 중국 사람임을 알지라. 이곳 인물이 괴이하고 풍속이 금수(禽獸)와 다르지 않아 중국 귀인의 안접(安接)[36]할 곳이 없으니 아직 노부(老夫)에게 머물렀다가 고국으로 돌아갈 기회를 기다리라."

홍낭이 백배 사례하고 도호(道號)를 묻자온대, 도사가 소왈, 12

"노부는 운유(雲遊)[37]하는 사람이라 무슨 도호가 있으리오마는, 타인이 부르기를 백운도사(白雲道士)라 하노라."

홍낭이 칭사(稱謝)하고 차후(此後)로 산중에 머무르니 침식이 가장 편하더라.

차설. 윤소저가 삼낭을 보내고 회보(回報)를 기다리더니, 날이 늦은 후 윤자사가 돌아와 전당호에서 홍낭이 익수참사(溺水慘死)함을 말하니, 소저가 대경차악(大驚且愕)하여 눈물을 머금어 왈,

"그 죽음이 불쌍할 뿐 아니라 그 위인이 아깝도소이다."

---

31) 정쇄(淨灑): 매우 맑고 깨끗함.

32) 낱: 셀 수 있는 물건의 하나하나.

33) 쇄락(灑落): 상쾌하고 깨끗함.

34) 승당입실(陞堂入室): 당(堂)에 올라가 방으로 들어감.

35) 묻지 아냐: 묻지 않아도.

36) 안접(安接): 편안한 마음을 먹고 머물러 삶.

37) 운유(雲遊): 뜬 구름처럼 이리저리 떠돌아 다님.

하고 일변으로 심중에 삼낭의 회보를 기다리더니 마침내 소식이 없고 자사가 내당에 들어와 소저를 대하여 왈,

"홍낭의 용모 위인이 어찌 수중원혼(水中冤魂)이 될 줄 알았으리오?"

소저가 놀라 왈,

"홍낭의 신체(身體)를 건지니잇가?"

자사가 왈,

"오늘 절강을 지킨 사공이 고하되, '조수(潮水)에 밀리어 강변에 두
13 사람의 신체 있으되 모래와 돌에 상하여 남녀를 분간치 못하고 인하여 그날 조수에 밀리어 왔으니 상고(詳考)할 곳이 없다.' 하니 아마도 그 둘 중의 하나는 홍낭의 신첸가 하노라."

소저가 심중에 더욱 차악(嗟愕)[38]하여 생각하기를, '이는 반드시 삼낭이 실수하여 둘이 다 죽음이로다.' 하더라.

차시 연옥이 홍낭의 죽음을 듣고 발을 구르며 통곡하고 관문(官門)을 두드려 고왈,

"소녀는 강남홍의 차환이러니 이름은 연옥이라. 홍낭도 부모 친척이 없고 소녀도 부모 친척이 없어 고단한 신세로 노주(奴主)가 상의하여 정의(情誼) 형제골육과 다름이 없더니, 홍낭이 이제 무죄(無罪)히 강중원혼(江中冤魂)이 되어 남은 뼈를 거둘 수가 없사오니 원컨대 관력(官力)을 빌어 백골을 수습하여 묻을까 하나이다."

자사가 그 뜻을 참혹이 여겨 관선 십여 척을 주니 옥이 십여 일을 강
14 중에 배회하여 울며 찾으되 종적이 없거늘, 하릴없어 집에 돌아와 주과(酒果)와 지전(紙錢)[39]을 갖추어 강상(江上)에 초혼(招魂)[40]하고 홍낭이 입은 의상과 패물을 강중에 던지고 우니, 행인 과객과 사공 어부 등이 눈

---

38) 차악(嗟愕): 슬픈 일을 당하여 몹시 놀란 상태.

39) 지전(紙錢): 돈 모양으로 오린 종이. 죽은 사람이 저승 가는 길에 노자로 쓰라는 뜻.

40) 초혼(招魂): 사람이 죽었을 때 그 혼을 소리쳐서 부르는 일.

물을 아니 흘릴 이 없더라.

옥이 초혼을 맞고 집에 돌아와 보니 적적한 누대에 티끌이 자욱하고 냉락(冷落)[41]한 문전(門前)에 거친 풀이 무성하니, 전일(前日) 풍류의 자취를 물을 곳이 없어 다만 문을 닫고 주야로 호곡(號哭)하며 황성 간 창두를 주야(晝夜) 기다리더라.

차설. 양공자가 항주 창두를 보낸 후 객관의 적적한 심사가 날로 더하여 과일(科日)을 기다리더니, 마침 조정에 변이 있어 과거를 퇴정(退定)[42]하니 오히려 수삭(數朔)[43]이 격하였는지라. 공자가 고향을 생각하고 밤마다 잠을 이루지 못하더니, 일일(一日)은 서안(書案)을 의지하여 한 곳에 이르니 십리강상(十里江上)에 홍연화(紅蓮花)가 성개(盛開)하였거늘, 한 가지를 꺾고자 하다가 홀연 광풍(狂風)이 대작(大作)하여 물결이 일어나며 꽃가지 꺾어져 강중에 빠지니 아깝고 놀라 소스라쳐 깨달으니 남가일몽(南柯一夢)[44]이라. 마음에 상서롭지 아니하여 하더라.

수일이 못하여 홀연 항주 창두가 이르러 홍낭의 서간을 드리니, 공자가 반겨 떼어 보니, 하였으되,

천첩 강남홍은 일봉 서찰을 양상공께 올리나이다. 첩의 명도(命途)가 기박하여 어려서 부모의 교훈을 모르고 자라서 몸이 청루에 의지하여 창루의 천한 몸이요, 군자의 버린 배라. 오직 일편고신(一片孤身)이 한 번 지기를 만나 청산녹수(青山綠水)에 품은 소회를 의논하고 영문백설(郢門白雪)[45]에 감춘 바 시부를 화답하여 평생의 소원을 이룰까 하였더니, 뜻밖에

---

41) 냉락(冷落): 외롭고 쓸쓸한.

42) 퇴정(退定): 기한을 뒤로 미루어서 정함.

43) 수삭(數朔): 몇 달.

44) 남가일몽(南柯一夢): 순우분(淳于棼)이 꿈 속에서 남가군수(南柯郡守)가 되었다가 깬 꿈으로, 헛된 부귀와 공명을 의미.

45) 영문백설(郢門白雪): '영중백설(郢中白雪)'이라고도 하며 고아한 악곡이나 시문을 뜻함. 초나라 송옥의 '답초왕문(答楚王問)'에 나오는데, '영'은 초나라 수도이고 '백설'은 노래이름.

공자를 만나 흉금이 상조(相照)하매 강비(江妃)[46]의 해패(解佩)[47]함을 효칙
(效則)하고 건즐(巾櫛)을 소임(所任)함[48]을 허하샤 소성(小星)[49]에 거두심
16 을 기약하시니, 군자의 말씀이 금석(金石) 같으시매 천첩이 하해(河海) 같
이 바라삽더니, 조물(造物)이 시기하고 신명(神明)[50]이 저희(沮戱)[51]하여
소주자사 황공이 망망음탕(茫茫淫蕩)한 마음으로 창기를 천대하여 이해(利
害)로 달래며 위세로 겁박(劫迫)[52]고자 하여 압강정 남은 풍파가 전당호에
이르렀으니, 오월 오일 천중지절(天中之節)에 경도희를 이름하며 첩을 겁
박고자 하니 일루잔천(一縷殘喘)[53]이 농중지조(籠中之鳥)[54]요, 망중지어
(網中之魚)[55]라. 지척청파(咫尺淸波)에 도해(蹈海)[56]하는 선비[57]를 좇으려
하나 망부산(望夫山)[58] 뒤에 오는 행인(行人)[59]을 보지 못하니 어복고혼(魚
腹孤魂)이 영욕(榮辱)을 잊었으나 백마한조(白馬寒潮)[60]에 여한(餘恨)을 난

---

46) 강비(江妃): 전설 속의 신녀(神女).

47) 해패(解佩): 강비는 강한(江漢) 가에서 놀다가 정교보(鄭交甫)를 만났다. 강비는 정교보가 그의 패물을 가지고 싶어 하자 패물을 풀어 주었는데, 이후로 해패는 여자가 남자를 향하여 애정을 표시하는 뜻으로 쓰임.

48) 건즐(巾櫛)을 소임(所任)함: 여자가 아내나 첩이 됨을 겸손하게 이르는 말.

49) 소성(小星): 첩을 달리 이르는 말.

50) 신명(神明): 천지의 신령.

51) 저희(沮戱): 귀찮게 굴며 방해함.

52) 겁박(劫迫): 으르고 협박함.

53) 일루잔천(一縷殘喘): 아주 끊어지지 않고 겨우 붙어있는 숨.

54) 농중지조(籠中之鳥): 새장 속의 새.

55) 망중지어(網中之魚): 그물 속의 물고기.

56) 도해(蹈海): 바다에 몸을 던져 죽음.

57) 지척청파(咫尺淸波)에 도해(蹈海)하는 선비: 전국시대 제(齊)나라 사람인 노중련(魯仲連)의 말. 그는 "만일 진(秦)나라가 제멋대로 제(帝)가 되어 천하에 그릇된 정사를 편다면, 나는 동해(東海)에 몸을 던져 빠져 죽는 한이 있더라도 진나라의 백성이 될 수 없다." 고 하였다.

58) 망부산(望夫山): 중국의 산 이름으로, 떠난 남편을 기다리다가 돌이 된 망부석이 있음.

59) 망부산(望夫山) 뒤에 오는 행인(行人): '망부산두(望夫山頭)에 돌아오는 행인'의 잘못임. 여기서는 양공자를 의미함.

60) 백마한조(白馬寒潮): 백마강의 찬 물결. 전당강(錢塘江)을 백마강이라고도

설(難說)이라. 바라건대 공자는 천첩을 유련(留連)[61]치 마시고 청운(靑雲)
의 뜻[62]을 두사, 금의(錦衣)로 고향에 돌아오시는 날 고정(故情)[63]을 생각
하사 일맥지전(一陌紙錢)[64]으로 강산 고혼을 위로하여 주소서. 첩이 죽은
후 앎이 있은즉 상공의 영귀(榮貴)함을 흠앙(欽仰)할 것이요, 만일 정녕 민 17
멸(泯滅)치 않은즉 명부(冥府)에 발원(發願)하여 차생(此生)의 미진한 인연
을 후생에 기약할까 하나이다. 일백 냥 은자를 보내오니 객중 부비(浮費)[65]
를 도우사, 길이 가는 자[66]로 하여금 유유구원(悠悠九原)[67]에서 연연(戀
戀)[68]한 생각을 일분이나 덜게 하옵소서. 붓대를 잡으매 흉금이 엄색(掩
塞)[69]하여 생리사별(生離死別)의 회포를 다 고(告)치 못하나이다.

하였더라.

양공자가 남필(覽畢)[70]에 악연실색(愕然失色)하여 서안(書案)을 치며 눈물이 소매에 가득하여 왈,

"홍낭이 죽으리로다."

하고 다시 글을 펴보며 여취여몽(如醉如夢)하여 창두더러 문왈,

"네가 어느 날 떠나뇨?"

창두가 왈,

"초사일에 발행하나이다."

공자가 왈,

부름.

61) 유련(留連): 차마 떠나지 못함.

62) 청운(靑雲)의 뜻: 입신출세하려는 큰 희망.

63) 고정(故情): 오래 전부터 사귀어 온 두터운 정.

64) 일맥지전(一陌紙錢): 적은 돈.

65) 부비(浮費): 일을 하는데 써서 없어지는 돈.

66) 길이 가는 자: 장서자(長逝者). 죽는 사람.

67) 유유구원(悠悠九原): 아득히 먼 저승.

68) 연연(戀戀): 집착하여 미련을 가짐.

69) 엄색(掩塞): 덮어 막음.

70) 남필(覽畢): 읽기를 마침.

"소주 자사가 어느 날 온다 하더뇨?"

창두가 대왈,

"초오일에 전당호에 경도희를 한다 하더이다."

공자가 길이 탄왈,

18 "가석(可惜)다. 홍낭이 죽으리로다."

하고 서안을 의지하여 눈물을 금치 못하며 심중에 생각하되, '홍낭은 절대가인이요, 무쌍한 국색이라 조물이 시기하도다.' 하고 또 생각하여 왈,

"홍낭이 천성이 태강(太剛)하여 열협지풍(烈俠之風)[71]이 있으나 그 번화한 기상과 아름다운 얼굴이 수중 원혼이 되지 않을지니 후일을 보리라."

하고 상두(床頭)의 채전(彩箋)을 빼어 답장을 쓰려하다가 다시 붓을 던지고 탄왈,

"홍낭이 정녕 죽었도다. 내 압강정에서 홍낭으로 더불어 시부를 창화할새 저의 글이 '원앙비거절화총(鴛鴦飛去折花叢)[72]이라.' 한 글귀가 상서롭지 아니하고, 연로정(燕鷺亭)에서 이별할 제 인사(人事)를 번복함을 제가 탄식하더니 이 어찌 언참(言讖)[73]이 아니리오. 그러한즉 내 비록 편지를 쓰나 뉘 보리오."

하더니 다시 탄식 왈,

"비록 그러하나 내 심중에 쌓인 정회를 어디 가 포설(鋪設)[74]하며

19 창두를 어찌 차마 그저 보내리오?"

하고 붓을 들어 두어 줄을 쓰니, 그 글에 왈,

홍낭아! 네가 나를 죽임이 아니냐. 그 만남이 어찌 그리 기이하고, 또 떠

---

71) 열협지풍(烈俠之風): 굳세고 의협심이 있는 풍도.

72) 원앙비거절화총(鴛鴦飛去折花叢): 원앙이 날자 꽃이 꺾임.

73) 언참(言讖): 미래를 꼭 맞추어 예언한 말.

74) 포설(鋪設): 펴서 베풂.

남이 어찌 그리 쉬우며, 그 친함이 어찌 그리 다정하며, 그 사랑함이 어찌
그리 정중하고, 그 잊음이 어찌 그리 용이하뇨. 만일 죽음이 아니면 내 꿈
이로다. 네 번화한 기상과 영발한 풍류로써 현마[75] 소슬한 강중의 적막한
원혼이 되며, 네 총명한 재질과 혜일(慧逸)한 성품으로 현마 강렬(剛烈)함
을 자랑하며 함원(含怨)한 혼백이 되고자 하나냐? 홍낭아 꿈이냐? 창두의
말과 편지를 본즉 참연함이 극하나 네 얼굴과 모양을 생각한즉 그러할 리
없을지라. 그 꿈과 잠을 눌더러 물으며 질정(質正)[76]하리오. 사람이 지기
(知己)를 중히 앎은 그 사생과 영욕을 같이 함을 위함이라. 이제 천리 남북
에서 사생(死生)을 아득히 모르니 이는 내 너를 저버림이요, 일시협기(一時 20
俠氣)로 백년뇌약(百年牢約)을 초개(草芥)같이 잊음은 네 나를 저버림이라.
내 금일 눈물이 어찌 등도자(鄧徒子)[77]의 호색(好色)하는 마음이리오. 백아
(伯牙)[78]의 거문고 줄이 없음을 슬퍼하노라. 창두가 돌아가기로 두어줄 글
을 부치노니, 네 능히 살아 볼소냐?

하였더라. 공자가 쓰기를 맞고 창두를 주며 바삐 돌아가 소식을 알게 하라 한대, 창두가 하직고 창황히 돌아가니라.

이적에[79] 연옥이 빈 집에 홀로 있어 눈물로 세월을 보낼 새, 낮이면 청산을 바라보아 비회(悲懷)를 정치 못하고, 밤이면 외로운 등잔을 대하여 잠을 이루지 못하고 창두의 돌아오기를 고대하되 소식이 없는지라. 일일은 심란무료(心亂無聊)하여 경황없이 문 앞에 섰더니, 교방(敎坊) 대로(大路)에 거마(車馬)가 연락(連絡)[80]하여 곳곳이 풍류 소리 의구(依舊)

75) 현마: 설마.

76) 질정(質正): 묻거나 따져서 바로 잡음.

77) 등도자(鄧徒子): 송옥(宋玉)의 <등도자호색부(鄧徒子好色賦)>에 나오는 인물. 등도는 성이고 자는 남자의 통칭.

78) 백아(伯牙): 중국 춘추 시대 거문고의 명인. 그의 거문고 소리를 즐겨 듣던 친구 종자기(鍾子期)가 죽자 자기의 거문고 소리를 이해하는 사람을 잃었다고 슬퍼한 나머지 거문고의 줄을 끊고 일생 동안 거문고를 타지 않았다고 함.

79) 이적에: 이때에.

80) 연락(連絡): 계속 이어짐.

하되, 적적한 제 일방의 문전(門前)이 고요하여 우물 위에 벽도화는 꽃이
21 진(盡)하고 열매 열려 오작(烏鵲)의 밥이 되니, 옥이 처량한 심사를 이기
지 못하여 석양을 대하여 실성통곡(失聲痛哭)[81]하더니, 황성 갔던 창두가
황망히 돌아옴을 보고 옥이 반기며 슬퍼하여 엎어져 기절한대, 창두가
바야흐로 공자의 말을 생각하고 방성대곡하며 옥을 붙들어 일으켜 곡절
을 물은대, 옥이 오열한 소리로 세세히 말하니, 창두가 회중(懷中)으로서
일봉서간(一封書簡)을 내어 왈,

"이는 공자의 서간이라. 장차 어디 전하리오?"

옥이 탄왈,

"우리 낭자 평생지기(平生知己) 없고 오직 양공자 일인(一人)이라.
그 편지가 어찌 우리 낭자의 고혼을 위로치 않으리오."

하고, 향탁(香卓)[82]을 배설(排設)하고 편지를 상 위에 놓고 창두와 연옥이
일장(一場)[83]을 대곡(大哭)한 후 그 편지를 깊이 감추니라.

22 차시 윤소저가 홍낭이 죽음을 참혹히 여겨 옥과 창두의 의탁이 없음
을 생각고 부중(府中)에 거두어 두었더니, 마침 조정에서 윤자사로 병부
상서를 배(拜)하샤 역마(驛馬)로 부르시니, 대개 윤공의 치민지정(治民之
政)이 천하의 제일이라. 이러므로 천자가 특별히 위로하심이러라. 윤공이
즉시 발행할새 연옥이 울며 소저와 같이 감을 청하니 윤공이 또한 측은
히 여겨 허락한대, 옥과 창두가 집에 나와 약간 행장을 수습하여 소저를
뫼셔 황성으로 가니라.

차설. 양공자가 홍낭의 사생을 알고자 하여 장차 창두를 보내고자 하
더니, 일일은 항주 창두가 일개 소복한 여자를 데리고 이르렀거늘, 자세
히 보니 이 곧 연옥이라. 초췌한 기색과 처량한 모양으로 계하(階下)에서
공자를 잠깐 보고 소매로 얼굴을 가리우고 실성오열(失聲嗚咽)하니, 공자

---

81) 실성통곡(失聲痛哭): 목이 메도록 통곡함.

82) 향탁(香卓): 향로를 올려놓는 탁자.

83) 일장(一場): 어떤 일이 벌어진 한 판, 한바탕.

가 또한 눈물을 금치 못하여 왈,

"네 모양을 보니 슬픈 경상(景狀)[84]을 묻지 아냐 알지라. 내 구태여 23
듣고자 않으나 전후곡절(前後曲折)을 대강 말하라."

옥이 목이 메어 능히 말을 이루지 못하며, 인하여 낭자가 공자를 보내고 두문칭병(杜門稱病)[85]하던 말과 황자사의 변을 만나 백골을 강수(江水)에 거두지 못하던 말씀을 일일이 고하며 비읍(悲泣)하기를 마지않으니, 공자가 청파(聽罷)에 희허탄식(唏噓歎息)하고 유체(流涕)[86]하여 왈,

"애재(哀哉)라. 내 저를 저버림이로다."

하고 다시 문왈,

"네 어찌 경성으로 오뇨?"

옥이 대왈,

"윤소저가 천비의 고고무탁(孤苦無托)함을 측은히 여기샤 거두어 오시니이다."

공자가 청파(聽罷)에 생각하되, '윤소저가 규중여자로 신의를 저바리지 아니하여 여(汝) 등을 이같이 구제하니 족히 홍낭의 조감(藻鑑)[87]이 밝음을 알리로다.' 하고, 다시 옥과 창두더러 왈,

"여등(汝等)이 주인이 없으나 내 어찌 잊으리오. 아직 의지할 곳이 없을지니 윤소저께 탁신(託身)하였다가 내가 찾음을 기다리라."

옥과 창두가 울며 사례하고 가니라. 24

광음이 훌훌하여 수삭(數朔)이 지나매 천자가 변방 오랑캐를 평정하시고 다시 사방 선비를 모아 과거를 뵈실새, 연영전(延英殿)[88]에 친림(親臨)하샤 책문(策文)을 물으시니 사방에 모이는 선비 구름 같더라. 그 글

---

84) 경상(景狀): 좋지 못한 몰골.

85) 두문칭병(杜門稱病): 병이 났다고 하고 문을 닫아걸음.

86) 유체(流涕): 눈물을 흘림.

87) 조감(藻鑑): 사람을 겉만 보아도 그 인격을 아는 식견.

88) 연영전(延英殿): 당(唐)나라 숙종이 늙인 신하 묘진경(苗晋卿)을 예우하여 설치한 전각.

제에 왈,

자고로 치국(治國)하는 도(道)가 불일(不一)하나 반드시 선후(先後)와 완급(緩急)이 있나니, 삼대(三代) 이상은 무슨 도로 치국하였관대 천하가 평안하여 일이 없으며, 삼대(三代)[89] 이후 한(漢)·당(唐) 이래로는 어찌하여 사방이 그리 분분요란(紛紛擾亂)[90]하뇨? 짐이 새로 즉위하여 묘연(眇然)[91]한 일신(一身)이 만민(萬民)을 치정(治定)[92]하매 주야로 긍긍업업(兢兢業業)[93]하여 그 다스리는 도를 아지 못하나니, 만인다사(萬人多士) 중에 문학이 유여(有餘)하여 고금치란(古今治亂)을 밝히 아는 자가 있을진대 각각 숨기지 말고 직언(直言)을 극간(極諫)하여 짐의 허물을 깨닫게 하라.

하였더라.

25 차시 양공자가 글제를 보고 계하(階下)에 부복(俯伏)하여 경각(頃刻)간에 수천어(數千語)를 지어 올리나니, 그 글에 갈왔으되,

신이 듣자오니, 인군(人君)이 천하를 다스리는 도가 마땅히 하늘을 법받을지라. 주역에 갈왔으되, '윤지이풍우(潤之以風雨)하고 고지이뇌정(鼓之以雷霆[94])이라.' 하고 우왈(又曰), '사시행언(四時行焉)하며 백물(百物)이 생언(生焉)이라.'[95] 하니, 하늘이 만물을 생휵(生畜)하시매 풍우를 윤택하샤 호생지덕(好生之德[96])을 내리오실 뿐 아니라, 반드시 뇌정(雷霆)을 호령

89) 삼대(三代): 중국의 하(夏)·은(殷)·주(周).
90) 분분요란(紛紛擾亂): 뒤숭숭하고 어지러움.
91) 묘연(眇然): 보잘 것 없는.
92) 치정(治定): 잘 다스려 안정시킴.
93) 긍긍업업(兢兢業業): 삼가하고 조심하며 두려워하는 모양.
94) 윤지이풍우(潤之以風雨) 고지이뇌정(鼓之以雷霆): 풍우로 적셔주며 우레로 울림.
95) 사시행언(四時行焉)하며 백물(百物)이 생언(生焉)이라: 이 내용은 『주역』이 아니라 『논어』에 실려 있음. 사시(四時)가 운행(運行)되고 온갖 만물이 생장한다는 뜻.

하샤 위엄을 베푸신 후 사시(四時)로 풍우를 운행하여 만물을 생장(生長)케
하시니, 봄과 여름은 생장하고 가을과 겨울은 결실하여 거두게 하니 이는
하늘 조화에 있는지라.

고자(古者)에 성왕(聖王)이 도를 효칙(效則)하샤, 혜택인정(惠澤仁政)은
춘하(春夏)의 생장함을 모방하고 추동(秋冬)은 숙살(肅殺)[97]함을 본받아 뇌
정의 위엄과 화창한 인덕(仁德)으로 정치를 밝게 함에, 교화(教化) 위령(威
令)이 유시(由是)로 행(行)하며, 혜택과 인정이 유시(由是)로 출(出)하며, 기 26
강(紀綱)과 풍속(風俗)이 유시(由是)로 입(立)하나니, 만일 호생지덕(好生之
德)으로 항상 무마(撫摩)하고 뇌정지위(雷霆之威)로 음학지민(淫虐之民)[98]
을 다스리시면 만물이 생성하며 조화를 어찌 이루어내지 못하리잇고.

시고(是故)로 일국신민(一國臣民)을 일신(一身)에 비유하니, 임금은 마음
이요 신하는 수족(手足)이라. 평거(平居)에 마음이 무사한즉 수족이 운동함
이 안정하고 환란지시(患亂之時)에 마음이 운동한즉 수족이 황란(惶亂)함
이 있나니, 일로 본즉 천하만사(天下萬事)가 안일(安逸)함이 제일이라. 이
러므로 고지성군(古之聖君)이 위로 천도(天道)를 법 받고 아래로 인사(人
事)를 살펴, 그 환란함을 근심하고 안일함을 생각하는지라. 이제 폐하 그
도를 듣고자 하샤 선후완급(先後緩急)을 물으시니, 대재(大哉)라 왕언(王言)
이여!

대저 치국지도(治國之道)가 완급을 모른즉 충언 직간(忠言直諫)이 헛곳
으로 돌아가고, 선후(先後)를 도착(倒着)한즉 경륜득실(經綸得失)이 실효가
없나니, 그러한즉 요순지치(堯舜之治)를 임금마다 흠앙(欽仰)하나 이루지 27
못하고, 직설지사(稷卨之事)[99]를 신하마다 사모하나 행하는 자가 적음은
다름이 아니라 그 선후를 알지 못함이라.

신이 써하되, 금일 조정의 급무(急務)를 말할진대 먼저 기강(紀綱)을 세
울지니, 신이 청컨대 옛일을 징거(徵據)하리이다. 당우(唐虞) 이전은 덕(德)

---

96) 호생지덕(好生之德): 자애심이 많아 생명을 살리고자 하는 덕.

97) 숙살(肅殺): 냉랭하고 살벌함.

98) 음학지민(淫虐之民): 음탕하고 잔학한 백성.

99) 직설지사(稷卨之事): 후직(后稷)이 농관(農官)을, 설(卨)이 사도(司徒)를 맡아 순임금을 잘 보필한 일.

으로 교화하고, 하(夏) · 은(殷) 이후로는 공(功)으로 다스리니 이른바 왕도(王道)[100]요, 진(秦)나라는 힘으로 일어나고 힘으로 지키니 이른바 패도(霸道)[101]요, 한(漢)나라는 지혜로 창업하고 지혜로 수성(守成)하니 이 이른바 왕패병용(王霸幷用)함이요, 진(晋) · 당(唐)은 실어부덕(失於不德)[102]하고, 대송(大宋)은 병어조박(病於糟粕)[103]하니 이는 혹왕혹패(或王或霸)[104]하여 득실(得失)이 상반(相半)함이라.

당우(唐虞) 이전은 풍속이 순박한 고로 교화가 크고, 하 · 은 이후는 인물이 총명한 고로 공으로써 다스리고, 전국(戰國) 이래로 진(秦)나라에 미쳐는 풍속(風俗)이 강성(强盛)한 고로 힘으로 일어나고, 한 · 당 · 송 이래에는
28 인기(人氣)가 강살(降殺)하고 강약(强弱)이 상반(相半)하므로 경칙(經則)[105]을 짐작(斟酌)하여 지혜로써 다스림이라. 왕도는 그 흥(興)함이 더딘 고로 향국(享國)[106]함이 장원(長遠)하고, 패도는 흥함이 속(速)한 고로 그 망함이 급하며, 왕도는 나중이 위태하고 패도는 나중이 괴란(乖亂)하니, 이는 천지 운수요, 고금(古今)이 부동(不同)함에 국가치란(國家治亂)이 규모가 다름이라. 대저 왕도는 경법(經法)이요, 패도는 권술(權術)이니, 경권(經權)이 득중(得中)한즉 이 또한 성인지도(聖人之道)니, 신(臣)은 왕패지도(王霸之道)는 후세치국(後世治國)하는 불역지법(不易之法)[107]이어늘 근일(近日)은 의논이 불일(不一)하여 왕패지도를 자구(自求)하여, 그 말씀을 들은즉 요순지화(堯舜之化)에 가까우나, 그 실효를 의논한즉 당송지치(唐宋之治)를 따르지 못하나니, 지략(智略)이 있다 하는 자가 스스로 자기 재주를 자랑하여 묘당(廟堂)[108]에서 국사를 의논하되, 저의 직책이 크고 체모(體貌)가 중함으

100) 왕도(王道): 덕으로 다스리는 정치.
101) 패도(霸道): 무력으로 다스리는 정치.
102) 실어부덕(失於不德): 부덕(不德)함에서 잘못되었음.
103) 병어조박(病於糟粕): 조박(糟粕)함에서 문제가 생김.
104) 혹왕혹패(或王或霸): 왕도(王道)로 하기도 하고 패도(霸道)로 하기도 함.
105) 경칙(經則): 변치 않는 도리와 국가의 제도.
106) 향국(享國): 나라를 향유(享有)하여 재위(在位)함. 또는 군왕의 재위년수(在位年數)
107) 불역지법(不易之法): 고칠 수 없는 법.
108) 묘당(廟堂): 조정(朝廷).

로 자부하니, 그 말씀이 불가하되 감히 시비를 말하지 못하나니, 다만 승
평을 누려 안일함을 일삼으며 또한 장원(長遠)한 염려가 없으며, 오직 시 29
세(時勢)를 돌아보아 언어와 풍채 출중치 못하면 비록 충렬지심(忠烈之心)
이 있어도 임의로 출척(黜陟)하나니, 자사수령(刺史守令)으로 말할진대 관
작의 고하를 의논하고 인재의 현부를 묻지 아니하며, 녹봉의 후박(厚薄)으
로 득실을 교계(較計)하고, 인민의 휴척(休戚)[109]을 예사로이 알며, 지금 사
대부의 행사(行使)[110]가 곤궁독서(困窮讀書)함을 조롱하고, 요행진취(僥倖
進就)[111]함을 희귀(稀貴)히 아니,[112] 졸(拙)한 자는 평생이 곤궁하여 기운
이 저상하고, 강명한 자는 심사분울(心思憤鬱)하여 강개한 마음이 있으니,
풍속을 말할진대 윤기(倫紀) 무너지고 염치도 상하여 장원(長遠)한 생각이
없고, 변무(邊務)로 말할진대, 사이팔만(四夷八蠻)이 왕화(王化)를 모르고
제장군졸(諸將軍卒)이 승평지시(昇平之時)를 당하여 병혁(兵革)의 괴로움
을 모르고 방비할 계책이 없으며, 재용(財用)으로 말할진대, 창름(倉廩)이
공허하여 저축한 곡식이 없으며 백성의 재물을 취하여 원망이 사해에 가 30
득하니, 폐하께서 심궁(深宮)에 처하샤 비록 신성예지(神聖睿智)[113]하시나
제신(諸臣)의 보좌함이 아닌즉 어찌 천하 안위를 알으리잇가? 좌우 제신이
다만 사해지부(四海之富)와 만승지귀(萬乘之貴)로 말씀하와 상의(上意)를
영합하고 군상(君上)의 허물을 간하는 자가 없사오니, 폐하 비록 용루봉전
(龍樓鳳殿)[114]에 침식(寢食)이 편치 못하샤 총명신성(聰明神聖)하시므로 만
기(萬機)[115]를 생각하시나, 날이 밝은즉 별(別)한 계책이 없으니 이는 좌우
의 찬양(贊襄)[116]함이 없어 이러하심이라. 오호라. 사해지내(四海之內)에
억만인민(億萬人民)의 우환질고(憂患疾苦)가 폐하께 달렸거늘 어찌 살피지

---

109) 휴척(休戚): 편안함과 근심.
110) 행사(行使): 행동이나 하는 짓.
111) 요행진취(僥倖進就): 뜻밖의 행운으로 벼슬에 나아감.
112) 희귀(稀貴)이 아니: '희기(希覬)하니'의 잘못. 바란다는 뜻.
113) 신성예지(神聖睿智): 매우 거룩하고 성스러우며 지혜롭고 밝음.
114) 용루봉전(龍樓鳳殿): 천자가 머무는 곳.
115) 만기(萬機): 정치상의 중요한 기틀 또는 임금이 보는 여러 가지 정무.
116) 찬양(贊襄): 임금을 도와 치적을 쌓게 함.

못하시니잇가?

홍범(洪範)[117]에 왈, '유벽(惟辟)이사 작위작복(作威作福)이라.'[118] 하니
위복(威福)은 인군지기율(人君之紀律)이요 치국지강령(治國之綱領)이라. 강
령을 잡으며 기율을 세운즉 법령이 행하고 교화가 이루나니 이른바 기강
(紀綱)이라. 고인(古人)이 기강을 그물에 비(譬)함은 그 벼리[119]를 둔즉 풍
31 속을 따라 들림을 위함이니, 조정은 천하기강이요 임금은 만민의 기강이
라. 폐하 천하를 다스리려 하신즉 먼저 조정의 기강을 세우시고, 만민을
교화코자 하신 즉 먼저 임금의 기강을 잃지 말으소서.

하였더라.

세(歲) 무신(戊申) 오월일 향목동 서(書)

---

117) 홍범(洪範): 서경(書経)의 편명. 기자가 우임금이 전한 내용을 부연하여 주나라 무왕에게 전해줌.

118) 유벽(惟辟)이사 작위작복(作威作福)이라: 오직 군주만이 복을 짓고 위엄을 짓는다는 뜻.

119) 벼리: 그물의 코를 꿰어 한 번에 그물을 폈다 오므렸다 할 수 있는 줄.

옥루몽 권지육

어시(於是)에 양공자가 상소를 올리니 갈왔으되,1) 1

고인(古人)이 기강(紀綱)으로써 그물에 비함은 그 벼리2)를 든 즉 중목
(衆目)3)이 따라와 들림을 위함이니, 조정은 천하지기강(天下之紀綱)이요,
임금은 만민지기강(萬民之紀綱)이라. 폐하께서 천하를 다스리려 하신즉 먼
저 조정의 기강을 세우시고, 만민을 교화코자 하신즉 먼저 임금의 기강을
잃지 말으소서. 세간(世間)에 장수된 자가 백만 대군을 거느려 임진대적(臨
陣對敵)4)할새, 반드시 상벌을 주장하고 병권을 굳게 잡아 삼군(三軍)을 장
악(掌握)에 넣은 후 공을 이루나니, 이제 폐하가 억만 창생을 거느리샤 천
하를 다스리려 하시며 생살지권(生殺之權)5)과 뇌정지위(雷霆之威)6)를 밝
히 못하샤 일이 마음에 어기며 경륜이 생각에 상좌(相左)7)하시니, 기강을
어찌 세우며 풍속을 어찌 고치며 군하(群下)를 어찌 습복(慴伏)8)하며 폐막 2

1) 아래의 상소는 권5에서 이어지는 내용인데, 권을 나눴기 때문에 이러한 구절을 넣었음.
2) 벼리: 그물의 위쪽 코를 꿰어놓은 줄로 이 줄을 잡아당겨 그물을 오므렸다 폈다 함.
3) 중목(衆目): 여러 개의 그물코.
4) 임진대적(臨陣對敵): 전쟁터에 나서 적을 대함.
5) 생살지권(生殺之權): 살리거나 죽일 수 있는 권한.
6) 뇌정지위(雷霆之威): 뇌정벽력과 같은 위엄.
7) 상좌(相左): 서로 틀리거나 어긋남.
8) 습복(慴伏): 두려워 굴복함.

(弊瘼)[9]을 어찌 구하리잇가. 엎드려 생각건대, 태조 고황제(高皇帝)[10] 창업
하신 후로 폐하께 이르러 승평(昇平)[11]함이 오래매, 상하신료(上下臣僚) 고
습(故習)[12]을 지키어 성의(聖意)[13]를 준행(遵行)하여 마음이 자연 안일하고
생각이 절로이 해태(懈怠)함이 떳떳한[14] 일이라. 비(譬)컨대 큰 집을 경영
할새 북산(北山)의 돌을 취하여 남산(南山)의 재목을 구하여 집을 지음이
견고하도록 하였으니, 그 후 그 자손이 거처함이 편한 줄만 알고 수고하였
음을 모르는 고로, 장원(墻垣)이 퇴락(頹落)하고 동량(棟樑)[15]이 경측(傾
仄)[16]한 즉, 처음은 근심하다가 나중은 해태(懈怠)[17]하여 경복지환(傾覆之
患)[18]을 당하는 자가 있나니, 슬프다! 그 자손이 나의 부조(父祖)가 창건(創
建)함을 생각지 아니하고 이 지경에 이르렀으니 어찌 원통치 않으리까. 이
제 천하 같은 큰 집이 세구년심(歲久年深)[19]하여 경퇴(傾頹)[20]할 지경에
3 이르되, 이를 근심치 아니하신즉 감히 말씀할 바가 아니오나, 전전긍긍(戰
戰兢兢)하샤 얇은 얼음을 밟은 듯하시고, 성려(聖慮)로 천만다사(千萬多士)
를 대하샤 고금치란지도(古今治亂之道)를 물으시니, 신이 어찌 아는 바를
숨기고 상의(上意)를 영합(迎合)[21]하여 순례(循例)[22]로 대답하리잇고. 비록
그러하나 세쇄(細瑣)한 조목과 시급한 경륜(經綸)은 창졸간에 다 고(告)치
못할지라. 신의 말씀이 그르지 않음을 허(許)하샤 다시 성의를 내리오샤

---

9) 폐막(弊瘼): 고치기 어려운 폐단.
10) 고황제(高皇帝): 명나라를 건국한 주원장(朱元璋)을 가리킴.
11) 승평(昇平): 나라가 태평함.
12) 고습(故習): 옛날부터 내려온 습관.
13) 성의(聖意): 천자의 뜻.
14) 떳떳한: 한결같은.
15) 동량(棟樑): 기둥과 들보.
16) 경측(傾仄): 한쪽으로 기울어짐.
17) 해태(懈怠): 게으름.
18) 경복지환(傾覆之患): 기울어져서 엎어지고 망하는 환난.
19) 세구년심(歲久年深): 세월이 오램.
20) 경퇴(傾頹): 기울어져 무너짐.
21) 영합(迎合): 사사로운 이익을 위하여 아첨하여 따름.
22) 순례(循例): 전례(前例)를 따라.

구구(區區)한[23] 흉중(胸中)에 품은 바를 다하라 하신즉 신이 또한 사양치 아니할까 하나이다.

하였더라.

차시(此時)에 천자가 천만다사(千萬多士)의 글을 친히 꼬노실새[24] 모든 글이 평평하여 별로이 우열(優劣)이 없거늘, 천안(天顔)이 불열(不悅)하시더니, 최후에 창곡의 글을 보시고 대희(大喜)하사 왈,

"차인(此人)은 한지가의(漢之賈誼)[25]오, 당지육지(唐之陸贄)[26]라. 짐
이 오늘이야 동량지재(棟樑之材)를 얻었도다." 4

하시고 제일로 뽑아 호명하라 하시니, 전두관(殿頭官)[27]이 승명(承命)하여 연하여 세 번 부르매 창곡이 나와 팔배고두(八拜叩頭)하고 탑전에 부복(俯伏)[28]하온대, 각로(閣老) 황의병이 주왈(奏曰),

"창곡은 나이 어린 아해라 어찌 치세경륜지재(治世經綸之材)가 있으리잇고. 원컨대 탑전에 다시 칠보시(七步詩)[29]를 지이샤 시험하심이

---

23) 구구(區區)한: 변변치 않은.

24) 꼬노실새: 글의 잘잘못을 살펴 판단함.

25) 한지가의(漢之賈誼): 가의는 한나라 낙양 출생으로 시문에 뛰어나고 제자백가에 정통하여 문제의 총애를 받아 약관으로 최연소 박사가 되었다고 함. 1년 만에 태중대부(太中大夫)가 되어 진(秦)나라 때부터 내려온 율령 · 관제 · 예악 등의 제도를 개정하고 관제를 정비하기 위한 많은 의견을 상주함.

26) 당지육지(唐之陸贄): 육지는 당나라 소주 출생으로 열여덟 살에 진사가 되었고 덕종(德宗)이 태자 때에 한림학사가 됨. 주사(朱泚)의 난(亂)에 황제가 몽진(蒙塵)하였을 때 제고조유(制誥詔諭)는 그가 다 초정(草定)한 것임. 적을 평정한 후에는 간의대부(諫議大夫), 중서사인(中書舍人)이 되어 국정을 총괄함.

27) 전두관((殿頭官): 전상(殿上)에서 천자의 명(命)을 전하는 내시관(內侍官).

28) 부복(俯伏): 고개를 숙이고 엎드림.

29) 칠보시(七步詩): 짧은 시간 내에 시 한수 짓는 것을 말함. 이 말은 조식의 고사에서 비롯됨. 조비(曹丕)와 조식(曹植)은 조조의 아들이었는데, 조조는 조식의 뛰어난 재주와 대범한 성품을 총애하여 여러 번 태자로 삼고자 했음. 이 때문에 조비에게 미움을 받았고 조비가 문제(文帝)로 즉위한 후에 연회석상에서 형 문제가 일곱 걸음을 걷는 사이에 시 한 수를 짓지 못하면 사형으

옳을까 하나이다."

말씀을 맞지 못하여 일위(一位) 재상(宰相)이 출반(出班)[30] 주왈(奏曰),

"창곡은 신진소년(新進少年)이라. 시무(時務)[31]를 알지 못하고 배운 바 여간(如干)[32] 문자를 주(奏)하여 경솔함이 많사오니 과방(科榜)을 삭(削)함이 옳을까 하나이다."

하니, 필경은 천자 어찌 하신고?

하회(下回)를 분석(分釋)하라.[33]

양한림사책천문(楊翰林射策[34]天門)[35]
윤상서의정녀혼(尹尚書意定女婚)[36]

차설. 이때에 천자가 양인(兩人)이 주(奏)한 바를 답(答)고자 하시더니, 창곡이 이 말을 듣고 부복(俯伏) 주왈(奏曰),

"소신이 노둔(駑鈍)[37]한 재주로 외람되이 갑과(甲科)에 참예(參預)하

로 다스리겠다고 하자, 그 말이 끝나기가 무섭게 "콩을 삶기 위하여 콩대를 태우나니, 콩이 가마 속에서 소리 없이 우노라. 본디 한 뿌리에서 같이 태어났거늘 서로 괴롭히기가 어찌 이리 심한고(煮豆燃豆 豆在釜中泣 本是同根生 相煎何太急)"라 읊어, 형을 민망하게 만들었음.

30) 출반(出班): 여러 신하 가운데에서 앞으로 나섬.

31) 시무(時務): 당장 시급한 일.

32) 여간(如干): 약간. 얼마 되지 않는.

33) 하회(下回)를 분석(分釋)하라: '다음 회를 잘 보라.'는 내용으로 장회소설의 한 회 마지막에 상투적으로 붙는 구절.

34) 사책(射策): 한나라 때에 시험을 치러 선비를 뽑는 방법의 하나. 대책(對策)은 조(詔)에 응하여 정사(政事)에 대하여 자신의 의견을 늘어놓는 것이며, 사책(射策)은 문제를 찾아서 의견을 올리는 것. 대책은 제일(第一)로, 사책은 갑과(甲科)로 벼슬길에 들어섬.

35) 양한림사책천문(楊翰林射策天門): 양한림이 대궐에서 사책을 하다.

36) 윤상서의정녀혼(尹尚書意定女婚): 윤상서가 딸의 혼사를 정할 것을 생각하다.

37) 노둔(駑鈍): 어리석고 둔함.

니 성조(聖朝)의 인재를 구하시는 성의(聖意)에 불합(不合)하옵고, 대신의 주사(奏辭)를 듣자오니 신이 기군(欺君)한 죄를 면치 못하올지라. 어찌 언연(偃然)[38]이 과갑(科甲)[39]에 처하리잇고. 복원(伏願)[40] 폐하는 신의 과거를 삭(削)하샤 천만다사(千萬多士)의 기군지죄(欺君之罪)[41]를 징계케 하옵소서."

천자가 황각로를 돌아보샤 왈,

"창곡이 비록 연소하나 준엄한 체모가 노성숙유(老成宿儒)[42]에 지난지라. 어찌 짐의 보배 아니리오."

하시고 어화청삼(御花青衫)[43]과 쌍개안마(雙蓋鞍馬)[44]를 사급(賜給)[45]하시고 화개전(華盖殿)[46] 태학사(太學士) 하이샤[47] 자금성(紫禁城) 제일방(第一坊) 갑제(甲第)[48]를 사급하시니, 한림이 고두사은(叩頭謝恩)하여 천은(天恩)을 숙사(肅謝)[49]하고 금포옥대(錦袍玉帶)로 어화(御花)를 비끼고 궐문을 나오니, 일쌍보개(一雙寶蓋)와 이원선악(梨園仙樂)[50]이 앞을 인도하여 자금방 사제(私第)로 나오니, 좌우에 관광(觀光)[51]하는 자가 길이 메

---

38) 언연(偃然): 거만하게.
39) 과갑(科甲): 과거에 급제하여 벼슬할 자격을 취득함.
40) 복원(伏願): 엎드려 바라건대.
41) 기군지죄(欺君之罪): 임금을 속인 죄.
42) 노성숙유(老成宿儒): 오랜 경험으로 학식과 덕망이 뛰어난 선비.
43) 어화청삼(御花青衫): 임금이 내린 꽃과 남빛 도포로 된 관복(官服).
44) 쌍개안마(雙蓋鞍馬): 두 개의 양산모양으로 된 의장을 갖추고 안장을 얹은 말.
45) 사급(賜給): (윗사람이 아랫사람에게) 내려줌.
46) 화개전(華盖殿): 외조(外朝) 삼전(三殿) 중의 하나로 임금이 업무를 보고받거나 대신을 만나는 곳.
47) 하이샤: 임명하샤.
48) 갑제(甲第): 크고 넓게 잘 지은 집.
49) 숙사(肅謝): 숙배(肅拜)와 사은(謝恩)을 아울러 이르는 말.
50) 이원선악(梨園仙樂): 궁중 악사들의 아름다운 음악소리.
51) 관광(觀光): 본래는 나라의 성덕(盛德)이 빛남을 관람한다는 뜻으로, 여기서는 구경한다는 의미.

6 어 양한림의 옥모 풍채와 영화 부귀를 칭찬하는 소리 우레 같더라. 문전에 이르매 거마(車馬)가 구름 같고 당상(堂上)에 오르매 빈객이 만좌하여 하례(賀禮)하는 말씀이 분운(紛紜)하더라.

아이오 좌우 고하되, 황각로가 오신다 하거늘, 한림이 하당영지(下堂迎之)하여 좌(坐)를 정한 후에, 각로가 왈,

"학사(學士)의 소년공명(少年功名)은 일세(一世)에 빛난지라. 오래지 아니하여 노부의 지위를 이을지니 어찌 국가의 득인(得人)하는 기쁨이 없으리오. 노부가 아까 탑전(榻前)에 실수함이 많으나 이는 학사의 재주를 더 빛내고자 함이니 그대는 노부의 다언(多言)함을 허물치 말라."

한림이 손사부답(遜謝不答)[52]이러라.

황각로가 돌아간 후, 익일에 공경대신(公卿大臣)을 찾을새, 먼저 황각
로 부중에 이르니 각로가 흔연히 맞아 관대(款待)하여 말씀이 빈빈(頻
頻)[53]하더니, 아이오 배반이 오르니 금반옥기(金盤玉器)에 진수성찬이 창
7 졸(倉卒)[54]간에 판비(辨備)[55]한 바 같지 아니하더라. 술이 수배에 이르매
각로가 문왈,

"학사님이 입신양명하였으니 마땅히 영존대인(令尊大人)께[56] 품하고 경성(京城)으로 뫼셔 성효(誠孝)를 다할지라. 어느 때에 존대인을 뫼시고자 하나뇨?"

한림 왈,

"가친(家親)[57]이 산수(山水)에 뜻을 두샤 명리(名利)에 담연(淡然)하시니 경성의 번요(煩擾)[58]함을 즐겨 아니하시는지라. 소생의 임의로

---

52) 손사부답(遜謝不答): 겸손하게 사양하며 답하지 않음.
53) 빈빈(頻頻): 말수가 많고 잦음.
54) 창졸(倉卒): 급작스럽게.
55) 판비(辨備): 변통하여 준비함.
56) 영존대인(令尊大人): 남의 아버지를 높이는 말.
57) 가친(家親): 남에게 자기 아버지를 높여 이르는 말.
58) 번요(煩擾): 번거롭고 요란스러움.

할 배 아니로소이다."

각로가 웃고 한림의 손을 잡고 왈,

"노부가 그대에게 청할 말이 있으니 마땅히 허락하시라. 말년에 일개 여아를 두니 재용(才容)[59]이 비록 특출치 못하나 족히 군자의 건즐(巾櫛)을 받들지라.[60] 학사 아직 취실(娶室)[61]치 아니하였으니 진진(秦晋)의 호연(好緣)[62]을 맺음이 어떠하뇨?"

한림이 청파에 심중에 생각하되, '황각로는 탐권낙세(貪權樂勢)[63]하는 8
재상이라. 나의 소원이 아니요, 또한 홍랑이 윤소저를 천거하였으니 내 차마 그 사람이 없다 하여 맹약(盟約)을 저버리리오.' 하여 대왈,

"소생이 위로 부모재당(父母在堂)[64]하시니 어찌 스스로 결단하리잇고?"

각로가 왈,

"노부가 어찌 모르리오마는 다만 학사의 의향을 알고자 함이라. 금일 마침 조용하니 바라건대 일언(一言)을 아끼지 말라."

한림이 정색(正色) 왈,

"혼인은 인륜대사(人倫大事)라. 부모께 고치 아니코 어찌 허락하리잇고?"

각로가 무료한 빛이 있어 말이 없더라.

한림이 돌아와 생각하되, '황각로의 구혼(求婚)함이 가장 급하니 만일 지완(遲緩)[65]한즉 다른 연고가 생길지라. 마땅히 윤상서의 의향을 탐지하

59) 재용(才容): 재주와 용모를 아울러 이르는 말.

60) 군자의 건즐(巾櫛)을 받들지라: 아내의 소임을 다할지라. 건즐은 수건과 빗.

61) 취실(娶室): 장가를 듦.

62) 진진(秦晋)의 호연(好緣): 주(周)나라 때 제후들이 모두 동성(同姓)이므로 서로 혼인을 못하되 오직 진(晋)과 진(秦) 두 나라만이 이성(異姓)이라 매번 혼인을 한 데서 온 말.

63) 탐권낙세(貪權樂勢): 권력를 탐하고 세도를 즐김.

64) 부모재당(父母在堂): 부모가 살아계심.

65) 지완(遲緩): 더디하고 늦춤.

고 나라에 근친(覲親)[66] 말미[67]를 청하고 고향에 돌아가 부공께 고하고
9 바삐 윤씨로 성혼하리라.' 하고 즉시 윤부(尹府)에 이르러 명함을 드리니, 윤상서가 한림을 맞아 좌정 후 소왈,

"학사가 노부를 기억할소냐?"

한림이 미소 왈,

"소생이 한유(閒遊)하는 선비로 일찍이 압강정 상에서 대인(大人) 존안(尊顔)을 뵈온 듯하오니 어찌 잊었으리잇고."

상서가 흔연 소왈,

"학사를 그 때에 보매 단정한 일개 서생이더니 금일 보매 엄연한 대장부의 체도를 이뤘으니 거의 몰라볼지라. 마땅히 실가지락(室家之樂)[68]을 정하였을 것이니 어느 가문에 홍안(鴻雁)[69]을 전하뇨?"

한림 왈,

"소생의 집이 본디 한미하므로 아직 정혼한 바가 없나이다."

윤상서가 침음양구(沈吟良久)[70]에 왈,

"학사 이측(離側)[71]한 지 오랠 것이니 어느 때에 근친코자 하나뇨?"

한림이 대왈,

"조정에 수유(受由)[72]를 얻은 후에 즉시 가려하나이다."

상서가 왈,

10 "학사가 근친할 일자를 이르면 기시(其時)에 마땅히 나아가 작별하리라."

---

66) 근친(覲親): 부모를 뵈러 감.

67) 말미: 일정한 직업이나 일 따위에 매인 사람이 다른 일로 말미암아 얻는 겨를.

68) 실가지락(室家之樂): 가정을 이루는 즐거움.

69) 홍안(鴻雁): 기러기. 혼인 예식 전에 신랑이 신부 집에 들고 가서 폐백으로 바치는 나무로 만든 기러기.

70) 침음양구(沈吟良久): 오랫동안 깊이 생각함.

71) 이측(離側): 부모 곁을 떠남.

72) 수유(受由): 말미.

한림이 그 청혼할 뜻이 있음을 짐작하고 몸을 일어 돌아갈새, 문에 나오매 연옥이 창두로 더불어 마전(馬前)에서 문후(問候)[73]하고 일희일비(一喜一悲)하여 돌아서며 울거늘, 한림이 또한 측연함루(惻然含淚)하여 왈,

"내 수 일 후 고향에 근친(覲親)하러 가고자 하나니 너희 한 번 조용히 오라."

연옥과 창두가 수명(受命)하더라.

한림이 돌아와 글을 올려 근친함을 청하니 상이 윤허하샤 왈,

"한림학사 양창곡은 짐의 근시(近侍)하는 신하라 멀리 떠나지 못할지니 창곡의 부(父) 양현을 예부(禮部) 원외랑(員外郎)으로 배하여 본현(本縣)에 특교(特敎)[74]하여 거마 행장을 치송(治送)[75]하라."

하시니, 양한림이 천은(天恩)을 숙사(肅謝)[76]하고 집에 나와 하향(下鄉)함
을 머무르고[77] 동자를 먼저 고향으로 내려 보내어 양친께 서간을 올리 11
니, 그 글에 갈왔으되,

소자 창곡은 부모의 교훈을 입사와 이름이 갑과에 참예하고 벼슬이 한원(翰苑)[78]에 충수(充數)[79]하였사오나 슬하를 떠난 지 이미 수년이라. 신혼성정(晨昏省定)[80]의 사모하는 정회를 이기지 못하여 조정의 근친함을 청하였더니 천은이 망극하샤 직첩(職牒)[81]과 거마(車馬)를 주사, 부자(父子)

---

73) 문후(問候): 웃어른의 안부를 물음.

74) 특교(特敎): 특별히 명을 내림.

75) 치송(治送): 행장을 꾸려 길을 떠나보냄.

76) 숙사(肅謝): 숙배(肅拜)와 사은(謝恩)을 아울러 이르는 말.

77) 머무르고: 멈추고.

78) 한원(翰苑): 한림원(翰林院). 당나라에서부터 청나라 때까지 계속된 관사(官司)로 주로 학문과 문필에 관한 일을 맡았음.

79) 충수(充數): 부적당한 사람이 인원수(人員數) 만을 채웠다는 뜻으로 일종의 겸사.

80) 신혼성정(晨昏省定): 혼정신성의 의미. 밤에는 부모의 이부자리를 보아 드리고 이른 아침에는 밤새 부모의 안부를 묻는다는 뜻으로 부모를 잘 모시고 효성을 다함.

> 가 경성(京城)으로 모도임을 허하시니 복망(伏望) 야야(爺爺)는 일찍이 행장(行裝)하샤 원로(遠路)에 무사히 득달(得達)[82]하옵소서. 소자가 군명이 계시므로 내려가지 못하오나 마땅히 중로(中路)에 나아가 영후(迎候)[83]코자 하나이다.

하였더라.

12 동자(童子)가 서찰을 가지고 여러 날 행하여 여남부에 이르러 처사께 드리니, 차시 처사 부부가 아자(兒子)의 소식을 몰라 근심하더니 경사(京師)로서 본부(本府) 서간이 이르렀거늘, 처사가 떼어보고 불승희행(不勝喜幸)[84]하여 즉시 행구를 다스려 발행(發行)코자 하더니, 본부지부(本府知府)[85]가 납명(納命)하고 거마와 추종(騶從)[86]을 갖추어 행구(行具)를 도우니, 처사 부부가 인리(隣里)를 작별하고 황성으로 올라 오니라.

차설. 윤소저가 황성으로 온 후로 홍낭을 생각고 연옥을 각별두호(各別斗護)[87]하여 사랑하며 일시를 좌우에 떠나지 아니하더니, 일일은 윤상서가 내당에 들어와 부부 대하여 혼사를 의논할새, 상서가 탄왈,

"신방(新榜) 장원 양창곡은 금세의 영걸이라. 천만다사(千萬多士) 중 제일 인물이니 노부(老夫) 같은 청한재상(淸寒宰相)과 즐겨 결혼할
13 줄 모르기로 발설치 못하였더니, 들으니 양공의 혼실(渾室)[88]이 불일간(不日間)에 상경한다 하니 만일 가신(可信)한 매파가 있은즉 안으로 탐지하여 봄이 좋을까 하노라."

부인 왈,

---

81) 직첩(職牒): 조정에서 내리는 벼슬의 임명장.
82) 득달(得達): 목적한 곳에 도달함.
83) 영후(迎候): 기다려서 맞이함.
84) 불승희행(不勝喜幸): 기쁘고 다행스러움을 이기지 못함.
85) 본부지부(本府知府): 본부의 우두머리.
76) 추종(騶從): 윗사람을 따라다니는 종.
87) 각별두호(各別斗護): 유달리 두둔하여 보호함.
88) 혼실(渾室): 온 집안.

"인가(隣家)에 구혼할새 매파를 잘못 보낸즉 도로혀 무근지설(無根之說)[89]이 무수히 나오니, 여아의 유모 설파가 위인이 비록 용렬(庸劣)하나 변사(變辭)[90]는 없으니 마땅히 양부(楊府)에 보내어 청혼함이 좋을까 하나이다."

상서가 대희 왈,

"부인의 말씀이 옳으니 바삐 설파를 보내소서."

하더라.

차시에 연옥이 마침 창 밖에 섰다가 공의 부부의 말씀을 들으니 양공
자의 혼사임을 알지라. 심중에 다행하여 생각하되, '공자 만일 윤소저와
배필이 된즉 홍낭의 혼이라도 반드시 신기히 여길지라. 내 어찌 이런 말
을 소저께 고하여 고주(故主)[91]의 뜻을 밝히지 않으리오마는 다만 그 발 14
설함이 어렵도다.' 하고, 그날 밤에 소저의 침실에 가 촉(燭) 불을 돋우다
짐짓 회중(懷中)에 품은 양공자의 편지를 상 앞에 빠지고 나가거늘, 소저
가 집어보고 괴히 여겨 옥을 불러 문왈,

"이 종이가 네 회중(懷中)[92]에서 떨어졌으니 그 무슨 종이뇨?"

옥이 거짓 놀라 왈,

"이는 고주(故主) 홍랑의 수적(手迹)[93]이라. 차마 버리지 못하여 품속에 두니이다."

소저가 정색 왈,

"내 너로 더불어 마음을 속임이 없거늘 네 내게 은휘(隱諱)함이 있으니 어찌 서로 믿는 뜻이리오."

연옥이 이에 눈물을 흘려 대왈,

"소저(小姐)가 진정으로 물으시니 천비 어찌 심중소회(心中所懷)를

---

89) 무근지설(無根之說): 근거 없는 이야기.

90) 변사(變辭): 먼저 한 말을 이리저리 바꿈.

91) 고주(故主): 옛 주인.

92) 회중(懷中): 품 안.

93) 수적(手迹): 손수 쓴 글씨.

감추리잇고. 고주(故主) 홍낭의 지개(志槪) 높음은 소저의 알으시는 배
15 라. 범부속자(凡夫俗子)에게 허신(許身)[94]할 뜻이 없더니 뜻밖에 여남
(汝南) 공자를 한 번 보고 백년기약을 금석(金石)같이 맺었더니, 조물이
저희(沮戱)[95]하여 유유만사(悠悠萬事)가 일장춘몽이 되니 홍낭의 원통
함은 이르지 말고 천비가 바라던 배 또한 끊어진지라. 구구한 마음이
일장서간(一張書簡)으로 신적(信蹟)을 삼아 양공자의 노주지연(奴主之
緣)을 이뤄 홍낭에게 못 갚던 은덕을 공자에게 갚아 고주의 영혼으로
하여금 사생간에 이심(二心)을 두지 않음을 알게 할까 함이로소이다."

언파(言罷)에 오열하는 눈물이 녕녕(濘濘)[96]하거늘 소저가 그 뜻을 기특히 여겨 탄왈,

"유시주유시비(有是主有是婢)[97]라."

하더라.

옥이 다시 눈물을 거두고 촉하에 앉아 미미히 웃는 빛이 있거늘, 소저가 문왈,

"너의 우는 뜻은 이미 알거니와 또 웃음은 무슨 곡절이뇨?"

16 옥이 머리를 숙이고 부답(不答)한대, 소저 역시 미소 왈,

"내 정히 한가하니 아무 말이나 은휘치 말고 소회를 설파(說破)[98]하라."

옥이 다시 소저의 눈치를 살피며 웃어 왈,

"천비 아까 창 밖에 가 섰더니 태부인(太夫人)이 노야(老爺)와 소저의 혼사를 의논하실새 가만히 들으니 여남 양공자가 그 사이 등과하여 한림 벼슬을 하였는지라. 노야의 의향이 양한림께 정혼코자 하샤 설파를 보내어 중매하다 하시더이다."

---

94) 허신(許身): 몸을 맡김.

95) 저희(沮戱): 방해함.

96) 녕녕(濘濘): 눈물이 마구 흐르는 모양.

97) 유시주유시비(有是主有是婢): 그 주인에 그 종이다.

98) 설파(說破): 어떤 내용을 듣는 사람이 납득하도록 분명하게 드러내어 말함.

말을 마치매, 소저가 옥면(玉面)에 홍훈(紅暈)이 취지(聚之)[99]하여 옥을 꾸짖어 왈,

"요망한 것이 아무 말이나 엿듣기를 잘 하는도다."

옥이 짐짓 성내어 왈,

"천비의 웃기는 제 속의 기쁨이 있음이라. 소저가 아무 말이나 하여 파적(破寂)하라 하시고 또 책하시니 다시는 아무 말도 아니하리로소이다."

소저가 왈, 17

"기쁜 일은 무엇이뇨?"

옥이 촉하(燭下)에 돌아앉아 고개를 숙이고 추연히 답지 아니하거늘, 소저가 다시 미소 왈,

"내 꾸짖지 아니할 것이니 네 심중의 기쁜 일을 말하라."

옥이 고쳐 눈물을 머금어 왈,

"금일(今日) 양한림은 석일(昔日) 양공자요, 석일 양공자는 고인(故人) 강남홍의 지기(知己)라. 홍낭이 일찍 공자를 대하여 소저의 현숙(賢淑)하심을 천거하매 공자 점두(點頭) 허락하심을 천비 친히 들었더니, 이제 만일 소저의 혼사를 양한림에 정한즉 천비의 노주 인연이 서어(齟齬)[100]치 않을지라. 이는 천비의 사사로이 기쁜 배나 다만 홍낭의 고심혈성(苦心血誠)[101]을 알 이 없으니 어찌 불쌍치 아니리잇가?"

소저가 비록 묵묵부답하나 심중에 황연대각(惶然大覺)[102]하여 홍낭이 머금은 뜻을 바야흐로 해득하여 추연함루(惆然含淚)하더라. 18

차시 양처사의 일행이 길에 올라 수십 일 만에 황성(皇城)에 이르니, 한림이 중로(中路)에 나와 맞을새 허씨 한림의 손을 잡고 반김이 극하매

99) 홍훈(紅暈)이 취지(聚之): (부끄러워서) 얼굴에 붉은 빛이 감도는 모습.

100) 서어(齟齬): 틀어져 어긋남.

101) 고심혈성(苦心血誠): 온 마음과 힘을 다하는 지극한 정성.

102) 황연대각(惶然大覺): 깜짝 놀라 크게 깨달음.

수항(數行) 눈물이 웃음을 따라 나며 왈,

"내 너를 유치(幼稚)로 알아 반년(半年)을 의려(依閭)[103]하는 정이 여모(汝母)의 검은 머리 서리 빛을 당하였더니, 금일 봄에 엄연(儼然)히 조관(朝官)의 모양이 되었으니 우리 부부가 생세지락(生世之樂)[104]을 이제야 알리로다."

한림이 또한 모친 무릎에 엎드려 손을 받들고 눈물을 머금어 왈,

"소자 슬하를 떠난지 거의 수년(數年)이라. 쇠로하신 모양이 거년(去年)과 내도[105]하오니 이는 불초아(不肖兒)의 죄로소이다."

처사는 일서(日西)[106]가 늦음을 보고 일행을 재촉하여 황성으로 들어올새 거마추종(車馬騶從)이 대로(大路)에 덮였으니, 도로지인(道路之人)이
19 처사의 다복함을 흠선(欽羨)[107]치 않을 이 없더라.

익일(翌日)에 양원외(楊員外) 궐하(闕下)에 사은하매 천자 특별이 인견(引見)[108]하사 왈,

"경이 비록 산림에 처하여 백운(白雲)과 미록(麋鹿)을 벗을 하였으나 정력(精力)이 아직 쇠치 아니하였으니 다시 환로(宦路)에 나와 나라를 돕게 하라."

원외 돈수(頓首) 주왈,

"신이 국가에 공로가 없이 천신(賤身)의 관작을 더으시니 성은을 갚을 길이 없사오며, 또한 천신에 질병이 있사와 거관공직(居官供職)[109]할 기망(冀望)[110]이 없사오니, 복원(伏願) 폐하는 신의 벼슬을 거두샤

---

103) 의려(倚閭): 어머니가 문에 기대서서 자식이 돌아오기를 기다림. 또는 그런 어머니의 마음.

104) 생세지락(生世之樂): 이 세상을 사는 즐거움.

105) 내도하다: 판이하게 다름.

106) 일서(日西): 저녁 무렵이 되어. 해질 녘이 되어.

107) 흠선(欽羨): 우러러 공경하고 부러워함.

108) 인견(引見): 천자가 의식을 갖추고 관리를 만나보던 일.

109) 거관공직(居官供職): 벼슬을 지내면서 직무를 수행함.

110) 기망(冀望): 바램.

무용(無用)한 몸이 집에 있기를 허하심을 바라나이다."

천자가 소왈,

"경이 나라를 위하여 동량지재(棟樑之材)를 낳아 짐에게 바치니 어찌 공로가 없다 하리오? 경은 신병(身病)을 조섭(調攝)하여 짐의 향망(向望)하는 마음을 저버리지 말라."

원외 황송퇴조(惶悚退朝)[111]하여 재삼 상소하고 벼슬을 갈고 후원 별
당에 한가히 처하여 금서(琴書)로 소일하더라. 20

한림이 내당에 들어가 양친을 뫼시고 담화할새 부인이 원외를 향하여 왈,

"아자(兒子) 나이 이미 십륙 세요, 벼슬이 한원(翰苑)에 있으니 성혼(成婚)함이 가장 급한지라. 상공이 어찌코자 하시나잇고?"

원외 미처 답지 못하여서 한림이 피석(避席)[112] 대왈,

"소자 불초무상(不肖無狀)하와 미처 고치 못하였사오나 심중에 정혼(定婚)한 곳이 있나이다."

하고, 인하여 경사(京師)로 올라오는 길에 도적을 만났던 말과 하릴없어 압강정에 갔더니 강남홍을 만나 지기로 사귀여 건즐(巾櫛)로 허하던 말과 홍낭이 윤소저를 천거하니 홍낭이 조감(藻鑑)이 절인(絶人)하여 반드시 그릇 보지 아닐 뿐 아니라 사생지탁을 저버리지 말고자 하여 황각노
의 구혼함을 허치 아니한 말씀을 일일이 고하니, 원외와 부인이 차탄불 21
이(嗟歎不已)[113]하여 왈,

"이는 또한 천정연분(天定緣分)이라. 그러나 윤상서는 관후(寬厚)한 재상이니 마땅히 같은 문미(門楣)[114]를 구할 것이어늘 어찌 한미한 무리와 결혼코자 하나뇨?"

---

111) 황송퇴조(惶悚退朝): 분에 넘쳐 고맙고도 송구하게 여기며 조정에서 물러나옴.

112) 피석(避席): 공경의 뜻으로 웃어른을 모시던 자리에서 일어남.

113) 차탄불이(嗟歎不已): 탄식하여 마지않음.

114) 문미(門楣): 문 위에 가로 댄 나무. 여기서는 가문(家門)의 뜻.

한림 왈,

"소자가 윤상서의 위인을 보오매 충후장자(忠厚長者)[115]라. 시속재상(時俗宰相)이 아니오니 한미함을 구애치 않을까 하나이다."

원외 점두무언(點頭無言)이더라. 허부인이 다시 추연한 빛이 있어 가로되,

"네 만일 윤소저와 성혼한즉 홍낭의 일이 더욱 참혹하도다."

원외 왈,

"이제 홍의 말을 대강 들으니 심상(尋常)한 천기(賤妓)가 아니어늘, 이제 수중참사(水中慘死)하였다 하니 어찌 참혹치 않으리오."

하더라.

필경 윤소저의 혼사가 어찌 된고? 하회를 석람하라.

양학사망월심양루(楊學士望月潯陽樓[116])[117]
벽성선추야탄비파(碧城仙秋夜彈琵琶)[118]

22 각설. 윤부에서 양한림의 부공(父公)이 입성(入城)함을 듣고 설파를 보내어 혼사를 탐지코자 하여 부인이 설파를 불러 일일이 가르쳐 왈,

"네 능히 양부에 가 중매의 수단을 부려 저 곳 허락을 얻을소냐?"

설파가 왈,

"노신(老身)의 천한 나이 칠십이라. 경력(經歷)하온 일이 많사오니 현마[119] 남의 눈치를 모르리잇가?"

하니 연옥이 내달아 소왈,

---

115) 충후장자(忠厚長者): 충직하고 덕망이 두터운 어른.

116) 심양루(潯陽樓): 지금의 강서성(江西省) 구강시(九江市)에 있음.

117) 양학사망월심양루(楊學士望月潯陽樓): 양학사가 심양루에서 달을 바라보다.

118) 벽성선추야탄비파(碧城仙秋夜彈琵琶): 벽성선이 가을밤에 비파를 타다.

119) 현마: 설마.

"파파(婆婆)가 눈치를 어떻게 보려 하나뇨?"

설파 왈,

"세상 사람이 반가운 말을 눈으로 듣고 괴로운 말은 코로 대답하나니, 내 어두운 눈을 밝히 떠 사람의 눈과 코를 한 번 본즉 그 의향을 귀신같이 짐작하니라."

일좌가 대소하니, 태부인 왈,

"시속 매파의 말이 수다하여 일을 그르칠까 하나니 그대는 양부에
가서 윤부에 있는 체 말고 다만 기색을 탐지하여 보고 오라." 23

설파 고개를 끄덕이며 왈,

"만일 '어디에 있나냐?' 하여 자세히 물으면 어찌 대답하리잇고?"

연옥이 또 내달아 대왈,

"만일 대답하기 어려운 말을 묻거든 귀먹은 체하라."

일좌가 또한 대소(大笑)하더라. 태부인이 또 가로되,

"그대 너무 변모(變謀)[120] 적어 치졸(稚拙)[121]이 날까 하나니, 이런 일은 약간 변재(辯才)[122] 있어야 하나니라."

설파 머리를 흔들어 왈,

"바른 말 하여 죄 되는 데 없나니 천성을 어찌 고치리오?"

하며 급급히 일어나 나가다가 다시 들어와 문왈,

"매사를 분명히 알고 할지니 이 혼인이 뉘 혼인이니잇고?"

태부인이 어이없어 답지 않으니, 연옥이 또한 내달아 소왈,

"양부에 규수(閨秀) 없고 윤부에 낭자(郎子)[123]가 없으니, 파파는 자세히 생각하여 보라."

설파 황연대각하여 돌쳐나오며 왈, 24

120) 변모(變謀): 변통하는 꾀.

121) 치졸(稚拙): 유치하고 못난 모습.

122) 변재(辯才): 말 잘하는 능력. 말재주.

123) 낭자(郎子): 남의 집 총각을 점잖게 이르는 말.

"우리 소저의 혼인인 고로 특별히 노신(老身)을 보내심이로다."

하거늘, 태부인이 설파의 영리치 못함을 염려하여 연옥을 돌아보아 왈,

"네 설파를 따라가 만일 실조(失措)[124]함이 있거든 깨치라."

옥이 응낙하고 가니라.

차시 연옥이 양부 일행이 입성(入城)한 후로 한 번 가보고자 하더니 설파를 좇아 이르니, 한림은 외당에 있고, 바로 내당으로 들어가매, 허부인이 문왈,

"노낭(老娘)은 어떠한 사람이뇨?"

설파 대왈,

"노신은 윤부에 있는 사람이 아니라 지나가는 매파니이다."

옥이 옆에 있다가 눈 개여[125] 왈,

"윤부 말은 도무지 일컫지 말라."

설파 점두 왈,

"내 그러므로 윤부에 있다 하지 아니하였노라."

25 옥이 웃음을 참지 못하여 소매로 입을 가리고 돌아서거늘, 허부인이 소왈,

"저 아해는 누구뇨?"

옥이 설파에 치졸이 드러날까 염려하여 왈,

"소녀는 노낭(老娘)의 딸이니이다."

설파 꾸짖어 왈,

"우리 소저가 매양 너더러 '거짓말 말라.' 꾸짖으되, 그 버릇을 고치지 못하는도다."

옥이 하릴없어 외면하고 대답지 못하되, 허부인이 우(又) 문왈,

"노낭이 매파(媒婆)라 하니 누구를 위하여 중매코자 하나뇨?"

설파 침음양구에 대왈,

---

124) 실조(失措): 처리를 잘못함. 또는 실수.

125) 개여: 끔적여.

"시속 매파의 말이 수다하오나 노신(老身)은 실상(實狀)만 고하나니,
지금 병부상서 윤공이 일개(一個) 소교(小嬌) 있어 귀부(貴府)에 결혼
코자 하여 노신을 보내시며 윤부에 있노라 하지 말라 하시나, 생각하
오매 혼인은 인륜대사라, 그 되고 아니 됨은 윤부에 달림이 아니오니
은휘(隱諱)하여 무엇하리잇고. 노신은 본디 윤소저의 유모 설파요, 저
아해는 소저의 시비(侍婢) 연옥이라. 노신이 영리치 못하기로 옥을 보 26
내어 찬조(贊助)코자 하심이나 노신(老身)의 말씀이 질박(質朴)[126]하여
바로 고함이오니 부인은 의심치 말으소서. 우리 소저는 여중군자(女中
君子)요, 금세의 일인이라. 문장과 여공(女工)[127]이 막힐 바가 없삽고
용모와 예절이 하자(瑕疵)[128]할 바가 없으나, 다만 맹광(孟光)[129]의 절
구 들 힘이 부족하고 제갈부인(諸葛夫人)[130]의 황발흑면(黃髮黑面)[131]
이 아니오니, 타일 성혼(成婚) 후에 만일 한 가지라 틀림이 있삽거든
노신(老身)을 발설지옥(拔舌地獄)[132]으로 보내소서."

양부(楊府) 상하제인(上下諸人)이 청파(聽罷)에 무장대소(撫掌大笑)[133]하기를 마지않으니, 허부인이 그 말이 충직(忠直)함을 쾌히 여겨 왈,

"노랑은 짐짓 수단 있는 매파로다. 다만 내 집이 한미(寒微)하고 윤부는 고문대족(高門大族)으로 영화부귀 제미(齊美)[134]한 집이니 결혼

---

126) 질박(質朴): 꾸미지 않고 소박함.

127) 여공(女工): 부녀자가 하는 길쌈.

128) 하자(瑕疵): 결점.

129) 맹광(孟光): 중국 동한(東漢) 사람 양홍(梁鴻)의 처로 얼굴은 몹시 못났으나 덕행이 뛰어났음. 양홍에게 밥상을 올릴 때 눈썹까지 들어올렸다고 전해짐.

130) 제갈부인(諸葛夫人): 제갈량의 부인 황씨는 못생겼으나 부덕(婦德)이 높았다고 함.

131) 황발흑면(黃髮黑面): 검은 얼굴과 누런 머리. 못생긴 것을 형용한 말인듯.

132) 발설지옥(拔舌地獄): 불가(佛家)에서 구업(口業)을 지으면 죽어서 간다는 지옥. 죄인을 형틀에 묶고 혀를 뽑아내어 짓이겨서 부풀게 한 다음 혀로 밭을 갈아 엎는 형벌을 행함.

133) 무장대소(撫掌大笑): 우스워서 박수를 치며 크게 웃음.

134) 제미(齊美): 나란히 훌륭함.

치 않을까 하노라."

설파가 대소 왈,

27 "우리 부인은 도로혀 귀부에서 허혼치 않으실까 염려하시나니 그
렇지 않으시면 노신을 어찌 천언만탁(千言萬託)하여 보내시리잇고?"

양부 좌우가 또한 대소하더라. 허부인이 일배주(一杯酒)로 설파를 대접하여 왈,

"돌아가 성혼하게 한즉 내 다시 세 잔 술로 상 주리라."

하니, 설파가 대희하여 낙락(諾諾)히 사례하고 돌아가려 하더니, 한림이 마침 내당으로 들어오다가 연옥을 보고 이상히 여겨 문왈,

"네 어찌 여기에 왔나뇨?"

옥이 부끄러 머리를 숙이고 대답지 아니한대, 허부인이 웃고 양부에서 온 곡절을 자세히 말하니 한림이 미소하더라. 설파가 연옥을 돌아보며 가만히 문왈,

"저 소년 상공이 신랑 되실 상공이 아니시냐?"

옥이 점두(點頭)하니 설파가 어두운 눈을 씻고 이윽이 바라보며 희색
28 이 만면하더라. 설파가 옥으로 더불어 부인께 하직고 돌아가니 양부 좌
우 제인이 대소 왈,

"윤부에서 매파 할 자가 그리 없어 미친 늙은이를 보낸고?"

하니 허부인이 탄왈,

"노낭은 진실로 지식 있는 사람이니 여(汝) 등의 위인으로 말할 바가 아니로다. 생각건대 일로 좇아 윤부 가중(家中)이 명철(明哲)함을 알리라."

하더라.

설파가 돌아와 노부인을 뵈옵고 대담(大談)[135]하여 왈,

"범상한 매파로는 순설(脣舌)[136]만 허비하고 일이 순성(順成)치 못

---

135) 대담(大談): 큰 장담.

136) 순설(脣舌): 입술과 혀. 또는 수다스러움을 비유적으로 이르는 말. 여기서

할 것이로되 노신은 한 번 입을 열매 대사(大事)가 여의(如意)하니 수단이 높은 줄 아옵소서."

연옥이 또한 웃고 설파가 말하던 거동을 그린 듯이 세세히 말하니, 설파 역시 대소 왈,

"우리 소저의 백년가기(百年佳期)[137]를 정하며 어찌 간사한 거짓말을 하리오."

하거늘, 윤상서 듣고 그 말이 충직함을 칭찬하더라.

차시 윤소저가 부인께 문안코자 하여 정당(正堂)[138]으로 오더니, 설파 29
가 내달아 손을 잡아 좌에 앉히며 웃은 입을 줄이지 못하여[139] 왈,

"가히 기특하다. 우리 소저의 얼굴이여! 복성스러움으로 대사여의(大事如意)하게 하였으니 소저의 복록(福祿)이 제미(齊美)함을 알리로다."

하거늘, 소저도 무슨 소리임을 몰라 손을 뿌리치고 왈,

"어미는 너무 잡담 말라."

설파가 대소 왈,

"소저가 금일은 비록 저렇듯 수치(羞恥)하시나 타일에 군자를 맞아 백년을 해로하실 제는 바야흐로 노신의 말씀이 유공(有功)함을 알으시리이다."

하거늘, 소저가 바야흐로 유모의 말이 묘맥(苗脈)[140]이 있음을 알고 더욱
부끄러 부용옥면(芙蓉玉面)에 홍운(紅雲)이 취지(聚之)[141] 일만 자태 서로
빛을 다투는지라. 설파가 소저의 자색(姿色)이 수치(羞恥) 중에 더욱 빛남
을 애중(愛重)하여 옥수(玉手)를 잡고 소왈(笑曰), 30

순설을 허비한다는 말은 아무런 보람 없이 괜한 말을 늘어놓는다는 뜻.

137) 백년가기(百年佳期): 백년가약(百年佳約)과 같은 말. 남녀가 결혼하여 한평생을 함께 지내자는 아름다운 언약.

138) 정당(正堂): 집 안의 여러 채 중에 가장 주된 곳.

139) 웃은 입을 줄이지 못하여: 매우 즐거워 함.

140) 묘맥(苗脈): 일의 단서.

141) 홍운(紅雲)이 취지(聚之): 점점 불그레한 기운이 도는 것을 형용한 말.

"노신(老身)이 양한림을 잠깐 보매 눈이 가늘고 얼굴이 고우니 반드시 호색(好色)할지라. 비첩(婢妾)이 무수히 모인즉, 소저 장차 어찌하려 하시나잇고?"

하니, 소저의 대답이 어찌 된고?

하회(下回)를 석람(釋覽)하라.

세(歲) 무신(戊申) 오월일 향목동 서(書)

옥루몽 권지칠

차설. 설파가 소왈, 1

"만일에 여러 편방(偏旁)[1]이 모이어 가변(家變)이 자주 일어나면, 소저 장차 어찌코자 하시나잇고?"

소저 더욱 수괴(羞愧)하여 옥수(玉手)를 뿌리치고 모친 뒤로 들어간대, 설파가 대소하고 좇아 들어가 소저의 얼굴을 들여다보며 등을 어루만져 왈,

"노신(老身)이 양원외의 부인을 보니 성정(性情)이 부드럽고 언사 공순(恭順)하여 현숙(賢淑)[2]한 구고(舅姑)[3]가 될지라. 이 또한 소저의 복이 가장 두텁거니와 다만 수상한 바는 한림이 연옥을 정신 들여 보시니, 소저는 타일(他日) 구가(舅家)[4]에 가시나 옥을 데려가지 말으소서."

소저가 청파(聽罷)[5]에 수습하는 중에 웃음을 참지 못하여 표연히 자기 침소로 돌아가니라.

익일에 윤상서가 양한림 부중(府中)에 이르니 원외 맞아 빈주(賓主)가 예필(禮畢)[6] 좌정(坐定)에 상서가 왈,

1) 편방(偏旁): 첩. 측실(側室).
2) 현숙(賢淑): 어질고 정숙함.
3) 구고(舅姑): 시아버지와 시어머니. 여기서는 시어머니를 뜻함.
4) 구가(舅家): 시집.
5) 청파(聽罷): 듣기를 마침.
6) 예필(禮畢): 손님과 주인 간에 지켜야할 예의를 다함.

2 "학생아이[7] 선생의 높은 이름을 듣고 사모함이 오래나 진애명리(塵埃名利)[8]에 종적이 골몰하여 겸가옥수(蒹葭玉樹)[9]의 연분이 없었으니 오늘 만남이 어찌 늦지 않으리오?"

원외 답왈,

"만생(晩生)[10]은 초야종적(草野蹤迹)[11]이요 산중우맹(山中愚氓)[12]이니, 천은이 망극하샤 그 자식의 남은 은총이 아비에게 미치니 성은이 융성하심이 태산 같사오나 천구(賤軀)에 신병(身病)이 있기로 직임(職任)을 사례하고 집에 편히 있사오나, 연소한 자식이 조정에 출입하니 구구지심(區區之心)이 주야로 우려(憂慮)가 간절한지라. 바라건대 합하(閤下)[13]는 자주 계훈(戒訓)하샤 인신지도(人臣之道)[14]에 나아가게 하심을 바라나이다."

윤상서가 소왈,

"양한림은 국가의 동량(棟樑)이라, 주상의 지심(知心)[15]하심과 조정의 영행(榮幸)[16]함이 극하거늘 학생의 용렬(庸劣)함으로 일두(一頭)를 사양하려든 어찌 가르칠 바 있으리오?"

3 하더라.

차시(此時) 원외는 윤상서의 충후지풍(忠厚之風)을 공경하고, 윤상서는

---

7) 학생아이: 윤상서가 자신을 겸칭(謙稱)한 말.

8) 진애명리(塵埃名利): 티끌이나 먼지와 같은 명예나 이익.

9) 겸가옥수(蒹葭玉樹): 갈대같이 변변치 못한 것이 옥으로 만든 나무와 함께 한다는 뜻으로 인품이나 지위가 서로 어울리지 않는 두 사람이 함께 있는 것을 의미하며 겸사(謙辭)로 쓰임.

10) 만생(晩生): 말하는 이가 선배를 상대하여 자신을 낮추어 이르는 일인칭 대명사.

11) 초야종적(草野蹤迹): 궁벽한 시골 백성의 행적.

12) 산중우맹(山中愚氓): 산중에 사는 어리석은 백성.

13) 합하(閤下): 존귀한 사람이라는 뜻으로 상대편을 높여 부르는 말.

14) 인신지도(人臣之道): 신하된 도리.

15) 지심(知心): 마음이 통하여 잘 앎.

16) 영행(榮幸): 영광과 행운.

원외의 청고절행(淸高節行)을 탄복하여 일면(一面)[17]이 여구(如舊)하여 윤공이 이에 조용히 문왈,

"영랑(令郎)[18]이 연기장성(年紀長成)하였으니 실가지락(室家之樂)[19]이 급한지라. 소제(小弟)[20]에게 한 딸이 있어 비록 규범내칙(閨範內則)[21]의 예절이 몽매(蒙昧)[22]하나 군자의 건즐(巾櫛)을 받들 소임이 넉넉하니 진진(津津)한 애녀지심(愛女之心)[23]으로 귀부(貴府)에 결혼할 마음이 간절하니, 아지 못게라, 형(兄)의 뜻에 어떠하뇨?"

원외 거수(擧袖)[24] 칭사(稱謝) 왈,

"합하(閤下)가 한문(寒門)[25] 돈견지아(豚犬之兒)[26]를 천고 영녀(令女)로써 허혼(許婚)코자 하시니 이는 만생(晩生)의 영광이요, 돈아(豚兒)의 복이라. 어찌 다른 말씀이 있으리잇고. 다만 미거(未擧)[27]한 자식이 한원명사(翰苑名士)에 참예하고 나이 또한 십칠 세라, 성례(成禮)[28]함이 급하니 바삐 길일을 택하심을 바라나이다."

상서가 대희하여 허락하고 인하여 담화할새, 고산유수(高山流水)[29] 같 4
은 말씀이 흉금을 상쾌케 하고 송백(松栢)의 정중(鄭重)한 충의를 겸하매

---

17) 일면(一面): 한 번 마주 대함.

18) 영랑(令郎): 윗사람의 아들을 높여 부르는 말. 영식(令息)이라고도 함.

19) 실가지락(室家之樂): 가정을 이루는 즐거움.

20) 소제(小弟): 말하는 이가 대등한 관계에 있는 사람이나 윗사람을 대하여 자기를 낮추어 이르는 일인칭 대명사.

21) 규법내측(閨法內則): 가정 안의 예의범절.

22) 몽매(蒙昧): 어리석고 사리에 어두움.

23) 애녀지심(愛女之心): 딸을 사랑하는 마음.

24) 거수(擧袖): 남에게 답례인사를 하기 위하여 소매를 들어올림.

25) 한문(寒門): 가난하고 문벌이 없는 집안.

26) 돈견지아(豚犬之兒): 남에게 자기의 아들을 낮추어 말하는 말.

27) 미거(未擧): 철이 없고 사리에 어두움.

28) 성례(成禮): 혼인의 예식을 치룸.

29) 고산유수(高山流水): 백아와 종자기의 고사에서 유래한 말로, 서로의 마음을 잘 이해하고 안다는 의미로 쓰임.

미미한 담소와 은근한 정에 서로 떠날 뜻이 없더니, 좌우가 보하되 황각로가 내림(來臨)했다 하거늘, 상서가 즉시 몸을 일어 원외를 작별하고 돌아가니라.

원외가 당에 내려 황각로를 맞아 한훤필(寒喧畢)[30]에 각로가 왈,

"노부가 이미 영랑(令郎)에게 혼사를 통하였으나 존부(尊父)께 고(告)치 못함을 자저(赼趄)[31]하더니, 하늘이 도우샤 선생이 경사(京師)에 이르시니, 노부의 집이 비록 부귀치 못하나 또한 빈한치 아니하고, 여아(女兒)의 위인(爲人)이 비록 취신(取信)[32]할 바 없으나 또한 용모 범절이 추루(麤陋)[33]함을 면하였으니 가위 군자의 호구(好逑)[34]라. 선생의 고의(高意)를 알지 못하나 어느 때에 성례(成禮)코자 하시나잇가?"

5 원외는 본디 물외(物外) 높은 선비라. 성품이 준직청개(峻直淸介)[35]하여 황각로의 시속(時俗) 태도와 비루한 언사 마땅치 못할 뿐 아니라 이미 윤상서와 정혼(定婚)하였는지라. 이에 개용(改容)[36] 칭사(稱謝)[37] 왈,

"상공의 소교(小嬌)[38]로 한미한 문호와 결혼(結婚)[39]코자 하시니 비록 황공감사하나 천식(賤息)[40]의 혼사를 이미 병부상서 윤형문과 완정(完定)[41]하였으니 듣자옴이 늦음을 한하나이다."

---

30) 한훤필(寒喧畢): 서로 만나 날씨의 춥고 더움을 말하며 서로 인사하는 것을 마침.
31) 자저(赼趄): 주저함.
32) 취신(取信): 신용을 얻음.
33) 추루(麤陋): 다듬어지지 않고 누추함.
34) 호구(好逑): 좋은 짝.
35) 준직청개(峻直淸介): 엄하고 곧으며 청렴하고 지조가 곧음.
36) 개용(改容): 얼굴빛을 엄숙히 고침.
37) 칭사(稱謝): 고마움을 표시함.
38) 소교(小嬌): 어린 딸.
39) 결혼(結婚): 혼사를 맺음.
40) 천식(賤息): 천한 자식이라는 뜻으로 남에게 자기 자식을 낮추는 말.
41) 완정(完定): 완전히 결정함.

각로가 안색이 변하여 왈,

"노부가 이미 영랑에게 설언(說言)하였으니 어찌 들음이 늦다 하리오?"

하여, 심리(心裏)에 앙앙(怏怏)[42]함을 이기지 못하다가, 원외와 초초(草草)히[43] 작별하고 집으로 돌아와 생각하되, '양창곡은 절세(絶世)한 인재라. 내 동상(東床)[44]에 두지 못한즉 차석(嗟惜)[45]할 뿐 아니라, 내 먼저 발설하고 윤상서에게 아이니[46] 어찌 부끄럽지 않으리오.' 하고 또 계교를 생
각하고 짐짓[47] 수일 후 조회 반열(班列)에 참예치 아니한대, 천자가 원로 6
대신(元老大臣)을 각별히 예우하샤 근시(近侍)[48]를 보내어 탐문(探問)[49]하신대, 황각로가 바야흐로 궐중에 들어와 부복청죄(俯伏請罪)[50] 왈,

"노신이 견마지성(犬馬之誠)[51]을 다하여 국은(國恩)을 갚을까 하오나 죽을 날이 머지 않은지 황공대죄(惶恐待罪)하나이다."

천자 대경(大驚)하샤 그 연고를 물으신대, 황각로가 백수(白鬚)[52]에 눈물을 드리오며 주왈(奏曰),

"군신지간이 부자와 다름이 없사오니 구구(區區) 소회를 어찌 은휘(隱諱)[53]하리잇고. 신이 오십지년(五十之年)에 일개 남아와 일개 여아

---

42) 앙앙(怏怏): 마음에 차지 않거나 야속하여 원망하는 마음이 있음.
43) 초초(草草)히: 몹시 간략하게.
44) 동상(東床): 원래는 동쪽 사랑채라는 뜻이지만 왕희지의 고사(故事)로 인하여 사위라는 뜻으로 쓰이게 됨.
45) 차석(嗟惜): 안타깝고 애석함.
46) 아이니: 빼앗기니.
47) 짐짓: 일부러.
48) 근시(近侍): 임금을 가까이에서 뫼시는 신하.
49) 탐문(探問): 소식을 알기위해 찾아서 물음.
50) 부복청죄(俯伏請罪): 엎드려 죄를 청함.
51) 견마지성(犬馬之誠): 임금이나 나라에 바치는 충성을 낮추어 이르는 말.
52) 백수(白鬚): 흰 수염.
53) 은휘(隱諱): 꺼리어 감추거나 숨김.

를 생하였사오니, 일자(一子)는 소주자사 황여옥이요, 일녀(一女)는 지
금 나이 십오 세라. 신이 말년에 여식(女息)을 사랑하와 가서(佳壻)[54]
를 구코자 하더니 신방(新榜) 장원 양창곡과 정녕(丁寧)[55] 언약하와 결
혼지사를 뇌정(牢定)[56]하였더니, 중도에 이르러 거연(遽然)[57]히 배약
7 (背約)하고 병부상서 윤형문과 이미 정혼(定婚)했다 하오니, 이는 다
름이 아니오라 신이 연로(年老)하와 전정(前程)[58]이 볼 것이 없는 연
고라. 신의 딸이 비록 예폐(禮幣)[59]를 받지 아니하였으나 인리족당
(隣里族黨)이[60] 퇴혼(退婚)함을 듣고 모두 의괴(疑怪)하여 출부(黜
婦)[61]와 다름이 없다 하여 의논이 분분하오니, 노처(老妻)는 우분성
질(憂憤成疾)[62]하여 명재경각(命在頃刻)[63]이옵고 여식은 규리(閨裏)[64]
에 늙어 실절(失節)치 않음을 기약하오니, 노신의 처지 진실로 양난
(兩難)하온지라. 다만 빨리 죽어 이런 화변(禍變)을 보지 말기를 원하
나이다."

설파에 누수(淚水)가 방타(滂沱)[65]하니, 천자가 들으시고 즉시 양원외를 명초(命招)하샤 하교 왈,

"황승상은 양조(兩朝) 원외라 짐이 예우(禮遇)하나니, 이제 들으매 경의 아들과 결혼코자 하더니 경이 이미 윤형문의 여아에게 뇌약(牢

---

54) 가서(佳壻): 훌륭한 사위.
55) 정녕(丁寧): 조금도 틀림없이.
56) 뇌정(牢定): 확실하게 정함.
57) 거연(遽然): 갑자기.
58) 전정(前程): 앞 길.
59) 예폐(禮幣): 예를 갖추어 보내는 물건.
60) 인리족당(隣里族黨): 마을사람들이나 친척들.
61) 출부(黜婦): 처자(妻)를 내쫓음.
62) 우분성질(憂憤成疾): 걱정스럽고 분하여 병이 됨.
63) 명재경각(命在頃刻): 거의 죽게 되어 숨이 끊어질 지경에 이름.
64) 규리(閨裏): 처녀가 있는 규방 안.
65) 방타(滂沱): (눈물이) 뚝뚝 떨어짐.

約)[66]했다 하니 명사대부(名士大夫)의 두 아내는 상사(常事)라. 짐이 8
중매할 것이니 구애치 말고 양가가 다시 결혼케 하라."

원외 돈수(頓首)[67] 사왈,

"성교(聖敎)[68]가 지중하시니 마땅히 봉행(奉行)하리이다."

천자 다시 창곡을 부르샤 또 하교하샤 왈,

"황각로의 사정이 절박하니 바삐 택일하여 황부에 보(報)하라."

하신대, 한림이 돈수 주왈,

"부부는 오륜에 중한 배라 은의(恩義)로 상합(相合)하고 위세(威勢)로 겁박(刦迫)[69]지 못할 배거늘, 이제 승상 황의병이 원로대신의 체모를 돌아보지 아니하고 가내의 더러운 사정(私情)을 가져[70] 천위(天威)에 번거로이 주(奏)하니, 노혼(老昏)[71]한 생각과 비루한 사정으로 위협고자 함을 신이 그윽이 개연(慨然)[72]하나니, 복원(伏願)[73] 폐하는 하교를 거두시고 황의병의 방자함을 징치(懲治)[74]하소서."

천자가 청파에 크게 진노하샤 왈,

"네 불과 연소신진(年少新進)[75]으로 원로대신을 망령(妄靈)되이 논 9
박(論駁)하며 군부의 명을 이렇듯 거역하니 그 죄 적지 않은지라. 용서치 못하리라."

하시고 전지(傳旨)[76]를 내리오샤 '양창곡을 강주부(江州府)[77]에 찬배(竄

---

66) 뇌약(牢約): 굳게 약속함. 또는 그런 약속.
67) 돈수(頓首): 머리가 땅에 닿도록 하는 절.
68) 성교(聖敎): 천자나 임금이 내리는 말씀이나 명령.
69) 겁박(刦迫): 으르고 협박함.
70) 가져: 가져다가.
71) 노혼(老昏): 늙어서 정신이 흐림.
72) 개연(慨然): 억울하고 원통하여 몹시 분함.
73) 복원(伏願): 엎드려 바라건대.
74) 징치(懲治): 징계하여 다스림.
75) 연소신진(年少新進): 나이가 어리고 이제 막 벼슬에 진출한 사람.
76) 전지(傳旨): 승정원의 담당승지를 통하여 전달되는 왕명서(王命書).

配)[78]하라.' 하시니라.

차시 천자 각로를 위로하샤 왈,

"짐이 이미 중매하였으니 승상은 근심 말라."

하시니 각로가 사은하고 나오니라.

각설. 양한림이 집에 돌아와 바삐 치행(治行)[79]할새, 허부인이 아자(兒子)의 손을 잡고 눈물을 흘려 왈,

"내 너로 더불어 옥련봉(玉蓮峯) 아래 밭을 갈아 평생을 안한(安閑)히 보내지 못하고 부질없이 소년등과(少年登科)하여 이런 일을 당하도다."

한림이 화(和)한 얼굴과 부드러운 말씀으로 모친을 위로 왈,

"소자의 죄명이 가소로운 일로 말미암음이니 쉬이 돌아올지라. 태태(太太)[80]는 과려(過慮)[81]치 말으소서."

하고 인하여 걸음을 도로혀 소저의 침실에 이르러 좌정(坐定)한 후[82] 소저를 향하여 거수작별(擧袖作別)[83] 왈,

"학생(學生)이 사군(事君)하는 도리를 삼가지 못하여 천리원정(千里遠程)에 나아가매 존당(尊堂)[84]에 시측(侍側)[85]할 자가 없으니, 바라건

---

77) 강주부(江州府): 강서성(江西省) 일대와 호북성(湖北省) 무창현(武昌縣) 일대에 해당하던 곳.

78) 찬배(竄配): 죄인을 섬이나 지방으로 보내 정해진 기간동안 그 지역 내에서 감시를 받으며 생활하게 하던 형벌.

79) 치행(治行): 길 떠날 여장을 준비함.

80) 태태(太太): 어머니를 높여 부르는 말.

81) 과려(過慮): 정도에 지나치게 염려함.

82) 양한림이 소저와 나눈 대화 부분은 두 사람의 혼인 후에나 가능한 내용이다. 그런데 아래에서 양한림이 윤상서와 나눈 대화 내용에서도 알 수 있듯이, 양한림과 윤소저는 혼인 전이다. 이 동양문고본에는 혼인하는 대목이 나타나지 않는다.

83) 거수작별(擧袖作別): 소매를 들어올리고 작별함.

84) 존당(尊堂): 부모를 높여 부르는 말.

85) 시측(侍側): 곁에 있으면서 웃어른을 모심.

대 부인은 신혼성정(晨昏省定)[86]에 양친을 위로하며 학생의 불효를 더으게 말라."

소저가 운환(雲鬟)[87]을 숙이고 아미(蛾眉)에 수운(愁雲)[88]이 어리어 천연(天然) 대왈,

"군자의 돌아오실 기약이 어느 때에 있으리잇고?"

한림 왈,

"학생의 죄명이 크지 아니하니 불구(不久)에 환가(還家)하리니 염려치 말으소서."

언파(言罷)에 동자가 들어와 보하되,

"윤상서 노야(老爺)[89]가 오시니이다."

한림이 즉시 외당(外堂)[90]에 나아가니, 상서가 한림의 손을 잡고 탄왈,

"노부가 현서(賢壻)를 동상(東床)에 유의(有意)한 후 옹서지의(翁壻
之義)[91]를 미처 허(許)지 못하여서 천리원정(千里遠程)의 적객(謫客)으
로 이별하니, 비록 초창(悄悵)하나 환해풍파(宦海風波)[92]는 남자의 상
사(常事)라. 원로(遠路)에 보중(保重)하여 쉬이 돌아옴을 바라노라." 11

한림이 배사(拜謝)하고 부친께 하직할새, 원외 왈,

"강주(江州)가 비습(卑濕)하여 풍도가 아름답지 못하고, 네 나이 어리니 스스로 조심하여 울적한 회포를 두지 말아 네 아비의 구구한 염려를 덜게 하라."

한림이 재배수명(再拜受命)하고 즉시 발행(發行)[93]할새, 일양(一輛) 소

86) 신혼성정(晨昏省定): 밤에는 부모의 이부자리를 보아 드리고 이른 아침에는 밤새 부모의 안부를 묻는다는 뜻으로 부모를 잘 뫼시고 효성을 다함.

87) 운환(雲鬟): 여인의 아름다운 머리털을 구름에 비유한 말.

88) 수운(愁雲): 근심스러운 기색.

89) 노야(老爺): (성이나 직함 뒤에 쓰여) 남을 높여 이르는 말.

90) 외당(外堂): 남자가 머무는 사랑채.

91) 옹서지의(翁壻之義): 장인과 사위의 좋은 인연.

92) 환해풍파(宦海風波): 벼슬살이에서 겪는 온갖 험한 일.

93) 발행(發行): 길을 떠나감.

거(小車)에 양개(兩個) 창두와 종자를 거느리고 행하여 십여 일 만에 강주에 득달(得達)하여 수간모옥(數間茅屋)을 치우고 두류(逗留)[94]하니라.

차시 양한림이 적객(謫客)으로 자처하여 강주에 이른지 수월(數月)에 두문불출(杜門不出)한대, 주인이 일일(一日)은 조용히 고왈,

"이곳이 예부터 충신적객(忠臣謫客)이 무수하거늘 이제 상공이 어찌 과도히 집법(執法)[95]하샤 적막히 앉아 계시니잇고?"

한림이 소왈,

"내 조정에 죄명이 있는 사람이요, 또한 성품 번화함을 좋아 아니 하노라."

12 하더니, 광음(光陰)이 훌훌하여 여름이 진(盡)하고 가을이 되매 옥우(玉宇)는 쟁영(崢嶸)[96]하고 금풍(金風)[97]이 소슬(蕭瑟)한대, 서리기러기 북[98]으로 돌아가고 추풍낙엽(秋風落葉)은 공산(空山)에 분분(紛紛)하니, 비록 심상(尋常)한 사람이라도 객리회포(客裏懷抱)를 진정치 못하려든 하물며 소년적객(少年謫客)의 고적한 심사리오.

차시 양한림이 자연 흉금이 울적하여 심사 초창(悄悵)하고 풍한(風寒)에 상하여 신기(身氣) 날로 불평하거늘, 스스로 염려하여 왈,

"내 남자로서 성품이 너무 편협(偏狹)하여 금일 죄명이 중대치 아니하고 자고로 적객(謫客)의 출입이 초창함[99]은 상사(常事)라. 내 너무 심려(深慮)하여 병이 발하면 어찌 군부(君父)를 저버림이 아니리오."

하고 주인을 불러 문왈,

"내 무료함이 심하니 이 근처에 구경할 곳이 있나냐?"

주인 왈,

---

94) 두류(逗留): 객지에 머무름.
95) 집법(執法): 법령을 굳게 지킴.
96) 옥우(玉宇)는 쟁영(崢嶸): 가을이 되어 하늘이 드높음을 형용한 말.
97) 금풍(金風): 가을바람.
98) 북: '남'의 잘못.
99) 출입이 초창함: '산수(山水)에 소요(逍遙)함은'이 잘못된 것임.

"이 앞에 큰 강이 있으니 이름은 심양강(潯陽江)이요, 강상에 한 정자가 있으니 경개절승(景槪絶勝)[100]하니이다." 13

한림이 대희하여 동자를 데리고 심양강으로 좇아 정자 위에 오르니, 표묘(縹渺)한 정자가 대강(大江)을 임하였으니 비록 장려(壯麗)치는 못하나 또한 쾌활하여 원포귀범(遠浦歸帆)[101]이 물결을 덮었으며 석양 어촌은 언덕에 달렸으니,[102] 강호물색(江湖物色)이 가히 진루(塵累)[103]를 사양치 않을지라.[104]

한림이 강산 경개를 사랑하여 매일 이르러 소유(逍遊)하더니, 마침 중
추기망(仲秋旣望)[105]을 당하여 월색을 구경코자 하여 석반(夕飯)을 파한
후에 다시 정자에 올라 원근을 바라보니, 안상노화(岸上蘆花)는 가을바람
에 소슬하고 포변어등(浦邊漁燈)은 성긴 별이 점점(點點)한대, 잔나비 울
음과 두견 소리 객회(客懷)를 돕는지라. 한림이 도로혀 초창함을 이기지
못하여 일수(一首) 시를 지어 읊으며 난간에 의지하여 앉았더니, 동자가 14
고왈,

"이 앞에 새로 난 주가(酒家) 있어 주미(酒味) 가장 아름답다 하더이다."

한림이 웃고 두어 잔 술을 사오라 하매 수유(須臾)에 동자가 주효(酒肴)를 갖추어 오니, 한림이 한 잔을 마시고 더욱 초창하여 배주(杯酒)의 뜻이 없는지라 일어나 방황하더니, 홀연 들으니 일진청풍(一陣淸風)이 일어나며 청아한 소리 은은히 들리거늘, 동자를 돌아보아 왈,

"이 소리를 알소냐?"

---

100) 경개절승(景槪絶勝): 경치가 매우 뛰어남.

101) 원포귀범(遠浦歸帆): 멀리 보이는 포구로 돌아오는 배들.

102) 달렸으니: 즐비함.

103) 진루(塵累): 세상살이에 관련된 너저분한 일.

104) 사양치 않을지라: 원문대로 하면 뜻이 잘 통하지 않음. 뜻이 통하려면, '잊을러라'로 되어야 함.

105) 중추기망(仲秋旣望): 음력 팔월 십육일.

동자가 귀를 기울여 양구(良久)히[106] 듣더니 대왈,

"반드시 거문고 소리니이다."

한림이 소왈,

"아니로다. 대현(大絃)은 조조(嘈嘈)[107]하고 소현(小絃)은 절절(切切)[108]하니 반드시 비파(琵琶)[109] 타는 소리라. 석일에 백낙천(白樂天)[110]이 이곳에 적거(謫居)하여 비파행(琵琶行)[111]을 지었으니 이제 그 여풍(餘風)이 있도다."

하고, 흔연히 몸을 일어 동자를 데리고 그 소리를 좇아 한 곳에 이르니 초간수간(草間數間)이 대 수풀을 의지하여 죽비(竹扉)를 닫았거늘, 한림이 문을 두드리니 일개 차환(叉鬟)이 나와 문을 여는지라. 한림 왈,

"나는 완월(玩月)[112]하는 객인(客人)이러니 비파 타는 소리를 듣고 찾아 왔노라."

차환이 한림의 용모 거동을 이윽이[113] 보더니 돌쳐 들어갔다가 식경후(食頃後)[114] 도로 나와 들어감을 청하거늘, 한림이 차환을 따라 일각문(一角門)[115]을 들어가 수보(數步)를 행하여 가니, 창송녹죽(蒼松綠竹)이 울타리를 이뤘고 황국단풍(黃菊丹楓)이 계하(階下)에 벌였는데, 띠처마와

---

106) 양구(良久)히: 오랫동안.

107) 조조(嘈嘈): 낮고도 잦은 소리.

108) 절절(切切): 애절하면서 가느다란 소리.

109) 비파(琵琶): 사현(四絃)으로 목이 길고 배가 넓은 악기.

110) 백낙천(白樂天): 중국 당(唐)나라의 시인. 이름은 거이(居易)이며 낙천은 그의 자(字). 민중시인, 사회시인, 풍유(諷諭)시인으로 불림.

111) 비파행(琵琶行): 백낙천이 강주(江州)에 좌천되어 있을 때 지었음. 당시 그가 심양강 가에서 친구들을 전송하다 비파를 타는 여자를 만났던 감흥을 노래한 것.

112) 완월(玩月): 달을 구경하여 즐김.

113) 이윽이: 한참동안.

114) 식경후(食頃後): 잠시 후에.

115) 일각문(一角門): 대문간이 따로 없이 양쪽에 기둥 하나씩 세워서 문짝을 단 대문.

대난간이 소연(蕭然)히 그림 속 같은지라. 당상(堂上)을 바라보매 일위 미인이 그림 속의[116] 월하(月下)에 비파를 안고 표연(飄然)히 난간을 의지하여 앉았으니 일점진애(一點塵埃) 없는지라. 한림이 들어옴을 보고 몸을 일어 맞아 왈,

"어떠한 상공이시완대 적요(寂寥)한 사람을 신근(辛勤)[117]이 찾아 16
시뇨?"

한림 왈,

"나는 타향적객(他鄕謫客)으로 심란(心亂)함을 인하여 월색을 구경하다가 낭자의 비파 소리를 듣고 왔으니 허물치 말라."

미인이 즉시 차환을 불러 화촉(華燭)을 밝히니, 한림이 바야흐로 그 미인을 자시 보매, 빼어난 태도와 아리따운 얼굴에 번화기상(繁華氣像)을 띠었으니, 가는 허리와 청수한 미목(眉目)이 경국지색(傾國之色)을 겸하였으니, 담연(淡然)한 단장은 월색을 다투고 표묘한 의상은 청풍에 나부껴 십분 단아하고 십분 무르녹아 산수간(山水間)에 적막히 늙을 기상이 아니라. 미인이 또한 추파를 흘려 한림의 기상을 보니, 엄위(嚴威)한 태도와 탁월한 풍채 짐짓 개세군자(蓋世君子)[118]요 영웅호걸이라. 심중에 대경하여 그 심상(尋常)한 적객(謫客)이 아님을 알고 자주 기색을 살피며
표연히 말이 없거늘, 한림 왈, 17

"내 아까 문외에서 주인의 비파 소리를 들으매 범상한 수단이 아니라. 다시 한 곡조를 듣고자 하노라."

미인이 사양치 아니하고 비파를 내어 슬상(膝上)[119]에 놓고 옥수(玉手)로 줄을 골라 한 곡조를 타니 그 소리 애원 처절하여 무한한 심사 있는지라. 한림이 탄왈,

116) 그림 속의: 문맥상 '그림같이'의 잘못인 듯.

117) 신근(辛勤): 힘을 들여 애씀.

118) 개세군자(蓋世君子): 기상이나 재능이 세상을 덮을 만한 사람.

119) 슬상(膝上): 무릎 위.

"묘재(妙哉)라! 차곡(此曲)이여. 옥이 진토(塵土)에 묻혔으니 이른바 왕소군(王昭君)[120]의 출새곡(出塞曲)[121]이 이 아니냐?"

미인이 미소하고 주현(朱絃)[122]을 다시 골라 또 한 곡조를 아뢰니 그 소리 청랑강개(淸朗慷慨)하여 물외(物外)의 고상한 뜻이 있거늘, 한림이 칭선(稱善) 왈,

"미재(美哉)라! 차곡(此曲)이여. 청산(青山)이 아아(峨峨)하고 녹수(綠水)는 양양(洋洋)한대 지기상합(知己相合)하여 일창일화(一唱一和)하니 이 이른바 종자기(種子期)[123]의 아양곡(峨洋曲)[124]이 이 아니냐?"

그 미인이 홀연 비파를 밀치고 우연 탄왈,

18 "첩이 비록 백아(伯牙)[125]의 거문고가 없으나 매양 종자기를 만나지 못함을 한하였더니 금야에 상공을 평수상봉(萍水相逢)[126]함은 기이한 연분이라. 어찌 간담(肝膽)을 토하여 충정(衷情)[127]을 의논치 않으리오.

---

120) 왕소군(王昭君): 중국 한나라 원제(元帝) 때의 궁녀로 이름은 장(嬙)이고, 소군(昭君)은 자(字). 흉노와의 친화정책 때문에 흉노(匈奴)의 선우(單于)에게 강제로 시집갔음. 왕소군(王昭君)은 흉노의 땅에서 평생토록 한나라를 그리워하며 살다가 죽었으며, 그녀의 무덤에 늘 푸른 풀이 돋아났다고 하는 전설이 있음. 명비(明妃)라고도 함.

121) 출새곡(出塞曲): 왕소군이 흉노로 가면서 말 위에서 비파로 연주했다는 곡.

122) 주현(朱絃): 붉은 연사(練絲)로 만든 비파줄. 문왕(文王)의 사당인 청묘(淸廟)에 사용하는 비파가 주현이라고 함.

123) 종자기(種子期): 백아(伯牙)의 거문고 소리를 알아들은 친구. 백아가 연주한 곡은 <산수곡(山水曲)>, <아양곡(峨洋曲)>이라고도 하는데, 백아(伯牙)가 높은 산을 생각하며 거문고를 연주하자, 종자기(鍾子期)는 '훌륭하도다 높기가 태산과 같구나(善哉 巍巍兮如太山)'라고 말하였고, 넓은 바다를 생각하며 연주하자, '훌륭하도다 넓기가 하수와 같구나(善哉 洋洋兮如江河)'라고 말하여 백아(伯牙)가 연주하는 거문고 곡조를 알아주었다고 함.

124) 아양곡(峨洋曲): 백아가 연주하던 곡.

125) 백아(伯牙): 거문고의 명인으로 자기를 알아주던 참다운 벗인 종자기가 죽자 거문고의 줄을 끊고 다시는 연주하지 않았다는 인물.

126) 평수상봉(萍水相逢): 부평초와 물이 만난다는 뜻으로 여행 중에 우연히 벗을 만남을 비유한 말.

127) 충정(衷情): 마음에서 우러나오는 정.

첩은 본디 낙양 사람이니 성은 사마가(司馬家)요 이름은 벽성선(碧城
仙))이니, 난 지 수년(數年)에 난시(亂時)를 당하여 부모를 실리(失離)하
고 표박한 종적이 청루에 의탁하여 불행히 허명(虛名)을 얻어 안마빈
객(鞍馬賓客)[128]이 너무 번요(煩擾)하니 응접(應接)이 괴로워 대객(對
客)하기 어려울 뿐 아니라, 낙양 제기(諸妓)들이 안색을 시기하여 고단
한 신세 지킨 뜻을 보전치 못할지라 간신히 몸을 빼어 이곳에 안신(安
身)[129]하니, 본의(本意)는 종적을 감추고 승니도사(僧尼道士)를 좇아
평생을 한가히 지내고자 하더니, 수풀의 사슴이 사향(麝香)을 누설하
고 풍성(酆城)의 칼[130]이 광채를 감추지 못하여 다시 본부기안(本府妓 19
案)에 드니 실로 즐겨함이 아니오며, 이곳에 인걸(人傑)이 없고 풍속이
괴이하여 인인(人人)이 상고(商賈)질 하며, 집집이 고기 낚아 이를 중
히 아는 녹록지배(碌碌之輩)[131]라. 첩이 매양 탄식하는 배러니, 상공이
무슨 연고로 이곳에 적거(謫居)하시니잇고?"

한림이 청파에 개용탄식(改容歎息)하고 자기 적거한 곡절과 평생 심회를 대강 말한대, 벽성이 또한 희허장탄(唏噓長歎)[132]하고 배반(杯盤)을 나와 술이 반취하매, 한림이 소왈,

"나는 백면서생(白面書生)[133]이라. 비록 청루 물색을 널리 보지 못하였으나 일찍이 들으매 왕왕이 열협지풍(烈俠之風)[134]이 있어 높은 절개와 개결(介潔)한 마음이 출중한 자가 많다 하더니, 아지 못게라, 금세(今世) 청루에 낭자 같은 자 몇이나 되나뇨?"

---

128) 안마빈객(鞍馬賓客): 말을 타고 오는 손님.

129) 안신(安身): 몸을 편안히 함.

130) 풍성(酆城)의 칼: 천하의 명검인 막야(莫耶)와 간장(干將)을 말함. 이 칼들은 풍성의 땅 속에 묻혀 있다가 보검(寶劍)의 정기(精氣)를 찾아 풍성에 온 뇌환(雷換)에 의해 발견되었음.

131) 녹록지배(碌碌之輩): 보잘 것 없고 하찮은 무리.

132) 희허장탄(唏噓長歎): 한숨을 쉬며 길게 탄식함.

133) 백면서생(白面書生): 단지 글만 읽고 세상일에는 경험이 없는 사람.

134) 열협지풍(烈俠之風): 남을 위해 자신을 희생하는 풍모.

선낭이 추연 대왈,

20 "첩 같은 자는 가위 거재무량(車載無量)[135]이라, 어찌 족히 말할 배리오. 근일(近日) 청루에 일개 인물이 있으니 비단 가무자색(歌舞姿色)뿐이 아니라 재주와 문장이 거의 고인(古人)을 압두(壓頭)[136]할지라. 첩으로 더불어 비록 안면이 없으나 서사(書辭)로 왕복하여 서로 사귐이 골육(骨肉)에 지나더니 근일에 괴이한 소식이 있사오니 그 사생(死生)을 몰라 하나이다."

한림이 이 말을 듣고 안색이 참담하여 그 여자의 이름을 물으니, 선낭이 대왈,

"항주 제일방에 있는 강남홍이라."

하거늘 한림이 길이 탄식하고 비창한 눈물을 금치 못하거늘, 선낭이 의아하여 그 연고를 물은대, 한림이 탄왈,

"꽃다운 풀이 서리를 만나고 붉은 구슬이 바다에 빠졌으매 유유여한(悠悠餘恨)이 매양 내 흉중에 맺혔더니 이제 낭자의 말을 들으매 더

21 욱 심회를 정치 못하리로다."

선낭이 악연(愕然) 왈,

"상공이 과연 홍낭과 친하시며 홍랑이 적실(的實)[137]히 죽으니잇가?"

한림이 이에 홍낭을 사귀어 백년을 언약하였던 말을 설파하고 왈,

"그대의 말을 들으니 나의 심회 어찌 요동치 않으리오. 홍낭이 과연 황자사의 겁박함을 만나 수중 원혼이 되었나니라."

언파(言罷)에 누수(淚水)가 종행(縱行)하니, 선낭이 불승참연(不勝慘然)[138]하여 왈,

"홍낭의 절세지재(絶世之才)로 어찌 이같이 참연히 되었음을 뜻하

---

135) 거재무량(車載無量): 아주 흔하여 헤아릴 수 없음.

136) 압두(壓頭): 압도해서 앞서거나 또는 첫째 자리를 차지함.

137) 적실(的實): 틀림없이, 확실히.

138) 불승참연(不勝慘然): 참담함을 이기지 못함.

였으리잇고? 이제 상공의 오매불망(寤寐不忘)하심을 뵈오매 홍낭이 비록 죽어도 죽지 않음이로소이다."

한림이 탄왈,

"내 홍낭을 심상한 창기로 친함이 아니라, 이제 낭자를 보매 언어동정(言語動靜)이 십분 방불한지라. 그 초창한 중에 반가움이 홍낭을 다시 대한 듯하도다."

인하여 다시 잔을 들어 서로 권할새, 한림이 적거(謫居) 이후로 배주 22
(杯酒)를 취함이 없더니, 시야(是夜)에 풍류가인을 만나매 풍정(風情)이 도도하여 문장을 말씀할새 선낭의 재주가 민첩하고 총명이 절인(絶人)하여 응대여류(應待如流)할 뿐 아니라, 왕왕(往往)이 투철한 소견(所見)과 초등(超等)한 의사가 범인(凡人)이 당치 못할지라. 한림이 그 친함이 늦음을 한하여 대취함을 깨닫지 못하여 왈,

"낭자 이미 음률의 벽(癖)이 있을진대 무슨 다른 풍류가 있나냐?"

선낭이 소왈,

"심상한 곡조는 군자가 족히 들으실 배 아니라. 첩에게 한 풍류가 있으니 명일에 들으소서."

하니, 아지 못게라, 그 풍류가 무슨 곡절고?

하회를 볼지어다.

오경벽성취옥적(五更碧城吹玉笛)[139]
십년청루경홍점(十年青樓驚紅點)[140]

화설. 벽성선이 양한림을 대하여 왈,

139) 오경벽성취옥적(五更碧城吹玉笛): 오경에 벽성산에서 옥적을 불다.

140) 십년청루경홍점(十年青樓驚紅點): 십년 청루 생활에도 붉은 점이 있음을 보고 놀라다.

23 "첩에게 일개 옥적(玉笛)이 있으니 석일(昔日)에 황제헌원씨(黃帝軒轅氏)[141]가 해곡(解谷)의 대를 버혀 봉황의 소리를 응하여 음률을 지을새 자웅성(雌雄聲)이 합하여 십이률(十二律)을 맺더니, 웅성(雄聲)은 율(律)이 되고 자성(雌聲)은 려(呂)가 되어, 웅률(雄律)을 들은즉 천심이 감동하고 자률(雌律)을 들은즉 인심이 호탕하나니, 이제 첩에게 있는 옥적은 웅률(雄律)에 합하여 세상에 능히 부는 자가 없고, 첩이 어려서 신인(神人)을 만나 조박(糟粕)[142]을 배웠으나 그 신인(神人)이 말씀하되, '천상(天上)의 문창성(文昌星)이 율(律)을 아나니 네 이 옥적을 두었다가 문창성에게 전하라.' 하기로 두었더니, 명일(明日)에 첩이 시험하여 상공이 들으시게 하려니와 이곳이 번요하니 명일에 첩의 집 뒤 벽성산에 올라 불고자 하나니, 상공은 월색을 띠고[143] 동자만 데리시고 첩의 집을 다시 오소서."

24 한림이 허락하고 객실에 돌아와 익일(翌日)에 주인에게 벽성산에 구경감을 말하고 동자를 데리고 다시 선낭의 집에 이르러 보니, 동학(洞壑)이 심수(深邃)[144]하고 경개 절승하여 밤에 보던 바와 다른지라. 선낭이 죽비(竹扉)를 반개(半開)하고 앉았다가 문에 나와 맞으니, 선연(嬋娟)[145]한 태도와 표표(飄飄)한 기상이 요지선자(瑤池仙姿)[146]가 백일(白日)에 하강한 듯한지라. 한림이 그 손을 잡아 왈,

"선낭은 가위 명불허전(名不虛傳)[147]이로다. 이곳의 경개는 진실로 신선의 곳이오, 청루물색이 아니로다."

---

141) 황제헌원씨(黃帝軒轅氏): 황제는 오제(五帝) 중의 한사람으로, 이름이 헌원씨. 헌원의 언덕(지금의 河南省 新鄭縣)에서 태어났다고 하여 지어진 이름.

142) 조박(糟粕): 정수(精粹)가 아닌 찌꺼기. 자신의 배움을 낮추어 말한 것.

143) 띠고: 원문에는 빠져 있으나 내용의 전개를 위해서 넣었음.

144) 심수(深邃): 깊숙하고 그윽함.

145) 선연(嬋娟): 얼굴이 곱고 아름다움.

146) 요지선자(瑤池仙姿): 요지에 사는 선녀의 속기 없는 모습. 요지는 중국 주나라 목왕(穆王)이 서왕모(西王母)를 만났다는 곤륜산에 있다고 전해짐.

147) 명불허전(名不虛傳): 명성이 헛되이 전하지 않음.

선낭이 소왈,

"상공이 다만 인간청루(人間青樓)를 보시고 천상옥루(天上玉樓)를 보지 못하시도다. 첩이 본디 산수를 좋아하여 이곳에 별당을 지었으니 실로 이 벽성산 절승한 경개를 사랑함이라. 손 보는[148] 청루는 다른 곳에 있으니 잠깐 구경하소서."

하고 몸을 일어 한림을 인도하여 동으로 백여 보는 가니, 일좌(一座) 누 25
각(樓閣)이 극히 정쇄(精灑)하고 분벽사창(粉壁紗窓)[149]에 주취(珠翠)가 어리었고 문정장원(門庭牆垣)이 제도(制度)가 사치스러워 황성청루(皇城青樓)에 양두(讓頭)[150]치 않을지라. 한림이 소왈,

"석일(昔日)에 당나라 신녀(神女)는 아침에 구름이, 저녁이면 비가 되었다 하더니 이제 선낭이 낮이면 신선이 되고 밤이면 풍류가인(風流佳人)이 되도다."

선낭이 대소 왈,

"첩은 들으니, 한나라 동방삭(東方朔)[151]은 금마문(金馬門)[152]에 사후(伺候)[153]하여 조정사를 참예하고 황극전(皇極殿)[154] 상에 근시(近侍)하여 신자지분(臣子之分)을 잃지 아니하나 선문(仙門)의 현묘함과 물외(物外)의 소유[155]함을 사모하였으니, 첩이 또한 손 보기를 사양치 아니함은 그 당돌한 시비(是非)를 면하고 시기하는 화근(禍根)을 피코

---

148) 손 보는: 손님을 맞이하는.

149) 분벽사창(粉壁紗窓): 하얗게 꾸민 벽과 깁으로 바른 창.

150) 양두(讓頭): 지위를 남에게 넘김.

151) 동방삭(東方朔): 중국 한(漢)나라 무제(武帝) 때 사람. 벼슬이 금마문시중(金馬門侍中)에 오르고 해학과 변설로 이름이 남. 속설에 서왕모(西王母)의 복숭아를 훔쳐먹어 죽지 않고 장수하였다 하여 삼천갑자동방삭(三千甲子東方朔)이라 불림. 흔히 오래 사는 사람의 비유로 널리 쓰임.

152) 금마문(金馬門): 중국 한나라의 미앙궁(未央宮) 문의 하나.

153) 사후(伺候): 천자의 분부를 기다림.

154) 황극전(皇極殿): 본래 이름은 봉천전(奉天殿)으로 황제가 조회를 보던 곳.

155) 소유: 소요(逍遙)의 잘못인 듯.

자 함이라. 첩의 나이 불과 십오 세요, 비록 세사(世事)를 열력(閱
歷)[156]치 못하였으나, 매양 써하되 백이(伯夷)의 맑음[157]이 류하혜(柳
26 下惠)의 화(和)함[158]만 못하다 하고, 대안도(戴安道)[159]의 쇄금(碎琴)[160]
함이 완천리(阮千里)[161]가 고금(鼓琴)[162]함만 같지 못할까 하나이다."

한림이 청파에 활연개용(豁然改容)[163]하여 격절칭선(擊節稱善)[164]하더라.

아이오[165] 일락서산(日落西山)하고 월생동령(月生東嶺)하니 선낭이 양개(兩個) 차환으로 과합(果盒)을 들리고 옥적을 가지고 한림과 동자를 데리고 산에 오를새, 물을 임하여 차를 달이라 하고 한림을 돌아보아 왈,

"벽성산(碧城山)은 강주의 아름다운 뫼이요, 중추망월(仲秋望月)은

---

156) 열력(閱歷): 직접 보고 듣고 겪음.

157) 백이(伯夷)의 맑음: 중국 은나라 고죽군의 아들. 주(周)나라 무왕이 은나라를 치려는 것을 말려도 듣지 않자, 수양산에 들어가 고사리를 캐어 먹다가 죽었다 함. 그는 섬길만한 임금이 아니면 섬기지 않았으며 벗할만한 사람이 아니면 벗하지 않고 항상 지조를 깨끗이 지켜나갔기 때문에, 맹자는 그를 일러 성인(聖人) 중에도 맑음을 대표하는 인물이라고 함.

158) 유하혜(柳下惠): 중국 춘추시대 노(魯)나라의 현자(賢者). 본명은 전금(展禽), 자는 계(季). 더러운 군주를 섬기는 것이나 낮은 벼슬에도 구애됨이 없이 자기의 도리를 다하였고 벼슬길에 누락되어도 원망하지 않으며 곤액 속에서도 스스로 올바름을 지켜나갔기 때문에, 맹자는 그를 일러 성인(聖人) 중에도 화(和)함을 대표하는 인물이라고 함.

159) 대안도(戴安道): 중국 진(晉)나라의 학자. 본명은 규(逵). 안도는 자. 시세(時世)를 달가워하지 않아 홀로 거문고와 서책을 즐기면서 회계의 섬산(剡山)에 은거하고 벼슬에는 나아가지 않음.

160) 쇄금(碎琴): 거문고를 부숴 버림.

161) 완천리(阮千里): 완첨(阮瞻)을 말함. 천리(千里)는 자(字). 완함(阮咸)의 아들. 거리낌 없이 행동하고 욕심이 적었으며 명분에 따른 품행 따위는 차리지 않고 마음 속에서 스스로 만족을 찾았음. 벼슬은 태자사인(太子舍人)에 이르렀으며 30세에 죽었음.

162) 고금(鼓琴): 거문고를 연주함.

163) 활연개용(豁然改容): 활짝 얼굴 빛을 고침.

164) 격절칭선(擊節稱善): 무릎을 손으로 치면서 매우 칭찬함.

165) 아이오: 잠시 후에. 이윽고.

일년 중 가절(佳節)이라. 상공은 적객의 한이 있고, 천첩은 표박한 종적으로 평수상봉(萍水相逢)하여 이 뫼에 달을 대하였으니 어찌 기약한 배리오. 첩이 가져온 술이 비록 박주(薄酒)[166]나 먼저 흉중의 불평한 회포를 씻은 후에 옥적을 들으소서."

하고, 먼저 대백(大白)[167]을 기울여 각각 이삼 배를 마신 후에 취흥을 띠
어 선낭이 수중(手中) 옥적을 높이 들어 한 번 불매 산명곡응(山鳴谷 27
應)[168]하고 초목이 진동하여 영산(靈山)에 잠든 학이 쌍쌍이 날아들고, 두 번 불매 청풍이 일어나고 성월(星月)이 소슬하여 수풀의 잔나비 애원(哀怨)히 소리하니, 선낭이 단순(丹脣)을 모아 맹렬히 불며 섬섬옥수를 자주 모아 떼이니, 상성(上聲)이 알연(戛然)[169]하여 운소(雲宵)에 솟았고 하성(下聲)은 흥양(興揚)하여 목석이 쟁영(崢嶸)하니, 참담한 구름은 봉두(峰頭)에 일어나고 급한 바람은 모래를 날리며, 경각간에 천지 희명(稀明)하고 월색이 무광하여 산중백령(山中百靈)이 무리지어 우는지라. 한림이 송연경동(悚然驚動)[170]하고, 동자차환(童子叉鬟)은 상고창황(相顧惝惶)[171]이어늘, 선낭이 옥적을 놓고 구슬땀이 이마에 가득하여 차를 찾아 마실새, 요요(寥寥)한 여음(餘音)이 오히려 요량(嘹喨)하여 흩어지지 아니하니, 한림이 개용(改容) 문왈,

"낭자의 옥적은 가위 천신(天神)이 감동할지라. 그 곡조 이름이 무 28
엇이뇨?"

선낭이 소왈,

"이 곡조는 시속곡조(時俗曲調)가 아니라 황제헌원씨(黃帝軒轅氏)

166) 박주(薄酒): 맛이 좋지 못한 술의 뜻이 있으나 여기서는 자기가 내는 술의 겸칭으로 쓰임.

167) 대백(大白): 큰 술잔.

168) 산명곡응(山鳴谷應): 소리가 산과 골짜기에 울림.

169) 알연(戛然): 소리 따위가 맑고 아름다움.

170) 송연경동(悚然驚動): 오싹 소름이 끼쳐 놀라 움찔함.

171) 상고창황(相顧惝惶): 서로 돌아보며 놀라서 어찌할 바를 모르다.

의 풍류 운문광악초장(雲門廣樂初章)[172]이니, 첩이 폐한 지 오래매 수법이 서어(齟齬)[173]하고 기운이 삭막하여 삼장(三章)을 채우지 못하니이다."

한림이 대경칭선(大驚稱善)[174]하니 선낭이 옥적 들어 한림을 주며 왈,

"이 옥적을 범인(凡人)이 불면 소리 나지 아니하나니 상공은 불어보소서."

한림이 웃고 받아 한 번 불매 청아한 소리 이미 율려(律呂)에 합한지라. 선낭이 대희하여 옥적을 들고 이르되,

"내 금일이야 주인을 만났도다."

하고 다시 한림에 고왈,

"첩이 비록 다른 재주는 없으나 음률을 조음(調音)하는 총명이 있어 사광(師廣)[175] · 계찰(季札)[176]에 양두(讓頭)치 않을지라. 이제 상공의 한 마디 옥적을 들으매 잠깐 살벌지성(殺伐之聲)이 있으니 상공이 불
29 구(不久)에 병혁(兵革)[177]의 일이 계실지라. 이 옥적을 배워 두신즉 타일에 쓸 곳이 있을까 하나이다."

하고 인하여 두어 곡조를 다시 불어 한림을 가르치니, 한림이 문일지십(聞一知十)[178]하는 총명이 있는지라 경각간에 곡조를 이룬대, 선낭이 탄왈,

---

172) 운문광악초장(雲門廣樂初章): 주나라 육악무(六樂舞)의 하나로 천신(天神)에게 제사할 때에 쓰임. 황제(黃帝)가 지었다고 전해짐.

173) 서어(齟齬): 익숙하지 않음.

174) 대경칭선(大驚稱善): 크게 놀라 칭찬함.

175) 사광(師廣): 춘추시대 진(晉)나라의 유명한 악사(樂師). 소리를 잘 분별하여 길흉을 점쳤음.

176) 계찰(季札): 춘추시대 오왕(吳王) 수몽(壽夢)의 작은 아들. 수몽이 그를 왕으로 세우고자 하였으나 사양하고 받지 않아 연릉(延陵)에 봉하였음. 이 때문에 연릉계자(延陵季子)라고도 불림. 일찍이 노나라에 갔을 때 주악(周樂)을 듣고 열국(列國)의 치란흥쇠(治亂興衰)를 알았다고 함.

177) 병혁(兵革): 전쟁.

178) 문일지십(聞一知十): 하나를 들으면 이로 미루어 열을 앎.

"상공은 진실로 천상선인(天上仙人)이라. 첩이 미칠 바가 아니로소이다."

하더라. 야심하매 서로 손을 잡고 월색을 띠어 돌아오니라.

이날부터 한림이 날마다 선낭을 찾아 소견(消遣)할새 지기상합(志氣相合)하고 흉금이 상조(相照)하여 은근한 정이 비록 교칠(膠漆)[179] 같으나, 침석(寢席)을 인하여 운우(雲雨)를 희롱코자 한즉 선낭이 고사불허(固辭不許)[180]하니, 한림이 거짓 노색(怒色)이 있어 왈,

"내 비록 불사(不似)하나 낭자와 친한 지 이미 일 삭(朔)이라. 굳이 허신(許身)치 아니하니 이 무슨 연고(緣故)뇨?"

선낭이 소왈,

"옛말에 하였으되, '군자의 사귐은 그 담(淡)함이 물 같고, 소인의 30
사귐은 그 단 것이 꿀 같다.' 하였으니, 첩이 평생의 지기와 허심(許心)
함을 원하고 범부에게 허신(許身)함을 원치 아니하나니, 금일 상공은
첩의 지기라. 어찌 감히 청루 천기의 음란한 풍정을 효칙하리오. 지어
부부지연(至於夫婦之緣)은 만일 버리지 않으시면 타일에 무궁하오니
금일의 상봉은 다만 심지(心志)로 의논하여 붕우(朋友)로 알으소서."

하더라.

차청하회(且聽下回)[181]하라.

세(歲) 무신(戊申) 삼월일 향목동 서(書)

---

179) 교칠(膠漆): 아교와 옻칠이라는 뜻으로, 사귀는 사이가 매우 친밀하여 서로 떨어질 수 없는 관계를 말함.

180) 고사불허(固辭不許): 한사코 사양하며 허락하지 않음.

181) 차청하회(且聽下回): '다음 회를 또 들어보라.'는 의미로, 장회소설의 한 회 마지막에 상투적으로 붙는 구절.

옥루몽 권지팔

1 화설. 선낭이 한림더러 왈,

"우리 금일 상봉함은 다만 지기(志氣)로 의논하고 붕우(朋友)로 알으소서."

한림이 그 재주를 높이 아나 그 풍정(風情)이 너무 담연(淡然)함을 괴이 여기더라.

일일(一日)은 한림이 선낭을 찾아 이르니 선낭이 본부에서 부른 바가 되어 들어가고 없거늘, 심히 무료하여 돌아오다가 생각하되, '내 벽성산(碧城山)을 밤에 보고 자세히 구경치 못하였으니 금일 다시 가서 보리라.' 하고 동자를 앞세우고 산길로 올라갈새, 아름다운 나무와 이상한 돌이 곳곳이 있고 맑은 시내와 빼어난 봉우리 구비구비 둘렀으니, 한림이 경개를 사랑하여 두루 완상(玩賞)[1]코자 하더니, 각력(脚力)이 진하고 곤
2 뇌(困惱)[2]함을 이기지 못하여 석상에 앉아 쉴새, 홀연 정신이 혼혼(昏昏)[3]한 중에 일개 보살이 금란가사(金襴袈裟)[4]를 입고 석장(錫杖)[5]을 짚고 옥 같은 얼굴의 푸른 눈썹에 서기(瑞氣) 어리었으니 가히 존중한 부처러라. 이에 한림을 보고 길이 읍하여 왈,

---

1) 완상(玩賞): 즐겨 구경함.
2) 곤뇌(困惱): 시달려서 고달픔.
3) 혼혼(昏昏): 정신이 가물가물하고 혼미한 모양.
4) 금란가사(金襴袈裟): 금실로 지은 가사.
5) 석장(錫杖): 승려가 짚고 다니는 지팡이.

"문창성(文昌星)은 별래무양(別來無恙)[6]하시냐?"

한림이 막연부답(漠然不答)[7]한대, 보살이 웃어 왈,

"홍난성(紅鸞星)은 어디 두고 제천선녀(諸天仙女)와 행락(行樂)[8]하나뇨? 빈도(貧道)[9]는 남해 수월암(水月庵) 관음보살이라. 상제(上帝) 명을 받자와 무곡성관(武曲星官)[10]의 병서(兵書)를 가져 그대에게 전하러 왔으니 창생(蒼生)[11]을 보제(普濟)[12]하고 빨리 상계(上界)로 돌아오라."

언필(言畢)에 석장을 들어 바위를 치며 크게 소리하여 왈,

"길이 바쁘니 빨리 돌아갈지어다."

하거늘, 한림이 놀라 깨달으니 한 꿈이라. 자기 몸이 의구히 석상(石上)에 3
누웠는지라. 보살은 간 데 없고 단서(丹書)[13] 일 권이 앞에 놓였거늘, 한림이 이상히 여겨 집어 소매에 넣고 동자를 데리고 내려올새, 다시 선낭의 집으로 찾아가니 오히려 돌아오지 아니하였는지라. 차환을 불러 두 번 왔음을 이르고 창연(悵然)히[14] 객관(客館)으로 오니라.

이때 양한림이 객관으로 돌아와 수중단서(袖中丹書)[15]를 내어 자세히 보니 천상(天上) 무곡성(武曲星)[16]의 천문지리(天文地理)와 용병기마(用兵騎馬)하는 법이라. 한림의 총명으로 어찌 여러 번 읽어 알리오. 한 번

---

6) 별래무양(別來無恙): 이별한 뒤 아프거나 탈이 없음.
7) 막연부답(漠然不答): 갈피를 잡을 수 없어 대답하지 않음.
8) 행락(行樂): 재미있게 놀고 즐겁게 지냄.
9) 빈도(貧道): 덕이 적다는 뜻으로, 도사나 승려가 자기를 낮추어 이르는 일인칭 대명사.
10) 무곡성관(武曲星官): 인간의 모든 일을 상천(上天)의 별들이 담당하는데, 무곡은 무사(武事)를 담당한 별.
11) 창생(蒼生): 세상의 모든 사람.
12) 보제(普濟): 널리 구제함.
13) 단서(丹書): 단사(丹砂)로 만든 물감으로 쓴 문서나 책으로, 도(道)에 관한 내용이 담겨 있음.
14) 창연(悵然)히: 몹시 서운하고 섭섭하게.
15) 수중단서(袖中丹書): 소매 속에 넣어둔 붉은 글자로 쓰여진 책.
16) 무곡성(武曲星): 자미궁의 방어를 책임지는 별.

보매 요연(了然)이 해득(解得)할지라. 협중(篋中)에 깊이 감춘 후에 자연이 밤이 들매 침상에 의지하여 앉았더니, 홀연 창 밖에 신 끄는 소리 나며 낭랑한 소리로 동자를 불러 왈,

4 "상공이 취침치 아니하시냐?"

하거늘, 한림이 선낭의 성음(聲音)을 알아듣고 창을 열고 보니 과연 선낭이 양개 차환을 데리고 월색을 띠어 이르렀으니, 선연(嬋娟)[17]한 태도는 월궁항아(月宮姮娥)가 광한전(廣寒殿)[18]에 내린 듯, 경연(輕軟)[19]한 걸음이 은은하여 운손(雲孫)[20]이 견우성(牽牛星)을 찾는 듯하거늘, 한림이 정신이 표탕(飄蕩)하여 스스로 진세인물(塵世人物)[21]임을 깨닫지 못하더라. 선낭이 웃고 한림에 사례하여 왈,

"첩이 금일 본부의 부른 바가 되어 상공이 누추한 집에 두 번 강림하심을 영후(迎候)[22]치 못하였으니 그 불민(不敏)한 죄를 용서하소서."

한림 왈,

"나는 적막한 과객이라. 관부에 출입하는 낭자를 어찌 용이(容易)히
5 만나리오. 이에 다만 벽성산을 바라보고 무료히 돌아오매 용광(容光)
이 묘연하더니 이렇듯 신근(辛勤)이 찾음을 뜻하지 아니하였는지라.
어찌 감사치 않으리오."

선낭이 대왈,

"상공이 책하심을 감히 사양치 못하려니와 첩이 상공을 그릇 지기(知己)로 알았더니 무정지색(無情之色)[23]을 이같이 하시나잇가? 천한 몸이 관부(官府)에 매이어 진퇴를 자전(自專)[24]치 못하매, 금일 본부지

---

17) 선연(嬋娟): 아리땁고 고움.

18) 광한전(廣寒殿): 항아가 사는 궁전으로 달 속에 있다고 전해짐.

19) 경연(輕軟): 가볍고 부드러움.

20) 운손(雲孫): 직녀성(織女星). 천손(天孫)이라고도 함.

21) 진세인물(塵世人物): 이 세상 사람.

22) 영후(迎候): 마중나감.

23) 무정지색(無情之色): 따뜻한 정이 없고 쌀쌀한 기색.

부(本府知府)[25]가 제기(諸妓)를 데리고 종일토록 대연(大宴)할새, 첩이
모피(謀避)[26]치 못하여 비록 좌석에 참예하나 실로 풍류배반(風流杯
盤)에 뜻이 없고 일편정신(一片精神)이 상공(相公)에게 있어 일모(日
暮) 후에 즉시 나오려 하더니, 지부가 다시 야연(夜宴)을 배설하고 첩
을 괴로이 만류하거늘 백단(百端)으로 칭병하고 물러와 집으로 돌아
오매, 상공이 두 번 허환(虛還)[27]하심을 듣고 창연함을 이기지 못하여 6
뵈오려 왔더니 상공이 도로혀 과책(過責)[28]하시니 첩의 뜻이 아니로
소이다."

한림이 대소(大笑)하고 선낭의 손을 잡아 좌(座)에 앉으니, 선낭이 소왈,

"인생백년에 한가한 날이 많지 못하거늘 여차양야(如此良夜)[29]에
어찌 무료히 취침코자 하시나잇가? 생각컨대 강두월색(江頭月色)이 쾌
활한지라, 잠깐 심양강(潯陽江)[30] 정상(亭上)에 올라 월색을 보시고 인
하여 집으로 가사이다."

한림이 흔연히 허락하고 동자를 머물러 객실을 지키라 하고 선낭과
소매를 연(聯)하여 강두(江頭)로 나아가니, 십리명사(十里明沙)에 일륜추
월(一輪秋月)이 벽공(碧空)에 걸렸는데 모래 위에 잠든 백구는 인적(人跡)
을 놀라 월하(月下)에 편편(翩翩)[31]이 나는지라. 선낭이 월색을 바라보며 7
사장(沙場)에 배회하여 한림을 돌아보아 왈,

"강남 계집의 답청(踏靑)[32]하는 노래 있으나, 첩은 써하되 강남답청

---

24) 자전(自專): 자기 마음대로 결정하여 처리함.

25) 본부지부(本府知府): 본부의 최고책임자.

26) 모피(謀避): 피하려고 꾀를 냄.

27) 허환(虛還): 헛되이 돌아감.

28) 과책(過責): 지나치게 책망함.

29) 여차양야(如此良夜): 이처럼 좋은 밤.

30) 심양강(潯陽江): 강서성(江西省) 구강현(九江縣) 북쪽 부근의 장강(長江)의 별명.

31) 편편(翩翩): 나는 모양이 가볍고 날쌤.

32) 답청(踏靑): 삼월삼짇날 들녘에 새로 난 풀을 밟으며 거니는 것. 진(晋)의 왕희지(王羲之)가 삼월삼짇날에 회계(會稽) 산음(山陰)의 난정(蘭亭)에서 곡수

이 월하답백(月下踏白)[33]만 못할까 하나이다.”
하고 나삼(羅衫) 소매를 떨쳐 백구를 날리며 알연(戛然)이 한 곡조를 부르니, 그 노래에 왈,

백구야, 무단이 펄펄 날지 마라
달도 희고 모래도 희고 너도 희니 시비흑백(是非黑白)을 내 몰라라
우리도 평생의 종적을 못 감추어 너를 부러하노라

선낭이 노래를 마치매 한림이 웃고 화답하니 왈,

강상(江上)에 나는 백구 나를 보고 피치 마라
명사십리 저 달빛을 너 혼자 누릴소냐
8 나도 성대적객(聖代謫客)[34]으로 경개 찾아 예 왔노라

차시 한림과 선낭이 각각 한 곡조를 부른 후 서로 소매를 이끌어 사장에서 거닐다가 심양루에 오르니, 차시 강촌이 적요(寂寥)한데 고기 잡는 불빛과 닻 잠는[35] 소리가 객수(客愁)를 돕는지라. 선낭이 난간을 의지하여 탄식 왈,

“강수는 동으로 흐르고 월광은 서(西)로 돌아 지니 고왕금래(古往今來)의 재자가인(才子佳人)이 이 정자에 오른 자가 몇몇인 줄 알리오마는, 지금 종적을 물을 곳이 없고, 다만 공산(空山)의 잔나비와 죽림(竹林)의 두견성(杜鵑聲)이 고금흥망을 조소(嘲笑)하니, 부세인생(浮世人生)이 어찌 가련치 않으리오. 첩의 집에 두어 말 술이 있으니 상공은

연(曲水宴)을 베푼 데서 비롯되었다고 함.

33) 월하답백(月下踏白): 달 밤에 달빛을 밟으며 산책함.

34) 성대적객(聖代謫客): 당대(當代)에 귀양온 사람.

35) 잠는: 푸는.

잠깐 왕림하샤 남은 달빛을 띠어 반야한담(半夜閑談)에 울적한 심회를
위로하심이 어떠하니잇고?" 9

한림이 대희하여 다시 선낭의 집에 이르니, 선낭이 이미 별당을 소쇄
(掃灑)하고 등촉을 돋은 후에 한림을 맞아 배반을 드릴새, 진수성찬이 풍
비(豐備)[36]하고 정쇄(精灑)[37]하여 그 창졸(倉卒)간에 경영함이 아니러라.
술이 반취함에 선낭이 풍류를 가져 방중곡(房中曲)[38]을 아뢰니, 음률(音
律)이 화창하고 수단이 정통하여 또한 심상(尋常)한 풍악이 아니어늘, 한
림이 소년지심(少年之心)으로 오래 객리(客裏)[39]에 울적한 마음이 있더
니, 자차이후(自此以後)로 축일왕래(逐日往來)[40]하여 선낭의 집에서 밤으
로 낮을 이어 담소풍악(談笑風樂) 보내고, 선낭이 역시 왕왕이 객실에 이
르러 그 돌아감을 잊으니, 보는 자가 한림의 정대(正大)함과 선낭의 청고
(淸高)함으로 홀연히 지개상합(志概相合)하여 남탐여열(男貪女悅)[41]함을 10
괴히 여기더라.

대개 세간 여자가 뉘 아니 호색(好色)하리오마는 기실(其實)은 짐짓 호색지심이 있는 자가 드무니, 지어(至於)[42] 유장천혈(踰墻穿穴)[43]하며 상풍패속(傷風敗俗)[44]하여 사생(死生)을 돌아보지 아니하는 자는 이른바 탕자음녀(蕩子淫女)니 어찌 족히 말하리오. 이제 양한림과 벽성선 같은 자가 바야흐로 호색남자요 풍류가인이니, 그 사랑함이 중한 고로 차마 설만(褻慢)[45]치 못하며 그 설만치 아니한 고로 또한 사랑함이 쇠치 아니하

---

36) 풍비(豐備): 풍족하게 갖춤.
37) 정쇄(精灑): 맑고 깨끗함.
38) 방중곡(房中曲): 부인들이 풍송(諷誦)하는 음악.
39) 객리(客裏): 객지에 있는 동안.
40) 축일왕래(逐日往來): 하루도 거르지 않고 날마다 다님.
41) 남탐여열(男貪女悅): 남자는 여자를 탐하고 여자는 즐거워함.
42) 지어(至於): 심지어.
43) 유장천혈(至於踰墻穿穴): 남녀가 몰래 만나려고 담을 넘고 굴을 팜.
44) 상풍패속(傷風敗俗): 풍속을 해침.
45) 설만(褻慢): 하는 짓이 방자하고 거만함.

나니, 어찌 저 광부음녀(狂夫淫女)가 정욕을 낭자(狼藉)[46]히 하여 설만함이 진하면 사랑이 쇠하고 사랑이 쇠한즉 원망이 생김 같으리오.

일일(一日)은 추우(秋雨)가 소소(蕭蕭)[47]하여 종일토록 그치지 아니하
11 니, 선낭이 한 병 술과 일 첩 안주를 한림에게 보내어 그 가지 못함을 말
하였거늘, 한림이 바야흐로 무료히 앉았다가 인호상이자작(引壺觴而自
酌)[48]하여 주훈(酒暈)[49]을 빌어 잠깐 잠들었다가 야심(夜深) 후에 깨어보
니, 천무점운(天無點雲)[50]하고 월색이 만정(滿庭)한대 상풍홍엽(霜楓紅
葉)[51]이 점점(點點)이 떨어지는지라. 홀연 선낭을 생각하고 몸을 일어 동
자를 깨우지 아니하고 혼자 선낭의 집을 찾아가더니, 멀리 바라보매 일
개 차환이 청사초롱의 불을 켜들고 그 뒤에 일위 미인(一位美人)이 수리
(繡履)[52]를 끄을며 오거늘, 자세히 보니 이 곧 선낭이라. 한림이 소왈,

"내 정히 무료하기로 낭자를 찾아가더니 중로(中路)에서 만나거니와 이제 어디로 가느냐?"

선낭이 왈,

"야심천청(夜深天晴)하고 월백풍청(月白風淸)하니 객관고등(客館孤
12 燈)[53]에 상공의 심사가 고적하심을 생각하고 뵈오려 가더니, 상공이
또 어찌 첩을 심방(尋訪)하실 줄 알았으리오."

하고 한가지로 집에 돌아와 다시 별당을 소쇄하여 좌석을 베풀고 달을 향하여 한담(閑談)할새, 선낭이 홀연 초창한 기색이 있어 미미히 누흔(淚痕)이 가득하거늘, 한림이 괴이 여겨 문왈,

---

46) 낭자(狼藉): 여기저기 흩음.
47) 소소(蕭蕭): 쓸쓸함.
48) 인호상이자작(引壺觴而自酌): 술병과 술잔을 끌어다가 스스로 따라 마심.
49) 주훈(酒暈): 술을 마셔 얼굴이 불그레해짐.
50) 천무점운(天無點雲): 하늘에는 한 점 구름도 없음.
51) 상풍홍엽(霜楓紅葉): 서리맞은 단풍의 붉은 잎.
52) 수리(繡履): 수놓은 신발.
53) 객관고등(客館孤燈): 나그네가 머무는 숙소의 외로운 등불.

"낭자는 어찌 심란한 빛이 있나뇨?"
선낭이 침음양구에 대왈,
"첩이 평생의 지기를 만나 백년을 의탁고자 하였더니 뜻밖에 상공을 뫼셔 피차의 울적한 심회를 위로하나 상공이 경사(京師)로 한번 돌아가신즉 다시 뵈올 기약이 묘연할지라. 아녀자의 세세한 심사를 이로 하소할 곳이 없으니 자연 밝은 달을 대하여 그 한 번 둥글고 한 번 이지러짐을 감동하여 심회를 진정치 못함이로소이다." 13
한림이 또한 창연불락(悵然不樂)하여 왈,
"낭자가 어찌 나의 돌아갈 조만(早晩)[54]을 짐작하나뇨?"
선낭 왈,
"십분 분명치 못하오나 첩이 아까 잠깐 곤뇌(困惱)[55]하여 조으더니 일몽(一夢)을 얻으니, 상공이 청운(靑雲)을 타고 북방으로 가시며 첩을 돌아보아 한가지로 감을 말씀하시더니 홀연 벽력(霹靂)이 대작(大作)하며 첩의 머리를 쳐 놀라 깨달으니 한 꿈이라. 첩에게는 길(吉)치 아니하나 상공이 불구(不久)에 영화로이 돌아가실까 하나이다."
한림이 머리를 숙이고 이윽히 생각하다가 왈,
"금월 초순은 황상탄신(皇上誕辰)이라. 황태후가 매양 황상을 위하사 이 날을 당하신 즉 방생지의(放生之意)[56]로 대사천하(大赦天下)[57]하시니 혹자(或者) 낭자의 몽조(夢兆)[58]가 헛되지 않을까 하노라."
선낭이 더욱 놀라 왈, 14
"첩이 비록 불민(不敏)하오나 어찌 상공이 영화로이 돌아가심을 기꺼하리잇고마는[59] 종차(從此) 이별의 후기약(後期約)이 없으니, 창기

---

54) 조만(早晩): 이름과 늦음.
55) 곤뇌(困惱): 시달려 고달픔.
56) 방생지의(放生之意): 갇힌 생물을 풀어주는 뜻.
57) 대사천하(大赦天下): 천하에 죄지은 자들을 크게 사면하거나 감형을 함.
58) 몽조(夢兆): 꿈에 나타나는 길흉의 징조.
59) 기꺼워하리잇고마는: 문맥상 '기꺼워하지않으리오마는'이라고 해야 의미가

(娼妓)라 하는 것이 아침에 만나고 저녁에 이별함은 떳떳한 일이라 군자의 대범하심으로 구태여 유념(留念)하실 바가 아니나, 첩이 들으니 '남방에 한 새 있으니 그 이름이 난조(鸞鳥)라. 그 짝이 아닌즉 우지 아니하는 고로 그 소리를 듣고자 하는 자가 거울을 비추이매 난조가 그 그림자를 보고 종일 춤추고 종일 소리하다가 기운이 진하여 죽는다.' 하니, 첩이 비록 천종(賤踪)[60]이나 스스로 짝을 만나지 못하였더니 상공을 꿈결같이 뵈오니 그 황홀한 마음이 거울 속 그림자나 다름이 없
15 는지라. 첩이 오히려 한 번 춤추고 한 번 소리하였으니 금일 죽어도 한이 없을지라. 마땅히 산중에 종적을 감추어 승니도사(僧尼道士) 되어 몸의 괴로움을 면할까 하나이다."

한림이 소왈,

"나는 낭자의 뜻을 알거늘 낭자는 내 뜻을 모름이 이 같으냐. 내 천은(天恩)을 입어 집에 돌아가는 날에 어찌 낭자를 잊으리오. 마땅히 수레를 한가지로 몰아가 영고우락(榮枯憂樂)을 한가지로 할지니, 벽성산을 비친 둥근 달이 어찌 우리 양인(兩人)의 심사를 비추어 평생을 이지러지게 하리오."

선낭이 사례 왈,

"군자일언(君子一言)이 중여천금(重如千金)이라. 마땅히 뼈에 새기려니와, 시전(詩傳)에 하였으되, '유녀동거(有女同車)하니 안여순화(顔如舜華)라.'[61] 하니 이는 음풍(淫風)을 조롱함이라. 상공이 이미 적객(謫客)으로 오샤 어찌 기녀(妓女)를 싣고 가시리잇고. 또한 생각하되
16 상공이 위로 양위존당(兩位尊堂)과 아래로 부인이 계시니 의논치 않으시고 거연(遽然)[62]이 솔거(率去)[63]하신즉, 이는 첩의 당돌한 죄를 더하

통함.

60) 천종(賤踪): 천한 신분의 몸.

61) 유녀동거(有女同車) 안여순화(顔如舜華): 여자가 함께 수레를 타고 가는데, 얼굴이 무궁화 꽃 같다는 뜻으로, 『시경』「정풍(鄭風)」에 있는 내용.

62) 거연(遽然): 갑자기, 별안간.

심이라 가(可)치 않을까 하나니, 만일 천첩을 더럽다 아니할진대 첩이 금일로부터 뜻을 지키어 명(命)을 기다릴까 하나이다."

한림이 허락하니라. 선낭이 다시 잔을 들어 권하니 한림이 술이 반취하매 선낭의 손을 잡고 웃음을 띠어 왈,

"내 가섭(迦葉)[64]의 계(戒)를 들음이 없고 낭자가 보살의 후신(後身)이 아니어늘,[65] 재자가인(才子佳人)이 수삭(數朔)을 상대하여 담연(淡然)히 이별함은 정리(情理)[66] 아니라. 금야(今夜)에 가기(佳期)를 허송(虛送)치 못하리라."

선낭이 부끄러 도화양협(桃花兩頰)에 홍훈(紅暈)[67]이 가득하여 왈,

"첩이 일찍 듣자오니 증자(曾子)[68]의 효도로도 증모(曾母)의 투저(投杼)[69]함을 면치 못하고, 악양(樂羊)[70]의 충성으로도 중산(中山)의 방
계(謗計)[71]함이 있었으니, 하물며 첩은 풍류 가인으로 종적(踪跡)이 창 17

---

63) 솔거(率去): 거느리고 감.

64) 가섭(迦葉): 석가의 십대제자 중 한 사람. 엄격하게 계율을 지켰다고 함.

65) 보살의 후신(後身)이 아니거늘: 승려가 아니라는 의미.

66) 정리(情理): 인정과 도리를 아울러 이르는 말.

67) 홍훈(紅暈): 붉게 달아오른 기운.

68) 증자(曾子): 공자(孔子)의 제자로, 춘추 시대 노(魯)나라 사람. 부모에게 지효(至孝)하고 일일삼성(一日三省)하여 도를 닦았으며, 대학(大學)을 저술하고 효경(孝經)을 저작하였음.

69) 증모(曾母)의 투저(投杼): 증자의 인품이 착하고 진실했음에도 불구하고 증자의 어머니가 증자가 살인을 했다는 말을 거듭 세 번 듣게 되자, 마침내 사실이라고 믿고 베틀의 북을 내던지고 달려갔다는 일을 말함.

70) 악양(樂羊): 위(魏)나라 문후(文侯)의 장수. 그가 중산(中山)을 공격하자 중산의 임금이 악양의 아들을 삶아 죽여 국을 만든 후 악양에게 보내니 그가 그것을 마셨다고 함.

71) 중산(中山)의 방계(謗計): 악양이 위문후(魏文侯)의 명을 받아 삼년 만에 중산국(中山國)을 함락하고 돌아와 자신의 공을 자랑하자, 문후가 협중(篋中)에 가득히 있던 비방하는 글을 보여주니, 악양이 재배하고 머리를 조아리며 "이는 저의 공이 아니라 저를 전적으로 믿어준 주군의 공이옵니다."라고 말하였다고 함.

기의 비천함이 있는지라. 타일(他日) 만일 군자 문하에 중산(中山)의 방계 협중(篋中)에 가득하고 증모의 투저를 해혹(解惑)할 바가 없은즉 첩의 신세가 진퇴무로(進退無路)이라. 그러한 고로 십 년을 청루에 있으나 일점앵혈(一點鶯血)[72]을 구구(區區)히 지키어 군자의 거두심을[73] 고당운우(高唐雲雨)[74]의 무정(無情)함이 아니로소이다."

한림이 이 말을 듣고 선낭의 나삼(羅衫) 소매를 거두치고[75] 보니 비상(臂上)에 앵혈이 연연(娟娟)[76]하여 도화(桃花) 일점이 월하(月下)에 완연(宛然)한지라. 한림이 대경하여 개용변색(改容變色)[77]함을 깨닫지 못하더라.

이로부터 한림이 선낭의 청고(淸高)한 뜻을 알고 일변 공경(恭敬)하며
18 일변 측연(惻然)하여 그 사랑하고 친함이 백배나 더하더라. 아지 못게라, 한림이 선낭을 어찌 데려간고?

하회를 보라.

정황혼천자주매(定黃婚天子主媒)[78]
정남만원수출전(征南蠻元帥出戰)[79]

각설. 광음이 훌훌(欻欻)[80]하여 한림이 적거(謫居)한 지 이미 반년이라.

---

72) 일점앵혈(一點鶯血): 팔뚝에 있는 붉은 점으로 처녀의 표시.

73) 지키어 군자의 거두심을: 문맥상, '지킴은 군자의 거두심을 바람이요'가 되어야 함.

74) 고당운우(高唐雲雨): 초회왕(楚懷王)이 고당(高塘)에서 놀다가 낮잠을 자게 되었는데 꿈 속에서 무산(巫山)의 신녀(神女)가 나타나 짧은 사랑을 나눈 이야기.

75) 거두치고: 걷어올려.

76) 연연(娟娟): 곱고 아름다워.

77) 개용변색(改容變色): 얼굴빛을 엄숙하게 고침.

78) 정황혼천자주매(定黃婚天子主媒): 황씨와 혼인을 하도록 천자가 중매를 주도하다.

79) 정남만원수출전(征南蠻元帥出戰): 남쪽 오랑캐를 치려고 원수가 출전하다.

차시가 천자 탄일을 당하샤 군신의 진하(進賀)[81]를 받으시고 하교하샤 왈,

"한림학사 양창곡이 강주에 적거한 지 오래니 그 죄를 사하고 예부 시랑(禮部侍郞)을 배(拜)하여 부르라."

하시니, 양부상하(楊府上下)가 감축(感祝)[82]함을 이기지 못하고 예부에서 기구(器具)[83]를 갖추어 맞으러 가니라.

차시 한림이 객실에 앉았더니, 본부 창두와 예부 하예배(下隷輩)[84] 이르러 황명(皇命)을 전하고 가서를 올리거늘, 한림이 북향사은(北向謝恩)하
고 날이 이미 저문지라 명일(明日) 발행함을 분부하고, 시야(是夜)에 한림 19
이 선낭을 작별코자 하여 동자를 데리고 선낭의 집에 이르니, 선낭이 이미 작별하러 옴을 알고 문에 맞아 승당좌정(昇堂坐定)하매, 이에 가로되,

"상공이 천은을 입사와 황성으로 돌아가시니 치하하나이다."

한림이 집수(執手) 창연(悵然) 왈,

"내 본디 호탕한 자 아니라. 우연히 낭자로 더불어 상봉하여 정의(情誼) 금석(金石)같으니 어찌 금일 송별이 있을 줄 알았으리오마는 일별운산(一別雲山)[85]의 막막한 한이 새로이 무궁하도다."

선낭이 머리를 숙이고 답(答)지 아니하더니, 차환이 배주(杯酒)를 드린대, 선낭이 친히 일 배를 기울여 한림을 권한대, 한림이 받아 마시고 또 한 잔을 부어 선낭을 주며 왈,

"낭자는 잔을 받아 별회(別懷)를 억제하고 옥모춘광(玉貌春光)[86]을 20

세책본에는 '영옥인동자하강수'로 되어 있으나, 내용의 흐름상 적문서관(積文書館) 본과 신문관 본에 의거하여 제목을 바꿈.

80) 훌훌(欻欻): 가볍게 지나가는 모양.

81) 진하(進賀): 나라에 경사가 있을 때 관료들이 조정에 모여 천자에게 축하를 올리던 일.

82) 감축(感祝): 받은 은혜에 대하여 매우 감사히 여김.

83) 기구(器具): 예법에 필요한 것이 골고루 갖추어 있는 형세.

84) 하예배(下隷輩): 하급 관리의 무리.

85) 일별운산(一別雲山): 운산과 이별함. 운산은 진세를 멀리 떠난 곳. 여기서는 벽성선이 있는 곳을 말함.

상해오지 말라. 후기(後期)를 생각하라."

선낭이 사양치 아니하고 마시매 술이 각각 미취(微醉)하였는지라. 한림 왈,

"내 이제 돌아갈지라. 낭자가 어찌 일언(一言)이 없어 가는 사람으로 하여금 더욱 초창케 하나뇨?"

선낭이 다만 맥맥히 앉았더니 홀연 몸을 일어 책상머리의 거문고를 내어 두어 곡조를 타니, 그 곡조에 왈,

오동처처혜(梧桐萋萋兮)여
오동잎이 처처에 성함이여
죽실이이(竹實離離)로다
대 열매 개개(箇箇)이 맺었도다
봉황내집혜(鳳凰來集兮)여
봉황이 와서 모임이여
옹옹개개(噰噰喈喈)로다
우는 소리 옹옹(噰噰)[87]하고 개개(喈喈)[88]하도다

기이(其二)에 왈,

암한주금혜(暗恨奏琴兮)여
가만한[89] 한을 거문고가 아룀이여
주현열(朱絃咽)이로다
주현(朱絃)[90]이 목메이로다

86) 옥모춘광(玉貌春光): 아리땁고 온화한 얼굴.
87) 옹옹(噰噰): 새의 울음이 고운 모양.
88) 개개(喈喈): 듣기 좋은 새 소리.
89) 가만한: 남 모르는.
90) 주현(朱絃): 숙사(熟絲)를 써서 만든 거문고. 여기서는 장부와의 헤어짐을 서러워하는 비유로 주현이 목메인다고 했음.

무한사영심곡혜(無限思縈心曲兮)여
무한한 생각이 심곡(心曲)[91]에 맺힘이여
향명월(向明月)이로다
밝은 달을 향하도다

기삼(其三)에 왈,

강운막막혜(江雲漠漠兮)여 21
강 구름이 막막함이여
강수유유(江水悠悠)로다
강물이 유유하도다
행인거이말마혜(行人去而秣馬兮)여
길가는 행인이 니러[92] 말을 먹임이여
태급공자동귀(迨及公子同歸)로다
공자를 좇아 같이 돌아가리로다

선낭이 타기를 맞고 거문고를 밀치고 촉하(燭下)에 돌아앉아 누수(淚水)가 방방(滂滂)[93]하거늘, 한림이 밤듦을 보고 선낭을 작별한 후에 객실로 돌아올새, 선낭이 따라 문외에 나와 묵묵히 섰더니 동자가 하직함을 보고 바야흐로 옥루(玉淚)가 방방(滂滂)하여 오열지성(嗚咽之聲)으로 작별 왈,

"상공을 뫼셔 행리(行李)를 삼가라. 만일 하늘이 도우신즉 다시 보려니와 네 또한 돌아간 후에 유유혼몽(幽幽魂夢)이 벽성산 초당(草堂) 전(前)에 왕래할까 하노라."

동자가 역시 창연 함루(含淚)하며 재삼 하직하고 가니라.

---

91) 심곡(心曲): 간절하고 애틋한 마음.

92) 니러: 이르러.

93) 누수방방(淚水滂滂): 눈물이 비 오듯 나옴.

익일에 양한림이 행리를 재촉하여 황성으로 갈새, 차시는 시월 초순이
22 라. 상로(霜露) 하강하고 목엽(木葉)이 진탈(盡脫)하여 산천이 적막하고
풍광이 소슬한대, 홀연 북풍이 일어나며 백설이 분분하여 경각간에 땅에
가득한지라. 겨우 수십여 리를 행하여 객점에 들었더니, 아이오 천색이
저물며 눈이 개이며 황혼에 이르러 월색이 극히 아름다운지라. 한림이
동자를 데리고 점문(店門)에 나와 월하에 배회하며 설경(雪景)을 구경하
더니, 빼어난 뫼부리[94]는 옥을 묶은 듯, 광활한 야색(野色)이 유리를 깔았
는 듯, 구슬나무에 잔설이 어리었으니 삼월 춘풍에 이화(梨花)가 만발한
듯, 청정한 경개와 담연한 태도를 대하매 홀연 선낭의 용모 안색을 생각
하고 초창함을 마지아니하더니, 다시 점중에 들어와 객창 잔등(殘燈)을
대하여 잠을 이루지 못할지라. 침상에 누워 벽성산 옥적이 귀에 희미하
23 고 심양루 월색이 눈에 암암하더니, 홀연 점문(店門)을 두드리는 소리 나
거늘 눈을 들어보니 일위소년(一位少年)이 양개동자(兩個童子)와 청려(靑
驢) 일필을 끄을고 들어오거늘, 한림이 그 형색이 소쇄(瀟灑)[95]함을 괴히
여겨 소년의 용모를 보니 월태화용(月態花容)이 남자의 기상이 없고 낭
랑한 소리로 양한림의 객실을 물으며 바로 실중(室中)에 들어와 한림을
향하여 예(禮)하니, 한림이 황망히 답례하고 촉을 돋우고 자세히 보니 이
곧 선낭이라. 반기는 마음이 여취여광(如醉如狂)[96]하여 문왈,

"낭자 어찌 이곳에 이르뇨?"

선낭이 추연 대왈,

"첩이 비록 청루에 놀았으나 나이 어리고 경력이 없는 고로 이별하는 창회(悵懷)[97]를 모르고 다만 상공을 뫼셔 장구히 떠나지 않을까 하였더니, 일조(一朝)에 동문의 버들[98]을 꺾어 양관곡(陽關曲)[99]을 부르

---

94) 뫼부리: 산등성이나 산봉우리의 가장 높은 꼭대기.

95) 소쇄(瀟灑): 맑고 깨끗함.

96) 여취여광(如醉如狂): 몹시 기뻐서 취한 듯도 하고 미친 듯도 함.

97) 창회(悵懷): 섭섭하고 슬픈 회포.

98) 버들: 한(漢) 나라 사람들은 이별할 때 버들가지를 꺾어주며 이별의 정표로

매 창연한 마음이 앞서 눈물이 내리오매, 용광(容光)을 우러러 다시 보 24
지 못하고 목이 메이매 무한한 심사를 말씀하기 부끄러워 마침내 일
언고별(一言告別)이 없이 상공이 총총(悤悤)이 발행하시니, 초창한 중
북풍한설(北風寒雪)에 상공의 가시는 행색이 안전(眼前)에 암암하와
반드시 상공이 멀리 못 행하심을 알고 객관 설중의 고적하신 심사를
위로코자 하여 오니이다."

한림이 대희하여 선낭의 팔을 당기어 좌(座)에 앉으라 하더니, 홀연(忽然) 동자가 불러 왈,

"상공이 무엇을 찾으시니잇고?"

하거늘 한림이 놀라 깨달으니 침상일몽(枕上一夢)이라. 자기 몸이 침상에
누워 베개를 어루만져 일장섬어(一場譫語)[100]를 하였는지라. 눈을 들어
보매 선낭은 간 데 없고 경경(耿耿)[101]한 잔등(殘燈)[102]이 벽상에 걸렸거
늘 동자더러 밤을 물으니 이미 사오 경이라. 인하여 앉아 생각하되, '내 25
선낭이 임별(臨別)에 일언(一言)이 없으므로 수상히 여겼더니 어찌 몽중
에 와서 발명(發明)[103]할 줄 생각하였으리오.' 하고 다시 초창불이(怊悵不
已)[104]하더라. 이러구러[105] 하늘이 밝으매 발행하여 십여 일 만에 황성에
득달(得達)하니라.

차시(此時) 시랑(侍郎)이 이측(離側)[106]한 지 거의 반년이라. 천은(天恩)

삼았음. 이후로 이별이나 증별(贈別)의 말로 많이 쓰임.

99) 양관곡(陽關曲): 이별할 때 부르는 노래. 당나라 시인 왕유가 <송원이사안서(送元二使安西)>란 제목으로 지은 시를 말하는 것으로, <위성곡(渭城曲)>이라고도 함.

100) 일장섬어(一場譫語): 한바탕 잠꼬대.

101) 경경(耿耿): 불빛이 반짝거리는 모양.

102) 잔등(殘燈): 깊은 밤에 꺼질락 말락 하는 희미한 등불.

103) 발명(發明): 죄나 잘못이 없음을 말하여 밝힘.

104) 초창불이(怊悵不已): 섭섭하여 마지 않다.

105) 이러구러: 이럭저럭 일이 진행되는 모양.

106) 이측(離側): 부모의 곁을 떠남.

을 입사와 다시 슬하에 모셔 일실의 화락함을 어찌 다 말하리오. 윤상서가 시랑(侍郞)의 입성함을 듣고 즉시 와서 무양환가(無恙還家)[107]함을 두긋기며[108] 시랑을 돌아보아 왈,

"황상(皇上)이 다시 황부 혼인을 말씀하시거든 현서(賢壻)는 어찌코자 하나뇨?"

원외 왈,

"일이 본디 의리에 불가함을 아룀이니 어찌 군상의 명을 여러 번 거역하리오."

윤상서 또한 재삼 권고하고 돌아가니라.

26 익일에 시랑이 궐하에 사은할새 천자가 인견(引見)[109]하시고 위로 왈,

"경이 오래 적거하여 고초(苦楚)함이 많을지라. 아름다운 옥은 갈수록 빛나고, 보배로운 칼은 쓸수록 리(利)[110]하다 하나니, 경은 지개를 떨오지[111] 말고 국사를 힘쓸지어다."

시랑이 황공돈수(惶恐頓首)하니, 상이 또 하교하샤 왈,

"황각로의 혼사는 짐이 이미 정함이 있고 예절에 어기오지 않을 일이니 다시 사양치 말라."

시랑이 돈수 왈,

"성교(聖教)가 이에 미쳤으니 마땅히 명대로 하리이다."

천자 대열(大悅)하샤 즉시 태사관(太史官)[112]을 부르샤 탑전(榻前)에서 택일하라 하시고 우왈,

"짐이 이미 중매하였으니 성혼하는 날에 백관이 양부에 나아가 연

---

107) 무양환가(無恙還家): 탈 없이 집에 돌아옴.

108) 두긋기며: 즐거워하며.

109) 인견(引見): 특별히 불러서 만나봄.

110) 리(利): 날카로움.

111) 떨오지: 떨어뜨리지.

112) 태사관(太史官): 역사의 기록 및 문서의 기초(起草), 전적(典籍), 천문(天文), 역법(曆法) 등을 관장하였음.

석에 참예하라."

하시고 호부(戶部)로 납채(納采)[113] 백필을 부조하시니, 양원외와 황각로
가 성지(聖旨)를 받자와 길일을 당하여 양가(兩家)가 성례(成禮)할새, 그 27
위의(威儀)의 부성(富盛)함은 이르도 말고 조정을 기울여 공경재상이 양
부(兩府)에 모이매 문전(門前)에 거마(車馬)가 메웠더라.[114]

시랑이 황부에 나아가 신부를 친영(親迎)하여 본부로 돌아오매 황소저가 봉관월패(鳳冠月佩)[115]로 능라주취(綾羅朱翠)를 끄으러 구고(舅姑)께 뵈올새, 비록 용광(容光)이 동인(動人)하고 자색(姿色)이 절등(絶等)하며 거지(擧止)의 표일(飄逸)함과 용모의 미려(美麗)함은 초등(超等)[116]하나 요조숙녀(窈窕淑女)의 유순함은 부족하더라.

시랑이 삼일 화촉지례를 맞고 익일에 윤소저[117] 침실에 들어와 초연(悄然)[118]히 근심하는 빛이 가득하여 베개에 누우며 조용히 문왈,

"부인이 연일(連日) 황씨의 위인을 보니 어떠하더뇨?"

윤소저가 침음부답(沈吟不答)한대, 시랑이 탄왈(歎曰),

"내 부인을 한갓 부부로 아지 아니코 지기지심(知己之心)으로 붕우 28
(朋友)로 아는 고로 이같이 묻거늘 작은 혐의를 인하여 심곡(心曲)[119]
을 토출(吐出)[120]치 아니하니 어찌 바라는 뜻이리오."

윤소저가 대왈,

"아녀자의 안목은 불과 수식패물(首飾珮物)과 용모자색(容貌姿色)이나 살필 따름이라. 지어(至於) 심경인품(心境人品)의 우열장단(優劣

113) 납채(納采): 혼례절차 중에 신랑집에서 신부집으로 혼인을 청하는 의례.

114) 메였더라: 찼더라.

115) 봉관월패(鳳冠月佩): 봉황이 새겨진 관과 달 모양의 패물.

116) 초등(超等): 일반 등급을 뛰어 넘음.

117) 윤소저: 이미 혼인을 했으므로 '아가씨'라는 뜻의 '소저(小姐)'는 부적당하지만, 본문에서는 계속 윤소저라고 지칭함.

118) 초연(悄然): 근심스러운 모양.

119) 심곡(心曲): 마음 속 깊은 생각.

120) 토출(吐出): 털어놓고 말함.

長短)은 범상한 남자로 당치 못하나니, 이제 상공의 밝으심으로 혼암(昏暗)한 여자에게 동렬(同列)의 장단(長短)을 물으시니, 첩이 그 의향을 실로 깨닫지 못하나이다."

시랑이 탄왈,

"내 군부(君父)의 명을 어기지 못하여 황씨를 친영(親迎)[121]하였으나 황공의 방자무례함이 천위(天威)[122]를 빌어 혼사를 협박하니 어찌 통해(痛駭)치 않으리오."

하더라.

차설. 이때 교지남만(交趾南蠻)[123]이 자주 반(叛)하여 조정이 분요(紛
29 擾)[124]하매 천자 근심하사 병부상서(兵部尚書) 윤형문으로 우승상을 하이시고,[125] 참지정사 노균으로 평장사를 더하샤 군국중사(軍國重事)[126]를 한가지로 참예케 하샤 매일 편전(便殿)[127]에서 변무(邊務)를 의논하시더니, 일일(一日)은 익주자사 소유경의 상소가 이르니, 그 상소에 대강 하였으되,

교지 남만의 기세 창궐(猖獗)[128]하여 남방 십여 군을 함몰하고 장차 경사(京師)로 향코자 하니 그 무리 백여만이라. 혹 산곡(山谷)에 웅거(雄據)하고 혹 사면으로 노략(擄掠)하여 괴이한 요술과 흉녕(凶獰)[129]한 용력으로

---

121) 친영(親迎): 육례의 하나로 신랑이 신부의 집에 가서 직접 신부를 맞이하는 예식.

122) 천위(天威): 천자의 권위.

123) 교지남만(交趾南蠻): 교지(交趾)는 남쪽 오랑캐라는 뜻으로 남만이라고 불렸으며, 지금의 광동(廣東) · 광서(廣西) 대부분과 월남의 북부지역에 해당함.

124) 분요(紛擾): 어수선하고 소란스러움.

125) 하이시고: 임명하시고.

126) 군국중사(軍國重事): 군대와 나라의 중대한 일.

127) 편전(便殿): 황제가 평상시에 거처하는 궁전.

128) 창궐(猖獗): 못된 세력 따위가 세차게 일어나 걷잡을 수 없이 퍼짐.

129) 흉녕(凶獰): 성질이 흉악하고 사나움.

군현을 잔파(殘破)[130]하니, 그 기세를 저당(抵當)키 어려워 열읍잔병(列邑殘兵)이 망풍와해(望風瓦解)[131]하여 불구(不久)에 익주지경(益州地境)을 침노할지라. 복원(伏願) 성상(聖上)은 천병(天兵)을 조발(早發)하샤 소멸케 하소서.

하였더라. 천자 그 표를 보시고 대경하샤 황 · 윤 양 각로와 노참정 · 양 30
시랑 등을 인견하샤 방략(方略)을 물으신대, 윤각로가 주왈,

"예로부터 왕화(王化)가 및지 못하고 풍속이 강한(强旱)하여 금수(禽獸)나 다름이 없나니, 신의 우견(愚見)에는 형(荊) · 익(益) 양주지병(兩州之兵)을 급히 조발(調發)[132]하여 적병을 막자르고 순무사(巡撫使)[133]를 택하여 효유(曉諭)[134]함이 옳을까 하나이다."

하더라.

차하(且下)를 석람(釋覽)하라.

세(歲) 무신(戊申) 이월일 향목동 서(書)

---

130) 잔파(殘破): 잔인하게 파괴함.

131) 망풍와해(望風瓦解): 바람소리만 듣고도 기왓장이 깨진다는 것으로 적의 기세를 보고 붕궤되고 분열되는 것을 의미.

132) 조발(調發): 군사로 쓸 사람을 뽑아 모음.

133) 순무사(巡撫使): 조정에서 특별히 파견하여 여러 부를 절제(節制)하는 관리로, 전임관직(專任官職)은 아님.

134) 효유(曉諭): 깨달아 알아듣도록 타이름.

옥루몽 권지구

1 화설. 우승상 윤현문이 주왈(奏曰),

"남만(南蠻)이 예로부터 왕화(王化)[1]가 밎지 못하여 풍속이 강한(强悍)하여 금수(禽獸)와 다름이 없어 덕으로 무마치 못할 것이요, 힘으로 다투지 못할지라. 신의 우견(愚見)에는 형(荊) · 익(益) 양주지병(兩州之兵)으로 조발(調發)하여 요해지처(要害之處)[2]를 막고 순무사(巡撫使)[3]를 택인(擇人)하여 은위(恩威)[4]로 효유하며 이해로 달래어 항복지 아니하거든 바야흐로 천병(天兵)[5]을 조발(調發)하여 침이 옳을까 하나이다."

양시랑(楊侍郎)이 주왈,

"승상의 말씀이 삼대지시(三代之時)[6]에 용병(用兵)함은 가하나, 금일 적세(賊勢)를 생각하건대 원방(遠方) 오랑캐 상국을 규시(窺視)[7]하니 반드시 그 경륜함이 오래어 그만 그치지 아니할 것이요, 이제 중국이 오래 승평(昇平)하여 창졸(倉卒)[8]에 응변(應變)[9]이 어려우니 제군

---

1) 왕화(王化): 왕의 교화.

2) 요해지처(要害之處): 전쟁에서 자기편에는 꼭 필요한 곳이지만 적에게는 해로운 곳.

3) 순무사(巡撫使): 조정에서 특별히 파견하여 여러 부(府)를 절제(節制)하는 관리로, 전임관직(專任官職)은 아님.

4) 은위(恩威): 감히 범하기 어려운 위엄과 은혜.

5) 천병(天兵): 천자의 군사.

6) 삼대지시(三代之時): 하(夏) · 은(殷) · 주(周)의 태평한 시대.

7) 규시(窺視): 몰래 엿봄.

(諸郡)에 조서(詔書)하여 군정을 점검(點檢)하고 병기를 수습하여 불우지변(不虞之變)[10]을 방비케 하소서."

참지정사 노균이 주왈,

"창곡이 시무(時務)를 모르고 주(奏)함이라. 난시(亂時)를 당하여 민 2
심을 먼저 진압함이 옳거늘 이제 조서(詔書)를 내리오샤 군정을 조련
하며 병기를 준비한즉 민심을 소동(騷動)하기 쉬울지라. 신의 우견(愚
見)에는 소유경의 상소를 아직 반포치 말으시고 민심을 진정함이 옳
을까 하나이다."

창곡이 또 주왈,

"금일 묘당(廟堂) 의논이 다만 고식지계(姑息之計)[11]를 주장하오니 신이 개탄하는 배라. 이제 민심을 소동함을 염려하여 안연(晏然)[12]히 앉았다가 일조(一朝)에 남만이 범경(犯境)한즉 창졸에 소동함이 더욱 어떠하리잇고?"

노균이 정색(正色)고 여성(厲聲)[13] 왈,

"남만 오랑캐 불과 쥐 같은 도적이라. 무슨 병혁(兵革)[14]을 이같이 창궐(猖獗)하리오. 또한 군국대사(軍國大事)를 경솔히 못하리니, 도적의 작난(作亂)하는 군사는 막으려니와 민심의 소동함을 시랑이 장차 무엇으로 막으리오?"

시랑이 소왈(笑曰),

"참정의 말씀이 가위 조불염석(朝不念夕)[15]이라. 적세(賊勢) 소동(騷

---

8) 창졸(倉卒): 미처 어찌할 겨를이 없이 갑작스러움.

9) 응변(應變): 임기응변의 뜻. 그때그때 처한 사태에 맞추어 즉각 그 자리에서 결정하거나 처리함.

10) 불우지변(不虞之變): 미처 생각지 못한 뜻밖의 재난.

11) 고식지계(姑息之計): 근본적인 해결책이 아닌, 임시변통의 계책.

12) 안연(晏然): 마음이 편안하고 침착한 모양.

13) 여성(厲聲): 성이 나서 큰 소리를 지름.

14) 병혁(兵革): 병기를 통틀어 이르는 말로 전쟁을 의미함.

15) 조불염석(朝不念夕): 아침에 저녁 일을 생각하지 못함.

3 動)함만 근심하고 적세가 점점 큼을 요량(料量)[16]치 못하시니 이는 이른바 그림자를 피하여 더욱 달아남이로다."

차시 양인이 다투기를 마지아니하더니, 노균이 발연대로(勃然大怒) 왈,

"성상(聖上)이 나의 용렬(庸劣)함을 허물치 않으샤 군국중사(軍國重事)를 맡기시니, 만일 남만지중(南蠻之衆)의 서절구투(鼠竊拘偸)[17]를 겁(怯)하여 민심을 소동하는 자는 법이 있으리라."

한대, 백관이 일시에 여출일구(如出一口)[18]하니, 상(上)이 침음양구에 노참정의 의논을 좇으샤 소유경의 상소를 반포(頒布)치 아니하고 순무사(巡撫使)를 택인(擇人)하라 하시니, 윤각로가 이에 주왈,

"상소를 이미 반포치 아니하고 순무사를 조정에서 채정(採定)하여 보내신즉 어찌 소문이 민간에 전파치 않으리잇고. 익주 자사 소유경은 신의 처질(妻姪)이라. 문무쌍전(文武雙全)하고 장략(將略)[19]이 과인(過人)하오니 소유경으로 순무사를 겸행(兼行)하여 본주 군사를 거느려 적병을 탐보(探報)[20]하게 함이 좋을까 하나이다."

4 천자가 또한 의윤(依允)[21]하시다.

시랑이 집에 돌아와 부친께 남만의 작난함과 노참정의 말을 고하고 근심하는 빛이 있어 왈,

"소자가 금일 천기(天氣)를 보오니 태백(太白)이 남두(南斗)를 범하여 남방에 병화가 있사오리니, 이는 국가의 적지 않은 근심이로소이다."

원외 왈,

---

16) 요량(料量): 앞일을 잘 헤아려 생각함.

17) 서절구투(鼠竊拘偸): 쥐나 개처럼 가만히 물건을 훔친다는 뜻으로 좀도둑을 욕하여 이르는 말.

18) 여출일구(如出一口): 마치 한 입에서 나오는 것같이 여러 사람의 말이 한결같음.

19) 장략(將略): 장수로서의 지략과 기량.

20) 탐보(探報): 알려지지 않은 사실을 찾아내서 알림.

21) 의윤(依允): 동의(同意). 윤허(允許)의 뜻.

"노부(老父)가 비록 조정 일을 알지 못하나 근일에 인기(人氣) 점점 쇠하여 문무지재(文武之才) 없으니 만일 불행하여 남정(南征)할 지경에 이른즉 뉘 가히 장수(將帥) 되리오?"

시랑이 머리를 숙이고 침음양구(沈吟良久)에 소이대왈(笑而對曰),

"소자(小子)가 강주(江州) 있을 때에 일개 여자를 만나오니 본부 기녀라. 음률에 정통하여 노래를 듣고 능히 길흉을 짐작하여 소자더러 말하기를, '불구(不久)에 병혁(兵革)이 있으리라.' 하더니 그 말이 불행히 맞을까 하나이다."

원외 놀라 왈,

"노부가 또한 심중에 염려하는 배라. 그 여자의 이름이 무엇이며 총명이 절인(絶人)[22]하도다."

시랑이 대왈,

"이름은 벽성선(碧城仙)이니, 반 년 적객의 울적한 회포를 이기지 5
못하여 선과 더불어 소견(消遣)하고 이미 건즐(巾櫛)[23]로 허(許)하여 속히 데려옴을 언약하였으나 미처 품달(稟達)[24]치 못하였나이다."

원외 왈,

"구태여 여색(女色)을 유의(留意)하지 아닐지언정 이미 언약하고 다시 실신(失信)함은 불가(不可)할까 하노라."

시랑이 즉시 내당에 들어가 모친께 고하니 허부인이 책왈,

"오아(吾兒)가 나이 어리고 전정(前程)이 만리 같거늘 여자와 실신(失信)함을 쉬이 하니 어찌 비상지원(飛霜之怨)[25]이 없으리오. 강남홍의 일을 지금까지 잊지 못하나니 비록 금일이라도 벽성선을 데려오게 하라."

---

22) 절인(絶人): 남보다 아주 뛰어남.
23) 건즐(巾櫛): 수건과 빗. 여기서 건즐로 허한다는 것은 첩으로 데려오겠다는 뜻.
24) 품달(稟達): 웃어른이나 상사에게 여쭘.
25) 비상지원(飛霜之怨): 일부함원오월비상(一婦含怨五月飛霜)에서 나온 말.

시랑이 즉시 일봉서(一封書)를 닦아 동자와 창두를 주어 강주로 보내니라.

차시 선낭이 시랑을 보낸 후에 죽비(竹扉)를 닫고 병듦을 말하며 손을 보지 아니하더니, 수삭(數朔)이 지나되 일자음신(一字音信)[26]이 없으니 심중에 울울불락(鬱鬱不樂)하여 낮이면 벽성산을 바라보고 어린 듯이[27]
6 앉았으며, 밤이면 잔등(殘燈)[28]을 대하여 잠을 이루지 못하더라.

일일은 지부(知府)[29]가 부르거늘 칭병하고 들어가지 아니하니, 약을 보내고 신근(愼謹)[30]이 존문(存問)[31]하거늘, 선낭이 의아하여 왈,

"지부(知府)의 후(厚)함과 양시랑의 박(薄)함이 도시(都是) 의외라. 만일 그 후함이 뜻이 있고 박함이 무정함인즉 내 어찌 구차히 투생(偸生)[32]하여 욕됨을 감수(甘受)하리오."

천사만념(千思萬念)이 분분요요(紛紛擾擾)하여 난간에 의지하여 원산(遠山)을 바라보며 희허(唏噓) 탄식하더니, 홀연 일개 창두가 졸연(猝然)히[33] 들어와 서간을 드리거늘, 자시 보니 이는 향일(向日)[34] 왔던 동자라. 동자가 또한 반겨 일변 서간을 전하며 거마와 창두가 이름을 고하니, 선낭이 받아 떼어보니, 그 글에 하였으되,

일별운산(一別雲山)에 옥안(玉顔)이 여몽(如夢)이라. 홍진명리(紅塵名利)의 취몽(醉夢)[35]에 골몰(汨沒)하여 황혼가기(黃昏佳期)를 이같이 차타(蹉跎)

---

26) 일자음신(一字音信): 서찰.
27) 어린 듯이: 멍한 채로.
28) 잔등(殘燈): 깊은 밤에 꺼질락 말락 하는 희미한 등불.
29) 지부(知府): 부지사(府知事)의 별칭.
30) 신근(愼謹): 언행을 조심하고 삼가함.
31) 존문(存問): 찾아와 안부를 물음.
32) 투생(偸生): 죽어 마땅할 때에 죽지 않고 욕되게 살기를 탐냄.
33) 졸연(猝然)히: 갑자기.
34) 향일(向日): 지난 번.
35) 홍진명리(紅塵名利)의 취몽(醉夢): 세속의 벼슬살이.

[36]하니 참괴(慚愧)하도다. 향일 본부에 기별하여 그대의 이름이 기적(妓 7
籍)[37]에 제(除)하였더니, 혹 알았는지? 이제 존당(尊堂)의 명을 받자와 거마
(車馬)를 보내나니 무궁한 정회(情懷)는 화촉을 돋우고 원앙침을 베풀어 기
다리노라.

하였더라. 선낭이 보기를 맞고 동자와 거마를 수일을 머물러 행리(行李)를 다스려 발행하여 황성으로 오니라.

차설. 익주 자사 소유경이 황명을 받자와 적정(敵情)을 탐지하여 성야(星夜)[38]로 치보(馳報)[39]하니, 기서(其書)에 왈,

신(臣)이 황명을 받자와 적진에 이르러 은의(恩義)로 위로하고 효유(曉
諭)한즉, 항복할 뜻이 없고 태만한 거동과 무례한 말씀이 무수할 뿐 아니
라 궤계(詭計)[40]로 신(臣)을 유인하여 진중에 에워싸고 수하 비장(裨將) 일
인을 버히고 급한 형세와 불측(不測)한 계교가 장차 신에게 미칠지라. 신
이 다행히 방비함이 있어 단병접전(短兵接戰)[41]하여 겨우 도망하나 신이
황명을 받들어 만방소추(蠻方小酋)[42]에게 욕됨을 당하오니 신이 부월지주
(斧鉞之誅)[43]를 도망치 못하려니와, 다만 적세(賊勢)의 강성함을 이왕 첩보 8
(牒報)하였사오니, 복원(伏願) 폐하는 대군을 급히 발하샤 익주고성(益州孤
城)으로 도적의 위태함이 없게 하소서.

하였더라.

---

36) 차타(蹉跎): 때를 놓쳐 시기가 많이 지남.
37) 기적(妓籍): 관기(官妓) 이름을 적어놓은 장부.
38) 성야(星夜): 밤을 이어 빠르게.
39) 치보(馳報): 급히 알림.
40) 궤계(詭計): 남을 속이는 꾀.
41) 단병접전(短兵接戰): 칼이나 창 따위의 짧은 무기로 직접 적과 맞부딪쳐 싸움.
42) 만방소추(蠻方小酋): 오랑캐 지방의 보잘것없는 두목.
43) 부월지주(斧鉞之誅): 도끼로 죽이는 형벌.

천자가 남필(覽畢)에 대경(大驚)하샤 급히 제신(諸臣)을 인견하샤 계교를 의논하시더니 또 형주자사가 밀봉한 표문(表文)이 오르니, 대강 하였으되,

> 남만이 창궐하여 이미 동주성을 지나 광서성(廣西省)을 함몰하고 계림·형양지간(桂林·衡陽之間)의 육축(育畜)을 노략하고 인민을 살해하니, 변방제군(邊方諸郡)이 일찍이 준비함이 없어 창졸에 적병이 이름을 보고 망풍소동(望風騷動)[44]하여 형·익 이남에 인적(人跡)이 조잔(凋殘)[45]하니 적병이 길이 몰아 무인지경(無人之境) 같은지라. 비록 군사를 수습고자 하나 승평일구(昇平日久)하여 미리 약속한 바가 없으니 그 토붕와해(土崩瓦解)[46]함을 걷잡지 못하여 근표이문(謹表以聞)[47]하나니, 천병(天兵)을 지완(遲緩)치 말으소서.

하였더라.

9 천자가 표(表)를 보시고 천안(天顔)이 저상(沮喪)[48]하샤 좌우를 돌아보시며 방략(方略)을 물으신대, 윤각로가 주왈,

"적세가 여차(如此) 급하오니 정벌함을 완완(緩緩)이 못하올지라. 문무제신(文武諸臣)을 모아 상의하심이 옳을까 하나이다."

상이 의윤(依允)[49]하샤 백관을 명초(命招)하시니, 원임각로(原任閣老)[50] 황의병과 우승상(右丞相) 윤형문과 참지정사동령군국주사(參知政事同領軍國主事) 노균과 호부상서(戶部尙書) 한응덕과 병부시랑(兵部侍郞) 양창곡과 우림장군(羽林將軍) 뇌천풍 등 일대 문무관원이 동서반(東西班)에

---

44) 망풍소동(望風騷動): 그 기미만 보고도 사람들이 놀라 법석을 떪.
45) 조잔(凋殘): 말라서 쇠잔함.
46) 토붕와해(土崩瓦解): 흙이 무너지고 기와가 깨짐. 철저하게 붕괴됨을 의미.
47) 근표이문(謹表以聞): 삼가 표를 올려서 알림.
48) 저상(沮喪): 기운을 잃음.
49) 의윤(依允): 동의 또는 윤허의 뜻.
50) 원임각로(原任閣老): 전(前)에 각로를 지낸.

산호만세(山呼萬歲)[51]하매, 천자가 하교(下敎) 왈,

"남만이 창궐하여 천조(天朝)를 침노하니 어찌하면 좋으리오?"

황각로가 주왈,

"작은 오랑캐가 천명(天命)을 모르오니 대군을 발하여 무찌를지라, 어찌 족히 근심하리잇고."

참지정사 노균이 주왈,

"변방 제신이 방비함을 서어(齟齬)히 하여 적세가 이 같으니, 우선 형 · 익 양주 자사와 광서 수령을 논죄하고 북으로 거용관(居庸關)[52]을 수축(修築)하여 만일 불행한 일이 있거든 북으로 순행(巡幸)하샤 거용관을 지킴이 만전지책(萬全之策)[53]일까 하나이다."

윤각로가 주왈,

"당당한 만승지국(萬乘之國)[54]이 일개만병(一個蠻兵)의 이름을 보고 어찌 도성을 버리고 일편고성(一片孤城)을 지키리오. 급히 천병(天兵)을 조발(調發)하여 침이 옳을까 하나이다."

상이 그 말을 옳게 여기샤 왈,

"뉘 가히 도원수(都元帥)가 되어 종묘사직(宗廟社稷)의 위태함을 붙들리오."

좌우(左右)가 묵묵무언(默默無言)하고 면면상고(面面相顧)[55]하더니, 차시(此時)에 도성 인민이 소동하여 혹 가로되,

"오래지 아니하여 적병이 이른다."

하며, 혹 가로되,

---

51) 산호만세(山呼萬歲): 천자를 알현하는 예절로 만세를 부르는 것.

52) 거용관(居庸關): 북경의 북서쪽으로 만리장성을 넘어가는 지점에 있는 변방의 요새.

53) 만전지책(萬全之策): 아주 안전하게 하는 꾀.

54) 만승지국(萬乘之國): 천자는 그 영토 안에 병거(兵車) 일만승(一萬乘)를 내는 제도가 있어 천자가 다스리는 나라를 만승지국이라고 함.

55) 면면상고(面面相顧): 아무 말도 없이 서로 얼굴만 물끄러미 쳐다봄.

"남만 인물이 궤계요술(詭計妖術)이 불측(不測)하여 출전하는 자가 생환(生還)치 못하리라."

하며, 혹 가로되,

"북흉노(北匈奴)를 체결(締結)[56]하여 전후로 협공하니 그 무리 수백 만이라."

하여, 듣는 자가 낙담상혼(落膽喪魂)[57]하여 만조백관이 다 출전함을 모피(謀避)하니, 천자가 탄왈,

"짐이 덕이 없어 사이팔만(四夷八蠻)을 감화(感化)치 못하여 수백 년 종사(宗社)가 위재조석(危在朝夕)[58]하고 억조창생(億兆蒼生)이 도탄 중에 들었거늘, 한 사람도 충분(忠憤)을 내어 짐을 구할 자가 없으니
11 이는 다 짐의 허물이라. 누를 한하리오."

하시며 옥루(玉淚)가 용포(龍袍)에 젖으시더니, 홀연 일위 재상이 개연히 출반(出班) 주왈,

"신이 비록 불충하오나 망극한 천은을 입사와 도보(圖報)[59]할 땅이 없사오니 마땅히 견마(犬馬)의 힘을 다하여 남만을 평정하고 폐하의 근심을 덜으시게 하리이다."

모두 그 사람을 보니, 옥 같은 얼굴에 풍채발월(風采發越)하고 별 같은 눈에 정기(精氣) 어리어 위풍이 당당하고 성음(聲音)이 청렬(淸烈)[60]하니, 이는 병부시랑 양창곡이라. 탑전(榻前)에 부복(俯伏)하니 황각로가 심중에 생각하되, '목금(目今)[61] 적세 저같이 급하거늘 양시랑은 나의 교서(嬌婿)[62]라. 만일 출전하여 불행함이 있은즉 여아의 평생을 그릇침이라.' 하

---

56) 체결(締結): 계약이나 조약을 맺음.

57) 낙담상혼(落膽喪魂): 바라던 일이 마음대로 되지 않아 마음이 상하고 얼이 빠짐.

58) 위재조석(危在朝夕): 위급함이 곧 닥쳐옴.

59) 도보(圖報): 보답하기를 꾀함.

60) 청렬(淸烈): 소리가 맑고도 격렬한 기운이 있음.

61) 목금(目今): 눈앞에 닥친 현재.

고 탑전에 주왈,

"양창곡은 백면서생(白面書生)[63]이요, 청춘소년(青春少年)이라. 정벌하는 중임(重任)을 맡기지 못할지니, 복원 폐하는 지용(智勇)있는 장사를 택하샤 대사를 그르치지 말게 하소서."

말이 맞지 못하여 동반(東班) 중에 일원(一員) 대장이 칼을 안고 크게 12
소리하여 왈,

"승상의 말씀이 그르도다. 석(昔)에 항적(項籍)[64]이 이십사 세에 기병강동(起兵江東)[65]하고 손책(孫策)[66]이 십삼 세에 횡행천하(橫行天下)하니 용병장략(用兵將略)이 재주에 있음이요 연치(年齒)에 있지 않으며, 한지제갈(漢之諸葛)[67]과 송지조빈(宋之曹彬)[68]은 평생 독서하여 서생지풍(書生之風)이 있으나 천고명장(千古名將)이 되었으니, 이제 양시랑이 비록 소년서생이나 국가를 위하여 분불고신(奮不顧身)[69]하였으니 그 충성을 알 것이요, 중의(衆議)를 배각(排却)하고 위지(危地)를 자취(自取)하니 그 용맹이 큰지라. 신은 만일 양시랑이 출전치 아니한즉 문무제신이 묵묵상고(默默相顧)[70]하여 대명강산(大明江山)이 도적에게 굴함이 될까 하나이다."

---

62) 교서(嬌婿): 사위.

63) 백면서생(白面書生): 글만 알고 세상일에 어두운 선비.

64) 항적(項籍): 항우(項羽)를 말함. 이름이 적(籍). 초패왕(楚霸王)이라고도 함. 구전구승(九戰九勝)하였으나 해하(垓下)에서 포위되어 강동으로 도망하다가 오강(烏江)에서 자결함.

65) 기병강동(起兵江東): 강동 땅에서 군사를 일으킴.

66) 손책(孫策): 오나라 손견(孫堅)의 큰 아들. 유비, 조조와 함께 천하를 쟁탈(爭奪)한 영걸(英傑).

67) 한지제갈(漢之諸葛): 한나라의 제갈량.

68) 송지조빈(宋之曹彬): 송나라의 조빈. 자는 국화(國華). 촉나라를 쳐서 크게 이겼음. 인명을 중시하여 사람을 함부로 죽인 일이 없었고 싸움에 나가서 개선하기까지 군사들을 감동시켜 복종하게 하였음.

69) 분불고신(奮不顧身): 분발하여 자신의 몸을 돌아보지 않음.

70) 묵묵상고(默默相顧): 아무 말 없이 서로 돌아봄.

모두 그 장수를 보니, 서리 터럭이 귀밑을 덮었으며 우레 같은 소리와
번개 같은 눈이 광채 맹렬하니, 이는 호분장(虎賁將) 뇌천풍(雷天風)이라.
당나라 뇌만춘(雷萬春)[71]의 후예(後裔)니 만부부당지용(萬夫不當之勇)[72]
13 이 있으나 평생에 강직한 말을 잘하므로 벼슬이 다만 호분장에 있더라.
노참정이 노질(怒叱)[73] 왈,

"조고만 무부(武夫)가 어찌 감히 조정 대사에 참론(參論)하리오? 네가 만일 두 번 말한즉 먼저 네 머리를 버혀 삼군을 호령하리라. 네 불과 무부(武夫)로 무슨 장략(將略)이 있관대[74] 조고만 도적을 대하여 이같이 분분(紛紛)하나뇨?"

뇌천풍이 개연(慨然)히 물러나 탑전에 부복하여 읍(泣) 주왈,

"노신(老臣)이 일분공로(一分功勞)[75]가 없이 식군지록(食君之祿)하
고 백발이 성성(星星)[76]하오니 어찌 일신(一身)을 돌아보아 왕사(王
事)[77]를 모피(謀避)하리잇고. 이제 조고만 오랑캐 군현을 노략하여 남
방이 요란하되 문무장상(文武將相)이 종일상대(終日相對)하여 파적(破
賊)할 경륜은 없고 기운이 저상(沮喪)하여 도성을 버리고 거용관을 지
키고자 하니, 만일 불행함이 있으면 백만 대군이 황성을 핍박한즉 만
조 백관이 각각 처자를 데리고 피란할진대 어느 겨를에 국사를 돌아
볼 자가 없을까 하나니 종묘 사직을 어찌 안보(安保)하리잇고. 신의 우
14 견(愚見)에는 양창곡을 급히 대장으로 배(拜)하사 도적을 대적하게 하

71) 뇌만춘(雷萬春): 당나라 장순(張巡)의 편장(偏將). 뇌만춘은 적과 싸우면서 여섯 개의 화살이 얼굴에 박혔으나 꿈쩍도 하지 않은 강의(强毅)한 인물이었다고 함.

72) 만부부당지용(萬夫不當之勇): 만 명의 사람도 당해내지 못할 용맹.

73) 노질(怒叱): 노하여 질책함.

74) 있관대: 있기에. 여기서 '-관대'는 주로 동사나 형용사 어간 뒤에 붙어서 쓰임.

75) 일분공로(一分功勞): 아주 적은 공로.

76) 성성(星星): 머리털 따위가 희끗희끗하게 셈.

77) 왕사(王事): 임금이나 나라에 관한 일.

소서."

천자가 청필(聽畢)에 유예미결(猶豫未決)[78]하시더니, 아이오 수문장이 급보(急報)하되,

"남적이 성외 수십 리 들어와 각처 애구(隘口)[79]를 다 취하고 성문을 향하여 들어오매, 그 세가 질풍뇌우(疾風雷雨) 같으여 민심이 물 끓듯 하여 사자(死者)가 불가승수(不可勝數)[80]오니 급히 도적을 방비하소서."

하거늘, 천자 대경하샤 즉시 양시랑을 패초(牌招)[81]하여 인견(引見)하샤 왈,

"경으로 정남대원수(征南大元帥)를 하이나니[82] 종묘사직의 위태함을 구하라."

하시고 용안(龍顔)에 옥루(玉淚)를 내리오시니, 시랑이 부복 주왈,

"신이 국은을 만분지일이나 갚사올까 하여 주야로 긍긍업업(兢兢業業)[83]하옵더니 당차(當此) 위란지시(危亂之時)하여 진충갈력(盡忠竭力)하여 남적을 쳐 파하여 외람이 천조(天朝)를 범한 죄를 다스려 평정하오리니, 폐하는 물우성려(勿憂聖慮)[84]하소서."

천자가 대희하샤 즉시 양창곡으로 정남대원수를 배하샤 상방검(上方劍)[85]을 주시고 수륙군 십만을 조발하여 총독게 하시니, 시랑이 사은숙배(謝恩肅拜)하고 궐문에 나와 교장에 나아가 장대(將臺)에 올라 삼군을

---

78) 유예미결(猶豫未決): 망설여 결정짓지 못함.

79) 애구(隘口): 험하고 좁은 목.

80) 불가승수(不可勝數): 이루 다 헤아릴 수 없음.

81) 패초(牌招): 패(牌)로써 신하를 부름.

82) 하이나니: 임명하나니.

83) 긍긍업업(兢兢業業): 삼가하고 조심하며 두려워하는 모양.

84) 물우성려(勿憂聖慮): 근심하지 마소서. 천자나 임금의 근심을 높여서 성려(聖慮)라고 함.

85) 상방검(上方劍): 상방서(尙方署)에서 특별히 제작한 황제가 쓰는 보검(寶劍). 중국에서는 중대한 안건을 처리하는 대신을 파견할 때에 항상 상방검을 내려주어 전권(全權)을 준다는 것을 표시함. 상방검(尙方劍)이라고도 함.

호령하고 군위(軍威)를 정제한 후 장졸을 약속하여 사문에 둔병(屯兵)하니라.

차시 원수가 대군을 성외(城外)에 유진(留陣)하고 집에 돌아와 공의 부부께 하직을 고하여 왈,

“천자께서 소자로써 정남대원수를 하이샤 남만을 치라 하시매 소자 삼군을 총독하와 군중대사를 찰임(察任)[86]하오매 사사(私事)를 돌아보지 못하옵나니, 바라건대 존체를 보중하와 만수무강하옵소서.”

원외 왈,

“우리 부자가 천은 입사와 일분(一分)[87]도 갚삽지 못하여 지금까지 송율(悚慄)하더니, 여차 불행지시를 당하여 황명을 받자와 남만을 출정하니 이는 신자(臣子)의 떳떳한 일이라. 쉬이 성공반사(成功班師)[88]하라.”

허부인이 눈물을 흘려 왈,

16 “우리 아직 죽을 날이 멀었고 두 현부(賢婦)가 있으니 아자(兒子)는 가사(家事)를 사념(思念)[89]치 말고 공훈을 세워 빨리 돌아오라.”

언필에 불승창연(不勝悵然)[90]하여 말씀을 이루지 못하니 원수가 또한 눈물을 머금어 차마 떠나지 못하매, 원외가 정색(正色) 왈,

“신자가 충성을 다하여 나라를 도움이 바야흐로 큰 효(孝)어늘 이제 몸이 장수가 되어 구구한 아녀자의 태도를 지으니 이 어찌 네 아비 평일 교훈한 본의(本意)리오.”

원수가 즉시 일어나 재배수명(再拜受命)하고 물러나 윤소저 침실에 이르러 소저를 보고 왈,

“학생이 군명(君命)을 받자와 영군출전(領軍出戰)[91]하니 처자를 대

---

86) 찰임(察任): 임무를 살핌.

87) 일분(一分): 아주 적은 량.

88) 성공반사(成功班師): 공을 이루고 군사를 이끌고 돌아옴.

89) 사념(思念): 근심하고 염려하는 따위의 여러 가지 생각.

90) 불승창연(不勝悵然): 슬픔을 이기지 못함.

하여 별회(別懷)를 말할 바가 아니로되, 북당쌍친(北堂雙親)[92]의 감지(甘旨)[93]를 부인에 부탁하나니 성효(誠孝)를 다하여 존당을 섬기라. 수명지시(受命之時)를 당하여 부부(夫婦)의 사정(私情)을 구태여 유련(留戀)함이 아니라, 소년 적객(謫客)[94]의 고적한 심사를 인하여 벽성선을 친하였더니 이미 데리러 갔으니 부인은 부디 의(義)로 거느리소서."

윤소저가 추연 왈, 17

"명하시는 바를 마땅히 잊지 아니하리이다."

원수가 다시 황소저를 보고 왈,

"여자유행(女子有行)이 온순함이 으뜸이니, 부인은 양친을 뫼셔 지효(至孝)로 섬기고 윤부인과 상의하여 가사를 선치(善治)하소서."

황소저 대왈,

"첩이 비록 불민하오나 윤부인이 현숙한 덕이 있사오니 봉친지절(奉親之節)[95]은 염려하실 배 아니오나, 다만 첩이 배운 바가 없어 관저후비(關雎后妃)[96]의 유한(幽閑)한 덕성이 부족하더니, 이제 듣사오니 상공이 풍정(風情)을 사모하여 하방천기(遐方賤妓)를 소성(小星)[97]으로 정하여 데려오신다 하니 첩이 잠깐 본부(本府)로 돌아가 그 견과(見過)[98]함이 없게 할까 하나이다."

원수가 정색부답(正色不答)하고 윤소저가 묵연무어(默然無語)러라.

익일에 원수가 남교(南郊)에 나올새 금갑녹포(金甲綠袍)에 대우전(大羽

---

91) 영군출전(領軍出戰): 군사를 거느리고 전쟁터로 나감.

92) 북당쌍친(北堂雙親): 중국에서는 집 안의 북쪽에 안주인이 거처하였으므로 북당은 어머니를 가리키나, 여기서는 부모 모두를 지칭함.

93) 감지(甘旨): 감지공친(甘旨供親)의 뜻. 맛좋은 음식으로 어버이를 대접함.

94) 적객(謫客): 귀양살이하는 사람.

95) 봉친지절(奉親之節): 어버이를 받드는 예절.

96) 관저후비(關雎后妃): 『시경』 <관저>에 나오는 후비는 문왕의 비인 태사(太姒)임. <관저>는 후비의 덕을 노래한 것임.

97) 소성(小星): 첩의 뜻. 『시경』 <소성(小星)>에서 유래.

98) 견과(見過): 허물을 봄.

箭)[99]을 차고 백모황월(白旄黃鉞)[100]을 좌우에 세우고 장대(將臺)에 오르
18 니 시년(時年)[101]이 십팔 세라. 호령이 엄숙하고 위풍이 늠름하니 삼군장
졸(三軍將卒)이 감히 우러러 보지 못하더라.

아이오 천자가 진문(陣門) 밖에 이르샤 표신(標信)[102]을 통하신대, 원수가 단에 내려 어가(御駕)를 맞아 왈,

"개주지사(介胄之士)는 불배(不拜)라.[103] 군례(軍禮)로 뵈나이다."

천자가 흔연 답례하시고 백옥배(白玉杯)에 향온(香醞)을 가득 부어 권하샤 왈,

"금일로부터 곤이외(閫以外)[104]는 장군이 주장하여 자금이후(自今以後)에 연로각읍(沿路各邑)[105]의 위령자(違令者)를 선참후계(先斬後啓)[106] 하고 짐에게 보(報)하라."

하시고, 쉬이 남만을 파하고 개가(凱歌)[107]를 불러 돌아옴을 이르시고, 길이 읍한 후[108] 진문(陣門)을 나샤 황옥거상(黃屋車上)[109]에 오르시니, 원수가 거하(車下)에 재배하직(再拜下直)하고 다시 중군(中軍)[110] 장상에 올

---

99) 대우전(大羽箭): 네 개의 깃털이 달린 크고 긴 화살.

100) 백모황월(白旄黃鉞): 백모(白旄)는 털이 긴 흰빛깔의 쇠꼬리를 장대 끝에 매달아 놓은 기(旗)이며, 황월(黃鉞)은 구리로 만들고 도끼의 날을 황금으로 도금한 의장용 도끼. 장군이 출정할 때 전권을 위임받았다는 표시로 천자에게 하사받았다는 물건.

101) 시년(時年): 그때의 나이.

102) 표신(標信): 궁중에 급변을 전할 때나 대궐에 드나들 때에 사용하던 문표(門標).

103) 개주지사(介胄之士)는 불배(不拜)라: 갑옷과 투구로 무장한 무사는 엎드려 절하지 않음.

104) 곤이외(閫以外): 궁궐 밖.

105) 연로각읍(沿路各邑): 가는 길 좌우에 면하여 있는 읍들.

106) 선참후계(先斬後啓): 군율을 어긴 사람을 먼저 처단하고 그 뒤에 임금에게 보고함.

107) 개가(凱歌): 싸움에 이기고 돌아올 때에 부르는 노래.

108) 길이 읍한 후: 문맥상 필요 없는 부분.

109) 황옥거상(黃屋車上): 천자가 사용하던 수레 위.

라 흠사(欽賜)[111]하신 황금을 삼군(三軍)을 호상(犒賞)[112]하기를 마치매, 이에 행군할새 고각지성(鼓角之聲)[113]이 천지를 흔들고 정기(旌旗)는 일광을 가리오며 대오(隊伍)가 정제(整齊)하고 군령이 엄숙하니, 지나는 곳에 인민이 부로휴유(扶老携幼)[114]하여 모두 칭찬 왈, 19

"우리 성천자(聖天子) 소년 명장을 택정(擇定)하샤 군위(軍威) 정제함이 이 같으니, 어찌 작은 도적을 근심하리오."

하여 인심이 많이 안도(安堵)하더라.

차설. 벽성선이 강주를 떠나 황성 삼십여 리 객점에 이르러 날이 저물매 인하여 헐숙(歇宿)[115]할새, 길가에 백성이 교량을 수축(修築)하며 도로를 다스려 요요분분(擾擾紛紛)[116]하거늘, 그 곡절을 물은대 모두 이르되,

"금일 정남대도독 행차가 이곳에 숙소하신다."

하거늘 다시 문왈,

"도원수가 누구시뇨?"

답왈,

"병부시랑 양(楊) 노야(老爺)[117]니이다."

선낭이 이 말을 듣고 놀라 왈,

"상공이 출전하심을 내 이미 염려한 바이어니와 어찌 이같이 급하시뇨? 내 이제 서어한 종적으로 생소(生疎)한 문호(門戶)에 누구를 향하여 가며 내게 있는 옥적(玉笛)이 혹 군중에 쓸 데 있을지니 어찌[118]

---

110) 중군(中軍): 전군(全軍)의 한 가운데 자리잡고 있던 중심부대.

111) 흠사(欽賜): 황제가 은혜로 내림.

112) 호상(犒賞): 군사들에게 음식을 먹이고 상을 내려 위로함.

113) 고각지성(鼓角之聲): 군중에서 호령할 때에 쓰이는 북과 나발 소리.

114) 부로휴유(扶老携幼): 노인을 부축하고 어린 아이의 손을 잡음.

115) 헐숙(歇宿): 어떤 곳에 이르러 쉬고 머무름.

116) 요요분분(擾擾紛紛): 소란스럽고 시끄러움.

117) 노야(老爺): (성이나 직함 뒤에 쓰여) 남을 높여 부르는 말.

118) 어찌: 어떻게.

20 써 상공께 전하리오? 군중(軍中)이 엄숙하여 남자도 출입치 못하거든 하물며 여자리오."

다시 한 계교를 생각하고 동자를 불러 왈,

"네 문외에 섰다가 원수의 행차가 이르시거든 고하라."

아이오 고각(鼓角)이 훤천(喧天)[119]하며 동자가 창황(倘恍)[120]하게 보하여 왈,

"원수가 행군하여 오시나이다."

선낭이 왈,

"네 진 치는 곳을 자세히 알아오라."

동자가 이윽고 돌아 고하기를,

"원수가 서남으로 백여 보 밖에 배산임수(背山臨水)한 무인지경(無人之境)에 진을 치시더이다."

선낭이 야심(夜深) 후 동자더러 왈,

"내 상공이 진 치신 형세를 구경코자 하나니 네가 인도하라."

하고 옥적을 가지고 동자를 따라 진전에 이르매, 이때 월색이 조요(照耀)한대 기치창검(旗幟槍劍)이 정정제제(整整齊齊)[121]하여 방위를 지키었고 인부절월(刃斧節鉞)[122]이 중중첩첩(重重疊疊)하여 원문(轅門)[123]을 이뤘으니, 위의(威儀) 엄숙하고 군율이 정제함을 묻지 않아 알지라. 선낭이 동
21 자를 데리고 북산에 올라 진중을 굽어보고자 하여 이에 산에 올라 중봉(中峰)에 이르러 동자를 불러 왈,

"너는 산하에 섰다가 올라오는 사람이 있거든 인도하라."

하고, 선낭이 암상에 높이 앉아 군중(軍中) 경점(更點)[124] 소리를 들으니

---

119) 훤천(喧天): 소리가 매우 커서 천공(天空)에 울려 퍼짐.

120) 창황(倘恍): 다급하게.

121) 정정제제(整整齊齊): 아주 잘 정돈되어 가지런함.

122) 인부절월(刃斧節鉞): 천자가 적을 치러가는 장군에게 주는 부절과 도끼.

123) 원문(轅門): 군영(軍營)이나 영문(營門)을 이르는 말.

124) 경점(更點): 시간을 계산하는 단위. 한 밤을 오경(五更)으로 나누고 일경(一

이미 삼경(三更)을 보하거늘, 선낭이 옥적을 들어 한 곡조를 부니, 차시 양원수가 장중에서 서안(書案)을 의지하여 육도삼략(六韜三略)[125]을 보더니 난데없는 한 마디 옥적 소리 풍편(風便)[126]에 들리거늘, 병서를 놓고 귀를 기울여 잠청(潛聽)[127]하매 그 소리가 반공(半空)에 요량(暸喨)[128]하여 서풍(西風)에 귀안(歸雁)이 짝을 부르는 듯하여 심상한 초부(樵夫)의 목적(木笛)이 아니라. 원수의 총명함으로 어찌 벽성선의 옛 곡조를 모르리오. 심중에 경의(驚疑)하여 생각하기를, '이는 반드시 선낭이 지나가다
가 나를 보고자 함이로다.' 하고 즉시 중군사마를 불러 왈, 22

"군사가 처음으로 이곳에서 경야(經夜)[129]하니 항오(行伍)[130]와 막차(幕次)[131]가 안정치 못할지라. 내 평복(平服)으로 한 번 순행코자 하나니 누설치 말고 장중(帳中)을 지키라."

하고 심복(心腹)[132] 아장(亞將) 일인(一人)을 데리고 자기가 찼던 대우전(大羽箭) 일개(一個)를 들고 원문(轅門)을 나가려 하되 문 지킨 군사가 표신(標信)[133]을 찾거늘, 원수가 신전(信箭)[134]을 뵈이고 진 밖에 나와 전후좌우를 한 바퀴 순행(巡行)할새, 산 밖에 옥적 소리 오히려 그치지 아니하는지라, 원수가 부장을 돌아보아 왈,

"내 뒤를 따르라."

更)을 다시 오점(五點)으로 나누는데, 경마다 북을 침.

125) 육도삼략(六韜三略): 중국 전래의 병법을 전하는 책. 태공망(太公望)의 육도(六韜)와 황석공(黃石公)의 삼략(三略)을 아울러 이르는 말.

126) 풍편(風便): 바람결.

127) 잠청(潛聽): 정신을 가다듬어 조용히 들음.

128) 요량(暸喨): 소리가 맑아 멀리 들림.

129) 경야(經夜): 밤을 지냄.

130) 항오(行伍): 군대를 편성한 대오.

131) 막차(幕次): 장막을 치고 임시로 머무는 곳.

132) 심복(心腹): 마음놓고 일을 맡길 수 있는 사람.

133) 표신(標信): 군중을 드나들 때에 사용하던 문표(門標).

134) 신전(信箭): 표신이 되는 화살.

하고 앞에서 행하여 길을 찾더니, 동자가 산하(山下)에 섰다가 반겨 문왈,

"오시는 상공이 뉘시니잇가?"

원수가 부장더러 왈,

"그대는 여기서 기다리라."

하고 동자를 따라 뫼에 오르니, 선낭이 옥적을 그치고 암상(巖上)에 내려 맞아 왈,

23 "상공의 출정하심이 이리 급하시니잇가?"

원수가 답왈,

"적세 창궐하기로 지체치 못함이라. 만일 사세(事勢)가 이 같을 줄 알았던들 낭자를 어찌 급히 상경케 하였으리오?"

선낭이 문파(聞罷)에 함루(含淚) 왈,

"첩이 미천한 몸으로 존문(尊門)[135]에 안면이 없으니 이제 당돌히 들어가 누구를 의지하리잇고?"

원수가 추연집수(惆然執手)하고 황소저를 취하던 말을 대강 이르며 왈,

"내 낭자의 식견이 과인(過人)[136]함을 아나니 만일 난처한 일이 있을지라도 십분 조심하여 내가 돌아옴을 기다리라."

선낭 왈,

"상공이 원융(元戎)[137]의 체중(體重)[138]하심으로 천첩을 위하여 오래 막차(幕次)를 떠나시니 불안하도소이다."

인하여 옥적을 드려 왈,

"이것이 혹 군중에서 쓸 데 있을까 하나니 가져가소서."

원수가 받아 소매에 넣고 다시 선낭을 돌아보며 연연(戀戀)[139]한 빛이 있어 왈,

---

135) 존문(尊門): 상대의 가문을 높이는 말.
136) 과인(過人): 남보다 뛰어남.
137) 원융(元戎): 군사의 우두머리.
138) 체중(體重): 지위가 높음.
139) 연연(戀戀): 집착하여 미련을 가짐.

"낭자가 부중(府中)에 들어가 혹 어려운 일이 있거든 윤소저와 상의 24
하라. 저의 천성(天性)이 현숙하기로 또한 부탁함이 있으니 저버리지
아니할까 하노라."

선낭이 눈물을 뿌려 하직하니 원수가 산하(山下)에 내려 부장을 데리고 본진으로 돌아와 익일에 행군하여 남으로 가니라. 차시 선낭이 원수와 이별하매 원수는 부장을 데리고 본진으로 돌아와 익일에 행군하여 남으로 가니라.[140]

차설. 선낭이 동자를 데리고 점중(店中)에 돌아와 잠을 이루지 못하고,
천색이 밝으매 행장을 수습하여 황성에 득달하여 양부(楊府) 문전에 수
레를 머무르고 동자로 선통(先通)[141]하니, 원외가 내당에 들어와 볼새 아
리따운 태도와 부드러운 용모가 일분교식(一分巧飾)[142]함이 없고, 그 조
결(澡潔)함은 일편빙심(一片氷心)[143]이 티끌이 사라지고, 선연(嬋娟)함은
반륜추월(半輪秋月)[144]이 개인 빛을 띠었거늘, 부중 상하가 책책칭선(嘖 25
嘖稱善)[145]하고 원외 또한 사랑하여 앉음을 명하고 윤·황 양 소저를 부
르니, 윤소저가 즉시 승명(承命)하여 이르렀거늘, 원외 왈,

"황현부(賢婦)[146]는 어찌 아니 오나뇨?"

좌우(左右)가 보왈

"황소저가 홀연 신기불평(身氣不平)하여 오지 못하시나이다."

원외 머리를 숙이고 불쾌한 빛이 있어 윤소저를 돌아보아 왈,

"남아의 일첩(一妾)은 옛부터 있는 배요, 부녀의 투기는 세간의 악풍(惡風)이라. 현부의 숙덕(淑德)[147]으로써 시기함이 없으려니와 십분

---

140) 원문 중복.

141) 선통(先通): 미리 알림.

142) 일분교식(一分巧飾): 조금의 꾸밈.

143) 일편빙심(一片氷心): 한 조각 얼음같이 깨끗한 마음.

144) 반륜추월(半輪秋月): 가을 반달.

145) 책책칭선(嘖嘖稱善): 큰 소리로 떠들며 칭찬함.

146) 현부(賢婦): 며느리를 대우하여 부르는 말.

화목하여 화기를 잃지 말라."

하고, 즉시 후원 별당(別堂)에 처소를 정하여 있게 하니, 윤소저가 연옥을 명하여 별당 길을 인도할새, 옥이 선낭을 앞세우고 후원으로 가며 그 행보 거동을 보니 의연히 홍낭 같은 곳이 있거늘, 옥이 눈물을 머금고 슬퍼함을 마지아니하니, 선낭이 문왈,

26 "그대 어찌 나를 보고 감창(感愴)[148]한 기색이 있나뇨?"

옥이 더욱 오열 왈,

"천비 흉중에 맺힌 한이 있더니 이제 잠깐 촉동(觸動)[149]함이 있어 기색을 감추지 못함이니이다."

선낭이,

"부귀한 댁중(宅中)에 어진 부인을 모셔 무슨 이런 환(患)이 있나뇨?"

옥이 답왈,

"천비는 본디 강남 사람으로 고주인(故主人)[150]을 잃고 이곳에 있더니, 금일 낭자의 용모를 뵈오니 고주와 의연(依然)히 방불(彷彿)[151]하신지라. 자연 심사가 요란하니이다."

선낭 왈,

"그대의 고주인은 누구뇨?"

대왈,

"항주 제일방(第一坊) 청루에 있는 홍낭이니이다."

선낭이 놀라 왈,

"네 이미 홍낭의 수하(手下) 차환인즉 어찌 이곳에 있나뇨? 내 홍낭과 안면이 없으나 서찰로 서로 친함이 형제 같으니 이제 네 말을 들으니 어찌 반갑지 않으리오."

---

147) 숙덕(淑德): 착하고 아름다운 덕행.
148) 감창(感愴): 어떤 느낌이 가슴에 사무쳐 슬퍼함.
149) 촉동(觸動): 어떤 자극을 받아서 움직임.
150) 고주인(故主人): 옛 주인.
151) 방불(彷彿): 거의 비슷함.

연옥이 이 말을 듣고 선낭의 손을 잡고 눈물이 비 오듯 하여 왈,
"우리 낭자가 원통히 죽어 후신(後身)이 낭자가 되니잇가? 낭자가 27
천비를 속여 전신(前身)이 우리 낭자이시니잇가? 세간의 아리따운 낭
자가 우리 낭자 밖에 없는가 하오매 오매불망(寤寐不忘)하여 다시 한
번 봄을 축수(祝手)[152]하더니, 이제 낭자의 용모가 우리 낭자와 같으
시뇨. 또한 우리 낭자와 지기지우(知己之友)[153]라 하시니, 이는 하늘
이 천비의 고주를 잃고 고단하게 있음을 불쌍히 여기샤 낭자를 보내
시도다."

하고 인하여 윤소저의 성덕(盛德)을 더욱 탄복하더라.

익일에 선낭이 양당(兩堂)에 문후하고 윤소저 침소에 이르러 소저에 고왈,

"첩이 청루천종(青樓賤踪)[154]으로 예도(禮度)를 모르오나, 일찍 듣자오매 양위 소저가 계시다 하더니, 일위 소저께 뵈옵지 못하오니 감히 뵈옵기를 청하나이다."

윤소저가 침음양구에 연옥을 명하여 황소저 침소를 가르치라 하니, 차
시 황소저가 시비(侍婢)를 놓아 선낭의 동정(動靜)을 탐지하니, 칭찬하는
자도 있고 혹 시비하는 자도 있어 그 용모와 자태를 칭찬하는 소리 진동 28
하거늘, 심중에 분한함을 이기지 못하여 종야불매(終夜不寐)[155]하고 일
찍이 일어나서 소세(梳洗)[156]할새 거울을 대하여 눈썹을 그리며 탄왈,

"하늘이 나를 내심에 어찌 경국지색(傾國之色)[157]을 아끼샤 위로 윤씨에게 양두(讓頭)하고, 아래로 천기(賤妓)에게 뒤지게 하신고."

---

152) 축수(祝手): 손을 마주대고 빎.

153) 지기지우(知己之友): 서로의 마음을 알아주는 친구.

154) 청루천종(青樓賤踪): 기생집의 천한 자취.

155) 종야불매(終夜不寐): 밤새도록 잠을 이루지 못함.

156) 소세(梳洗): 머리를 빗고 낯을 씻음.

157) 경국지색(傾國之色): 나라를 기울어지게 할만한 뛰어난 미인. 이연년(李延年)의 노래가사에서 유래.

하여 살이 떨리고 뼈가 바아지는 듯하더니, 좌우가 보하되,

"선낭이 뵈옴을 청하나이다."

하거늘, 황소저가 발연대로(勃然大怒)[158]하여 안색이 푸르며 한독(悍毒)[159]한 기운이 발발(勃勃)[160]하니, 필경 어찌 된고?

하회를 보라.

행흉모간비뇨별당(行凶謀奸婢鬧別堂)[161]
자요계노파매단약(資妖計老婆賣丹藥)[162]

각설. 황소저가 선낭이 뵙기를 청함을 듣고 독한 성을 이기지 못하더니 홀연 생각하여 왈,

"고기를 낚으려 한즉 미끼를 달게 하고, 토끼를 잡으려 한즉 올
29 무[163]를 가만히 놓을지라. 제 비록 지혜 많고 의사(意思)가 과인하나
내 한 번 웃고 한 번 달래어 묘리(妙理) 있게 농락한 즉 내 수단에 벗
어나지 못하게 하리라."

하고 즉시 유화(柔和)한 얼굴과 아리따운 말씀으로 그 오름을 재촉하니, 선낭이 당에 올라 추파를 흘려 황소저의 얼굴을 자시 보니, 옥 같은 얼굴에 잠깐 푸른빛을 띠었고, 별 같은 눈에 십분 혜힐(慧黠)[164]한 빛을 띠었으니, 얇은 입과 곱은[165] 눈썹에 인후(仁厚)한 기상이 없더라. 선낭을 보

---

158) 발연대로(勃然大怒): 갑자기 안색이 변하며 크게 화를 냄.
159) 한독(悍毒): 성질이 사납고 표독스러움.
160) 발발(勃勃): 기세가 끓어오를 듯이 성함.
161) 행흉모간비뇨별당(行凶謀奸婢鬧別堂): 나쁜 꾀를 쓴 간악한 계집종이 별당을 소란스럽게 하다.
162) 자요계노파매단약(資妖計老婆賣丹藥): 요사스런 꾀를 쓰려고 노파가 단약을 팔다.
163) 올무: 새나 짐승을 잡을 때 쓰는 올가미.
164) 혜힐(慧黠): 간사하고 꾀가 많아 교묘하게 둘러댐.

고 흔연 소왈,

"낭자의 이름을 들은 지 오래나 얼굴을 이제야 보니 군자의 사랑하심이 마땅하도다. 오늘부터 백년을 기약하여 군자를 섬길지니 심곡(心曲)으로 사귀고 간담(肝膽)을 비추어[166] 서로 휘(諱)함이 없게 하라."

선낭이 사례 왈,

"첩이 노류장화(路柳墻花)의 천한 몸으로 규범내칙(閨範內則)[167]의
높은 말씀을 듣지 못하여 미친 행실과 추한 거동으로 단엄(端嚴)하신 30
용광(容光)[168]을 대하오니 진퇴주선(進退周旋)[169]에 그 허물을 용서하
시고 불민(不敏)함을 교훈하소서."

황소저가 낙락(樂樂)히[170] 웃어 왈,

"낭자는 너무 겸사(謙辭)치 말라. 나는 사람을 사귄즉 심곡(心曲)을 감추지 못하나니 의심치 말지어다."

선낭이 칭사(稱謝)[171]하고 돌아오며 생각하되, '옛적에 이림보(李林甫)[172]는 웃는 속에 칼을 품었다고 하더니, 이제 황소저 말씀 가운데 올무가 무수하니 칼은 피하려니와 올무는 면키 어려우리로다.' 하더라.

차하(且下)를 분해(分解)하라.

세(歲) 무신(戊申) 이월일 향목동 서(書)

---

165) 곱은: 굽은.

166) 간담(肝膽)을 비추어: 서로 속마음을 털어놓고 친하게 지낸다는 의미.

167) 규범내칙(閨範內則): 가정 안에서의 예의범절.

168) 용광(容光): 상대방의 얼굴을 높여 이르는 말.

169) 진퇴주선(進退周旋): 앞으로 나아갔다 뒤로 물러섰다 한 바퀴 돌았다 한다는 뜻으로, 몸가짐을 이르는 말.

170) 낙락(樂樂)히: 매우 즐겁게.

171) 칭사(稱謝): 고마움을 표현함.

172) 이림보(李林甫): 당나라 현종 때의 재상으로 성품이 음흉하였음.

옥루몽 권지십

1 화설. 선낭이 심중에 생각하기를, '석일(昔日)에 이림보(李林甫)[1]가 구밀복검(口蜜腹劍)[2]이라 하더니, 이제 황소저의 말씀을 들으니 가히 입 속에 칼을 품었도다 하리로다.' 하더라. 익일(翌日)에 황소저가 선낭을 찾아 별당에 이르러 한담(閑談)할새 선낭의 좌우에 양개시비(兩個侍婢) 뫼셨거늘, 소저가 고왈,

"저 차환(叉鬟)[3]은 누구뇨?"

선낭이 대왈,

"첩이 데려온 수하(手下) 천비(賤婢)로소이다."

소저가 숙시양구(熟視良久)[4]에 왈,

"낭자가 시비(侍婢)를 두어도 저렇듯 절묘하니 적지 않은 복이라. 그 이름이 무엇이뇨?"

선낭이 대왈,

"일개(一個)의 성명은 소청(小蜻)이니 나이 십사 세라 위인이 심히 용렬(庸劣)[5]치 아니하나, 일개의 명은 자연(紫鷰)이니 십일 세요, 천성

---

1) 이림보(李林甫): 당나라 현종 때의 재상으로 성품이 음흉하였음.
2) 구밀복검(口蜜腹劍): 말은 꿀처럼 달콤하나 배 속에는 칼을 지녔다는 것으로, 겉으로 친절하나 속으로는 해칠 생각을 가지고 있다는 뜻.
3) 차환(叉鬟): 주인 가까이에서 잔심부름을 하는 여자종.
4) 숙시양구(熟視良久): 오랫동안 자세히 봄.
5) 용렬(庸劣): 사람이 변변치 못하고 졸렬함.

이 혼암(昏暗)[6]하여 첩의 근심이로소이다."

소저가 소왈,

"나도 두 낱 시비 있으나 일개의 명(名)은 도화(桃花)라 위인이 용렬하고, 일개의 명은 춘월(春月)이니 천성이 비록 암매(暗昧)하나, 양비(兩婢) 다 충직하니 종금(從今) 이후로는 낭자의 시비와 한 곳에 사환 2
(使喚)[7] 시킴이 좋다."

하더라.

수일 후 선낭이 소청을 데리고 황소저 침실에 회사(回謝)[8]하려 이르니 소저가 흔연(欣然)히 집수(執手) 왈,

"내 정(正)히 무료하더니 낭자가 이같이 찾으니 다정하도다."

하고 춘월을 돌아보아 왈,

"오늘은 내 선낭과 종일 소견(消遣)[9]하려 하니 여(汝) 등도 별당에 가서 자연 등으로 한담하여 일실지내(一室之內)에 화호지의(和好之誼)[10]를 잃지 말라."

춘월이 응낙하고 가니라.

차시(此時) 자연이 홀로 별당에 앉았더니 홀연 일쌍 호접(胡蝶)이 날아 난간머리에 앉거늘, 연이 몸을 일어 잡고자 하니 그 호접이 도로 날아 후원 꽃 수풀로 들어가니 연(鷰)이 쫓아가 방황하더니, 춘월이 소리하여 왈,

"자연아! 꽃만 알고 동무를 모르난다?"

자연이 소왈,

"춘낭은 어찌 한가히 다니나뇨?"

춘월이 소왈,

"우리 소저가 마침 너의 낭자와 한담하시니 내 틈을 타 놀고자 왔

---

6) 혼암(昏暗): 어리석고 어두움.
7) 사환(使喚): 심부름시킴.
8) 회사(回謝): 사례하는 뜻을 나타냄.
9) 소견(消遣): 어떤 것에 재미를 붙여 심심하지 않게 세월을 보냄.
10) 화호지의(和好之誼): 화평하고 사이가 좋은 관계.

노라."

자연이 대희하여 서로 손을 잡아 수풀 사이에 앉으며 춘월 왈,

3 "네가 강주(江州)에서 이런 동산과 이런 화림(花林)을 구경하였나냐?"

자연이 소왈,

"내 전에 들으니 황성이 좋다 하더니 이제 보매 우리 강주(江州)만 못한가 하노라. 내 강주에 있을 제 한가한즉 집 뒷동산 벽성산에 올라 동무와 꽃싸움[11]도 하고, 혹 강변에 나아가 물 구경도 하더니 황성에 온 후로 무료한 때 많으니 우리 강주만 못할까 하노라."

춘월 왈,

"벽성산이 어떠한 뫼이며 강변은 어떠한 강이뇨?"

자연 왈,

"벽성산은 바로 집 뒤에 있고 심양강(潯陽江)이 앞에 있으니 강상(江上)의 정자가 표연(飄然)하여 경개(景概) 유명하니 춘낭(春娘)이 보지 못함을 한하노라."

춘월 왈,

"너의 낭자는 강주에서 무엇 하시뇨?"

자연 왈,

"혹 청루의 손도 보시고 혹 별당에서 비파도 타시니 어찌 이같이 적적(寂寂)하리오."

춘월 왈,

"낭자의 별당이 어떠하뇨?"

자연 왈,

"네 귀에 기둥 박고 앞뒤에 문을 내고 흙으로 벽을 치고 종이로 도
4 배함은 집마다 일반이라. 무엇을 묻나뇨?"

---

11) 꽃싸움: 여러 가지 꽃을 꺾어 모아 가지고 그 수효를 대보아 많고 적음을 내기하는 장난. 또는 꽃이나 꽃술을 맞걸어 당겨서 끊어지고 안 끊어지는 것으로 이기고 짐을 내기하는 장난.

춘월이 성내어 왈,

"내 심심하기로 물었더니 이같이 핀잔 주니 나는 돌아가노라."

하며 몸을 일거늘, 자연이 그 손을 잡아 왈,

"내 일일이 그린 듯이 말하리니 노하여 말라. 우리 낭자의 별당이 띠로 첨하(簷下)하고 대로 문을 하며 분벽사창(粉壁紗窓)에 서화(書畵)를 가득히 붙였으며 섬돌 아래 황국단풍(黃菊丹楓)과 창송녹죽(蒼松綠竹)을 심었으니 보는 자가 뉘 아니 칭찬하리오."

춘월 왈,

"우리 상공이 몇 번이나 가셨더뇨?"

자연 왈,

"날마다 나아오샤 매양 야심(夜深) 후 돌아가시니라."

춘월 왈,

"몇 번이나 숙침(宿寢)하시더뇨?"

자연 왈,

"일찍이 숙침하심은 보지 못하였노라."

춘월이 희희이 웃으며 자연의 손을 잡고 왈,

"내 누설치 말지니 속이지 말라."

연 왈,

"무엇을 속이리오?"

춘월이 다시 웃으며 자연의 귀에 다혀[12] 두어 마디 말을 가만히 물으되, 자연 왈,

"그는 내 모르나 우리 낭자가 상공의 말씀을 듣지 아니하시며 왈, 5
'금일은 붕우(朋友)로 알으소서.' 하시니 나는 그 밖은 모르노라."

춘월이 또 묻듯 하더니 홀연 보매 연옥이 오다가 뒤에 섰거늘, 춘월이 즉시 몸을 일며 왈,

"소저가 찾으실지라. 나는 돌아가노라."

12) 다혀: 대어.

하고 가니라.

차시 황소저가 선낭이 돌아감을 만류하여 구슬 바둑을 희롱하여 두어 판이 지나매, 이에 판을 물리고 소저 소왈,

"낭자의 재주 이렇듯 기특하니 응당 생소(生疎)치 않을지라. 글씨를 구경코자 하노라."

선낭이 소왈,

"창기의 글씨 불과 정낭(情郞)[13]에게 서찰이나 할 뿐이라. 어찌 족히 쓴다 하리잇고."

소저가 대소(大笑)하고 도화를 불러 필연(筆硯)을 가져오라 하여 왈,

"내 이사이 한가하기로 글씨로 소견(消遣)코자 하나니, 낭자는 두어 자 글을 아끼지 말라."

선낭이 즐겨 쓰지 아니한대, 황소저가 웃고 친히 붓을 들어 먼저 두어 줄을 쓰며 왈,

"내 이미 졸(拙)한 수단으로 썼으니 낭자는 쓰라."

6 선낭이 마지못하여 쓴대, 소저가 칭찬하여 왈,

"낭자의 글씨는 나의 미칠 배 아니니 또 다른 체로 한 줄을 쓰라."

선낭 왈,

"천한 재주가 이 뿐이라. 어찌 두 가지 체 있으리잇고."

황소저가 미소 왈,

"금일은 소견을 잘 하였으니 명일 다시 찾으라."

대개 선낭의 지혜로 어찌 황소저의 간교함을 모르리오마는, 종시 연기(年紀) 어리고 성품이 유약하여 홍낭의 맹렬함이 없는 고로 황소저의 간교함을 짐작하나 그 청함을 거역하지 못하여 날마다 상종하니, 윤소저가 심중에 염려하더라.

일일은 원외 내당에 들어와 황소저를 불러 왈,

"아까 현부(賢婦)의 대인(大人)[14]이 서간(書簡)을 보내시되, 존부(尊

13) 정낭(情郞): 연모(戀慕)하는 남자.

府) 태부인(太夫人)[15]이 환후(患候)[16]가 중하시니 현부를 보내라 하시었으니 수일 귀녕(歸寧)[17]하여 시탕(侍湯)[18]을 받들고 속히 돌아오라."

황소저 수명(受命)하고 즉시 본부에 돌아와 각로와 모친에 뵈오니, 각로가 왈,

"아까 너의 서간을 보니 신병(身病)이 극중(極重)타 하기로 데려오 7
고자 한즉, 너의 모친이 말하기를 구가(舅家)[19]에서 보내지 아니 할 것
이니 친환(親患)[20]을 말하여야 보내리라 하기로 내 친필로 청하였더
니, 이제 네 얼굴을 보니 병색이 대단치 않은가 보니 어찌 편지를 과
히 하여 노부를 경동(驚動)케 하나뇨?"

소저가 천연 대왈,

"외모에 나타난 병은 약으로 고치려니와 중심(中心)의 은근한 병은 부모도 모르시니 그 위태함이 조석(朝夕)에 있는가 하나이다."

각로가 대경 왈,

"여아(女兒)[21]가 무슨 병이 이리 깊으뇨?"

소저가 눈물을 흘리며 왈,

"야야(爺爺)[22]가 소녀를 사랑하사 가서(佳壻)를 고르시더니 풍류탕자(風流蕩子)를 만나 오작(烏鵲)의 다리 은하(銀河)에 끊어지고, 항아(姮娥)[23]의 신세 월궁(月宮)에 적막하여 이제 청춘심규(青春深閨)에서 백두음(白頭吟)[24]을 부르게 되오니, 여아의 평생이 병들어 죽으니만

---

14) 대인(大人): 아버지를 높여 부르는 말.
15) 태부인(太夫人): 상대방 어머니를 높인 말.
16) 환후(患候): 웃어른의 병을 높여 부르는 말.
17) 귀녕(歸寧): 시집간 딸이 친정에 가서 부모를 뵘.
18) 시탕(侍湯): 어버이의 병환에 약시중을 드는 일.
19) 구가(舅家): 시가(媤家).
20) 친환(親患): 어버이의 병환.
21) 여아(女兒): 딸이라는 뜻으로, 직접 본인에게 대하여 이르는 말.
22) 야야(爺爺): 아버지를 부르는 호칭.
23) 항아(姮娥): 남편의 불사약을 훔쳐 달로 달아났다는 예(羿)의 아내.

같지 못할까 하나이다."

각로가 추연 왈,

"노부가 말년에 너를 얻어 장중(掌中)의 구슬로 알더니, 네 신세를
8 내 손으로 그르친가 싶으니 그 곡절을 자시 말하라."

소저가 오열하여 왈,

"양낭(楊郎)이 강주에 적거(謫居)하여 일개 천기를 데려오니 음란한 행실과 교식(巧飾)[25]한 행실이 상하(上下)를 부동(符同)[26]하여 소녀를 하시(下視)[27]하고 왈, '황씨는 나중에 들어온 사람이라. 내 어찌 적첩분의(嫡妾分義)를 차리리오. 그 아래 됨을 감수치 않으리라.' 하니 금일 형세 세불양립(勢不兩立)[28]이라. 차라리 소녀가 먼저 죽어 모르고자 하나이다."

황각로가 청파(聽罷)에 대로(大怒) 왈,

"하방(遐方)[29] 천기 어찌 이같이 방자하리오. 아녀(我女)[30]가 비록 재덕(才德)이 없다 할지라도 황상(皇上)이 사혼(使婚)[31]하신 배라. 비록 양원수라도 박대(薄待)치 못하려든 하물며 천기리오. 노부가 마땅히 양부(楊府)에 가서 천기를 원방(遠方)으로 축송(逐送)[32]하리라."

위부인이 만류 왈,

"상공은 식노(息怒)[33]하시고 사기(事機)[34]를 서서히 생각하소서."

---

24) 백두음(白頭吟): 사마상여가 무릉(茂陵)의 여자를 얻어 첩으로 삼으려 하자, 탁문군이 백두음을 지어 슬프고 원망스러운 감정을 표시한 노래.

25) 교식(巧飾): 겉으로 그럴 듯하게 꾸밈.

26) 부동(符同): 그른 일에 어울려 한 통속이 됨.

27) 하시(下視): 얕잡아 봄.

28) 세불양립(勢不兩立): 형세상 둘이 함께 할 수 없음.

29) 하방(遐方): 서울에서 멀리 떨어진 곳.

30) 아녀(我女): 내 딸.

31) 사혼(使婚): 혼인을 시킴.

32) 축송(逐送): 쫓아 보냄.

33) 식노(息怒): 노여움을 가라앉힘.

각로가 그렇게 여기더라. 대개 위부인의 극악한 의사와 한독(悍毒)한 성식(性息)[35]을 각로가 매양 거역지 못하는 배라.

이 날부터 부인이 여아(女兒)를 도와 선낭을 모해코자 하여 밀밀(密密) 9
한 계교와 기괴한 경륜(經綸)을 이루 측량치 못할러라. 십여 일 후에 황소저가 구가(舅家)로 돌아갈새, 각로가 소저의 손을 잡아 왈,

"네 구가에 돌아가 만일 어려운 일이 있거든, 즉시 알게 하라. 노부가 비록 무능하나 일개 천기(一個賤妓)를 초개(草芥)[36]같이 아나니 어찌 족히 근심하리오."

위부인이 냉소 왈,

"출가한 여자의 사생고락(死生苦樂)이 구가에 달렸으니 상공이 어찌 하시리오. 네 돌아가 만일 욕됨이 있거든 차라리 자처(自處)[37]하여 남의 치소(嗤笑)[38]를 없게 하라."

소저가 눈물을 뿌리며 교자(轎子)에 오르니 각로가 차마 보지 못하여 부인을 꾸짖고 여아를 위로하더라.

광음이 훌훌하여 양원수가 출전한지 이미 십삼 삭(朔)이라. 여름이 진(盡)하고 가을이 되매 천지 청랑(淸朗)하여 양풍(凉風)이 소슬하거늘, 선낭이 후원 별당에 고적히 처하여 양개(兩個) 차환이 난간에 의지하였더
니 서리 기운이 공중에 가득하고 밝은 달이 운간(雲間)에 조요(照耀)하여 10
옹옹(嗈嗈)[39]한 기러기 남으로 가거늘, 선낭이 초창한 빛이 있어 길이 탄왈,

"슬프다. 이 몸이 나래 없어 기러기를 따라가지 못하도다."

---

34) 사기(事機): 일이 되어가는 가장 중요한 기틀.

35) 성식(性息): 성정(性情).

36) 초개(草芥): 지푸라기라는 뜻으로, 하찮고 쓸모없는 것을 비유적으로 이르는 말.

37) 자처(自處): 의분을 참지 못하거나 지조를 지키기 위하여 스스로 목숨을 끊음.

38) 치소(嗤笑): 빈정거리며 웃음.

39) 옹옹(嗈嗈): 새가 우는 소리.

하며 글 한 귀를 외어 왈,

"가련규리월(可憐閨裡月)이 유조복파영(流照伏波營)[40]이라 하였으니 정히 오늘 밤에 첩의 심사(心事)를 이름이로다."

하고 언파에 수항루(數行淚)[41]가 나삼(羅衫)을 적시더니, 홀연 춘월이 와 고하대,

"소저가 천비를 보내시며 소청 · 자연을 잠깐 바꾸어 보내라 하시더이다."

선낭이 양 비자(婢子)를 돌아보아 왈,

"소저가 매양 여(汝) 등을 과장(過奬)[42]하시더니, 이제 부르시니 만일 시키시는 일이 있거든 조심하여 하라."

양비(兩婢) 응명하고 가니라.

춘월이 선낭을 대하여 희희(嬉戲)[43]이 웃어 왈,

"낭자 평일에 적막치 아니케 지내시다가 이제 고적한 별당에 외로이 계시니 우리 상공이 출전하신 탓이로다."

11 하거늘, 선낭이 미소부답(微笑不答)하니, 춘월이 웃어 왈,

"천비 일찍 재상 문하에 생장하여 규중처자를 많이 보았으나 낭자같이 아름다운 용모는 금시초견(今時初見)[44]이라. 부중상하(府中上下) 모든 공론이 우리 소저의 아래 됨이 원통타 하더이다."

선낭이 소왈,

"내 십년 청루에 배운 바가 없으나 약간 조롱하는 말을 알아듣나니

---

40) 가련규리월(可憐閨裡月)이 유조복파영(流照伏波營): "가련하다. 규중에서 바라보는 달빛이 복파장군의 진영까지 비치네" 라는 뜻으로, 규원(閨怨)시 중 일부임. 복파(伏波)는 한나라 때 노박덕(路博德)과 마원(馬援)의 관작으로 교지(交趾)를 격파하였는데, 그 뒤로 복파는 장군이 남정(南征)하는 전고로 쓰임.

41) 수항루(數行淚): 몇 줄기 눈물.

42) 과장(過奬): 지나치게 칭찬함.

43) 희희(嬉戲): 장난스럽게.

44) 금시초견(今時初見): 지금 처음 봄.

금일 차환의 농락함을 듣지 아니하리라."

춘월이 묵연(默然)하여 다시 말이 없더라.

차시 소청 · 자연이 황소저 침실에 이르니, 소저 흔연 소왈,

"마침 본부에서 송강(松江) 농어(農魚[45])를 보내신지라. 여등(汝等)은 본디 강주 인물로 어선(魚膳[46])에 익을 듯한 고로 부름이니 일시 수고를 괴로워 말고 찬품(饌品[47])을 만들어 먹게 하라."

양비(兩婢)가 응명(應命)하고 도화로 더불어 주하(廚下[48])에 내려가 일변 국을 끓이니라.

차설. 선낭이 춘월의 말을 듣고 어이없어 생각하되, '저 희롱(戲弄)이
음휼(陰譎[49])한 의사로 나를 취맥(取脈[50])고자 함이니 어찌 통해(痛駭)치
않으리오.' 하여 촉(燭)을 돋우고 맥맥히 앉아 밤이 깊으매 양 비자 돌아 12
오지 아니하였더니, 춘월 왈,

"소청 · 자연이 한 번 간 후 소식이 없으니 천비(賤婢) 가서 보리이다."
하고 문을 열고 나가거늘, 선낭이 베개에 의지하여 전전불매(輾轉不寐[51]) 하며 스스로 울울처창(鬱鬱悽愴[52])한 심회를 금치 못하더니, 지게[53] 밖에 홀연 발자취 소리 나거늘, 양비(兩婢) 돌아오는가 하여 침상에 다시 일어 앉아 기다릴새 부지불각(不知不覺[54])에 홀연 한 마디 고함 소리 진동하

---

45) 송강(松江) 농어(農魚): 중국 사대명어(四大名魚) 중의 하나. 오(吳)나라 장한이 낙양에서 높은 벼슬을 하다가 고향인 송강의 농어 맛이 그립다는 이유로 벼슬을 버리고 귀향하였다. 이후로 송강 농어가 유명해졌음.

46) 어선(魚膳): 생선반찬.

47) 찬품(饌品): 반찬거리.

48) 주하(廚下): 부엌 또는 부엌 바닥을 이르는 말.

49) 음휼(陰譎): 성질이 음흉하고 간사함.

50) 취맥(取脈): 남의 동정을 더듬어 살핌.

51) 전전불매(輾轉不寐): 뒤척이며 잠을 이루지 못함.

52) 울울처창(鬱鬱悽愴): 몹시 우울하고 애달픔.

53) 지게: 방으로 드나드는 외짝 문.

54) 부지불각(不知不覺): 알지 못하고 깨닫지 못한 사이에.

며 소청 · 자연이 방으로 달려드니, 선낭이 또한 놀라 창을 열치고 보매, 춘월이 계하(階下)에 엎어지고 일개 남자가 신을 들고 앞 담을 넘어 달아나려 하다가 돌쳐 외당 중문을 찾아 달아나니, 춘월이 급히 일어나며 크게 소리 질러 왈,

"별당의 수상한 남자가 들어왔다."

하며 쫓아가니, 차시 외당(外堂)[55]에서 미처 잠들지 않았다가 대경(大驚)
13 하여 창을 열고 보니, 과연 월하에 한 남자 의표(儀表)[56]가 선명하고 거
지호한(擧止豪悍)[57]하여 외당 담을 뛰어 넘거늘, 춘월이 쫓아 그 요패(腰
佩)[58]를 붙드니 그 남자가 뿌리쳐 끊고 달아나거늘, 원외 밖에 창두를 깨
워 종적을 찾으나 이미 간 곳이 없으니 원외가 모든 창두를 신칙(申飭)[59]
하여 왈,

"이 반드시 적한(賊漢)[60]이라."

하고 인하여 문을 닫고 취침코자 하더니, 춘월이 모든 창두와 창 밖에서 지껄이며 왈,

"도적의 주머니에서 이상한 향내가 나니 반드시 재상 부중물건(府中物件)이라."

하거늘, 원외가 꾸짖어 물리치매, 춘월이 창두와 문외에 나와 사사로이 그 주머니를 뒤져보니, 한 장 채전(彩箋)에 글 쓴 편지 있거늘, 춘월이 희희이 웃어 왈,

"그 주머니에 글 쓴 종이 있으니 적한이 반드시 글을 하는 도적이로다. 이것이 어찌 도적질하는 문서가 아니리오. 내가 갖다가 우리 부인께 드리리라."

---

55) 외당(外堂): 남자가 거처하는 사랑.
56) 의표(儀表): 몸을 가지는 태도나 차린 모습.
57) 거지호한(擧止豪悍): 행동거지가 호방하고 사나움.
58) 요패(腰佩): 허리띠에 장식으로 늘어뜨린 패물.
59) 신칙(申飭): 단단히 타일러서 경계함.
60) 적한(賊漢): 흉악한 도둑놈.

하고 내당에 들어가니, 허부인이 그 연고를 물은대, 춘월 왈, 14

"아까 소청 · 자연이 소저 침실에 와 밤들도록[61] 놀다가 천비(賤婢)[62] 바래어 주랴 하고 별당 돌 아래 이르니, 부지불각(不知不覺)에 일개 장대(壯大)한 소년남자가 신을 벗어들고 별당 침실로 내려오다가 천비를 보고 불문곡직하고 발길로 차서 거꾸러지고 담을 넘고자 하다가 돌쳐 외당으로 내달아 담을 넘기에, 천비 쫓아가 그 주머니를 떼이니 이에 일개 사치로운 금낭(錦囊)[63]이라. 낭중(囊中)에 종이 있사오니 부인은 보소서."

하거늘, 허부인이 소왈,

"적한을 이미 쫓았으니 낭중 물건을 보아 무엇하리오?"

말을 맞지 못하여서 황소저 황망히 와 부인께 놀라심을 문후하니, 부인 왈,

"현부는 어찌 잠들지 아니하였더뇨?"

소저가 대왈,

"부중(府中)이 요란하기로 놀라 깨었더니, 좌우가 그릇 보하되 '정당(正堂)[64]에 도적이 들었다.' 하기로 더욱 놀라 급히 왔나이다."

부인 왈,

"그럼이 아니라 별당에 도적이 들었다가 이미 쫓았으니 현부는 방 15
심(放心)[65]하고 돌아가 자라."

소저가 새로이 놀라는 빛이 있어 춘월을 돌아보며 왈,

"별당에 재물이 없거늘, 무엇을 취하러 도적이 드뇨?"

춘월이 소왈,

"꽃이 향내 나매 나비 스스로 오나니, 금은채단(金銀彩緞)이 한갓

---

61) 밤들도록: 밤이 깊어지도록.

62) 천비(賤婢): 춘월이 자신을 일컫는 말.

63) 금낭(錦囊): 비단주머니.

64) 정당(正堂): 한 구획 내에 지은 여러 채의 집 가운데 가장 주된 집채.

65) 방심(放心): 마음을 놓음.

재물이리잇고.”

황소저가 왈,

“네 수중에 가진 것이 무엇이뇨?”

춘월이 웃고 드린대, 황소저가 촉하(燭下)에서 받아보려 한대, 태부인이 소왈,

“적한의 물건을 규중여자가 구태여 볼 배 아닌가 하노라.”

황소저가 묵연(默然)히 도로 춘월을 주고 즉시 윤소저 침실에 이르러는 춘월이 소저를 뫼시고 들어와 지껄이며 다시 그 종이를 내어 놓고자 하거늘, 윤소저가 왈,

“도적의 낭중지물(囊中之物)[66]을 보고자 아니하나니 바삐 집어 가라.”

황소저가 윤소저의 기색이 준절(峻節)[67]하여 요동(搖動)치 않음을 보고 춘월을 돌아보며 왈,

16 “선낭이 고단한 종적으로 생소(生疎)한 문전에 의외지변(意外之變)을 당하니, 내가 위로하리라.”

하고 별당에 이르니, 선낭 노주(奴主)가 경혼(驚魂)이 미정(未定)하야 촉하에 돌아앉았거늘, 황소저가 선낭의 손을 잡고 함루 왈,

“낭이 부중에 들어와 다정한 곳은 못 보고 이러한 괴변을 당하니 놀람이 없나뇨?”

선낭이 소이대왈(笑而對曰),

“첩은 천기라 외간남자를 무수히 열력(閱歷)하고 평지풍파를 허다히 겪었으니 사소괴변(些少怪變)을 어찌 족히 경동(輕動)하리잇고. 다만 소저가 첩으로 인연하야 과도히 심려하시니 불안하오이다.”

황소저가 묵연무어(默然無語)하니, 춘월이 소왈,

“부중(府中)에 도적 듦은 상사(常事)어니와, 적한의 장물(贓物) 잡기는 천비의 수단일까 하나이다.”

---

66) 낭중지물(囊中之物): 주머니 속의 물건.

67) 준절(峻節): 높고 고상함.

선낭이 문왈,

"장물이 무엇이뇨?"

춘월이 또 그 종이를 내거늘, 황소저가 책왈,

"상관 없는 물건을 전파하여 무엇하리오. 빨리 불에 넣어 없[68]이 17
하라."

선낭이 소저의 말을 수상이 여겨 춘낭이 수중에 가진 종이를 탈취하여 보니 일장채전(一張彩箋)에 썼으니 왈,

미견군자(未見君子)[69]하니 일일(一日)이 여삼추(如三秋)라. 경경고등(耿耿孤燈)이요, 유유아사(悠悠我思)로다. 양상서는 박정하여 이미 새외객(塞外客)[70]이 되었으니 적막한 후원에 가을 달이 둥글도다. 꽃이 장두(墻頭)[71]에 떨치니 자주 옥낭(玉郎)[72]의 자취를 의심하도다. 첩이 양상서로 더불어 허신(許身)함이 없고 붕우를 사귀어 경성에 이름은 일시 구경을 위함이라. 우리 양인(兩人)이 백년 기약은 심양강이 깊고 벽성산이 높았으니 마땅히 별당의 죽비(竹扉)를 닫고 비파를 타 창송녹죽(蒼松綠竹)과 황국단풍(黃菊丹楓)으로 구연(舊緣)을 이뤄지이다. 다소정화(多少情話)는 다만 바람지게[73]를 의지하여 삼오명월(三五明月)[74]을 고대하노라.

하였더라. 선낭이 보기를 맞고 안색이 태연하여 소왈, 18

"이는 적한의 장물(贓物)[75]이 아니라. 벽성선의 작물(作物)이나 상

68) 이상(以上) 16장이 낙장이라 신문관본을 대본으로 보충했음.
69) 미견군자(未見君子): 군자를 만나지 못함. 군자는 아내가 남편을 이르는 말이지만 여기서는 연인을 부르는 말로 쓰임.
70) 새외객(塞外客): 국경 밖을 떠도는 나그네.
71) 장두(墻頭): 담장머리.
72) 옥낭(玉郎): 남자를 아름답게 부른 말.
73) 바람지게: 한자로는 풍호(風戶). 바람에 흔들거리는 지게문.
74) 삼오명월(三五明月): 음력 팔월 십오일 보름달.
75) 장물(贓物): 불법으로 탈취한 타인의 물건.

사(想思) 평찰(平札)[76]은 창기의 본사(本事)라. 소저는 괴히 여기지 말으소서."

황소저가 어이없어 일언(一言)을 답지 못하고 돌아오니라.

선낭이 소저와 춘월을 보내고 혼자 누워 잠을 이루지 못하며 생각하되, '내 비록 청루에 자랐으나 일찍 더러운 말이 귀에 이름이 없더니 이제 간인(奸人)의 음해함이 되어 이 한을 신설(伸雪)[77]할 땅이 없으니 어찌 명도(命途)가 기박함이 아니리오. 또 괴이한 바는 내 글씨를 혹 모방할 자가 있거니와, 벽성산, 심양강과 별당에 죽비(竹扉)를 달고 상공과 수작한 말을 알 자가 없거늘, 이같이 본 듯이 말하니, 간인(奸人)의 조화(造化)를 이루 측량치 못하리로다.' 하고 심사(心事)가 자연 요란하더라. 홀연 생각하되, '원수 가실 제, 첩더러 어려운 일이 있거든 윤소저와 상의
19 하라 하였으니 명일 윤소저를 보고 충곡(衷曲)[78]을 다하여 처변(處變)[79]
할 도리를 물어보리라.' 하고 밝기를 고대하여 윤소저를 보고자 하여 침실에 이르니, 소저가 반겨 왈,

"낭자가 야래(夜來)에 일장소요(一場騷擾)를 지내었으니 심리(心裏)에 염려가 적지 않으리로다."

선낭이 척연(惕然)[80] 대왈,

"천첩이 상공을 좇아 천리(千里)에 옴은 실로 풍정(風情)을 탐함이라[81] 사모하는 마음이 있음이러니, 이제 부중에 들어온 지 며칠이 못되어 더러운 소리와 해연(駭然)한 사기(事機) 아름다운 가중(家中)에 죄를 짓고 조용한 문호를 요란케 하오니, 타일(他日) 상공을 뵈올 낯이

---

76) 평찰(平札): 평상시에 하는 편지.

77) 신설(伸雪): '신원설치(伸冤雪恥)'. 가슴에 맺힌 원한을 풀어버리고 창피스러운 일을 씻어버림.

78) 충곡(衷曲): 간절한 마음 속.

79) 처변(處變): 실정에 따라 융통성 있게 잘 처리해나감.

80) 척연(惕然): 근심스럽고 두려움.

81) 탐함이라: 문맥상으로는 '탐함이 아니라'가 맞음.

없어 고향으로 가고자 한즉 진퇴를 자전(自專)[82]치 못할 것이요, 있고자 한즉 화액(禍厄)이 무궁하온지라. 첩이 그 처변(處變)할 도리를 아지 못하나니, 바라건대 밝히 가르치소서."

윤소저가 소왈,

"내 무슨 식견(識見)이 있어 낭자의 근심을 덜리게 하리오. 다만 들으니 '군자의 처변(處變)함은 곡로(曲路)[83]를 행(行)함이 없다.' 하니,
그대는 다만 내 몸을 닦고 내 뜻을 지키어 천명(天命)을 순수(順受)할 20
따름이라. 낭자는 안심물려(安心勿慮)[84]하여 일이 되어감을 보라."

선낭이 심중에 탄복 왈,

"소저는 짐짓 여중군자(女中君子)라. 어찌 우리 상공의 호구(好逑)[85] 아니리오."

하더라.

말이 맞지[86] 못하여서 창 밖에 연옥이 소리하여 왈,

"춘월이 여기 엎드려 무슨 말을 듣나뇨?"

하거늘, 선낭이 즉시 몸을 일어 돌아가니라.

차시 황소저가 선낭이 윤소저 침실에 감을 알고 춘낭을 보내어 양인의 수작함을 규청(窺聽)[87]하다가 연옥에게 탄로하매, 춘월이 웃고 옥의 손을 잡고 왈,

"내 너를 찾아옴이라."

하고 돌아가 황소저에 선낭과 윤소저의 수작을 일일이 고한대, 황소저가 냉소 왈,

"윤씨의 혜힐(慧黠)[88]함과 천기(賤妓)의 포악함으로 사기(事機)를 짐

---

82) 자전(自專): 자기 마음대로 결정하여 처리함.

83) 곡로(曲路): 굽은 길.

84) 안심물려(安心勿慮): 마음을 편안히 하고 근심하지 말고.

85) 호구(好逑): 좋은 짝.

86) 맞지: 마치지.

87) 규청(窺聽): 남의 말을 몰래 엿들음.

작고 이같이 모의하니 내 또한 허루이[89] 잡죄지[90] 못하리라."
하더라.

차설. 선낭이 일일은 별당에 앉았더니 홀연 일개 노파가 들어오거늘 문왈,

"노파는 어떠한 사람이뇨?"

21 노파 왈,

"노신은 패물 파는 장수라."

하니 자연이 내달아 왈,

"무슨 좋은 노리개 있나야?"

노파 왈,

"월(月) 같은 명월패(明月珮)와 별 같은 진주선(眞珠扇)과 불 같은 산호 구슬과 꽃 같은 칠보잠(七寶簪)이 상자에 가득하니 마음대로 골라라."

하고 차례로 내어 놓거늘, 자연이 낱낱이 집어보다가 그 중의 한 봉지 단단한 것이 있거늘, 자연 왈,

"이것이 무엇인고?"

하며 풀어보니 둥글기 구슬 같고 향내가 촉비(觸鼻)[91]하니, 파(婆)가 왈,

"이것은 이름이 벽사단(辟邪丹)[92]이니 몸에 지니고 밤에 다녀도 이매망량(魑魅魍魎)[93]이 현형(現形)치 못하고 여역(厲疫)[94]이 세상에 퍼져도 병이 침노치 아니하니, 규중부인은 긴관(緊關)[95]치 아니하나 하

---

88) 혜힐(慧黠): 간사하고 꾀가 많아 교묘하게 잘 둘러댐.
89) 허루이: 허술하게.
90) 잡죄지: 아주 엄하게 다잡지.
91) 촉비(觸鼻): 코끝에 닿음.
92) 벽사단(辟邪丹): 사악한 것을 물리치는 단약.
93) 이매망양(魑魅魍魎): 산천(山川) · 목석(木石)의 정령에서 생긴다는 온갖 도깨비로 사람을 해침.
94) 여역(厲疫): 전염성 열병을 통틀어 이르는 말.
95) 긴관(緊關): 긴요하고 절실함.

예비복(下隸婢僕)[96]은 저마다 가지나니, 그대는 사라."
한대, 자연이 일개(一個)를 집어 선낭을 뵈이며 사고자 하니, 선낭이 웃고 하나를 사주고 소청을 돌아보아 왈,

"너도 가지고자 하나냐?"

청이 대왈,

"행지(行止)[97] 광명(光明)[98]한즉 귀물(鬼物)이 어찌 현형(現形)[99]하
며 신수(身數)가 불길한즉 질병을 어찌 면하리잇고. 천비는 사고자 아 22
니하나이다."

선낭이 미소하더라. 자연이 그 단약을 가져 손에 놓지 아니하고 사랑하니, 소청이 꾸짖어 왈,

"쓸데없는 물건을 사가지고 세월을 보내니 내 마땅히 앗아 버리리라."

자연이 겁내어 깊이 감추니라.

일일(一日)은 연이 별당 밖에 섰더니, 춘월이 와 같이 놀다가 웃고 왈,

"내 들으니 네게 이상한 단약이 있다 하니 잠깐 구경코자 하노라."

자연이 저고리 속으로서 그 약을 내어 뵌대, 춘월이 희희(嬉戲)[100]이 웃고 왈,

"이것이 어찌 저고리 속에 들었나뇨?"

연이 소왈,

"몸에 지닌즉 귀물이 범치 못한다 하기로 감추어 두었노라."

춘월 왈,

"나도 마땅히 일개(一個)를 사 가지리라."

하더라.

---

96) 하예비복(下隸婢僕): 남자종과 여자종.
97) 행지(行止): 행동거지.
98) 광명(光明): 밝고 환함.
99) 현형(現形): 모습을 드러냄.
100) 희희(嬉戲): 즐겁고 장난스럽게 웃음.

차시는 팔월 중순이라. 옥계(玉階)에 찬 이슬이 내리고 사벽(四壁)에
버러지 소리가 요란하여 규중 미인의 처량한 심회를 돕는지라. 선낭이
23 아미에 수운(愁雲)이 가득하여 원천(遠天)을 바라고 앉았다가 촉(燭)을 멸
하고 침상에 누우니 양 비자가 또한 잠들었더니, 홀연 춘월이 와 급히 문
을 열라 하거늘, 선낭이 친히 일어나 문을 열매 춘월이 한 손에 초롱을
들고 방중에 들어와 소저의 말을 전하여 왈,

"내 졸연히 득병하여 상석(床席)에 누웠더니 생각건대 다시 못 볼까 기별하였노라."

하거늘, 선낭이 놀라 왈,

"소저 무슨 병환이 그리 급하신고?"

춘월이 일변 대답하며 일변 초롱을 놓고 소청 · 자연이 자는 곁에 앉아 왈,

"금야(今夜)에 천기(天氣) 청냉(淸冷)하나[101] 서풍이 소슬하여 심히 추우니 어찌 본부에 가리오?"

하거늘, 선낭 왈,

"무슨 일로 가나뇨?"

춘월 왈,

"약 지으러 가나이다."

선낭 왈,

"내 이제 또한 소저를 가 뵈오려 하니 소청을 깨워 그 불을 촉대에 켜게 하라."

춘월 왈,

"첫 잠이 깊었으니 천천히 깨우소서."

24 하고 춘월이 스스로 촉대를 찾아 켜다가 홀연 촉대 엎어져 초롱을 쳐 불
이 일시에 꺼지니 춘월이 화증(火症)[102]내어 왈,

---

101) 청냉(淸冷)하나: 문맥상으로 '청냉하고'가 맞음.

102) 화증(火症): 화를 벌컥 내는 증세.

"급히 먹는 밥이 목이 멘다 하더니 과연 허언(虛言)[103]이 아니로다."

하고 표홀(飄忽)[104]이 가거늘, 선낭이 즉시 소청을 깨워 불을 켜라 하니 청이 일어나 옷을 찾으려 하니 간 데 없는지라. 어두운 중에 찾노라 하니 자연(自然) 분분하거늘, 선낭이 꾸짖어 빨리 일어남을 재촉하니 소청이 황망하여 자연의 저고리를 입고 선낭을 따라 황소저의 침실에 이르매, 소저 상 위에 누워 신음하다가 선낭을 보고 반겨 왈,

"자래(自來)[105]로 병든 사람이 친근한 자를 생각하나니, 낭자가 이같이 와 문병하니 다정하도다."

선낭이 좌우를 둘러보니 아무도 없고 화로의 약을 놓아 바야흐로 끓어 넘고자 하거늘, 선낭이 소저더러 왈,

"도화가 어디에 가니잇고?"

소저가 왈,

"춘월은 본부로 보내고 도화는 밖에 나가더니 아니 오니 괴이토다."

선낭이 소청으로 더불어 약을 보니 이미 다 달였거늘, 선낭이 소저에 25
약이 다 됨을 말한대, 소저가 왈,

"비록 불안하나 소청을 시켜 따라줌이 어떠하뇨?"

소청이 즉시 따라 소저에 드리니, 소저가 향벽(向壁)하여 누웠다가 아미(蛾眉)를 찡그리고 도화를 무수히 꾸짖더니, 춘월이 들어와 약을 보고 대경 왈,

"이 약을 뉘가 달이니잇고?"

소저가 소리를 겨우하여 답왈,

"나도 정신이 혼혼하여 아모란[106] 줄 모르나 선낭과 소청이 달여온 것인가 하노라."

103) 허언(虛言): 실속없는 빈말.
104) 표홀(飄忽): 사라지는 모양이 빠름.
105) 자래(自來): 예로부터.
106) 아모란: 어떤.

춘월이 일변 도화를 책하며 일변 약을 식혀 소저에 고하니 소저가 강잉(强仍)[107]하여 일어 앉아 그릇을 들어 마시려 하다가 얼굴을 찡그리고 고개를 돌리어 왈,

"이번 약이 괴이한 내음새 코를 거슬리니 먹지 못하리로다."

춘월 왈,

"약이 쓰지 아니하면 병이 낫지 아니하나니 소저는 각로와 부인의 심려(心慮)를 생각하샤 마시소서."

소저가 다시 약 그릇을 들고 엎드려 마시려 하다가 그릇을 땅에 던지
26 고 상상(床上)에 엎어져 혼절(昏絶)[108]하니, 선낭 노주(奴主)가 놀라 급히 붙들고자 한대, 춘월이 발 구르며 가슴을 두드려 왈,

"이는 우리 소저가 중독(中毒)하심이로다."

하고 즉시 머리 위에 은잠(銀簪)[109]을 내어 약에 담으니 경각(頃刻)에 검은 빛이 나거늘, 춘월이 크게 소리 질러 도화를 부르니 도화가 창황히 들어온대, 춘월이 손벽 치며 방성대곡(放聲大哭)[110] 왈,

"네 그 사이 어디 가 우리 소저를 독인(毒人)[111]의 수중에 넣어 이 지경이 되게 하나뇨?"

소청의 몸을 뒤져 남은 약을 보자 하니 소청이 어이없어 옷을 벗으며 울어 왈,

"하늘이 우리 노주(奴主)를 죽이고자 하실진대 어찌 못 죽이샤, 이러한 경계를 당하게 하신고."

저고리를 벗으매 한 봉 약이 옷 틈에 들었거늘, 춘월이 그 환약을 내어들고 뛰놀며 왈,

"우리 소저가 적국(敵國)의 모해를 입어 독한 화를 당하샤 청춘지년

---

107) 강잉(强仍): 억지로 참음. 마지못하여 함.

108) 혼절(昏絶): 정신이 아찔하여 까무러침.

109) 은잠(銀簪): 은비녀. 은에 독이 닿으면 색이 변함.

110) 방성대곡(放聲大哭): 소리내어 크게 욺.

111) 독인(毒人): 남을 해치려는 사람.

(青春之年)에 사생을 알 길이 없으니, 유유창천(悠悠蒼天)[112]아! 이를 장차 어찌하리잇고?"

하며 도화를 돌아보아 왈,

"소청 노주는 우리와 불공대천지수(不共戴天之讎)[113]라. 단단히 붙들어 잃지 말라."

하고 정당(正堂)에 이르러 허부인에 뵈옵고 소저의 중독 일절(一切)[114]을 27
고하니, 부인이 대경하여 곡절을 물은대, 춘월이 눈물을 거두지 못하여 오열(嗚咽)한 소리로 고왈,

"소저가 석반 후에 신기 불평하샤 본부에서 두 첩약을 지어 와 한 첩은 천비 달여 드리고, 한 첩은 천비 본부에 간 사이에 선낭과 소청이 무단(無斷)[115]이 와 급히 달여 드리니, 소저가 정신이 혼미한 중에 한 모금을 마시더니 길길이 뛰시며 정신을 잃으니 천비가 비녀를 빼어 약에 잠아보매[116] 검은 빛이 완연하고, 소청의 몸에 남은 약을 얻어내었사오매 천비 부인께 자세한 소유(所由)[117]를 고하나니 부인은 명찰지(明察之)[118]하옵소서."

부인이 묵연양구(默然良久)[119]에 바로 윤소저 침실에 와 소저를 데리고 황소저의 침당에 이르니, 선낭은 어린듯이[120] 상하(床下)에 앉았고 소청은 곁에 뫼셨다가 윤소저가 허부인을 뫼셔 이름을 보고 선낭이 일어 맞으며 눈물이 비 오듯 하니, 윤소저 그 경상(景狀)을 보고 불승참연(不

112) 유유창천(悠悠蒼天): 한없이 멀고 푸른 하늘. 원한을 표현할 때에 쓰임.

113) 불공대천지수(不共戴天之讎): 한 하늘 아래서는 같이 살 수 없는 원수라는 뜻으로, 도저히 그냥 둘 수 없을 만큼 원한이 깊이 사무친 원수.

114) 일절(一切): 오늘날에는 일체(一切)로 쓰임. 모든 것.

115) 무단(無斷): 사전에 허락 없이. 또는 사유를 말하지 않고.

116) 잠아보매: 담가보매.

117) 소유(所由): 말미암은 바.

118) 명찰지(明察之): 밝게 살핌.

119) 묵연양구(默然良久): 오래도록 아무 말 없이 있다가.

120) 어린듯이: 멍한 채로.

勝慘然)[121]하여 차마 보지 못할지라. 아미를 숙이고 주루(珠淚)를 머금어
28 고개를 숙이고 황소저 앞에 나아가 몸을 만져 보매 한열(寒熱)[122]이 극
(極)하고 기식(氣息)이 천촉(喘促)하여 경각에 위태할 듯하더라. 윤소저가
묵묵히 물러서니 허부인이 또 상 앞에 나아가 이르되,

"현부가 일야지간(一夜之間)에 병이 어찌 이렇듯 중하뇨?"

황소저가 답지 아니코 헛구역하며 느끼거늘, 허부인이 좌우를 돌아보아 왈,

"소동치 말고 소저를 보호하여 안심회생(安心回生)[123]케 하라."

하니 춘월이 대곡(大哭)하고 선낭에게 달려들어 왈,

"네 우리 소저를 치독(置毒)[124]하고 무슨 낯으로 좌상에 앉았나뇨?"

하며 끌어내려 하니, 윤소저가 정색 왈,

"천비는 너무 무례치 말라. 죄지유무(罪之有無)는 위로 부모가 계시고 분의(分義)[125]로 말한즉 가군(家君)의 소실이라. 어찌 이 같은 당돌한 말로 구박하리오."

언파(言罷)에 기색이 추상(秋霜)같거늘, 춘·도 양비(兩婢) 송연(悚然)
이 물러서니, 부인과 소저가 반향(半晌)[126]이나 앉았다가 황소저의 동정
을 살피나 별로 위태함이 없으니 부인이 돌아올새 윤소저가 선낭을 눈
29 주어 소청을 데리고 허부인 침실로 왔더니, 원외 들어와 대강 곡절을 듣
고 바로 황소저 침실에 와 맥을 짚어보고 춘·도 양비를 불러 분부 왈,

"너의 도리는 다만 소저를 보호할 따름이라. 만일 방자히 요란한즉 엄히 다스리리라."

하고, 도로혀 부인 침실에 이르니, 부인이 문왈,

---

121) 불승참연(不勝慘然): 애처로움을 이기지 못하여.
122) 한열(寒熱): 병을 앓을 때 한기와 열이 번갈아 일어나는 현상.
123) 안심회생(安心回生): 마음을 편안히 하여 소생함.
124) 치독(置毒): 독약을 음식에 넣음.
125) 분의(分義): 자기 분수에 알맞은 정당한 도리.
126) 반향: 반나절.

"황현부의 동정이 어떠하며 가간(家間)에 괴란(乖亂)[127]이 이 같으니 상공이 장차 어찌 처치고자 하시나잇고?"

원외가 침음(沈吟)[128] 왈,

"황현부가 비록 중독하다 하나 다행히 무양(無恙)[129]하니 다시 생각하리이다."

하더라.

차시 황소저가 공교한 계교와 간독한 수단으로 잉첩(媵妾)[130]을 모해
코자 하여 구고(舅姑)를 놀래고 안중정(眼中釘)[131]을 위하여 신명(身命)을
돌아보지 아니하니 어찌 천추(千秋)[132] 부인(婦人)의 징계할 바가 아니리
오. 소저가 짐짓[133] 상 위에 누워 일지 아니하니 가장 초조하고 분독(憤
毒)이 탱중(撑中)[134]하여 춘월을 본부에 보내어 다시 노혼(老昏)한 아비를
공동(恐動)[135]코자 하여, 춘월이 황부 문전에 달려들며 방성대곡하고 복
지혼절(伏地昏絶)[136]하니 부인과 각로가 대경(大驚)하여 곡절을 물은대, 30
춘월이 다시 땅을 두드리며 하늘을 부르짖어 왈,

"불쌍하다. 우리 소저 무슨 죄로 청춘 원혼이 되신고?"

하거늘, 황각로가 이 말을 듣고 대경하여 크게 소리 질러 왈,

"이것이 무슨 말이뇨? 춘월은 자시 고하라."

춘월이 울며 고왈,

"소저가 작야(昨夜)에 신기 불평하샤 두 첩약을 지어 한 첩은 천비

---

127) 괴란(乖亂): 사리에 어그러져 어지러움.
128) 침음(沈吟): 속으로 깊이 생각함.
129) 무양(無恙): 몸에 병이나 탈이 없음.
130) 잉첩(媵妾): 시중을 드는 첩.
131) 안중정(眼中釘): 눈엣가시. 몹시 밉거나 싫어서 늘 눈에 거슬리는 사람.
132) 천추(千秋): 오래고 긴 세월토록.
133) 짐짓: 일부러.
134) 탱중(撑中): 화나 욕심 따위가 가슴 속에 가득 차 있음.
135) 공동(恐動): 위험한 말을 하여 두려워하게 함.
136) 복지혼절(伏地昏絶): 땅에 엎드려 까무러침.

달여 드리고 밖에 나간 사이에 벽성선이 자기 시비(侍婢)를 데리고 남은 약을 달여 드리니, 소저 정신이 혼혼(昏昏)[137]하여 신지무의(信之無疑)[138]하고 한 번 마시매 길길이 뛰고 정신을 차리지 못하시니, 천비 비녀를 빼어 남은 약에 넣어보니 빛이 검고, 소청의 몸을 뒤져보니 독약 한 환(丸)이 회중(懷中)[139]에 있사오니 바라건대 노야(老爺)[140]는 이 원수를 갚아주소서."

위부인이 냉소 왈,

"여아가 잘 죽었도다. 살아 욕됨은 죽으니만 같지 못한지라. 다만 한심한 바는 일국원로(一國元老)의 천금소교(千金小嬌)[141]를 무죄히
31 일개 천기의 손에 독약으로 죽음이 원통하도다."

각로가 손으로 땅을 치며 왈,

"노부가 마땅히 가중창두(家中蒼頭)를 데리고 양부에 가 수인(讎人)을 잡아내어 처치하리라."

위부인이 소매를 잡아 왈

"춘월의 소전(所傳)을 들으매, 양부(楊府) 상하 간인(奸人)을 부동(符同)[142]하여 도로혀 여아를 의심한다 하니, 상공은 가지 말으소서."

각로가 소매를 떨치고 창두 십여 명을 거느리고 길을 덮어 양부에 달려들며 원외를 보고 분분(忿憤)이 이르되,

"노부가 여아의 원수를 갚고 왔으니 형은 간인(奸人)을 두지 말고 빨리 내어 보내라. 노부가 비록 불사(不似)[143]하나 일개 천기의 생살지권(生殺之權)[144]은 장중(掌中)[145]에 있다."

---

137) 혼혼(昏昏): 정신이 가물가물하고 흐릿한 모양.
138) 신지무의(信之無疑): 믿어 의심치 않음.
139) 회중(懷中): 품 속.
140) 노야(老爺): (성이나 직함 뒤에 쓰여) 남을 높여 부르는 말.
141) 천금소교(千金小嬌): 천금같이 귀한 어린 딸.
142) 부동(符同): 그른 일에 어울려 한 통속이 됨.
143) 불사(不似): 닮지 않음. 스스로 못났다고 말하는 겸사.

하더라.

차하(且下)를 분해(分解)하라.

세(歲) 무신(戊申) 오월일 향목동 서(書)

144) 생살지권(生殺之權): 살릴 수도 있고 죽일 수도 있는 권한.
145) 장중(掌中): 손 안. 무슨 일이든지 자기 뜻대로 되는 범위.

옥루몽 권지십일

1 원수대첩흑풍산(元帥大捷黑風山)[1]
와룡현몽반사곡(臥龍現夢盤蛇谷)[2]

화설. 황각로가 분분대로(忿憤大怒)하여 왈,

"노부(老夫)가 비록 불사(不似)하나 일개 천기(賤妓)의 생살지권(生殺之權)은 장중(掌中)에 있노라."

원외가 소왈,

"승상의 말씀이 과도하도소이다. 이는 만생(晩生)[3]의 집 일이니 만생이 불인(不仁)하나 스스로 처치하려니와 영녀(令女)[4]가 또한 무양(無恙)[5]하니 번뇌치 말으소서."

각로가 왈,

"노부(老夫)가 이미 다 알고 왔거늘, 형(兄)[6]이 어찌 요악(妖惡)한 천기(賤妓)를 두호(斗護)[7]하여 인명(人命)의 지중(至重)함을 돌아보지 아

---

1) 원수대첩흑풍산(元帥大捷黑風山): 원수가 흑풍산에서 크게 이기다.
2) 와룡현몽반사곡(臥龍現夢盤蛇谷): 와룡선생이 반사곡에서 꿈에 나타나다.
3) 만생(晩生): 말하는 이가 선배를 상대하여 자기를 낮추어 이르는 일인칭 대명사.
4) 영녀(令女): 윗사람의 딸을 높여 부르는 말.
5) 무양(無恙): 몸에 병이나 탈이 없음.
6) 형(兄): 나이가 비슷한 사람끼리 상대를 높여 부르는 말.
7) 두호(斗護): 남을 두둔하여 보호함.

니하나뇨? 형이 만일 수인(讎人)[8]을 내어주지 않은즉 마땅히 노처(老妻)를 보내어 내당(內堂)을 수험(搜驗)[9]하여도 오늘 이 원수를 갚고 가리라."

말을 마치며 분기억색(憤氣臆塞)[10]하여 천식(喘息)[11]이 위황(危惶)[12]하거늘, 원외 저 거동을 보고 어이없어 하는 중 그 노혼(老昏)[13]하고 용렬(庸劣)함을 더욱 측은히 여겨 다시 웃어 왈,

"승상이 생각지 못하심이 어찌 이에 미쳤나뇨? 만생이 비록 착지 2
못하나[14] 승상의 소교(小嬌)는 즉 만생의 자부(子婦)라. 자애지정(慈愛之情)[15]은 부모와 구고(舅姑)[16]가 다름이 없을지니 어찌 그 사생지간(死生之間)에 처하여 이같이 안연(晏然)[17]하리오. 또 여자가 출가한즉 소중(所重)이 구가(舅家)에 있나니, 이제 승상이 무근지설(無根之說)[18]을 들으시고 이같이 전도(顚倒)[19]하심은 도로혀 영녀(令女)를 사랑하시는 도리가 아닌가 하나이다."

황각로가 노기를 바야흐로 진정하여 왈,

"형의 말 같을진대 여아의 일루잔천(一縷殘喘)[20]이 세상에 그저 있는가 싶으니 노부가 잠깐 보고자 하노라."

---

8) 수인(讎人): 서로 원한을 품어 미워하는 사람.
9) 수험(搜驗)하여도: 수색하여 검사하여서라도.
10) 분기억색(憤氣臆塞): 분한 기운으로 가슴이 막힘.
11) 천식(喘息): 숨결을 예스럽게 이르는 말.
12) 위황(危惶): 위험하고 매우 급함.
13) 노혼(老昏): 늙어서 정신이 흐림.
14) 착지 못하나: 유능(有能)하지 못하나.
15) 자애지정(慈愛之情): 아랫사람을 인자하게 사랑하는 마음.
16) 구고(舅姑): 시부모.
17) 안연(晏然): 차분하고 침착함.
18) 무근지설(無根之說): 근거 없는 이야기.
19) 전도(顚倒): 당황하여 엎어지고 넘어짐.
20) 일루잔천(一縷殘喘): 한오라기의 실처럼 간신히 붙어있는 숨결.

원외 허락하고 즉시 내당에 통한 후, 황각로가 소저의 침실에 이르니, 소저가 짐짓 상상(床上)에 누워 눈을 감고 기운이 끊어질 듯하거늘, 각로가 발을 멈추고 어두운 눈을 황양(惶惊)[21]히 떠 찬찬히 살펴보니, 구름 같은 운환(雲鬟)[22]이 산산이 흩어져 옥안(玉顔)에 덮었으며 원산(遠山)[23]을 빈축(嚬蹙)[24]하여 화기(和氣) 사라진 중 수족을 거두지 못하고 정신이
3 약존약무(若存若無)[25]하여 뵈거늘, 각로가 앞에 나아가 몸을 만지며 불러 왈,

"여아(女兒)야! 무슨 곡절로 이 지경에 이르렀나뇨? 네 아비 여기에 왔으니 눈을 떠 보라."

소저가 홀연 구역질하며 목 안의 말씀[26]으로 대왈,

"소녀가 불초(不肖)[27]하와 슬하에 이같이 불효를 끼치오니 야야(爺爺)를 뵈올 낯이 없나이다."

각로가 위로 왈,

"춘비(春婢)의 급보를 듣고 전도(顚倒)이 왔더니 오히려 생존함을 보니 이는 천행(天幸)이라. 간인을 처치함은 너의 구가에 있으니 내 어찌하리오?"

소저가 눈물을 흘려 왈,

"소녀가 이 지경에 이르니 사생은 여사(餘事)[28]라. 잠깐 귀녕(歸寧)[29]하여 다시 독인(毒人)[30]의 화를 면할까 하나이다."

---

21) 황양(惶惊): 두려워서 어쩔줄 모르며.
22) 운환(雲鬟): 아름다운 여인의 쪽진 머리.
23) 원산(遠山): 여자의 수려(秀麗)한 눈썹을 형용한 말.
24) 빈축(嚬蹙): 눈살을 찌푸리고 얼굴을 찡그림.
25) 약존약무(若存若無): 있는 듯 없는 듯함.
26) 목 안의 말씀: 가느다란 소리.
27) 불초(不肖): 어버이를 닮지 못한 못나고 어리석은 자식.
28) 여사(餘事): 그다지 중요하지 않은 일.
29) 귀녕(歸寧): 친정에 가서 부모님을 뵘.
30) 독인(毒人): 고의로 사람을 해치려는 악인(惡人).

각로가 다시 추연한 빛이 있어 원외를 보고 귀녕을 청한대 원외 허락하거늘, 각로가 즉시 돌아와 부인을 대하여 만면희색(滿面喜色)으로 여아를 보고 옴을 말하고,

"춘월이 과도이 소동하여 노부로 하여금 하마터면 인명(人命)을 오살(誤殺)할 뻔 하도다."

위부인이 냉소 왈,

"상공은 다만 그 죽어 보수(報讎)함을 알으시고 살아 설치(雪恥)[31] 4
함을 생각지 않으시나잇가?"

각로가 연기언(然其言)[32]하여 왈,

"여아가 이제 올 것이니 제 말을 들어 다시 상의하리라."

하더라.

차시 양원외가 내당에 들어와 허부인과 윤소저를 대하여 황각로의 일을 말하고 처치할 도리를 상의할새, 허부인이 탄왈,

"첩이 생각하매 한 사람이 죄를 벗은즉 한 사람의 허물이 나타나고, 한 사람의 허물을 덮고자 한즉 한 사람이 죄에 나아가리니 상공은 십분(十分) 상량(商量)[33]하소서."

원외가 소왈,

"내 또한 짐작한 배라. 마땅히 아자(兒子)가 돌아옴을 기다려 처치하리라."

하더라. 아이오 황부에서 교자(轎子)[34]가 이르러 소저를 데려갈새, 부인이 소저의 손을 잡고 탄왈,

"노모가 덕이 없어 가중을 화목지 못하여 이런 일이 생기니 누를 한하리오?"

---

31) 설치(雪恥): 부끄러움을 씻음.

32) 연기언(然其言): 그 말을 옳다고 여김.

33) 상량(商量): 헤아려서 잘 생각함.

34) 교자(轎子): 가마의 일종.

소저가 답지 못하고 다만 눈물을 흘리며 교자에 올라 본부로 돌아가니라.

차시 위부인이 사갈(蛇蝎)[35]의 성품과 귀역(鬼蜮)[36]의 심사로 투기하는 말을 도와 간특한 계교를 행하다가 뜻 같이 못하매, 더욱 한독(悍毒)[37]함을 이기지 못하여 각로를 부동(符同)[38]코자 하여 여아를 보고 집수(執手) 통곡 왈,

"너의 부친이 처음 택서(擇壻)[39]를 그릇하여 소교(小嬌)[40]로 고초를 겪게 하고 나중 보수(報讎)[41]를 아니하여 타일 간인의 모해를 입게 하니, 우리 모녀가 차라리 먼저 죽어 합연(溘然)[42]히 모르리라."

하고 서로 안고 몸을 부딪쳐 울거늘, 춘월이 또한 소저를 붙들고 방성통곡하여 일장(一場)을 뒤집으니, 각로가 들어와 이 경상(景狀)[43]을 보고 황망히 여아와 부인을 위로하여 왈,

"부인은 울음을 그치고 다시 보수할 방략(方略)[44]을 생각하소서. 양원외는 편협한 사람이라. 노부가 다시 말하고자 아니하나니 명일 황상(皇上)[45]께 아뢰어 마땅히 큰 거조(擧措)[46]를 이루리니 부인은 근심 말으소서."

---

35) 사갈(蛇蝎): 뱀과 전갈. 남을 해치거나 심한 혐오감을 주는 사람을 비유적으로 이르는 말.

36) 귀역(鬼蜮): 귀신과 물여우. 물여우가 독기(毒氣)를 사람의 그림자에 쏘면 종기가 생긴다는 옛 말이 있음. 음흉한 사람을 비유적으로 이르는 말.

37) 한독(悍毒): 성질이 사납고 표독스러움.

38) 부동(符同): 그른 일에 어울려 한통속이 됨.

39) 택서(擇壻): 사위를 선택함.

40) 소교(小嬌): 어린 딸.

41) 보수(報讎): 원수를 갚음.

42) 합연(溘然): 갑자기. 사람이 갑자기 죽는 것을 말하는데 쓰임.

43) 경상(景狀): 좋지 못한 몰골이나 광경.

44) 방략(方略): 일을 꾀하고 해나가는 방법과 계략.

45) 황상(皇上): 현재 다스리고 있는 황제를 말함.

46) 거조(擧措): 어떤 일을 꾸미거나 처리하기 위한 조치.

하고 익일에 황각로가 조회를 파한 후 탑전에 주왈,

"남정대원수 양창곡은 신의 사위라. 가도(家道)[47]가 괴란(乖亂)[48]하와 창곡이 출전한 후 요악(妖惡)한 잉첩(媵妾)[49]이 주모(主母)[50]를 치 6
독(置毒)[51]하니 그 주모는 신의 여식(女息)이라. 패악(悖惡)한 소문과 망측(罔測)한 거조가 강상지변(綱常之變)[52]에 가깝사오니, 신이 그 사정(私情)을 위함이 아니라 창곡은 폐하의 지우(知遇)[53]하신 신하라 이제 밖에 있고 그 가도(家道)가 이같이 괴란하오니, 폐하 만일 그 악첩을 법으로 다스리지 않으면 그 가도를 진정치 못하리니 그 해(害) 반드시 창곡에게 미칠까 하나이다."

천자가 들으시고 윤각로를 돌아보사 왈,

"경도 창곡의 악부(岳父)[54]라. 이런 말을 듣지 못하뇨?"

윤각로가 주왈,

"신이 또한 들었사오니, 규중지사를 조정에서 참예할 바가 아니온 고로 주달(奏達)[55]치 못하였삽더니, 이제 물으시니 신의 우견(愚見)[56]에는 양창곡이 돌아오기를 기다려 처치하게 함이 옳을까 하나이다."

천자가 그 말씀을 좇으시니, 황각로가 하릴없어 물러나 익일(翌日)에 윤각로를 보고 책왈,

"형은 다만 천기(天機)[57]를 알고 타일 영녀(令女)의 화근을 생각지 7

---

47) 가도(家道): 집안에서 마땅히 지켜야 할 도덕적 규범.
48) 괴란(乖亂): 사리에 어그러져 어지러움.
49) 잉첩(媵妾): 귀인에게 시집가는 여자가 데리고 가는 시첩(侍妾).
50) 주모(主母): 집안 살림을 주장하여 다스리는 부인.
51) 치독(置毒): 독약을 음식에 넣음.
52) 강상지변(綱常之變): 삼강오상(三綱五常)에 어긋나는 변고(變故).
53) 지우(知遇): 남이 자신의 인격이나 능력을 알고 잘 대우함.
54) 악부(岳父): 장인(丈人)을 이르는 말.
55) 주달(奏達): 임금에게 아뢰던 일.
56) 우견(愚見): 남에게 자기의 의견을 낮추어 이르는 말.
57) 천기(天機): 하늘의 신비.

아니하니 어찌 원려(遠慮)[58]가 있다 하리오?"

각로가 답왈,

"만생(晩生)이 비록 불민(不敏)하나 벼슬이 대신지열(大臣之列)에 처하여 어찌 사정을 위하여 조정체모(朝廷體貌)를 착란(錯亂)[59]하리오. 우리 저[60]와 인친지의(姻親之義)[61]에 저의 가간사(家間事)를 조용히 진압함이 옳거늘 이같이 조야(朝野)[62]를 요란케 하리오."

황각로가 윤공의 말을 오히려 유리(有理)[63]한 듯하나 오히려 분분(忿憤)[64]한 빛이 있더라.

차시(此時) 선낭이 죄인으로 자처(自處)[65]하여 별당 정실에 있지 아니하고 행각협실(行閣狹室)[66]에 거적을 펴고 베이불에 단장(丹粧)을 폐하고 소청 · 자연을 데리고 노주(奴主)가 상의하여 문에 나지 아니하니, 참연(慘然)한 경색과 처조(凄凋)한 행사를 부중상하(府中上下)가 막불초창(莫不悄愴)[67]하여 비록 원통히 아나 그 처지를 생각하여 만류치 못하더라.

차설. 원수가 행군하여 구강(九江)[68] 땅에 이르러 군사를 칠새 오(吳) · 초(楚) 제군(諸郡)에 격서를 보내어 군마를 조발(調發)하고 인하여 전령

---

58) 원려(遠慮): 먼 앞길까지 미리 잘 헤아려 생각함.
59) 착란(錯亂): 어지럽고 어수선함.
60) 저: 양창곡을 말함.
61) 인친지의(姻親之義): 사돈의 의리
62) 조야(朝野): 조정과 민간을 통틀어 이르는 말.
63) 유리(有理): 이치에 맞는 점이 있음.
64) 분분(忿憤): 분하고 원통하게 여김.
65) 자처(自處): 자기를 어떤 사람으로 여겨 그렇게 처신함.
66) 행각협실(行閣狹室): 줄행랑의 곁방.
67) 막불초창(莫不悄愴): 근심스럽고 슬퍼하지 않음이 없음.
68) 구강(九江): 진(秦)나라가 초나라를 없애고 구강군(九江郡)을 둠. 강물이 심양(潯陽)에 이르러 나뉘어서 강이 아홉이 되는데, 첫째가 오강(烏江), 둘째가 방강(蚌江), 셋째가 오백강(烏白江), 넷째가 가미강(嘉靡江), 다섯째가 견강(畎江), 여섯째가 원강(源江), 일곱째가 늠강(廩江), 여덟째가 제강(提江), 아홉째가 균강(箘江)으로, 이로 인해 군의 이름으로 삼음.

(傳令)할새, 전부선봉(前部先鋒) 뇌천풍이 간왈, 8

"방금 적세 급하여 남방제군(南方諸郡)이 천병(天兵)을 고대하니, 비록 대군을 거느려 배일(倍日)[69] 병행치 못하나 이 땅에 오래 두류(逗留)[70]하였으니 소장(小將)이 그 의향을 아지 못하나이다."

원수가 소왈,

"이는, 잠깐 쉬어 오 · 초 군사를 모아 사냥코자 함은, 그 무예를 시험코자 함이라."

하더라.

차시 남만 왕이 원수의 격서(檄書)[71]를 보고 군마를 정돈하여 장사를 하여 명원수의 대군을 기다리더라. 차시 양원수가 무창산(武昌山)[72] 하에 영채(營寨)[73]를 세우고 오 · 초병을 합하여 모든 장사의 무예를 보고자 할새, 활을 먼저 시험하니 시위 소리가 반공(半空)에 풍우(風雨)를 일으키고 별 같은 살이 구슬 꿴 듯이 떨어져 각각 재주를 다투더니, 홀연 양개(兩個) 소년이 장하에 이르러 소리하여 왈,

"원수가 이제 장사를 초모(招募)[74]하시며 어찌 약한 활과 가는 살로써 아이 놀음을 효칙(效則)[75]하시나잇고? 원컨대 도끼 창검으로 용맹
을 시험코자 하나이다." 9

모두 그 소년을 보니 신장이 팔 척이요, 위풍이 늠름하여 효용(驍勇)한 거동과 담대(膽大)한 모양이 외모에 나타나니, 원수가 그 성명을 물은대, 고왈,

"소장(小將) 등은 본디 소주(蘇州) 사람이니, 일인(一人)은 평생에 살

69) 배일(倍日): 하루에 이틀동안 갈 길을 감.
70) 두류(逗留): 객지에서 일정 기간 동안 머물러 묵음.
71) 격서(檄書): 적군을 달래거나 꾸짖기 위한 글.
72) 무창산(武昌山): 악주(鄂州)에 있는 산.
73) 영채(營寨): 군대를 주둔시킨 임시 군영.
74) 초모(招募): 군대에 지망하는 사람을 모집함.
75) 효칙(效則): 본받아 법을 삼음.

인함을 좋아하므로 호왈(號曰) '소살성(小殺星) 마달(馬達)이라.' 하고, 일인(一人)은 담대효용하여 소향(所向)[76]에 무적(無敵)이므로 호왈 '백일표(白日豹) 동초(董超)라.' 하나이다."

원수가 그 성명을 듣고 바야흐로 의희(依稀)[77]히 깨달아 자시 보니, 전일에 소주 객점에서 압강정을 가르치던 소년이라. 원수가 크게 반겨 문왈,

"너희 일찍 소·항 청루에 방탕(放蕩)[78]이 다니더니 어찌 여기 이르뇨?"

그 소년이 잠깐 우러러 원수의 얼굴을 보고 놀라는 빛이 있어 왈,

"소장 등이 안목(眼目)이 없어 회음도중(淮陰屠中)[79]에 국사(國士)[80]의 다겁(多怯)함을 웃었더니, 이제 원수는 청춘장년(靑春壯年)에 공명(功名)이 외외(巍巍)[81]하시고, 소장 등은 창가주루(娼家酒樓)에 종적이 낙척(落拓)[82]하여 일찍이 살인(殺人)에 범법하고 이 땅에 망명하여 사냥질함을 일삼더니, 원수께서 장사를 뽑으심을 듣고 왔나이다."

원수가 대희하여 창검을 주어 재주를 시험하라 하니, 양인(兩人)이 청령(聽令)하고 창을 들고 말에 올라 좌우로 치빙(馳騁)[83]하니 좌작진퇴(坐作進退)[84]와 합전충돌(合戰衝突)하는 법이 일호(一毫)[85]도 소루(疏漏)함이 없으니, 좌우 제장이 책책칭선(嘖嘖稱善)[86]하고, 원수가 대희하여 동

---

76) 소향(所向): 향하는 곳에.

77) 의희(依稀): 어렴풋하게.

78) 방탕(放蕩): 주색잡기에 빠져 행실이 좋지 못함.

79) 회음도중(淮陰屠中): 한나라 한신(韓信)이 불우한 시절에 회음의 푸주간 패들에게 수모를 겪은 일을 말함.

80) 국사(國士): 나라의 뛰어난 선비. 여기서는 양창곡을 이름.

81) 외외(巍巍): 산 같이 높고 우뚝함.

82) 낙척(落拓): 어렵거나 불행한 환경에 빠짐.

83) 치빙(馳騁): 말을 타고 달림.

84) 좌작진퇴(坐作進退): 군대가 훈련할 때 앉고 서고 나아가고 물러섬을 이르는 말.

85) 일호(一毫): 한 가닥의 털이라는 뜻으로, 아주 작은 정도를 이르는 말.

86) 책책칭선(嘖嘖稱善): 큰 소리로 떠들며 칭찬함.

초로 좌익장군(左翼將軍)을 삼고, 마달로 우익장군(右翼將軍)을 삼아 대
군을 몰아 무창산(武昌山)에 이르러 크게 사냥하니, 고각함성(鼓角喊
聲)[87]이 천지 흔들고 기치창검(旗幟槍劍)이 일광(日光)을 가리오니 만산
초목(滿山草木)이 살기를 띠었고 비금주수(飛禽走獸)[88] 형영(形影)[89]이
그치더라. 다시 밤으로써 낮을 이어 수풀을 에워 불을 놓고 호표시랑지
류(虎豹豺狼之類)를 뫼 같이 잡아 삼군(三軍)[90]을 호궤(犒饋)[91]한 후에 바
야흐로 행군하여 남으로 갈새, 이때 남만왕 나탁이 대군을 몰아 중원지
경을 범하되 방비함이 없는 고로 운남(雲南)[92] · 구진(九眞)[93] 양 읍을 함
몰하고, 형(荊) · 익(益) · 여(汝) · 양(楊) 사주(四州)를 엿보아 만병을 세 길
로 나눠 바로 남경(南京)을 범코자 하더니, 원수의 대군이 구강 땅에 이 11
르러 삼일(三日)을 전렵(田獵)[94]함을 듣고 대경 왈,

"천병(天兵)이 칠천여 리를 행군하여 오히려 남은 용맹이 있으니 그 강성함을 알 배요, 우리 군사가 이렇듯 요란히 성지(城地)를 앗되 이같이 태연히 사냥하니 그 장략(將略)[95]이 있음이라. 하물며 오 · 초의 강한지병(强悍之兵)[96]을 더하였으니 대적기 어렵다."

하고 바삐 삼로병(三路兵)[97]을 거두어 물러나니라.

원수의 대군이 익주 땅에 이르니 자사(刺史)[98] 소유경이 멀리 나와 대

---

87) 고각함성(鼓角喊聲): 전투에서 돌격태세로 들어갈 때 사기를 북돋우기 위하여 북을 치고 나발을 불며 아우성 치는 소리.

88) 비금주수(飛禽走獸): 날짐승과 들짐승.

89) 형영(形影): 형체와 그림자.

90) 삼군(三軍): 제후가 거느린 군대로, 상군(上軍) · 중군(中軍) · 하군(下軍)으로 구성됨.

91) 호궤(犒饋): 군사들에게 음식을 주어 위로함.

92) 운남(雲南): 중국 남서부에 위치하며 베트남, 라오스와 인접해 있음.

93) 구진(九眞): 베트남 청화(淸華)에 설치되었던 군(郡).

94) 전렵(田獵): 사냥을 함.

95) 장략(將略): 장수로서의 지략과 기량.

96) 강한지병(强悍之兵): 굳세고 강한 군사.

97) 삼로병(三路兵): 세 길로 나뉘어 진격하는 군사.

후(待候)[99]하거늘, 원수가 적정(敵情)을 물으대, 소유경이 대왈,

"원수의 장략은 천하에 당할 자가 없나니 원수가 구강 땅에 삼일 전렵이 아닌즉 삼로병(三路兵)이 어찌 물러나리오? 지금 만왕 나탁이 퇴병(退兵)하여 흑풍산에 웅거(雄據)[100]하였으니 기중(其衆)이 수십만 이라. 독화살과 괴이한 기계로 싸움을 당한즉 능히 호풍환우(呼風喚雨)[101]하니 검은 모래 흑풍산을 덮어 지척을 분변치 못하여 군사가 눈
12 을 뜨지 못하니, 형 · 익 양주(兩州) 토병(土兵)[102]이 세 번 싸워 세 번 패하매 하릴없어 요해처(要害處)[103]를 지키고 대군을 기다리나이다."

원수가 왈,

"이 땅이 어느 곳에 속하뇨?"

대왈,

"구강(九江) 접계(接界)요, 남만 초입(初入)이니이다."

원수가, '나탁이 이렇듯 강성하니 행군함을 지체치 못하리라.' 하고 뇌천풍으로 익주병 오천기를 거느려 전부선봉(前部先鋒)을 삼고, 소유경으로 중군사마(中軍司馬)를 삼고, 동초 · 마달로 후군이 되어 흑풍산으로 향하여 진발(進發)[104]할새, 제 삼일에 산하에 이르러 진세를 이루고 소사마를 불러 왈,

"내 먼저 흑풍산 형세를 본 후에 나탁을 사로잡으리라."

하고 시야(是夜) 삼경(三更)에 원수가 소사마와 동초 · 마달로 신변에 병기를 지니고 수개 토병을 거느려 흑풍산 하에 다다라 보니 불과 일좌토산(一座土山)이라. 돌과 흙이 빛이 검어 재 같고 사면(四面) 십 리에 한

---

98) 자사(刺史): 중국에서 각 주(州)에 둔 감찰관.

99) 대후(待候): 윗사람을 찾아 문안드림. 또는 윗사람의 분부를 기다림.

100) 웅거(雄據): 일정한 지역을 차지하고 굳게 막아 지킴.

101) 호풍환우(呼風喚雨): 바람과 비를 불러일으킴.

102) 토병(土兵): 일정한 지방에 사는 토박이 군사로 조직된 군대.

103) 요해처(要害處): 전쟁에서 자기 편에는 꼭 필요하고 적에게는 해로운 곳.

104) 진발(進發): 전쟁 따위에서 출발하여 앞으로 나아감.

포기 풀이 없고 산세 극히 흉악하거늘, 원수가 형지를 자세히 본 후 다시 13
산상에 올라 진을 굽어보니, 흑풍산 동남 백여 보 밖에 무수(無數) 만병(蠻兵)이 혹 백여 명씩, 혹 수십 명씩 차례 없이 둔취(屯聚)[105]하여 전후 좌우에 검극(劍戟)[106]이 중중첩첩(重重疊疊)[107]히 방비하였거늘, 원수가 바라보고 놀라는 빛이 있어 소사마를 돌아보아 왈,

"장군이 이 진세(陣勢)를 알소냐?"

소사마가 왈,

"소장이 약간 병서(兵書)를 보았으나 이러한 진법(陣法)은 알지 못하나이다."

원수가 탄왈,

"나탁이 비록 남중 인물이나 영걸지재(英傑之才)로다. 이 진 이름은 천창진(天槍陣)이니, 하늘의 천창성(天槍星)[108]이라. 그 별이 재변(災變)[109]이 있어, 본즉 북방(北方)의 광채를 감추어 현무(玄武)[110] 방위를 지키고 시절이 요란한즉 제원(帝垣)[111]을 침노하여 시성(尸星)[112]이 되나니, 이제 나탁의 진법이 이를 응함이라. 만일 모르고 범한즉 대패(大敗)하리니, 그러나 천창성은 살벌(殺伐)[113]을 주장한 별이라 생왕방(生旺方)을 응함[114]이니, 이제 나탁이 진머리를 생왕방에 두었으니 그 패

105) 둔취(屯聚): 여러 사람이 한 곳에 모여 있음.

106) 검극(劍戟): 창이나 칼을 아울러 이르는 말.

107) 중중첩첩(重重疊疊): 여러 겹으로 겹쳐 있는 모양.

108) 천창성(天槍星): 자미원(紫微垣)의 왼편에 있는 세 개의 별.

109) 재변(災變): 재앙으로 인하여 생긴 변고.

110) 현무(玄武): 북방(北方)의 신.

111) 제원(帝垣): 자미원(紫微垣)을 말함. 큰곰자리를 중심으로 170개의 별로 이루어진 별자리. 태미원(太微垣) · 천시원(天市垣)과 더불어 삼원(三垣)이라고 부르며, 옥황상제의 명을 받아 별이나 자연계를 통치하고 제어하는 매우 높은 위치에 있음. 여기서는 별자리를 천자(天子)의 자리에 비유한 것.

112) 시성(尸星): 적시성(積尸星)을 말함.

113) 살벌(殺伐): 병력으로 죽이고 들이침.

114) 생왕방(生旺方)을 응함: 문맥상 '생왕방(生旺方)을 꺼림'이 되어야 함. 생왕

함을 보리로다."

14 하고 즉시 돌아와 군사를 물려 삼십 리 밖에 고쳐 진치고 삼군을 쉬라 하고 원수가 밤마다 천상을 우러러 보더니, 제 삼일에 다시 진을 옮겨 흑풍산 서북 백여 보 밖에 일자진을 치고 군중에 하령(下令) 왈,

"오늘 오시(午時)[115]에 접전(接戰)하여 미시(未時)[116]에 파(破)하리니 동초는 오천기(五千騎)를 거느려 흑풍산 남 수백 보 밖에 매복(埋伏)하였다가 나탁이 가는 길을 막자르라."

동초가 청령(聽令)하고 물러나니라.

차시 나탁이 흑풍산 남편에 결진(結陣)[117]하여 싸움을 돋우니, 양원수가 홍포금갑(紅袍金甲)으로 진상(陣上)에 나와 군사로 하여금 외쳐 왈,

"대명 원수가 만왕(蠻王)더러 이를 말이 있으니 진전(陣前)에 나서라."

나탁이 즉시 진전에 나와 읍하거늘, 원수가 바라보니 만왕이 신장이 구척이오, 요대(腰帶) 십위(十圍)요, 코가 높고 눈이 깊으며 붉은 수염과 둥근 얼굴에 기상이 영특하며, 우수(右手)에 장검을 들고 좌수(左手)에 수기(手旗)를 들었으며, 시랑(豺狼)[118]의 소리로 크게 외쳐 왈,

15 "대명(大明)은 우리와 형제지국이라. 이제 개주지예(介冑之禮)[119]로 서로 대하니 어찌 불행치 않으리오."

원수가 꾸짖어 왈,

"네 남방을 지키어 부귀 족하고 중국에서 예우하심이 지극하거늘 무단(無斷)이 변방을 요란케 하여 스스로 부월(斧鉞)[120]에 나아가니,

---

방은 길(吉)한 방향.

115) 오시(午時): 오전 11시에서 오후 1시까지.

116) 미시(未時): 오후 1시에서 오후 3시까지.

117) 결진(結陣): 전투에서 진을 짬.

118) 시랑(豺狼): 승냥이와 이리를 아울러 이르는 말. 여기서는 악인(惡人)을 뜻함.

119) 개주지예(介冑之禮): 갑옷과 투구를 입은 무장(武將)의 예(禮). 개주지예로 대한다는 것은 전쟁을 하게 됨을 의미.

120) 부월(斧鉞): 형구(刑具)로 쓰던 작은 도끼와 큰 도끼.

내 황명(皇命)을 받자와 백만 대군을 거느려 네 머리를 취코자 하나니, 만일 일찍이 항복한즉 대죄(大罪)를 사하고 황상께 주달하여 만왕(蠻王)의 위(位)를 잃지 않으려니와 그렇지 않은즉 남월(南越)왕의 머리를 북궐(北闕)[121]에 달아 천하를 호령하리라."

나탁이 대로 왈,

"천하는 공변된[122] 물건이라. 덕을 닦은즉 왕이 되고 덕을 잃은즉 망하나니, 내가 오십 년 정병(精兵)[123]을 길러 중원을 도모코자 하나니 천지운수가 과인에게 있어 대명을 소멸하고 육합(六合)[124]을 통일함이 재차(在此)[125]일거라. 시불가실(時不可失)[126]이니 원수는 바삐 퇴군하여 수십 만 장졸의 도탄(塗炭)[127]을 면케 하라."

양원수가 대로하여 좌우를 돌아보아 왈,

"뉘 능히 나아가 만왕을 잡을고?" 16

선봉장 뇌천풍이 벽력부(霹靂斧)를 두르고[128] 내달아 나탁을 취코자 하니, 만진(蠻陣) 중으로서 일개 만장이 내달아 맞아 싸워 불과 삼 합이 못하여 천풍의 도끼 일며 만장의 머리가 마하(馬下)에 떨어지니, 만진 중에 북 소리가 진동하며 양개만장(兩個蠻將)이 일시에 나오거늘, 명진(明陣) 중에서 소사마가 또한 방천극(方天戟)[129]을 두르고 내달아 싸움을 도우니 무예 절륜(絶倫)[130]하더라.

---

121) 북궐(北闕): 궁전 북쪽을 면(面)한 문루(門樓). 신하들이 알현을 기다리거나 상서주사(上書奏事)하는 곳.

122) 공변된: 공번되다. 치우치지 않고 공평하다. 사사롭지 않고 정당하다.

123) 정병(精兵): 우수하고 강한 군사.

124) 육합(六合): 하늘과 땅과 천지사방. 온 천하를 말함.

125) 재차(在此): 여기에 있음.

126) 시불가실(時不可失): 때를 잃을 수 없음.

127) 도탄(塗炭): 진구렁에 빠지고 숯에 탄다는 뜻으로 매우 곤궁하여 괴로운 지경.

128) 두르고: 휘두르고.

129) 방천극(方天戟): 방천화극(方天畫戟)이라고도 함. 병기(兵器)의 일종.

차시 네 장수가 맞아 싸워 십여 합에 승부가 없으니, 나탁이 대로하여 좌수에 들었던 수기(手旗)를 한 번 쓸매 홀연 일진광풍(一陣狂風)이 만진(蠻陣) 중으로서 일어나 흑풍산 모래를 날리매, 검은 티끌이 명진(明陣)을 덮어오니 지척(咫尺)을 분변치 못하고 군사가 눈을 뜰 수 없으니, 원수가 쟁 쳐 두 장수를 부르고, 즉시 등사기(螣蛇旗)[131]를 진전(陣前)에 꽂고 진을 변하여 무곡성관(武曲星官)의 팔괘진(八卦陣)을 쳐 손방문(巽方門)[132]을 닫으매 진중(陣中)이 고요하여 풍진(風塵)이 침노치 못하더라.

원수가 자주 군리(軍吏)를 불러 군중누수(軍中漏水)[133]를 탐지하더니
17 미시(未時)를 보(報)하는지라. 원수가 명하여 진중에 각각 살 끝에 화승
(火繩)[134]을 달아 불을 켜고 서북풍이 대작(大作)하여 비사주석(飛沙走
石)[135]하며 흑풍산 모래 돌쳐[136] 만진(蠻陣)으로 들어가니, 명진 중 수백
궁노수(弓弩手)[137]가 일시에 쏘매 공중에 나는 살이 풍세(風勢)를 좇아
별같이 흘러 적진에 떨어지니, 재 같은 흙에 불이 번져 경각간에 일좌 흑
풍산이 화산이 되어 바람에 나는 티끌이 화약같이 일어나 만중(蠻中)을
덮어오니, 나탁이 비록 풍기(風旗)[138]를 급히 들어 동남풍을 짓고자 하나
하늘 조화로 부는 바람을 인력(人力)으로 어찌 당하리오. 나탁이 하릴없
어 풍기를 버리고 필마단창(匹馬短槍)으로 동남을 바라고 달아나더니, 일

---

130) 절륜(絶倫): 아주 두드러지게 뛰어남.

131) 등사기(螣蛇旗): 깃발의 하나. 등사는 용과 흡사한 뱀으로 스스로 운무(雲霧)를 일으켜 그 속에서 논다고 함.

132) 손방문(巽方門): 정동(正東)과 정남(正南) 사이 한가운데를 중심으로 한 45도 각도 안의 방향.

133) 군중누수(軍中漏水): 군대 안의 물시계.

134) 화승(火繩): 불을 붙게 하는 데에 쓰는 노끈. 화약심지.

135) 비사주석(飛沙走石): 모래가 날리고 돌이 세차게 움직임. 풍세(風勢)가 맹렬함을 형용한 말.

136) 돌쳐: 돌려.

137) 궁노수(弓弩手): 활과 쇠뇌를 쏘던 군사.

138) 풍기(風旗): 원래 바람의 방향과 세기를 재기 위한 목적으로 쓰이나, 여기서는 바람을 일으키는 도구로 쓰임.

지인마(一枝人馬)가 길을 막으며 일원대장(一員大將)이 장창(長槍)을 두르며 크게 소리하여 왈,

"만왕 닫지 말라. 대명 좌익장군 동초가 있노라." 18
하거늘 나탁이 싸울 뜻이 없어 말을 도로혀 다시 서남간으로 닫더니, 또 일지인마가 길을 막고 일원 대장이 월도(月刀)를 춤추어 크게 꾸짖어 왈,

"대명 우익장군 마달이 여기 있으니, 쥐 같은 오랑캐는 닫지 말라."

나탁이 대로(大怒)하여 몸을 돌쳐 서로 수십 합을 싸우더니 등 뒤에 함성이 대진(大震)하며 양원수가 대군을 몰아 시살(廝殺)[139]하거늘, 나탁이 황망이 말을 빼어 정남방(正南方)으로 달아나니, 원수가 따르지 아니하고 대군을 옮겨 흑풍산 남편으로 오십여 리를 나와 진치고 밤을 지낼새, 소사마가 원수에 고왈,

"원수가 용병하심은 제갈무후(諸葛武侯)라도 당치 못할지라. 이번 흑풍산 싸움에 소장이 의아하는 바가 두 가지라. 미시(未時)에 서북풍을 어찌 알으시며, 흑풍산 흙에 불이 달려 화약과 다름이 없음은 무슨
곡절이니잇고?" 19
원수가 소왈,

"장수가 되어 위로 천문(天文)과 아래로 지리(地理)를 통치 못하고 어찌 원융(元戎)[140]이 되리오? 이 흑풍산을 보매 평원광야(平原廣野)에 내룡(來龍)[141]이 없고 좌우에 초목이 희소(稀少)하니, 이는 심상(尋常)한 야산(野山)이 아니라 남방화기(南方火氣) 모여 있고, 그 분야(分野)를 본즉 천화심성(天火心星)이 비추이고, 방위를 본즉 화덕(火德)이 정중(正中)하여 상하로 화기를 받드니, 돌이 타고 흙이 재가 되어 평지(平地)에 겁화(刦火)[142]가 일지라. 만일 불이 닿은즉 어찌 변개(變改)

---

139) 시살(廝殺): 싸움터에서 마구 쳐 죽임.
140) 원융(元戎): 군사의 우두머리.
141) 내룡(來龍): 풍수지리에서 종산(宗山)에서 내려온 산줄기.
142) 겁화(刦火): 세상이 망할 때에 일어난다고 하는 큰 불.

없으리오. 내 또 작야(昨夜)에 천상을 우러본즉 기성(箕星)[143]이 달에 가깝고 북두표성(北斗杓星)이 검은 기운이 끼었으니, 기성은 바람을 주장하고 그 방위 정남(正南)에 있으니 이는 오후에 바람 불 징조요, 흑풍이 표성을 덮었으니 이는 서북풍이 일어날 장본(張本)[144]이라. 그
20 러나 천문지리를 불가전신(不可專信)[145]이니 반드시 인사(人事)를 합하여 볼지라. 나탁이 진 친 것을 보매 태세(太歲)[146] 상문(喪門)[147]을 범하여 흑기(黑氣)가 진상(陣上)에 가득하니 그 패할 줄 알았노라."

좌우 제장이 모두 탄복하니 동초 · 마달이 문왈,

"금일 나탁이 남으로 달아날 줄 알으시고 소장 등을 보내어 남은 군사를 파하였사오나, 일개 용장을 앞길에 매복하였다면 생금(生擒)할 바를 어찌 아니하시나잇고?"

원수가 소왈,

"내 남만을 마음으로 항복 받고자 하나니, 금번은 첫 싸움이라. 나탁을 짐짓[148] 놓아 그 재주를 다하게 함이라. 장군이 어찌 제갈무후의 칠종칠금(七縱七擒)[149]함을 듣지 못하뇨?"

제장(諸將)이 탄복하더라.

원수가 행군하여 남으로 가며 나탁의 종적을 탐지하니 이미 오록동(五鹿洞)으로 들어가 다시 만병을 수습한다 하니, 대개 나탁의 동학(洞壑)이
21 모두 다섯 곳이라. 제일동은 철목동(鐵木洞)이니 나탁이 있고, 제이동은

143) 기성(箕星): 상서롭지 않은 징조로 여겨지던 별.

144) 장본(張本): 어떤 일이 크게 벌어질 근원.

145) 불가전신(不可專信): 전적으로 믿을 수 없음.

146) 태세(太歲): 목성(木星). 12년 만에 하늘을 일주(一周)하였음. 술수가들은 이 별이 있는 곳을 흉방(凶方)이라고 하였고, 흉악한 사람을 태세에 비유하기도 함.

147) 상문(喪門): 별이름. 흉살(凶殺)을 의미.

148) 짐짓: 일부러.

149) 칠종칠금(七縱七擒): 제갈량이 남쪽 오랑캐를 일곱 번 잡았다가 일곱 번 놓아준 일.

태을동(太乙洞)이요, 제삼동은 화과동(花果洞)이요, 제사동은 대록동(大鹿洞)이요, 제오동은 오록동(五鹿洞)이니, 각각 우양창름(牛羊倉廩)과 군기지물(軍機之物)을 두었고 도로산천이 기험(崎險)하더라. 원수가 토병(土兵)을 불러 오록동 길을 물은대, 토병이 고왈,

"여기에서 오록동이 일백여 리니 가는 길이 험하여 반사곡(盤蛇谷)[150]을 지나가나이다."

원수가 이에 우익장군 마달로 천여 기를 거느려 먼저 행하여 길을 열라 하고 한 곳에 이르매 산세 준급(峻急)하고 석각(石角)이 참험(嶄險)하여 행하기 어렵거늘, 마달이 나무를 버혀 다리를 놓고 돌을 굴려 굴헝[151]을 메이며 가더니 어언간(於焉間)에 일색(日色)이 저물어 어두운 빛이 있거늘, 마달이 산 어귀 평탄한 길을 얻어 군사를 머무르고 대군을 기다리더니, 원수가 이르러 보고 왈,

"이곳이 험하고 협착하여 대군을 머무르지 못하리니 황혼 월색을 22
띠어 진병(進兵)하리라."

하더니 홀연 일진광풍이 일어나며 풍편에 나발 소리 요란하거늘, 원수가 대경하여 군사를 멈추고 산상에 올라 멀리 바라보되 아무 기척도 없으니 이에 토병더러 왈,

"이곳 지명이 무엇이뇨?"

대왈,

"반사곡(盤蛇谷)[152]이니이다."

우(又) 문왈,

"여기에서 평지가 얼마나 하뇨?"

대왈,

---

150) 반사곡(盤蛇谷): 제갈량이 올돌골을 유인하여 불태워 죽인 계곡.

151) 굴헝: 구렁텅이.

152) 반사곡(盤蛇谷): 『삼국지연의』에서 올돌골과 그의 등갑군이 제갈량에게 유인되어 한 사람도 남김없이 불타 죽은 곳.

"십여 리니이다."

원수가 이에 대군을 거느려 십여 리 평지에 내려 진치고 밤을 지낼새, 시야장반(是夜將半)[153]에 또 광풍이 대작하며 풍편(風便)에 납함(吶喊)[154] 소리가 요란하거늘, 원수 괴히 여겨 동초·마달 양장을 불러 멀리 바라보니 또 인적이 없거늘, 원수가 군중에 신칙(申飭)[155]하여 잠자지 말라 하고 장중(帳中)에 앉아 서안(書案)을 의지하여 병서(兵書)를 보더니, 군
23 중에 숫두어리는[156] 소리가 나며 통성(痛聲)이 이르나니, 원수가 대경하여 즉시 몸을 일어 군중에 순행하며 동정을 살피니, 모든 군사가 머리를 부둥키고 앓는 소리가 물끓듯하니 원수가 침음양구(沈吟良久)[157]에 토병을 불러 문왈,

"이곳이 혹 석일(昔日) 전진(戰塵)[158]하던 곳인다?"

토병 왈,

"소졸 등도 이곳이 생소하여 다만 반사곡으로만 알 따름이요, 전장(戰場) 있음을 알지 못하니이다."

원수가 다시 침음 왈,

"저 적막공산(寂寞空山)에 함성이 일어나고 성한 군졸이 일시에 병드니, 이는 반드시 곡절이 있음이라. 군자(君子)는 산신과 괴령(怪靈)을 말하지 아니하나[159] 흑풍산의 이매(魑魅)의 작난(作亂)이 있는가 하노라."

말이 맞지 못하여 함성이 대진하거늘, 뇌천풍이 대로하여 벽력부를 두르며 내달아 왈,

---

153) 시야장반(是夜將半): 밤중이 될 무렵.
154) 납함(吶喊): 여러 사람이 다함께 큰 소리를 지름.
155) 신칙(申飭): 단단히 타일러서 경계함.
156) 숫두어리는: 수군거리는. 웅성웅성하는.
157) 침음양구(沈吟良久): 오래도록 속으로 깊이 생각함.
158) 전진(戰塵): 전쟁으로 시끄러움.
159) 군자(君子)는 산신과 괴령(怪靈)을 말하지 아니하나: 『논어』「술이」편에서 "공자는 괴력난신(怪力亂神)을 말씀하지 않았다."는 구절에서 연유된 말.

"내 마땅히 이 함성을 따라 이 곡절을 탐지하리라."
하고 소리가 나는 곳을 찾아 한 곳에 이르니, 암혈(巖穴)이 깊고 좌우의 24
수목이 참천(參天)한대 귀신의 울음소리가 요란하거늘, 천풍이 발을 멈추고 소리나는 곳을 살피매 나무 사이와 바위틈이 침음(沈陰)하고 괴이한 바람과 누습(漏濕)한 기운이 사람을 침노하니, 천풍이 대로하여 도끼를 들어 나무를 버히며 바위를 찍어 산하에 굴리고 돌아왔더니, 광풍이 더욱 대작하며 군중의 통성(痛聲)이 백배나 더하니, 원수가 크게 근심하여 평복(平服)으로 원문(轅門)에 나와 월하(月下)에 배회하며 계교를 생각하더니, 홀연 또 광풍과 함성이 지나는 끝에 청랑한 거문고 소리 멀리 들리거늘, 원수가 이상이 여겨 그 소리를 찾아 백여 보는 행하니, 수간고묘(數間古廟)가 산하(山下)에 있고 늙은 나무에 야학(野鶴)이 깃들었으니 가히 연구세심(年久歲深)[160]함을 알리러라. 원수가 묘문을 열고 들어가니
묘당(廟堂) 정전(正殿)에 일위 선생이 단좌(端坐)하였으니, 윤건학창의(綸 25
巾鶴氅衣)[161]에 백우선(白羽扇)[162]을 들었으니 위풍이 엄연하거늘, 원수가 절로 몸이 동하여 상하(床下)에 공순(恭順)히 재배하니, 그 선생이 답례하고 원수의 손을 잡아 왈,

"노부는 촉한(蜀漢) 무향후(武鄕侯)[163] 제갈량(諸葛亮)이러니, 석일에 남정(南征)하는 명을 받자와 만왕(蠻王) 맹획(孟獲)을 육좌(六挫)[164] 할 제 이곳에서 만병(蠻兵)이 많이 상한지라. 노부가 이곳에서 수년을 두류(逗留)하다가 돌아갔더니 남방 사람이 노부를 생각하고 이곳에 모

---

160) 연구세심(年久歲深): 세월이 매우 오래됨.
161) 윤건학창의(綸巾鶴氅衣): 윤건은 청색 실로 만든 두건으로 제갈량이 군중에서 썼기 때문에 제갈건이라고도 불림. 학창의는 학의 털로 만든 옷.
162) 백우선(白羽扇): 군중에서 주장(主將)이 작전을 지휘할 때에 쓰던 흰색 깃털 부채. 제갈량이 사용했다고 함.
163) 무향후(武鄕侯): 유비의 아들 유선이 황제에 즉위한 후에 제갈량에게 내린 벼슬 이름.
164) 육좌(六挫): 여섯 번 사로잡아 결박함.

옥(茅屋)을 지어 향화(香火)를 그치지 아니하매 유유혼령(悠悠魂靈)이 왕래무상(往來無常)하더니, 마침 원수의 대군이 이곳에 곤(困)함을 알고 위로코자 왔노라."

원수가 꿇어 고왈,

"무주공산(無主空山)에 함성이 대진(大振)하고 일야지간에 삼군(三軍)이 무단이 득병(得病)하니 이 무슨 곡절이니잇고?"

공명(孔明)이 소왈,

"노부가 일찍 등갑군(藤甲軍)[165] 수만 명을 죽였더니 매양 천음우습
26 (天陰雨濕)[166]할 때면 왕래 행인을 요란케 하나니, 이제 대군이 이 액
(厄)을 만남이라. 노부가 이미 제(祭)하여 원혼을 위로하였나니 원수는
두려 말고 명일에 제물을 갖추어 모든 원귀를 제하여 위로하라."

원수가 또 고왈,

"만왕 나탁이 오록동(五鹿洞)에 웅거하여 파할 방략이 없으니 선생은 밝히 가르치소서."

공명이 소왈,

"원수의 장략으로 작은 도적을 어찌 근심하리오마는 먼저 미후동(獼猴洞)을 치라."

설파(說罷)에 우선(羽扇)을 들어 앞에 놓인 향로를 쟁연히 치거늘, 원수가 놀라 깨달으니 장중일몽(帳中一夢)이라. 원문의 고각이 새벽을 고하고 동천의 서색(曙色)이 희미히 밝아오거늘, 원수가 즉시 장(帳)을 들고 군정(軍情)을 물으니, 고왈,

"장졸이 병세가 덜이고 광풍이 침식(寢息)[167]하니 군중이 안연(晏然)하니이다."

---

165) 등갑군(藤甲軍): 등껍질로 갑옷을 만들어 무장한 오과국(烏戈國)의 군사. 제갈공명의 계책으로 모두 불에 타서 죽음.

166) 천음우습(天陰雨濕): 하늘이 흐리고 비가 내려서 축축하게 젖음.

167) 침식(寢息): 떠들썩한 것이 가라앉아 그침.

원수가 대희하여 동·마 양 장을 보내어 반사곡 동구에 단을 모으고 열 섬 떡과 희생(犧牲)을 갖추어 극진히 제하고 술과 우양(牛羊)을 단하(壇下)에 묻으니, 참담한 구름이 동중에 흩어지고 습습한 바람이 곡구(谷 27
口)에 일어나며 수풀 아래와 언덕 머리에 초두난액(焦頭爛額)[168]한 무수귀졸(無數鬼卒)이 고두백배(叩頭百拜)[169]하고 돌아가는 듯하더라.

평명(平明)[170]에 원수가 행군하여 앞으로 나아갈새 맑은 바람에 깃발이 불려 산중 초목이 다 대명 군세(軍勢)를 돕는 듯하더라. 원수가 낙후(落後)한 만병(蠻兵)을 잡아 나탁의 종적을 물은대, 고왈,

"대왕이 지금으로 오록동에 계시니이다."

원수가 우 문왈,

"미후동(獼猴洞)이 여기에서 몇 리뇨?"

대왈,

"남중(南中)에 미후동이 본디 없나이다."

익주병이 옆에 섰다가 꾸짖어 왈,

"내 일찍 보매, 만인(蠻人)이 복성화[171]를 팔러 와서 하는 말이 미후동 복성화라 하거늘, 네 어찌 없다 하난다?"

원수가 대로하여 만병을 인하여 버혀 군중에 호령하고, 다시 만병 일인을 불러 문왈,

"내 이미 짐작하고 물음이니 만일 바로 고치 않으면 또 버히리라."

만병이 황겁(惶怯)[172]하여 바야흐로 고왈,

"만왕이 군사를 두 패에 나눴으니, 한 패는 만왕이 거느려 미후동 28
에 매복하고, 한 패는 오록동에 웅거하여 원수의 대병이 오록동에 이

---

168) 초두난액(焦頭爛額): 불에 머리를 태우고 이마를 그슬려 가며 불을 끈다는 뜻으로, 어려운 일을 당하여 몹시 애를 쓰는 것을 비유한 말.

169) 고두백배(叩頭百拜): 머리를 땅에 조아리며 몇 번이나 절함.

170) 평명(平明): 해뜨는 시각. 또는 해가 떠서 밝아질 때.

171) 복성화: 복숭아.

172) 황겁(惶怯): 겁이 나서 얼떨떨함.

르러 엄살(掩殺)[173]하거든 만왕이 미후동의 매복한 군사를 내어 가만히 뒤를 엄습하여 내외로 협공코자 함이니이다.”

원수가 탄왈,

“몽중(夢中)에 와룡(臥龍)[174]의 가르침이 헛되지 아니토다.”

하고 소사마를 불러 가만히 일러 여차여차(如此如此)하라 하니 사마가 청령(聽令)[175]하고 즉시 대군을 네 대(隊)에 나눠 각각 지휘하니라.

차설. 미후동은 만왕의 별업(別業)[176]이니 오록동 동편에 마주 있는지라. 만왕이 만장 철목탑을 장속(裝束)[177]하여 가만왕(假蠻王)[178]을 만들어 오록동의 만병 십만을 거느려 유진(留陣)하여 명 원수가 오록동 치기를 기다리더니, 아이오 고각(鼓角)이 흔천(掀天)[179]하고 함성이 대진(大振)하며 양원수의 대군이 물밀듯 몰아 오록동을 치거늘, 철목탑이 나탁의 기호(旗號)와 복색을 갖추어 동문을 열고 접전(接戰)할새, 나탁이 양원수와 철목탑이 접전함을 보고 매복하였던 군사를 거느려 미후동으로 돌출하
29 여 뒤로 양원수를 엄습(掩襲)[180]고자 하더니, 동문(東門)을 나매 문득 미후동 동편으로서 일개(一個) 양원수가 일지군(一枝軍)을 거느려 길 막고 시살(廝殺)하여 나탁을 에워싸니, 철목탑이 나탁이 위태함을 보고 오록동을 버리고 와 나탁을 구할새, 양개(兩個) 만왕과 양개(兩個) 원수가 각각 대군을 호령하여 반향(半晌)을 에웠다가, 나탁이 이미 계교가 궁진(窮盡)하고 삼개(三個) 양원수가 전후좌우(前後左右)로 쳐들어오니 심신이 창황(惝怳)[181]하고 마음이 현란(眩亂)하여 어찌 명병(明兵)의 승승(乘勝)함을

173) 엄살(掩殺): 별안간 습격하여 죽임.
174) 와룡(臥龍): 제갈량의 별호(別號).
175) 청령(聽令): 명령을 들음.
176) 별업(別業): 별장.
177) 장속(裝束): 옷차림을 꾸밈.
178) 가만왕(假蠻王): 만왕처럼 꾸며놓은 가짜 만왕.
179) 고각(鼓角)이 흔천(掀天): 북과 나팔 소리가 하늘을 찌름.
180) 엄습(掩襲): 불시에 쳐들어감.

대적하리오. 필마단창(匹馬短槍)으로 명병이 에워싼 것을 헤치고 오록동으로 돌아가고자 하여 분용(憤勇)을 발하여 겨우 벗어나 동전(洞前)에 이르니 동문이 닫히고 문 위에 또 일개(一個) 양원수(楊元帥)가 높이 앉아 호령 왈,

"만왕 나탁아! 네 다만 강포(强暴)[182]를 자랑하고 천조(天朝) 대원수의 신우영위(神佑英威)[183]를 모르는도다. 내 이미 오록동을 취하였으니 바삐 항복하여 죽기를 면하라."

말이 맞지 못하여 양원수가 대우전(大羽箭)[184]을 빼어 나탁의 머리 위
에 산호증자[185]를 맞춰 땅에 떨어치니 나탁이 혼불부체(魂不付體)[186]하 30
여 말을 도로혀 남을 바라고 달아나더니, 일원노장(一員老將)이 또 길을
막고 크게 꾸짖어 왈,

"대명 뇌선봉(雷先鋒)이 여기서 기다린 지 오래니, 여(汝) 등이 흑풍산 남은 넋으로[187] 오늘날 나의 도끼 아래 죽음을 면치 못하리라."

나탁이 대로 왈,

"너는 일개 무명노졸(無名老卒)이라. 어찌 과인을 이렇듯 욕하리오?"

하고 창을 들어 육십여 합을 싸우니, 승부가 어찌 된고?

하회(下回)를 볼지어다.

세(歲) 무신(戊申) 오월일 향목동 서(書)

---

181) 창황(惝怳): 놀라거나 당황하여 어찌할 바를 모름.

182) 강포(强暴): 몹시 우악스럽고 사나움.

183) 신우영위(神佑英威): 신들이 도와주는 뛰어난 위엄.

184) 대우전(大羽箭): 네 개의 깃털이 달린 크고 긴 화살. 당태종이 즐겨 사용하였다고 함.

185) 산호증자: 산호로 만든 증자. 증자는 전립(戰笠) 위에 꼭지처럼 만들어 달던 꾸밈새. 한자로 쓸 경우는 산호정자(珊瑚頂子)를 씀.

186) 혼불부체(魂不付體): 혼이 몸에 붙어있지 않음.

187) 넋으로: 원문에는 '넋이'로 되었으나, 문맥에 맞게 고침.

옥루몽 권지십이

1 화설. 나탁이 대로(大怒)질왈(叱曰),

"무명노장(無名老將)이 어찌 과인을 질욕(叱辱)[1]하리오."

하고 달려들어 싸워 육십여 합에 이르러 뒤를 돌아보니 철목탑이 또 패하여 돌아오며, 그 뒤에 티끌이 창천(漲天)[2]하고 함성(喊聲)이 진동하며 양원수의 대군이 이르거늘, 나탁이 대경하여 다시 말을 빼어 서남간(西南間)으로 달아나니, 대개 미후동 서편으로 오던 장수는 마달이요, 미후동(獼猴洞) 동편으로 오던 장수는 동초요, 오록동(五鹿洞) 치던 양원수는 소유경이요, 나중 오록동 동문 위에 앉았던 양원수는 진개(眞個)[3] 양원수라.

차시 나탁이 계교를 행하다가 도로혀 낭패하여 단기(單騎)로 몸을 빼어 대록동(大鹿洞)으로 들어가니, 원수가 따르지 아니하고 대군을 거느려 오록동으로 들어가니 우양창름(牛羊倉廩)[4]과 전마궁시(戰馬弓矢)[5] 그 수를 모를러라.

익일(翌日)에 원수가 소사마를 데리고 오록동 주산(主山)[6]에 올라 멀
2 리 바라보니 서남간으로 십여 리 밖에 일좌고산(一座高山)이 있으니, 산

1) 질욕(叱辱): 꾸짖으며 욕함.
2) 창천(漲天): 하늘에 가득함.
3) 진개(眞個): 진짜.
4) 우양창름(牛羊倉廩): 소와 양과 창고의 곡식.
5) 전마궁시(戰馬弓矢): 말과 화살.
6) 주산(主山): 풍수지리에서 묏자리나 집터 따위의 운수기운이 매였다는 산.

세가 흉험(凶險)[7]하고 중중첩첩(重重疊疊)한 중에 겁운(劫雲)을 띠었으며 울울창창한 수목(樹木)은 연기에 잠겼는데, 그 앞을 보니 들이 너르고 인물이 조밀하니 가히 남만왕의 동학(洞壑)인 줄 알지라. 원수가 소사마를 돌아보아 왈,

"만중산천(蠻中山川)이 이같이 흉험하니 어느 날 평정할고?"

설파(說罷)에 근심함을 마지않으니, 소사마가 왈,

"원수의 지용(智勇)과 장략(將略)[8]이 당세에 제일이시니 불일간(不日間)[9]에 만병을 파할까 하나이다."

원수가 탄왈,

"북방은 순음지방(純陰之方)이라, 일양(一陽)이 생(生)하는 고로 그 풍속이 우직(愚直)하나 교사(巧詐)[10]함이 없고, 남방은 정양지방(正陽之方)이라 일음(一陰)이 생하는 고로 그 풍속이 강한(强悍)한 중 교사(巧詐)함이 많으니, 그러한 고로 예부터 장수된 자가 북방에서 입공(立功)[11]함은 쉽고 남방에 성공함은 어려우니, 내 이제 백면서생(白面書生)[12]으로 중임(重任)을 받들어 충성을 다하고자 하여 이곳에 이르러
그 기(旗) 한 번 두름과 북 한 번 침을 어찌 경솔히 하리오? 이제 대록 3
동을 보매 진실로 천험지지(天險之地)[13]라. 힘으로써 파치 못할지니 오늘밤에 마땅히 여차여차하라."

하고, 장중(帳中)에 들어와 군중의 사로잡은 만병을 다 결박하여 장전(帳前)[14]에 꿇리고 분부 왈,

---

7) 흉험(凶險): 흉악하고 음험함.
8) 장략(將略): 장수로서의 지략과 기량.
9) 불일간(不日間): 며칠 걸리지 아니하는 동안.
10) 교사(巧詐): 교묘하게 남을 속임.
11) 입공(立功): 공을 세움.
12) 백면서생(白面書生): 글만 읽고 세상일에는 전혀 경험이 없는 사람.
13) 천험지지(天險之地): 천연적으로 험한 땅.
14) 장전(帳前): 군막 앞.

"너희 다 천조백성(天朝百姓)이라. 그릇 나탁의 계교에 속아 사죄(死罪)에 빠졌으나, 만일 성심(誠心)으로 항복한즉 대죄(大罪)를 사(赦)하고 휘하(麾下)에 부리리라."

수십 명 만병이 일시에 고두(叩頭)[15]하여 살기를 빌거늘, 원수가 대희하여 맨 것을 끄르고 주육(酒肉)을 먹이며 달래어 왈,

"여(汝) 등이 이미 항복하였으니 다 나의 군사라. 내가 이역(異域)에 들어와 도로산천(道路山川)이 생소(生疎)하니 네 인도하여 길을 가르치라."

만병이 응낙하거늘, 원수가 다시 군중에 하령(下令) 왈,

"나탁이 이미 동학(洞壑)을 잃고 멀리 달아났으니 근심할 바가 아니
4 라. 대군을 동중(洞中)에 평안히 쉬다가 삼일(三日) 후에 행군하게 하라."

하고, 원수가 제장으로 더불어 술 먹고 바둑 두어 군중(軍中)을 조속(操束)[16]지 아니하니, 모든 장졸이 기를 누이고 활을 지우며[17] 말에 안장을 버려 초장(草場)[18]에 내어놓고, 군사가 항오(行伍)[19]를 차리지 아니하여 혹 창을 베고 낮잠 자며 혹 뫼에 올라 노래하며 방비함이 없거늘, 만병이 은근히 도망할 꾀를 두더니, 명진장졸(明陣將卒)이 또한 무단이 술 먹고 취함을 인하여 만병을 욕하고 조롱하여 혹 칼을 빼어 치려하며 능멸구박(凌蔑驅迫)[20]하니, 만병이 서로 의논 왈,

"명 원수가 비록 우리를 관대(寬待)[21]하나 제장군졸(諸將軍卒)이 이같이 구박하니, 마땅히 이 때를 타 도망하리라."

---

15) 고두(叩頭): 머리를 땅에 조아림.
16) 조속(操束): 단단히 잡아 단속함.
17) 지우며: 활의 시위를 벗김.
18) 초장(草場): 말이 먹을 풀을 기르는 곳.
19) 항오(行伍): 군대를 편성한 대오. 한 줄에 다섯명을 세우는데 이를 오(伍)라 하고 다섯 줄의 스물 다섯 명을 항(行)이라고 함.
20) 능멸구박(凌蔑驅迫): 업신여기어 깔보고 못 견디게 괴롭힘.
21) 관대(寬待): 너그럽게 대우함.

하고 혹 뫼로 달아나며 혹 대로(大路)로 달아나니, 반일(半日)이 못되어 절반이나 없거늘, 원수가 다시 북을 쳐 군사를 모으고 기치창검(旗幟鎗劍)을 정제(整齊)[22]하여 더욱 방비함을 단단히 하니라.

차시 나탁이 오록동에 들어가 모든 만장과 상의 왈,

"대명원수의 장략(將略)은 마복파(馬伏波)[23] · 제갈무후(諸葛武侯)[24]에 양두(讓頭)[25]치 않으리니 저와 싸우지 못하려니와 이미 깊이 들었으니 제 어찌 대록동을 찾으리오."

하여 의논이 분분하더니, 홀연 일개 만병이 명진(明陣)으로 도망하여 와서 명진 동정(動靜)을 일일이 고하니, 모든 만장이 다투어 말하되,

"이 때를 타 엄습(掩襲)[26]하자."

한대, 나탁이 반신반의하여 계교를 정치 못하더니, 또 수개(數個) 만병이 도망하여 와서 여출일구(如出一口)[27]하고 그 뒤를 이어 혹 오륙 명씩 십여 명씩 낙역부절(絡繹不絶)[28]하여 와 한결같이 말하니, 나탁이 또한 십분 의심하여 다시 문왈,

"양원수의 행동이 어떠하더뇨?"

대왈,

"술 먹고 바둑 두어 군중 일을 묻지 아니하니 군중이 산란(散亂)하더이다."

---

22) 정제(整齊): 정돈하여 가지런히 함.

23) 마복파(馬伏波): 한나라 마원(馬援)장군의 관작. 남정(南征)하여 교지(交趾)를 격파함.

24) 제갈무후(諸葛武侯): 제갈량을 말함. 자(字)는 공명(孔明). 유비(劉備)를 도와 오(吳)와 연합하여 조조(曹操)의 위군(魏軍)을 적벽(赤壁)에서 대파하고 파촉을 얻어 촉한국을 세우고 유비가 제위에 오르자 승상이 되었음. 유비가 죽은 후 무후(武侯)로서 남방의 만족을 평정.

25) 양두(讓頭): 지위를 남에게 넘김.

26) 엄습(掩襲): 뜻하지 아니한 사이에 습격함.

27) 여출일구(如出一口): 마치 한 입에서 나오는 소리처럼 같은 말을 함.

28) 낙역부절(絡繹不絶): 왕래가 끊어지지 아니함.

우 문왈,

"제장은 무엇하더뇨"

대왈,

6 "병든 자는 신음하고 성한 자는 작란(作亂)하여 칼을 빼어 서로 치며 일분 조속(操束)함이 없더이다."

나탁이 우 문왈,

"동문은 어느 장수가 지키더뇨?"

대왈,

"남문은 마달이 지키고, 북문은 동초가 지키나 날마다 대취하고, 동문은 지킨 사람이 없기로 소졸(小卒)[29] 등이 성군작당(成群作黨)[30]하여 도망하되 묻는 자가 없더이다."

나탁이 침음양구에 소왈,

"양원수는 범상한 장수가 아니라 군중을 이같이 해태(懈怠)[31]케 않으리니, 반드시 간계(奸計)인가 하노라."

철목탑 왈,

"소장이 마땅히 명진 동정을 가만히 보고 오리이다."

나탁이 대희하여 허락한대, 철목탑이 필마단창(匹馬單槍)[32]으로 월색을 띠어 오록동으로 가니라.

차시 양원수가 다시 군중을 조속(操束)하여 제장 중에 영리한 자 수 인
을 보내어 오록동 어귀에 은신하였다가 만장(蠻將)의 왕래를 탐지하라
7 하니라. 철목탑이 오록동에 이르러 가만히 산상에 올라 동정을 굽어보
니, 기치창검(旗幟槍劍)이 항오(行伍)를 차려 착란(錯亂)치 않으며 등촉이
휘황하고 경점(更點)[33] 소리 분명하여 삼군(三軍)이 잠들지 아니하였거

---

29) 소졸(小卒): 도망하여 돌아온 만병들이 자기들을 지칭함.

30) 성군작당(成群作黨): 무리를 이루어 패거리를 만듦.

31) 해태(懈怠): 게으름.

32) 필마단창(匹馬單槍): 혼자서 한 마리 말을 타고 창 하나만을 들고서.

33) 경점(更點): 시간을 계산하는 단위. 한 밤을 오경(五更)으로 나누고 일경(一更)

늘, 심중에 대경하여 다시 가만히 언덕에 내려 남북동문(南北東門)을 엿보니 문마다 장수 이인(二人)과 군사가 한 패씩 지키어 창검이 별 곁듯 하고[34] 섰으니, 철목탑이 대경하여 즉시 본진에 돌아와 명진의 방비함이 철통같음을 고하니, 나탁이 대경하여 즉시 그 만병을 잡아들여 힐문(詰問)[35]하니, 만병이 발명(發明)[36] 왈,

"만일 명진에 조속함이 있은 즉 소졸 등이 어찌 무단이 도망하여 오리잇가?"

하거늘, 만장 아발도가 왈,

"소장이 다시 가보고 오리이다."

하고 또 단기로 오록동을 향하여 오니라.

차시 명진에서 제장이 원수에 고왈,

"지금 만장 철목탑이 단기(單騎)로 우리 진을 규시(窺視)[37]하고 가니이다."

원수가 웃고 즉시 소사마 · 뇌장군을 불러 가만히 약속하여 왈, 8

"뇌장군, 소사마는 각각 오천 기(騎)를 거느려 가만히 가 대록동 남문 밖에 매복하였다가 본진에 함성이 일어나며 만병이 대록동을 비우고 나탁을 구하고자 올 것이니, 이 때를 타 함께 돌입(突入)하여 대록동 영채(營寨)[38]를 앗으라."

하고 동초 · 마달더러 왈,

"장군 등은 각각 천기(千騎)를 거느려 대록동으로 오는 길에 가만히 매복하였다가, 나탁이 반드시 오록동을 향하여 올 것이니 내달아 에워싸되 구태여 잡으려 말고 다만 기세를 내어 단단히 에워싸고 대군

을 다시 오점(五點)으로 나누는데, 경마다 북을 침.

34) 별 곁듯 하고: 별이 총총히 박히듯 하고.

35) 힐문(詰問): 트집을 잡아 따져 물음.

36) 발명(發明): 죄나 잘못이 없음을 말하여 밝힘.

37) 규시(窺視): 몰래 엿봄.

38) 영채(營寨): 군대를 주둔시킨 임시 군영.

을 기다리라."

네 장수가 청령(聽令)하고 나가거늘, 다시 군중에 하령하여 기(旗)를 누이고 갑옷을 벗어 다만 늙은 군사 수 삼 명으로 동문(東門)을 지키게 하니라.

차시 아발도가 가만히 명진을 엿보매 과연 방비함이 없어 등촉(燈燭)이 희소(稀少)하고 모든 군사가 잠든 듯하거늘, 다시 남북 문을 보니 양
9 개노졸(兩個老卒)이 문 앞에 앉아 졸거늘, 아발도가 대희하여 바삐 돌아와 나탁을 보고 과연 명진에 방비함이 없음을 말하니, 나탁이 심중에 크게 의심하여 양장(兩將)의 말이 각각 다름을 보고 칼 들고 몸을 일어 왈,

"과인이 친히 가 본 후 결단하리라."

하고 수개(數個) 만병과 만장(蠻將) 일인(一人)을 데리고 오록동으로 향하여 오륙 리를 오다가 홀연 심중에 대경하여 왈,

"내 명 원수의 수중에 들었도다. 철목탑 · 아발도는 나의 심복이라. 어찌 허언(虛言)[39]을 하리오. 이는 반드시 명 원수 나를 유인함이로다."

하고 즉시 말을 도로혀고자 하더니, 홀연 납함(吶喊)[40] 소리나며 일대군마(一隊軍馬)가 길을 막고 일원대장(一員大將)이 크게 외쳐 왈,

"대명 좌익장군 동초가 여기 있으니 만왕은 닫지 말라."

말이 맞지 못하여 또 함성이 대진하며 일대 군마가 길을 막고 일원대장이 크게 소리 질러 왈,

"대명 우익장군 마달이 여기 있으니, 나탁은 닫지 말라."

10 하며 양장이 합력(合力)하여 나탁을 에워싸고 빗발치듯하니, 나탁이 황망히 싼 것을 헤치고자 하더니, 명 원수가 또 대군을 몰아 오록동으로 와 중중첩첩이 에워싸고 십만 대군이 일시에 기세를 발하여 고함하니, 그 소리 천지진동하더라.

차시 철목탑 · 아발도가 대록동에 있어 만왕이 돌아옴을 기다리더니,

---

39) 허언(虛言): 거짓말.

40) 납함(吶喊): 여러 사람이 다함께 큰 소리를 지름.

홀연 오록동 전에 함성이 대작(大作)하며 낙후(落後)[41]하였던 만병이 급히 보왈(報曰),

“대왕이 명진(明陣)에 싸이어 형세 급한지라.”

하거늘, 철목탑 · 아발도가 대경하여 만병 수백으로 동중을 지키고 대군을 거느려 동문을 열고 일제히 내달아 오록동을 버리고 오더니, 마달을 만나 십여 합을 대전할새, 철목탑이 싸울 마음이 없어 명진을 헤치고 만왕을 찾고자 하여 되는대로 충돌하니 양원수가 짐짓 진문을 열어 길을 빌리매 나탁이 필마단기로 황망히 나오다가 철목탑 · 아발도를 만나 대
록동을 바라고 돌아오더니, 동전(洞前)에 이르매 일원노장(一員老將)이 11
벽력부(霹靂斧)를 들고 문 위에 앉았다가 웃어 왈,

“노부(老夫)가 남방에 와 도끼를 오래 쓰지 못하였더니 오늘날 네 동학(洞壑)을 취하였으니, 네가 능히 싸우려 하거든 내 도끼의 티끌을 씻으리라.”

나탁이 대로하여 만병을 호령하여 동문을 깨치고자 하더니 등 뒤에 납함 소리 진동하며 양원수가 대군을 몰아 이르거늘, 나탁이 군사를 도로혀 서로 싸워 수합에 이르러 소사마 · 뇌천풍이 동문으로서 나와 협공하니 나탁이 대적지 못하여 다시 동남간(東南間)으로 달아나니라.

시야(是夜)에 양원수가 오록동에 돌아와 장졸을 크게 호군할새, 제장이 원수에 고왈,

“고지명장(古之名將)이라도 일월삼첩(一月三捷)[42]이 어렵다 하였거늘, 원수는 수일지간에 만왕의 두 동구(洞口)를 탈취하되 군사를 수고치
아니하고 장수를 잃음이 없으니 이는 고지명장에 지난 일이니이다.” 12

원수가 소왈,

“공 등이 그 쉬움을 보고 어려움을 생각지 못하도다. 나의 헤아림은 나탁이 양처(兩處) 동학을 용이(容易)하게 버리고 죽기로 싸우지 아

41) 낙후(落後): 뒤처져 있음.

42) 일월삼첩(一月三捷): 한 달에 세 번을 크게 이김.

니하니 반드시 믿는 바가 있음이라. 마땅히 조심할지니 어찌 쉽게 말하리오?"

하더라.

나탁이 대록동을 다시 잃고 제삼동(第三洞)으로 들어가니 이 이른바 화과동(花果洞)이라. 사면에 절벽이 둘러 있고 동중에 수목이 무성하여 동문(洞門)을 닫은즉 비록 십만 대병이 이르러도 파하기 어렵더라. 만왕이 모든 만장을 대하여 상의 왈,

"대명 원수의 웅재대략(雄才大略)[43]을 당치 못할지라. 내 이제 한 계교가 있으니 동문을 단단히 닫고 명병이 운량(運糧)[44]하는 길을 끊은 즉 수십 일이 못하여 대록동을 도로 찾을까 하노라."

제장이 옳게 여겨 동문을 닫고 나지 아니하더라.

차시 원수가 나탁이 화과동에 들고 나지 않음을 보고 대경하여 왈,

13 "이 계교가 가장 난처하니 화과동 형지(形地)를 보고 다시 의논하리라."

하고, 익일에 대군을 거느려 화과동에 이르러 싸움을 돋우니 과연 나탁이 나지 아니하고 남북문을 단단히 닫았거늘, 양원수가 거짓 군사를 호령하여 나무와 돌을 쌓고 남북 언덕에 오르고자 하니 나탁이 독한 살과 돌을 굴리어 방비하거늘, 원수가 또 북문을 쳐 사방으로 돌며 지형을 자시 보고 일모(日暮) 후 돌아와 연일(連日) 동 · 마 양장(兩將)을 수천기를 거느려 화과동을 치는 체 하되, 나탁이 더욱 단단히 지키고 나지 아니하더라.

제오일(第五日)에 원수가 소사마를 불러 왈,

"내 장군을 오십 필 말과 오십 명 노약잔병(老弱殘兵)을 주나니 여차여차(如此如此)하라."

하고, 또 동 · 마 양 장을 불러 삼천기를 주어 여차여차하라 하니, 세 장

43) 웅재대략(雄才大略): 뛰어난 재능과 큰 계략.

44) 운량(運糧): 양식을 나름.

수가 청령(聽令)하고 가니라. 14

차시 나탁이 양원수의 하릴없어 돌아감을 보고 대희하여, '불출(不出) 수십 일에 백만 명병(明兵)이 대록동 귀신이 되리라.' 하고 만병 수십 인을 놓아 명진 동정을 탐지하며 그 운량(運糧)하는 기미를 알아 보(報)하라 하였더니, 일일은 야심 후 만병이 급히 와 보하되,

"명진에서 운량하는 수레 승야(乘夜)하여 낙역(絡繹)[45]하여 오기로 산상에 올라 바라보니 십여 리 밖에 삼삼오오(三三五五)이 오는 것이 다 양초(糧草)[46] 실은 수레인가 하나이다."

만왕이 대희하여 즉시 만장 양 인을 불러 왈,

"여 등은 각각 운량하는 수레를 겁탈(劫奪)[47]하여 돌아오되, 만일 의심된 기색이 있거든 내닫지 말고 그저 돌아오라."

양장(兩將)이 수명하고 각각 길을 나눠 갈새, 월색이 희미한데 명병 수백 명이 십여 승 수레를 몰아 각각 함매(銜枚)[48]하고 불을 차차 끄며 오니 한 장수가 뒤에 따라오며 바삐 말을 재촉하거늘, 만장이 혜오되,[49]
'승야함매(乘夜銜枚)하니 우리 겁탈할까 저어함이요, 저의 수중에 병기 15
없으니 대적함이 어렵지 아니하다.' 하고 일시에 돌출하여 길을 막으니 명병이 대경하여 수레를 버리고 달아나거늘, 그 장수가 칼을 빼어 닫는 자를 호령하며 만장을 맞아 싸워 수합에 이르러 보니 만병이 벌써 수레를 몰아 화과동으로 향하니, 나탁이 대희하여 수레를 몰아 와 보매 무비정실(無非精實)[50]한 곡식이라. 서로 치하하더니 수개 만병이 또 보하되,

"명병(明兵)이 운량하는 수십 승(乘)[51]이 또 온다."

---

45) 낙역(絡繹): 계속 이어져 끊이지 않음.

46) 양초(糧草): 군사가 먹을 양식과 말을 먹일 꼴을 통틀어 이르는 말.

47) 겁탈(劫奪): 위협이나 폭력을 써서 빼앗음.

48) 함매(銜枚): 군사가 행진할 때 떠들지 못하도록 군졸들의 입에 나무막대기를 물리던 일.

49) 혜오되: 생각하되.

50) 무비정실(無非精實): 곡식이 알차고 옹골차지 않은 것이 없음.

하거늘, 나탁이 대희하여 또 만장 이인(二人)으로 이천군을 거느려 가 탈취하여 오라 하니, 만장이 응명하여 또 쫓아 이르러 보니 삼사십 명 노약잔병(老弱殘兵)이 수십 필 말과 수십 승 수레를 끌고 오며 서로 가만히 원망하여 왈,

"앞에 오던 수레는 어디로 갔으며 어두운 길에 불도 없으니 대록동을 어찌 가리오?"

16 하거늘, 만장(蠻將) 이인(二人)이 내달아 막은대, 그 군사가 대경하여 수레를 버리고 달아나니, 만장이 일천 만졸로 하여금[52] 수십 승을 풍우같이 몰아오더니 수리(數里)는 못 와서 공중에 시위 소리 나며 양개 만장이 마하(馬下)에 떨어지니, 좌편에는 마달이요, 우편에는 동초라. 대군을 몰아 만병을 에워싸고 왈,

"항복하는 자는 살 것이요, 달아나는 자는 버히리라."

한대, 만병이 하릴없어 일제히 따라 항복하되 동 · 마 양장(兩將)이 묻지 아니코 만병을 일일이 결박하여 그 의복을 벗겨서 병을 입히고 수레를 의구히 몰아 화과동에 이르니, 이때 나탁이 양장(兩將)을 보내고 기다리다가 그 돌아옴을 보고 희불자승(喜不自勝)[53]하여 동문을 바삐 열어 드리니, 수레가 겨우 동문에 들며 뒤에서 한 소리로 크게 외쳐 왈,

"대명 원수가 한 수레를 보내나니 네 머리를 바삐 드려 사례하라."

17 말이 맞지 못하여서 수십 승 수레에 불이 일어나니, 그 빠름이 흐르는 별 같으여 인하여 동문에 연염(煙焰)[54]이 창천(漲天)하니, 나탁이 대경하여 창졸(倉卒)에 방비함이 없고 동 · 마 양장이 이미 동중에 들어 동충서돌(東衝西突)[55]하니 경각간에 불이 퍼져 동중(洞中) 수목에 억만점(億萬

---

51) 승(乘): 수레를 세는 단위.

52) 만장이 일천 만졸로 하여금: 세책본에는 '만장 일천 명과 만졸 수만이'이라고 되어 있으나, 문맥상 이렇게 고침.

53) 희불자승(喜不自勝): 기쁨을 스스로 이길 수 없음.

54) 연염(煙焰): 연기와 불꽃을 이르는 말.

55) 동충서돌(東衝西突): 이리저리 마구 찌르고 부딪침.

點) 홍매화(紅梅花)가 열리는 듯하더라. 나탁이 형세가 급함을 보고 칼을 들고 말에 올라 접전코자 하더니, 동외(洞外)에 함성이 대진하며 일원 대장이 도끼를 들고 크게 외쳐 왈,

"원수의 대군이 동전을 임하였으니, 나탁은 빨리 나와 항복하라."
하며, 동중에 돌입하여 동 · 마 양장과 소사마가 합력하여 동으로 어르고
서로 치며, 남으로 어르고 북으로 치니, 방포함성(放砲喊聲)이 산천을 뒤
집고 화광연염(火光煙焰)[56]이 동중에 자욱하니, 나탁이 구치 못할 줄 알
고 단기(單騎)로 몸을 빼어 동문을 나매, 양원수가 대군을 거느려 길을 18
막거늘, 나탁이 형세가 급하매 마상에서 크게 한 소리하여 왈,

"과인은 들으니 '영걸(英傑)의 장사는 궁(窮)한 적국을 따르지 않는다.' 하나니, 원컨대 길을 빌려 명일 다시 자웅(雌雄)[57]을 결단케 하소서."

소사마가 꾸짖어 왈,

"네 세궁력진(勢窮力盡)[58]하고 힘이 다하였거늘 오히려 항복지 아니하고 어찌코자 하나뇨?"

나탁 왈,

"금일은 기계(奇計)에 속음이라. 명일(明日) 정도(正道)로 한 번 싸우기를 원하나이다."

원수가 미소하고 기를 쓸어 진머리[59]를 터주니, 나탁이 말을 빼쳐 달아나니라.

원수가 화과동을 취한 후 동중에 들어 지형을 보고 왈,

"이곳에 대군을 오래 머물지 못하리라."
하고 군사를 거느려 화과산 북편에 배산임수(背山臨水)[60]하여 진을 치니,

---

56) 화광연염(火光煙焰): 불꽃과 연기.

57) 자웅(雌雄): 승부 · 우열 · 강약 따위를 비유적으로 이르는 말.

58) 세궁력진(勢窮力盡): 형세가 어려운 처지가 되고 기력도 다함.

59) 진머리: 진(陣)의 맨 앞.

60) 배산임수(背山臨水): 땅의 형세가 뒤로는 땅을 등지고 있고 앞으로는 물에

소사마가 문왈,

"원수가 나탁이 양초(糧草)를 겁칙[61]할 줄 어찌 알으시뇨?"

원수가 소왈,

19 "나탁이 동중에 나지 아니함은 나의 양식이 없음을 기다림이라. 운량함을 보고 어찌 탈취치 않으리오? 차소위(此所謂) 장계취계(將計就計)[62]함이라. 그러나 나탁이 이미 세 동학을 잃었으니 이른바 곤한 도적이라. 내 염려하는 바는 힘을 다하여 싸울까 하나니 기계를 준비하고 군사를 호궤(犒饋)[63]한 후에 기다리리라."

하더라.

차설. 나탁이 화과동(花果洞)을 잃고 제이동(第二洞)에 들어가니 이 이른바 태을동(太乙洞)이라. 오대 동천 중에 태을동이 가장 크니, 산천이 명려(明麗)[64]하고 지형이 광활하여 가히 수성(守城)할 곳이러라. 나탁이 제장(諸將)더러 왈,

"우리 동천이 대대로 상전(相傳)하여 과인에게 이르러 잃게 되었거늘 어찌 속수무책(束手無策)[65]하여 좌이대사(坐而待死)[66]하리오? 명일은 마땅히 대군을 조발(調發)하여 한 번 죽기로 싸워 성패를 판단하리라."

말이 맟지 못하여서 장하(帳下)에 일개 만장이 크게 소리하여 왈,

"대명(大明) 원수는 천신(天神)이 하강(下降)함이라 인력(人力)으로
20 당치 못하리니, 대왕은 궤계(詭計)[67]를 쓰샤 거짓 항복하고 그 틈을 타

면하여 있음.

61) 겁칙: 겁탈(劫奪)과 같은 의미.

62) 장계취계(將計就計): 상대방의 계책을 이용해서 상대방을 칠 계책을 씀.

63) 호궤(犒饋): 군사들에게 음식을 주어 위로함.

64) 명려(明麗): 맑고 고움.

65) 속수무책(束手無策): 손을 묶은 것처럼 꼼짝하지 못하고 아무런 대책이 없음.

66) 좌이대사(坐而待死): 앉아서 죽음을 기다림.

67) 궤계(詭計): 간사하게 남을 속이는 꾀.

내응외합(內應外合)[68]함이 좋을까 하나이다."

나탁이 청파에 대로 왈,

"대장부가 시운(時運)이 불행한즉 차라리 한 번 죽어 쾌(快)한 귀신이 될지니 어찌 구구하게 아녀자의 간계를 효칙(效則)하리오. 만일 항복함을 말하는 자는 참(斬)하리라."

하고 동중만병(洞中蠻兵)을 몰수(沒數)[69]이 조발하여 익일(翌日)에 태을동 전(前)에 진세(陣勢)를 베푸니, 양원수가 또한 결진(結陣)하고 도전하매, 나탁이 진전에 나서며 왈,

"과인이 여러 번 궤술(詭術)에 낭패하였으니 오늘은 대명 원수와 친히 합전(合戰)[70]하여 자웅(雌雄)을 결단코자 하나니 원수는 친히 나와 승부를 결하라."

하거늘 뇌천풍이 꾸짖어 왈,

"우리 원수가 황명을 받자와 삼군원융(三軍元戎)의 체중하심으로
어찌 조그만 남만왕과 서로 항형(抗衡)[71]하샤 칼날이 서로 다투는 무
례함이 있으리오. 노부가 비록 병들었으나 도끼를 시험하여 너의 부 21
리[72]를 찍으리라."

말을 마치며 벽력부(霹靂斧)를 춤추어 서로 나탁을 취하려 하니, 나탁이 대로하여 좌우를 돌아보아 왈,

"뉘 능히 차인(此人)을 사로잡을고?"

철목탑 · 아발도 양장이 일시에 내달아 뇌천풍을 대적하니 명진 중으로서 동초 · 마달이 내달아 대전할새, 나탁이 본진에서 보다가 호수(虎鬚)[73]를 거사리고[74] 환안(環眼)[75]을 부릅뜨고 한 소리를 벽력같이 지르고 말을

---

68) 내응외합(內應外合): 적의 내부에서 있으면서 밖에 있는 아군과 몰래 통함.

69) 몰수(沒數): 있는 수효대로 죄다.

70) 합전(合戰): 전투에서 서로 맞붙어 싸움.

71) 항형(抗衡): 대항하여 맞섬.

72) 부리: 입을 모욕하여 부르는 말.

73) 호수(虎鬚): 호랑이 수염. 거친 수염을 비유적으로 이르는 말.

놓아 나오니 기세 충험(衝險)하거늘, 원수가 소사마를 돌아보아 왈,

"나탁이 저같이 흉용(凶勇)[76]하니 사로잡기 어렵도다."

하고 즉시 진세를 변하여 기정팔문진(奇正八門陣)을 치고 쟁을 쳐 삼장(三將)을 거두니, 나탁이 대로 왈,

"너희 만일 궤술(詭術)이 아닌즉 어찌 과인(寡人)을 당하리오? 내 이미 중국 사람의 다겁(多怯)함을 아나니 제장(諸將)은 이르도 말고 양원수가 친전(親戰)[77]하여도 과인이 겁(怯)하지 않으리라."

22 하고 서서히 본진으로 돌아가니, 소사마, 뇌천풍, 동 · 마 양장이 동전(洞前)에 오르고자 하니 원수가 가만히 약속 왈,

"그대 등은 여차여차하라."

사장(四將)이 청령(聽令)하고 다시 나와 뇌천풍이 벽력부를 두르며 외쳐 왈,

"이 우준(愚蠢)[78]한 오랑캐야! 네 우악(愚惡)[79]을 믿고 노부의 쇠로함을 업수이 여겨 가장 당돌(唐突)하니 네 능히 다시 나와 한 번 싸울소냐?"

하고 말을 놓아 따르니 나탁이 대로하여 칼을 춤추고 말머리를 도로혀 다시 뇌천풍을 맞아 대전할새, 뇌천풍이 일변 싸우며 일변 물러난대, 나탁이 소왈,

"필부가 노흉(老凶)하여 과인을 또 유인코자 하난다?"

말이 맞지 못하여서 명진 중으로서 동초가 또 말을 놓아 오며 나탁을 욕하여 왈,

"수염 붉은 오랑캐가 겉으로 장담하나 속은 다겁(多怯)하도다. 내

---

74) 거사리고: 거꾸로 서게 하고.

75) 환안(環眼): 고리눈. 눈동자 둘레에 흰 테가 둘린 장사의 눈.

76) 흉용(凶勇): 흉폭하고 사나움.

77) 친전(親戰): 직접 싸움.

78) 우준(愚蠢): 생각이나 행동 따위가 어리석고 굼뜸.

79) 우악(愚惡): 무지하고 포악한.

들으니 '남방 사람이 화기(火氣)를 많이 받아 심통이 크다.' 하니 내 너를 잡아 위선(爲先) 심간(心肝)을 내어 안주(按酒)코자 하노라."

나탁이 대로하여 다시 대전하여 십여 합에 이르러 동초가 또 일변 싸 23
우며 일변 물러난대, 나탁이 소왈,

"과인이 명 원수의 궤계(詭計)를 알았으니 필부는 부질없이 유인치 말라."

말이 맞지 못하여서 명진 중으로서 마달이 또 말을 놓아 오며 욕하여 왈,

"내 들으매 '남방 오랑캐가 다만 어미만 알고 아비를 모른다' 하니 이는 오륜(五倫)의 한 궁기[80]가 막힘이라. 내 마땅히 그 궁글[81] 통하게 하리라."

하고 허리로서 살을 빼어 나탁의 엄신갑(掩身甲)[82]을 맞추니, 나탁이 대로(大怒)하여 장검을 두르며 달려드니 마달이 맞아 싸워 수합에 일변 싸우며 일변 물러나더니, 명진 중으로서 소유경이 방천극을 두르며 대호(大呼) 왈,

"나탁은 빨리 돌아가라. 우리 대명 원수가 상통천문(上通天文)[83]하고 하달지리(下達地理)[84]하며 풍운조화를 무불통지(無不通知)[85]하시니 네 만일 진중에 든즉 벗어나지 못하리라."

말을 마치며 소유경이 말을 도로혀 달아나고 그 뒤에 양원수가 작은 24
수레를 타고 진문을 열고 나오며 웃어 왈,

"나탁아! 네 비록 조고만 용맹을 믿고 나를 대적코자 하나 내 마땅히 지혜로 싸울지니 어찌 너로 더불어 힘을 겨루리오."

---

80) 궁기: 구멍.
81) 궁글: 구멍을.
82) 엄신갑(掩身甲): 몸을 가리는 갑옷.
83) 상통천문(上通天文): 위로 천문에 통함.
84) 하달지리(下達地理): 아래로 지리에 통달함.
85) 무불통지(無不通知): 무슨 일이든지 환히 통하여 모르는 것이 없음.

나탁이 양원수의 안연(晏然)함을 보고 심중에 분기(憤氣) 만장(萬丈)이나 일어나니 어찌 사생(死生)을 돌아보리오. 크게 한 소리 지르고 말을 놓아 범같이 달려드니 양원수가 미소하고 수레를 빨리 돌려 진중으로 들어간대, 나탁이 급히 쫓아 진중에 드니 양원수는 간 데 없고 진문이 닫히며 검극(劍戟)[86]이 서리 같거늘, 나탁이 더욱 분함을 이기지 못하여 칼을 두르며 동충서돌(東衝西突)하되 벗어날 길이 없는지라. 아모리[87] 할 줄 모르더니, 철목탑 · 아발도가 나탁이 명진에서 곤(困)함을 보고 대경하여 일제히 창검을 들고 명진을 충돌하니, 사면이 철통같고 다만 한 문이 열렸거늘, 양장이 돌입하니 검극이 삼렬(森列)[88]하고 시석(矢石)[89]이 여우(如雨)하여 들어온 문을 찾을 길이 없는지라. 차시 나탁 · 철목탑 · 아발도 삼인(三人)이 진중에 갇히어 비록 힘을 다하여 뚫고자 하나 어찌 벗어나리오. 동으로 치면 동문이 열리고 그 문을 난즉 다시 한 문이 있고, 북으로 치면 북문이 열리고 그 문을 난즉 다시 한 문이 있어 종일토록 팔팔육십사문(八八六十四門)을 돌입하나 진 밖에 나지 못하니, 나탁이 분기(憤氣) 충천하여 범같이 뛰놀더니, 홀연 중앙 일문이 열리며 양원수가 높이 앉아 호령 왈,

"나탁아! 네가 이제도 항복지 아니할소냐?"

나탁이 대로하여 그 문을 돌입하고자 하니, 양원수가 기를 둘러 문을 닫으매 다만 냉풍이 서리같고 검극(劍戟)이 삼삼(森森)하거늘, 나탁이 하릴없어 다시 다른 길을 찾더니 홀연 남편(南便) 문이 열리며 양원수가 또 높이 앉아 호령 왈,

"나탁아! 네가 이제도 항복지 아니할소냐?"

나탁이 대로하여 그 문을 돌입하고자 한대, 원수가 웃고 기를 두르니

---

86) 검극(劍戟): 칼과 창을 아울러 이르는 말.

87) 아모리: 어떻게.

88) 삼렬(森列): 촘촘하게 늘어서 있음.

89) 시석(矢石): 전쟁에 쓰던 화살과 돌.

문이 닫히고 검극이 서리 같거늘, 나탁이 하릴없어 다른 길을 찾더니 홀 26
연 북편 문이 열리며 양원수가 높이 앉아 호령 왈,

"네가 이제도 항복하지 아니할소냐?"

나탁이 또 분함을 이기지 못하여 그 문을 돌입고자 하더니, 양원수가 웃고 그 문을 다시 닫히니 검극이 여전하거늘, 이렇듯 하기를 다섯 문을 지나매 나탁의 영용(英勇)으로도 기운이 저상(沮喪)[90]하고 분기(憤氣)가 탱중(撑中)[91]하여 앙천탄왈(仰天歎曰),

"내 비록 죽기를 아끼고자 않으나 길을 찾아 나아가지 못한즉 지하에 돌아가나 무슨 면목으로 조선(祖先)[92]을 뵈오리오."

하고 칼을 빼어 들고 차마 자처(自處)[93]치 못하니, 철목탑 · 아발도가 황망히 붙들어 왈,

"대사(大事)를 경영하는 자는 작은 부끄럼을 돌아보지 아니하나니 양원수는 의기 있는 장자(長者)[94]라. 다시 저에게 빌어보심이 옳을까 하나이다."

하고, 양장(兩將)이 투구와 갑옷을 벗고 장수 장전에 꿇어 울면서 빌어 왈,

"원수가 황명을 받들어 남방을 덕으로 항복 받고자 하심은 소장이 27
아는 배라. 이제 소장이 일시지분(一時之憤)으로 그릇 진중에 들었다가 재주를 다하지 못하고 죽은즉 비록 혼백이라도 원통함을 품어 마음으로 항복지 않을까 하나이다."

원수가 소왈,

"이미 너를 여러 번 일렀으되 종시 항복지 아니하니 금일은 용서치 못하리라."

철목탑이 다시 고왈,

---

90) 저상(沮喪): 기운을 잃음.

91) 탱중(撑中): (화나 욕심 따위가) 가슴 속에 가득차 있음.

92) 조선(祖先): 조상.

93) 자처(自處): 분을 참지 못하거나 지조를 지키기 위해서 스스로 목숨을 끊음.

94) 장자(長者): 덕망 있는 어른.

"소장이 만일 다른 싸움에 패한즉 비록 죽어도 한이 없을까 하노니, 후일 다시 항복고자 하나이다."

원수가 웃고 즉시 성문을 열어 주니, 나탁이 양장을 데리고 본진으로 돌아와 희허(唏嘘) 탄왈,

"내 이제 구차히 성명(性命)[95]을 얻었으나 세궁력진(勢窮力盡)하니, 제장은 각각 계교를 내어 오늘 부끄럼을 씻게 하라."

계하(階下)에 일인이 응성(應聲) 대왈,

"소장이 마땅히 대왕을 위하여 한 사람을 천거하여 오대 동천(洞天)을 불일내(不日內)에 회복하게 하리이다."

28 나탁이 그 사람을 보니 우부추장(右部酋長) 맹열이니 촉한시(蜀漢時) 맹획(孟獲)[96]의 후예라. 나탁이 대희 문왈,

"맹추장이 어떤 사람을 천거코자 하나뇨?"

맹열 왈,

"오계국 채운동에 일위도사(一位道士)가 있으니 도호(道號)는 운룡도인(雲龍道人)이라. 도술이 비상하여 능히 바람을 부리며 귀신과 맹수를 임의로 부리나니 대왕이 만일 지성으로 청하여 도움이 있은즉 어찌 명병을 근심하리잇가?"

나탁이 대희하여 즉시 맹열을 데리고 채운동에 이르러 운룡도인을 보고 울며 왈,

"오대동천(五大洞天)은 남방 세전지지(世傳之地)[97]라. 이제 중국에게 잃게 되었으니 선생은 비록 물외(物外)의 비상한 종적(蹤迹)이나 또한 남방 사람이라. 바라건대 재주를 아끼지 말으사 과인으로 하여금 토지를 다시 찾게 하여 주옵소서."

---

95) 성명(性命): 목숨이나 생명을 달리 이르는 말.

96) 맹획(孟獲): 남만인(南蠻人). 제갈량과 겨루다가 일곱 번 잡히고 일곱 번 풀려나자 제갈량에게 심복(心服)한 인물.

97) 세전지지(世傳之地): 대대로 전해 내려오는 땅.

운룡도인이 소왈,

"대왕의 영웅으로도 잃은 바 동학(洞壑)을 산인(山人)이 어찌 찾으리오?"

나탁이 재배 읍왈,

"선생이 만일 구치 않으면 과인(寡人)이 차라리 죽고 돌아가지 말고 29
자 하나이다."

설파에 칼을 들어 자결코자 하니 운룡도인이 하릴없어 허락하고 도인의 복색으로 사슴을 타고 만왕을 따라 태을동(太乙洞)에 이르러 왈,

"대왕은 다만 양원수와 도전하소서. 빈도(貧道)[98]가 그 진세(陣勢)를 보고자 하나이다."

나탁이 즉시 진전에 나와 양원수를 청하여 싸우자 하니, 원수가 소왈,

"나탁이 반드시 구병(救兵)을 청함이로다."

하고 대군을 거느려 태을동에 진세를 베푸니, 운룡도인이 진상에서 바라보고 놀라는 빛이 있더니, 홀연 진언(眞言)을 염하고 칼을 들어 한번 가르치니, 풍우(風雨)가 대작(大作)하고 뇌정(雷霆)이 진천(振天)하며 무수한 신장(神將)이 귀졸(鬼卒)을 몰아 명진(明陣)을 반향(半晌)이나 에워싸고 치되 깨치지 못하니, 도인이 칼을 던지고 탄왈,

"대명 원수는 범인(凡人)이 아니라, 경천위지(經天緯地)[99]할 재주가 있으니 대왕은 각승(角勝)[100]치 말으소서. 진법은 천상 무곡성관(武曲
星官)의 선천음양진(先天陰陽陣)이니 그 중에 현묘한 법이 무궁하니, 30
빈도의 조고만 재주로 이기지 못하리이다."

나탁이 이 말을 듣고 방성대곡 왈,

"이러한즉 어느 날 과인의 오대동천을 찾으리잇고? 바라건대 선생

---

98) 빈도(貧道): 덕이 적다는 뜻으로, 승려나 도사가 자기를 낮추어 말하는 일인칭 대명사.

99) 경천위지(經天緯地): 천하를 잘 다스림.

100) 각승(角勝): 승부를 겨룸.

은 긍측(矜惻)[101]이 여기샤 방략을 가르치소서."

운룡도인이 침음양구에 묵묵히 말이 없으니, 나탁이 다시 재배 왈,

"선생이 종시 가르치지 않으신 즉 과인이 만중(蠻中) 백성을 대할 낯이 없으니 차라리 선생을 좇아 산중에 들어가 종신(終身)코자 하나이다."

도인이 난처한 빛이 있어 왈,

"빈도에게 한 방략(方略)[102]이 있으나 만일 누설한즉 일을 이루지 못할 뿐 아니라 빈도에게 대단히 방해로움이 있으리니 대왕은 자량(自量)[103]하여 하소서."

나탁이 즉시 좌우를 물리고 방략을 물은대, 도인이 바야흐로 말하여 왈,

"빈도의 사부(師傅) 탈탈국(脫脫國) 총황령(叢篁嶺) 백운동(白雲洞)
에 한 신선이 있으니 도호(道號)는 백운도사(白雲道士)라. 음양조화지
31 술(陰陽造化之術)과 천지현묘지리(天地玄妙之理)를 무불통지(無不通知)
하오니 우리 사부가 아니면 명병(明兵)을 대적지 못하려니와 뜻이 높
고 덕이 맑아 평생을 산문(山門)에 나지 아니하니 대왕이 성의를 다하
여 청하시면 혹자(或者) 허(許)하실가 하나이다."

말씀을 마치며 사슴을 타고 표연히 채운동(彩雲洞)으로 가니라.

차하(且下)를 분해(分解)하라.

세(歲) 무신(戊申) 오월일 향목동 서(書)

---

101) 긍측(矜惻): 가엾고 불쌍히 여김.
102) 방략(方略): 일을 꾀하고 해나가는 방법과 계략.
103) 자량(自量): 스스로 헤아림.

옥루몽 권지십삼

화설. 도사가 이르되, 1

"우리 사부(師父)[1]의 도학(道學)이 고명(高明)하고 지기(志氣) 청상(淸爽)[2]하시니 대왕이 정성을 다하여 청하셔야 허하시리이다."

하고 언파(言罷)에 사슴을 타고 표연(飄然)[3]히 채운동(彩雲洞)으로 가니라.

나탁이 즉시 폐백(幣帛)[4]을 갖추어 가지고 수십 종자(從者)를 데리고 백운동으로 찾아가니, 가히 우습다! 나탁이 구완병[5]을 청하여도 자기를 돕지 아니코 도로혀 명진(明陣)을 도와 명병[6]을 파하니, 나탁은 천의(天意)를 모르고 도로(徒勞)[7]에 분주하여 도사에게 구원을 청하여 낭패를 더하니, 대저 득실화복(得失禍福)을 어찌 인력(人力)으로 하리오.

하회(下回)를 석람(釋覽)하라.

---

1) 사부(師父): 스승을 높여 부르는 말.
2) 청상(淸爽): 맑고 깨끗함.
3) 표연(飄然): 훌쩍 나타나거나 떠나는 모양이 거침없음.
4) 폐백(幣帛): 윗사람을 뵈러 갈 때 예를 갖추기 위해서 가지고 가는 물건.
5) 구완병: 구원병.
6) 명병: 만병(蠻兵)의 잘못.
7) 도로(徒勞): 헛되이 수고함.

구만왕홍낭하산(救蠻王紅娘下山)[8]
투진법원수퇴군(鬪陣法元帥退軍)[9]

각설. 강남홍이 만사여생(萬死餘生)[10]으로 이역천리(異域千里)에 표박
(漂泊)[11]하여 갈 바를 모르더니, 산중에 의탁(依託)하매 신세가 아직 평안
2 하여 객회(客懷)를 잊었으나 고국을 생각하고 심사가 비창하더니, 일일은
도사가 홍낭을 불러 왈,

"노부(老夫)가 그대의 상을 보매 타일에 반드시 귀할지라. 나의 배운 바 검술(劍術)이 후일에 쓸 곳이 있는 고로 그대에게 전코자 하노라."

홍낭이 청파(聽罷)에 재배(再拜) 사왈(辭曰),[12]

"제자(弟子)가 듣자오니 여자유행(女子有行)[13]이 다만 침선방적(針膳紡績)[14]을 힘 쓸 따름이니 검술의 현묘함을 배워 무익(無益)할까 하노라."

도사가 소왈,

"그대가 지금은 진세영욕(塵世榮辱)을 하직하고 산중(山中)에 종신(終身)[15]코자 하므로 배워 쓸 데 없다 하거니와, 미구(未久)에 고국(故國)에 돌아가 영화부귀가 제미(齊美)하리니 두어 가지 재주를 배워 두어야 후일 환귀지시(還歸之時)[16]에 이름이 빛나리라."

홍낭이 재배사사(再拜謝辭)[17]하고 그날부터 사제지의(師弟之誼)를 맺

---

8) 구만왕홍낭하산(救蠻王紅娘下山): 만왕을 구하기 위해 홍낭이 산을 내려오다.
9) 투진법원수퇴군(鬪陣法元帥退軍): 진법으로 싸우다가 원수가 퇴군하다.
10) 만사여생(萬死餘生): 죽을 고비를 넘기고 살게 된 목숨.
11) 표박(漂泊): 떠돌아다니며 지냄.
12) 사왈(辭曰): 사양하여 말함.
13) 여자유행(女子有行): 여자의 행실.
14) 침선방적(針線紡績): 바느질, 반찬 만드는 일과 길쌈.
15) 종신(終身): 일생을 마침.
16) 환귀지시(還歸之時): 되돌아갈 때.
17) 재배사사(再拜謝辭): 거듭 절하며 감사를 표함.

어 도동(道童)의 옷을 입고 가르침을 청한대, 도사가 대열(大悅)하여 먼저
의약복서(醫藥卜筮)[18]와 천문지리(天文地理)를 차례로 가르치니, 홍낭은 3
본디 총명한 인물이라 하나를 들어 열을 깨달으니 배움이 쉽고 가르침이 어렵지 아니하니, 도사가 일변 기꺼하며 일변 사랑하여 왈,

"노부(老夫)가 남방에 오므로 제자 이인(二人)이 있으니, 하나는 채운동(彩雲洞) 도인(道人)이니 법술이 어리고[19] 위인(爲人)이 혼암(昏暗)[20]하므로 노부가 매양 염려하는 배요, 하나는 상전(牀前)[21]에서 차 달이는 도동(道童) 청운(靑雲)이니 비록 좀 재주가 있으나 천성이 요망하여 잡술(雜術)을 좋아하는 고로 노부가 배운 바를 전치 아니하였더니, 이제 너의 위인과 재주를 보니 운룡 · 청운의 류(類)가 아니라. 타일 크게 쓸 곳이 있을까 하노라."

하고 이에 병서를 주어 왈,

"육도삼략(六韜三略)[22]의 합변(合變)[23]하는 수단과 팔문구궁(八門九宮)[24]의 변화하는 법은 오히려 세상에 있는 배라. 배우기 어렵지 아니
하나, 노부에게 있는 법은 선천비서(先天秘書)라 그 사람[25]이 아니면 4
감히 전하지 못하나니, 그 법술은 전혀 상생상극(相生相剋)[26]으로 오

---

18) 의약복서(醫藥卜筮): 의약과 점.

19) 어리고: 수준이 낮음을 의미.

20) 혼암(昏暗): 어리석고 사리에 어두움.

21) 상전(牀前): 평상 앞 또는 우물난간 앞.

22) 육도삼략(六韜三略): 병서의 이름. 육도는 강태공이, 삼략은 황석공(黃石公)이 지었다고 하나 모두 위작(僞作)임. 뒤에는 병서 병법을 의미하는 말로 쓰임.

23) 합변(合變): 합하여 변화함.

24) 팔문구궁(八門九宮): 술수가(術數家)의 용어. 팔문은 휴(休) · 생(生) · 상(傷) · 두(杜) · 사(死) · 경(景) · 량(涼) · 개(開)의 문을 말하는데, 휴 · 생 · 개는 길(吉)하며 나머지는 흉(凶)함. 기문둔갑(奇門遁甲) 등의 방병에 쓰임. 구궁은 아홉 개의 방위로, 이(離) · 간(艮) · 건(乾) · 곤(坤) · 감(坎) · 진(震) · 손(巽) · 태(兌) · 중앙(中央)을 가리킴.

25) 그 사람: 배우기에 마땅한 사람을 가리킴.

26) 상생상극(相生相剋): 화(火) · 수(水) · 목(木) · 금(金) · 토(土)의 오행(五行)이 서

행을 응함이요, 일호(一毫)[27] 궤술(詭術)[28]이 없으나 그 풍운조화(風雲造化)[29]의 기묘함과 역귀항마지법(役鬼降魔之法)[30]이니, 그대 힘써 배워 긴급한 때에 쓰되 평생을 신중하면 세간에 요탄(妖誕)[31]하다 함을 듣지 않으리라."

홍낭이 재배수명하여 일일이 듣고 주야로 배워 수월지간에 그 현묘한 법을 다 통하니, 도사가 대경 왈,

"그대는 천하기재(天下奇才)라. 세간에 대적할 자가 없으려니와 다시 무예를 배우라."

하고 드디어 검술을 가르쳐 왈,

"노부의 가르치는 검술은 선간(仙間)의 기이한 법이라. 검기(劍氣)를 타고 공중에 오르며 칼을 들어 가르치며 진언(眞言)[32]을 염(念)하면 풍운을 능히 부르며 천변만화(千變萬化)하여 만인(萬人)을 대적하기 어렵지 아니하리라."

5 하고 또 협중(篋中)으로서 두 자루의 칼을 내어 주며 왈,

"이 칼 이름은 부용검(芙蓉劍)[33]이니 일월정기(日月精氣)와 천지음양(天地陰陽)으로 된 것이니 돌을 치면 돌이 깨지고, 쇠를 버히면 쇠가 끊어지나니, 용천(龍泉) · 태아검(太阿劍)[34]과 간장(干將) · 막야검(鏌鋣

로 조화를 이루고 서로 충돌하는 일.

27) 일호(一毫): 한 가닥의 털이라는 뜻으로, 아주 작은 정도를 이르는 말.

28) 궤술(詭術): 간사하게 남을 속이는 술책.

29) 풍운조화(風雲造化): 바람이나 구름의 예측하기 어려운 변화.

30) 역귀강마지법(役鬼降魔之法): 귀신을 부리고 마귀를 굴복시키는 법.

31) 요탄(妖誕): 언행이 요사스럽고 허무맹랑함.

32) 진언(眞言): 비밀스러운 말.

33) 부용검(芙蓉劍): 원래는 월왕 구천(句踐)의 보검(寶劍)인 순균(純鈞)을 가리킴. 칼을 감정하는 사람이 그 칼을 뽑으면 마치 연꽃이 피어나는 것 같다고 하여 부용검이라고 불림. 후세에는 날카로운 검을 가리키는 말로 쓰임.

34) 용천(龍泉) · 태아검(太阿劍): 보검(寶劍)의 이름. 용천의 원래 이름은 용연(龍淵)이었으나 당나라 때 고조(高祖)의 휘(諱)를 피하여 용천이라고 함. 태아는 구야자(歐冶子)와 간장(干將)이 만든 칼.

劍)[35]에 비할 바가 아니라. 범인(凡人)에게 전치 아니코 두었더니 이제 너를 주어 쓰게 하노라."

하니, 홍낭이 절하여 받든 후에, 이로부터 밤이면 병법과 검술을 강론(講論)하고 낮이면 손삼낭을 데리고 산중의 평탄한 땅을 가리어 터를 닦고 진법(陣法)을 사습(私習)[36]하며 검술을 강론하여 그 적막한 심사를 위로하더라.

일일(一日)은 홍낭이 손삼낭과 더불어 부용검을 들고 연무정(鍊武亭)에 나아가 검술을 사습하더니, 홀연 청운동자(靑雲童子)가 무슨 책을 가지고 와 홍낭을 향하여 왈,

"사형(師兄)[37]은 검술도 배우려니와 이것을 보라. 이는 선가(仙家)
의 둔갑방서(遁甲方書)[38]니, 선생이 마침 잠드신 때를 타 도적하여 왔 6
노라."

홍낭이 놀라 왈,

"네 어찌 이리 망녕되뇨? 사부(師傅)가 나를 사랑하샤 모든 재주를 가르치시되 이 글은 배울 것이 아닌 고로 말씀이 없으시니 너는 이것을 빨리 갖다 두라."

청운이 소왈,

"내 밤이면 선생의 잠든 때를 타 이 방서(方書)[39]를 가만히 보아 이미 그 신통한 법을 다 배웠으니 잠깐 시험하여 보리라."

하고 버들잎 하나를 떼어 던지며 진언(眞言)을 염(念)[40]하니 홀연 공중으

---

35) 간장(干將) · 막야검(鏌鋣劍): 오나라 왕 합려(闔閭) 때에 간장(干將)과 그의 아내 막야(莫耶)에 의해서 간장과 막야라고 불리는 천하의 명검이 만들어짐. 간장은 양검(陽劍)으로 거북이 문양이 새겨졌으며, 막야는 음검(陰劍)으로 물결무늬가 새겨졌다고 함.

36) 사습(私習): 스승 없이 혼자 스스로 배워서 익힘.

37) 사형(師兄): 한 스승의 제자로서, 자기보다 먼저 그 스승의 제자가 된 사람.

38) 둔갑방서(遁甲方書): 술법을 써서 자기 몸을 감추거나 다른 것으로 바꾸는 방술을 적은 책.

39) 방서(方書): 신선의 방술(方術)을 적은 책.

로서 일개 청의동자(青衣童子)가 학을 타고 내려오거늘, 청운이 웃고 다시 진언을 염하며 버들잎을 무수히 던지니, 채운(彩雲)이 사면(四面)으로 일어나며 선관선녀(仙官仙女)와 신장귀졸(神將鬼卒)이 운우(雲雨)를 멍에하여 내려오니, 청운이 박장대소(拍掌大笑)[41]하고 홍낭과 손삼낭은 신기히 여기더니, 홀연 신 끄으는 소리 나며 선생이 죽장(竹杖)을 짚고 산문
7 히 여기더니, 홀연 신 끄으는 소리 나며 선생이 죽장(竹杖)을 짚고 산문
(山門)에 나와 크게 불러 왈,

"청운아! 네 어찌 요탄(妖誕)[42]한 재주를 자랑하여 이목(耳目)을 현황(眩慌)[43]케 하난다? 법술(法術)을 빨리 거두라."

하고 홍낭을 돌아보아 왈,

"자고(自古)로 둔갑지술(遁甲之術)은 허황한 법이라. 그대에게 전치 않으려 하였더니 이미 누설한 바가 되었으니 대강 배움이 무방하나, 타일(他日) 이 도를 얻어 신명(神明)을 욕되게 하고 크게 낭패할 자는 청운이라."

하더라.

시야(是夜)에 도사가 홍낭을 불러 왈,

"세간에 행하는 도가 세 가지니, 유도(儒道) · 불도(佛道) · 선도(仙道)라. 유도는 정대(正大)함을 주장하고, 선(仙) · 불(佛) 두 도는 신이(神異)한 데 가까우나 그 마음을 닦아 물외(物外)에 변역(變易)지 아니함이 주장이라. 후세에 수도지인(修道之人)이 선 · 불의 근원을 모르고 둔갑지법(遁甲之法)을 행하여 이목을 현황(眩慌)케 하니, 어찌 도사(道士)의 근본이리오. 비록 그러하나 빈도(貧道)[44]가 이 법을 세상에 한
8 번 전코자 하나니 그대의 위인(爲人)이 정대(正大)한 고로 대강 가르치노라."

40) 염(念): 외움.

41) 박장대소(拍掌大笑): 손벽을 치며 크게 웃음.

42) 요탄(妖誕): 요사스럽고 허무맹랑함.

43) 현황(眩慌): 정신이 어지럽고 황홀함.

44) 빈도(貧道): 중이나 도사가 자기를 낮추어 이르는 일인칭 대명사.

하고 그 중의 현묘한 술을 가르치니, 홍낭은 본디 총명한 인물이라 어찌 해득(解得)지 못하리오. 수일을 공부하매 이미 다 통한지라. 선생이 대희(大喜) 왈,

"그대의 심정이 본디 단정하여 잡되지 아니하니 빈도의 말을 저버리지 아니려니와 십분 조심하여 긴급한 때 있거든 잠깐 행하라. 자고로 길인(吉人)과 귀인(貴人)은 배우지 아니하니 이는 다른 연고(緣故)가 아니라 천기(天機)[45]를 누설하면 복록(福祿)에 방해로움을 저어함이라."

하니, 홍낭이 일일이 가르침을 듣고 물러나 침소(寢所)로 돌아올새, 뜻밖에 일개 여자가 창외(窓外)에서 도사가 훈계함을 듣다가 자기의 나옴을 듣고 몸을 도로혀 홀연 간 데 없거늘, 홍낭이 대경(大驚)하여 도로 들어가 선생께 고하니 도사가 소왈(笑曰),

"이는 반드시 귀매(鬼魅)[46]와 호리(狐狸)[47]의 무리 엿들음이니 격동 9
(激動)할 바가 아니나, 다만 불행한 바는 우리 양인(兩人)이 둔갑방서(遁甲方書) 수작함을 들었은즉 타일 후환이 되어 잠깐 인심(人心)을 소동(騷動)할까 하노라."

하더라.

일일(一日)은 홍낭이 손삼낭으로 더불어 검술을 익히더니 문득 신기(身氣) 곤뇌(困惱)[48]하여 칼을 거두고 언덕에 올라 사면(四面)을 바라보니 청산(靑山)은 만첩(萬疊)이요, 백운(白雲)은 천봉(千峰)이라. 계변양류(溪邊楊柳)[49]는 저문 구름을 띠었고 안상도화(岸上桃花)[50]는 늦은 봄을 머금었으니 원객(遠客)[51]의 심회(心懷)를 돕는지라. 홍낭이 망연(茫然)이 바

---

45) 천기(天機): 하늘의 기밀.
46) 귀매(鬼魅): 귀신과 도깨비 따위를 말함.
47) 호리(狐狸): 여우와 살쾡이를 아울러 이르는 말.
48) 곤뇌(困惱): 피곤하고 고달픔.
49) 계변양류(溪邊楊柳): 강가의 버들.
50) 안상도화(岸上桃花): 언덕 위의 복숭아꽃.

라보고 불승비창(不勝悲愴)[52]하여 애루(哀淚)가 이음차[53] 손삼낭을 돌아보아 왈,

"우리 산중에 들어온 지 수년이라. 고국산천(故國山川)이 몽중(夢中)에 아득하고 이역춘광(異域春光)이 심사(心事)를 요동(搖動)하니, 아지 못게라, 어느 때에 돌아가 중원산천(中原山川)을 다시 보며 전당(錢塘) 태호(太湖)[54]의 아름다운 경치를 다시 대하리오?"

삼낭이 소왈,

"노신(老身)은 강남에 있을 제 종일(終日) 노력하여 수중(水中)에 다니며 두어 낱 구슬을 얻고 두어 낱 생선을 얻은즉 여득천금(如得千金)[55]하여 구복(口腹)을 채우더니, 이곳에 오므로 십지(十指)를 부동(不動)하고 일신(一身)이 한가하여 배불리 먹고 더운 방에 잠을 자니 비린 몸이 청정하고 검은 살이 희어오니 구태여 고향 생각이 없나이다."

홍낭이 미소 왈,

"사람이 세상에 나매, 남녀간에 정의(情誼)를 맺어 지기(志氣)를 상합(相合)[56]하면 굳음이 철석 같으여 사생(死生)이 당두(當頭)[57]하여도 변함이 없나니, 내 노낭(老娘)으로 더불어 동시(同是) 강남 사람이라. 서호(西湖) · 전당(錢塘)의 절승(絶勝)한 경개와 곡방(曲坊) 청루(靑樓)의 아름다운 물색(物色)을 생각하니 감회하는 마음이 절로이 동하거늘 하물며 친척붕우(親戚朋友)의 원별(遠別)함이리오?"

언파(言罷)에 희허탄식((唏噓歎息)[58]하니, 삼낭은 홍낭의 양공자를 생

---

51) 원객(遠客): 고향을 멀리 떠나 있는 나그네.
52) 불승비창(不勝悲愴): 심한 슬픔을 이기지 못함.
53) 이음차: 끊임없이 흘러내려.
54) 태호(太湖): 강소성(江蘇省)과 절강성(浙江省)에 걸쳐있는 큰 호수.
55) 여득천금(如得千金): 천금을 얻은 것과 같음.
56) 상합(相合): 서로 잘 맞음.
57) 당두(當頭): (기일이나 시기가) 가까이 다가옴.
58) 희허탄식(唏噓歎息): 한숨을 지으며 탄식함.

각함인 줄 알고 또한 추연(惆然) 개용(改容)[59]하더라.

홍낭이 초당(草堂)[60]에 돌아와 전전반측(輾轉反側)[61]하여 잠을 이루지
못하더니, 익일(翌日)에 선생이 홍낭을 불러 왈, 11

"그대가 빈도에게 있을 날이 수월이 가렷고[62] 진세(塵世)에 나아가 인간행락(人間行樂)이 무궁할지라. 마땅히 그대에게 일물(一物)을 끼쳐 우리 사제지정(師弟之情)을 표하리라."

하고 협중(篋中)의 일개 옥저를 내어 친히 두어 곡조를 불고 홍낭을 가르쳐 왈,

"한나라 장자방(張子房)[63]이 계명산(鷄鳴山)[64]에서 옥저를 불어 강동자제(江東子弟)[65] 팔천 인을 흩었으니, 이 옥저를 배워둔 즉 자연 쓸 곳이 있으리라."

홍낭의 위인이 본디 총혜(聰慧)[66]한지라 선생의 명을 받아 잠시간에 여러 곡조를 해득(解得)하니, 도사가 대희 왈,

"이 옥저는 본디 한 쌍이니 일개(一個)는 문창성(文昌星)에게 있고, 일개는 빈도(貧道)가 감추었다가 그대에게 전하나니 타일 고국에 돌아

---

59) 개용(改容): 얼굴빛을 고침.

60) 초당(草堂): 억새나 짚 따위로 지붕을 인 조그만 집채.

61) 전전반측(輾轉反側): 뒤척이며 잠을 이루지 못함.

62) 가렷고: 미상이나 내용상 '남았고'로 해석됨. 적문서관 본이나 신문관 본에서는 모두 "산중(山中)에 있을 날은 적고 나갈 날은 불원하니"라는 내용으로 되어 있음.

63) 장자방(張子房): 장량(張良)을 가리킴. 항우와 유방이 싸울 때 유방을 도와 개국공신이 되었으나 벼슬에 뜻을 두지 않고 신선술을 배우려고 적송자를 따라 갔다고 전함.

64) 계명산(鷄鳴山): 한나라의 장량(張良)이 초나라의 항우(項羽)를 포위하고, 항우(項羽) 군사들의 향수를 불러일으켜 싸울 의지를 약화시키기 위해서 퉁소를 불었다는 산.

65) 강동자제(江東子弟): 초나라 항우가 중원을 차지하기 위해 이끌고 나온 강동지방의 젊은이들.

66) 총혜(聰慧): 총명하고 슬기로움.

갈 기약이 이 옥저에게 있을까 하나니 신변에 감추었다가 후일을 기다리라."

하더라.

12 광음(光陰)이 신속하여 홍낭이 산에 들어온 지 이미 삼 년이라. 일일은 야심(夜深) 후 선생이 홍낭을 데리고 정전(庭前)에 배회하며 월색(月色)을 구경하더니, 문득 죽장(竹杖)을 들어 천상(天上)을 가르쳐 왈,

"그대가 저 별을 알소냐?"

홍낭이 눈을 들어보매 일개 대성(大星)이 명기찬란(明氣燦爛)하여 자미원(紫微垣)[67]을 둘렀거늘, 선생에 고왈,

"이는 문창성(文昌星)[68]인가 하나이다."

도사가 이연(怡然)히[69] 웃고 또 남방을 가르쳐 왈,

"한낱 흉성(凶星)이 남두(南斗)[70]를 범하니 남방에 병화(兵禍)가 있으려니와, 문창성이 광채 휘황하여 제원(帝垣)[71]을 호위하였으니 성군(星君)이 반드시 중원에 강생(降生)하여 영명(英名)[72]이 후세에 전하고 칠십년 태평을 누릴까 하노라."

홍낭이 문왈,

"이미 병화가 있은즉 어찌 태평지치(太平之治)를 이루리라 하시나잇가?"

선생이 미소 왈,

"병란(兵亂)을 평정하고 성덕(盛德)으로 치국(治國)함은 순환지리(循環之理)라. 일시병화(一時兵禍)를 어찌 근심하리오."

---

67) 자미원(紫微垣): 북두성(北斗星)의 북방에 있는 별로 왕궁(王宮)을 의미.

68) 문창성(文昌星): 문장(文章)을 담당하는 별. 이 별이 빛나면 문장에 뛰어난 인물이 태어난다고 함.

69) 이연(怡然)히: 기쁘고 즐겁게.

70) 남두(南斗): 남두육성(南斗六星). 궁수자리에 있는 국자모양의 여섯 개의 별.

71) 제원(帝垣): 성좌(星座)의 이름. 자미원(紫微垣).

72) 영명(英名): 뛰어난 명성이나 명예.

하더라.

홍낭이 돌아와 서안(書案)을 의지하여 잠깐 조으더니, 신혼(神魂)[73]이 13
표탕(飄蕩)[74]하여 한 곳에 이르니 광풍이 대작(大作)하며 살기등등(殺氣騰騰)하더니, 일개 맹호(猛虎)가 소리를 벽력같이 지르고 달려들어 한 남자를 물려하거늘, 그 남자를 자세히 보니 이 곧 양공자라. 홍낭이 대로하여 부용검(芙蓉劍)을 들어 치며 소리 지르니, 손삼낭이 옆에 누웠다가 깨어 왈,

"낭자가 무슨 꿈을 그리 꾸시뇨?"

하거늘, 홍낭이 깨달으니 침상일몽(枕上一夢)이라. 심중(心中)에 경괴(驚怪)하여 생각하되, '우리 공자가 반드시 액회(厄會)[75] 있음이라. 내 만 리 밖에 있어 망연히 소식을 모르니 비록 구코자 하나 어찌하리오.' 하며 은근한 염려와 무궁한 생각이 오매(寤寐)[76]에 맺혀 능히 잠을 이루지 못하더라.

일일은 홍낭이 도사를 뫼셔 병법을 강론(講論)하더니 홀연 산문(山門) 밖에 말소리 나며 동자가 황망히 보하되,

"남만왕(南蠻王)이 동문 밖에 이르러 뵈옴을 청하나이다."

도사가 홍낭을 돌아보며 미소하고 즉시 몸을 당(堂)에 내려 나탁을 맞 14
아 예필좌정(禮畢坐定)[77]에, 나탁이 피석재배(避席再拜)[78] 왈,

"과인(寡人)이 선생의 도학이 높으심을 우레같이 듣자왔으나 정성이 천박하여 이제야 뵈오니 그윽히 불민(不敏)함을 부끄리나이다."

도사가 답왈,

---

73) 신혼(神魂): 정신과 넋을 이르는 말.

74) 표탕(飄蕩): 정처 없이 헤매어 떠돎.

75) 액회(厄會): 재앙이 닥치는 불행한 고비.

76) 오매(寤寐): 자나 깨나.

77) 예필좌정(禮畢坐定): 예를 마치고 앉음.

78) 피석재배(避席再拜): 자리를 피하여 물러나 두 번 절함. 여기서 자리를 피한다는 것은 공경하는 뜻으로 웃어른을 뫼시었던 자리에서 일어남.

"대왕이 일국 군왕의 존체(尊體)로 어찌 산야필부(山野匹夫)를 이렇듯 은근히 찾으시나잇가?"

만왕이 일어나 재배(再拜) 왈,

"남방 오대동천(五大洞天)은 과인이 세세상전(世世相傳)하는 땅이라. 명국 황제가 무단이 장수를 보내어 지경(地境)을 침노하니 과인의 힘으로 능히 대적하지 못할지라. 시고(是故)로 선생을 뵈옵고 파적(破敵)할 계교를 묻고자 하나이다."

도사가 소왈,

"산야의 늙은이가 다만 뫼를 대하고 물을 구경할 따름이라. 무슨 계교가 있어 대왕을 도우리잇가?"

만왕이 눈물을 흘려 왈,

"과인은 들으니 '월(越)나라 새는 남녘 가지를 생각하고, 조(趙)나라 말은 북방 바람을 사랑한다.' 하니, 선생이 또한 남방 사람이라. 이 땅에서 수도하시니, 과인의 민박(憫迫)[79]함을 긍측(矜惻)[80]히 여기샤 기묘지술(奇妙之術)을 베풀어 병란(兵亂)을 삭평(削平)[81]하여 과인의 국도(國都)를 보전케 하여 주심을 바라나이다."

도사가 웃어 왈,

"빈도(貧道)가 재학(才學)이 노둔(駑鈍)[82]하나 대왕이 이렇듯 간구(懇求)[83]하시니 다시 방략(方略)을 생각하오리니 잠깐 객실에 머무르소서."

나탁이 대희(大喜)하여 외당(外堂)으로 나가니, 도사가 홍낭을 불러 가까이 좌(坐)하라 하고 이에 추연 왈,

"금일이 그대의 돌아갈 날이라. 빈도가 낭자로 더불어 수삼 년 사

---

79) 민박(憫迫): 애가 탈 정도로 걱정스러움.

80) 긍측(矜惻): 불쌍하고 측은하게 여김.

81) 삭평(削平): 반란이나 소요를 누르고 평온하게 진정함.

82) 노둔(駑鈍): 어리석고 둔함.

83) 간구(懇求): 간절히 바람.

제지의를 맺어 정의(情誼) 부자(父子)나 다름이 없더니 이제 길이 원별(遠別)[84]을 당하니 어찌 창연(悵然)치 않으리오."

홍낭이 대경하여 눈물을 머금어 왈,

"제자가 일개여자(一個女子)로 약간 병서(兵書)를 배웠으나 고국으로 돌아갈 길을 아지 못하오니 밝히 가르치소서."

도사가 소왈(笑曰),

"그대는 본디 천상성신(天上星辰)[85]으로 문창성과 숙연(宿緣)[86]이
있어 인간에 적강(謫降)[87]함이니, 금일부터 곤액(困厄)[88]이 물러가고 16
길운(吉運)을 당하여 후일의 영화 부귀를 극진히 하여 인간행락(人間行樂)[89]을 무궁히 하리니, 이는 다 하늘이 정하신 배라. 자연 주합(湊合)[90]이 될 것이요, 인력(人力)으로 할 바가 아니니 근심치 말라. 그러나 나탁이 역시 천상(天上) 천랑성(天狼星)[91]으로 하강(下降)함이니, 빈도가 저를 괄시치 못하여 그대를 보내나니, 그대 가서 견기(見機)[92]하여 행사하되 나탁이 위태한 때를 당하거든 부디 구하여 죽음을 면케 하라. 이 역시 천정(天定)하심이니 마음에 새기고 헐우이[93] 듣지 말라."

홍낭이 듣기를 마치매 재배수명(再拜受命)하고 눈물을 뿌려 왈,

"선생을 금일 배별(拜別)[94]한 후 어느 때에 다시 뵈오리잇가?"

---

84) 원별(遠別): 서로 멀리 헤어짐.
85) 천상성신(天上星辰): 하늘 위의 별.
86) 숙연(宿緣): 오래 묵은 인연. 또는 지난 세상에서 맺은 인연.
87) 적강(謫降): 신선이 인간 세상에 내려오거나 사람으로 태어남.
88) 곤액(困厄): 몹시 딱하고 어려운 사정과 재앙이 겹친 불운.
89) 인간행락(人間行樂): 인생의 즐거움.
90) 주합(湊合): 모아서 하나가 됨.
91) 천랑성(天狼星): 하늘에 떠있는 밝은 별로 대견좌(大犬座)에 속하며 침략(侵掠)을 맡음. 후에는 잔폭(殘暴)한 침략자의 비유로 쓰임.
92) 견기(見機): 일의 기미를 살펴봄.
93) 헐우이: 허술하게.
94) 배별(拜別): 절하고 작별한다는 뜻으로, 존경하는 사람과의 작별을 높여 이르는 말.

도사가 소왈,

"내두지사(來頭之事)[95]를 미리 정치 못하려니와 칠십 년 후에 천상에서 서로 만나 피차(彼此) 교도(敎道)[96]를 펴고 무궁한 복록을 누리리라."

설파(說罷)에 동자(童子)를 명하여 만왕을 다시 청하여 왈,

17 "빈도가 나이 많고 몸이 병들어 산문에 나지 않은 지 여러 십 년인 고로 제자 일인(一人)을 대행(代行)[97]케 하나니, 그 이름은 홍혼탈(紅渾脫)[98]이라. 마땅히 한가지로 행하여 가되 홍혼탈과 상의하여 천병(天兵)을 항거치 말고 중국에 귀순(歸順)하여 길이 왕락(王樂)을 잃지 말으소서."

나탁이 사례(謝禮)한 후 선생에 하직(下直)[99]하고 산문을 나니라. 홍낭이 또한 도사에게 하직할새 떠나는 정회를 금치 못하여 비루(悲淚)가 종횡(縱橫)하니, 선생이 또한 창연 왈,

"빈도가 그대와 수년 연분(緣分)이 있기로 사제지의(師弟之誼)를 맺으매, 서로 정의(情誼) 골육(骨肉) 같더니 이제 천의(天意)를 역(逆)지 못하여 피차의 이별을 당하니, 청산과 백운이 비록 길이 다르나 언마[100]하여 옥경천당(玉京天堂)에 서로 만남이 있으리오. 모로미[101] 그대는 인간의 숙세(宿世)[102] 영욕(榮辱)을 누리다가 상계극락(上界極樂)

---

95) 내두지사(來頭之事): 지금부터 다가오게 될 앞날의 일.

96) 교도(敎道): 종교적인 의미의 도. 여기서는 불교의 도리로 볼 수 있음.

97) 대행(代行): 남을 대신하여 행함.

98) 홍혼탈: 원문에는 홍혼탈과 홍흔탈이 뒤섞여있음. 여기서는 적문서관 본에 의거하여 홍혼탈(紅渾脫)로 바꿈. '혼탈'이라는 이름은 당(唐) 개원(開元) 연간에 검기혼탈무(劍器渾脫舞)로 유명한 교방기(敎妨妓) 공손대랑(公孫大娘)에 비겨 지은 것으로 보임.

99) 하직(下直): 먼 길을 떠날 때에 웃어른에게 작별을 고하는 것.

100) 언마: 얼마.

101) 모로미: 모름지기.

102) 숙세(宿世): 전생(前生). 전세(前世).

으로 돌아오라.”

홍낭이 눈물을 뿌려 왈,

“제자가 만왕을 구하고 고국에 돌아가는 날, 다시 산문(山門)에 이 18
르러 선생을 배별(拜別)코자 하나이다.”

도사가 미소 왈,

“빈도가 또한 서천(西天)으로 돌아갈 길이 바쁘니 그대 비록 오나 다시 만나지 못하리라.”

홍낭이 비회(悲懷) 연연하여 차마 떠나지 못하니, 도사가 재삼(再三) 가기를 재촉하니, 홍낭이 절하여 하직하고 청운과 악수상별(握手相別)한 후 손삼낭을 데리고 만왕을 따라 가니라.

차시 나탁이 홍낭을 데리고 돌아올새 심중에 생각하되, ‘내 정성을 다하여 구원을 청하러 왔다가 일개 잔약(孱弱)[103]한 미소년을 데리고 가니 어찌 명국장졸(明國將卒)을 대적(對敵)하리오. 다만 그 용모자색(容貌姿色)이 여자 중에도 경국지색(傾國之色)이라. 만일 남자가 아니런들 내 마땅히 오대동천(五大洞天) 부귀를 헌신 같이 버리고 오호(五湖)[104]에 편주(扁舟)[105]를 띄워 범대부(范大夫)[106]를 효칙하리라.’ 하더라.

차설. 홍낭이 손삼낭과 한가지로 만왕을 따라 동천에 이르러 본적(本
迹)을 감추고 호를 장건노졸(壯健老卒)이라 하니라. 익일에 홍낭이 만왕 19
으로 더불어 동중지형(洞中地形)을 자세히 볼새, 동전(洞前)에 일좌소산(一座小山)이 있으니 이름은 연화봉이라. 홍낭이 봉상(峯上)에 올라 사면

---

103) 잔약(孱弱): 가냘프고 약함.

104) 오호(五湖): 여러 가지 설이 있는데, 태호(太湖), 또는 태호와 부근 사호(四湖) 등을 가리킨다고 함. 범려가 이곳에 숨은 이후 은둔하는 곳의 의미로 쓰임.

105) 편주(扁舟): 작은 배. 또는 조각배.

106) 범대부(范大夫): 범려(范蠡)를 말함. 춘추시대(春秋時代) 월(越)나라의 공신(功臣). 월왕 구천(句踐)을 도와서 오왕 부차(夫差)를 쳤으나, 높은 명성을 얻은 뒤에는 오래 살기 어렵다고 하며 벼슬을 내어 놓고 미인 서시(西施)와 더불어 오호에 배를 띄우고 떠났다고 함.

을 바라본 후 만왕(蠻王)더러 왈,

"내 먼저 명진(明陣)을 구경코자 하노라."

하고 이윽히 보다가 탄왈,

"명 원수가 만일 동중(洞中)에 진을 이뤘던들 한 군사도 살아 돌아 가지 못할 것이로되 이미 생왕방(生旺方)을 얻었으니 졸연(猝然)[107]이 파키 어려울까 하나이다."

만왕 왈,

"그리면 무슨 술(術)로 명진을 파할고? 선생은 익히[108] 계교를 생각 하라."

홍낭 왈,

"다만 명 원수로 더불어 대진하여 그 용병을 보고자 하나니, 대왕은 명진에 격서(檄書)[109]를 보내소서."

만왕이 옳게 여겨 부장을 명하여 전서(傳書)를 보내니, 그 글에 하였으되,

남만왕 나탁은 대명 대원수 휘하(麾下)에 격서(檄書)를 전하나이다. 고
20 지성군(古之聖君)은 덕으로써 천하를 무마하고 힘으로써 싸우지 아니하나
니, 이제 중국이 십만 대병을 이루어 남방소국(南方小國)을 정벌하시니 그
위태함이 조석(朝夕)에 있는지라. 그러하나 속수(束手)[110]하여 앉아있지 못
하여 잔병(殘兵)을 수습하여 명일(明日) 대진(對陣)하여 중국 병위(兵威)를
다시 보고자 하나니 원수는 익히 생각하소서.

하였더라. 양원수가 격서를 보고 경아(驚訝)[111] 왈,

---

107) 졸연(猝然): 빨리. 갑자기.
108) 익히: 여러 번하여 서투르지 않게.
109) 격서(檄書): 적군을 달래거나 꾸짖기 위한 글.
110) 속수(束手): 팔짱을 끼고 가만히 있음.
111) 경아(驚訝): 놀랄 정도로 의아하게 여김.

"이 글이 간략한 중 문채(文彩)가 빛나니 남방만이지국(南方蠻夷之國)의 무식표한(無識剽悍)[112]의 소작(所作)이 아니요, 중하(中夏)의 문명(文明)한 기상(氣像)이 나타나니 어찌 괴이치 않으리오."

하고 즉시 답왈,

대명 도원수(都元帥)는 남만왕에게 부치나니 우리 황제 폐하가 성신문
무(聖神文武)[113]하사 덕택(德澤)이 만방(萬方)에 덮었거늘, 너의 남방 소국
이 방자무례(放恣無禮)하여 황명(皇命)을 거역함이 만홀(漫忽)[114]한 고로,
천자(天子)가 진노(震怒)하사 특별히 십만 대병을 발하여 문죄(問罪)하라
하시매 천명을 받자와 대군을 거느려 너의 지경(地境)에 이르렀으니, 한 21
북[115]에 소혈(巢穴)[116]을 토멸할 것이로되 우리 황야(皇耶)의 호생지덕(好
生之德)[117]을 베풀어 인의(仁義)로 감화(感化)코자 하더니, 여(汝) 등이 명
일(明日) 대진코자 하니 내 병위(兵威)[118]를 분발하여 특별히 너를 칠종칠
금(七縱七擒)[119]의 신기함을 기약하나니 사로잡히기를 당하여 뉘우치 말라.

하였더라. 홍낭이 답서를 보고 추연한 빛이 있어 왈,

"내 만맥(蠻貊) 지방에 수년을 침복(沈伏)[120]하여 고국(故國)을 다시 보지 못할까 하였더니, 이 글을 보니 이미 중화문장(中華文章)을 알지라. 어찌 반갑지 않으리오."

---

112) 무식표한(無識剽悍): 아는 것이 없고 성질이 급하고 사나운 사람.
113) 성신문무(聖神文武): 성스럽고 싱그럽고 문과 무에 밝으신.
114) 만홀(漫忽): 제멋대로 함.
115) 한 북: 북은 싸움의 시작을 알리는 것으로 여기서 한 북이라는 것은 한 번 싸움이라는 의미
116) 소혈(巢穴): 도둑이나 악한 따위의 나쁜 무리가 활동의 본거지로 삼고 있는 곳.
117) 호생지덕(好生之德): 죽을 죄를 용서하여 살려주는 덕.
118) 병위(兵威): 군대의 위세.
119) 칠종칠금(七縱七擒): 마음대로 잡았다 놓아 주었다함을 이르는 말.
120) 침복(沈伏): 뜻을 이루지 못하고 조용히 묻혀 지냄.

하더라.

익일(翌日)에 홍낭이 작은 수레를 타고 만병(蠻兵)을 거느려 동천(洞天)에 나와 진세(陣勢)를 베푸니, 원수가 또한 대군을 거느려 수십 보 밖에 진을 이루고 바라보니, 홍낭이 수레를 몰아 진전에 나와 명진형세(明陣
22 形勢)를 살필새, 차시(此時) 명원수(明元帥) 양창곡이 장대에 높이 앉고 제장(諸將)이 장창대검(長槍大劍)을 잡아 좌우에 옹위(擁衛)[121]하였으니 위풍이 늠름하고 군세가 엄위(嚴威)[122]하거늘, 홍낭이 손삼낭으로 하여금 진전에서 크게 외쳐 왈,

"소국(小國)이 남방(南方) 일우(一隅)[123]에 있어 문무가 쌍전(雙全)한 자가 없는 고로 전서(戰書)를 보내어 진법(陣法)으로 싸우소서 함은 상국이 대군을 몰아 용병하심을 보고자 함이니, 명 원수는 먼저 한 진을 이뤄 남만지인(南蠻之人)을 보게 하소서."

하거늘, 양원수가 그 언사를 들으매 심히 유례온공(有禮溫恭)한지라. 심중에 경의(驚疑)하여 만진(蠻陣)을 바라보니 일개(一個) 미모소년(美貌少年)이 진 밖에 말을 비꼈으니, 황금쇄자갑(黃金鎖子甲)[124]에 녹금전포(綠金戰袍)를 껴입고 머리에 황금봉시(黃金鳳翅)투구[125]를 쓰고 우수(右手)에 부용검을 들었으니, 선연(嬋娟)[126]한 태도와 찬란한 광휘 일색(日色)에 조요(照耀)[127]하니 진실로 남자 중 일색(一色)이요, 여자 중 절대가인이라. 양원수가 대경하여 제장을 돌아보아 왈,

23 "이는 반드시 남방 인물이 아니라. 나탁이 어디에 가서 저런 사람

---

121) 옹위(擁衛): 좌우에서 부축하며 지키고 보호함.

122) 엄위(嚴威): 엄숙(嚴肅)하고 위중(威重)함.

123) 일우(一隅): 한 모퉁이.

124) 황금쇄자갑(黃金鎖子甲): 갑옷의 하나. 사방 두 치 정도 되는 황금미늘을 작은 고리로 꿰어 만들었음.

125) 황금봉시(黃金鳳翅)투구: 봉황의 날개 장식을 한 황금빛 투구.

126) 선연(嬋娟): 곱고 아름다움.

127) 조요(照耀): 밝게 비쳐서 빛남.

을 청하여 온고?"

하며 북을 치고 기를 둘러 진세를 변하여 육화진(六花陣)을 치니 이는 군사를 여섯 방위에 나눠 서로 응하게 함이라. 홍낭이 웃고 북을 치며 만병을 지휘하여 이십사 기(旗)를 쌍으로 지어 열두 대(隊)에 분배하여 호접진(蝴蝶陣)을 만들어 육화진을 충돌하며, 손삼낭으로 진전에서 외쳐 왈,

"육화진은 승평지시(昇平之時)[128]의 한가한 진법이라. 소국(小國)의 호접진이 있어 족히 대적할까 하나이다. 다른 진을 치소서."

양원수가 북을 울리며 기를 둘러 육화진을 변하여 팔팔육십사괘(八八六十四卦) 여덟 방위를 응하여 팔괘진(八卦陣)을 치니, 홍낭이 또 북을 치며 만병을 지휘하여 오방위진(五方位陣)을 베퍼 팔괘진을 충돌하여 생문(生門)[129]에 들어가 기문(奇門)[130]으로 나오며 음방(陰方)을 쳐 양방(陽方)을 엄습하고, 다시 손야차로 하여금 외쳐 왈,

"한(漢)나라 제갈무후(諸葛武侯)는 육화진에 양의진(兩儀陣)을 합하 24
니, 이 이른바 팔괘진이라. 생사문(生死門)과 기정문(奇正門)이 있고, 동서방[131]과 음양방(陰陽方)이 있으니, 소국(小國)에 대연진(大衍陣)이 있어 족히 대적할까 하나니, 다른 진을 치소서."

양원수가 대경하여 급히 팔괘진을 거두고 좌우익(左右翼)을 이뤄 조익진(鳥翼陣)을 치고 외쳐 왈,

"조익진은 적국을 대하여 시살(廝殺)[132]하는 진이라."

홍낭이 또 손삼낭으로 외쳐 왈,

"마땅히 장사진(長蛇陣)으로 충돌하리니 다른 진을 치소서."

원수가 기(旗)를 바삐 둘러 좌우조익진(左右鳥翼陣)을 합하여 학익진(鶴翼陣)을 이뤄 장사진 머리를 치며 뇌천풍으로 외쳐 왈,

---

128) 승평지시(昇平之時): 나라가 태평한 때.

129) 생문(生門): 팔괘(八卦)의 변상(變相)인 팔문(八門) 중의 하나.

130) 기문(奇門): 삼기(三奇)와 팔문(八門)을 합하여 기문이라고 함.

131) 동서방: 적문서관 본에는 '동정방(動靜方)'으로 되어있음.

132) 시살(廝殺): 세력을 갈라 약하게 함.

"남방 아해가 장사진으로 조익진을 뚫을 줄은 아나 조익진이 변하여 학익진(鶴翼陣)이 되어 장사진 머리를 침은 어찌 생각지 못하나뇨?"

홍낭이 미소하며 북을 치고 장사진을 나눠 두어 곳에 어린진(魚鱗陣)
25 을 만들어 치니 이는 적국을 속이는 법이라. 원수가 대로하여 대군을 열 떼에 나눠 어린진을 가운데 넣고 십면으로 에워싸니 홍낭이 웃고 왈,

"이는 회음후(淮陰侯)[133]의 십면매복(十面埋伏)[134]이라. 구태여 진법(陣法)이 아니니 소국에 한 진이 있어 방비코자 하나니 보소서."

하고 어린진을 변하여 다섯 떼에 나눠 오방을 치며 그 동방(東方)을 친즉 남북방(南北方)이 좌우익(左右翼)이 되어 방비하고 남북방(南北方)을 친즉 동서방(東西方)이 좌우익이 되어 방비하니, 원수가 바라보고 탄왈,

"이는 천하의 기재(奇才)라. 이 진은 고금에 없는 배니 오행상극지리(五行相克之理)[135]를 응하여 스스로 창개(創開)[136]한 진이 되니, 비록 손빈(孫臏)[137] · 오기(吳起)[138]라도 파치 못하리라."

하고 그 진을 이기지 못할 줄 알고 쟁쳐 군을 거두고, 뇌천풍이 진전에서 외쳐 왈,

"금일 양진(兩陣)이 서로 진법을 보았으니 무예로 싸울 자가 있거든 나오라."

---

133) 회음후(淮陰侯): 한나라의 공신(功臣)인 한신(韓信)을 말함.

134) 십면매복(十面埋伏): 진법의 하나. 한신이 구리산(九里山)에서 십면매복진(十面埋伏陣)으로 항우군을 포위하였음.

135) 오행상극지리(五行相克之理): 오행이 서로 충돌하는 이치.

136) 창개(創開): 처음으로 펼침.

137) 손빈(孫臏): 전국시대 제나라 사람. 손무(孫武)의 후손으로 방연(龐涓)과 함께 병법을 배웠으나 그의 질투를 받아 앉은뱅이가 되었음. 제나라의 군사(軍師)가 되어 위(魏)나라 군사를 계릉(桂陵)에서 크게 이겼고, 뒤에 마릉(馬陵)에서 방연의 군사들을 전멸시키고 위나라 태자를 포로로 잡아 귀국하자 이름을 천하에 떨치게 됨.

138) 오기(吳起): 전국시대 위나라 사람으로 용병에 능하였음. 노(魯) · 위(魏) · 초(楚)나라에서 벼슬을 하며 많은 전공을 세웠음.

하니 철목탑이 창을 들고 나와 뇌천풍과 싸워 십여 합에 철목탑이 자주
몸을 피하여 결을치[139] 못하거늘, 손야차(孫夜叉)가 또 창을 들고 나오며 26
꾸짖어 왈,

"네 이미 진법에 졌으니 다시 무예를 겨뤄 보라."

뇌천풍이 대로 왈,

"늙은 수염 없는 오랑캐 당돌히 말하난다?"

하고 서로 수십여 합을 싸울새, 명진 중으로서 동초 · 마달이 일시에 나와 천풍을 돕거늘 손야차가 대적지 못하여 말을 빼쳐[140] 달아나니, 홍낭이 손야차가 패함을 보고 대로(大怒)하여 말을 달려 진전(陣前)에 오며 쟁을 쳐 철목탑을 부르고 외쳐 왈,

"명진은 혼란(混亂)한 창법을 자랑치 말고 먼저 내 살을 받으라."

하고 소리 그치지 아니하여 공중에 나는 살이 들어와 뇌천풍의 투구를
맞혀 땅에 떨어지니, 동초 · 마달이 대로하여 일시에 창검을 춤추어 홍낭
을 취코자 하더니, 홍낭의 손이 움직여 시위 소리 나며 흐르는 살이 꼬리
를 이어 동 · 마 양장의 엄신갑(掩身甲) 호심경(護心鏡)[141]을 맞히니, 일시 27
에 쟁연(錚然)[142]한 소리 나며 양장이 싸울 마음이 없어 말을 도로혀 본
진으로 돌아오되, 뇌천풍은 투구를 고쳐 쓰고 벽력부(霹靂斧)를 두르며
크게 꾸짖어 왈,

"조그만 만장(蠻將)은 좀[143] 재주를 믿고 어찌 이렇듯 무례하리오?"

하고 홍낭에게 달려들더니, 홀연 몸이 번듯쳐 말에서 떨어지니. 아지 못게라.

하회(下回) 어찌된고? 석람(釋覽)하라.

---

139) 결을치: '겨루지 · 다투지'의 뜻.

140) 빼쳐: 억지로 빠져나오게 하여.

141) 호심경(護心鏡): 갑옷의 가슴 부분에 붙여놓은 구리조각으로 날아오는 화살을 막기 위한 것.

142) 쟁연(錚然): 쇠가 부딪쳐 나는 날카로운 소리의 형용.

143) 좀: 조금의 준말.

옥적수창자웅율(玉笛酬唱雌雄律)[144]
요금단속산수현(瑤琴[145]斷續山水絃)[146]

화설. 이때 뇌천풍이 분기등천(憤氣騰天)[147]하여 도끼를 두르며 홍낭
에게 달려드니, 홍낭이 천연(天然)히 웃고 마상에서 부용검을 짚고 박은
듯이 서서 요동치 아니하거늘, 뇌천풍이 더욱 노하여 소리를 벽력같이
지르고 힘을 다하여 홍낭을 치니, 홍낭이 홀연 쌍검을 춤추어 몸을 반공
에 솟으니, 뇌천풍이 허공을 치고 급히 도끼를 거두려 하더니 머리 위에
28 쟁연(錚然)한 소리 나며 투구를 깨쳐 내리치니 천풍이 놀라 번신낙마(翻
身落馬)[148]한대, 홍낭이 돌아보지 아니코 다만 칼만 거두니, 대개 홍낭이
칼 쓰는 법이 번개 같으여 머리를 버힐 것이로되 인명(人命)을 아껴 짐
짓[149] 투구만 깨친지라. 천풍이 이미 정신을 수습지 못하니 어찌 싸울 마
음이 있으리오. 급히 말을 도로혀 본진으로 돌아오니, 양원수가 진상(陣
上)에서 바라보다가 대로 왈,

"입에서 젖내 나는 일개 만장이 이렇듯 무례하니 어찌 분(憤)치 않으리오. 내 마땅히 친히 나아가 생금(生擒)[150]하리라."

하고 말에 올라 진전에 나서거늘, 소사마가 간왈,

"원수의 체중(體重)[151]하심으로 어찌 일개 만장과 경솔히 접전(接戰)하시리잇고? 소장이 비록 무용(無勇)하오나 한 번 나가 싸워 만장의 머리를 버혀 휘하에 바치리이다."

---

144) 옥적수창자웅율(玉笛酬唱雌雄律): 옥피리는 자웅율로 수창함.
145) 요금(瑤琴): 구슬 거문고. 아름다운 소리를 내는 거문고.
146) 요금단속산수현(瑤琴斷續山水絃): 옥거문고는 산수줄이 끊어졌다 이어졌다.
147) 등천(騰天): 하늘까지 치밀어 오름.
148) 번신낙마(翻身落馬): 몸을 번드치고 말에서 떨어짐.
149) 짐짓: 일부러.
150) 생금(生擒): 산채로 사로잡음.
151) 체중(體重): 지위가 높음.

하고 즉시 말에 올라 진전에 나오니, 대개 소유경이 소년예기(少年銳氣)
로 창법(槍法)을 자부하여 한 번 겨뤄보고자 함이라.

이에 방천극(方天戟)[152]을 두르고 바로 홍낭에게 달려드니, 홍낭이 마 29
주 싸워 수합(數合)에 소사마의 창법이 정숙함을 보고 말을 채쳐 십여 보
를 물러서며 공중을 향하여 우수(右手)에 들었던 부용검을 던지니 그 칼
이 반공(半空)으로 좇아 소사마의 머리에 내려치고자 하거늘, 소사마가
마상(馬上)에서 몸을 피하여 방천극을 들어 막고자 하더니, 홍낭이 이에
말을 놓아 들어오며 우수(右手)로 칼을 받으며 좌수(左手)로 부용검을 들
어 공중에 던지니, 소사마가 즉시 몸을 굽혀 피하며 창으로 막고자 하더
니, 홍낭이 다시 내려오는 칼을 받고 말을 비껴 달리며 수중(手中)에 쌍
검을 일시에 던지거늘, 소사마가 연하여 황망히 받으며 싸움을 결을치
못하더니, 홍낭이 다시 공중을 향하여 쌍검을 받으며 쓰기를 오래 하니,
한풍(寒風)이 소슬하여 뼈골에 사못고 검광(劍光)이 삼삼하여 백설(白雪)
이 분분(紛紛)[153]하니 이화(梨花)가 편편(翩翩)[154]하여 광풍(狂風)에 날리
는 듯하더니, 이윽고 한 줄기 푸른 기운이 안개같이 일어나며 말과 사람 30
을 점점 보지 못할지라. 소사마가 대경하여 방천극을 들고 동서로 충돌
하나 무수한 부용검이 공중으로서 내려와 길을 막으니, 소사마가 대경하
여 황망히 하늘을 우러러 보매 하늘에도 천백(千百) 부용검이오, 땅을 굽
어보매 땅 아래도 천백 부용검이 솟는 듯하여 전후좌우(前後左右)가 모
두 부용검이라. 진퇴(進退)가 무로(無路)하여 운무(雲霧) 중에 싸인 듯하
니, 소사마가 앙천(仰天)[155] 탄왈(歎曰),

"내 이곳에서 죽을 줄 어이 알았으리오."

하고 다시 부용검[156]을 들어 푸른 기운을 헤치고자 하더니, 홀연 공중으

---

152) 방천극(方天戟): 방천화극(方天畫戟)이라고도 함. 병기(兵器)의 일종.

153) 분분(紛紛): 쉴새 없이 내리는 모양.

154) 편편(翩翩): 훨훨 나는 모양.

155) 앙천(仰天): 하늘을 우러름.

156) 부용검: 문맥상 방천극이 되어야 함.

로서 낭랑(朗朗)이 외쳐 왈,

"천조명장(天朝名將)을 내 손으로 죽임은 의(義) 아닌 고로 살 길을 빌리나니[157] 장군은 돌아가 원수에 전하여 삼군(三軍)을 거두어 빨리 돌아가게 하라."

하며 차차 푸른 기운을 거두고 그 장수가 다시 부용검을 들고 웃으며 표
31 연히 본진으로 돌아가니, 소사마가 감히 따르지 못하고 돌아와 원수를
보고 천식(喘息)[158]을 미정(未定)[159]하여 왈,

"소장(小將)이 비록 용렬(庸劣)[160]하나 병서를 약간 보아 무예를 배운 후 임진대적(臨陣對敵)[161]을 여러 번 하되 별로이 겁냄이 없고 적장(敵將)을 대한즉 용력(勇力)이 절로이 나더니, 금일 만장(蠻將)은 사람이 아니라 반드시 신인(神人)인가 하나이다."

하고, 만장과 싸우던 수말(首末)[162]을 말씀하더라.

하회(下回)를 분해(分解)하라.

세(歲) 무신(戊申) 오월일 향목동 서(書)

---

157) 빌리나니: 일반적으로 죽을 사람의 목숨을 살려줄 때에 사용되는 말.
158) 천식(喘息): 숨결을 예스럽게 이르는 말.
159) 미정(未定): 아직 가라앉히지 못함.
160) 용렬(庸劣): 어리석어 재주가 남보다 못함.
161) 임진대적(臨陣對敵): 전쟁터에 나서 적과 맞서 겨룸.
162) 수말(首末): 일의 시작부터 끝.

옥루몽 권지십사

차설. 소사마가 원수더러 왈, 1

"금일 만장과 승부를 겨뤄보니 저의 칼 쓰는 법이 신출귀몰하여 번개 번득이고 별이 흐르는 듯하여 싸우고자 하되 형용치 못하고, 몸을 피코자 하되 나갈 길이 없어 사면(四面)이 다 검광(劍光)인 고로 아모리[1] 할 줄 모르더니, 적장이 검술을 거두므로 비로소 돌아왔사오니, 비록 사마양저(司馬穰苴)[2]의 병법(兵法)과 맹분(孟賁)[3] · 오기(吳起)[4]의 용(勇)이라도 저를 당(當)치 못할까 하나이다."

양원수가 청파(聽罷)에 심중에 가장 근심하여 왈,

"금일(今日)은 오히려 일모(日暮)[5]하였으니 명일(明日) 다시 싸워 적장을 사로잡지 못하면 내 맹세코 회군(回軍)치 않으리라."

하더라.

차시 나탁이 홍낭의 진법과 검술을 보고 바야흐로 대희하여 왈,

"하늘이 과인(寡人)을 불쌍히 여기사 장군을 주심이니 타일 마땅
히 남방 절반을 버혀 장군을 봉(封)하여 부귀를 한가지로 하고자 하나 2

1) 아모리: 어떻게

2) 사마양저(司馬穰苴): 춘추시대 제(齊)나라 사람. 경공(景公)의 장군으로 연(燕)나라와 진(晉)나라를 격파하였다. 사마병법(司馬兵法)이 유명함.

3) 맹분(孟賁): 전국시대의 용사(勇士)로 한 손으로 황소의 뿔을 뽑았다고 함.

4) 오기(吳起): 전국시대 위나라 사람으로 용병에 능하였음. 노(魯) · 위(魏) · 초(楚)나라에서 벼슬을 하며 많은 전공을 세웠음

5) 일모(日暮): 날이 저묾.

이다."

하고 인하여 자기와 한가지로 거처함을 청하니, 홍낭이 소왈,

"산인(山人)은 본디 한적함을 좋아하고 군중이 요란함을 괴로우니 조용한 객실(客室)을 얻어 수하노졸(手下老卒)을 데리고 있고자 하나이다."

나탁이 종기언(從其言)[6]하여 별로이 객실을 수리하여 주거늘, 홍낭이 손삼낭으로 더불어 밤을 지낼새 심중에 생각하되, '내 비록 여자나 어찌 대의(大義)를 모르고 만왕(蠻王)을 위하여 고국을 저버리리오. 만일 내 손으로 일개명장(一個明將)과 명졸(明卒)을 사로잡은즉 의(義) 아니라. 다만 사부(師傅)의 명(命)으로 나탁을 구하러 왔다가 그저 돌아감도 의(義)가 아니니 어찌하면 양편(兩便)[7]하리오.' 하더니, 홀연 한 계교(計巧)를 생각하고 손야차를 돌아보아 왈,

"금야(今夜)에 월색이 아름다우니 내 동구(洞口)에 나아가 연화봉(蓮花峯)에 올라 명진동정(明陣動靜)을 보리라."

3 하고 손야차를 데리고 상봉(上峰)에 올라 명진을 바라보니 고각(鼓角)이 그치고 등촉(燈燭)이 명멸(明滅)한대 경점(更點)[8] 소리 이미 삼경을 지내었는지라. 홍낭이 소매로서 옥저를 내어 한 곡조를 부니, 이때에 서풍(西風)이 소슬하고 월색이 명랑하니 영상(嶺上)에 돌아가는 기러기와 암중(巖中)에 부르짖으는 잔나비는 타향객회(他鄉客懷)를 돕는지라. 만리절새(萬里絶塞)[9]에 부모를 떠나며 십만진중(十萬陣中)에 처자를 꿈꾸는 군사리오. 찬 이슬은 갑옷을 적시고 밝은 달은 장중(帳中)에 조요(照耀)하니, 모든 군사가 혹 창대를 베고 누웠으며 혹 칼 등을 두드리며 탄식고 앉았더니, 홀연 반공중(半空中)으로서 옥저 소리 들리니 그 곡조가 처량하여

---

6) 종기언(從其言): 그 말을 따름.

7) 양편(兩便): 양 쪽이 다 원만하고 편함.

8) 경점(更點): 시간을 계산하는 단위. 한 밤을 오경(五更)으로 나누고 일경(一更)을 다시 오점(五點)으로 나누는데, 경마다 북을 침.

9) 만리절새(萬里絶塞): 만리 밖에 뚝 떨어져 있는 요새.

철석(鐵石)을 녹이고 소리 오열(嗚咽)하여 산천이 변색하거늘, 시야(是夜)
에 명진 장졸이 일시에 잠이 깨어 늙은 자는 처자를 생각하고 젊은 자는
부모를 사모하여, 혹 눈물을 뿌려 희허탄식(唏噓歎息)[10]하며 혹 고향을 4
노래하며 일어 방황하니, 자연(自然) 군중이 요란하고 탄성(歎聲)이 분분(紛紛)[11]하여 영문대장(營門大將)은 창대를 놓고 망연(茫然)이 섰으며, 군문도위(軍門都尉)는 방패를 안고 감지오열(感知嗚咽)[12]하니, 소사마가 대경(大驚)하여 동 · 마 양장(兩將)이 경황(驚惶)[13]하여 거지수상(擧止殊常)[14]하거늘,[15] 소사마가 급히 원수에 고하니, 차시(此時) 원수가 마침 장중(帳中)에 누웠더니 신혼(神魂)이 표탕(飄蕩)[16]하여 하늘에 올라 남천문(南天門)에 들려 하니, 일위(一位) 보살(菩薩)이 백옥여의(白玉如意)[17]를 들고 길을 막거늘, 원수가 대로(大怒)하여 칼을 빼어 여의를 두드리니 그 소리가 쟁연(錚然)[18]하여 땅에 떨어져 한 송이 꽃이 되니 붉은 광채와 기이한 향내가 천지진동(天地震動)하거늘, 원수가 대경하여 깨달으니 한 꿈이라. 심중에 의아하더니, 소사마가 황망히 장중에 들러 군중 동정을 보
(報)하니, 원수가 놀라 장 밖에 나와 앉아 좌우더러 왈, 5

"지금이 어느 때뇨?"

대왈,

10) 희허탄식(唏噓歎息): 한숨을 지으며 탄식함.
11) 분분(紛紛): (소리 따위가) 많아서 뒤숭숭함.
12) 감지오열(感知嗚咽): 느껴서 알고 목메어 욺.
13) 경황(驚惶): 놀라고 두려워 허둥지둥함.
14) 거지수상(擧止殊常): 행동거지가 보통 때와는 달리 이상하여 의심스러움.
15) '소사마가 대경하여' 다음에 동 · 마 양장을 불러 단속하라고 시키는 내용이 빠져 있음.
16) 표탕(飄蕩): 정신없이 헤맴.
17) 백옥여의(白玉如意): 백옥으로 만든 여의(如意). 여의는 법구(法具)의 하나인데, 심(心)자를 나타내는 고사리 모양의 머리가 있고 한 자 쯤의 자루가 달려 있음.
18) 쟁연(錚然): 쇠붙이가 부딪쳐 울리는 것 같이 소리가 날카로움.

"오경(五更)[19]이 되었나이다."

원수가 진중을 살펴보니 인인(人人)이 수두어리며[20] 일진서풍(一陣西風)에 옥저 소리가 들리니 그 소리 애원처절(哀怨悽絶)하여 삼군(三軍)[21] 장졸(將卒)의 심회를 도와 슬픔을 이기지 못하는지라. 원수가 귀를 기울여 한 번 들음에 어찌 그 곡조를 모르리오. 제장(諸將)을 돌아보아 왈,

"석일(昔日)에 장자방(張子房)[22]이 계명산(鷄鳴山)에 올라 옥저를 불어 초병(楚兵)을 흩었으니 이곳에 어떠한 사람이 있어 능히 이 곡조를 아나뇨. 또한 어려서 옥저를 배워 약간 짐작하나니 이제 한 번 시험하여 삼군의 처량한 심회를 진정케 하리라."

하고, 행중(行中)[23]에 옥소를 내어 장(帳)을 걷고 서안(書案)을 의지하여
한 곡조를 부니, 그 소리가 청량화려(淸亮華麗)[24]하여 만리장강(萬里長
江)에 물결이 흐르는 듯하더니, 다시 한 곡조를 부니 장졸(將卒)의 창황
6 (悵怳)[25]하던 마음이 유연(悠然)[26]하여 진중(陣中)이 자못 안안(晏晏)[27]한
빛이 있거늘, 원수가 음률을 변하여 또 한 곡조를 부니, 그 소리가 웅장
쇄락(雄壯灑落)[28]하여 삼군 장졸이 용기를 분발하여 어루만져 춤을 추며
한 번 싸우고자 하니, 원수가 웃고 옥소를 그친 후 도로 장중(帳中)에 들
어가 전전불매(輾轉不寐)[29]하며 생각하되, '내 비록 천하를 널리 놀았으

19) 오경(五更): 하룻밤을 다섯 부분으로 나누었을 때에 마지막 부분. 새벽 세 시부터 다섯 시 사이.
20) 수두어리며: 수군거리며, 웅성거리며.
21) 삼군(三軍): 군 전체를 이르던 말.
22) 장자방(張子房): 중국 초한시대의 장량(張良). 항우와 유방이 싸울 때 유방을 도와 개국공신이 되었으나 벼슬에 뜻을 두지 않고 신선술을 배우려고 적송자를 따라 갔다고 전함.
23) 행중(行中): 길을 함께 가는 사람들.
24) 청량화려(淸亮華麗): 맑고 깨끗하며 아름다움.
25) 창황(悵怳): 놀라거나 다급하여 어찌할 줄을 모름.
26) 유연(悠然): 침착하고 여유가 있음.
27) 안안(晏晏): 편안하고 화평함.
28) 웅장쇄락(雄壯灑落): 우렁차면서도 상쾌하고 깨끗함.

되 기이한 재주를 보지 못하였더니 어찌 만맥(蠻貊)[30]지방에 이런 재주 있을 줄 알았으리오. 작일(昨日)에 만장의 무예와 진법(陣法)을 보니 짐짓 천하 기남자(奇男子)[31]라. 금야(今夜) 옥적이 범인(凡人)이 불 바가 아니니 하늘이 어찌 우리 명진(明陣)을 도우샤 대공을 이루게 않으시고 이런 인재를 만이(蠻夷)[32]에 내어 나탁을 돕게 하시는고?' 하며 탄식하기를 마지아니하여 잠을 이루지 못하고 울울불락(鬱鬱不樂)[33]하더니, 소사마가 마침 원수를 뵈오려 들어오거늘, 이에 조용히 문왈,

"장군이 작일 진상(陣上)에서 만장(蠻將)의 용모를 자세히 보았난다?" 7

소사마가 왈,

"현금(現今) 동중(洞中)의 꽃다운 바람이 화창하여 와력장리(瓦礫場裏)에 보배의 구슬이 완연(宛然)하니[34] 비록 잠깐 보았으나 어찌 모르리잇고? 강맹(强猛)한 기상이 당세의 영웅이요, 선연(嬋娟)한[35] 태도는 천고가인(千古佳人)이라. 가는 허리와 아름다운 눈썹은 남자의 모양이 적고, 표일(飄逸)[36]한 거동과 효용(驍勇)[37]한 기세는 여자의 태도가 아니라. 남자로 의논한즉 만고영웅(萬古英雄)이요, 여자로 말한즉 경국지색(傾國之色)인가 하나이다."

원수가 묵묵무언(默默無言)이러라.

차시(此時) 홍낭이 사부의 명을 받아 만왕을 구하러 왔으나 부모지향

---

29) 전전불매(輾轉不寐): 누워서 몸을 이리저리 뒤척이며 잠을 이루지 못함.

30) 만맥(蠻貊): 중국이 중국 남쪽과 북쪽에 살던 민족을 낮잡아 이르던 말.

31) 기남자(奇男子): 재주와 슬기가 남달리 뛰어난 자.

32) 만이(蠻夷): 오랑캐. 중국의 남쪽과 동쪽에 살던 민족을 낮잡아 부르는 말.

33) 울울불락(鬱鬱不樂): 마음이 답답하고 즐겁지 않음.

34) 꽃다운 바람이 화창하여 와력장리(瓦礫場裏)에 보배의 구슬이 완연(宛然)하니: 이 부분은 부정확하게 기술되었는데, 대략 '가시덤불 속의 꽃다운 풀이 분명하고, 깨진 기와파편이 뒹구는 곳에 보배구슬이 완연하니'라는 의미임.

35) 선연(嬋娟)한: 예쁘고 아름다운.

36) 표일(飄逸): 성품이나 기상 따위가 뛰어나게 훌륭함.

37) 효용(驍勇): 사납고 날쌤.

(父母之鄕)을 저버리지 못하여 심사가 자연 초창(怊悵)한지라. 소매로서
옥소를 내어 들고 석일(昔日) 장자방이 강동자제(江東子弟)[38]를 흩어버리
던 곡조를 희롱하더니, 뜻밖에 명진 중으로서 청아한 옥저 소리 화답하
8 니, 곡조는 비록 다르나 음률의 기이함은 자기의 옥저나 일호(一毫)[39] 틀
림이 없으니, 홍낭이 심중(心中)에 경아(驚訝)[40]하여 옥소를 머무르고 망
연자실(茫然自失)[41]하여 머리를 숙이고 이윽히 헤오되, '전일(前日) 산에
서 내려올제, 사부가 말씀하시되, '이 옥적이 본디 한 쌍으로 일개(一個)
는 문창성(文昌星)[42]에게 있으니 고국에 돌아갈 기회 여기 있다.' 하시더
니, 이제 명진의 옥저 소리를 들으니 명 원수가 문창성이 아닌 줄 어이
알리오. 그러하나 하늘이 그 옥소를 내실 제, 어찌하여 한 쌍을 내시며
어찌 남북에 각거(各居)[43]하게 하신고?' 또 다시 생각하여 왈,

"이 옥적(玉笛)이 본디 정한 곳이 있은즉 그 부는 자가 반드시 짝이
될지니, 황천(皇天)이 하감(下瞰)[44]하시고 명월이 조림(照臨)하니 강남
홍의 짝 될 자는 양공자 일인(一人)이라. 혹 하늘이 도우시고 보살이
자비(慈悲)하샤 우리 공자가 명진중(明陣中) 도원수가 된 줄 어이 알리
오. 내 작일(昨日) 진전(陣前)에서 진법을 겨루고 금일 월하(月下)에서
9 옥저 소리를 들으니 금세(今世)의 무쌍(無雙)한 인재라. 내 마땅히 명
일 도전하여 원수의 용모를 자세히 보리라."

하고 이에 밝기를 기다려 만왕을 보고 왈,

"금일은 마땅히 명장과 싸워 자웅(雌雄)[45]을 결(決)하리니, 대왕은

---

38) 강동자제(江東子弟): 초나라 항우가 중원을 차지하기 위해 이끌고 나온 강동 지방의 젊은이들.

39) 일호(一毫): 한 가닥의 털이라는 뜻으로 극히 작은 정도를 이르는 말.

40) 경아(驚訝): 놀라 정도로 의아하게 여김.

41) 망연자실(茫然自失): 멍하니 정신을 잃음.

42) 문창성(文昌星): 문장(文章)을 담당하는 별. 이 별이 나면 문장에 뛰어난 인물이 태어난다고 함.

43) 각거(各居): 각기 따로 떨어져 삶.

44) 하감(下瞰): 위에서 아래를 내려다 봄.

먼저 만병을 거느려 동문 밖에 진세(陣勢)를 이루소서."

만왕이 응낙하고 군사를 거느려 나가거늘, 홍낭이 수레를 버리고 말에 올라 손야차를 데리고 진전에 나가니, 양원수가 또한 진전에 나와 보매 홍낭이 설화마(雪花馬)[46]를 타고 부용검을 허리에 비끼고 궁시(弓矢)를 등에 지고 나와 손야차로 크게 외쳐 왈,

"명장은 나와 승부를 결(決)하라."

동초가 창을 비끼고 나오니, 손야차가 외쳐 왈,

"그대는 필부지용(匹夫之勇)이니 나의 적수가 아니니 다른 장수를 보내라."

하거늘, 동초가 더욱 대로하여 창을 춤추어 충돌코자 하더니, 홍낭이 웃고 꾸짖어 왈,

"필부가 종시(終是)[47] 물러가지 아닐진대, 내 마땅히 네 창끝에 달린 삭모(槊毛)[48]를 쏘아 떨어치리니 능히 피할소냐?"

말이 맞지 못하여 동초의 창날이 쟁연한 소리 나며 삭모가 떨어지거늘, 홍낭이 또 외쳐 왈,

"내 한 살로 너의 좌편 눈을 맞히리니 능히 피할소냐?"

말이 맞지 못하여 또 시위 소리가 나거늘, 동초가 황망히 마상에 엎드려 본진으로 돌아오니 뇌천풍이 바라보고 분함을 참지 못하여 도끼를 두르고 나오거늘, 홍낭이 소왈,

"노장(老將)은 부질없이 뇌력(惱力)하여 정신을 허비치 말라. 내 마땅히 성명(性命)을 용서하리니, 노장은 갑옷 위에 칼 흔적을 보라. 내 수단을 가히 알리라."

말을 마치며 부용검을 춤추어 전불수합(戰不數合)에 뇌천풍이 스스로

---

45) 자웅(雌雄): 우열(優劣)이나 강약(强弱)을 비유적으로 이르는 말.

46) 설화마(雪花馬): 흰색의 준마.

47) 종시(終是): 끝내.

48) 삭모(槊毛): 창 머리에 이삭 모양으로 만들어 매달아 놓은 털. 상모(象毛)라고 도 함.

몸을 굽혀 보니 십여 처에 칼 흔적이 이미 난만(爛漫)[49]한지라. 감히 다시 싸울 마음이 없어 말을 채쳐 돌아오니 명진 장졸이 서로 돌아보며 즐
11 겨 나갈 자가 없거늘, 양원수가 대로하여 분연히 일어나 갑주(甲胄)[50]를 정제하고 청총사자마(靑驄獅子馬)[51]를 타고 장팔이화창(丈八李花鎗)[52]을 두르며 진전에 나오니, 소사마가 마전(馬前)에 나와 역(亦) 간왈,

"원수가 황명을 받자와 삼군을 총독하시니 국가 안위가 일신에 달렸으며 종사(宗社)의 중대함이 일신(一身)에 있거늘, 원수가 이제 일시지분(一時之憤)을 참지 못하여 필마단창으로 위태함을 모르시고 만군진중(蠻軍陣中)에 돌입하여 영한(獰悍)한[53] 적장과 승부를 결(決)코자 하시니, 어찌 천금중신(千金重身)을 보중하여 성상의 우려하심과 본부상공의 의려지망(倚閭之望)[54]을 돌아보지 않으시나잇가?"

차시 양원수가 소년예기(少年銳氣)로 홍낭의 무예절륜(武藝絶倫)함을 보고 한 번 겨루고자 하여 소사마의 간함을 듣지 아니하고 봉안(鳳眼)을 부릅뜨고 풍우같이 내달으니, 홍낭이 원수가 스스로 나옴을 보고 부용검
12 을 춤추며 말을 놓아 서로 맞아 싸워 일합(一合)이 못하여 어찌 양공자의 면모를 모르리오. 반김이 극하매 눈물이 앞을 가리오고 정신이 황홀하여 아모리 할 줄 모르나, 다만 양원수의 지기지심(知己知心)[55]이나 어찌 구천야대(九泉夜臺)[56]에 영결지녀(永訣之女) 강남홍이 만리절역(萬里絶域)에 만장이 되어 자기로 더불어 접전할 줄 몽리(夢裏)에나 생각하리오.

차시 양원수가 창을 들어 취코자 하니, 홍낭이 급히 허리를 구부려 피

---

49) 난만(爛漫): 번다하게 어지러운 모양.
50) 갑주(甲胄): 투구와 갑옷.
51) 청총사자마(靑驄獅子馬): 푸른색과 흰색이 섞인 사자마. 대완국(大宛國)에서 바친 말로, 갈기가 땅에 끌렸으며 매우 빨리 달렸다고 함.
52) 장팔이화창(丈八李花鎗): 길이가 일장 팔척이나 되는 배꽃이 새겨진 창.
53) 영한(獰悍)한: 모질고 사나운.
54) 의려지망(依閭之望): 문에 기대어 밖에 나간 자식을 기다리는 마음.
55) 지기지심(知己知心): 서로 마음이 통하여 참되게 알아줌.
56) 구천야대(九泉夜臺): 저승.

하며 짐짓[57] 수중(手中) 쌍검을 땅에 떨어치고[58] 낭랑(朗朗)한 소리로 외쳐 왈,

"소장이 실수하여 칼을 놓아 버렸으니 원수는 잠깐 멈추어 칼을 집기를 허하소서."

양원수가 적장의 성음(聲音)이 귀에 익음을 듣고 즉시 창을 거두며 용모를 자시 살피더니, 홍낭이 나는 듯이 말에 내려 칼을 집어 가지고 도로 말에 올라 원수를 돌아보아 왈,

"천첩 강남홍을 상공이 잊으시니잇가? 첩이 이 길로 상공을 따를 13
것이로되, 수하노졸(手下老卒)이 만진에 있사오니 금야 삼경(三更)에 상공의 진중으로 기약하나이다."

언필(言畢)에 말을 채쳐 본진(本陣)으로 표연히 돌아가니, 양원수가 창을 안고 어린듯이[59] 양구(良久)히 바라보다가 또한 진중으로 돌아오니, 소사마가 맞아 문왈,

"금일 만장이 재주를 다하지 아니코 스스로 돌아가니 그 곡절을 알지 못하리로소이다."

원수가 소이부답(笑而不答)하고 급히 진을 물려 화과동으로 돌아오니라.

홍낭이 만왕을 보고 왈,

"금일 명 원수를 거의 생금(生擒)할 것이로되 신기불평(身氣不平)하여 퇴진하였으니, 금야(今夜)는 조섭(調攝)[60]하여 명일 다시 싸우리이다."

나탁이 대경 왈,

"장군이 신기불평하시면 과인이 마땅히 좌우에 뫼셔 의약을 보살

---

57) 짐짓: 일부러

58) 떨어치고: 떨어뜨리고.

59) 어린듯이: 정신이 얼떨떨함.

60) 조섭(調攝): 음식이나 거처 따위를 조절하여 쇠약해진 몸을 낫게 하는 것.

필까 하나이다."

홍낭 왈,

"대왕은 염려 말으시고 본진으로 돌아가시면, 소생이 조용히 조섭코자 하나이다."

14 나탁이 즉시 본진으로 돌아가니라.

시야에 홍낭이 손삼낭을 대하여 왈,

"진상(陣上)에서 양공자를 만나니 여자의 몸이 어찌 가부(家夫)와 싸우리오? 나탁의 사세가 비록 난처하나 금야 삼경에 명진으로 돌아가고자 하나니 그대는 행구(行具)[61]를 수습하라."

삼낭이 대희하여 밤들기를 고대하더라.

차설. 양원수가 본진에 돌아와 장중(帳中)에 누워 생각하되, '금일 진상에서 만나던 자가 진실로 홍낭일진대 나의 끊어진 인연은 고사하고 국가를 위하여 남만을 평정함이 홍낭의 수중에 있을지니 어찌 다행코 기쁘지 않으리오마는, 홍낭이 능히 세간에 생존하여 이곳에서 다시 만남은 몽매(夢寐)에도 다시 생각지 아니한 배라. 아마도 홍낭의 원혼(冤魂)이 흩어지지 아니하고, 남만(南蠻)은 자래(自來)[62]로 충신열사(忠臣烈士)가 익
15 수(溺水)한 자가 많으니 동정월야(洞庭月夜)[63]와 소상반죽(蕭湘斑竹)[64]에 고혼(孤魂)이 의지하였다가 나의 이곳에 옴을 보고 금세(今世)의 원통한 정회를 펴고자 함이로다. 제 이미 금야 삼경에 군중으로 기약하였으니 다만 기다려 보리라.' 하고 촉(燭)을 돋우고 서안(書案)을 의지하여 병서를 잠독(潛讀)하더니, 이슥고 밤이 깊어 삼경이 되었거늘 원수가 좌우를

61) 행구(行具): 행장. 여행할 때에 쓰는 물건과 차림.

62) 자래(自來): 자고이래(自古以來). 예로부터.

63) 동정월야(洞庭月夜): 동정호의 달밤.

64) 소상반죽(蕭湘斑竹): 동정호 남쪽에 있는 소상강 가에서 자라는 얼룩무늬의 대나무. 요임금의 딸인 아황과 여영이 남편인 순임금이 창오에서 죽었다는 소식을 듣고 남쪽으로 내려가던 중에 소상에서 흩뿌린 눈물로 인해 생겼다는 고사가 있음.

물리고 장을 걷고 맥맥히 앉았더니 홀연 찬 바람이 촉을 흔들며 한 줄기 푸른 기운이 장중으로 들어오거늘, 원수가 정신을 온전히 하여 보니 일위(一位) 소년 장군이 쌍검을 집고 표연히 들어와 촉하(燭下)에 서거늘, 원수가 눈을 들어보니 완연한 유유(悠悠)[65] 구원(九原)에 생리사별(生離死別)하고 심중에 경경(耿耿)하여 오매불망(寤寐不忘)하던 홍낭이라. 어린듯이 말이 없다가 양구후(良久後)[66] 문왈(問曰),

"홍낭아! 네가 죽었던 홍낭이 옴이냐? 살아 목숨을 보전하였다가
찾아옴이냐? 내 정신이 망매(茫昧)[67]하여 너의 생사를 진실로 알지 못 16
하리로다."

홍낭이 희허오열(欷歔嗚咽)[68]하여 말을 이루지 못하여 왈,

"첩이 상공의 애휼(愛恤)하심을 입사와 수중 원혼이 되지 아니하고 요행히 생도(生道)를 얻어 산중에 숨었다가, 만왕의 청함으로 진전에 나왔다가 상공의 용맹을 다시 뵈오니 흉중에 무궁한 말씀이 있사오나 좌우의 이목이 번다(煩多)하여 첩의 행색이 탄로(綻露)할까 고(告)치 못하나이다."

원수가 친히 몸을 일어 장을 내리고 홍낭의 손을 잡아 앉히며 영웅의 눈물이 금포(錦袍)에 떨어짐을 면치 못하니, 홍낭이 원수의 손을 받들고 주루(珠淚)가 만면(滿面)하여 능히 말을 이루지 못하거늘, 원수가 위로 왈,

"그대는 비회(悲懷)를 거두고 소경사(所經事)[69]를 말하라."

홍낭이 대왈,

"상공은 첩의 생존함을 몽매(夢寐)[70]로 알았으나 첩은 상공이 금일 이곳에 이르심을 또한 꿈인가 하나이다."

---

65) 유유(悠悠): 아득히 먼.
66) 양구(良久後): 오랜 시간이 흐른 뒤.
67) 망매(茫昧): 정신이 분명하지 않고 흐릿함.
68) 희허오열(欷歔嗚咽): 흐느껴서 목매어 욺.
69) 소경사(所經事): 지내온 일들.
70) 몽매(夢寐): 잠을 자면서 꾸는 꿈.

원수가 탄왈,

17 “장부의 행색은 정한 곳이 없거니와 그대는 불과 혈혈(孑孑)[71]한 아녀자라. 잔약(孱弱)한 몸이 만경창파(萬頃蒼波)에 익수지화(溺水之禍)를 벗어 이곳에 이름도 기이하거든 하물며 소년영재로 대장이 되어 만왕을 구코자 하여 이에 이름은 뜻밖이로다.”

홍낭이 이에 항주에서 액운을 당하였을 때에 윤소저의 의기현심(義氣賢心)으로 손삼낭을 보내어 구하던 말과, 그 후에 의지할 곳이 없어 도로(道路)에 방황하다가 도사를 의외에 만나 백운동에 들어가 사제지의를 맺고 육도삼략과 음양법술을 배우던 말과, 사부의 명을 받아 만왕을 위하여 출산(出山)하던 곡절을 세세히 말하니, 원수가 또한 환열(歡悅)하여 홍낭의 손을 잡고 별후사고(別後事故)[72]를 일일이 말하여 윤소저를 취함과 황명을 받자와 다시 황씨를 취하던 설화를 대강 말하고, 미미한 담소와 탐탐(耽耽)[73]한 정회를 이르매, 피차의 반가움이 넘쳐 여취여몽(如醉
18 如夢)하여 형용치 못할러라.

원수가 촉하에서 홍낭의 얼굴을 보니 맑은 골격과 아름다운 태도가 선연자약(嬋娟自若)하여 표표히 우화등선(羽化登仙)[74]할 듯하니 전일(前日)과 배승(倍勝)[75]한지라. 새로이 사랑함을 이기지 못하여 전포(戰袍)를 끄르고 장중(帳中)에서 연침(聯枕)[76]할새, 구정(舊情)의 견권(繾綣)[77]함과 신정(新情)의 은밀함이 샘솟듯 하여 원문(轅門)[78]의 고각(鼓角)[79]이 새벽

71) 혈혈(孑孑): 의지할 곳 없이 외로운.
72) 별후사고(別後事故): 헤어진 뒤에 일어난 일들의 까닭.
73) 탐탐(耽耽): 매우 즐거운.
74) 우화등선(羽化登仙): 날개가 돋아 하늘로 날아올라 신선이 될 듯함.
75) 배승(倍勝): 갑절이나 더 나음.
76) 연침(聯枕): 베개를 나란히 함. 잠자리를 함께 한다는 뜻.
77) 견권(繾綣): 생각하는 정이 두터워 서로 잊지 못함.
78) 원문(轅門): 군영(軍營)이나 영문(營門)을 이르는 말.
79) 고각(鼓角): 전고(戰鼓)와 호각(號角). 악기의 일종으로 군대에서 때를 알려서 군인들을 경계시킬 적에 사용함.

빛을 재촉하니 밤이 쉬이 감을 한하더라.

이러구러[80] 하늘이 장차 밝고자 하니 홍낭이 몸을 일어 전포(戰袍)를 입으며 소왈,

"첩이 항주에서 만날 제 변복(變服)하여 서생(書生)으로 뵈었더니 금일 이곳에서 변복하여 장수로 뵈오니 부끄럽지 아니하나, 다만 규중 여자의 본색이 아니라 마땅히 다시 산중 자취를 감추어 원수가 남만을 평정하신 후 후거(後車)를 따라갈까 하나이다."

원수가 청파(聽罷)에 악연(愕然) 왈,

"내 이역(異域)에 들어와 심복(心腹)이 없고 군무(軍務)에 생소함이
많거늘, 그대가 만일 몸을 숨겨 돌아가면 이 어찌 백년지기(百年知己) 19
의 환란을 같이 하는 뜻이리오?"

홍낭이 소왈,

"상공이 첩을 장수로 부리고자 하실진대 세 가지 약속을 정할지니, 한 가지는 행군하는 날까지 첩을 가까이 말으시고, 두 가지는 남만을 평정한 후 나탁을 죽이지 말으샤 왕호(王號)를 도로 주어 첩으로 하여금 스승의 부탁을 저버리지 말게 하시고, 세 가지는 상공이 첩으로써 장막지간(帳幕之間)을 엄절(嚴切)히 하시고 후연(後緣)[81]에 고요한 처소를 정하여 주시고 제장(諸將)으로 하여금 한만(閑漫)[82]히 출입치 못하게 하소서."

원수가 쾌히 허락하고 미소 왈,

"두 가지 약속은 어렵지 아니하나 제일(第一) 약속에 혹 실수함이 있어도 허물치 말라."

홍낭이 미소 왈,

"상공이 이미 허락하샤 막하 장수가 되었으니 아무리 석일(昔日) 홍

---

80) 이러구러: 이럭저럭 시간이 흐르는 모양.

81) 후연(後緣): 뒤쪽 가장자리나 언저리.

82) 한만(閑漫): 한가롭거나 멋대로.

낭으로 대접고자 하시나 여의치 못할까 하나이다."

인하여 몸을 일어 고왈,

20 "첩이 금야에 상공을 모심은 사정(私情)이라. 군중이 절엄(絶嚴)하여 출입을 반드시 광명(光明)히[83] 할지니, 첩이 이제 돌아가 여차여차(如此如此)할 것이니 상공은 부디 첩의 말대로 하소서."

설파(說罷)에 쌍검을 들고 표연히 나가니라. 아지 못게라, 홍낭의 일이 어찌 된고?

하회를 석람(釋覽)하라.

홍혼탈망월연화봉(紅渾脫望月蓮花峯)[84]
손야차야입태을동(孫夜叉夜入太乙洞)[85]

각설. 양원수가 홍낭을 보내고 즉시 소사마를 장중에 불러 가만히 이르되,

"만장 홍혼탈은 본디 중국 사람이라. 나탁의 휘하(麾下) 됨을 부끄러 나에게 돌아올 뜻이 있으니 장군은 필마단기(匹馬單騎)로 이제 연화봉 아래 간즉 혼탈이 반드시 그 곳에서 월색을 구경하며 방황할 것이니 장군은 기틀을 보아 사리(事理)로 달래어 데려오라."

소사마가 자저(趑趄)[86]하여 왈,

"홍혼탈은 어떠한 장수니잇가?"

원수가 소왈,

"향일(向日)[87] 쌍검을 춤추어 장군을 곤(困)케 한 만장(蠻將)이니라."

---

83) 광명(光明)이: 떳떳하고 정당하게.

84) 홍혼탈망월연화봉(紅渾脫望月蓮花峯): 홍혼탈이 연화봉에서 달을 바라보다.

85) 손야차야입태을동(孫夜叉夜入太乙洞): 손야차가 밤에 태을동으로 들어가다.

86) 자저(趑趄): 주저하고 머뭇거림.

87) 향일(向日): 지난 번.

소사마가 대경(大驚) 왈,

"원수가 만일 그 장수를 얻으신 즉 남만을 평정하기 어렵지 아니하 21
거니와 소장이 일찍 그 위인을 보매 달래어 항복지 않을까 하나이다."

원수가 왈,

"홍혼탈은 의기(義氣) 있는 장수라 귀순(歸順)할 뜻을 내 아나니, 장군은 의심치 말라."

소사마가 응낙하고 나가며 생각하되, '내 전일 진상에서 만장(蠻將)이 원수와 접전(接戰)할 제 재주를 다하지 않음을 수상히 보았더니 어찌 심지상통(心志相通)[88]하여 서로 약속이 있을 줄 알았으리오. 비록 그러나 그 장수의 검술이 신통하여 이때까지 가슴이 서늘하니 경솔히 가지 못하리라.' 하고 병기를 몸에 지니고 필마단창으로 연화봉을 향하여 가니라.

차시 홍낭이 객실(客室)에 돌아와 손삼낭을 대하여 명진에 가 원수를
뵈옵고 여차여차함을 말한 후 옥소와 행리를 거두며 손삼낭을 데리고 연
화봉에 이르러 월색을 바라보며 방황하더니, 차시 소사마가 원수의 명을 22
받아 초초(草草)한 단기(單騎)로 연화봉을 향하여 올새, 반륜잔월(半輪殘
月)이 서산에 걸렸고 일륜홍일(一輪紅日)이 동방에 오르고자 하니 원촌
(遠村)의 희미한 빛이 비치는지라. 사마가 봉상(峯上)을 바라보니 두어 사
람이 표연히 섰거늘 사마가 차경차희(且驚且喜)하여 심중에 생각하되,
'차인(此人)이 반드시 홍혼탈이로다.' 하고 산 위에 올라 길이 읍하여 왈,

"방금 양진(兩陣)이 상쟁(相爭)함에 위장자(爲將者)[89]가 각각 승패를 근심하거늘, 장군은 어찌 밤이 맞도록 이렇듯 한유(閒遊)[90]하나뇨?"

홍낭이 쌍검을 안고 답례(答禮) 왈,

"그대는 어떠한 사람이완대 이곳에 이르뇨?"

사마가 대왈,

---

88) 심지상통(心志相通): 마음에 품은 뜻이 서로 통함.

89) 위장자(爲將者): 장수 된 사람.

90) 한유(閒遊): 한가로이 노닒.

"복(僕)[91]은 명진(明陣) 장수라. 장군의 한가하신 풍채를 흠앙(欽仰)[92]하여 뵈오려 왔사오니, 석일에 그 양숙자(羊叔子)[93]와 두원개(杜元凱)[94]는 몸이 대장이로되 경구완대(輕裘緩帶)[95]로 적국을 대하여 의심치 않았으니, 이제 장군이 능히 고인지풍(古人之風)[96]이 있을소냐?"

23 혼탈이 소왈,

"대장부가 세상에 나매 마음을 아는 자가 있은즉 어찌 죽기를 저어하리오. 그대 이미 허심(虛心)하고 후의(厚意)로 찾으니 내 또한 방심(放心)하리라. 내 비록 지감(知鑑)이 없으나 그대의 말과 거동을 보고 들으니, 양숙자의 호의(好意)로 함이 아니라 괴철(蒯徹)[97]의 촌설(寸舌)을 자랑코자 함이로다."

소사마가 소왈,

"괴철(蒯徹)은 불과 망녕된 변사(辯士)[98]라. 무단(無端)이 회음후(淮陰侯)[99]를 달래어 평생을 그르치니 복(僕)이 불취(不取)하는 배라. 내 이제 이곳에 옴은 이소경(李少卿)[100]을 효칙(效則)고자 함이니, 장군은

---

91) 복(僕): 자기 자신을 낮추는 겸칭.

92) 흠앙(欽仰): 공경하여 우러러 사모함.

93) 양숙자(羊叔子): 진(晋)나라 때 사람. 이름은 호(祜), 숙자는 호. 그는 항상 가벼운 갓옷과 느직한 띠를 띠고 힘써 덕을 닦으며 오(吳)나라 사람에게 회유책을 썼는데, 그가 죽자 호곡(號哭)하지 않은 사람이 없었다고 함.

94) 두원개(杜元凱): 진(晋)나라 때 사람. 원개(元凱)는 그의 자(字). 박학다식한 사람으로 진남대장군(鎭南大將軍)이 되어 오(吳)나라를 평정한 후 양현후(陽縣侯)가 되었다. 용병에 뛰어났으며 공을 세운 뒤에는 경적(經籍)에 몰두하여 많은 저서를 남김.

95) 경구완대(輕裘緩帶): 가볍고 따뜻한 가죽옷에 느슨한 허리띠를 두른 옷차림. 종용(從容)하고 한적(閑適)한 상태를 형용하는 말.

96) 고인지풍(古人之風): 옛날 훌륭한 사람의 풍모.

97) 괴철(蒯徹): 회음후 한신의 모사(謀士). 한나라의 유방이 한신에게 도움을 청하자, 괴철은 초(楚) · 한(漢) 어느 쪽도 도와주지 말아야 한신에게 이롭다고 말하였으나 받아들여지지 않았음.

98) 변사(辯士): 말솜씨가 아주 능란한 사람.

99) 회음후(淮陰侯): 한(漢)나라의 공신(功臣)인 한신(韓信)을 말함.

어찌 이소경의 무상지재(無上之才)를 가지고 임하(林下)에 퇴거(退去)하여 산근채미(山根採薇)[101]를 감수코자 하나뇨?”

홍혼탈이 냉소 왈,

“내 진상(陣上)에서 양원수를 보니 연소(年少)한 장수라. 어찌 사람의 현우(賢愚)를 알리오. 내 차라리 산중에 종적을 감추어 평생을 보낼지언정 마음을 모르는 자의 휘하에 있지 아니하리라.” 24

소사마가 탄왈,

“양원수는 장군을 아나 장군은 양원수를 모르는도다. 복(僕)이 실로 장령(將令)을 받아 옴이니 나의 올 때에 원수가 이르시되, ‘홍장군은 의기 있는 장수라. 만일 나를 좇을진대, 지기(知己)로 허심(許心)하여 평생을 저버리지 아니하리라.’ 하시니 장군을 어찌 심복(心腹)으로 대접지 않으시리오. 양원수가 나이 비록 어리나 웅재대략(雄才大略)이 금세에 일인이요, 제장(諸將)을 예대(禮待)하고 사졸을 무휼(撫恤)[102]하여 주공(周公)[103]의 토포악발(吐哺握髮)[104]함을 사모하시니, 어찌 한갓 맹상(孟嘗)[105] · 평원(平原)[106]의 하사지풍(下士之風)[107]이 있을 따름이

---

100) 이소경(李少卿): 한 무제(武帝) 때 사람. 이름은 능(陵), 소경은 그의 자. 한무제 때에 기도위(騎都尉)가 되어 흉노를 치러갔다가 포위를 당하여 화살이 다하고 구원이 끊어지자, 항복하여 이십여년을 그 곳에서 살다가 죽었음. 당시 그가 남긴 시에는 이역만리에 살아가는 쓰라린 심정이 들어있음.

101) 산근채미(山根採薇): 산기슭에서 고비나물을 캐먹음.

102) 무휼(撫恤): 불쌍히 여겨 위로하고 물질로 도움.

103) 주공(周公): 주나라 무왕(武王)의 아우. 조카인 성왕(成王)을 잘 보좌하였음.

104) 토포악발(吐哺握髮): 주공(周公)이 현명한 사람을 얻기 위해서 목욕을 하다가도 세 번이나 젖은 머리를 움켜쥐고 나왔으며 식사 중에 세 번이나 먹던 걸 뱉고 나가서 맞이하였다는 고사이니, 천하사(天下事)를 담당한 사람은 어진 인재를 얻기 위해서는 정성을 다해야 한다는 뜻.

105) 맹상(孟嘗): 전국시대 제나라의 재상을 지냈던 맹상군. 성은 전(田), 이름은 문(文). 그는 항상 현사(賢士)를 초치하여 식객이 수천인에 달하였다.

106) 평원(平原): 전국시대 조(趙)나라 혜문왕(惠文王)의 동생. 성명은 조승(趙勝). 그는 빈객을 좋아하여 식객이 많았다. 전국시대 제나라의 맹상군, 초(楚)나라의 춘신군(春申君), 위(魏)나라의 신릉군(信陵君)과 함께 사군(四君)의 한

리오."

홍혼탈이 청파(聽罷)에 머리를 숙여 침음양구(沈吟良久)러니 흔연히 칼을 짚고 일어서며 왈,

25 "장군이 반드시 실언(失言)[108]치 않으시리니 마땅히 길을 인도하라."

소사마가 크게 기꺼 홍낭과 노졸을 데리고 본진으로 돌아와 원문(轅門) 밖에 세우고 먼저 들어가 원수에게 고하니, 원수가 대희하여 왈,

"홍혼탈의 위인을 잠깐 보니 지기호상(志氣豪爽)[109]한 자니 가히 예로 대접하리라."

하고 즉시 융복(戎服)을 정제하고 원문(轅門) 밖에 나와 맞아 홍혼탈의 손을 잡고 왈,

"사해(四海)가 너르다 하나 일천지하(一天之下)에 있고 구주(九州)가 크다 하나 육합지내(六合之內)[110]에 있나니, 복(僕)의 안목(眼目)이 불명(不明)하여 그대를 이별한 지 십 년에 이곳에 와 만나니 어찌 부끄럽지 않으리오."

홍혼탈이 낭연(朗然)[111] 소왈,

"만국(蠻國) 항졸(降卒)이 어찌 의기를 당하리잇고마는 이제 전진(戰陣) 중에서 원수를 뵈오니 소장(小將)의 장검귀래(杖劍歸來)[112]함이 뉘우침이 없을까 하나이다."

인하여 서로 손을 잡고 장중(帳中)으로 들어올새, 홍낭이 노졸(老卒)을
26 가르쳐 왈,

"차인(此人)의 성명은 손야차니 소장(小將)의 심복이라. 약간 창 쓰

사람.

107) 하사지풍(下士之風): 자신의 몸을 굽혀서 어진 선비와 사귀는 풍도.

108) 실언(失言): 실수로 한 말.

109) 지기호상(志氣豪爽): 의지와 기개가 호탕하고 시원시원함.

110) 육합지내(六合之內): 하늘과 땅, 동서남북을 모두 일컫는 말.

111) 낭연(朗然): 소리높이.

112) 장검귀래(杖劍歸來): 칼 하나만 지팡이 삼아 의지하고 귀순함.

는 법을 아옵나니 바라건대 휘하에 초용(招用)[113]하옵소서."

원수가 허락하더라.

날이 밝으매 원수가 제장을 모으고 홍혼탈을 가르쳐[114] 왈,

"홍장(紅將)은 본디 중국의 사람으로 남방(南方)에 유락(流落)[115]함이러니 도로 천조장수(天朝將帥)가 되었으니, 이 사람은 나와 석일(昔日)에 동고(同苦)하던 사람이라. 열위(列位)[116]는 각각 처음 보는 예를 베풀라."

선봉장(先鋒將) 뇌천풍이 나오며 웃어 왈,

"노장(老將)이 약간 도끼 쓰는 법을 믿고 두 번 호위(虎威)[117]를 범하려다가 비록 생활(生活)하신 덕을 입었으나 갑옷 위에 칼 흔적이 성한 곳이 없으니 서리 빛이 가득한 머리 지금까지 없는가 하나이다."

일좌(一座)가 대소(大笑)하고, 소사마 또한 웃고 혼탈이 찬 칼을 만지며 왈,

"장군의 보검(寶劍)이 모두 몇이나 되나뇨?"

혼탈 왈,

"다만 두 개 뿐이니이다." 27

소사마가 소왈,

"만일 그러하면 향일(向日) 진상(陣上)에서 보니 보검(寶劍)이 천만이나 되더니잇가? 내 지금까지 몽롱하여 정신이 현황(眩荒)하더니 다시 칼을 대하매 심신이 황홀하니이다."

모두 대소(大笑)하더라.

원수가 소유경을 좌사마(左司馬) 청룡장군을 삼고, 홍혼탈로 우사마

113) 초용(招用): 불러다가 씀.
114) 가르쳐: 가리켜.
115) 유락(流落): 타향을 떠돌아다님.
116) 열위(列位): 제위(諸位)와 같은 뜻.
117) 호위(虎威): 위무(威武)의 기개를 뜻하나, 여기서는 상대방 무인(武人)에 대한 경칭(敬稱)으로 쓰임.

(右司馬) 백호장군을 삼고 손야차로 돌격장군을 삼으니, 차시(此時) 양원수가 홍낭을 군중에 두매 끊어진 인연을 다시 이으니 기쁠 뿐 아니라 낮이면 군무(軍務)를 의논하고 밤이면 객회(客懷)를 위로하여 일시(一時)를 좌우에서 떠나지 아니하나, 홍낭의 위인이 영리 민첩함으로 종적이 탄로치 아니하매 삼군제장(三軍諸將)이 그 여자임을 아는 자가 없더라.

차설(且說) 나탁이 익일(翌日) 청신(淸晨)에 객실에 와 홍낭의 안부를 묻고자 하여 방중에 들어가니 홍낭의 형적(形迹)이 없거늘, 문 지킨 군사
28 더러 형적을 물은대, 대왈,

"홍장군이 미명(未明)[118]에 수하(手下) 노졸(老卒)을 데리고 동구(洞口)로 나갔으나 감히 묻지 못하니이다."

나탁이 불승경괴(不勝驚怪)[119]하여 침음양구(沈吟良久)러니 심중에 대로(大怒)하여 생각하되, '내 저를 대접함이 극진하거늘 이제 배반하고 달아나니, 이는 나를 업수이 여김이라. 마땅히 백운동(白雲洞)으로 가서 저의 스승 백운도사를 죽이고 다른 곳에 가 구원을 청하여 명진(明陣)을 파하리라.' 하더니 장하(帳下)의 일인이 응성(應聲) 왈,

"소장(小將)이 한 사람을 천거하나니 이는 운남(雲南) 축융국왕(祝融國王)이니 천하의 유명한 영웅이라. 축융왕에게 일개 아장(亞將)이 있으니 쌍창을 잘 쓰고 만부부당지용(萬夫不當之勇)[120]이 있으되 다만 축융(祝融)[121]이 탐이 많아 예물(禮物)이 적은즉 즐겨 오지 않을까 하나이다."

나탁이 대희하여 즉시 만포(蠻布) 이백 필과 명주(明珠) 이백 개와 금은채단(金銀彩緞)을 갖추어 가지고 축융동으로 찾아갈새, 만장 철목탑 ·
29 아발도 두 장수를 불러 분부 왈,

---

118) 미명(未明): 날이 채 밝지 않은 때.

119) 불승경괴(不勝驚怪): 놀라고 괴이함을 이기지 못하여.

120) 만부부당지용(萬夫不當之勇): 만 명의 사나이도 감당할 수 없는 용맹.

121) 축융(祝融): 원래는 화신(火神) 또는 형산(衡山)의 최고봉의 명칭이나, 여기서는 오랑캐 나라의 왕을 뜻함.

"과인(寡人)이 회환(回還)[122]하기 전에는 명 원수가 올지라도 싸우지 말고 동문(洞門)을 굳게 지키었으라."

양장(兩將)이 청명(聽命)하니라.

일일(一日)은 홍사마가 원수에 고왈,

"만왕 나탁이 연일(連日) 동문(洞門)을 닫았으니 필연 청병(請兵)하러 감이니 이때를 타 태을동(太乙洞)을 취함이 좋을까 하노라."

원수가 왈,

"만국(蠻國) 성지(城池)[123] 중국과 다르니 만일 지키고자 할진대 일부당관(一夫當關)에 만부막개(萬夫莫開)라.[124] 장군이 무슨 계교가 있나뇨?"

홍사마가 가만히 고왈,

"첩이 만진제장(蠻陣諸將)을 보니 꾀 있는 자가 없으니, 마땅히 여차여차(如此如此)함이 묘할까 하나이다."

원수가 칭선(稱善)[125] 왈,

"내 오래 전진에 골몰하여 정신이 망매(茫昧)[126]하니, 그대는 기모(奇謀)[127]를 운동하여 남만(南蠻)을 파하면 국가의 홍복(鴻福)이요 나의 은인이 되리라."

홍낭이 미소하고 차일 손야차를 불러 약속하더라.

익일 평명(平明)에 원수가 제장을 모아 군중에 상의할새, 홍사마가 원수에게 고왈,

"남만(南蠻)이 본디 간교(奸巧)하여 반복(反覆)이 무상(無常)[128]하오 30

122) 회환(回還): 갔다가 다시 돌아옴.

123) 성지(城池): 성과 그 주위에 파놓은 못.

124) 일부당관(一夫當關)에 만부막개(萬夫莫開): 한 사람이 관문을 지켜도 만 명의 사람들이 열 수 없는 난공불락(難攻不落)의 요새.

125) 칭선(稱善): 착한 것을 칭찬함.

126) 망매(茫昧): 정신이 분명하지 않고 흐릿하고 멍함.

127) 기모(奇謀): 기묘한 꾀.

니 군중에 사로잡은 군사를 오래둔즉 신기(神機) 누설할까 하나니 모두 죽여 화근(禍根)을 끊음이 옳을까 하나이다."

손야차가 간왈(諫曰),

"병법에 운(云)하되, '항자(降者)는 불살(不殺)이라.' 하였으니 이제 만일 다 버힌즉 이는 투항(投降)하는 길을 막아 적병으로 하여금 일심(一心)으로 모일까 하나이다."

홍사마가 노왈(怒曰),

"내 헤아림이 있거늘 그대가 어찌 잡담을 하나뇨?"

손야차가 왈,

"사마(司馬)의 명견(明見)[129]을 비록 예탁(豫度)[130]지 못하나 만중(蠻中) 백성도 또한 우리 성천자(聖天子)의 적자창생(赤子蒼生)[131]이라. 어찌 무단이 살육(殺戮)을 일삼으리오?"

홍사마가 익로(益怒) 왈,

"네 만병을 두호(斗護)[132]하니 반드시 나탁을 위하여 반심(叛心)[133]을 둠이라. 내 마땅히 만병과 같이 버히리라."

손야차가 대로 왈,

"내 본디 산중(山中)에 있는 사람이라. 장군과 같이 만왕을 구하러 왔으니 어찌 장막체통(帳幕體統)의 절엄(切嚴)[134]함이 있으리오. 내 육십지년(六十之年)에 백발(白髮)이 소소(疏疏)하거늘[135] 장군이 이같이 만모(慢侮)[136]하시니잇고?"

---

128) 반복무상(反覆無常): 언행이나 일 따위를 이랬다 저랬다 하며 자꾸 고침.

129) 명견(明見): 뛰어난 견해.

130) 예탁(豫度): 미리 헤아려 짐작함.

131) 적자창생(赤子蒼生): 임금이 갓난아이처럼 여겨 사랑한다는 뜻으로 백성들을 말함.

132) 두호(斗護): (남을) 두둔하여 보호함.

133) 반심(叛心): 배반할 마음.

134) 절엄(切嚴): 매우 엄함.

135) 소소(疏疏)하거늘: 드문드문하거늘.

홍사마가 더욱 노하여 샛별 같은 눈을 부릅뜨고 부용검(芙蓉劍)을 빼어들고 호령 왈, 31

"무지노졸(無知老卒)이 어찌 이렇듯 무례하리오. 네 불과 백운동(白雲洞) 초당(草堂)에서 뜰 쓸고 나무 베던 자로 사부(師傅)의 명을 받아 창을 메고 왔으니 어찌 장막체통이 없으리오."

손야차가 더욱 대로 왈,

"장군이 만일 사부의 명을 생각할진대 어찌 만왕을 버리고 오뇨?"

하더라.

차청하회(且聽下回)[137]하라.

세(歲) 무신(戊申) 오월일 향목동 서(書)

---

136) 만모(慢侮): 거만한 태도로 남을 업신여김.

137) 차청하회(且聽下回): '다음 회를 또 들어보라.'는 의미로, 장회소설의 한 회 마지막에 상투적으로 붙는 구절.

옥루몽 권지십오

1 화설. 손야차가 더욱 노하여 왈,

"장군이 만일 사부(師父)의 명을 생각할진대 어찌 만왕(蠻王)을 버리고 반복(反覆)하나뇨? 나는 본디 만중(蠻中) 사람이라. 만왕을 위하여 산을 나왔다가 만병(蠻兵)의 죽음이 목전(目前)에 있음을 보고 어찌 구치 않으리오. 나는 이제 산중으로 들어가 무의무신(無義無信)[1]한 자의 휘하가 되지 않으리라."

홍사마가 청파(聽罷)에 발연대로(勃然大怒)하여 칼을 빼어 손야차를 베이려 하니 좌우제장(左右諸將)이 손야차를 붙들어 밖으로 내어 보내니 홍사마가 분함을 이기지 못하더라. 손야차가 밖으로 나오며 분울(憤鬱)[2]하여 왈,

"내 나이 많고 저를 위하여 수고함이 있거늘 제 조그만 재주를 믿고 이같이 교만하니 내 어찌 그 욕을 보리오."

하거늘, 제장 군졸이 모두 권하여 왈,

"홍장군이 본성이 조급함이니 장군은 다시 들어가 사례하고 거스르지 말라."

손야차가 하늘을 우러러 탄식 왈,

"내 머리털이 서리 같거늘, 저에게 작죄(作罪)한 바가 없이 부형사

---

1) 무의무신(無義無信): 의리도 없고 믿음도 없음.

2) 분울(憤鬱): 분한 마음이 일어나 답답함.

죄(負荊謝罪)[3]하리오?"

하고 심히 울울불락(鬱鬱不樂)하여 창을 짚고 밤 든 후 월하에 배회(徘徊)
하며 탄식하고 사로잡은 만병(蠻兵) 있는 곳으로 지나가니, 모든 만병이 2
사례 왈,

"소졸(小卒) 등이 금일(今日) 생존함이 손장군의 덕이라. 마땅히 생로(生路)[4]를 지시하소서."

손야차가 탄왈,

"너희는 다 동향(同鄕) 사람이라. 심곡(心曲)[5]을 어찌 은휘(隱諱)[6]하리오? 작일(昨日)에 홍장군의 심지(心地)[7]를 보니 이곳에 있을 마음이 없는 고로 고향으로 돌아가고자 하나니 여(汝) 등도 일제히 도망할지어다."

하고 즉시 칼을 빼어 맨 것을 끄르고 일러 왈,

"너희 이 길로 각각 헤어져 성을 넘어 달아나라. 내 또한 도망코자 하노라."

만병이 불승감격(不勝感激)[8]하여 눈물을 뿌려 왈,

"장군은 장차 어디로 가려 하시나뇨?"

손야차가 탄왈,

"이곳이 번요(煩擾)[9]하니 여(汝) 등은 동문으로 나가 은벽(隱僻)[10]한 곳에 가 나를 기다리라."

하고 시야(是夜) 삼경(三更)에 손야차가 말을 끄르고 가만히 동문을 나려

---

3) 부형사죄(負荊謝罪): 매질해달라는 뜻으로 가시나무를 등에 지고 자신의 잘못에 대해 사죄함.

4) 생로(生路): 살아갈 방도.

5) 심곡(心曲): 마음의 깊은 속.

6) 은휘(隱諱): 꺼리어 감추거나 숨김.

7) 심지(心地): 마음 바탕.

8) 불승감격(不勝感激): 감격을 이기지 못함.

9) 번요(煩擾): 번거롭고 요란스러움.

10) 은벽(隱僻): 사람의 왕래가 드물고 구석짐.

하니 문 지킨 장수가 거처(去處)를 묻거늘, 손야차가 왈,

"내 이제 본향(本鄕)[11]으로 가노라."

하고 동문을 나가 말에 올라 수리(數里)를 행하더니 길가에 오륙개(五六個) 만병이 내달아 왈,

"장군이 어찌 이제야 오시니잇고?"

손야차가 말을 잡고 문왈,

"여러 군사가 다 어디에 가고 너희만 여기에 있나뇨?"

만병 왈,

3 "장군은 잠깐 말에 내려 소졸 등의 말을 들으소서. 우리 장군을 뫼시고 동중(洞中)에 들어가 만왕에게 말씀하고 부귀를 길이 누릴까 하나이다."

손야차가 왈,

"여(汝) 등의 정리(情理)는 당연하나 어찌 구구(區區)히 다시 들어가리오? 여 등은 빨리 돌아가 화(禍)를 면하라. 나는 이 길로 백운동(白雲洞)으로 돌아가리라."

하고 채를 쳐 행하거늘, 만병이 눈물을 흘리며 고삐를 잡아 만류하더라.

차시(此時) 철목탑 · 아발도가 동문(洞門)을 닫고 나지 아니하더니 홀연 십여 개 만병이 승야(乘夜)하여 성을 넘어와 울며 고왈,

"소졸 등이 명진(明陣)에 잡혀 죽게 되었더니 손장군이 힘써 구하여 사사로이 놓음으로 도망하여 오니이다."

철목탑이 그 곡절을 물은대, 만병이 일제히 고왈,

"홍장군이 악심(惡心)을 내어 소졸(小卒) 등을 무죄히 진전(陣前)에서 죽이자 하니, 손장군이 간하다가 홍장군이 칼을 빼어 죽이려 하매 좌우 제장이 말려 문 밖으로 끌어내니, 손장군이 불승분노(不勝憤怒)하여 본향으로 돌아가며 소졸 등을 가만히 끌러 놓으며 도망하라 하매, 일시에 달아[12] 왔사오니, 손장군은 의기(義氣) 있는 장수라 불러서

11) 본향(本鄕): 본디 고향.

장수를 삼으시면 홍낭과 혐극(嫌隙)[13]이 있으니 반드시 우리를 위하여 힘을 다할 것이요, 또한 의기 중한 사람이니 나라에 유조(有助)[14]할까 하나이다." 4

철목탑이 침음(沈吟)[15] 왈,

"저 일이 간계(奸計) 아님을 어찌 알리오?"

만병이 일시에 몸을 일어 고왈,

"소졸(小卒) 등이 목도(目睹)[16]함이라. 만일 궤계(詭計)[17]라 할진대 기색이 다를 것이로되, 손장군의 행동을 보매 가만한 탄식과 은근한 눈물이 그칠 때 없어 홍장군을 원망함이 골절(骨節)[18]에 사못고 심곡(心曲)에 맺힘 같으니 어찌 거짓 지어 할 배리오?"

아발도가 왈,

"내 마침 보니 손야차가 필마단기(匹馬單騎)[19]로 동전(洞前)으로 지나가며 군사들이 간청하나 듣지 아니하더이다."

철목탑 왈,

"우리 군중에 장수가 적고 손장군은 도사를 좇아 배운 재주가 많을지니 이제 만일 명진(明陣)을 배반하고 갈진대 어찌 잡지 않으리오? 비록 그러나 손야차는 남방(南方) 사람이니 마땅히 저의 거동을 보리라."

하고 아발도더러 왈,

"그대는 손야차의 행거(行車)를 따라가 저의 행동을 보아 달래어 데려오라."

---

12) 달아: 달아나서.
13) 혐극(嫌隙): 서로 꺼리고 싫어해서 생긴 틈.
14) 유조(有助): 보탬이 있음.
15) 침음(沈吟): 속으로 깊이 생각함.
16) 목도(目睹): 눈으로 직접 봄.
17) 궤계(詭計): 간사하게 남을 속이는 꾀.
18) 골절(骨節): 뼈마디.
19) 필마단기(匹馬單騎): 혼자서 한 필의 말을 탄 사람.

아발도가 응성(應聲)[20]하고 즉시 만병 오륙 개를 데리고 말을 몰아 따르니, 과연 손야차가 필마단기(匹馬單騎)로 월색을 띠어 남(南)을 향하여 가거늘, 아발도가 외쳐 왈,

"손장군은 별래무양(別來無恙)[21]하시냐? 내 잠깐 할 말이 있으니 말을 머무르라."

손야차가 고삐를 돌려 길가에 서거늘, 아발도가 또한 말을 잡고 왈,

"장군이 이미 진세(陳勢)에서 시석(矢石)[22]을 무릅쓰고 고초(苦楚)를 지내다가 어찌 다시 돌아가나뇨?"

손야차가 소왈,

"인간백세(人間百歲)는 풀 끝의 이슬이라. 공명훈업(功名勳業)이 한 조각 구름 같거늘 어찌 오래 전진(戰陣)에 머물리오? 이제 산중에 돌아가 맥반초식(麥飯草食)[23]으로 청풍명월(清風明月)로 벗을 하고 송림채약(松林採藥)[24]하여 자지가(紫芝歌)[25]를 노래함이 나의 쾌활지사(快活之事)라."

하니 아발도가 대소(大笑) 왈,

"장군이 이미 풍진(風塵)[26]을 하직하고 산수(山水)를 찾고자 할진대 이는 천지간 한가한 사람이라. 적국(敵國)에 혐의할 바가 없을진대 동중(洞中)에 잠깐 이르러 전일(前日) 정회(情懷)를 펴고 감이 어떠하뇨?"

손야차가 침음(沈吟)[27] 왈,

"장군의 말이 비록 감사하나 돌아갈 마음이 살같이 빠르니 그대 청

---

20) 응성(應聲): 소리에 응하여 대답함.
21) 별래무양(別來無恙): 헤어진 뒤에 몸에 병이나 탈이 없음.
22) 시석(矢石): 전쟁에 쓰는 화살과 돌.
23) 맥반초식(麥飯草食): 보리밥과 푸성귀로 만든 음식.
24) 송림채약(松林採藥): 소나무 숲에서 약을 캠.
25) 자지가(紫芝歌): 세상에서 벗어나 자지(紫芝)를 캐먹으며 숨어살겠다는 내용을 담은 노래.
26) 풍진(風塵): 바람에 날리는 티끌로 세상에 일어나는 시련을 빗대어 이르는 말.
27) 침음(沈吟): 생각에 잠김.

을 듣지 못할까 하노라."

아발도가 소매를 잡고 재삼 간청하니, 손야차가 마지못하여 말머리를 6
연하여 태을동에 들어가니, 철목탑이 심중에 기꺼 아니하나 단기(單騎)로
옴을 보고 또한 겁(怯)[28]할 바가 없어 맞아 좌(座)를 정한 후, 아발도가
철목탑을 향하여 왈,

"금일 손장군이 작일(昨日)은 적국이나 금일(今日)은 동향고인(同鄕故人)이라. 마땅히 심곡(心曲)을 감추지 말고 서로 정회(情懷)를 폄이 좋도다."

철목탑이 왈,

"내 비록 사귐이 깊지 못하나 장군이 이미 홍장군과 감고(甘苦)[29]를 같이 지내다가 일시(一時) 구설(口舌)로 인연하여 버리고 가심이 의리에 불가(不可)하고, 또 대명(大明) 원수의 웅재대략(雄才大略)과 홍장군의 무예출중(武藝出衆)함으로 공을 이루고 중국에 돌아가 부귀를 누림이 조석(朝夕)에 있거늘, 이제 장군이 작은 분(憤)을 참지 못하여 대사(大事)를 그릇 하니, 이는 장군의 허물이라. 마음에 풍진(風塵)이 괴로워 돌아감이 아니요, 진실로 홍장군으로 인연하여 간즉, 이는 아녀자의 편성(偏性)[30]이요, 장부의 홍대(弘大)한 도량이 아닌가 하노라."

손야차가 길이 탄식하고 아발도를 향하여 왈,

"내 장군의 후의(厚誼)를 인하여 잠깐 들어옴이러니 철목장군의 말
을 들으니 나의 허물이 큰지라. 이제 돌아가나니 장군은 힘을 다하여 7
성을 지키라."

하고 몸을 일고자 하니, 아발도가 다시 소매를 잡아 왈,

"장군은 잠깐 앉아 수배(數杯)를 마시고 가라."

철목탑 왈,

---

28) 겁(怯): 무서워함.

29) 감고(甘苦): 인생의 즐거움과 괴로움.

30) 편성(偏性): 한쪽으로 치우친 성질.

"내 장군과 동향지의(同鄕之誼)가 있는 고로 심곡을 다함이러니 장군의 귀에 역(逆)함이 괴이치 아니토다. 만일 그렇지 않으면 산에 돌아감이 이렇듯 총총(悤悤)[31]하리오?"

손야차가 웃고 다시 좌에 앉아 두어 잔을 마시매 취한 빛이 있어 잔을 놓고 희허장탄(唏噓長歎)[32]하며 두어 줄 눈물이 흐르거늘, 아발도가 왈,

"장군이 무슨 일로 번뇌하난다? 오늘은 시석풍진(矢石風塵)[33]을 하직하고 동향지기(同鄕知己)를 만나 주배(酒杯)를 창음(暢飮)[34]하니 피차의 심중소회(心中所懷)를 설파함이 좋도다."

손야차가 이를 갈고 팔을 뽐내어 왈,

"반복무신(反覆無信)한 조고만 아이가 재주를 믿고 이 같이 교양(驕揚)[35]하니 반드시 패함을 보리로다."

하거늘 아발도가 문왈,

"이는 누를 책함이뇨?"

손야차가 탄왈,

"장군이 이미 충곡(衷曲)[36]으로 물으시니 내 어찌 은휘(隱諱)하리
8 오? 백운도사가 홍혼탈을 보낼 때에 그 연소고단(年少孤單)함을 염려하여 노부(老夫)를 명하여 우익(羽翼)[37]이 되게 하니, 칠십 쇠로지년(衰老之年)에 저를 위하여 몸을 아끼지 아니하고 위태함을 무릅써 고초를 비상(非常)이 지내었거늘, 이제 이같이 구박하니, 만일 방인(傍人)의 구함이 없던들 저의 손에 죽음을 면치 못하리니 어찌 한심치 않으리오. 내 또한 도사를 좇아 배운 재주가 저에게 내리지[38] 않거늘 이같

31) 총총(悤悤): 급하고 바쁨.
32) 희허장탄(唏噓長歎): 한숨지으며 오래도록 탄식함.
33) 시석풍진(矢石風塵): 싸움터에서 화살과 돌을 맞고 먼지와 티끌을 무릅씀.
34) 창음(暢飮): 정(情)을 다하면서 통쾌하게 마심.
35) 교양(驕揚): 잘난 체하며 뽐냄.
36) 충곡(衷曲): 간절하고 애틋한 마음.
37) 우익(羽翼): 보좌하는 사람.

이 업수이 여기니 어찌 머리를 숙여 저의 욕(辱)을 감수하리오. 아까
철목장군이 나의 두 가지 허물을 말씀하나, 저의 성품이 조급하고 식
견이 천단(淺短)하여 충성된 말을 듣지 아니하니 무슨 일을 한가지로
함이오. 이러므로 노부가 이 때를 타 고향으로 돌아가 타일(他日) 해됨
이 없고자 함이라. 비록 그러하나 내 십 년을 산중에서 병법과 재주를
배움은 대장부가 세상에 나매 이름이 초목과 같이 스러짐을 면코자
함이러니, 명도(命途)가 기박하여 때를 만나지 못하니 오늘 밤에 두어
잔 술을 빌어 가슴 가운데 불평한 심사를 척탕(滌蕩)[39]고자 함이니, 양
위(兩位) 장군은 소장(小將)의 탄식함을 웃지 말으소서." 9

차시 철목탑이 손야차의 거동과 말씀을 들으매 진실로 홍혼탈과 혐극(嫌隙)[40]이 있어 원망함이라. 바야흐로 진적(眞的)[41]함을 알고 다시 잔을 들어 위로 왈,

"장군의 용맹으로 어디 가 공업(功業)을 이루지 못하리오? 구태여 산중으로 가지 말고 장부(丈夫)의 사업을 이룸이 옳을까 하나이다."

손야차가 소왈,

"노부가 장군의 의향을 아나니, 손야차가 외로이 돌아가는 신세를 가련히 여겨 거두어 휘하에 두고자 하시나, 노부가 어찌 백수지년(白首之年)[42]에 사부의 명을 받아 만왕을 구하러 왔다가, 무신(無信)한 사람의 간계에 속아 명진(明陣)에 투항(投降)하였더니, 홍혼탈의 구축(驅逐)함을 당하였으니, 만일 다시 휘하에 의탁한즉 얼굴이 두터울 뿐 아니라 장군은 노부의 심복(心腹)을 알거니와 만왕이 어찌 용납하시리오? 차라리 산중으로 돌아가 미록(麋鹿)으로 벗을 삼아 여생을 마침이 옳을까 하나이다."

---

38) 내리지: 못하지.

39) 척탕(滌蕩): 더러운 것이나 나쁜 것을 말끔히 없앰.

40) 혐극(嫌隙): 서로 꺼리어 벌어진 틈.

41) 진적(眞的): 참되고 틀림없음.

42) 백수지년(白首之年): 머리가 허옇게 센 늙은 나이.

철목탑이 손야차의 손을 잡아 왈,

"장군은 의심치 말지어다. 우리 대왕이 영걸지인(英傑之人)을 사랑
10 하시고 도량이 관홍(寬弘)하샤 홍장군의 편협함과 명원수의 연소함과
다르니, 장군은 본디 만중(蠻中) 사람이라. 타일 부귀를 한가지로 누리
리니 어찌 아름답지 않으리오?"

손야차가 홀연 철목탑을 이윽히 보다가 왈,

"내 만일 홍장군의 명을 받아 거짓 항복하여 계교를 행하면 어찌 할까?"

철목탑이 대소 왈,

"손장군이 나를 취맥(取脈)[43]하심이 괴이치 아니토다. 내 과연 장군의 행색을 잠깐 의심하였으나 이는 적국지간(敵國之間)에 떳떳한 일이라. 장군은 개회(介懷)[44]치 말라."

손야차가 또한 대소하더라. 철목탑이 답왈,

"우리 대왕이 회환(回還)하신 후 거취를 정하리라."

하고 다시 술을 내와 즐길새, 밤이 거의 사오경이 지나 군중에 누수(漏水)[45] 끊어지고 새벽 별이 동창에 비치니, 차시(此時) 철목탑과 아발도가 대취하였는지라 갑옷을 끄르고 잠이 몽롱하더니 홀연 북문 밖에 함성이 대진(大振)하거늘, 철목탑 · 아발도가 대경하여 급히 웃옷을 입고 대군을 호령하여 북문으로 가려 하니, 손야차가 소왈,

"장군은 경적(輕敵)지 말라. 이는 홍혼탈의 병법이라. 장차 남문을
11 치려하면 북문에 와 허장(虛張)[46]하여 방비케 함인가 하나이다."

철목탑이 오히려 믿지 아니코 정병(精兵)을 몰아 북문을 방비하더니 과연 기척이 적연(寂然)하고 또 서문에 함성이 대진하거늘, 철목탑이 다

---

43) 취맥(取脈): 남의 동정을 더듬어 살핌.
44) 개회(介懷): 어떤 일을 마음에 두고 생각하거나 신경을 씀.
45) 누수(漏水): 물시계에서 떨어지는 물.
46) 허장(虛張): 위세를 가장함.

시 정병을 나눠 서문을 지키니 손야차가 소왈,

"이 또한 홍혼탈의 휼계(譎計)[47]라. 장차 동문을 치려 함이니라."

철목탑이 반신반의하여 서북 양문(兩門)을 힘써 방비하더니, 과연 서북문의 함성이 그치고 동남문을 급히 치니 포성(砲聲)이 천지진동하며 시석(矢石)이 비 오듯 하니, 철목탑 · 아발도가 바야흐로 손야차의 말이 맞음을 알고 급히 군을 둘로 나눠 철목탑은 남문을 지키고 아발도는 동문을 지키며 남은 군사로써 북남문을 방비케 하더니, 홀연 손야차가 창을 들고 말에 올라 크게 한 소리 지르고 북문을 통개(洞開)[48]하니 일대명병(一隊明兵)이 일시에 납함(吶喊)[49]하고 살같이 돌입하니, 일원 대장이 벽력부(霹靂斧)를 두르며 소리를 우레같이 질러 왈,

"대명 선봉장 뇌천풍이 여기에 있으니 철목탑은 부질없이 남문을 지키지 말라." 12

하며 그 뒤에 소사마가 수천 철기를 거느려 시살(廝殺)[50]하니, 차시 손야차가 문을 또 통개하였는지라 동초 · 마달이 또 철기(鐵騎)를 몰아 돌입하니, 차시 동남문의 포성이 오히려 그치지 아니하고 철목탑 · 아발도가 수각(手脚)[51]이 황란(慌亂)[52]하여 방비치 못할 줄 알고 일시에 창을 들어 명장을 대적할새, 뇌천풍 · 소사마와 동초 · 마달 네 장수가 합력(合力)하여 시살하니 철목탑 · 아발도가 어찌 대적하리오. 손야차가 웃고 창을 두르며 말을 놓아 남문을 향하여 달려가며 외쳐 왈,

"철목탑 장군은 나를 따르라. 남문 길을 빌려 달아나게 하리라."

철목탑이 황망 중에 손야차를 보매 분기(憤氣)가 백장(百丈)이나 일어나 크게 꾸짖어 왈,

---

47) 휼계(譎計): 간사하고 능청스러운 꾀.
48) 통개(洞開): 문을 활짝 열어 놓음.
49) 납함(吶喊): 여러 사람이 다함께 큰 소리를 지름.
50) 시살(廝殺): 싸움터에서 마구 침.
51) 수각(手脚): 손과 발.
52) 황란(慌亂): 놀라고 다급하여 어찌할 바를 모름.

"이 수염 없고 노구(老嫗) 같은 간적(奸賊)아! 너의 계교에 속았으니 마땅히 네 간(肝)을 취하여 이 분을 풀리라."

하고 창을 춤추며 바로 지르려 하니, 손야차가 싸우지 아니코 말을 도로 혀 가며 간간(衎衎)[53]이 대소(大笑) 왈,

"장군은 분노치 말라. 산중의 돌아가는 사람을 지성(至誠)으로 만류
13 하여 진중에 두고 돌아다니며 여러 문을 열라 하니 어찌 수고롭지 않
으리오?"

하고 일변 말하며 일변 말을 채쳐 남문을 여니, 양원수가 홍사마와 대군을 거느리고 물밀듯 들어오니 금고지성(金鼓之聲)과 납함 소리가 천지진동하는지라. 철목탑과 아발도가 비록 만부부당지용(萬夫不當之勇)[54]이 있으나 어찌 벗어나리오.

하회(下回)를 볼지어다.

축융왕환술강신장(祝融王幻術降神將)[55]
홍사마변진도만병(紅司馬變陣倒蠻兵)[56]

각설. 철목탑 · 아발도가 도망코자 하나 길이 없는지라. 다만 창을 들고 동(東)으로 쳐 남으로 닫고, 서(西)로 쳐 북으로 달아나며 비록 힘을 다하여 죽기로 싸우나 천라지망(天羅地網)[57]을 어찌 벗어나리오. 다만 동

---

53) 간간(衎衎): 기쁘고 즐겁게.

54) 만부부당지용(萬夫不當之勇): 만 사람의 장부가 힘을 합쳐도 당해내지 못할 용력.

55) 축융왕환술강신장(祝融王幻術降神將): 축융왕이 환술로 신장을 내려오게 하다.

56) 홍사마변진도만병(紅司馬變陣倒蠻兵): 홍사마가 진을 바꾸어 만병을 무너뜨리다.

57) 천라지망(天羅地網): 하늘과 땅에 두루 그물이 펼쳐 있다는 뜻으로, 도망가기 어려움을 비유할 때 쓰는 말.

문 길에 군사가 적음을 보고 말을 놓아 헤치고 달아나더니, 손야차가 창을 두르며 외쳐 왈

"철목장군은 빨리 행할지어다. 노부가 총망(悤忙)하여 미처 동문(東門)을 열지 못하였으니 장군이 친히 열고 나가라. 명일(明日)은 노부(老夫)가 다시 산으로 돌아갈지라. 그 길에 장군을 찾아 주배(酒杯)를 내와 위로하리라."

차시 철목탑이 손야차를 만나매 새로 분함이 두우(斗牛)[58]를 깨칠 듯 14
하여 크게 한소리[59]를 지르고 창을 들어 바로 야차를 찌르려 하니 손야차가 웃고 말을 도로혀 달아나며 왈,

"네 능히 나를 해코자 하면 쫓아오라."

언미필(言未畢)에 원수의 대군이 이르니, 철목탑 · 아발도가 하릴없어 동문을 열고 겨우 성명(性命)을 도망하여 철목동으로 들어가 패잔군(敗殘軍)을 점고(點考)[60]하니 겨우 절반이나 없더라. 아발도가 철목탑을 향하여 왈,

"오늘날 패함은 나의 죄라. 무슨 면목으로 우리 대왕을 뵈오리오?"

하고 칼을 빼어 자문(自刎)[61]고자 하니, 철목탑이 급히 붙들어 왈,

"우리 양인(兩人)이 한가지로 대왕의 명을 받자와 동부(洞府)를 지키었으니 공(功)을 이뤄도 마땅히 누릴 것이요, 죄를 지어도 같이 당할지니, 장군이 야차(夜叉)를 청함도 국사(國事)요, 나의 즐겨 아니함도 국사를 염려함이라. 피차에 국사를 말미암음이니 어찌 부인 여자의 편협함을 자취(自取)하나뇨?"

설파(說罷)에 칼을 앗아 땅에 던지니, 아발도가 몸을 일어 사례 왈,

"지아자(知我者)는 포숙(鮑叔)이라[62] 하니 장군이 진실로 소장(小將) 15

---

58) 두우(斗牛): 이십팔 수의 두성(斗星)과 우성(牛星). 두우를 깨친다는 의미는 하늘의 별을 깨뜨린다는 말로, 대단히 화가 난 것을 말함.

59) 한소리: 크게 지르는 외마디 소리.

60) 점고(點考): 일일이 점을 찍어가며 사람의 수효를 헤아림.

61) 자문(自刎): 스스로 자신의 목을 찌름.

의 마음을 아나이다."

하더라.

차시 양원수가 다시 태을동을 취하여 대군을 안돈(安頓)[63]하고 크게 호궤(犒饋)[64]할새, 소사마가 홍사마를 돌아보아 왈,

"금일 싸움은 장군이 처음 용병(用兵)함이라. 내 장군을 한낱 무예(武藝) 절륜(絶倫)[65]한 소년 장수로 알았더니 어찌 지략(智略)이 굉원(宏遠)[66]하여 운주유악(運籌帷幄)에 결승천리(決勝千里)하는 수단[67]이 있을 줄 알았으리오?"

손야차가 소왈,

"태을동 싸움은 소장(小將)의 공이라. 필마단기(匹馬單騎)로 월색(月色)을 띠어 혼자 행하며 아니 나는 눈물과 하기 싫은 탄식을 억지로 내어 도망하는 행색을 지으려 하나, 철목탑은 꾀 많은 자라 의심하는 빛이 미우(眉宇)[68]에 가득하거늘, 소장(小將)이 만종(蠻種)의 의심을 풀려할 제, 추한 팔뚝을 뽐내고 빠진 어금니를 갈아 우리 홍장군을 원망하니 이 어찌 재능(才能)치 못한 자가 할 배리오."

모두 대소하더라.

차설. 만왕 나탁이 백운동에 이르러 도사를 찾으니 이미 간 데 없고 다만 청산백운(青山白雲)이 유유(悠悠)하거늘, 나탁이 분함을 이기지 못
16 하여 방황하다가 축융동(祝融洞)을 향하여 가니 동학(洞壑)이 심수(深邃)

---

62) 지아자(知我者)는 포숙(鮑叔)이라: 포숙아(鮑叔牙)의 별칭. 춘추시대 제나라 대부로서 사람을 알아보는 눈이 정확했고 관중과의 우정이 돈독했음. 나의 마음을 알아주는 사람.

63) 안돈(安頓): 잘 정돈함.

64) 호궤(犒饋): 군사들에게 음식을 주어 위로함.

65) 절륜(絶倫): 아주 두드러지게 뛰어남.

66) 굉원(宏遠): 생각의 범위가 넓고 깊음.

67) 운주유악(運籌帷幄)에 결승천리(決勝千里)하는 수단: 장량의 고사에서 비롯된 말로, 군막 안에서 전략을 짜서 천리 밖의 전쟁을 승리로 이끄는 수단.

68) 미우(眉宇): 이마의 눈썹 근처.

하고 산천(山川)이 장려(壯麗)하여 호표(虎豹)의 파람[69]과 시랑(豺狼)의 자취가 백일(白日)에 종행(縱行)하더라. 동중에 이르러 축융대왕을 보니, 신장이 구척이요 눈이 푸르고 얼굴이 붉으며 범의 나룻과 곰의 허리라. 빈주(賓主)가 맞아 좌를 정한 후 만왕이 채단(綵緞)[70]과 예물을 드리고 구원하여 줌을 청하니, 축융왕이 쾌히 왈,

"과인이 인국(隣國)에 처하여 대왕의 환란을 어찌 행로(行露)[71]같이 보리오?"

하고 즉시 수하(手下) 만장 삼인을 데려갈새, 그 하나는 천화장군(天火將軍) 주돌통(朱突通)이요 죽절강편(竹節鋼片)[72]을 잘 쓰고, 하나는 철목장군(鐵木將軍) 철목홀(鐵木忽)이니 개산대부(開山大斧)[73]를 잘 쓰고, 하나는 둔갑장군(遁甲將軍) 가달(賈韃)이니 월도(月刀)[74]를 잘 쓰매 각각 절묘한 용맹이 있더라. 나탁이 다시 축융대왕에 청하여 왈,

"과인이 들으니 대왕에 천금소교(千金小嬌)[75]가 있어 영용(英勇)이 무쌍(無雙)하다 하니 비록 불감(不敢)하나 부왕을 뫼셔 종군하신즉 더욱 감사할까 하나이다."

축융이 침음 왈,

"여아의 나이 어리고 천성이 졸(拙)하여 종군함을 즐겨 않을까 하노라."

만왕이 다시 명주(明珠)와 백벽(白璧)[76]을 드리고 간청하니, 축융왕이 17
마지못하여 허락하더라.

---

69) 파람: 포효(咆哮). 사나운 짐승의 울부짖는 소리.
70) 채단(綵緞): 비단을 통틀어 이르는 말.
71) 행로(行露): 길가의 이슬.
72) 죽절강편(竹節鋼片): 강철로 대나무 마디처럼 만든 무기.
73) 개산대부(開山大斧): 큰 도끼.
74) 월도(月刀): 초승달 모양의 큰 칼.
75) 천금소교(千金小嬌): 천금과 같이 귀중한 딸.
76) 백벽(白璧): 흰 구슬.

대개 축융에게 일개 여아가 있으니, 명왈(名曰) 일지연(一枝蓮)이니 연기(年紀) 십삼세라. 자색(姿色)이 절등(絶等)하고 무예 정숙하며 천성이 강개(慷慨)하여 항상 중국(中國)에 나지 못함을 한하여 한 번 중화(中華)[77]를 구경코자 하나 만리남천(萬里南天)에 북천(北天)을 바라보니 여자의 유행(有行)이 바라지 못할지라. 매양 울울불락(鬱鬱不樂)하더니, 부왕이 나탁의 청함을 전하니 일지연이 흔연((欣然) 낙종(諾從)[78]하여 창을 들고 부왕을 따르니라.

차시 나탁이 본동(本洞)에 돌아오니 이미 태을동을 잃고 철목동에 웅거(雄據)[79]하였거늘, 나탁이 대경하여 철목탑 · 아발도를 찾으니 좌우가 보왈(報曰),

"진문 밖에 대후(待候)[80]하였나이다."

만왕이 바삐 명하여 부르니 양장(兩將)이 투구를 벗고 도끼를 지고 장전(帳前)에 엎드려 죽기를 청하여 왈,

"소장 등이 대왕의 부탁하심을 삼가지 못하여 동부(洞府)를 잃었으니 군율(軍律)을 도망치 못할지라. 복원(伏願) 대왕은 소장의 머리를 버혀 법을 밝히소서."

만왕이 희허탄식(欷歔歎息)하고 위로 왈,

18 "이는 과인의 운수라, 어찌 장군 등의 삼가지 못한 배리오."

인하여 명진 동정을 물은대, 양장(兩將)이 대강 고하고 홍혼탈의 지용(智勇)이 양원수의 더함을 말하니, 축융대왕이 분연(憤然) 왈,

"과인이 비록 용렬(庸劣)하나 대왕이 잃은 땅을 불일내(不日內)[81]에 회복하리니 근심치 말으소서."

---

77) 중화(中華): 중국사람이 자기 나라를 이르는 말. 가장 중앙에 위치하였고 문명이 가장 발달하였다는 의미를 가짐.

78) 낙종(諾從): 진심으로 따름.

79) 웅거(雄據): 일정한 지역을 차지하고 굳게 막아 지킴.

80) 대후(待候): 윗사람을 찾아 문안드림. 또는 윗사람의 분부를 기다림.

81) 불일내(不日內): 며칠 걸리지 아니하는 동안.

하더라.

차시 홍낭이 연소가인(年少佳人)의 연약한 기질로 풍진시석(風塵矢石)[82]에 상하여 몸이 자주 불평(不平)[83]하더니, 일일(一日)은 양원수가 장중(帳中)에서 군무를 의논할새 홍낭의 용모가 초췌하고 신기(身氣) 불평함을 보고 놀라 왈,

"그대가 나로 인하여 저 같이 고초(苦楚)를 하니 소년약질(少年弱質)이 강잉(强仍)[84]할 배 아니라. 몸을 쉬어 조섭(調攝)[85]함을 생각하라."

홍낭이 웃고 사례 왈,

"장수가 되어 수일 풍진을 어찌 괴롭다 하리잇고."

원수가 웃고 손을 들어 홍낭의 도화양협(桃花兩頰)[86]을 어루만져 왈,

"부용장(芙蓉帳)[87] 내에 지분(脂粉)[88]을 단장하여 새벽 기운을 빛내던 옥안홍협(玉顔紅頰)이 만리호풍(萬里胡風)에 기치창검(旗幟鎗劍)을 무릅쓰게 하니 양창곡은 박절(迫切)한 남자로다."

홍낭이 아미(蛾眉)를 찡그려 왈,

"원수가 십만 진중에 원융대장(元戎將軍)[89]이 되어 옥협(玉頰)[90]
사이의 희언(戲言)을 하시나잇고? 장(帳) 밖에 소사마의 발자취가 있 19
나이다."

언미이(言未已)[91]에 제장(諸將)이 장전(帳前)에 이르거늘, 홍사마가 물러가 막차(幕次)[92]에 가 쉬더니, 야심(夜深) 후 손야차가 급히 와 원수에

---

82) 풍진시석(風塵矢石): 세상에서 일어나는 어지러운 일이나 전쟁.
83) 불평(不平): 병으로 몸이 불편함.
84) 강잉(强仍): 억지로 참음.
85) 조섭(調攝): 건강이 회복되도록 몸을 살피고 병을 다스림.
86) 도화양협(桃花兩頰): 붉은 빛 도는 아름다운 여인의 뺨.
87) 부용장(芙蓉帳): 연꽃이 수놓아진 방장(房帳).
88) 지분(脂粉): 연지(臙脂)와 백분(白粉)을 아울러 이르는 말.
89) 원융대장(元戎將軍): 군사의 우두머리.
90) 옥협(玉頰): 아름다운 여자의 볼.
91) 언미이(言未已): 말을 미처 마치기도 전에.

고왈,

"홍사마가 침질(沈疾)[93]이 일어나 대단히 고통하나이다."

원수가 대경(大驚)하여 막차에 이르러 보니, 홍낭이 촉하(燭下)[94]에 베개를 의지하여 녹운쌍빈(綠雲雙鬢)[95]에 성관(星冠)[96]이 기울고, 약류세요(弱柳細腰)[97]에 전포(戰袍)가 무거워 초췌한 옥안을 숙이고 정신이 혼혼(昏昏)[98]하여 통성(痛聲)[99]이 은은하거늘, 원수가 곁에 앉아 일신(一身)을 만져보니 홍낭이 놀라 일어나 앉거늘, 원수가 맥을 보고 왈,

"이는 풍한(風寒)[100]에 상하였으나 깊은 염려는 없으니 수일(數日)을 조리(調理)하라."

하고 친히 요대(腰帶)를 끄르고 전포를 벗겨 침상에 누일새, 홍낭이 사왈(辭曰),

"군중(軍中)은 규방(閨房)과 달라 원수의 일동일정(一動一情)[101]을 제장군졸(諸將軍卒)이 눈을 밝히고 귀를 기울여 살피나니 상공(相公)이 돌아가신 후 첩이 누우려 하나이다."

원수가 웃고 몸을 일어 왈,

"내 부질없이 그대를 장수로 부려 후일 집에 돌아가도 차습(此習)을 버리지 않아 화촉지하(華燭之下)에 유순(柔順)한 태도가 없은즉 어찌 하리오?"

홍낭이 또한 미소하더라.

---

92) 막차(幕次): 임시로 장막을 쳐서 머무르는 곳.
93) 침질(沈疾): 무거운 병.
94) 촉하(燭下): 촛불 아래.
95) 녹운쌍빈(綠雲雙鬢): 여성의 숱이 많고 검푸른 머리에 양쪽 귀밑머리.
96) 성관(星冠): 도사가 쓰는 모자로 주로 여성이 썼음.
97) 약류세요(弱柳細腰): 연약한 버드가지처럼 가는 허리.
98) 혼혼(昏昏): 정신이 가물가물하고 희미한 모양.
99) 통성(痛聲): 병으로 앓는 소리.
100) 풍한(風寒): 바람과 추위를 아울러 이르는 말.
101) 일동일정(一動一情): 일상적으로 하는 일체의 행위.

익일에 홍사마가 원수에 고왈,

"나탁이 구병(救兵)을 청하여 왔다 하니 경적(輕敵)지 못할까 하나 20
이다."

원수가 점두(點頭)[102]하고 행군(行軍)하여 철목동 전(前)에 이르러 진세(陣勢)를 베풀새, 선천지수(先天之數)[103]를 응하여 음양진(陰陽陣)을 칠새, 일천(一千) 철기(鐵騎)[104]로 붉은 기를 가져 정남방(正南方)에 진(陣)을 치고, 이천 철기로 검은 기를 가져 두 떼에 나눠 정북방(正北方)에 진을 치고, 삼천 철기로 흰 기를 가져 세 떼에 나눠 정서방(正西方)에 진 치고, 육천 철기로 푸른 기를 가져 여섯 떼에 나눠 정동방(正東方)에 진 치고, 칠천 철기로 일곱 떼에 나눠 제일대(第一隊) 되고, 팔천 철기로 검은 기를 가져 여덟 떼에 나눠 제이대(第二隊) 되고, 구천 철기로 붉은 기를 가져 아홉 떼에 나눠 제삼대(第三隊) 되어 중앙방(中央方)에 진 치니, 이 이른바 선천음양진(先天陰陽陣)이라. 진세를 베푼 후 전부선봉(前部先鋒) 뇌천풍으로 진전에 나와 싸움을 돋우니, 축융대왕이 머리에 붉은 수건을 쓰고 몸에 구리 갑옷을 입고 손에 붉은 기를 들고 코끼리를 타고 만병(蠻兵)을 거느려 나오거늘, 원수가 소사마를 돌아보아 왈,

"내 고금 병서를 약간 보았으나 저 같은 병법은 처음 보도다."

말이 맞지 못하여 일개만장(一個蠻將)이 삼척모(三脊矛)[105]를 들고 말 21
을 놓아 나오며 왈,

"나는 천화장군(天火將軍) 주돌통이라. 당할 자 있거든 나의 창을 받으라."

하거늘, 뇌천풍이 벽력부(霹靂斧)를 두르고 나오며 크게 외쳐 왈,

"대명 선봉장군 뇌천풍이 여기 있으니 이 도끼 이름은 벽력부니 네

---

102) 점두(點頭): 승낙하거나 옳다는 뜻으로 머리를 끄떡임.

103) 선천지수(先天之數): 선천은 생(生)을 주로 하여 음양(陰陽)이 오행(五行)을 낳아 오행이 생성(生成)하는 수(數).

104) 철기(鐵騎): 철갑을 입은 기병(騎兵).

105) 삼척모(三脊矛): 자루 끝의 쇠 모서리가 세 개로 되어있는 창.

이미 천화장군(天火將軍)이라 하니, 천화는 벽력을 때리는 불이라 빨리 나와 내 도끼를 받으라."

하고 맞아 싸워 십여 합에 승부를 결(決)치 못하더니 만장(蠻將) 중으로서 일개 만장이 개산대부(開山大斧)를 들고 나오며 왈,

"나는 철목장군이라. 내 또한 큰 도끼가 있어 뫼를 찍은즉 산이 무너지나니 노장(老將)의 머리가 뫼 같이 단단할소냐?"

하거늘, 명진 중으로서 동초가 창을 춤추어 나오며 꾸짖어 왈,

"나는 대명(大明) 좌익장군(左翼將軍) 동초라. 내 수중에 일조(一條)[106] 장창(長鎗)이 있으니 오래 창신(鎗神)에게 제(祭)하지 못하였더니, 오늘날 철목흘의 피를 묻혀 창신을 위로하리라."

하고, 네 장수가 이십여 합을 대전할새 뇌천풍이 홀연 말을 빼쳐 달아나
22 니 주돌통이 삼척부를 두르고 쫓아오거늘, 뇌천풍이 한 소리 지르고 몸을 솟아 벽력부를 들어 뒤를 돌아치니 주돌통이 미처 피치 못하여 말머리를 맞아 엎어지며 번신낙마(翻身落馬)[107]하니, 만진 중으로서 둔갑장군(遁甲將軍) 가달(賈韃)이 대로(大怒)하여 월도(月刀)를 두르고 나오며 소리 질러 왈,

"나는 축융대왕의 휘하(麾下) 명장(名將) 둔갑장군 가달이라. 명진 장수는 빨리 목을 늘이어 내 월도를 받으라."

하고 뇌천풍을 향하여 달려드니, 명진 중으로서 손야차가 창을 들고 말에 올라 나오며 대호(大呼) 왈,

"네가 둔갑을 잘할진대 내 네 머리를 버힐 것이니, 다시 새 머리를 개비(改備)[108]할소냐?"

가달이 대로하여 손야차를 맞아 싸워 수십 합에 홀연 월도를 옆에 끼고 몸을 근두쳐[109] 변하여 일개 백호(白虎)가 되어 달려들거늘, 뇌천풍이

---

106) 일조(一條): 한 자루. 조(條)는 가늘고 긴 것의 수량을 표시할 때 쓰임.
107) 번신낙마(翻身落馬): 몸이 뒤집어지며 말에서 떨어짐.
108) 개비(改備): 있던 것을 갈아내고 다시 장만함.

대하여 급히 벽력부를 들어 손야차를 도우려 하거늘, 백액호(白額虎)[110]가 근두쳐 변하여 양개(兩個) 백액호가 되어 달려드니, 양원수가 바라보다가 놀라 왈,

"만장의 환술(幻術)이 저 같으니 혹 실수할까 하노라."

하고 쟁 쳐 삼장(三將)을 거두니, 축융대왕이 진전에 나와 승부를 보다가
양원수가 쟁을 침을 보고 급히 수기(手旗)를 두르며 입으로 진언(眞言)을 23
염하니 붉은 구름이 사면으로 일어나며 무수 귀졸이 만산편야(滿山遍野)[111]하여 입으로 불을 토하며 내[112]를 뿜어 명진을 충돌하니, 양원수가 제장을 약속하여 높이 진문을 닫고 방위를 차려 기치(旗幟)를 정제(整齊)하니 축융의 귀병(鬼兵)이 사면(四面)으로 에워싸되 파(破)치 못할지라. 축융대왕이 다시 진언을 염하며 현무방위(玄武方位)[113]를 가리키니 경각(頃刻)에 천지가 혼흑(昏黑)하고 풍우(風雨)가 대작(大作)하여 돌이 구르며 모래를 날리나 명진(明陣)의 기치 정제하고 고각(鼓角)이 분명하여 조금도 동치 아니하니, 대개 양원수의 음양진(陰陽陣)은 무곡성관(武曲星官)[114]이 제원(帝垣)[115]을 호위하는 진이라, 전혀 음양오행의 상생지리(相生之理)를 응하여 혼연한 일단화기(一團和氣)라, 요사지기(妖邪之氣)가 어찌 범(犯)하리오. 축융이 다만 요술을 알고 진법을 모르는지라, 두 번 침범하다가 파치 못함을 보고 심중에 의아하여 즉시 군사를 거두어 돌아가 나탁을 보고 왈,

"대명 원수가 비록 진법을 아나 진기한 도술이 없으니 마땅히 명일

---

109) 근두쳐: 재주 넘어.

110) 백액호(白額虎): 이마가 흰 호랑이. 호랑이 중에서도 나이가 먹은 것으로 사람들이 당하지 못할 정도로 기세가 사납다고 함.

111) 만산편야(滿山遍野): 산에 가득하고 들에 두루 퍼져있음.

112) 내: 물건이 탈 때에 일어나는 부옇고 매운 기운.

113) 현무방위(玄武方位) 방위: 북쪽. 현무는 북쪽을 방위하는 신을 상징하는 동물.

114) 무곡성관(武曲星官): 인간 세상의 무사(武事)를 관장하는 별.

115) 제원(帝垣): 성좌(星座)의 이름. 자미원(紫微垣). 천자의 거처를 의미함.

찾아 싸워 육정육갑(六丁六甲)[116]의 귀졸(鬼卒)을 호령하여 사로잡으리라."

24 하니 나탁이 대희(大喜)하더라.

차설. 원수가 소사마를 장중에 불러 왈,

"축융의 수하에 맹장(猛將)이 많고 괴술(怪術)이 난측(難測)[117]하니 졸연(猝然)이 파(破)치 못할지라. 어찌하면 좋으리오?"

소사마가 왈,

"홍혼탈이 일찍 도사를 좇아 병법을 배웠다 하니 또한 요술을 제어할 방략(方略)이 있을까 하나이다."

원수가 침음양구에 생각하되, '홍낭의 병이 전혀 전진(戰陣)에 노력함이라. 이제 다시 요탄한 거동과 음습한 기운을 방비한즉 병중약질(病中弱質)이 어찌 첨병(添病)함이 없으리오.' 하고 소사마를 돌아보아 왈,

"홍혼탈이 신병(身病)이 있어 내 이미 조섭(調攝)함을 허하였으니, 장군은 조용히 다만 계교를 물어 보라."

소사마가 응명(應命)하고 가니라.

차시 홍낭이 정신이 혼혼(昏昏)하여 융복(戎服)을 끄르고 침상(寢牀)에 누웠더니 소사마가 이름을 보고 몸을 일어 서안(書案)을 의지하여 앉으니 수척한 귀밑에 한축(寒縮)[118]한 빛이 가득하고 몽롱한 아미에 곤뇌(困惱)한 기운이 은은하거늘, 소사마가 심중에 경의(驚疑)하여 왈, '내 홍혼탈을 영용(英勇)이 무쌍(無雙)한 장수로 알았더니 이제 보매 서시(西施)의 어리로운 태도와 귀비(貴妃)[119]의 절출(絶出)[120]한 용색(容色)[121]을 띠었

---

116) 육정육갑(六丁六甲): 도교(道敎)의 신(神) 이름으로 육정신(六丁神)과 육갑신(六甲神)을 말함. 육정신은 정묘(丁卯) 정사(丁巳) 정미(丁未) 정유(丁酉) 정해(丁亥) 정축(丁丑)으로 양신(陽神)이고, 육갑신은 갑자(甲子) 갑술(甲戌) 갑신(甲申) 갑오(甲午) 갑신(甲申) 갑인(甲寅)으로 음신(陰神).

117) 난측(難測): 헤아리기 어려움.

118) 한축(寒縮): 추워서 기운을 펴지 못하고 오그라듦.

119) 귀비(貴妃): 양귀비(楊貴妃)를 말함.

도다.' 하고 잠깐 침침하더니 홍사마가 소사마를 향하여 왈, 25

"천질(賤疾)[122]이 일시(一時) 미양(微恙)[123]이라. 염려할 바가 없으나 금일 적진(敵陣) 동정(動靜)이 어떠하뇨?"

소사마가 대강 말하고 원수의 말씀을 전하니, 홍사마가 대경 왈,

"소장(小將)이 무슨 계교가 있으리오마는 친히 가보리라."

하고, 좌우로 쌍검(雙劍)과 전포(戰袍)를 가져오라 하여 장속(裝束)을 갖추고 소사마를 따라 진전에 이르니, 원수가 놀라 왈,

"장군의 병세가 풍한(風寒)의 상함이 염려롭거늘 어찌 임진(臨陣)코자 하나뇨?"

홍사마가 왈,

"소장의 병이 잠깐 차도(差度)가 있으니 과려(過慮)치 말으소서. 다만 묻잡나니 적세가 어떠하니잇고?"

원수가 왈,

"나탁이 새로이 구병(救兵)을 청하여 오니 호왈(號曰) 축융왕(祝融王)이라. 도술이 비상하고 수하에 맹장(猛將)이 많으니, 남방에 온 후로 처음 강적을 맞는지라 경솔히 대적지 못할 고로 문을 닫고 지키었으니 명일 적병이 또 이르면 대적할 계교가 없노라."

홍사마가 소왈,

"소장이 잠깐 보니 우리 진세(陣勢)가 천상(天上) 무곡성관(武曲星官)이 제원(帝垣)을 호위하는 선천음양진법(先天陰陽陣法)이라. 그 지킴은 족하나 취승(取勝)함은 부족하니 소장이 마땅히 후천진(後天陣)을 쳐 도적을 사로잡을까 하나니, 원수는 수기(手旗)[124]를 빌리소서." 26

---

120) 절출(絶出): 빼어난.

121) 용색(容色): 용모와 안색을 아울러 이르는 말.

122) 천질(賤疾): 자신의 병을 낮추어 말하는 말.

123) 미양(微恙): 가벼운 병.

124) 수기(手旗): 손에 쥐고 흔들 수 있는 작은 깃발로, 장수가 지휘할 때에 사용함.

원수가 대희하여 즉시 수기를 주니 홍낭이 받아들고 진상(陣上)에 올라 북을 쳐 진세를 변할새, 정남방(正南方)과 정동방(正東方)은 의구(依舊)히 두고, 정서방(正西方)과 정북방(正北方)은 방위를 바꾸고, 서방(西方) 제이위(第二位)는 서북간방(西北間方)으로 보내고, 동방(東方) 제이위(第二位)는 서남간방(西南間方)으로 보내고, 남방(南方) 제이위(第二位)는 동남간방(東南間方)으로 보내되 정방(正方)[125] 군사는 붉은 기를 가져 각각 제 방위(方位)를 나눠 서고, 간방(間方)[126] 군사는 검은 기를 가져 각각 제 방위를 등지고 서라고 한 후 다시 약속 왈,

"북 치고 붉은 기를 들거든 정방 군사가 응하고, 검은 기를 들거든 간방 군사가 응하라."

하여 이미 진세를 변역(變易)하고 약속한 후, 원수가 진상(陣上)에 올라보고 심중에 칭찬 왈,

"내 홍낭을 일개(一個) 절대가인(絶代佳人)으로 알았더니 어찌 경천위지(經天緯地)[127]할 재주가 있을 줄 생각하였으리오?"

하더라. 홍낭이 다시 소사마와 제장을 불러 가만히 약속하고 장중에 들어와 원수에 고왈,

"병불염사(兵不厭詐)[128]라. 축융의 요술(妖術)이 어찌 정도(正道)를
27 대적(對敵)하리오? 첩이 일찍 백운도사를 따라 선천둔갑방서(先天遁甲方書)를 배웠으니 그 법이 외인(外人)을 기(忌)하나니 원수는 잠깐 제장을 조속(操束)[129]하소서."

하고, 심야(深夜) 삼경(三更)에 진중에 장(帳)을 내리고 홍낭이 전조단발

---

125) 정방(正方): 정동(正東) · 정서(正西) · 정남(正南) · 정북(正北).

126) 간방(間方): 정방(正方)의 각 사이를 가리키는 방위. 동남(東南) · 동북(東北) · 서남(西南) · 서북(西北).

127) 경천위지(經天緯地): 온 천하를 다스림.

128) 병불염사(兵不厭詐): 용병(用兵)을 할 적엔 수단을 써서 속이는 것도 꺼리지 않음.

129) 조속(操束): 단단히 잡아서 단속함.

(剪爪斷髮)[130]하고 오방(五方)을 응하여 다섯 등잔의 불을 켜고 부용검을 짚고 가만히 작법(作法)하니, 정히 비밀(秘密)하여 외인(外人)은 알기 어렵더라.

익일에 축융대왕이 만병(蠻兵)을 거느려 진세를 베풀새 열두 방위를 나눠 오색기를 꽂고 군사가 각각 창검을 들고 나서니, 홍사마가 바라보고 미소하고 뇌천풍으로 싸움을 돋우라 한대, 만진 중으로서 촉산장군 철목홀이 나와 싸워 수합(數合)이 못하여 명진 중으로서 동초 · 마달이 일시에 창을 두르며 크게 외쳐 왈,

"내 금일 축융의 머리를 취하리니 철목홀은 들어가고 축융을 내어 보내라."

한대, 만진 중으로서 천화장군 주돌통과 둔갑장군 가달이 대로(大怒)하여 일제히 나와 세 장수가 어우러져 대전할새 십여 합에 이르러 명장(明將) 삼인(三人)이 일변 싸우며 일변 물러나니, 이는 유인하는 계교라. 철목홀 등이 축융더러 왈, 28

"이는 명원수의 궤술(詭術)이니 잠깐 군을 머무름이 좋을까 하노라."

축융이 본디 성이 급한지라. 그 말을 어찌 들으리오. 분연 왈,

"내 오늘 명장을 사로잡지 못하면 돌아가지 않으리라."

하고 기(旗)를 쓸며 진언(眞言)을 염하니, 홀연 광풍(狂風)이 대작(大作)하며 음운(陰雲)이 이는 곳에 무수한 귀졸이 음기(陰氣)를 몰아 세 장수의 위세를 도와 명진을 충돌하거늘, 홍사마가 급히 북을 치며 검은 기를 좌우로 두르니 간방(間方) 군사가 일시에 진문(陣門)을 열고 나서니, 차시(此時) 만병(蠻兵)이 귀졸(鬼卒)의 도움을 보고 일시에 에워싸고 치되 깨치지 못하더니, 홀연 명진(明陣)으로서 귀졸이 몰아 들어오며 홍사마가 다시 북을 치며 검은 기를 쓸어 간방 진문을 닫고 부용검(芙蓉劍)을 들어 오방(五方)을 응하여 가만히 작법(作法)하니, 홀연 일진청풍(一陣淸風)이 간방으로 좇아 일어나며 음운(陰雲)이 사라지고 무수한 귀졸이 변하여

---

130) 전조단발(剪爪斷髮): 손톱을 깎고 머리를 자름.

나뭇잎이 되어 분분(紛紛)하게 떨어지니, 주돌통과 가달 · 철목탑이 크게
놀라 필마단창(匹馬短鎗)으로 진중(陣中)에 방황하여 사면으로 충돌하니,
29 홍사마가 장대(將臺)[131]에 올라 부용검을 들어 남으로 가리키며 진언을
염하니 삼매진화(三昧眞火)[132]가 일어나 화광(火光)이 충천(衝天)하고, 다
시 북으로 가리키며 진언을 염하니 담담(潭潭)한 물결이 솟아 대해(大海)
망망(茫茫)하며, 동서를 가리키니 질풍뇌우(疾風雷雨)가 대작(大作)하니
세 장수가 정신이 현황(眩惶)하여 갈 바를 모르는지라. 둔갑장군 가달이
몸을 근두쳐[133] 변하고자 하더니 홍사마가 또한 부용검을 들어 가리키니
한 줄기 기운이 머리 위로 두르며 세 번 근두쳐 변치 못하고 한 마디 소
리 지르고 말에 떨어지니, 주돌통 · 철목홀이 앙천탄식(仰天歎息)하고 칼
을 빼어 자문(自刎)코자 하더니, 홍사마가 손야차를 분부하여 진상에서
외쳐 왈,

"만장(蠻將)은 들으라. 너의 성명(性命)을 빌려 죽이지 아니하나니 빨리 돌아가 축융더러 전하여 일찍이 항복하게 하라. 만일 더디면 큰 화가 있으리라."

하니 만장 등이 즉시 진문(陣門)을 보고 탄왈,

"홍장군의 도술은 세간(世間)에 당할 자가 없으리라."

하고 돌아와 축융더러 수말(首末)을 전하니, 축융대왕이 삼장(三將)을 물
30 리치고 칼을 들어 다시 십여 방위를 가리키며 진언을 염하더니, 홀연 공
중으로서 일성(一聲) 포향(砲響)이 진동하며 살기(殺氣)가 자옥하고 사면
팔방(四面八方)으로 신장(神將)이 음기(陰氣)를 몰아 각각 병기를 들고 풍
우같이 몰아오니, 하늘이 진동하고 땅이 터지는 듯 일시(一時)에 명진(明
陣)을 짓치거늘, 홍사마가 수기를 높이 들고 하령(下令) 왈,

---

131) 장대(將臺): 장수가 올라서서 명령이나 지휘를 하는 대. 성(城)이나 보(堡)의 동서 양쪽에 돌로 쌓아 만들었음.

132) 삼매진화(三昧眞火): 사람의 공력(功力)으로 일어나는 불.

133) 근두쳐: 재주넘어.

"제군 장졸은 다만 수기를 보아 행군하되, 위령자(違令者)는 참(斬)하리라."

하니 군중(軍中)이 숙연(肅然)한지라.

홍사마가 이에 북을 치며 중앙 오천 기로 오방진(五方陣)을 이뤄 지키고, 다시 북을 치며 붉은 기를 두르니 동서남북 군사가 일시에 진문을 열고 나서니, 차시 축융대왕이 신장(神將)을 호령하여 명진을 치려 하다가 홀연 진문이 터짐을 보고 신장을 몰아 진중(陣中)에 돌입(突入)하니, 홍사마가 즉시 북을 치며 기를 쓸어 진문을 닫고 부용검을 들어 오방(五方)을 가리키매 오색구름이 오방으로 일어나 진중에 가득하니, 삼군의 눈에 신장이 뵈지 아니하고 다만 말굽 소리에 기치창검(旗幟鎗劍)이 운간(雲間)에 가득하더라. 홍사마가 바야흐로 북을 울리며 합전(合戰)할새, 정서방(正西方) 백기(百騎)는 금극목(金克木)을 응하여 갑을방(甲乙方)을 치고, 정동방(正東方) 삼천기는 목극토(木克土)를 응하여 무기방(戊己方)을 치
고, 정남방(正南方) 일천기는 화극금(火克金)을 응하여 경신방(庚申方)을 31
치고, 정북방(正北方) 칠천기는 수극화(水克火)를 응하여 병정방(丙丁方)을 치고, 중앙 오천기는 토극수(土克水)를 응하여 임계방(壬癸方)을 치니 산악이 무너지고 바다에 떨어지는 듯한지라.

홍사마가 다시 북을 치며 검은 기를 두르니, 동서남북 간방(間方) 군사가 일시에 진문(陣門)을 열거늘, 차시 십이신장(十二神將)이 오행상극(五行相剋)을 응하여 백여 척이나 되는 사람이 되어 명진을 향하여 오니, 홍사마가 바라보고 미소하고 몸을 일어 장중에 들어가 사면(四面)으로 장(帳)을 내리오고 적연(寂然)이 동정이 없더니, 홀연 한 줄기 흰 기운이 장중으로서 일어나 백여 장이나 되는 홍사마가 되어 축융을 대적하니, 축융이 다시 변하여 탄자(彈子)[134] 같은 사람이 되어 침끝 같은 칼을 들고 달려들거늘, 홍사마가 또 변하여 겨자 같은 사람이 되어 털 같은 칼을 두르며 축융의 침 같은 칼에 얽히어 떨어지지 아니하니, 축융이 다시 변하

134) 탄자(彈子): 탄환. 여기서는 작은 것을 형용.

여 공중에 오르니 칼과 사람은 보지 못하고 한 줄기 검은 기운이 되어
하늘에 자옥하거늘, 홍사마가 또한 푸른 기운이 되어 두 줄기 기운이 공
32 중에서 어우러져 싸우니 다만 쟁연한 칼 소리만 운간(雲間)에 들리더니,
홀연 검은 기운이 떨어져 변하여 흰 잔나비가 되어 달아나거늘 푸른 기
운이 조그만 탄자(彈子) 되어 잔나비를 맞추니, 잔나비 변하여 두어 발
넘는 배암이 되어 바위 구멍으로 들어가니, 그 탄자가 또 변하여 벽력이
되어 바위를 깨친대, 그 배암이 입으로 검은 안개를 토하여 시석(矢石)을
불분(不分)케 하니, 그 벽력(霹靂)이 다시 변하여 대풍(大風)이 되어 안개
를 불어 멀리 쫓으니 천지가 명랑(明朗)하여 아무 것도 없는지라. 홍사마
가 웃고 장중으로 들어오니, 차시(此時) 제장이 진전(陣前)에서 바라보다
가 홍사마가 들어옴을 보고 다투어 앞에 나와 문왈,

"축융이 어디로 갔으며 장군의 도술이 무슨 법이니잇고?"

하더라.

하회(下回)를 분석하라.

세(歲) 무신(戊申) 유월일(六月日) 향목동 서(書)

옥루몽(동양문고본)

권지일

1

옥누몽권지일

화셜옥경의십이누디닛시미그즁의일홈는누디잇시니호왈빅옥누라그누디제되굉걸ᄒᆞ고경긔졀승ᄒᆞ니옥창쥬호의셔긔몽농ᄒᆞ고취화홍영은벽소의소ᄉᆞ시니진짓상계명누오열션소게라일일은옥뎨뎐상의어좌롤베푸시고렬션을모화잔치ᄒᆞ실식종싱용관은운소의요량ᄒᆞ고우의예상은즁텬의표묘ᄒᆞ니뎐상뎐하의오식상운이어리엿더라옥뎨빅옥비의옥하쥬롤가득부어특별이문창셩을쥬시며빅옥누시롤지으라ᄒᆞ시니문창이취흥을띄여즉시빅옥누시삼장을지어올니〃제일장의왈쥬로금쵸상계측구술니슬과금바리상계올닌딕ᄌᆞ황고연오운누ᄌᆞ황이오운누의놉피잔치ᄒᆞ엿더라예상일곡청풍긔예상일곡의청풍이〃러나니최산션향만십쥬연향을불연ᄒᆞᆫ지십쥬의가득ᄒᆞ더라

2

제이장의왈승난야닙ᄌᆞ미셩난식롤ᄐᆞ고밤의ᄌᆞ미셩의드러가니계월광요빅옥경계슈나무달이빅옥누의흔들다셩누만텬풍노박셩누는만텬ᄒᆞ고바룸과니슬니ᄌᆞ〃오니녹운시하보허경녹운ᄉᆞ이의보ᄒᆞ는소릐나리로다제삼장의왈운니청종농난구구름쇽의푸른농을옥굴네쓰이니평명긔츌향단구평명의ᄐᆞ고나셧는구룸을향ᄒᆞ도다한종벽호규인세한가히벽흐로좃ᄎᆞ인셰롤엿보니일졈츄연변구쥬한졈가을연긔구쥬롤분변ᄒᆞ리로다옥뎨보시고딕희칭찬ᄒᆞ시며근시롤명ᄒᆞ샤누상의삭이라ᄒᆞ시고곳쳐잔을드러문창을권ᄒᆞ시며다시글을읇푸시더니홀연텬안이경동ᄒᆞ샤티을진군을도라보샤왈문창의지은글을ᄌᆞ셔이보니ᄉᆞ의가장진즁ᄒᆞᆫ지라경텬위지홀마음과츙의지식만흐니엇지아룸답지아니리오경은모로미마음의엇더ᄒᆞ뇨진군이쥬왈신이근일의문

창셩과시부롤창화ᄒᆞ오며그위인을쉷피오니흉즁의졔셰지직조롤품엇고면모의부귀지상이현져ᄒᆞ오니신이

3

신이졍이의아ᄒᆞᄂᆞ이다옥뎨깁히염녀ᄒᆞ샤즉시연셕을파ᄒᆞ시고영소보뎐의드러가시며왈금야의월식이아룸다온지라문창의슉취미셩ᄒᆞ여시니옥누의머물너완월ᄒᆞ고도라오게ᄒᆞ라문창이직빅ᄉᆞ은ᄒᆞ고어가롤지송ᄒᆞᆫ후다시옥누의올나쥬비롤나올식ᄎᆞ시츄칠월망간이라금풍이소슬ᄒᆞ고은하경〃ᄒᆞᆫ디만니벽공의졈운이업더니홀연동북으로좃차흑운이니러나며북히농왕이뇌긔롤모라오거날문창이디로왈니월식을구경ᄒᆞ거늘노룡이엇지구름을닐우혀월식을가리ᄂᆞ뇨농왕이고두왈금야의운촌이모도이디ᄉᆞ히농왕이졀노이거힝ᄒᆞ미로소이다문창이비쇼ᄒᆞ고즉시명ᄒᆞ여운무롤거두라ᄒᆞ니아이오옥뉘청낭ᄒᆞ고빅뇌횡강ᄒᆞᆫ디문창이취흥을못니긔여난간의〃지ᄒᆞ여안자더니누하의운거쇼릭은〃ᄒᆞ며냥위시네젼도이고왈졔방옥녜오신다ᄒᆞ거늘문창이즉시니러마ᄌᆞ니옥녜셩관월픠로거지단아ᄒᆞ여

4

기리읍ᄒᆞ고왈옥뎨문창의과취ᄒᆞ믈염녀ᄒᆞ샤쳡으로ᄒᆞ여금반도뉴긔와옥익일호롤ᄉᆞ급ᄒᆞ샤금야셩관의완월호흥을도으라ᄒᆞ시더이다문창이공경빅ᄉᆞᄒᆞ고좌셕을난화빈쥬지녜로동셔로좌졍후문창이죵용문왈옥녀ᄂᆞᆫ심궁의쳐ᄒᆞ고문창은외조의잇셔항상용광이묘연ᄒᆞ더니금쇼월하의갓치뫼시니실노의외라이ᄯᅩ한옥뎨의쥬신빈가ᄒᆞ노라옥네미쇼답왈향일의영소보뎐의셔상뎨롤뫼셔투호롤칠식문창이맛참압히셔봉조롤쵸ᄒᆞ시다가쳡이투호치믈보고잠간우으시더니이졔임의오빅년을지니여시니션가광음이홀〃ᄒᆞ믈알니로다문창이쇼왈옥녜청츈지년의젹막ᄒᆞᆫ궁즁의잇더니금야의옥뎨명을밧자와왕님ᄒᆞ시니일야롤소창ᄒᆞ고도라가쇼셔옥네미쇼왈쳡이오다가홍난셩을맛나니직녀낭〃의가긔롤치하ᄒᆞ고도라오ᄂᆞᆫ길의이곳을지나리라ᄒᆞ여

5

시니홍난셩은풍뉴션관이라금야문창의호흥을돕ᄉᆞ올가ᄒᆞ나이다말이맛지못ᄒᆞ여일위녀션이치운을ᄐᆞ고셔흐로오거ᄂᆞᆯᄌᆞ시보니이곳졔텬션녜라옥연화ᄅᆞᆯ썩거가지고누ᄒᆞ로지ᄂᆞᆫ거날문창이잠간오ᄅᆞ믈청ᄒᆞ니션녜운거ᄅᆞᆯ머무ᄅᆞ고답왈우리등이셰존의설법을듯고오다가맛참이곳의옥년홰셩ᄀᆡᄒᆞ여심히아ᄅᆞᆷ답기로한가지ᄅᆞᆯ썩거가지고도술궁으로가나이다문창이답왈그ᄭᅩᆺ치가장ᄀᆡ이ᄒᆞ니잠간구경코자ᄒᆞ노라션녜웃고슈즁의가졋던년화ᄅᆞᆯ공즁의더지니문창셩이집어보고미〃이우으며즉시글한귀ᄅᆞᆯ지어ᄭᅩᆺᄒᆡᄲᅧ도로공즁의더지니그글의ᄒᆞ엿시ᄃᆡ가련옥년화가히어엿부다옥년화ᄂᆞᆫ청졍마하지마하지의청졍ᄒᆞ엿도다상득츈풍의오히려봄바ᄅᆞᆷᄯᅳᆺ을어더님낭졀일지낭을맛겨일지ᄅᆞᆯ썩거도다션녜옥년화시ᄅᆞᆯ바다들고은근이문창을향ᄒᆞ여ᄉᆞ례ᄒᆞ더니홀연일위녀

6

션이취봉을ᄐᆞ고표홀이니ᄅᆞ거ᄂᆞᆯ모다보니이ᄂᆞᆫ텬요션이라그션낭이졔텬션녜문창셩과설화ᄒᆞ믈보고불열ᄒᆞ여왈졔텬션은닙도ᄒᆞᆫ션ᄌᆡ라엇지남포의치련ᄒᆞ고희파의풍졍을효칙ᄒᆞᄂᆞ뇨션녜밋쳐답지못ᄒᆞ여셔션낭이션녀의가진옥년화가지ᄅᆞᆯ취ᄒᆞ여그쓴글을이윽히보더니넝쇼왈이ᄭᅩᆺ과글이ᄀᆡ이ᄒᆞᆫ보ᄇᆡ라ᄂᆡ옥뎨ᄀᆡ드려구경ᄒᆞ시게ᄒᆞ리라션녜졍히당황ᄒᆞ더니믄득남방으로셔일위녀션이홍난을ᄐᆞ고칠보셩관을쓰고예상하의ᄅᆞᆯ닙고상운을멍에ᄒᆞ여나오니이ᄂᆞᆫ홍난셩이라낭〃이소ᄅᆡᄒᆞ여왈낭위션낭은무어ᄉᆞᆯ닷토나뇨텬요션이ᄃᆡ왈다ᄅᆞ미아니라문창셩이졔션들과담쇠ᄌᆞ약ᄒᆞ기로그리ᄒᆞ나이다홍난셩이웃고왈아직물너시라ᄒᆞ고문창셩압히나아가기리읍ᄒᆞ여왈션군은기리무양ᄒᆞ시니잇가문창셩이황망이

7

답녜ᄒᆞᆫᄃᆡ홍난셩이소왈쳡이드ᄅᆞ니문창셩이요ᄉᆞ이문명ᄌᆡ홰졔션즁의웃듬이라ᄒᆞ니가히치하홀바오ᄯᅩ한셔왕모의망즁위존ᄒᆞ므로도쥬목왕을맛나ᄇᆡᆨ

운요롤화답ᄒᆞ여시니이제〃션이문창셩의글귀롤슈작ᄒᆞ미무삼불가ᄒᆞ미잇시리요ᄒᆞ물며문창은존귀ᄒᆞᆫ션관이라션낭이엇지시비ᄒᆞ리오텬요션이묵연무어〃늘홍낭셩이다시낭〃이웃고텬요션의꼿가지가진거술쎄셔머리의꼿고우슈로졔텬셩을잡고좌슈로텬요션의ᄉᆞ미롤닛그러왈금야의월빅풍쳥ᄒᆞ니우리빅옥누의올나월식을보ᄉᆞ이다낭낭이홍난셩을좃ᄎᆞ누의오ᄅᆞ니문창이옥녀로더부러마ᄌᆞ좌정홀ᄉᆡ문창은졔일위의안고졔이위ᄂᆞᆫ졔방옥녀오졔숨위의ᄂᆞᆫ텬요션이오졔ᄉᆞ위의ᄂᆞᆫ홍난셩이오졔오위의ᄂᆞᆫ졔텬션이니ᄎᆞ례로안진후옥녀홍난셩을도라보며왈션낭이도라오미엇지그리더ᄃᆡ뇨홍낭이소왈

8

쳡이그ᄉᆞ이도화셩을맛나한가지로가믈말ᄒᆞᆫ즉종시년소ᄒᆞᆫ션관이라빅단으로핑계ᄒᆞ고광한뎐우희물을구경ᄒᆞ다가리라ᄒᆞ니반다시그곳을지날지라그오믈기다려쳥코자ᄒᆞ노라말이맛지못ᄒᆞ여셔져좌위보ᄒᆞᄃᆡ도화션이지나가신다ᄒᆞ거늘모다보니일위소년녀션이ᄌᆞ하거롤ᄐᆞ고오니용뫼부용갓트여일지도홰츈풍의반기ᄒᆞᆫ듯광치휘황ᄒᆞ고ᄌᆞ틔아름답거늘난셩이난두의나셔며놉히소릐ᄒᆞ여왈도화셩은잠간머무ᄅᆞ라이곳의졔방옥녀와졔텬션녜한가지모다시니완월ᄒᆞ미엇더ᄒᆞ뇨도화셩이미쇼ᄒᆞ고ᄌᆞ하거롤도로혀빅옥누의오ᄅᆞ니문창과모든션낭이일시의니러맛거늘도화셩이문창을보고슈습ᄒᆞᄂᆞᆫ빗치옥면의가득ᄒᆞ거늘ᄃᆡ기텬상션녀즁의도화셩의안식이졔일이오쏘한년긔어린고로항상션관을보지아니터니이날홍난의게속은비되여문창과

9

마조치미옥면의슈식을씌여졔뉵위의안지며ᄌᆞ로홍난을눈쥬어불편ᄒᆞᆫ빗치잇더라ᄎᆞ시문창이슉취몽농ᄒᆞ여파리치로낫출가리오고말ᄒᆞ여왈옥누ᄂᆞᆫ텬상졔일누ᄃᆡ라츄칠월은일년가졀이니ᄂᆡ옥뎨명을밧ᄌᆞ와월식을완상ᄒᆞ미독낙ᄒᆞ미무류ᄒᆞ더니의외의모든션낭을상봉ᄒᆞ니이쏘한연분이라다만유긱무류ᄒᆞ니여ᄎᆞ양야의가한이로다홍난셩이소왈쳡이작일의마고션녀롤텬틔산

의셔맛나미션네닐오디군산의텬일쥐식로이익어맛시아름답다ᄒᆞ니일긔시녀롤보닉여어더올가ᄒᆞᄂᆞ이다졔방션네웃고자긔시녀롤텬틱산의보닉니마고션네옥녀의시네니ᄅᆞ믈보고디경왈졔방옥녀는션녀즁지긔놉하일작이술을구ᄒᆞ미업더니가장고이ᄒᆞᆫ일이로다ᄒᆞ고마뢰병의슈두쥬롤너허보닉니홍난셩이보고낭〃이ᄋᆞ지져왈텬틱산늙은니갈ᄉᆞ록극악ᄒᆞ여동히상젼이셰번변ᄒᆞ믈

10

보고인식한마음이더ᄒᆞ여ᄌᆞ오두쥬롤보닉니가히이딞도다쳡이드ᄅᆞ니항일옥뎨균텬광악을드ᄅᆞ시다가잠간쥐ᄒᆞᄉᆞ창슌셩의작난ᄒᆞ믈아ᄅᆞ시고그후의쥬셩을가도시고술을찻지아니시니반다시져축ᄒᆞᆫ술이잇실지라문창셩이친히구ᄒᆞ신즉어더올가ᄒᆞᄂᆞ이다문창이허락ᄒᆞ고즉시션동을명ᄒᆞ여쥬셩부의니ᄅᆞ러술을청ᄒᆞ니아이오쥬비롤나올식텬ᄉᆞ셩이술을싯고북두셩이잔을ᄢᅧ셔농포봉젹과옥익금장이일시의나와쥬셕을베풀미만좌졔션이미란이쥐ᄒᆞᆫ지라홍난셩이아미롤쓸고츄파롤흘녀옥슈로달을가ᄅᆞ쳐왈져일뉸명월이텬상과인간이다ᄅᆞ미업ᄂᆞ니비록상계광음이장구타ᄒᆞ나만일겁슈롤맛난즉항아상빈의츄상이식로올지라구ᄐᆞ여고담ᄒᆞᆫ션술노놉흔체ᄒᆞ여〃ᄎᆞ호흥을무류케ᄒᆞ리오만일이ᄌᆞ리의셔디빅을ᄉᆞ양ᄒᆞᄂᆞᆫ

11

지잇시면별이〃시리라ᄒᆞ고연ᄒᆞ여쥬비롤ᄂᆞ오미도화셩이역시디쥐ᄒᆞ여홍난셩의머리의ᄶᅩ진옥연화롤ᄲᅢ혀들고탄왈이쏫치청령ᄒᆞᆫ상계의픠여시니밝은향닉와고은빗치츈광을감쵸지못ᄒᆞ여맛춤닉ᄉᆞ랑ᄒᆞᄂᆞᆫᄌᆞ의게썩근빅되여시니엇지ᄎᆞ셕지아니리오문창이디소ᄒᆞ고친히디빅을드려ᄎᆞ례로권ᄒᆞ니일좌디쥐ᄒᆞ여여섯션관이각〃난두롤베고잠들미옥산이ᄌᆞ도ᄒᆞ고하영이산란ᄒᆞ여고결ᄒᆞᆫ셩월은쳠하의둘너잇고청낭ᄒᆞᆫ풍뉴는요지의가득ᄒᆞ니거연이옥누풍월이변ᄒᆞ여호즁텬지된지라다만시녀션동이난두의시립ᄒᆞ고치봉난학이누하의빅회ᄒᆞ더라ᄎᆞ시셕가셰존이녕산도장을파ᄒᆞ시고연화디상의안지

ᄉᆞ여러뎨ᄌᆞ와불법을강논ᄒᆞ실시홀연마하지갓흔화상이고왈마하지즁의열숑이옥연쾌십방을응ᄒᆞ여난긔ᄒᆞ엿더니

12

금일한숑이가간곳이업ᄂᆞ이다ᄒᆞ거날셰존이침음양구의관음보살을도라보아왈이꼿치일월정화와텬지졍긔롤띄여그잇ᄂᆞᆫ곳의이상ᄒᆞᆫ향늬와조요한광치십방을빗쵤지라보살은그곳을살펴보라보살이합장슈명ᄒᆞ고즉시구람을ᄐᆞ고공즁의올나우흐로십이즁텬을우러〃보며아릭로숨십숨계롤구버살피니옥경십이누의한쥴기이상ᄒᆞᆫ광치가잇ᄂᆞᆫ지라빅옥누의니ᄅᆞ니비반이낭ᄌᆞᄒᆞᆫ딕여셧션관이일시의딕취ᄒᆞ여난간을벼긔ᄒᆞ고동퇴셔로ᄒᆞᆫ즁일지연홰좌상의노혓거늘보살이혜안을흘녀한번체시ᄒᆞ고미〃이우으며년화롤취ᄒᆞ여손의들고누의ᄂᆞ려다시구름ᄐᆞ고공즁의소〃아녕산의도라와셰존긔연화롤드리고빅옥누의셔여셧션관이취하믈고ᄒᆞ니셰존이년화롤바다글쓴거술보시고미소ᄒᆞ샤밀타심경을념ᄒᆞ신딕꼿닙히쓴글을낫〃치탑상의쩌러지니

13

십긔구술이되ᄂᆞᆫ지라셰존이다시윤회진연을우으시며파리치롤드러탑상을치신딕십긔구술이쌍쌍이구ᄅᆞ러합ᄒᆞ여두번변ᄒᆞ여다셧낫구슬이되여광치통명ᄒᆞᆫ지라셰존이구슬과연화롤슈습ᄒᆞ여압히노흐신딕보살이미쇼ᄒᆞ고계시롤지어화답ᄒᆞ니기시의왈묘직연화ᄂᆞᆫ묘ᄒᆞ다년화ᄂᆞᆫ원유묘법이라원간묘ᄒᆞᆫ법이잇도다병쳬츈풍ᄒᆞ여츈풍의병쳬ᄒᆞ여시아졀습이라날을졀습을뵈로다어시의셰존이계시롤보시고칭찬ᄒᆞ시며왈션지라불음이여다시한마듸로딕즁을효유ᄒᆞ라보살이직비ᄒᆞ고연화롤가ᄅᆞ쳐왈져옥년홰본질이비록청정ᄒᆞ나쏘한텬지간봄빗출어더잠간윤회호탕지겁을씌여시니즁싱의비ᄒᆞᆫ즉텬셩이허량ᄒᆞ나진근즁탁ᄒᆞ여오욕칠정을임의로못ᄒᆞ고칠계십율을ᄌᆞ취흠갓흔지라우리불법이광딕무량ᄒᆞ니정

14

근을말미암아인연을말솜ᄒᆞ미니ᄃᆡ기ᄉᆞ롬의심정은연화갓고영욕은츈풍이라츈풍이아닌즉년홰픠지못ᄒᆞ며졍욕이아닌즉심졍을ᄭᅵ닷기어려오니모든ᄃᆡ즁과션남션녀ᄂᆞᆫ법심을갓쵸고법안을밝혀년홰발ᄒᆞ고츈풍의인견ᄒᆞᆫ곳을바라텬지청졍ᄒᆞ고강산이허젹ᄒᆞ니이니른바묘법이오셩곽이니라이ᄯᅢ세존이보살의셜법을드ᄅᆞ시고ᄃᆡ희ᄒᆞ샤왈션징라뉘능히이뜻을가져년화와구술노결습을지으리오아란이합장고왈뎨ᄌᆡ비록법덕이업ᄉᆞ오나져년화ᄅᆞᆯ가져변ᄒᆞ여ᄭᅵ다라쳐되여팔만ᄃᆡ장경으로ᄲᅧ셰계즁싱의춍명지녁으로법계의도라오게ᄒᆞ리이다셰존이미쇼부답ᄒᆞ신ᄃᆡ가셥이ᄯᅩ합장고왈뎨ᄌᆡ비록불민ᄒᆞ오나원컨ᄃᆡ져구슬을가져변ᄒᆞ여장명등이되여셰계즁싱의육근육신을빗쵀여청졍광ᄃᆡᄒᆞᆫᄃᆡ도라오게ᄒᆞ리이다셰존이미쇼무언ᄒᆞ시더니관음보살이다시나려연

15

화ᄃᆡ압히나아가셰존긔고왈팔진미ᄅᆞᆯ먹은후의숙쥭의담ᄒᆞ믈알고문슈지복을닙은후의조ᄇᆡᆨ의검쇼ᄒᆞ믈ᄭᅵ닷ᄂᆞ니뎨ᄌᆡ져연화와구슬을가져일죵일연을지어쳔츄만셰의츄몽부싱으로구졍을ᄭᅵ닷게ᄒᆞ여불가상운이청졍광ᄃᆡᄒᆞ믈알게ᄒᆞ리이다셰존이ᄃᆡ희ᄒᆞ샤탑상의일지연화와다섯낫구술을집어보살을쥬시니보살이합장지ᄇᆡᄒᆞ고금난가ᄉᆞᄅᆞᆯ닙고좌슈의다섯낫구술을들고우슈의한송이연화ᄅᆞᆯ가져텬문의올나ᄃᆡ텬도ᄅᆞᆯ구버보니망〃ᄃᆡ히의농연이졉텬ᄒᆞ고도〃한홍진의츄몽이깁헛거ᄂᆞᆯ보술이미쇼ᄒᆞ고우슈의연화와좌슈의구슬을가져일시의공즁을향ᄒᆞ여더진ᄃᆡ구슬이사방의흣터져간곳을모로고다만옥년화한숑이ᄇᆡᆨ운간의나라하계의ᄯᅥ러져일좌명산이되니아지못게라보살의법녁이장찻무숨인연을지어엇지코ᄌᆞᄒᆞ민고하회ᄅᆞᆯ

16

보라허부인츈유옥년봉양공ᄌᆞ노봉녹님긔각셜남방의일좌명산이〃시니쥬회오ᄇᆡᆨ여리오놉기일만팔쳔장이라돌빗치희여ᄇᆡᆨ옥을뭇근듯ᄒᆞ고먼니셔바

라본즉한ᄯᅥᆯ기옥년홰평지의노흰듯ᄒᆞ니셰인이닐으ᄃᆡ옥년봉이라ᄒᆞ더라즁고의일긔도ᄉᆡ잇셔봉두의올나산셰ᄅᆞᆯ보고ᄎᆞ탄왈미ᄌᆡ라ᄎᆞ산이여돌연ᄒᆞᆫ용셰웅건ᄒᆞ고졍슉ᄒᆞᆫ긔운이ᄯᅩ한온젼이바다시니이ᄂᆞᆫ우공구류의도산도슉ᄒᆞᆫ뫼히아니라불가의닐은바비ᄂᆡ봉이니불츌삼ᄇᆡᆨ년의특츌ᄒᆞᆫ인ᄌᆡ나미텬지졍긔ᄅᆞᆯ응ᄒᆞ리라ᄒᆞ더니과연그후슈ᄇᆡᆨ년의봉하의슈삼촌낙이숨기고촌즁의한쳐ᄉᆡ잇시니셩은양이오명은현이라안히허시로더부러뫼희올나나무ᄅᆞᆯᄏᆡ고물의나려고기ᄅᆞᆯ낙가세상부귀영욕을부운갓치아니진짓물외의놉흔ᄉᆞᄅᆞᆷ이라다만년긔ᄉᆞ십의ᄌᆞ녜업셔부

17

쳬상ᄃᆡᄒᆞᆫᄌᆞᆨ울〃불낙ᄒᆞ더라일일은ᄉᆞᆷ월모츈을당ᄒᆞ여허시ᄉᆞ창을열고무류히안ᄌᆞ시니ᄲᅡᆼ〃츈연은쳠하의삿기쳐날아들고나라가니허시망연이바라보고길이탄식ᄒᆞᄃᆡ텬지만물이상ᄉᆡᆼ지법을아니탄ᄌᆡ업고ᄌᆞ모지졍을모로ᄂᆞᆫᄌᆡ젹거ᄂᆞᆯ날갓흔인ᄉᆡᆼ은평ᄉᆡᆼ이젹막ᄒᆞ여져졔비만못ᄒᆞ니엇지가련치아니리오ᄒᆞ며ᄌᆞ연옷깃ᄉᆡ눈물이나리물ᄊᆡ닷지못ᄒᆞ더니양쳐ᄉᆡ드러와안지며왈부인이엇지심ᄉᆡ불예ᄒᆞᆫ듯ᄒᆞ뇨금일〃긔청낭ᄒᆞ고우리이곳의잇션지오ᄅᆡᄃᆡ일작이옥년봉의올나보지못ᄒᆞ여시니이졔한번등쳑ᄒᆞ여울젹ᄒᆞᆫ회포ᄅᆞᆯ풀미엇더ᄒᆞ뇨허시ᄃᆡ희ᄒᆞ여부쳬냥인이쥭장을집고산경을ᄎᆞᄌᆞ갈ᄉᆡ힝화ᄂᆞᆫ진ᄒᆞ고쳑쵹이만발ᄒᆞᆫᄃᆡ쳐〃의나뷔춤과곳〃이벌의소ᄅᆡ일년츈광을쇽졀업시ᄌᆡ촉ᄒᆞ니혹유슈ᄅᆞᆯ희롱ᄒᆞ여숀을ᄡᅦ스며혹슈음을ᄎᆞᄌᆞ각녁을쉬더니셕각이쥰급ᄒᆞ고산뇌

18

긔험ᄒᆞ거ᄂᆞᆯ허시암상의안지며원근을살피니의ᄉᆡᄆᆡᆨ〃ᄒᆞ여구술ᄯᆞᆷ이나숨의ᄉᆞ못ᄂᆞᆫ지라쳐ᄉᆡ우어왈부인은종시범골이라상봉을구경치못ᄒᆞ리로다허시쇼이ᄃᆡ왈쳡은션분이업거니와군ᄌᆞ의긔ᄉᆡ이ᄯᅩ한안셔치못ᄒᆞ시니낭음비과동졍호ᄂᆞᆫ녀동빈의붓그릴비잇실지니잠간암상의쉬여다시젼진ᄒᆞ미조흘가ᄒᆞ나이다쳐ᄉᆡᄃᆡ쇼ᄒᆞ고쥭장을드러상봉을가ᄅᆞ쳐왈우리임의이곳의니ᄅᆞ러

시니잠간쉬여ᄎᆞ산경긔를편답ᄒᆞ고도라가리라ᄒᆞ고반향을안ᄌᆞ다가다시니
러부인과즁봉의오ᄅᆞ미뫼히놉고골이깁허창송녹쥭이ᄉᆞ면의웃거지고긔암
괴셕이좌우의층〃ᄒᆞᆫ듸ᄉᆞ슴의발ᄌᆞ최와진납비그림ᄌᆞ인젹을놀나분〃이피
ᄒᆞ니허시거름을멈츄고송연한빗치잇셔왈이곳이가장긔험ᄒᆞ여젼진키어려
오니쳡은긋ᄐᆞ여상봉을구경코자아니ᄒᆞ나이다쳐싀미쇼ᄒᆞ고셕경의빗회ᄒᆞ
더니ᄒᆞᆫ곳을바라보미일좌셕벽이공

19

즁의달엿ᄂᆞᆫ듸낙〃장송이벽상의느러졋거ᄂᆞᆯ허시가ᄅᆞ쳐왈져곳이심슈ᄒᆞ니
ᄎᆞ져가보ᄉᆞ이다쳐싀듸희ᄒᆞ여덤불을붓들고빅여보를힝ᄒᆞ여가니과연창연
ᄒᆞᆫ바회놉기슈십장이오ᄉᆞ면의무어술삭인흔젹이잇거ᄂᆞᆯ쓸고ᄌᆞ셰이보니이
ᄂᆞᆫ관음보살진면이라삭이미공교ᄒᆞ여미목이분명ᄒᆞ거ᄂᆞᆯ이의쳐ᄉᆞ를도라보
아왈부쳐면상이분명ᄒᆞ듸인젹이업ᄉᆞ니반다시녕험ᄒᆞᆯ지라우리이졔긔도발
원ᄒᆞ미조흘가ᄒᆞᄂᆞ이다쳐싀연기언ᄒᆞ여부쳐냥인이고이공경녜빅ᄒᆞ고심즁
의구ᄌᆞᄒᆞ믈츅원을은근이ᄒᆞ고셔로듸ᄒᆞ여탄식ᄒᆞ믈마지아니ᄒᆞ더니아이오
셕양이지ᄉᆞᆫᄒᆞ고어두온빗치슈풀의나거ᄂᆞᆯ쳐싀허시의ᄉᆞᆫ을닛그러오던길노
ᄎᆞᄌᆞᄂᆞ려갈ᄉᆡ공산은적〃ᄒᆞ고송풍은소슬ᄒᆞᆫ듸셕경의쥭장더지ᄂᆞᆫ소릐의진
납비놀나니고적ᄒᆞᆫ심ᄉᆞ와쳐량ᄒᆞᆫ회포를니긔지못ᄒᆞ여허시즁심의가마니츅
슈왈우리부체자고로반싱의별노젹악이업거ᄂᆞᆯ산간의유락ᄒᆞ여승니와도ᄉᆞ
갓치혈

20

속이업ᄉᆞ니바라건듸산령보살은가련이보샤ᄌᆞ비지심을발ᄒᆞ쇼셔빌기를맛
ᄎᆞ미거름이임의ᄉᆞ문의다〃ᄅᆞᆫ지라휴슈승당ᄒᆞ여의구히등잔을도〃고부〃
냥인이상듸ᄒᆞ엿더니시야의허시일몽을어드니일위보살이한송이꼿출들고
옥연봉으로나려와허시를쥬거ᄂᆞᆯ바다들고ᄉᆞ례코자ᄒᆞ더니보술의쥭장더지
ᄂᆞᆫ소릐의ᄭᆡ니침상일몽이라이의쳐ᄉᆞ를듸ᄒᆞ여몽ᄉᆞ를니ᄅᆞ니쳐싀미쇼왈니
ᄯᅩ한금야의이상ᄒᆞᆫ몽죄잇시니일도금광이하ᄂᆞᆯ노좃ᄎᆞ나려와변ᄒᆞ여일긔미

남지되여왈나ᄂᆞᆫ텬상문창셩이러니귀문의일시연분이잇기로의탁고ᄌᆞᄒᆞ노라ᄒᆞ고품의안기며셔긔만실ᄒᆞ고광ᄎᆡ휘황ᄒᆞ거ᄂᆞᆯ놀나ᄭᆡ다ᄅᆞ니엇지심상ᄒᆞᆫᄭᅮᆷ이리오ᄒᆞ여부뷔긔이히너기더라과연그달붓터ᄐᆡ긔잇셔거연이십삭이ᄎᆞᄆᆡ일ᄀᆡ옥동을ᄉᆡᆼᄒᆞ니그날옥년봉상의션악이은〃ᄒᆞ고상셔로은긔운이집을둘너삼일을

21

ᄒᆞᆺ터지〃아니ᄒᆞ더라아희나ᄆᆡ얼골이관옥갓고미우의산쳔경긔ᄅᆞᆯ씌여시며냥안의일월지광이가작ᄒᆞ니청슈ᄒᆞᆫ긔질과쥰일ᄒᆞᆫ풍ᄎᆡ진짓션풍도골이라쳐ᄉᆞ부뷔쳔금갓치ᄉᆞ랑ᄒᆞ고보ᄂᆞᆫ지뉘아니칭찬ᄒᆞ리오난지칠일의언어ᄅᆞᆯ능통ᄒᆞ고이셰의시비ᄅᆞᆯ분변ᄒᆞ고삼셰되ᄆᆡ이웃아희ᄅᆞᆯᄎᆞᄌᆞ문의셔놀ᄉᆡᄯᅡ흘ᄡᅳ어글자ᄅᆞᆯᄆᆡᆫ달며돌을모화진법을버리니맛참일ᄀᆡ노승이지나다가그슉셩ᄒᆞ믈보고ᄃᆡ경왈이아희문창문곡의졍긔ᄅᆞᆯᄧᅧ여시니타일반다시ᄃᆡ귀ᄒᆞ리로다셜파의칭찬ᄒᆞ기ᄅᆞᆯ마지아니〃쳐ᄉᆡ긔특이너겨아ᄌᆞ의일홈을창곡이라ᄒᆞ니라창곡이일〃은언덕의올나모든아희와ᄭᅩᆺᄊᆞ홈ᄒᆞᆯᄉᆡ쳐ᄉᆡ나아가보니여러아희다각〃산화ᄅᆞᆯᄶᅥᆨ거두상의가득이ᄭᅩᄌᆞ시ᄃᆡ창곡은그저안ᄌᆞ거ᄂᆞᆯ쳐ᄉᆡ그곡졀을무른ᄃᆡ〃왈소ᄌᆞᄂᆞᆫ일홈ᄂᆞᆫᄭᅩᆺ치아니기로취치아니ᄒᆞ나이다쳐ᄉᆡ소왈

22

엇던ᄭᅩᆺ치일홈난ᄭᅩᆺ치뇨창곡이ᄃᆡ왈침향졍희당화의고은ᄐᆡ도와셔호ᄆᆡ화의담박ᄒᆞᆫ졀ᄀᆡ로낙양목단의부귀지상을겸ᄒᆞᆫᄭᅩᆺ치바야흐로일홈난ᄭᅩᆺ치니이다쳐ᄉᆡ웃고타일의풍유걸ᄉᆡ될쥴알더라오륙셰되ᄆᆡ능히글자ᄅᆞᆯ보아글귀ᄅᆞᆯᄆᆡᆫᄃᆞ니쳐ᄉᆡ그과지ᄒᆞ믈아쳐로이너기더라일〃은밤든후월ᄉᆡᆨ이만텬ᄒᆞ고셩광이조요ᄒᆞᆫᄃᆡ쳐ᄉᆡ창곡을안고ᄯᅳᆯ의셔건닐며우연이달을가ᄅᆞ쳐왈네능히져달을두고글을지을소냐창곡이즉시응구쳡ᄃᆡᄒᆞ니왈셩명황〃이오큰별은발기황〃ᄒᆞ고소셩명경〃이라져근별은밝기경〃ᄒᆞ다유〃일편월이오직한조각달이ᄉᆞ히현여경이라ᄉᆞ히의거울갓치달니도다양쳐ᄉᆡ크게긔특이너겨허시ᄅᆞᆯ도라보아왈이아희긔상이탁월ᄒᆞ여ᄉᆡᆼ이적막ᄒᆞ믈본밧지아니리라ᄒᆞ더라

일〃은쳐싀낙뒤롤들고봉하의낙시질홀싀창곡이부친을좃차

23

구경ᄒᆞ더니쳐싀닐오뒤네이러틋긔특ᄒᆞ니긔직며묘직로다공부ᄂᆞᆫ완셰계의
고기낙글싀치ᄌᆞ죵문이바늘을두다려낙시롤민드니그글의ᄒᆞ엿시뒤치ᄌᆞ고
침작조구라ᄒᆞ여지금가지유젼ᄒᆞ니네죵문의고침ᄒᆞᆷ을비화여부의흥미롤도
울쇼냐창곡이뒤왈죵문이맛참닉셩취ᄒᆞ미엇더ᄒᆞ니잇고쳐싀왈별노이탁월
ᄒᆞᆫᄉᆞ업이업ᄂᆞᆫ가ᄒᆞ노라창곡이뒤왈어쵸문답은한가ᄒᆞᆫ사롬의자취라뒤장부
의년소예긔로여력이방장ᄒᆞ여ᄉᆞ방을경영ᄒᆞ며만민을구졔홀진뒤엇지소슬
ᄒᆞᆫ뒤막뒤롤산간의더져셰월을젹〃히보닉리잇고ᄒᆞ니ᄎᆞ시창곡의나희뉵셰
라양쳐싀심즁의두굿기물마지아니ᄒᆞ나진짓힐난ᄒᆞ여그마음을보고ᄌᆞᄒᆞ여
우문왈한신은군ᄌᆞ로뒤집이간난ᄒᆞ여셩하의고기낙고티공은현인이나문왕
을못맛나위슈변의낙시롤더져시니부귀궁달은인력으로못홀비라

24

어옹의젹막ᄒᆞᆷ을아직엇지조롱ᄒᆞᄂᆞ뇨창곡왈승픽ᄂᆞᆫ하날의잇고경윤은사롬
의게달녀시니소직비록불쵸ᄒᆞ오나고기직설과방슉소호롤효측ᄒᆞ여훈업을
쳔츄의빗닐지니엇지노장의음양과필부의걸식ᄒᆞᆷ물불워ᄒᆞ리잇고쳐싀이말
을듯고더옥이긔특이너기더라광음이홀〃ᄒᆞ여창곡의나히십뉵셰되미엄연
이장부의쳬뫼얼닐우고학문과학식이츌즁ᄒᆞ고효셩이지극ᄒᆞ여현인군ᄌᆞ지
풍이잇고녕발한풍뉴와호방ᄒᆞᆫ긔상은영웅호걸의풍치롤겸ᄒᆞ엿ᄂᆞᆫ지라향니
졔인이칭찬치아니리업더라ᄎᆞ셜이ᄯᆡ텬지즉위ᄒᆞ시고뒤ᄉᆞ텬하ᄒᆞ신후만방
다ᄉᆞ롤모하과거롤뵈실싀창곡이부친긔고왈남지셰상의나미츙효롤빵젼ᄒᆞ
여후셰의셩명을빗닉고ᄌᆞᄒᆞ미라소직비록무직ᄒᆞ오나나히이졔십뉵셰되여
ᄉᆞ오니구〃이젼원을직희여부모의근심을더ᄒᆞ미불효오니원컨뒤황셩의올
나가공명을구코자ᄒᆞᄂᆞ이다쳐싀그ᄯᅳᆺ을긔특이너겨아ᄌᆞ롤다리고닉당

25

의드러가허시와상의ᄒᆞ니허시불열왈우리부쳬늦도록ᄌᆞ식이업셔한탄ᄒᆞ더니하날이도으샤너를어더장찻옥년봉하의나물을킈여고기낙가평싱을ᄶᅥ나지말고여싱을지닉미조흘지라엇지다시부귀를희롱ᄒᆞ고공명을탐ᄒᆞ여니별을경이ᄒᆞ리오ᄯᅩ싱각건ᄃᆡ네나히불과이팔이오황셩이여기셔삼쳔여리라니엇지참아너를보닉리오창곡이다시ᄭᅮ러고왈소지비록미거ᄒᆞ여경원을투필ᄒᆞ고만니의봉후흔지견이업ᄉᆞ오나셰월이여류ᄒᆞ니시불가셕이라이ᄯᅢ를놋친즉조물이다시조흔ᄯᅢ를빌니지아닐가ᄒᆞ나이다양쳐식ᄃᆡ언왈남ᄌᆞ공명의뜻을두ᄃᆡ구〃ᄒᆞᆫᄉᆞ정을도라보지못홀지라부인은일시니별을슬허말지어다허시홀일업셔창곡의숀을잡고왈우리부뷔아직쇠로치아냐시니잠간ᄶᅥ나물엇지그다지슬허ᄒᆞ리오마는닉이졔너를유치로아다가쳐음으로슬하를ᄶᅥ나슈쳔니밧긔가니노모의〃려지망이장찻엇더ᄒᆞ리오셜

26

파의쵸창ᄒᆞ믈마지아니〃창곡이위로왈소ᄌᆞ불쵸ᄒᆞ오나몸을삼가우려ᄒᆞ시믈ᄭᅵ치지아니리니모친은존체를보즁ᄒᆞ쇼셔허시이의농즁의나믄의상과빈혀를파라힝장을쥰비홀식쳐ᄉᆞ부뷔동구밧게나와보닉며일필청녀와일긔가동으로슈십냥은자를갓쵸와쥬고연〃ᄒᆞ믈마지아니〃ᄎᆞ시창곡이비록지식이〃시나년긔어리고ᄌᆞ모슬하를쳐음으로ᄶᅥ나미나귀를ᄐᆞ고ᄉᆞ미로낫출가리오고눈물이녕〃ᄒᆞ나스사로억졔ᄒᆞ여황셩으로향홀식이ᄯᅢ는츈말하쵸라녹음이난만ᄒᆞ고방쵸는쳐〃ᄒᆞᆫᄃᆡ동풍의우는식는힝긱의심회를돕는지라양공지글귀를싱각ᄒᆞ여망운ᄒᆞ는근심을스사로억졔ᄒᆞ더니십여일을힝ᄒᆞ여소쥬지경의니ᄅᆞ니이ᄯᅢ쇼쥐년흉ᄒᆞ여도젹이ᄉᆞ면의편만흔지라공ᄌᆞ노쥐힝니를조심ᄒᆞ여일작이긱졈의쉬고느진후동ᄒᆞ여츈〃젼진ᄒᆞ더니일〃은맛참길의힝인이희쇼

27

ᄒᆞ고쥬졈이드물거늘나귀를모라망망이힝홀식어언간의일식이져무러황혼

이되니공주노쥐황망ᄒᆞ여다만압길을바라고힝ᄒᆞ여한곳의니ᄅᆞ니슈목이참텬ᄒᆞ고쥰령이압흘당ᄒᆞ엿거놀공지나귀롤달녀거리너물시월식이희미ᄒᆞ고산즁의나무닙히펴져시니압길이분명치못ᄒᆞᆫ지라동ᄌᆡ치롤더져나귀가는ᄃᆡ로힝ᄒᆞ며가더니고기밋히다〃라동ᄌᆡ홀연크게소릐ᄒᆞ고치롤더지고물너셔거놀공지곡졀을무론ᄃᆡ동ᄌᆡ덤불을가ᄅᆞ쳐왈이곳의도젹이만타ᄒᆞ거놀공지다시보니일쥬고목이풍마우세ᄒᆞ여셕은등걸이월하의셧는지라공지웃고동자의경망ᄒᆞ믈칙ᄒᆞ고다시치롤슈습ᄒᆞ여갈시불과슈십보는가셔오륙기강되슈풀속으로셔ᄂᆡ다라각〃셔리갓흔창검을들고다라들거놀공지불변안식고타연이닐오ᄃᆡ너희평일양민으로흉년을당ᄒᆞ니긔한의핍박ᄒᆞ여힝인의지

28

물을탐ᄒᆞ믄군ᄌᆞ의측연ᄒᆞ는비라너힝장과의복을앗기지아니ᄒᆞ려니와ᄉᆞ롬을히ᄒᆞ믄엇지불가치아니리오그한ᄌᆡ쇼왈세간사롬이ᄌᆡ물을셩명보다즁히아나니만일쥭이지아니면엇지쎄스리오공지소왈군ᄌᆞ는허언이업ᄂᆞ니너희잠간물너서면의복과힝구롤몰슈히쥬리라젹한이바야흐로칼을거두고물너셔거놀공지동자롤명ᄒᆞ여힝구롤가져오라ᄒᆞ여몰슈히ᄂᆡ여젹한을쥬며닙은옷슬ᄎᆞ례로버슬시긔식이안연ᄒᆞ여조금도창황ᄒᆞ미업거놀젹한이셔로도라보며왈가히영웅군ᄌᆡ로다ᄒᆞ여혀롤두로며공ᄌᆡ의복을다벗고다만단의일습을머물너왈이거손몸을가리워슈치롤면코자ᄒᆞ노라젹한이쾌히허락ᄒᆞ고왈우리이노릇술ᄒᆞᆫ후로담ᄃᆡᄒᆞᆫᄉᆞ롬을만히보아시나이런슈ᄌᆞ는쳐음이로다ᄒᆞ고힝니와의복을거두어가지고슈풀속의드러가니공ᄌᆞ노쥐나귀롤ᄡᅳ롤고고기롤ᄂᆞ려긱졈을ᄎᆞᄌᆞ갈시ᄎᆞ

29

시는삼경이되엿는지라졈문을두다리고소릐니졈인이나와보고ᄃᆡ경왈엇던공ᄌᆡ이갓치깁흔밤의창황이니ᄅᆞ뇨공지도젹맛나물ᄌᆞ시말ᄒᆞ니졈인이다시놀나왈이곳의셔힝인이도젹의게쥭은지무슈ᄒᆞ니비록ᄇᆡᆨ일이라도져갓치고단ᄒᆞᆫ힝인은혼ᄌᆞ단니지못ᄒᆞᄂᆞ니금일슈도의복녁이무량ᄒᆞ여명을보젼ᄒᆞ도

다공지왈니일즉드ᄅᆞ니소쥬ᄂᆞᆫ강남졔일ᄃᆡ읍이라ᄒᆞᄃᆡ니엇지관부의셔도젹을금치아니ᄒᆞᄂᆞ뇨졈인이닝소왈공자ᄂᆞᆫ잠간안자시면ᄌᆞ셔ᄒᆞᆫ말을ᄒᆞ리이다ᄒᆞ고일간긱실을정ᄒᆞ여일힝을안돈ᄒᆞᆫ후쥬인이등잔을혀고드러와봉젹ᄒᆞᆫ슈말을ᄌᆞ시뭇고탄왈관뷔비록머지아니ᄒᆞ나ᄌᆞ시쥬식의침익ᄒᆞ여치민지졍을폐ᄒᆞ여시니뉘도젹을검졔ᄒᆞ리오ᄒᆞ며일변공ᄌᆞ의힝귀업ᄉᆞ믈민망ᄒᆞ여밤을지닌후하날이밝으ᄆᆡ공직장찻발힝코자ᄒᆞ나낭탁이븨여시니진퇴양난ᄒᆞ여졍히근심ᄒᆞ더니홀연냥ᄀᆡ소년이드러

30

오거날눈을드러보니슈즁의각〃궁시롤들고호협ᄒᆞᆫ거동이얼골의낫타나더라일변쥬인을불너술을가져오라ᄒᆞ며창곡노쥬의소졸이안자시물보고문왈슈ᄌᆞᄂᆞᆫ엇던ᄉᆞ롬이뇨공직ᄃᆡ왈황셩으로올나가ᄂᆞ이다기인이우문왈슈ᄌᆞ의나히몃치뇨ᄃᆡ왈십뉵셰니이다소년왈나히어린슈지힝식이엇지그리고단ᄒᆞ뇨공지왈집이가난ᄒᆞ여긔구롤갓쵸지못한즁의길의셔도젹을맛나의복과힝구롤닐코상경홀모칙이업ᄂᆞ이다쇼년이소왈ᄃᆡ장뷔그만도젹을ᄃᆡ젹지못ᄒᆞ여져갓치낭픠ᄒᆞ니슈ᄌᆞ의무용ᄒᆞ물알지라슈지임의황셩으로갈진ᄃᆡ반다시응과ᄒᆞᄂᆞᆫ션비라능히글을ᄒᆞᄂᆞ냐공지왈싱이하토의싱장ᄒᆞ여문견이고루ᄒᆞ니비록약간글을비화시나셩편치못ᄒᆞ나이다소년왈슈ᄌᆞᄂᆞᆫ너모겸ᄉᆞ치말나니한계괴잇셔슈ᄌᆞ로ᄒᆞ여금힝ᄌᆞ롤엇게ᄒᆞ리라명일소쥬ᄌᆞ시압강졍의ᄃᆡ연을비셜ᄒᆞ고소황냥쥬문장

31

지ᄉᆞ롤모화압강졍시롤지여장원ᄒᆞᄂᆞᆫᄌᆞ롤즁상ᄒᆞᆫ다ᄒᆞ니슈지만일시율의지죄잇실진ᄃᆡ황셩갈힝ᄌᆞ롤엇지근심ᄒᆞ리오그즁의일ᄀᆡ쇼년이ᄯᅩ우어왈더옥묘ᄒᆞᆫ곡졀이잇ᄂᆞ니비록년긔셩장치못ᄒᆞ여시나종시남직라이러ᄒᆞᆫ일을아라도무방홀가ᄒᆞ노라강남삼십뉵쥬기악의항쥐졔일이오항쥬숩십뉵방즁의일홈ᄂᆞᆫ기녀즁의강남홍이일등이니강남홍의문장직화와용모직질이기녀즁독보ᄒᆞ니ᄌᆞᄉᆞ슈령이심복지아니ᄂᆞᆫ지업ᄉᆞ나져의셩품이져의뜻의들지아니ᄒᆞᆫ

즉죽기로뼈몸을허치아니ᄒᆞ미홍의나히지금십ᄉᆞ세의감히갓가이ᄒᆞᆫ지업더니방금소쥬ᄌᆞᄉᆞᄂᆞᆫ승상황희병의아들이니풍뉴쥬식의지화ᄅᆞᆯ겸젼ᄒᆞ고년긔숨십의인물이동탕ᄒᆞ니방계곡셩으로강남홍을다리며좌우의두고ᄌᆞᄒᆞ여명일압강정의잔치ᄒᆞ미젼혀홍을위ᄒᆞ미니그즁의반다시장관이잇실듯ᄒᆞ나우리ᄂᆞᆫ무부라문

32

인좌셕의참예치못ᄒᆞ거니와슈ᄌᆞᄂᆞᆫ가구경ᄒᆞ미조흘가ᄒᆞ노라공지소왈나ᄂᆞᆫ본ᄃᆡ무지ᄒᆞᆫ아ᄒᆡ라이러ᄒᆞᆫ승회의엇지참예ᄒᆞ리오두쇼년이ᄃᆡ소ᄒᆞ고금낭을열고쥬치ᄅᆞᆯ쥰후가거ᄂᆞᆯ공지심즁의싱각ᄒᆞᄃᆡ황ᄌᆞ시조정명니로쥬식의침익ᄒᆞ여정ᄉᆞᄅᆞᆯ폐ᄒᆞ니ᄂᆡ굿트여ᄃᆡᄒᆞ고ᄌᆞᄒᆞ미아니나이졔박익ᄒᆞᆫ정셰ᄅᆞᆯ당ᄒᆞ여진퇴무로ᄒᆞ니소년의말ᄃᆡ로일시권도ᄅᆞᆯ뼈일장가도지ᄉᆞᄅᆞᆯ보리라ᄒᆞ고쏘스사로우어왈강남은텬하의유명ᄒᆞᆫ곳이라문장과물식이가장구경할만ᄒᆞᆯ거시오강남홍은엇던기녀완ᄃᆡ이러ᄐᆞ시교만ᄒᆞᆫ고ᄒᆞ여풍유남ᄌᆞ의호방ᄒᆞᆫ마음이일시의ᄆᆡᆼ동ᄒᆞ여쥬인을불너왈압강졍이여긔셔멋니나되ᄂᆞ뇨ᄃᆡ왈솜십니〃이다공지왈ᄂᆡ이졔의관이업셔길의날슈업ᄉᆞ니져나귀ᄅᆞᆯ졈즁의쥬고우리노쥬의조셕을ᄒᆞ여쥬미엇더ᄒᆞ뇨쥬인이ᄃᆡ왈심상ᄒᆞᆫ힝인이라도힝지업ᄉᆞᆫ즉괄시치못ᄒᆞ려든허물며공자

33

의비범ᄒᆞ신풍치ᄅᆞᆯ그윽이흠앙ᄒᆞᄂᆞ니슈일조셕진기ᄅᆞᆯ엇지어려워ᄒᆞ리오양공지ᄃᆡ희ᄒᆞ여노쥐다시일〃을졈즁의셔쉬고익일의쥬인의게압강졍구경가물말ᄒᆞ고의관을빌니물쳥ᄒᆞ니졈쥐즉시쥬거날공지의관을졍졔ᄒᆞ고동ᄌᆞᄅᆞᆯ다리고동으로슈십니ᄅᆞᆯ힝ᄒᆞ여압강졍으로가니하회엇지된고셕남ᄒᆞ라

셰무신ᄉᆞ월일향목동셔

권지이

1

옥누몽권지이

화셜공ᄌᆡ동ᄌᆞᄅᆞᆯ다리고슈십니ᄅᆞᆯ힝ᄒᆞ여가니산쳔이명녀ᄒᆞ고물ᄉᆡᆨ이번화ᄒᆞ여곳〃이경ᄀᆡ졀승ᄒᆞ더라공ᄌᆡ심즁의혜오ᄃᆡ압강졍이반다시물가의잇실거시니ᄂᆡ물을ᄯᅡ라가보리라ᄒᆞ고ᄯᅩ슈리ᄅᆞᆯ힝ᄒᆞᄆᆡ강ᄉᆡᆨ이광활ᄒᆞ고산ᄉᆡᆨ이아ᄅᆞᆷ다와ᄇᆡᆨ운은취슈의열니고ᄇᆡᆨ구ᄂᆞᆫ명ᄉᆞ의버려시니압강졍이머지아니믈알지라다시슈리ᄅᆞᆯ힝ᄒᆞ니풍편의ᄉᆞ쥭소ᄅᆡ은〃이들니며과연일좌파뤼강변의표묘ᄒᆞ고졍하의거마와ᄉᆞᄅᆞᆷ이물쓸듯ᄒᆞ거ᄂᆞᆯ졍상을바라보니푸른기와의븕은난간이반공의표묘ᄒᆞ고금자로현판의뼛시ᄃᆡ압강졍이라ᄒᆞ엿더라아ᄅᆞᆷ다온풍뉴와쳥아한노ᄅᆡ소ᄅᆡ누ᄃᆡᄅᆞᆯ흔들거ᄂᆞᆯ양공ᄌᆡ동ᄌᆞᄅᆞᆯ도라보아왈네여긔셔기다리라ᄒᆞ고바로졍하의다〃라모든소항션비ᄅᆞᆯ좃ᄎᆞ졍상의올나보니그졍ᄌᆡ너ᄅᆞ

2

기슈ᄇᆡᆨ간이오금벽단창이휘황찬란ᄒᆞ니진짓강남즁제일누ᄃᆡ러라동편교위우ᄒᆡ홍포오사로반취ᄒᆞ여안진ᄌᆞᄂᆞᆫ소쥬ᄌᆞᄉᆞ황여옥이오셔편교위우ᄒᆡ창안학발노슉연이안진니ᄂᆞᆫ항쥬ᄌᆞᄉᆞ윤형문이라윤ᄌᆞᄉᆡ위인이관홍ᄒᆞ여비록항쥬ᄌᆞᄉᆞ와년긔부젹ᄒᆞ나인읍지의로간청ᄒᆞ물인ᄒᆞ여오미라ᄎᆞ시소항문ᄉᆡᆨ졍상의가득ᄒᆞ여각각의관을션명ᄒᆞ고동지ᄅᆞᆯ아ᄅᆞᆷ다이ᄒᆞ여동셔로분좌ᄒᆞᄆᆡ냥부기녀ᄇᆡᆨ여명이쥬취홍장으로좌우의버려아리ᄯᅡ온우음과교연ᄒᆞᆫᄐᆡ도로안ᄉᆡᆨ을ᄌᆞ랑ᄒᆞ여풍졍을희롱ᄒᆞ거ᄂᆞᆯ양공ᄌᆡ츄슈냥안을흘녀살펴보니그즁의일ᄀᆡ미인이불언불소ᄒᆞ고표연이안자시니옥갓ᄒᆞᆫ귀밋ᄒᆡ운빈이숨ᄉᆞᄒᆞ고팔ᄅᆡ한옥안의츈광이쵸췌ᄒᆞ여닝담ᄒᆞᆫ긔상이빙호츄월이졍신을먹음엇고총명ᄒᆞᆫ자질은창ᄒᆡ명쥬광

3

치롤감쵸와시니침향졍상의조로롤먹음은히당화롤비유홈빅아니라공직심즁의싱각ᄒᆞ딕닉경셩경국지식을옛글의드럿더니이지보ᄂᆞᆫ지라이ᄂᆞᆫ반다시심상ᄒᆞᆫ녀직아니라소년의말ᄒᆞ던바강남홍이로다ᄒᆞ고여러션빅롤좃차말셕의안지니이쩌강남홍이ᄯᅩ한일쌍츄파롤흘녀셕상의모든군사롤살펴보미방탕ᄒᆞᆫ거동과용속ᄒᆞᆫ말슴이모다녹〃지빅로딕그즁의일기슈직말셕의안ᄌᆞ시니쵸〃ᄒᆞᆫ의복과셔어ᄒᆞᆫ힝식이비록빈한ᄒᆞᆫ션빅나표일ᄒᆞᆫ긔상과동탕ᄒᆞᆫ풍되일좌의졔일이니단산셔봉이기군의쳐ᄒᆞ고창히신룡이풍운을희롱ᄒᆞᄂᆞᆫ듯ᄒᆞ거놀홍낭이심즁의놀나왈닉쳥누의쳐ᄒᆞ여열인ᄒᆞ미허다ᄒᆞ나엇지져갓흔긔남ᄌᆞ롤보아시리오ᄒᆞ고자죠눈을드러그거동을살피니공직ᄯᅩᄒᆞᆫ졍신을쏘아은근이보더라황ᄌᆞᄉ모든션빅롤졍

4

상의모흐고홍낭을도라보아왈압강졍은강남즁졔일누딕라금일졔공의문장직홰만좌ᄒᆞ니홍낭은밝은노릭한곡조롤화ᄒᆞ여졔공의흥치롤도으미엇더ᄒᆞ뇨홍낭이머리롤숙이고침음양구의딕왈상공이〃졔문인직식좌우의가득ᄒᆞ여시니엇지시속노릭로졔빈의귀롤더러리잇고맛당이졔공의금슈문장을비러황하빅운의아담ᄒᆞᆫ곡조롤화답ᄒᆞ미조흘가ᄒᆞ나이다모든션빅일졔이용약ᄒᆞ니황ᄌᆞ사심즁의불열ᄒᆞ여싱각ᄒᆞ딕닉오날노름의풍유슈단을부려홍낭을뵈고ᄌᆞᄒᆞ엿더니만일좌즁의왕창녕의직죄잇신즉닉엇지도로혀무식지아니리오그러ᄒᆞ나홍낭의뜻이〃러ᄒᆞ고모든션빅용약ᄒᆞ니만일져희ᄒᆞ면더옥용속ᄒᆞᆫ일이라닉몬져일슈시롤지어좌즁을압두ᄒᆞ여홍낭으로ᄒᆞ여금나의직조롤알게ᄒᆞ리라ᄒᆞ고흔연이우어왈홍낭의말이졍히닉뜻과갓흐니시졔롤밧비닉리라ᄒᆞ고

5

모든션빅롤각〃치젼을쥬어압강시롤지으라ᄒᆞᆫ딕소항다싀분〃이붓슬쎄혀지조롤다톨싀황ᄌᆞ싀즉시몸을니러방즁의드러가셔안을의지ᄒᆞ여글귀롤싱

각ᄒᆞ나의ᄉᆡ삭막ᄒᆞ여착급ᄒᆞ믈니긔지못ᄒᆞ여눈쌀을찝푸리고좌불안셕ᄒᆞ더니이ᄋᆞᆨ고모든션ᄇᆡ글을다지엇거ᄂᆞᆯ황ᄌᆞᄉᆞ다시좌상의나와소왈셕일의조자근이칠보셩시ᄅᆞᆯᄒᆞ엿거ᄂᆞᆯ이졔〃공은반일의바야흐로일슈시ᄅᆞᆯ셩편ᄒᆞ니엇지그리더듸뇨ᄒᆞ더라ᄎᆞ시홍낭이츄파ᄅᆞᆯ가마니흘니며미쇼ᄒᆞ고ᄉᆡᆼ각ᄒᆞᄂᆞᆫ바업시ᄎᆡ젼을펴고경ᄀᆡ의삼장시ᄅᆞᆯ닐워셕상의더지며진짓소항션ᄇᆡ의글을취ᄒᆞ여슈십여장을보나도시용속지ᄌᆡ오일ᄀᆡ도츌즁ᄒᆞᆫ글이업거ᄂᆞᆯ아미ᄅᆞᆯ찡기며바야흐로양공ᄌᆞ의글을집어보ᄆᆡ몬져필법이찬란ᄒᆞ여용ᄉᆡ비등ᄒᆞ고풍운이니러나니임의안목이휘황ᄒᆞ고다시글을보ᄆᆡ건안ᄌᆡᄉᆞ의긔이한슈단과셩탕졔

6

공의췌잔ᄒᆞᆫᄌᆡᄉᆡ잇고조참군의쥰일홈과유ᄀᆡ부의청신ᄒᆞ믈겸ᄒᆞ여시니진짓슈즁지월이오경즁지화라그글졔일장의왈쵀의정ᄌᆞᄃᆡ강두놉흔정ᄌᆡ큰강머리의잇시니화동쥬란압공뉴그림그린기동과븕은난간이푸른물을둘너더라ᄇᆡᆨ조관문종경향흰ᄉᆡ가종경소ᄅᆡᄅᆞᆯ익이드러시니셕양졈〃낙평쥬셕양의졈〃이물가의ᄯᅥ럿더라졔이장의왈평ᄉᆞ농월슈롱월모ᄅᆡ의달이어롱지고물의연긔어롱지니젹슈공청일ᄉᆡᆨ현싸흰물이ᄆᆞᆰ가모ᄅᆡ와한빗치로다호시군종평시망ᄎᆞᆺᄐᆞ그ᄃᆡ가평지의셔바라보니화즁누각경즁텬화즁누각이오거울속의신션이로다졔삼장의월강남팔월문향즁강남팔월의이상ᄒᆞᆫ향ᄂᆡᄅᆞᆯ드ᄅᆞ니만타하화일타홍일만ᄯᅧᆯ기연ᄭᅩᆺ의한ᄯᅧᆯ기븕엿도다막타원망화하긔원앙을ᄯᆞ라ᄭᅩᆺ아ᄅᆡ니러ᄂᆞ게마쇼원망비거졀화롱원앙이나라가면ᄭᅩᆺᄯᅧᆯ기ᄯᅥ러질가홍낭이〃ᄋᆞᆨ히보다가홀연푸른누셥을들고단슌이열니며머리의ᄭᅩ진금홍ᄎᆞᄅᆞᆯᄲᅢ혀쥬호ᄅᆞᆯ치며알연이ᄆᆞᆰ은목으로노ᄅᆡᄒᆞ니남젼편옥이셕상의바아지고청텬

7

고학이벽공의소ᄅᆡᄒᆞᄂᆞᆫᄃᆞᆺ양진이나라가며청풍이삽〃ᄒᆞ거ᄂᆞᆯ일좌홀연변ᄉᆡᆨᄒᆞ고소항문ᄉᆡ도라보며뉘글이믈모로더라홍낭이노ᄅᆡᄅᆞᆯ맛친후ᄎᆡ젼을드러낭자ᄉᆞ긔드리니황자ᄉᆞᄂᆞᆫ가장불평ᄒᆞᆫ빗치잇고윤ᄌᆞᄉᆞᄌᆡᄉᆞᆷ읇푸며격졀칭찬

ᄒᆞ고일홈을밧비ᄶᅥ혀보믈지촉ᄒᆞ니홍낭이심즁의ᄉᆡᆼ각ᄒᆞᄃᆡᆡ비록조감이업ᄉᆞ나평ᄉᆡᆼ의지긔롤맛나일ᄉᆡᆼ을의탁고ᄌᆞᄒᆞᄃᆡ풍치롤가진ᄌᆞᄂᆞᆫ한묵의ᄉᆞ업을긔필치못ᄒᆞ며니두의문장은품은ᄌᆞᄂᆞᆫ장경의방탕ᄒᆞ미만ᄒᆞ니라나의소원이아니라ᄯᅳᆺ밧게져말셕의안진슈지구슬을흣트며셕상의보비될쥴아라시리오이ᄂᆞᆫ하날이홍낭을불상히너겨ᄶᅡᆨ을졍ᄒᆞ샤영웅군ᄌᆞ의긔셰풍뉴ᄒᆞ므로홍의소원을닐워쥬시도다비록그러ᄒᆞ나슈ᄌᆞ의ᄒᆡᆼ식이소항션비아니라만일셩명을노츌ᄒᆞᆫ즉황ᄌᆞ사의방탕무례홈과모든문ᄉᆞ의간활ᄒᆞ므로필경지조롤싀긔ᄒᆞ여고단ᄒᆞᆫ슈자롤곤케ᄒᆞ리니엇지ᄒᆞ면조흐리오ᄒᆞ여

8

한계교롤ᄉᆡᆼ각ᄒᆞ고냥자ᄉᆞ긔고왈쳡이금일졔공의글을한번창화ᄒᆞ믄승회의환소롤돕고ᄌᆞᄒᆞ미오굿ᄐᆡ여그지조의우렬을ᄲᅢ혀좌즁의호흥을무식게ᄒᆞ미아니오니원컨ᄃᆡ그일홈을드러ᄂᆡ지마르시고종일환락ᄒᆞ고ᄶᅥ혀보시미조흘가ᄒᆞ나이다냥ᄌᆞ식허락ᄒᆞ니양공ᄌᆞᄂᆞᆫ총명ᄒᆞᆫ남지라엇지홍낭의ᄯᅳᆺ을모로리오그위인을탄복ᄒᆞ더라아이오비반을나와낙셩연을홀식봉관농ᄉᆡᆼ과청가묘무로질기더니이윽고냥자식쥬흥이도〃ᄒᆞ여졔기롤명ᄒᆞ여모든좌즁의각〃잔을드릴식공지본ᄃᆡ일쥬롤ᄉᆞ양치아닐쥬량이잇더니연ᄒᆞ여ᄉᆞ양치아니ᄒᆞ고마시미잠간취긔잇시니홍낭이공ᄌᆞ의실슈ᄒᆞ미잇실가염녀ᄒᆞ여몸을니러졔기와한가지로ᄒᆡᆼ비ᄒᆞ믈청ᄒᆞ고ᄎᆞ례로잔을드릴식공ᄌᆞ의게밋쳐ᄂᆞᆫ진짓잔을셕상의업치고놀나ᄂᆞᆫ쳬ᄒᆞ니공지그ᄯᅳᆺ을알고거짓ᄃᆡ취ᄒᆞᆫ쳬ᄒᆞ여슌비롤고ᄉᆞᄒᆞ더라술이다시십여비의지나미좌즁이ᄃᆡ취ᄒᆞ여거죄착난ᄒᆞ고말삼이힐

9

ᄐᆡᄒᆞ더니소항션비즁슈인이몸을니러ᄌᆞᄉᆞ긔쳥왈소ᄉᆡᆼ등이승회의참예ᄒᆞ여황잡ᄒᆞᆫ글노홍낭의고안을쇽이지못ᄒᆞ여시니원망홀비업ᄉᆞ오나드ᄅᆞ니홍낭의화답ᄒᆞᆫ글이쇼항션비의글이아닌가ᄒᆞ오니ᄉᆡᆼ등이그근본을ᄎᆞᄌᆞᄃᆞ시계교ᄒᆞ여ᄌᆞ웅을결단ᄒᆞ여소항냥쥬의슈치롤씻고자ᄒᆞᄂᆞ이다ᄌᆞ식밋쳐답지못ᄒᆞ여셔홍낭이심즁의ᄃᆡ경ᄒᆞ여왈져무리취즁의분울ᄒᆞ미이갓흐니슈지반다시

그화롤바들지라닉아니구치못ᄒᆞ리라ᄒᆞ고슈즁의단판을들고좌의나가갈오ᄃᆡ소항문장이텬하의유명ᄒᆞ믈셰상이아ᄂᆞᆫ빅라지금션빅의분울ᄒᆞ시믄쳡의식안이불명ᄒᆞᆫ죄라날이임의져무럿고좌즁이다취ᄒᆞ엿거ᄂᆞᆯ다시〃문을의논ᄒᆞ믄불가ᄒᆞ오니쳡이맛당이두어곡조노릭로졔공의취흥을도와쳡의불명ᄒᆞᆫ죄롤속ᄒᆞ여지이다윤ᄌᆞ식웃고칭찬ᄒᆞ니홍낭이아미롤숙이고

10

단판을치고강남농두어곡조롤부ᄅᆞ니그노릭의왈동졍호밝은달의치련ᄒᆞᄂᆞᆫ아희드라십이쳥강의비롤ᄶᅵ여물결이곱다마라네쇼릭의잠든놓이놀나ᄭᅵ면평지의풍픽닐가졔이의왈쳥노식밧비모라져긔가ᄂᆞᆫ져ᄉᆞ롬아희ᄂᆞᆫ지고길은머니쥬졈의쉬지말고ᄲᆞᆯ니도라갈지어다급한바ᄅᆞᆷ급ᄒᆞᆫ비의옷져질가졔삼의왈항쥐셩도라들졔ᄃᆡ도쳥누집을숨아문압히벽도화ᄂᆞᆫ우물우희픠여잇고닭머리의소ᄉᆞᆫ누각강남풍월분명ᄒᆞ다그곳의아희롤불너오거든연옥인가이노릭ᄂᆞᆫ홍낭이창졸간의소작이라그쵸장은ᄌᆞᄉᆞ와모든션비공자의직조롤식긔ᄒᆞ여풍픽니러날이란말이오즁장은공ᄌᆞ다려밧비도ᄅᆞ가란말이오삼장은홍나이졔집으로도라가리

11

란말이라이ᄶᅵᄌᆞ사와소항션비모다ᄃᆡ취ᄒᆞ여짓거리며ᄌᆞᄉᆞ도듯지못ᄒᆞ여시나양공자의졀인ᄒᆞᆫ춍명으로엇지홍낭의〃ᄉᆞ롤모로리오심즁의황연ᄃᆡ각ᄒᆞ여피신홀ᄭᅬ롤싱각ᄒᆞ여즉시여측ᄒᆞ믈핑계ᄒᆞ고몸을니러누의나려가니아이오일낙셔산ᄒᆞ미등촉을밝키고장찻파연코자ᄒᆞ여황ᄌᆞ식좌우롤명ᄒᆞ여장원ᄒᆞᆫ글을가져오라ᄒᆞ여일홈을ᄲᅧ혀보니여람양창곡이라급히창곡을ᄎᆞ지나간곳이업다ᄒᆞ거ᄂᆞᆯ황ᄌᆞ식ᄃᆡ로왈엇더ᄒᆞᆫ소동이우리승회롤만모ᄒᆞ여옛글을외아좌즁을긔롱ᄒᆞ고본식이탄로홀가두려가마이도망ᄒᆞ니엇지당돌치아니리오ᄒᆞ고좌우롤호령ᄒᆞ여그쇼동을밧비ᄎᆞᄌᆞ드리라ᄒᆞ니소항션비즁의무뢰지비일시의셩군작당ᄒᆞ여팔을ᄲᅩᆸ닉며크게웨여왈소항낭쥬ᄂᆞᆫ본ᄃᆡ시쥬풍뉴로텬하의유명ᄒᆞ거ᄂᆞᆯ이지비러먹든아희의게농낙을밧다

12

승회가무ᄉᆡᄒᆞ니이ᄂᆞᆫ우리등의슈치라맛당이〃아ᄒᆡᄅᆞᆯ잡아설치ᄒᆞ리라ᄒᆞ고일제히니러셔니아지못게라공자의셩명이엇지된고하회ᄅᆞᆯ분ᄒᆡᄒᆞ라슈ᄌᆡ항쥬방청누홍낭월아영쵸문ᄎᆞ설소항션ᄇᆡ들과항쥬하리드리ᄌᆞᄉᆞ의분부ᄅᆞᆯ듯고ᄉᆞ면으로훗터져ᄎᆞᄌᆞᄃᆡ그거취ᄅᆞᆯ아지못ᄒᆞᆯ지라ᄒᆞᆯ일업시도라와ᄌᆞᄉᆞᄅᆞᆯ보고슈말을갓쵸고ᄒᆞᆫᄃᆡᄌᆞᄉᆡ분연왈여등이필연그아ᄒᆡ의다ᄅᆡ믈인ᄒᆞ여뇌물을밧고노하보ᄂᆡ미로다ᄒᆞ거ᄂᆞᆯ제졸이복지왈소인등이엇지노야의엄영을항거ᄒᆞ여ᄉᆞ죄ᄅᆞᆯ지으리잇고과연ᄉᆞ면을ᄎᆞᄌᆞᄃᆡ형영이업기로그져도라왓나이다ᄌᆞᄉᆡ왈이아ᄒᆡ일야지간의엇지종적이업ᄉᆞ리오가히괴상ᄒᆞᆫ일이로다ᄒᆞ고다시가동을분부ᄒᆞ여홍낭을부ᄅᆞ니홍낭이드러오ᄃᆡᄌᆞᄉᆡ문왈네그슈ᄌᆡ의근본을알거든실진무은ᄒᆞ라홍낭이ᄃᆡ왈천첩은항

13

쥬창기오져ᄂᆞᆫ여람사ᄅᆞᆷ이라그근본을어이알니잇고ᄌᆞᄉᆡ침음묵연이여ᄂᆞᆯ소항다시일제히고왈소ᄉᆡᆼ등의지은글이홍낭의노ᄅᆡ의오ᄅᆞ지못ᄒᆞ믈붓그리ᄂᆞ니이제한번홍낭의읇푸믈어든즉한이업ᄉᆞᆯ가ᄒᆞ나이다황자ᄉᆡ졈두ᄒᆞ고눈으로홍낭을보니홍낭이미소ᄒᆞ고좌의나가아미ᄅᆞᆯ숙이고옥셩을여러ᄎᆞ례로외오니일호ᄎᆞ착이업ᄂᆞᆫ지라좌즁이모다ᄎᆡᆨ〃칭션ᄒᆞ며홍낭의춍명을놀나더라ᄆᆡ양한편을외온후의홍낭이제기ᄅᆞᆯ도라보아슌ᄇᆡᄅᆞᆯᄌᆡ촉ᄒᆞ니ᄎᆞ시모든문ᄉᆡ십분취ᄒᆞ여시나각〃제글귀의오믈영화로이아라닷토와잔을밧드며도로혀ᄌᆡ촉ᄒᆞ니홍낭이연ᄒᆞ여뉵십여편을외오ᄆᆡ술이ᄯᅩ한오륙십ᄇᆡ의지ᄂᆞᆫ지라좌상이진취ᄒᆞ여동퇴셔부ᄒᆞ여혹슐을토ᄒᆞ고잔을업치며ᄎᆞ례로업더져인ᄉᆞᄅᆞᆯ모로거ᄂᆞᆯ황ᄌᆞᄉᆡᄯᅩ한취안이몽농ᄒᆞ여말ᄉᆞᆷ을일우지못ᄒᆞ고셔안을의

14

지ᄒᆞ여인ᄉᆞᄅᆞᆯ찰희지못ᄒᆞ니ᄎᆞ시윤ᄌᆞᄉᆡ임의쥬셕을피ᄒᆞ여방즁의드러가고ᄂᆞ지아니ᄒᆞᆫ지라홍낭이가마이윤ᄌᆞ사창두다려왈ᄂᆡ임의황ᄌᆞ사의게득죄ᄒᆞ미잇사므로익쥬로드러가ᄇᆡᆨ부의게의탁고ᄌᆞ하ᄂᆞ니너ᄂᆞᆫ나의일을누설치말

나ᄒᆞ고머리의ᄶᅩᄌᆞ던금봉ᄎᆞ를ᄲᅢ혀쥬며왈이거시갑시쳔금이라너를쥬ᄂᆞ니부ᄃᆡ나의말을잇지말나ᄒᆞ니창두ᄂᆞᆫ홍낭의동향지인이오임의쳔금을어드니심즁의ᄃᆡ희ᄒᆞ여머리의푸른슈건과몸의닙은푸른옷과일쌍쵸혜를버셔쥬거놀홍낭이ᄃᆞ시장쇽을곳친후호아망이문을나항쥬길을바라고십여리를ᄒᆡᆼᄒᆞᄆᆡ밤이임의삼경이되엿더라달빗치희미ᄒᆞ여겨유길을분변ᄒᆞ고이슬이분〃ᄒᆞ니옷시임의져졋ᄂᆞᆫ지라쥬졈을ᄎᆞᄌᆞ문을두다린ᄃᆡ쥬인이나와반야ᄒᆡᆼ식이고희ᄒᆞ믈무ᄅᆞ니홍낭이답왈나ᄂᆞᆫ항쥬로가ᄂᆞᆫ창두러니급ᄒᆞᆫ일이잇셔분부

15

로가거니와이길노엇던슈ᄌᆡ지나지아니ᄒᆞ더냐졈인이답왈우리졈문을다든지오ᄅᆡ지아니ᄒᆞ고나ᄂᆞᆫ술파ᄂᆞᆫ사ᄅᆞᆷ이라야심토록안ᄌᆞ시나슈ᄌᆞ를보지못ᄒᆞ엿노라홍낭이쳥파의더욱착급ᄒᆞ여쥬인을망〃이작별ᄒᆞ고ᄯᅩ십여리를ᄒᆡᆼᄒᆞ여길의오ᄂᆞᆫ사ᄅᆞᆷ이잇신족믄득슈ᄌᆞ의ᄒᆡᆼ식을탐문ᄒᆞᄃᆡ다보지못ᄒᆞ엿다ᄒᆞ거놀홍낭이심신이황홀ᄒᆞ여길가의안ᄌᆞᄉᆡᆼ각ᄒᆞᄃᆡ양공ᄌᆡ이길노가신족반ᄃᆞ시맛날잇실거시로ᄃᆡ이ᄌᆡ오ᄂᆞᆫᄌᆡ다보지못ᄒᆞ엿다ᄒᆞ니이ᄂᆞᆫ소루ᄒᆞ미잇셔무뢰ᄇᆡ의게잡혀큰욕을당ᄒᆞ미잇ᄂᆞᆫ가ᄂᆡ엇지홀노평안이도라가리오찰하리도로드러가공ᄌᆞ의화를ᄃᆡ신ᄒᆞ리라ᄒᆞ고소쥬길노향ᄒᆞ여오니라ᄎᆞ시양공ᄌᆡ여측ᄒᆞ믈ᄑᆡᆼ계ᄒᆞ여누의나려동자를다리고다시졈즁의드러와쥬인을보고왈ᄂᆡ마음이밧부고ᄒᆡᆼ자를취치못ᄒᆞ여시니져나귀를졈즁의두고갓다가도라오ᄂᆞᆫ길의ᄎᆞ자

16

가리라쥬인이소왈비록일시간이라도쥬ᄀᆡᆨ지의잇거놀이런말을듯지아니리라ᄒᆞ고나귀를도로쥬고원노의보즁ᄒᆞ시믈니ᄅᆞ니공ᄌᆡᄉᆞ양치못ᄒᆞ여후일을ᄀᆡ약ᄒᆞ고쥬인을작별ᄒᆞᆫ후동자로나귀를모라ᄒᆡᆼᄒᆞ며심즁의ᄌᆞ져왈홍낭이앗가제집을졍녕이가ᄅᆞ치나ᄂᆡ이제쵸ᄒᆡᆼ이니엇지도로의방황ᄒᆞ리오ᄒᆞ다가다시ᄉᆡᆼ각ᄒᆞᄃᆡ홍낭은무쌍ᄒᆞᆫ국ᄉᆡᆨ이라ᄉᆞᄀᆡ공교ᄒᆞ여이갓치맛나시니ᄂᆡᄯᅩ한장부의마음이라엇지그은근ᄒᆞᆫ뜻을져바리〃오이제ᄎᆞᄌᆞ가보미올토다ᄒᆞ고나

귀롤모라힝홀식밤이깁고힝인이희쇼ᄒᆞ고길이희미ᄒᆞ거놀한쥬졈을ᄎᆞᄌᆞ문을두다리니쥬인이나와보고혼ᄌᆞ말노갈오ᄃᆡ이졔야오도다ᄒᆞ거놀공직괴히너겨문왈ᄂᆡ쥬인과안면이업거놀엇지이졔야오믈말ᄒᆞᄂᆞ뇨쥬인왈앗가일ᄀᆡ창뒤급히항쥬로가며슈ᄌᆞ의힝식을탐문ᄒᆞᄂᆞᆫ고로그리ᄒᆞ니이다공직우

17

문왈그창뒤무슴일노간다ᄒᆞ더뇨쥬인왈그ᄂᆞᆫ밋쳐뭇지못ᄒᆞ엿노라공직다시뭇지아니ᄒᆞ고나귀롤모라갈식심즁의〃혹ᄒᆞ여왈홍낭의노리의쥬졈의셔쉬지말나ᄒᆞ거놀ᄂᆡ부졀업시드러왓도다그창두ᄂᆞᆫ반다시황ᄌᆞ사의창두라나롤ᄎᆞᄌᆞ미로다만일셔로만난즉엇지불힝치아니리오ᄒᆞ며슈리롤힝ᄒᆞ미원촌의닭의소ᄅᆡ악〃ᄒᆞ며동방이의희혼즁먼니바라보미일ᄀᆡ창뒤망〃이마조나오거놀공직혜오ᄃᆡ져긔오ᄂᆞᆫ지필연소쥬창두라ᄂᆡ종젹을보지못ᄒᆞ고도라오미라ᄂᆡ잠간피ᄒᆞ리라ᄒᆞ고거름을도로혀길가슈풀을ᄎᆞᄌᆞ은신ᄒᆞ여셧시니그창뒤가장급히거러지나미공직다시나귀롤치쳐슈십니롤힝ᄒᆞ니하날이임의밝근지라힝인다려항쥬이슈롤무ᄅᆞ니불과삼십여리가남앗더라한곳의니로니산이낫고물이만아명긔가득ᄒᆞ여그림속갓고언덕의버들과물가의누

18

각이경ᄀᆡ절승ᄒᆞ여큰다리공즁의무지ᄀᆡ롤닐윗고열두구비셕난간이빅옥을아로숙여히빗치영농ᄒᆞ니이ᄂᆞᆫ소공졔라셕일의송나라소동픠항쥬자사로셔호의물을인ᄒᆞ여장졔롤모흐고이다리롤노하시니우희정ᄌᆞ롤지어칠팔월의연쇄셩ᄀᆡ혼즉졔기롤다리고슈즁의치련ᄒᆞ며노던곳이라공직풍광의뜻이업셔바로셩문의드러ᄃᆡ로〃좃ᄎᆞ갈식인물이번화ᄒᆞ고시정이조밀ᄒᆞ여시졍의비홀빅아니라청누쥬식길의무슈ᄒᆞ여곳〃이븕은긔롤누젼의ᄭᅩ즈시니공직나귀롤모라문젼벽도화핀곳을살피ᄃᆡ보지못ᄒᆞ미심즁의〃혹ᄒᆞ여뭇고ᄌᆞᄒᆞ나슈ᄌᆞ로청누롤ᄎᆞᄌᆞ미고히혼지라이의길가쥬졈의나귀롤나려쉬ᄂᆞᆫ쳬ᄒᆞ고술파ᄂᆞᆫ노파다려왈져길가의긔ᄭᅩ진곳이다뉘집인다노픠쇼왈공직이곳을쳐음으로보ᄂᆞᆫ도다져긔ᄭᅩ진집은다청누라항쥬청뉘

19

모다칠십이쳐니닉교방이숨십뉵쳐오외교방이숨십뉵쳐니외교방의는창녜잇고닉교방의는기녜잇셔닉외교방이현슈ᄒᆞ니이다공직소왈닉옛글을보미창기는일뉴라무숨분간이〃시리오픽왈다른곳의셔는분간이업ᄉᆞ나우리항쥬의셔는창기의분간이졀엄ᄒᆞ니창녀는외교방의쳐ᄒᆞ여힝인과긱을보고자ᄒᆞᆫ즉마음디로홀거시오기녀라ᄒᆞ는거슨닉교방의쳐ᄒᆞ여그품싊네층이니졔일은지긔롤보고졔이는문장을보고졔숨은가무롤보고졔ᄉᆞ는자식을보ᄂᆞ니힝인과긱이금빅이뫼갓흐나문장지예의취홀거시업슨즉보지아니ᄒᆞ고궁유한사라도지긔상합ᄒᆞᆫ즉슈유불니코자ᄒᆞᄂᆞ니엇지분간이업ᄉᆞ리오공직문왈그러ᄒᆞᆫ즉닉교방이어디잇시며기녜몃치나되나뇨픽왈이길가의기와진집은모다교방이니청누라ᄒᆞ고남문으로드러올제도라드는길이〃시니그길노

20

나려가며좌우의잇는집이닉교방이니외교방기녀는슈빅명이오닉교방기녀는숨십여명이라그즁의문장지화와가무ᄌᆞ식이겸ᄒᆞᆫ기녀는졔일방의쳐ᄒᆞ고직조문장만잇는기녀는졔이방의쳐ᄒᆞ여각〃품싊졀엄ᄒᆞ니이다공직우문왈지금졔일방의기녀는누고뇨픽왈강남홍이니항쥬ᄉᆞᄅᆞᆷ의공논이그직조와문장이며가무ᄌᆞ식이강남의독보ᄒᆞ다ᄒᆞ더이다공직쇼왈파〃는항쥬롤너모포장치말나ᄒᆞ고갈길이총요ᄒᆞ믈닐카라쥬인노고롤작별ᄒᆞ고나귀롤모라남문으로다시드러가며보니과연도라드는길이잇거놀공직황망이ᄶᅵ다라왈홍의노릐의항쥬셩도라들제디로청누몃곳인고ᄒᆞ미엇지ᄌᆞ셔치아니리오ᄒᆞ며ᄯᅩ길노좃차나려가며좌우롤살펴보니동학이졍졔ᄒᆞ고누각이화려ᄒᆞ여외교방십비더ᄒᆞ니푸른기와〃븕근난간이히

21

빗치찬란ᄒᆞ고약ᄒᆞᆫ버들과긔이ᄒᆞᆫ쏫친틈〃이버려시니쳐〃의ᄉᆞ쥭쇼릭와가〃의노릐곡죄풍편의낭자ᄒᆞ여인심을호탕게ᄒᆞ는지라공직완〃이힝ᄒᆞ여셔른다셧청누롤지나한곳을바라보니장원이놉고누각이가려ᄒᆞ여맑은시닉의

명ᄉᆞᄅᆞᆯᄶᅡ라슈정갓흔물결을인도ᄒᆞ고져근다리의홍예ᄅᆞᆯ트러길을인도ᄒᆞ엿거늘공ᄌᆡ석교ᄅᆞᆯ지나십여보ᄅᆞᆯᄒᆡᆼᄒᆞ여보니과연벽도화ᄂᆞᆫ우물우희난만이픠엿거늘나귀의ᄂᆞ려문압희니로니문우희금자로ᄲᅧᆺ시ᄃᆡ졔일방이라ᄒᆞ엿고동편으로한구뷔분장이버려버들ᄉᆞ이의은〃이소ᄉᆞ시니분벽ᄉᆞ창의쥬렴을드리웟고셔호풍월네ᄌᆞᄅᆞᆯ분명이거럿ᄂᆞᆫ지라동자로문을두다리니일ᄀᆡ찬환이녹의홍상으로나오거늘공ᄌᆡ문왈네일홈이연옥이아니냐ᄎᆞ환이소왈공ᄌᆡ어ᄃᆡ계시관ᄃᆡ소환의일홈을아시나잇가공ᄌᆡ왈네

22

쥬인이잇ᄂᆞ냐옥이ᄃᆡ왈이졔본부자사노야ᄅᆞᆯ뫼시고소쥬압강졍노ᄅᆞᆷ의가니이다공ᄌᆡ왈ᄂᆡ네쥬인과친ᄒᆞ미잇더니어ᄂᆡᄯᆡ의도라오나뇨연옥왈금일의회환ᄒᆞ려니와공ᄌᆡ보고ᄌᆞᄒᆞ시나잇가ᄉᆡᆼ이갈오ᄃᆡ그러ᄒᆞ거니와쥬인업ᄂᆞᆫ집의엇지머물리오이압쥬졈의가기다릴거시니네쥬인이오거든잠간통ᄒᆞᆯ쇼냐옥왈임의쥬인을ᄎᆞᄌᆞ오샤ᄀᆡᆨ졈의방황ᄒᆞ시미불가ᄒᆞ니소환의방이비록누츄ᄒᆞ나가장조용ᄒᆞ니잠간쉬여기다리시미조흘가ᄒᆞᄂᆞ이다공ᄌᆡ심즁의ᄉᆡᆼ각ᄒᆞᄃᆡ쳥누ᄂᆞᆫ번요ᄒᆞᆫ곳이라ᄂᆡ이졔슈ᄌᆞ로두류ᄒᆞ미엇지타인의이목의구ᄋᆡᄒᆞ미업ᄉᆞ리오ᄒᆞ며나귀ᄅᆞᆯᄐᆞ며연옥을도라보아왈네쥬인이온후다시오리라ᄒᆞ고갓가온쥬졈을가리워쉬며홍낭의도라오기ᄅᆞᆯ기다리더라ᄎᆞ셜홍낭이도로소쥬길을향ᄒᆞ여올ᄉᆡᆨ발이부릇고다리알파ᄒᆡᆼ키

23

어려오지라텬ᄉᆡᆨ이졈〃밝아오니복ᄉᆡᆨ이비록창두나용모ᄅᆞᆯ감출길이업ᄂᆞᆫ지라올졔지나던쥬졈을다시차자드러오니쥬인이마ᄌᆞ왈그ᄃᆡ어제져역의지나가던창뒤아니냐홍낭왈밤의보던사ᄅᆞᆷ을오희려긔역ᄒᆞ니쥬인의다졍ᄒᆞ믈알니로다쥬인왈그ᄃᆡ슈ᄌᆞ의ᄒᆡᆼᄉᆡᆨ을뭇더니과연닭이울ᄯᆡ의그슈ᄌᆡ항쥬로향ᄒᆞ여가더라홍낭이쳥파의ᄎᆞ경ᄎᆞ희ᄒᆞ여자셔이무러왈그슈ᄌᆞ의ᄒᆡᆼᄉᆡᆨ이엇더ᄒᆞ더뇨쥬인왈밤이라십분〃명치못ᄒᆞ나일ᄀᆡ동자와일필쳥녀로ᄒᆡᆼ장이쵸〃ᄒᆞ여닙은의복이모양을일우지못ᄒᆞ고긔ᄉᆡᆨ이가장춍요ᄒᆞ나그용모쳬지심히비

범ᄒᆞ니아지못게라엇지ᄒᆞ여셔로맛나지못ᄒᆞ뇨홍낭왈밤길이상위ᄒᆞ여맛나지못ᄒᆞ미고히치아니ᄒᆞ나그슈직졍녕이항쥬로가더냐쥬인왈그ᄉᆞᄅᆞᆷ이실노이항쥬로가ᄃᆡ길을지삼무ᄅᆞ니쵸힝인

24

가ᄒᆞ노라홍낭이쥬인의말을직ᄉᆞᆷ듯고심즁의ᄉᆡᆼ각ᄒᆞᄃᆡ공ᄌᆞ이길노갓시니그면화ᄒᆞ믈아나나의집을ᄎᆞ져가쥬인의업ᄉᆞ믈무류ᄒᆞ리니엇지ᄒᆞ면조흘고도로혀조급ᄒᆞ더니홀연드ᄅᆞ니문외의알도소ᄅᆡ나며일위관원이지나ᄂᆞᆫ지라홍낭이문틈으로엿보니이ᄂᆞᆫ항쥬ᄌᆞ사윤공이라그날압강졍의셔황자사와모든션비ᄃᆡ취ᄒᆞ여요란ᄒᆞ믈보고심즁의불열ᄒᆞ더니홍낭과슈직일시의간ᄃᆡ업ᄉᆞ니황ᄌᆞ시ᄃᆡ로ᄒᆞ여좌우ᄅᆞᆯ호령ᄒᆞ여부즁관속을두픠로난화한픠ᄂᆞᆫ황셩으로올나가양창곡을잡아오고한픠ᄂᆞᆫ항쥬로가강남홍을잡아오라ᄒᆞ니부즁이진동ᄒᆞ고소항션비승취ᄒᆞ여긔셰가장위틱ᄒᆞ거ᄂᆞᆯ윤자ᄉᆡ졍ᄉᆡᆨ왈노뷔명공으로더부러텬은을입ᄉᆞ와승평무ᄉᆞ지시의일면방ᄇᆡᆨ지임을맛기시니우리맛당이ᄇᆡᆨ셩의간고ᄅᆞᆯ살피고

25

잠간한가ᄒᆞ믈타시쥬ᄅᆞᆯ갓쵸와누ᄃᆡ의오유ᄒᆞ믄장찻우흐로셩덕을창양ᄒᆞ고아ᄅᆡ로강구연월의격양가ᄅᆞᆯ화답ᄒᆞ여셩은을만분지일이나갑ᄉᆞᆸ고ᄌᆞᄒᆞ미라이직압강졍잔치의소항일경이모ᄅᆞᆯ직업거ᄂᆞᆯ명공의체즁ᄒᆞᆷ과노부의졈지아니ᄒᆞ므로일기창기의풍졍을인ᄒᆞ여요란ᄒᆞ믈닐위고ᄉᆞᆷ쳑동자의지조ᄅᆞᆯᄉᆡ긔ᄒᆞ여과거ᄅᆞᆯ힝ᄒᆞ려ᄒᆞ니듯ᄂᆞᆫ직필연냥자시졍ᄉᆞᄅᆞᆯ폐ᄒᆞ고쥬식을닐삼아체모ᄅᆞᆯ닐ᄂᆞᆫ다ᄒᆞ리니이엇지셩은을져바리미아니리오강남홍은노부의부하창기라명공이니ᄅᆞ지아니ᄒᆞ여도조용이쳐치ᄒᆞ미잇실거시오지어창곡은타읍션비라지날길의종젹을감쵸고지조ᄅᆞᆯ발ᄒᆞ여문장을시험ᄒᆞ미불시상시라명공이이졔관예ᄅᆞᆯ노하셩군작당ᄒᆞ여즁노의셔작경코자ᄒᆞ니엇지희연치아니리오노뷔불힝ᄒᆞ여좌셕의참예

26

ᄒᆞ니실노참괴ᄒᆞ도다언파의긔식이숙엄ᄒᆞ거늘황ᄌᆞ식묵연이ᄉᆞ례왈소싱이년소미거ᄒᆞ여밋쳐싱각지못ᄒᆞ미니ᄃᆡ인은용셔ᄒᆞ쇼셔ᄒᆞ고인ᄒᆞ여좌우ᄅᆞᆯ분부ᄒᆞ여아직물너잇시라ᄒᆞ니여러션ᄇᆡ크게소ᄅᆡᄒᆞ여왈항쥬상공이일긔창기ᄅᆞᆯ위ᄒᆞ여즁인의분노ᄒᆞ믈위로치아니시니싱등이불승희연ᄒᆞ나이다윤자식정식왈션ᄇᆡ의도리학업을힘쓰고지조ᄅᆞᆯ닷가승긔자ᄅᆞᆯ원망치아니ᄒᆞ고너도리ᄅᆞᆯ찰릴지라이졔남의일홈을싀긔ᄒᆞ여ᄌᆞ긔힝신이그릇곳의ᄲᅡ지고자ᄒᆞ니노뷔비록불민ᄒᆞ나ᄇᆡᆨ셩의게볍관이오션ᄇᆡ의게스승이라만일교훈을듯지아니ᄒᆞᄂᆞᆫ지이시면맛당이하토인물노다사려관장의존엄ᄒᆞ믈알게ᄒᆞ리라ᄒᆞ고인ᄒᆞ여힝장을직촉ᄒᆞ여도라가려ᄒᆞ거늘황ᄌᆞ식말뉴ᄒᆞ여잠간부즁의드러가믈청ᄒᆞ니윤ᄌᆞ시ᄯᅥᆯ치지못

27

ᄒᆞ여소쥬부의드러오ᄆᆡ황ᄌᆞ식쥬비ᄅᆞᆯ나와은근이ᄃᆡ졉ᄒᆞ고다시조용이고왈소싱이ᄃᆡ인의지우ᄒᆞ시믈닙ᄉᆞ와ᄉᆞ오니맛당이우러〃쳥ᄒᆞᆯ말솜이잇사오나능히그당돌ᄒᆞ믈용셔ᄒᆞ시리잇가윤ᄌᆞ식소왈무삼일이잇ᄂᆞ뇨황ᄌᆞ식왈소싱의나히삼십이넘지못ᄒᆞ엿고일쳐일쳡은인지상싀라텬하녀식을다보지못ᄒᆞ여시나이졔강남홍갓흔국싁은거의고금의소무오당셰의무쌍이라소싱이홍을좌우의두지못ᄒᆞᆫ즉일노말ᄆᆡ암셩병ᄒᆞ여셩명을보젼치못ᄒᆞᆯ가ᄒᆞ나이다고어의운ᄒᆞᄃᆡ싀기상의ᄂᆞᆫ영웅과열싀업다ᄒᆞ믈오날이야알아ᄉᆞ온지라바라건ᄃᆡ〃인은홍낭을효유ᄒᆞ샤소원을닐우게ᄒᆞ여쥬옵시믈바라나이다윤ᄌᆞ식우어왈쇽인의닐은말이ᄇᆡᆨ만진즁의상장되기ᄂᆞᆫ쉬거니와한ᄉᆞ롬의마음ᄲᅢᆺ기ᄂᆞᆫ어렵도다ᄒᆞ니홍이비록쳔기나그직흰마음을노뷔엇지ᄒᆞ리오

28

명공은다만노부의져어ᄒᆞ미잇실가념녀말나황자식쇼왈만일그러ᄒᆞᆫ즉소싱이셰상의부지ᄒᆞ미오ᄅᆡ지아닐지니다만한계교잇시니금은치단으로져의마음을달ᄋᆡ고오월오일의젼당압강정의경도회ᄅᆞᆯ쳥ᄒᆞ여션싱을쳥ᄒᆞ고홍낭을

부른즉아니오지못ᄒᆞ리니소싱이그ᄣᅵ를타자연묘리잇실가ᄒᆞ나이다윤자식웃고즉시몸을니러황자사를작별ᄒᆞ고항쥬로도라갈시〃벽빗출ᄣᅵ여한쥬졈을지나더니이ᄣᅵ홍낭이진퇴무로ᄒᆞ여졈즁의안자다가반겨너다라거젼의문후ᄒᆞ니윤ᄌᆞ식그복식을보고의희ᄒᆞ여문왈엇던사름이뇨홍낭이ᄃᆡ왈쇼첩은항쥬기싱강남홍이니이다ᄌᆞ식경왈네잔치를파치아니ᄒᆞ여무단이황ᄌᆞ사긔고치아니ᄒᆞ고변복도망ᄒᆞ니이무슴곡절이뇨홍낭이ᄉᆞ례왈첩은드ᄅᆞ니쥬나라녀상은팔십년을고쵸ᄒᆞ고은나라부

29

열은암하의담을쌋하종적을감쵸아범쥬를셤기지아니ᄒᆞ고은고쥬문을기다려허신ᄒᆞ니지긔를맛나지못ᄒᆞᆫ즉지조를펴지못ᄒᆞ믄귀쳔남네일반이라첩이비록창기의쳔ᄒᆞᆫ일홈이잇시오나지기ᄂᆞᆫ한가지로소이다ᄒᆞ니하회엇지된고셕남ᄒᆞ라

셰무술ᄉᆞ월일향목동셔

권지삼

1

옥누몽권지숨

화셜홍낭이ᄃᆡ왈쳡이비록창기의쳔ᄒᆞᆫ일홈이잇사오나스사로직흰마음은고인과다ᄅᆞ미업삽거늘소쥬상공이소쳡을쳔ᄃᆡᄒᆞ샤위력으로핍박ᄒᆞ시니쳡의도망ᄒᆞ믄그긔틀을보미라고치못ᄒᆞᆫ죄ᄂᆞᆫ만ᄉᆞ무셕이로소이다ᄌᆞ싀묵연부답ᄒᆞ고침음양구의문왈항쥐여긔셔길이머니네엇지도망ᄒᆞ여가고ᄌᆞᄒᆞᄂᆞ뇨홍낭이ᄃᆡ왈쳡이승야ᄒᆞ여오ᄆᆡ각녁이진ᄒᆞ고신긔불평ᄒᆞ여도보ᄒᆞᆯ길이업ᄂᆞ이다ᄌᆞ싀왈너의올젹의ᄐᆞ고온술레ᄂᆞᆫ나의수레와한ᄃᆡ두엇ᄂᆞ니ᄐᆞ고가미엇더ᄒᆞ뇨홍낭이ᄉᆞ례ᄒᆞ고즉시옷술버셔창두ᄅᆞᆯ쥬고슈레의올나ᄌᆞᄉᆞ의뒤흘ᄯᆞ라항쥬로갈싀부즁가지니ᄅᆞ러자싀부즁의들물보고하직고물너오랴ᄒᆞ니자싀닐오ᄃᆡ소쥬ᄌᆞ사상공이오월오일의ᄯᅩ너ᄅᆞᆯ젼당호의

2

경도회ᄅᆞᆯᄒᆞ랴ᄒᆞ니그리알나홍낭이머리ᄅᆞᆯ슉이고답지아니ᄒᆞ거늘자싀그ᄯᅳᆺ을알고즉시물너가쉬라ᄒᆞ니홍낭이문의나와슈레ᄅᆞᆯ타고길가을오며공자의소식을몰나궁거이너겨집으로항ᄒᆞ여오더니남문압져근쥬졈의일긔동직나귀ᄅᆞᆯ길가의ᄆᆡ고바잔이거늘자셔이보니졈즁의안진슈직이곳양공직라홍낭이비록반기나다시ᄉᆡᆼ각ᄒᆞᄃᆡᄂᆡ공ᄌᆞᄅᆞᆯ압강졍좌셕의셔춍〃이상ᄃᆡᄒᆞ여비록용모문장은ᄃᆡ강아라시나그근본을아지못ᄒᆞ니장찻ᄇᆡᆨ년지긔ᄅᆞᆯ의탁고자ᄒᆞ며거연이허심치못ᄒᆞ리니ᄂᆡ맛당이권도ᄅᆞᆯ뼈다시그마음을시험ᄒᆞ리라ᄒᆞ고슈레ᄅᆞᆯ모라바로지나집의니ᄅᆞ니연옥이밧비ᄂᆡ다라맛거늘홍낭이문왈그사이나ᄅᆞᆯᄎᆞ자온사ᄅᆞᆷ이잇더냐옥이ᄃᆡ왈앗가

3

한슈ᄌᆡ낭자롤ᄎᆞᄌᆞ왓다가도라가며닐오ᄃᆡ이압쥬졈의머무러낭자롤기다린다ᄒᆞ더이다ᄒᆞ거놀홍낭왈ᄀᆡᆨ인이온거술쥬인업셔ᄃᆡ졉지못ᄒᆞ여시니도리의어긘지라네쥬과롤가지고졈즁의니ᄅᆞ러슈자롤ᄃᆡ졉ᄒᆞ고여ᄎᆞ여ᄎᆞᄒᆞ라옥이웃고낙〃이가니라ᄎᆞ시양공ᄌᆡ쥬졈의무류히안자시니셕양이셔산의너머가고져녁안ᄀᆡ쳐〃의니러나ᄆᆡ바야흐로인간의ᄃᆡ인ᄒᆞ미어려오믈알지라홀연길가이드레며일위ᄃᆡ관이지ᄂᆡ거놀방인다려무른ᄃᆡ모다닐오ᄃᆡ자사상공이라ᄒᆞ거놀공ᄌᆡ심즁의ᄉᆡᆼ각ᄒᆞᄃᆡ본쥬자ᄉᆡ임의파연ᄒᆞ고도라오니홍낭의환가ᄒᆞ미머지아닐지라잠간만더기다리〃라ᄒᆞ고동자롤명ᄒᆞ여나귀롤빗기며연옥의고ᄒᆞ믈고ᄃᆡᄒᆞ더니일ᄀᆡ차환이쥬합과찬합을가지고오거놀자시보니연옥이라

4

공ᄌᆡ반겨문왈너의쥬인이도라온다옥이ᄃᆡ왈본쥬자사상공이도라오실ᄉᆡ소식을드ᄅᆞ니쥬인이소쥬상공의게잡희여오륙일후도라오마ᄒᆞ더이다공ᄌᆡ청파의ᄀᆡ막ᄒᆞ여묵연양구의왈져쥬과ᄂᆞᆫ엇지ᄒᆞᆫ거시뇨옥왈공ᄌᆡ젹막히안지샤심난ᄒᆞ실지라이러모로쥬인을ᄃᆡ신ᄒᆞ여쥬과롤가져오니이다공ᄌᆡ그은근ᄒᆞᆫ뜻을ᄀᆡ특이너겨일ᄇᆡ쥬롤마시고쵸창ᄒᆞ믈니ᄀᆡ지못ᄒᆞ여ᄇᆡ쥬의뜻이업셔옥을도라보아왈ᄂᆡ길이밧부니오ᄅᆡ머무지못ᄒᆞᆯ지라금일은날이져머러길을가지못ᄒᆞ나명일은이곳의머물지못ᄒᆞᆯ거시오ᄯᅩᄒᆞᆫ셔어ᄒᆞᆫᄌᆞ쵀로지졉ᄒᆞᆯ곳이업ᄉᆞ니네날을위ᄒᆞ여이근쳐의정ᄒᆞᆫ쥬졈을지시ᄒᆞᆯ쇼냐옥이응낙왈소환의집이쥬인의집의셔머지아니ᄒᆞ고자못정쇄ᄒᆞ오니공ᄌᆡ비록ᄇᆡᆨ일을유ᄒᆞ시나무방ᄒᆞᆯ가ᄒᆞ나이다공ᄌᆡᄃᆡ희

5

ᄒᆞ여연옥을ᄯᅡ라그집의니ᄅᆞ니과연한벽ᄒᆞ더라공ᄌᆡ나귀와동자롤연옥의게부탁ᄒᆞ고일간ᄀᆡᆨ실을정ᄒᆞ여쉴ᄉᆡ연옥이도라와홍낭다려니ᄅᆞ니홍낭이소왈셕반을ᄂᆡ찰혀쥴거시니누셜치말나연옥이응낙고셕반을갓쵸와ᄀᆡᆨ실의니ᄅᆞ

니공ᄌᆡ먹기ᄅᆞᆯ다ᄒᆞᄆᆡ옥을향ᄒᆞ여치하왈일시과ᄀᆡᆨ을이러ᄐᆞᆺ관ᄃᆡᄒᆞ니불안ᄒᆞ도다옥이소왈쥬인이업셔공자로ᄒᆞ여금츄ᄒᆞᆫᄀᆡᆨ실의머무시게ᄒᆞ고ᄎᆡᄀᆡᆼ소찬을감슈케ᄒᆞ니죄가장깁도소이다인ᄒᆞ여편히슉침ᄒᆞ시믈말솜ᄒᆞ고도라와홍낭다려고ᄒᆞ니홍낭이소왈ᄂᆡ양공자ᄅᆞᆯ보ᄆᆡ녹녹ᄒᆞᆫ부유셔ᄉᆡᆼ이아니라풍뉴남자의긔상을씌여시나오날밤나의슈단을경복ᄒᆞ미잇시리라ᄒᆞ고연옥다려가마이닐너왈네다시ᄀᆡᆨ실의가공자의동정을보고와니ᄅᆞ라옥이웃고ᄀᆡᆨ실의니ᄅᆞ러공자의

6

자ᄂᆞᆫ창압ᄒᆡ가동졍을규찰ᄒᆞ니적〃히슘쉬ᄂᆞᆫ소ᄅᆡ도업더니홀연공자의긔침소ᄅᆡ나거ᄂᆞᆯ옥이창궁을뚤코보니공ᄌᆡ정신업시벽을의지ᄒᆞ여안ᄉᆡᆨ이ᄆᆡᆨ〃ᄒᆞ여등잔을바라보며쵸창ᄒᆞᆫ긔ᄉᆡᆨ과우려ᄒᆞᆫ모양이얼골의낫ᄐᆞ나고요〃ᄒᆞᆫ심사와암〃ᄒᆞᆫ정회미우의가득ᄒᆞ여홀연기리탄식ᄒᆞ고벼ᄀᆡ의누어쟈ᄂᆞᆫᄃᆞᆺᄒᆞ거ᄂᆞᆯ옥이자최ᄅᆞᆯ가마이ᄒᆞ여도라오려ᄒᆞ더니방즁의셔다시신음ᄒᆞᄂᆞᆫ소ᄅᆡᄂᆞ며공ᄌᆡ문을열고나오거ᄂᆞᆯ옥이즉시몸을돌쳐담모통이의피ᄒᆞ여셔〃규시ᄒᆞ니공ᄌᆡ뜰의나려거닐ᄉᆡ밤이거의삼경이나되엿고반륜잔월이셔벽의거지고찬니슬이공즁의가득ᄒᆞ니공ᄌᆡ달을향ᄒᆞ여망연이셧다가홀연일슈시ᄅᆞᆯ지어읇프니그글의왈종잔누촉젼셩하북이쇠잔ᄒᆞ고누쉬ᄌᆡ촉ᄒᆞᆫᄃᆡ별과은ᄒᆡ굴너시니ᄀᆡᆨ관고등누련화ᄀᆡᆨ관의외로운등잔이여러번ᄭᅩᆺ찰갈기도다

7

연하풍졀부운긔엇지ᄒᆞ여바ᄅᆞᆷ의쓴구ᄅᆞᆷ을거듯쳐닐위여셔난향월ᄃᆞᆼ견소아월즁을향ᄒᆞ여소아ᄅᆞᆯ보기어렵도다연옥이본ᄃᆡ총혜ᄒᆞᆫ녀자로홍낭을ᄯᆞ라글자ᄅᆞᆯᄒᆡ득ᄒᆞᆫ고로심즁의자시긔역ᄒᆞ여도라와홍낭다려일〃히고ᄒᆞ니홍낭왈용모와긔ᄉᆡᆨ이엇더ᄒᆞ시더뇨옥이소왈어졔ᄂᆞᆫ공자의용광이화창ᄒᆞᆫ츈풍갓흐샤동즁ᄇᆡᆨ홰봄빗촐씌엿ᄂᆞᆫᄃᆞᆺᄒᆞ시더니일야지간의안ᄉᆡᆨ이쵸췌ᄒᆞ여츄상의홍엽이니운빗촐먹음은ᄃᆞᆺᄒᆞ시니가장고히ᄒᆞ시더이다홍낭이ᄭᅮ지져왈비ᄌᆞ의말이가장풍셜이로다옥이ᄃᆡ왈쳔비오히려언둔ᄒᆞ여이로형용치못ᄒᆞᄂᆞ니공

ᄌᆡ벼ᄀᆡ우희누으시ᄆᆡ쳐량ᄒᆞᆫ심사ᄅᆞᆯ참지못ᄒᆞ시니만일불평ᄒᆞ미아니신즉무삼회ᄑᆡ잇ᄂᆞᆫ가ᄒᆞ나이다홍낭이심즁의ᄉᆡᆼ각ᄒᆞᄃᆡ예로붓터ᄃᆡ장뷔아녀ᄌᆞ의게아니속ᄂᆞᆫᄌᆡ업ᄉᆞ나ᄂᆡ너모조롱치못ᄒᆞ리라옥을도라보아왈공ᄌᆡ임

8

의져갓치심난ᄒᆞ여ᄒᆞ실진ᄃᆡᄂᆡ엇지위로치아니리오ᄒᆞ고협즁의일습남의ᄅᆞᆯᄂᆡ니ᄎᆞ회엇지된고셕남ᄒᆞ라원앙침상몽운우연노졍연졀양뉴화셜홍낭이남복을ᄂᆡ여닙고거울을드러빗최며소왈셕일의무산신녀ᄂᆞᆫ위운위우ᄒᆞ여쵸양왕을속엿더니이졔강남홍은위남위녀ᄒᆞ여양공자ᄅᆞᆯ희롱ᄒᆞ니엇지우읍지아니리오옥이쇼왈낭ᄌᆡ남복을닙으시ᄆᆡ용모풍ᄎᆡ양공자와흡ᄉᆞᄒᆞ시나얼골의분흔적이완연ᄒᆞ니복식을감쵸미불가ᄒᆞᆯ가ᄒᆞ나이다홍낭이소왈셕일의반악은남자의얼골이분바른듯ᄒᆞ니셰간의ᄇᆡᆨ면셔ᄉᆡᆼ이흔ᄒᆞᆫ지라허물며밤의보ᄂᆞᆫᄌᆡ엇지알리오ᄒᆞ고냥인이각〃ᄃᆡ쇼ᄒᆞ고가마이두어말을니른후표연이문의로나가니라ᄎᆞ시양공ᄌᆡ압강졍상의셔홍낭을잠간보

9

고ᄉᆞ모ᄒᆞᄂᆞᆫ졍이임의오ᄆᆡ의깁허시니그맛나미조셕의잇실가ᄒᆞ엿더니호ᄉᆡ다마ᄒᆞ여가긔묘망ᄒᆞ니ᄀᆡᆨ방고등의젹막ᄒᆞᆫ근심이울〃불낙ᄒᆞ여야심토록잠을닐우지못ᄒᆞ고달아ᄅᆡ건닐며일슈시ᄅᆞᆯ지어음영ᄒᆞ고쵸창방황ᄒᆞ여찬니슬이의금의져지믈ᄭᆡ닷지못ᄒᆞ더니홀연셔편니웃의셔글외ᄂᆞᆫ소ᄅᆡ나거ᄂᆞᆯ귀ᄅᆞᆯ기우려자셔이드ᄅᆞᄆᆡ비록남녀셩음은자셔치못ᄒᆞ나소ᄅᆡ쳥낭ᄒᆞ여졀〃이율녀의마지니츄풍의도라가ᄂᆞᆫ기러기무리ᄅᆞᆯ찻ᄂᆞᆫ듯단산의외로온봉황이짝을부ᄅᆞᄂᆞᆫ듯ᄒᆞ니범인의음영ᄒᆞ미아니라공ᄌᆡ긔이히너겨이의조자건의낙부시ᄅᆞᆯ외와화답ᄒᆞ니그쇼ᄅᆡ상응ᄒᆞ여일창일화ᄒᆞ니동셩은요량ᄒᆞ여옥반의산호쥬ᄅᆞᆯ굴로이ᄂᆞᆫ듯ᄒᆞ고셔셩은호탕ᄒᆞ여젼장의도창을울니ᄂᆞᆫ듯반향을슈창ᄒᆞ더니동편소ᄅᆡ졈〃긋치며문외셔셔박

10

탁ᄒᆞᄂᆞᆫ소릭나거놀공ᄌᆡ밧비나아가보믹일ᄀᆡ슈ᄌᆡ월하의셧시니옥갓흔얼골과버들갓흔눈셥이며별갓흔눈의졍신이돌〃ᄒᆞ고풍치반월ᄒᆞ여진셰인물이아니오옥경요딕의젹막ᄒᆞᆫ션ᄌᆡ라공ᄌᆡ황망이마자왈밤이깁헛고직관이젹요ᄒᆞ거놀엇더ᄒᆞᆫ슈ᄌᆡ신근이심방ᄒᆞᄂᆞ뇨그슈ᄌᆡ소왈소뎨ᄂᆞᆫ셔쳔사롬이라산쳔이긔이ᄒᆞ미텬하의졔일이물듯고구경코자왓더니니웃긱졈의머물너맛참글을외오다가형의화답ᄒᆞ믈듯고월식을ᄯᅡ라반야롤한담ᄒᆞ여피ᄎᆞ의긱회롤위로코자왓나이다공ᄌᆡ딕희ᄒᆞ여즉시인도ᄒᆞ여ᄌᆞ긔긱실노드러가믈청ᄒᆞ니그슈ᄌᆡ왈이갓치아롬다온달을두고방즁의드러가무엇ᄒᆞ리오우리월하의안ᄌᆞ말ᄒᆞ미조흘가ᄒᆞ노라공ᄌᆡ웃고셔로달을향ᄒᆞ여안지니공자의춍명ᄒᆞ므로엇지반일상딕ᄒᆞ여

11

노던얼골을모로리오마ᄂᆞᆫ월식이조요ᄒᆞ나빅쥬와다ᄅᆞ고ᄯᅩ한남복을닙어시며긔식을곳쳐일분슈습ᄒᆞᄂᆞᆫ낫타닉지아니ᄒᆞ니공ᄌᆡ싱각ᄒᆞ딕강남의인물이텬하의읏듬이라산쳔슈긔롤응ᄒᆞ미남ᄌᆞ도녀ᄌᆞ갓흔ᄌᆡ만타ᄒᆞ나엇지져갓치아리ᄯᅡ온ᄌᆡ잇ᄂᆞᆫ고ᄒᆞ더니슈ᄌᆡ문왈형은어딕로가ᄂᆞᆫ사롬인고공ᄌᆡ답왈소뎨ᄂᆞᆫ여람사롬으로황셩으로향ᄒᆞ여가더니맛참이곳의친ᄒᆞᆫᄌᆡ잇기로왓더니쥬인이업ᄉᆞ미인ᄒᆞ여긱관의두류ᄒᆞ노라슈ᄌᆡ소왈남아의평슈상봉ᄒᆞ미이갓치긔이ᄒᆞ니부유갓흔인셰의쉽지아닌연분이라엇지무미히상딕ᄒᆞ여월식을무류히보닉리오소뎨의낭즁의슈엽쳥동이잇시니문밧게ᄉᆞ후ᄒᆞᄂᆞᆫ동자롤불너일비촌쥬롤나오고ᄌᆞᄒᆞᄂᆞ니형은ᄉᆞ양치아니홀쇼냐공ᄌᆡ답왈닉비록티빅금셩의쥬량이업사

12

나형이능히하지장의금쵸환쥬홀풍치잇시니엇지족히ᄉᆞ양ᄒᆞ리오슈ᄌᆡ웃고금낭을여러슈냥은자롤닉여쥬며쥬효롤갓쵸와오라ᄒᆞ니슈유의빅반이니ᄅᆞ거놀낭인이딕희ᄒᆞ여슈비롤마시고각〃미취ᄒᆞ여슈ᄌᆡ소왈우리이갓치모혀

다가다시상봉키어려오니두어귀글을지어정회롤표ᄒᆞ미조흘지라닉비록니쳥연의일주빅편홀지죄업ᄉᆞ나ᄯᅩ한긔문표고의붓그리미업ᄂᆞ니형은쥬옥을앗기지말나셜파의공자의붓치롤펴고옥슈로치필을드러일슈시롤지어쓰니그글의ᄒᆞ엿시딕곡방삼십항동셔곡방셜흔두항쥐동셔의잇시니연옥누딕쳐〃미연긔와비의누딕가쳐〃의희미ᄒᆞ도다막도무심화리조쏫쇽싀가무심ᄐᆞ니ᄅᆞ지마쇼변음기몽진경졔소릭롤변ᄒᆞ여다시뜻을다ᄒᆞ여울듯ᄒᆞ노라공지그글을보믹지죄졍미홈과시귀의쾌쳡ᄒᆞ믈탄복ᄒᆞ나오ᄌᆞ글뜻

13

이무삼탁의ᄒᆞ미잇시믈고히너거직ᄉᆞᆷ보다가그슈자의붓치롤쳥ᄒᆞ여일슈시롤지어화답ᄒᆞ니그글의ᄒᆞ엿시딕방쵸쳐〃일이ᄉᆞ방쵸ᄂᆞᆫ쳐〃ᄒᆞ고날이임의빗겻ᄂᆞᆫ딕벽도슈하방슈가벽도화아릭뉘집을찻ᄂᆞᆫ고강남귀긱션연박강남의도라올손이션연이알아시니지견젼당불견화다만젼당호만알고쏫츤보지못ᄒᆞ도다그슈지보고낭연이읇허왈형의문장은소뎨의밋출빅아니로라그러나쳣귀밧싹의벽도화하방슈라ᄒᆞ믄뉘집을니ᄅᆞ미오공지소왈우연이쓰미니라ᄎᆞ시홍낭이가마이싱각ᄒᆞ딕공자의문장은더볼빅업ᄉᆞ나그마음을다시〃험ᄒᆞ여보리라ᄒᆞ고남은술을권ᄒᆞ여공자긔드려왈이갓흔양야의쉬치아니코무엇ᄒᆞ리오닉드ᄅᆞ니항쥬쳥누물식이텬하의유명ᄒᆞ다ᄒᆞ니우리이졔월식을씌여잠간구경하미엇더ᄒᆞ뇨공지침음양구의답왈유싱이쳥누의놀미아람답지아니ᄒᆞᆫ일이오ᄯᅩ형과닉동시슈

14

지라열요ᄒᆞᆫ곳의갓다가남의니목의고희ᄒᆞ게뵈닌즉뉘웃치미잇실가ᄒᆞ노라슈지소왈형의말ᄉᆞᆷ이과도ᄒᆞ도다옛말의ᄒᆞ엿시딕쥬식은근어인이라ᄒᆞ여시니한나라소자경은츙열이빙셜갓흐나호희롤갓가이ᄒᆞ여통국을싱ᄒᆞ엿고사마자경은문장이졀셰ᄒᆞ나탁문군을ᄉᆞ모ᄒᆞ여봉황곡을알외여시니일노본즉녀식의ᄂᆞᆫ영웅이업술가ᄒᆞ노라공지소왈그러치아니ᄒᆞ다ᄉᆞ마상예탁문군을ᄭᅬ여닉여독비혼을닙고길가의술을파니그쥬식의방탕ᄒᆞ미범부로효칙ᄒᆞᆫ즉

명교에득죄ᄒᆞ니쳔츄의기인이될지라오족댱경의문장이당셰의독보ᄒᆞ고츙셩이님군을직간ᄒᆞ여교홰뉴풍ᄒᆞ니촉즁의우레갓고풍치긔상이후셰의휘황ᄒᆞ니풍뉴쥬식의져근허물이그일홈을가리오지못ᄒᆞ여불과연셩지ᄒᆞ여형과우

15

리문학이고인을당치못ᄒᆞ고명망이당셰의밋부미업거ᄂᆞᆯ이졔옛사ᄅᆞᆷ의덕을말ᄒᆞ지아니ᄒᆞ고다만그허물을효측고ᄌᆞᄒᆞ니엇지그ᄅᆞ지아니리오홍낭이쳥파의심즁의탄복ᄒᆞᄃᆡᄂᆡ공자ᄅᆞᆯ한갓풍뉴남자로아랏더니엇지도학군자의식견을겸ᄒᆞ여시믈짐작ᄒᆞ여시리오ᄒᆞ고다시문왈그ᄂᆞᆫ그러ᄒᆞ나셰강속말ᄒᆞ여신의업ᄉᆞᆫ지오ᄅᆡ니왕〃이궁한지시의ᄉᆞ귄졍을부귀지시의져바리ᄂᆞᆫᄌᆡ만흐니형이후일의부귀궁달의시종이여일ᄒᆞᆯ쇼냐공ᄌᆡ낭연소왈옛말의ᄒᆞ엿시ᄃᆡ빈쳔지교ᄂᆞᆫ불가망이오조강지쳐ᄂᆞᆫ불하당이라ᄒᆞ여시니부귀궁달노친소ᄅᆞᆯ변역ᄒᆞ믄경박ᄌᆞ의일이라엇지니러ᄒᆞᆯ니잇시리오슈ᄌᆡ소왈형의말이츙후ᄒᆞᄃᆡ소뎨ᄂᆞᆫ본ᄃᆡᄌᆡ조업ᄂᆞᆫ사ᄅᆞᆷ이라옛말의ᄒᆞ엿시ᄃᆡ나ᄂᆞᆫ식도

16

남굴골나깃드린다ᄒᆞ니신ᄒᆡ님군을셤기며션비붕우ᄅᆞᆯ샤괴며혹명망을닥고예졀을직희여도리ᄅᆞᆯ합ᄒᆞᆯᄌᆞ도잇시며혹ᄌᆡ조ᄅᆞᆯ낫ᄐᆞᄂᆡ며찬양ᄒᆞ믈사양치아니ᄒᆞ여일홈을요구ᄒᆞᄂᆞᆫᄌᆞ도잇ᄂᆞ니형은뼈엇더ᄐᆞᄒᆞᄂᆞ뇨공ᄌᆡ답왈ᄉᆞᄅᆞᆷ의힝ᄉᆞᄅᆞᆯᄂᆡ엇지겨히의논ᄒᆞ리오셩인도경권이잇ᄂᆞ니군신지졔와붕우지간의다만한조각ᄆᆞᆰ근마음을빗ᄎᆈ여ᄉᆞ괼ᄯᆞᄅᆞᆷ이라ᄂᆡᄯᅩ한쵸야궁유로도학을닷가일홈을빗ᄂᆡ지못ᄒᆞ고군상의거두시믈요구ᄒᆞ니이엇지슈즁쳐ᄌᆞᄅᆞᆯ보기붓그럽지아니리오일노본즉남아의힝ᄉᆡ졍ᄃᆡ긔결ᄒᆞ여고인의붓그러오미업ᄉᆞ리이다슈ᄌᆡ미쇼ᄒᆞ고즉시몸을닐며왈밤이깁고ᄀᆡᆨ즁의실셥ᄒᆞ미보신ᄒᆞᄂᆞᆫ도리아니라무궁ᄒᆞᆫ졍화ᄂᆞᆫ명일노다시긔약ᄒᆞ노라공ᄌᆡ참아ᄯᅥ날ᄯᅳᆺ이업셔슈ᄌᆞ의ᄉᆞᆫ을잡고월

17

ᄉᆡᆨ을다시구경ᄒᆞᆯᄉᆡ슈ᄌᆡ홀연일슈시롤읇푸니왈졈〃소셩경〃하졈〃ᄒᆞᆫ별은 졈〃ᄒᆞ고은하ᄂᆞᆫ경〃ᄒᆞᆫᄃᆡ녹창심쇄벽도화녹창의벽도화롤깁히맛져도다나 식금야간월식엇지오날밤달보ᄂᆞᆫ숀이젼신증시월쥰아젼신이일작갈오ᄃᆡ항 ᄋᆡ아닌쥴알니로다공ᄌᆡ그외오ᄂᆞᆫ글을슈상이너겨무ᄉᆞᆷ뜻이잇시믈알고뭇고 ᄌᆞᄒᆞ더니슈ᄌᆡᄉᆞ미롤쩔쳐표연이도라가니라ᄎᆞ시홍낭이양공자의뜻을알녀 ᄒᆞ여슈ᄌᆞ의ᄆᆡᆸ시롤갓쵸고ᄀᆡᆨ관월하의공ᄌᆞ롤ᄃᆡᄒᆞ여두어마듸말ᄉᆞᆷ을드ᄅᆞᄆᆡ 그식견을알지라지긔로허신ᄒᆞ여ᄇᆡᆨ년긔약ᄒᆞ미그ᄅᆞ지아니ᄒᆞᆫ고로일슈시롤 읇퍼종젹을잠간드러ᄂᆡ고표연이도라가즉시장쇽을곳쳐화려ᄒᆞᆫ의상과무르 녹은단장으로본ᄉᆡᆨ을ᄂᆡ여등촉을도〃고연옥을명ᄒᆞ여ᄀᆡᆨ실의가공자롤청ᄒᆞ 니ᄎᆞ시공ᄌᆡ슈자롤보ᄂᆡ고어린다시셔〃여취여몽이러니방즁의드

18

드러벼ᄀᆡ의누어슈ᄌᆞ의거동과외오던글을ᄉᆡᆼ각ᄒᆞ고황연ᄃᆡ각ᄒᆞ여스사로우 어왈ᄂᆡ홍낭의계교의속앗도다ᄒᆞ더니창밧게기침쇼ᄅᆡ며연옥이미〃이웃고 왈쥬인이이졔도라와공자롤청ᄒᆞ나이다공ᄌᆡ또한미쇼ᄒᆞ고옥을ᄯᆞ라홍낭의 집의니ᄅᆞ니홍낭이임의즁문의〃지ᄒᆞ여기다리다가웃고마자왈쳡이도라오 미더듸여공ᄌᆞ로ᄀᆡᆨ졈의고쵸롤격그시게ᄒᆞ니비록죄숑ᄒᆞ오나공ᄌᆡ금야월하 의지긔롤ᄉᆞ괴여시쥬로소견ᄒᆞ시니치하ᄒᆞ나이다공ᄌᆡ답왈사ᄅᆞᆷ이셰상의쳐 ᄒᆞᄆᆡ취산봉별이도모지ᄭᅮᆷ이라압강졍상의미인을언약홈도ᄭᅮᆷ이오ᄀᆡᆨ졈월하 의슈ᄌᆞ로ᄒᆡ우홈도ᄭᅮᆷ이오허〃ᄃᆡ몽이표탕무졍ᄒᆞ니당쥬의호졉됨과호졉이 장쥬되믈뉘라셔알리오냥인이ᄃᆡ쇼ᄒᆞ고당상의올나좌롤졍ᄒᆞᆫ후홍낭이염용 ᄉᆞ

19

왈쳡이창기로노류장화의본ᄉᆡᆨ을도망치못ᄒᆞ여공자롤희롱코자ᄒᆞ여반야삼 경의변복ᄒᆞ여남자의ᄆᆡᆸ시롤ᄒᆞ고잠간농낙ᄒᆞ미잇시니군자ᄂᆞᆫ용셔ᄒᆞ시믈바 라ᄂᆞ이다그러ᄒᆞ오나쳡의구〃ᄒᆞᆫ쇼회ᄂᆞᆫ광풍의나ᄂᆞᆫᄭᅩᆺ치측즁의ᄯᅥ러지나진

의의무친옥이광치롤닐치아냣는지라히셔산밍을긔약ᄒᆞ여일인의긔의탁ᄒᆞ고종고금슬노빅년을안향코ᄌᆞᄒᆞ미라이졔공ᄌᆞ일언의즁ᄒᆞ믈앗기지아니신쳡이ᄯᅩᄒᆞᆫ십년쳥누의일편고심을변역지아니ᄒᆞ여평ᄉᆡᆼ소원을닐울가ᄒᆞᄂᆞ이다말삼을맛ᄎᆞ며ᄉᆞᄀᆡ단졍ᄒᆞ고안ᄉᆡᆨ이강ᄀᆡᄒᆞ거늘공ᄌᆞ압히나아가집슈왈너비록호탕ᄒᆞᆫ남ᄌᆞ나옛글을닑엇고신의롤드러시니엇지탐화광졉의무졍지ᄐᆡ롤ᄒᆞ리오오월비상의함원ᄒᆞᄂᆞᆫ뜻을ᄉᆡᆼ각지아니믈쥐치아니ᄒᆞ노라홍낭이ᄉᆞ례왈공ᄌᆞ쳔ᄒᆞᆫ몸

20

을거두고ᄌᆞᄒᆞ시니맛당이견마의졍셩을다ᄒᆞ여셤기려니와아지못게라공ᄌᆞ의힝ᄉᆡᆨ이엇지져리쵸〃ᄒᆞ시며냥위존당긔능츄무반ᄒᆞᄂᆞᆫ즐거오미계시니잇가공ᄌᆞ왈나ᄂᆞᆫ여람사롬이라냥존당이구존ᄒᆞ샤년긔융노치아니시나집이한미ᄒᆞ고나의망녕된ᄉᆡᆼ각은금번의상경ᄒᆞ여과갑의참예ᄒᆞᆫ즉영화부귀롤노년쌍친긔뵈옵고자ᄒᆞ엿더니즁노의젹화롤맛나힝구롤다닐코상경ᄒᆞᆯ반젼이업셔졈즁의두류ᄒᆞ다가압강졍을구경ᄒᆞ려갓더니낭자롤맛나시니이ᄯᅩ한인연이라낭ᄌᆞᄂᆞᆫ엇더ᄒᆞᆫ사람이며셩이무어시뇨홍낭이ᄃᆡ왈쳡은본ᄃᆡ강남사롬이오셩은샤시라쳡이ᄉᆡᆼ셰ᄒᆞᆫ지삼년의산동의도젹이니러나부모롤난즁의실산ᄒᆞ고일신이의지ᄒᆞᆯ곳이업셔젼〃표박ᄒᆞ여쳥누의팔니〃이ᄯᅩ쳡의명되

21

라텬셩이과희ᄒᆞ여범부속ᄌᆞ의게허신ᄒᆞᆯ뜻이업셔쳥누십년의허다히열인ᄒᆞ미잇시나지긔롤맛나지못ᄒᆞ엿더니이졔공자롤뵈오미쳡이비록지인ᄒᆞᄂᆞᆫ안력이업ᄉᆞ오나공자의영쥰ᄒᆞᆫ긔상을뵈오니가히당셰의일인이될지라이러모로일신을공자의게의탁ᄒᆞ여쳔ᄒᆞᆫ일홈을신셜코자ᄒᆞ나이다인ᄒᆞ여비반을나와은근ᄒᆞᆫ졍화와번화ᄒᆞᆫ담쇠녹슈의원앙이츈풍을희롱ᄒᆞ고단신의셔봉이상셔롤화명ᄒᆞᆷ갓더라이의금〃을포셜ᄒᆞ고봉침을연ᄒᆞᆯ식홍낭이나삼을버ᄉᆞ미옥갓흔팔의일졈잉혈이완연ᄒᆞ여동풍츈셜의도화일졈이ᄯᅥ러진듯히상홍일이운간의소삿ᄂᆞᆫ듯ᄒᆞ거늘공ᄌᆞ놀나왈너홍낭의얼골을보고그마음을보지못

ᄒᆞ며그마음을아나그힝ᄉᆡ져러ᄐᆞᆺ탁월ᄒᆞ믈

22

오히려밋지못ᄒᆞ엿더니이졔청누명기의탕일한몸으로홍규쳐녀의졍〃ᄒᆞᆫ마음이잇시믈ᄉᆡᆼ각지못ᄒᆞ엿도다ᄒᆞ더라ᄎᆞ시홍낭은졀ᄃᆡ가인이오양공자ᄂᆞᆫ소년지ᄉᆡ라남녀풍졍이엇지담연ᄒᆞ리오냥졍이권〃ᄒᆞ여츄애져〃ᄒᆞ믈한ᄒᆞ더라홍낭이침상의누어공자다려왈공자의년긔장셩ᄒᆞ시니고문갑졔의기러기롤젼ᄒᆞ실지라임의졍ᄒᆞ시미잇ᄂᆞ니니잇가공지답왈우리집이본ᄃᆡ한미ᄒᆞ여하토의잇시므로아직졍혼치못ᄒᆞ엿노라홍낭이쇼왈쳡이공자긔츙곡을여러고ᄒᆞᆯ말삼이잇사오나공지그범남ᄒᆞ믈칙ᄒᆞ지아니시리잇가공지왈ᄂᆡ임의너의위인을허심ᄒᆞ거놀엇지졍외지언을ᄒᆞᄂᆞ뇨심즁소회롤은휘치말나홍낭이다시웃고왈쳡의말삼ᄒᆞ온비여의ᄒᆞ온즉셰잔술을먹을거시오만일불

23

연ᄒᆞᆫ즉ᄲᆞᆷ을셰번마지려니와ᄃᆡ져교목의그늘이두터온후갈유의〃탁이번셩ᄒᆞᄂᆞ니공자의요조호구롤졍ᄒᆞ시믄쳔쳡의복이라이졔본쥬ᄌᆞ사윤공이일긔쇼괴잇시니년긔십뉵셰라화용월틔요〃졍〃ᄒᆞ여진짓군ᄌᆞ의ᄶᆞᆨ이라윤공이가셔롤구ᄒᆞ려ᄒᆞᄃᆡ지금가지졍치못ᄒᆞ여시니공지금번농누의오ᄅᆞ샤계화일지롤남의게ᄉᆞ양치아닐쥴을쳡이임의짐작ᄒᆞ오니다른ᄃᆡ미파롤보ᄂᆡ여구치마ᄅᆞ시고쳡의말솜을ᄉᆡᆼ각ᄒᆞ쇼셔공지졈두ᄒᆞ더라아이오동방이긔빅ᄒᆞ니홍낭이니러나ᄉᆡ벽단장을파ᄒᆞ고거울을드러보미부용갓흔얼골의화긔영발ᄒᆞ여반ᄀᆡᄒᆞᆫ목단이츈풍의경발ᄒᆞᆫ듯일야지간의화려ᄒᆞᆫ용광이더옥아리ᄯᅡ온지라심즁의ᄎᆞ경ᄎᆞ희ᄒᆞ더라공지홍낭다려왈ᄂᆡ길이총〃

24

ᄒᆞ니오ᄅᆡ지쳬치못ᄒᆞᆯ지라명일은황셩을가고ᄌᆞᄒᆞ노라홍낭이츄연왈아녀ᄌᆞ의셰〃한ᄉᆞ졍으로군자의큰일을그릇ᄒᆞ지못ᄒᆞ리니맛당이힝니롤쥰비ᄒᆞ려니와지명일의발힝ᄒᆞ쇼셔공지ᄯᅩ한ᄯᅥ날ᄯᅳᆺ이업셔슈일후발힝ᄒᆞᆯᄉᆡ홍낭이고

왈공자의힝식이너모쵸솔ᄒᆞ시니쳡이비록빈한ᄒᆞ오나협즁의약간은지잇기로일습의복과ᄉᆞ쇼ᄒᆞᆫ반젼을쥰비ᄒᆞ엿사오니힝즁의감쵸시고ᄯᅩ황셩이여긔셔쳔여리라일긔셔동을다리고힝ᄒᆞ시미고단ᄒᆞ오니쳡의집창뒤거의힝니룰가음알만ᄒᆞ오니힝거리ᄒᆡ좃ᄎᆞ믈허ᄒᆞ쇼셔공ᄌᆡ허락ᄒᆞ고익일의발ᄒᆞᆯᄉᆡ홍낭이비반을갓쵸아연옥과창두룰다리고져근슈레룰ᄐᆞ고십니역졈의나와젼숑ᄒᆞ려ᄒᆞ니그졍ᄌᆞ일홈은연노졍이라ᄒᆞ니동비빅노셔비연이

25

라ᄒᆞ믈취ᄒᆞ미오큰길을임ᄒᆞ여경긔졀승ᄒᆞ니좌우의버들을심어푸ᄅᆞ럿고압흐로물을임ᄒᆞ여홍교룰트러시니예붓터송ᄀᆡᆨᄒᆞᄂᆞᆫ졍ᄌᆡ라홍낭과공ᄌᆡ졍하의니ᄅᆞ러슈레와나귀룰버들가의ᄆᆡ고셔로손을잡아졍상의오ᄅᆞ니ᄎᆞ시ᄂᆞᆫ하사월쵸순이라버들ᄉᆞ이의ᄭᅬ고리소ᄅᆡ요란ᄒᆞ고시ᄂᆡ가의ᄭᅩᆺ다온풀이쳐〃ᄒᆞ니심상ᄒᆞᆫ힝인이라도소혼단장ᄒᆞ려든허물며미인이옥낭을보ᄂᆡ고옥낭이미인을니별ᄒᆞ미리오공자와홍낭이창연상ᄃᆡᄒᆞ여ᄆᆡᆨ〃히말이업더니연옥이비반을나오ᄆᆡ홍낭이ᄀᆡ연이잔을드러공자긔드리며일슈시룰지어노ᄅᆡᄒᆞ니그글의ᄒᆞ여시ᄃᆡ동비빅노서비연동으로나ᄂᆞᆫ빅노와셔흐로나ᄂᆞᆫ졔비야양유천ᄉᆞ부만ᄉᆞ약ᄒᆞᆫ버들이일쳔실이오다시일만실이로다ᄉᆞ〃욕단풍월죠실마다ᄭᅳᆫ어지듯ᄒᆞ여풍경이져거셔

26

위불가연창별니위ᄒᆞ여노ᄅᆡᄌᆞ리의ᄲᅧᆯ쳐니별ᄒᆞ미창연ᄒᆞ도다공ᄌᆡ잔을바다마시고다시일비룰부어홍낭을쥬며일슈시룰지어화답ᄒᆞ니그글의왈동비빅노셔비연동으로나ᄂᆞᆫ빅노와셔흐로나ᄂᆞᆫ졔비야양뉴쳥〃불위셩양뉴ᄂᆞᆫ쳥〃ᄒᆞ여위셩의ᄲᅥᆯ치도다싱종기로분남북싱의길이남북으로난호이믈미워ᄒᆞᄂᆞ니거ᄀᆡᆨ하여승ᄀᆡᆨ졍가ᄂᆞᆫ손이졍히손보ᄂᆡᄂᆞᆫ졍과엇더ᄒᆞ뇨홍낭이잔을바드며옥뉘방〃ᄒᆞ여왈쳡의구〃ᄒᆞᆫ소회ᄂᆞᆫ공자의알시거울갓치빗쵀시니다시말삼ᄒᆞᆯ비아니라피ᄎᆞ의종젹이남북쳔니의구람갓치난호이니유〃ᄒᆞᆫ압긔약이업ᄉᆞ미아니로ᄃᆡ인ᄉᆞ의번복과취산의무졍ᄒᆞ믈엇지칙양ᄒᆞ리오허물며쳡의몸

이관부의미이여직흰뜻을펍박ᄒᆞᄂᆞᆫ지만흐니ᄂᆡ두ᄉᆞᄅᆞᆯ알길이업ᄉᆞ오나다만바라건ᄃᆡ공자ᄂᆞᆫ천금즁신을보즁ᄒᆞ샤득달ᄒᆞ여공명을취ᄒᆞ시고타일의금의로환향ᄒᆞ시ᄂᆞᆫ날의쳡을

27

잇지마ᄅᆞ소셔공ᄌᆡ창연ᄒᆞ믈니긔지못ᄒᆞ여홍낭의숀을잡고위로왈셰간만식무비텬졍이라인력으로못ᄒᆞᆯᄇᆡ니ᄂᆡ낭자로더부러이갓치맛남도텬졍이오〃날날니별ᄒᆞᆷ도텬졍이니다시셔로모도여녕화부귀로화락히지ᄂᆡ미텬졍이업ᄂᆞᆫ쥴어이알니오잠간니별은과도이상심ᄒᆞ여가ᄂᆞᆫ사ᄅᆞᆷ의마음을요란케말나홍낭이〃의창두ᄅᆞᆯ도라보아왈네공자ᄅᆞᆯ뫼셔원노의조심ᄒᆞ여단녀오라별노즁상ᄒᆞ리라창뒤슈명ᄒᆞᄆᆡ공ᄌᆡ몸을니러졍ᄌᆞ의나리려ᄒᆞ니홍낭이다시잔을드러왈춍〃고별의운산이묘〃ᄒᆞ고어안이창망ᄒᆞ니풍조우셕과ᄀᆡᆨ관잔등의천쳡의단장ᄒᆞ믈ᄉᆡᆼ각ᄒᆞ쇼셔공ᄌᆡ묵연부답ᄒᆞ고나귀의올나동자와창두ᄅᆞᆯ다리고셕교ᄅᆞᆯ건너표연이가거ᄂᆞᆯ홍낭이난간머리의셔

28

공자의가ᄂᆞᆫ곳을바라보ᄆᆡ쳡〃ᄒᆞᆫ운산은셕양을ᄯᅴ여푸ᄅᆞ럿고막〃ᄒᆞᆫ야식은모연을머물너시니한졈푸른곳의나귀그림자ᄅᆞᆯ보지못ᄒᆞᆯ지라다만슈풀의식소ᄅᆡᄂᆞᆫ바ᄅᆞᆷ을부ᄅᆞ고견ᄋᆡ의ᄯᅳᆫ구ᄅᆞᆷ은비긔운을희롱ᄒᆞ니홍낭이나삼사ᄆᆡᄅᆞᆯᄌᆞ로드러옥면을가리오고쥬뤼삼숌ᄒᆞ믈ᄭᆡ닷지못ᄒᆞᆯ너라연옥이ᄇᆡ반을거두고가기ᄅᆞᆯ지쵹ᄒᆞ니홍낭이ᄒᆞᆯ일업셔눈물을�리며집으로도라오니라ᄎᆞ시양공ᄌᆡ홍낭을니별ᄒᆞ고황셩으로올나올ᄉᆡ경〃일념이홍낭을잇지못ᄒᆞ여ᄀᆡᆨ졈의니른즉슬푼마음을진졍ᄒᆞ고밤이면외로온등잔을ᄃᆡᄒᆞ여잠을닐우지못ᄒᆞ고길을나ᄆᆡ놉흔언덕과푸른물을임ᄒᆞ며쵸창ᄒᆞᆫ심회ᄅᆞᆯ졍치못ᄒᆞ더니십여일만의황셩의니ᄅᆞ니궁궐

29

의장녀흠과시졍의열요ᄒᆞ미상국번화ᄅᆞᆯ가히알지라ᄀᆡᆨ관을졍ᄒᆞ여힝니ᄅᆞᆯ안

돈ᄒᆞ고슈일을쉬여창두ᄅᆞᆯ항쥬로돌녀보ᄂᆡᆯᄉᆡᄎᆡ젼을취ᄒᆞ여일봉셔찰을닷가창두의게붓치고오냥은자ᄅᆞᆯ쥬어밧비도라가믈분부ᄒᆞ니창뒤하직ᄒᆞᆯᄉᆡᄯᅩ한창연ᄒᆞᆫ빗치잇셔왈소인이임의ᄀᆡ관을알ᄉᆞ오니다시낭ᄌᆞ의셔간을가져왕ᄂᆡᄒᆞᆯ가ᄒᆞ나이다ᄒᆞ고인ᄒᆞ여동자와작별ᄒᆞ고항쥬로가니라ᄎᆞ셜이ᄯᅢ강남홍이공자ᄅᆞᆯ보ᄂᆡ고집의도라와칭병두문ᄒᆞ고손을아니보고남누ᄒᆞᆫ의복과ᄯᅢ무든얼골의지분을단장치아니ᄒᆞ더니일〃은ᄉᆡᆼ각ᄒᆞᄃᆡᄂᆡ임의본쥬자사의소교ᄅᆞᆯ공자의게즁ᄆᆡᄒᆞ니공자ᄂᆞᆫ유신ᄒᆞᆫ남ᄌᆡ라거의잇지아닐지니이러ᄒᆞᆫᄌᆞᆨ윤쇼져ᄂᆞᆫ날과ᄇᆡᆨ

30

년고락을갓치ᄒᆞᆯ사ᄅᆞᆷ이니ᄂᆡ엇지경의ᄅᆞᆯ몬져듯텁게아니리오ᄒᆞ고즉시담장소복으로부즁의드러가니ᄎᆞ회엇지된고셕남ᄒᆞ라

셰무신사월일목동셔

권지사

1

옥누몽권지ᄉᆞ

ᄌᆡ셜홍낭이담장소복으로부즁의드러와자ᄉᆞ긔문후ᄒᆞᆫᄃᆡᄌᆞᄉᆡ소왈근일의드ᄅᆞ니낭ᄌᆡ병드럿다ᄒᆞ더니엇지몸을강잉ᄒᆞ여노부ᄅᆞᆯ차지뇨홍낭이ᄉᆞ례왈첩이관부의ᄆᆡ인몸이나부ᄅᆞ시ᄂᆞᆫ명이업기로드러와현알치못ᄒᆞ엿더니오날〃구〃ᄒᆞᆫ소회잇셔감히드러와뵈옵고ᄌᆞᄒᆞ나이다ᄌᆞᄉᆡ왈근일의공ᄉᆡ업고정히한가ᄒᆞ기로낭자ᄅᆞᆯ불너소견코자ᄒᆞ나그ᄃᆡ의칭병ᄒᆞ믈인ᄒᆞ여부ᄅᆞ지못ᄒᆞ엿더니무ᄉᆞᆷ쇼회잇ᄂᆞ뇨홍낭이ᄃᆡ왈첩이요사이심복지질이잇셔괴로오미만키로상공긔고ᄒᆞ옵ᄂᆞ니원컨ᄃᆡ부즁의드러와소져ᄅᆞᆯ뫼셔침션녀공을ᄇᆡ호고쇄소건질을밧드러조용이병을조보고ᄌᆞᄒᆞ나이다ᄌᆞ시본ᄃᆡ홍낭의위인이단

2

정젼일ᄒᆞ여규즁녀ᄌᆞ의풍되잇ᄂᆞᆫ지라심니의ᄆᆡ양ᄉᆞ랑ᄒᆞ더니ᄃᆡ희ᄒᆞ여홍낭을다리고ᄂᆡ당의드러가소져ᄅᆞᆯ불너왈네규즁의고적이잇시믈노뷔ᄆᆡ양근심ᄒᆞ더니강남홍이져의가즁이분요ᄒᆞ믈슬희너겨너ᄅᆞᆯ좃ᄎᆞ조용이슈션침적을ᄇᆡ호고시부ᄅᆞᆯ창화코자ᄒᆞ기로허락ᄒᆞ여시니네뜻의엇더ᄒᆞ뇨소제심니의ᄉᆡᆼ각ᄒᆞᄃᆡ강남홍은창기라비록총혜영민ᄒᆞ나규녀의좌우의갓가이둘ᄇᆡ아니로ᄃᆡ야애져의위인이양순ᄒᆞ믈아ᄅᆞ시고임의허락ᄒᆞ시여시니ᄂᆡ엇지역명ᄒᆞ리요ᄒᆞ고온슌이슈명ᄒᆞ니ᄌᆞᄉᆡᄃᆡ희ᄒᆞ여홍낭을불너왈너ᄂᆞᆫ나희어리고비록창기의일홈이〃시나규녀의정〃ᄒᆞᆫ녜졀이잇기로소져와규방의상슈ᄒᆞ믈허ᄒᆞ노라홍낭이ᄌᆞᄉᆞ의명을바다소져긔

3

비례왈천쳡이그릇몸을청누쥬ᄉᆞ의쳐ᄒᆞ와호협방탕ᄒᆞ믈비화시니소져의장ᄃᆡ하의뫼시미욕될가ᄒᆞᄂᆞ이다소져미소ᄒᆞ고호언으로위로ᄒᆞ니홍낭이소져의슉연ᄒᆞ믈앙모ᄒᆞ여이윽히안ᄌᆞ다가명일다시드러오믈고ᄒᆞ고집의나와연옥을불너가ᄉᆞ롤맛기고익일의다시부즁의드러와바로소져의침실의니ᄅᆞ니소졔바야흐로열녀젼을보거놀홍낭이소져긔문왈소져의보시ᄂᆞᆫ칙이무삼글이니잇고소졔답왈열녀젼이니라홍낭이문왈쳡이드ᄅᆞ니열녀젼의ᄒᆞ엿시ᄃᆡᄐᆡᄉᆞᄂᆞᆫ문왕의안ᄒᆡ시니여러후궁이규목시롤지어ᄐᆡᄉᆞ의덕을칭송ᄒᆞ다ᄒᆞ니아지못게라ᄐᆡᄉᆡ어하롤잘ᄒᆞ여후궁을화목ᄒᆞ니잇가여러후궁이인션ᄒᆞ므로ᄐᆡᄉᆡ감동ᄒᆞ시니잇가옛말의ᄒᆞ엿시ᄃᆡ부녀

4

의투긔ᄂᆞᆫ인ᄀᆡ유지라ᄒᆞ니ᄐᆡᄉᆞ의슉덕이엇더ᄒᆞ시관ᄃᆡ후궁의투긔롤감화ᄒᆞ옵신지쳡이아지못ᄒᆞ리로쇼이다소졔츄파롤드러홍낭을양구히보다가왈ᄂᆡ드ᄅᆞ니근원이지극히맑은즉흐리기어렵고형용이단졍ᄒᆞᆫ즉그림ᄌᆡ졀노이바ᄅᆞᄂᆞ니ᄂᆡ몸을닥그면비록만ᄆᆡᆨ지방이라도가히ᄒᆡᆼᄒᆞ려든허물며일실지언이리오홍낭이소왈쥬역의ᄒᆞ엿시ᄃᆡ운종농풍종호라ᄒᆞ여시니요순의치졍으로도고요직셜갓흔신ᄒᆡ아닌즉엇지당우지치롤ᄒᆞ여시며탕무의관인ᄒᆞ므로도쥬각의보필이업ᄉᆞᆫ즉은쥬의교화롤ᄒᆡᆼᄒᆞ리오일노보건ᄃᆡᄐᆡᄉᆞ의덕이비록크시나후궁이포ᄉᆞ달긔의간ᄉᆞᄒᆞ미잇신즉규목의교화롤낫ᄐᆞᄂᆡ지못ᄒᆞᆯ가ᄒᆞ나이다소졔소왈ᄂᆡ드ᄅᆞ니현불현은몸의잇고ᄒᆡᆼ불ᄒᆡᆼ은텬슈의

5

잇ᄂᆞ니군자ᄂᆞᆫᄌᆡ아지도롤말ᄒᆞ고ᄌᆡ텬지명을의논치아니ᄒᆞᄂᆞ니인〃이비쳡의착지못ᄒᆞ믈맛난믄텬졍ᄒᆞᆫ슈어니와다만녀ᄌᆞ의근본은ᄐᆡᄉᆞ의덕을닥글ᄯᆞ롬이니라홍이탄복ᄒᆞ믈마지아니터라이후로홍낭이소져의현슉ᄒᆞ믈심복ᄒᆞ고소져ᄂᆞᆫ홍낭의춍혜ᄒᆞ믈ᄉᆞ랑ᄒᆞ여정의날노깁허안진즉자리롤한가지로ᄒᆞ고누은즉벼ᄀᆡ롤연ᄒᆞ여세월을보ᄂᆡ더라일〃은홍낭이소져긔고왈쳡이일작

양공자와언약이잇기로창두롤황셩의보ᄂᆡ엿더니지금것소식이업ᄉᆞ오니이일을소져긔고치아니미불가ᄒᆞ므로말삼ᄒᆞ나이다소졔미쇼ᄒᆞ더라홍낭이심회울젹ᄒᆞ여츈경이번화ᄒᆞ믈보고ᄌᆞᄒᆞ여후원의드러가ᄇᆡᆨ화롤완상ᄒᆞ며양뉴그늘의안ᄌᆞ더니믄득창뒤경ᄉᆞ로좃ᄎᆞ니ᄅᆞ러셔간을드리거놀홍낭이경셩소

6

ᄉᆡᆨ을무른ᄃᆡ창뒤고왈공ᄌᆡ황셩의무ᄉᆞ히득달ᄒᆞ샤ᄀᆡᆨ관을어더안돈ᄒᆞ시고셔간을닷가쥬시더이다홍낭이깃븜과창연ᄒᆞ믈니긔지못ᄒᆞ여셔찰을ᄯᅧ혀보니그글의ᄒᆞ엿시ᄃᆡ여람양창곡은일봉셔찰을강남풍월홍난셩의게붓치노라ᄉᆡᆼ은불과여람향곡의일면셔ᄉᆡᆼ이오그ᄃᆡᄂᆞᆫ강남번요지〃의청누졀ᄃᆡ가인이라ᄂᆡ임의당경의도금ᄒᆞᄂᆞᆫ슈단이업사니낭ᄌᆡ엇지양쥬의투귤ᄒᆞᄂᆞᆫ풍졍을효칙ᄒᆞ리오하날이녹님제ᄀᆡᆨ을보ᄂᆡ샤젹승원노의연분을닐우시니압강졍상의쏫가지롤희롱ᄒᆞ고연노졍상의버들가지롤ᄭᅥᆨ그면실노풍뉴셩식의유의ᄒᆞ미아니라고산유슈의지긔롤맛나미니창진의칼과셩도의거울이일시의합ᄒᆞ믈엇지셜워ᄒᆞ리오다만녀관

7

한등의외로이누어져역북소ᄅᆡ와ᄉᆡᆨ벽누슈소ᄅᆡ의오ᄆᆡ불망ᄒᆞ며셔호젼당의가련ᄒᆞᆫ경ᄀᆡ와곡방심션의오유ᄒᆞ던ᄌᆞ최완연ᄒᆞ믈염녀ᄒᆞᄂᆞ니무단이날을ᄉᆡᆼ각지말나소흥단장홀ᄯᆞ롬이로다홀연이창뒤고귀ᄒᆞ니종ᄎᆞ로산쳔이요원ᄒᆞ고어안이무빙이라북풍을향ᄒᆞ여두어쥴글월이면〃ᄒᆞᆫ경회롤엇지다ᄒᆞ리오구〃이바라ᄂᆞᆫ바ᄂᆞᆫ옥보방신을쳔만보즁ᄒᆞ고쳔만ᄌᆞᄋᆡᄒᆞ여쳔니원ᄀᆡᆨ의현고ᄒᆞᆫ졍을닛지말나ᄒᆞ엿더라홍낭이보기롤맛ᄎᆞᄆᆡᄌᆞ연ᄒᆞᆫ눈물이옷깃슬젹시며쵸창ᄒᆞ여ᄆᆡᆨ〃이말이업더니창두롤불너금십냥을상쥬고타일ᄃᆞ시가믈분부ᄒᆞᄆᆡ십시요〃ᄒᆞ여울〃불낙ᄒᆞ더니홀연〃옥이보왈소쥬창뒤왓다ᄒᆞ거놀

8

홍낭이악연실식ᄒᆞ여마지못ᄒᆞ여셔간을바드니하회엇지된고셕남ᄒᆞ라경도

희탕갓거풍화젼당호궤깁흔난화각셜황ᄌᆞ셔방탕지심과호식지욕을니긔지못ᄒᆞ여홍낭을향ᄒᆞᄂᆞᆫ마음이그윽ᄒᆞ더니압강정상연회의뜻을닐우지못ᄒᆞ고홍낭이가마이도망ᄒᆞᄆᆞᆯ심즁의앙〃ᄒᆞ여흠모ᄒᆞᄂᆞᆫ마음을것잡지못ᄒᆞ여쥬야로침식을젼폐ᄒᆞ고밋칠듯ᄒᆞ나다만윤ᄌᆞ사의부탁홈만밋고잇더니홍낭이한번가미맛참ᄂᆡ오지아니ᄆᆞᆯ근심ᄒᆞ여울〃불낙ᄒᆞ여ᄉᆡᆼ각ᄒᆞᄃᆡ니위력으로겁박지못ᄒᆞᄆᆞᆯ한되나ᄂᆡ져롤한번시험ᄒᆞ리라ᄒᆞ고이의황금일ᄇᆡᆨ냥과치단ᄇᆡᆨ필을봉ᄒᆞ여일봉셔롤닷가홍낭의게보ᄂᆡᆯ식심복창두롤명ᄒᆞ여압녕ᄒᆞ여가홍낭을쥬고회셔롤바다오라ᄒᆞ

9

니창뒤가지고왓거ᄂᆞᆯ홍낭이바다보고심히불낙ᄒᆞ여심쥰의ᄉᆡᆼ각ᄒᆞᄃᆡ황자식비록방탕ᄒᆞ나ᄯᅩ한혼암ᄒᆞᆫ지아니라ᄂᆡ일긔기녀로교틱롤아니ᄒᆞ고도망ᄒᆞ여시니져롤촉노ᄒᆞ미잇거날졔도로혀나롤이갓치다릐니그뜻이가장깁흐니ᄂᆡ엇지ᄒᆞ면져롤격노치아니리오ᄯᅩᄉᆡᆼ각ᄒᆞ미소항은이곳과인읍이라그쥬ᄂᆞᆫ바롤밧지아니ᄒᆞᆫ즉화롤밧기쉬울거시오밧자ᄒᆞᆫ즉ᄂᆡ뜻이아니라엇지면조흐리오ᄒᆞ여침음양구의일봉셔롤닷가쥬니갈왓시ᄃᆡ항쥬쳔기강남홍은소쥬상공합하긔글월을올니나이다쳡이본ᄃᆡ심복병이잇셔의약으로치료ᄒᆞ여도곳치지못홀지라향일승회의고치못ᄒᆞ고도라가믄병증이발ᄒᆞ와춍망즁의상공긔득죄ᄒᆞ엿더니이

10

졔도로혀금은으로상쥬시니이롤바드미의리의불가ᄒᆞ오나일변ᄉᆡᆼ각ᄒᆞ오면소항은형뎨지읍이라쳔쳡의우견의상공을앙망ᄒᆞ미부모나다ᄅᆞ미업기로물이치지못ᄒᆞ오나황공ᄒᆞ와쳔쳡의사정을다고치못ᄒᆞᄂᆞ이다ᄒᆞ엿더라홍낭이쓰기롤다ᄒᆞ미소쥬창두롤쥬어도라보ᄂᆡ고도로부즁의드러와소져침실의니ᄅᆞ니소졔바야흐로침션을다사릴시십지셤슈롤풍우갓치놀녀금ᄉᆞ롤희롱ᄒᆞ니막상츈함이경늉을토ᄒᆞᄂᆞᆫ듯풍젼호졉이쏫숑이롤어로ᄂᆞᆫ듯ᄒᆞᆫ지라홍낭이울〃ᄒᆞᆫ심시츈셜갓치푸러지고우음을미〃히씌여왈소졔침션만즁히알고사

롬은모로시ᄂᆞᆫ잇가소졔놀나도라보며미쇼왈너졍히심〃ᄒᆞ기로ᄉᆞ사로쇼견ᄒᆞ더니낭자의드러오믈몰낫도다홍낭

11

이우으며소져와한가지로좌ᄒᆞ여슈노흔거술보니일쌍호졉이꼿가지의안자조으ᄂᆞᆫ모양이라홍낭이보기를다ᄒᆞ고원앙을가ᄅᆞ치며왈져원앙이라ᄒᆞᄂᆞᆫ식ᄂᆞᆫ나며졍ᄒᆞᆫ짝이잇셔분운ᄒᆞ미잇거놀이졔ᄉᆞ롬의지령ᄒᆞ므로금슈만못ᄒᆞ여졔마음을졔임의로못ᄒᆞ게ᄒᆞ니엇지가련치아니리오소졔그연고를무ᄅᆞ니홍낭이ᄃᆡ왈쇼쥬자식자긔를겁박고ᄌᆞᄒᆞᄂᆞᆫ말을일〃이고ᄒᆞ며옥뉘방〃ᄒᆞ거늘소졔츄연이위로왈낭ᄌᆞ의지긔ᄂᆞᆫ너임의아ᄂᆞᆫ비라그러나평ᄉᆡᆼ을엇지혼ᄌᆞ늙고ᄌᆞᄒᆞ나뇨홍낭이츄연왈쳡은드ᄅᆞ니봉황이쥭실이아니면먹지아니ᄒᆞᄂᆞ니이졔쥬옥을보고와셕을어이취ᄒᆞ며그집이업ᄉᆞ믈근심ᄒᆞ나가싀덤불을가ᄅᆞ쳐집이라ᄒᆞᆫ들엇지거쳐ᄒᆞ리잇고셜파의츄연ᄒᆞᆫ빗치잇거늘소져의춍명

12

ᄒᆞ므로엇지져의뜻을모로리오마ᄂᆞᆫ진짓희롱ᄒᆞ여왈그러나낭자의긔식을보니심즁의무삼난쳐ᄒᆞᆫ일이잇ᄂᆞᆫ듯ᄒᆞ나규즁녀ᄌᆞ의의논홀비아니〃모로미부친긔조용이고ᄒᆞ라홍낭이ᄉᆞ례ᄒᆞ더라ᄎᆞ셜황자식홍낭의셔찰을보고ᄃᆡ로ᄒᆞ여ᄉᆡᆼ각ᄒᆞᄃᆡ제불과일읍쳔기로날을이러틋능만ᄒᆞ니맛당이져를즁치ᄒᆞ리라ᄒᆞ고반향을침음ᄒᆞ다가다시쇼왈자고로명기의교앙ᄒᆞ믄고희치아니ᄒᆞ나제아모리뜻을직희고ᄌᆞᄒᆞᆫ들필경은지물과위셰의버셔나지못ᄒᆞᄂᆞ니엇지묘ᄒᆞᆫ방약이업ᄉᆞ리요ᄒᆞ고오월오일을굴지ᄒᆞ여션쳑을쥰비ᄒᆞ여션유ᄒᆞ믈고ᄃᆡᄒᆞ더니광음이홀홀ᄒᆞ여오월쵸일〃이되니황ᄌᆞ식윤ᄌᆞ사의게통ᄒᆞ여압강졍의셔비를ᄐᆞ고하류ᄒᆞ여쵸오일조조의젼당의당두ᄒᆞ올지니귀

13

읍의셔강남홍과풍뉴를갓쵸와오쇼셔ᄒᆞ엿거늘윤자식홍낭을불너황ᄌᆞ사의셔간을뵌ᄃᆡ홍낭이묵연무어ᄒᆞ고즉시집의나와연일부즁의드러가지아니ᄒᆞ

고울〃불낙ᄒᆞ여싱각ᄒᆞᄃᆡ황ᄌᆞ사의방탕무힝ᄒᆞ므로젼일나의회셔를보고흉계를닉여압강정의션유ᄒᆞ여놀믈핑계ᄒᆞ고금번노름의나를겁박고ᄌᆞᄒᆞ미니일이만일급ᄒᆞ거든만경창파의몸을감쵸와죽으미올타ᄒᆞ고계교를정ᄒᆞ미마음을도로혀타연ᄒᆞ나오즉양공자를다시맛나지못ᄒᆞ미유〃원한이가이업슬ᄲᅳᆫ아니라싱니ᄉᆞ별의일언이업ᄉᆞ니이엇지인졍이리오이의젼일황셩의갓던창두를불너왈명일의다시황셩의올나가단녀오라ᄒᆞ고이의셕반을파ᄒᆞ고누의올나먼리북편을바라고희허탄식ᄒᆞ니ᄎᆞ시반륜명월

14

이쳠하의걸엿고경〃ᄒᆞᆫ셩광이밤빗출직쵹ᄒᆞ니홍낭이난간을의지ᄒᆞ여니젹션의원별니한곡죠를소릐ᄒᆞ고기리탄식왈인간ᄎᆞ곡이능히광능산이아니될소냐ᄒᆞ더라다시침실의도라와쵹을도〃고치젼을닉여일봉셔를닷가쵹하의셔지삼보고탄식ᄒᆞ다가벼ᄀᆡ를의지ᄒᆞ여젼〃불미ᄒᆞ더니동창의효식이희미이밝아오거늘창두를불너셔간과은자일빅냥을쥬어지삼당부ᄒᆞ여슈히단여오라ᄒᆞ고쥬춰만면ᄒᆞ거늘창뒤고왈노직맛당이ᄲᆞᆯ니도라와공자의평안ᄒᆞᆫ소식을아ᄅᆞ시게ᄒᆞ올거시니낭자ᄂᆞᆫ슬허마ᄅᆞ쇼셔ᄒᆞ고하직ᄒᆞᆫ후황셩을가니라ᄎᆞ시황자식부귀를자랑코자ᄒᆞ여긔구를쥰비ᄒᆞ여오월쵸ᄉᆞ일의압강정하의비를타고항쥬로갈식십여척을결션ᄒᆞ여소쥬

15

기악열두릐를셥아비우희싯고북을치며결션ᄒᆞᆯ식강구월음은어룡을놀닉고비단돗ᄎᆞᆫᄃᆡ강을덥허시니강두의구경ᄒᆞᄂᆞᆫ직구름갓더라윤자식황자사의오믈듯고홍낭을부ᄅᆞ니홍낭이부즁으로셔바로소져침실의니ᄅᆞ니소졔반겨문왈낭직무슴연고로슈일을졀젹ᄒᆞ엿ᄂᆞ뇨홍낭이소왈슈일졀젹이엇지평싱졀젹이아니될쥴엇지알니잇고소졔놀나연고를무른ᄃᆡ홍낭이츄연ᄃᆡ왈쳡이소져의익휼ᄒᆞ시믈닙ᄉᆞ와종신토록좌우의뫼셔견마지녁을다ᄒᆞᆯ가ᄒᆞ엿습더니조물이싀긔ᄒᆞ여금일니별이긔한이업ᄉᆞ오니바라건ᄃᆡ소져ᄂᆞᆫ타일군ᄌᆞ를맛나샤종고지락의금슬우지ᄒᆞ샤영화부귀를누리실제금일쳔쳡의익연ᄒᆞᆫ심사

룰싱각ᄒᆞ소셔언파의소져의옥슈룰잡고

16

눈물이비오듯ᄒᆞ니소졔비록연고룰모로나역시함누ᄒᆞ믈씨닷지못ᄒᆞ여이의위로왈낭직항상불길지언을아니ᄒᆞ더니금일지언이엇지그리슈상ᄒᆞ뇨홍낭이다시답지아니코외당의나와자ᄉᆡ긔뵈온ᄃᆡᄌᆞ식그누흔을보고칙왈황ᄌᆞ식금일잔치ᄂᆞᆫ노뷔비록그뜻을아나연이나불힝이인읍의쳐ᄒᆞ여져의간쳥ᄒᆞ믈괄시치못ᄒᆞᄂᆞ니낭ᄌᆞᄂᆞᆫ편협ᄒᆞᆫ마음을두지말고사긔룰보아쥬션ᄒᆞ라홍낭이ᄉᆞ례ᄒᆞ고집의나와힝장을찰휠식날근옷과병든모양으로지분을다사리지아니ᄒᆞ고옥면의슈식이가득ᄒᆞ여나올식연옥을도라보며ᄉᆞ미로낫출가리오고쥬뤼지하의써러지거ᄂᆞᆯ옥이감히뭇지못ᄒᆞ나심즁의〃아ᄒᆞ더라ᄎᆞ시윤자식ᄂᆡ당의드러가황ᄌᆞ사의쳥ᄒᆞ므로젼당으로가슈일을션유ᄒᆞ

17

믈말ᄒᆞ니소졔왈앗가강남홍이ᄯᅩ한젼당으로가노라ᄒᆞ고하직ᄒᆞ며긔식이가장비창ᄒᆞ니아지못게라오날잔치의무삼연괴잇ᄂᆞ니잇가ᄌᆞ식침음왈소쥬황ᄌᆞ식홍낭을ᄉᆞ모ᄒᆞ여계교로겁탈고ᄌᆞᄒᆞ민가ᄒᆞ노라소졔악연왈홍낭은열협이라황ᄌᆞ사의겁박ᄒᆞ미되지아닐지니무죄ᄒᆞᆫ녀ᄌᆞ로어복의고혼이되게마ᄅᆞ쇼셔언필의상연이눈물을먹음거ᄂᆞᆯ윤ᄌᆞ식묵〃무언ᄒᆞ고ᄂᆞ가더라윤ᄌᆞ식좌우룰분부ᄒᆞ여본부기악을갓쵸와지금으로강두로ᄃᆡ령ᄒᆞ라ᄒᆞ고교자의올나젼당호의니ᄅᆞ니황자식임의비룰강두의다히고호상정의올나윤자사룰고ᄃᆡᄒᆞ더니반겨녜필의홍낭의나오믈뭇거ᄂᆞᆯ윤ᄌᆞ식소왈홍낭이비록나오나근일신병이잇셔가장무료ᄒᆞ더이다황ᄌᆞ식소왈그병은싱이아나이

18

다풍뉴남자룰낙고ᄂᆞᆫ본식이라션싱갓흔츙후장자ᄂᆞᆫ속이려니와싱은못속일지니금일슈단을보소셔윤자식어이업셔소이부답이러라경히말ᄒᆞᆯ사이의멀니바라보니져근슈레북편으로셔오거ᄂᆞᆯ황ᄌᆞ식난간머리의안ᄌᆞ자시보니냥

기창뒤압흘인도ᄒᆞ여정하의니ᄅᆞ니일위미인이거즁으로셔나려오니이곳홍낭이라허튼머리의봄구룸이요란ᄒᆞ고씩무든얼골의져믄안기한가ᄒᆞ니담〃ᄒᆞᆫ틱도와쵸췌ᄒᆞᆫ모양이녹슈의부용이셔리롤씌엿고셤〃ᄒᆞᆫ셰요ᄂᆞᆫ광풍의부치일듯ᄒᆞ니황자식눈이현황미란ᄒᆞ믈씨닷지못ᄒᆞᆯ지라황자식우음을씌여오ᄅᆞ믈지촉ᄒᆞ니홍낭이뎐상의올나츄파롤흘녀황자사롤보믹오ᄉᆞ절각모롤머리의빗기고강ᄉᆞ학창의롤압흘헷쳐닙고허리의

19

아ᄌᆞ딕롤씌고팔은난간의걸치고홍난션을흔들며취안이몽농ᄒᆞ여안ᄌᆞ시니방탕ᄒᆞᆫ힝지와츄루ᄒᆞᆫ긔상이보기의비아ᄒᆞ여강슈쳥낭의눈을씻고시분지라홍낭이마지못ᄒᆞ여압히나아가문후녜필의항쥬졔기롤좃ᄎᆞ안지니황ᄌᆞ식칙왈소항은인읍이라낭지항일압강정의셔연셕을파치아니ᄒᆞ여가마이도망ᄒᆞ니엇지기녀의도리뇨홍이염임ᄉᆞ왈쳡이상공긔고치아니코도라가믄신병을인ᄒᆞ미니거의ᄉᆞ졍을용셔ᄒᆞ실빅어니와당일의쳔쳡의죄셰가지라열위상공의놉흔연셕의쳔ᄒᆞᆫ놈이참예ᄒᆞ니죄한가지오망녕도이다ᄉᆞ즁의문장을의논ᄒᆞ니죄두가지오창기라ᄒᆞᄂᆞᆫ거시믹인열지ᄒᆞ여녀자의힝실노족히의논ᄒᆞᆯ빅아니어놀당돌이구구ᄒᆞᆫ소회롤직희여고집ᄒᆞ니죄

20

셰가지라쳡이〃졔셰가지죄잇거놀상공이인후관딕ᄒᆞ시므로일쥬방빅의즁임을가지샤경닉인민을풍화로인도ᄒᆞ시고녜졀노훈계ᄒᆞ시ᄂᆞ니쳡의쳔ᄒᆞᆫ몸을칙은이너기시고뜻이그ᄅᆞ지아니믈살피샤죄롤샤ᄒᆞ시고도로혀상ᄉᆞ롤후히ᄒᆞ시니쳡이상공의은덕을쥬야축슈ᄒᆞ나이다황자식묵연양구의왈긔왕지ᄉᆞᄂᆞᆫ물논이어니와닉임의강상의션유코자ᄒᆞᄂᆞ니낭ᄌᆞᄂᆞᆫ한가지로즐기믈사양치밀나윤ᄌᆞ식쏘한빅의오ᄅᆞ믈명ᄒᆞ니홍낭이마지못ᄒᆞ여응명하믹윤황냥자식홍낭을다리고기악을갓쵸와션상의오ᄅᆞ미ᄎᆞ시딕강의바룸이고요ᄒᆞ고거울갓흔물결이빅깁을펼친듯ᄒᆞᆫ곳의쌍〃ᄒᆞᆫ빅구ᄂᆞᆫ슈변상의멀니쩌시니흐ᄅᆞᄂᆞᆫ빅롤즁누의씌으믹비반이낭ᄌᆞᄒᆞ고사쥭이쳥열ᄒᆞ니황ᄌᆞ식취흥이도〃

21

ᄒᆞ여비젼을치며노ᄅᆡᄒᆞ니기가의왈휴미인혜여미인을쓸미여소풍유로다흐르ᄂᆞᆫ빗치거ᄉᆞ리도다즁뉴용혜여즁뉴에놀미여낙미암이로다즐거웁기마지아니토다황자ᄉᆡ노ᄅᆡᄅᆞᆯ맛ᄎᆞᄆᆡ홍낭을도라보아화답ᄒᆞ라ᄒᆞ거ᄂᆞᆯ홍낭이ᄉᆞ양치아니코노ᄅᆡᄒᆞ니기가의왈범쳥과이경도혜여ᄆᆞᆰ은물의ᄡᅥ나가ᄂᆞᆫ회호리여안유풍혜젼유란이라언덕의단풍이잇고물가의난쵸잇도다슈즁이ᄃᆡ어쵸국혜여슈즁이쵸국버다크미여탁츙신지고혼이라츙신의외로운혼을탁ᄒᆞ도다군막경도쵸고혼ᄒᆞ쇼그ᄃᆡᄂᆞᆫ경도ᄒᆞ여고혼을부ᄅᆞ지마ᄅᆞ쇼고혼이평안이로다고혼이평안ᄒᆞ도다홍낭이노ᄅᆡᄅᆞᆯ맛ᄎᆞᄆᆡ황ᄌᆞᄉᆡ쇼왈낭자ᄂᆞᆫ강남사ᄅᆞᆷ이라능히경도의근본을아나냐ᄎᆞ시홍낭이ᄆᆞᆰ은강을임ᄒᆞ여눈의가득ᄒᆞᆫ풍광이강ᄀᆡ울읍ᄒᆞᆫ심ᄉᆞᄅᆞᆯ돕ᄂᆞᆫ지라토설ᄒᆞᆯ곳이업더니황ᄌᆞ사의무ᄅᆞ믈인ᄒᆞ여츄연ᄃᆡ왈쳡이드ᄅᆞ니옛젹의숨

22

녀ᄃᆡ부ᄂᆞᆫ쵸나라츙신이라츙셩을다ᄒᆞ여쵸왕을셤기리니쵸회왕이참쇼ᄅᆞᆯ듯고강상의방츅ᄒᆞᄆᆡ삼녀ᄃᆡ뷔ᄆᆞᆰ은마음과ᄀᆡ결ᄒᆞᆫᄯᅳᆺ으로탁셰의쳐ᄒᆞᄆᆡ지ᄀᆡᄅᆞᆯ보젼치못ᄒᆞ믈슬허ᄒᆞ여회ᄉᆞ부ᄅᆞᆯ짓고오월오일의돌을안고강심의ᄡᅡ져시니후인이원통이죽으믈불상이너겨그날을당ᄒᆞᆫ즉비ᄅᆞᆯ강심의씌여츙혼을건지려ᄒᆞᄂᆞᆫ노ᄅᆞᆷ이라그러ᄒᆞ나만일굴삼녀의녕혼이〃신즉청강어복의탁신을조결ᄒᆞ여더러오믈면ᄒᆞ미도로혀쾌활안락ᄒᆞᆯ지라엇지속자범부의돗ᄃᆡᄅᆞᆯ희롱ᄒᆞ고물결을휘져어건지믈바라리오ᄎᆞ시황자ᄉᆡᄃᆡ취ᄒᆞ여엇지홍낭의깁흔ᄯᅳᆺ을짐작ᄒᆞ리오이의우음을씌여왈ᄂᆡ셩은을닙어소년공명이ᄌᆡ열의쳐ᄒᆞ여부귀족ᄒᆞ고영홰극ᄒᆞ니굴삼녀의쵸췌불우ᄒᆞ

23

믈조롱ᄒᆞ여좌슈로강산풍월을읍ᄒᆞ고우슈로졀ᄃᆡ가인을닛그러한번우스ᄆᆡ츈풍이호탕ᄒᆞ고두번셩ᄂᆡᄆᆡ상설이나리ᄂᆞ니심지〃욕과니목지락을막을ᄌᆡ업술지라엇지적막ᄒᆞᆫ강즁의소슬ᄒᆞᆫ츙혼을말ᄒᆞ리오ᄒᆞ고졔기ᄅᆞᆯ명ᄒᆞ여풍악

을일시의쥬ᄒᆞ라ᄒᆞ니관현지셩이쳥열ᄒᆞ여공즁의어리엇고예상무슈ᄂᆞᆫ편〃ᄒᆞ여강즁의번득이니쥬취홍장이슈즁의조요ᄒᆞ여십이젼당의쏫밧출닐웟거ᄂᆞᆯ황자ᄉᆡᆨ다시십여비ᄅᆞᆯ거후로고취홍이도〃ᄒᆞ여홍낭의엇ᄀᆡᄅᆞᆯ치며왈인ᄉᆡᆼᄇᆡᆨ년이져물흐르ᄂᆞᆫ것갓흐니구〃심회ᄅᆞᆯ엇지교계ᄒᆞ리오나황여옥은풍뉴지ᄉᆞ오강남홍은절ᄃᆡ가인이라ᄌᆡᄌᆞ가인이〃갓치아롬다온경ᄀᆡ와쾌활ᄒᆞᆫ풍경이도〃ᄒᆞ니엇지하날이쥬신인연이아니리오홍낭이

24

져의츄ᄅᆡᄒᆞ미졈〃더ᄒᆞ믈보고츄연이답지아니ᄒᆞᆫᄃᆡ황자ᄉᆡᆨ밋친흥을것ᄌᆞᆸ지못ᄒᆞ여좌우ᄅᆞᆯ호령ᄒᆞ여일쳑소션을쥰비ᄒᆞ여강즁의씌오고소쥬제기로홍낭을븟드러션상의올니〃션즁의비단장을쳡〃히두ᄅᆞ고아모것도업더라황ᄌᆞᄉᆡᆨ장즁의쒸여드러홍낭의손을잡고왈홍낭아네비록쳘셕간장이나황여옥의불갓흔욕심의엇지녹지아니리오오월은ᄂᆡ오호편주ᄅᆞᆯ셔시ᄅᆞᆯ싯고범ᄐᆡ부ᄅᆞᆯ효칙ᄒᆞ여평ᄉᆡᆼ을쾌활니ᄒᆞ리라ᄎᆞ시홍낭이〃거조ᄅᆞᆯ보니강포지욕을면치못ᄒᆞᆯ지라안ᄉᆡᆨ을불변ᄒᆞ고타연이우셔왈상공의쳬즁ᄒᆞ시므로일ᄀᆡ쳔기ᄅᆞᆯ이갓치겁박ᄒᆞ시니상공의쳬면을휴손ᄒᆞ시미라쳡은임의쳥누쳔종으로엇지열〃지ᄀᆡᄅᆞᆯ말삼ᄒᆞ리잇고마ᄂᆞᆫ다만평ᄉᆡᆼ의ᄌᆡ흰뜻을오날

25

보젼치못ᄒᆞ오니원컨ᄃᆡ벽상의걸인거문고ᄅᆞᆯ쥬시면두어곡조ᄅᆞᆯ알외여심회ᄅᆞᆯ푸러화열ᄒᆞᆫ긔상으로상공의질기시믈돕ᄉᆞ올가ᄒᆞᄂᆞ이다황자ᄉᆡᆨ홍낭의낙종ᄒᆞ믈보고자긔위풍을두려회심ᄒᆞ민가ᄒᆞ여바야흐로손을놋코소왈낭자ᄂᆞᆫ녀즁호걸이오슈단잇ᄂᆞᆫ명기라ᄂᆡ일즉황셩쳥누ᄅᆞᆯ편답ᄒᆞ여일홈잇ᄂᆞᆫ기녀와ᄌᆡ조잇ᄂᆞᆫ녀자ᄅᆞᆯᄂᆡ슈즁의못달ᄂᆡᆫ지업거ᄂᆞᆯ낭ᄌᆡ일향고집ᄒᆞ여슌종치아니ᄒᆞᆫ즉거의위ᄐᆡᄒᆞᆫ거조ᄅᆞᆯ당ᄒᆞᆯ번ᄒᆞ엿도다이졔이갓치회심ᄒᆞ여젼화위복ᄒᆞ니이ᄂᆞᆫ낭ᄌᆞ의복이라ᄂᆡ비록부귀치못ᄒᆞ나당시의승상의장ᄌᆞ오일도방ᄇᆡᆨ의존귀ᄒᆞ믈겸ᄒᆞ여시니맛당이금옥으로집을짓고낭ᄌᆞ로더부러평ᄉᆡᆼ부귀ᄅᆞᆯ누리게ᄒᆞ리라셜파의친히거문고ᄅᆞᆯ드러홍낭을쥬며왈

26

낭ᄌᆞ는ᄌᆡ조롤다ᄒᆞ여화락ᄒᆞ는곡조롤ᄐᆞ라ᄒᆞ니홍낭이미쇼ᄒᆞ고거문고롤바다한곡조롤ᄐᆞ니그쇼릐화창방탕ᄒᆞ여삼월츈풍의ᄇᆡᆨ홰만발ᄒᆞᆫ듯오릉쇼년이쥬마롤달니는듯언덕의버들은비긔운을ᄯᅴ엿고물가의갈가마긔분〃이츔을츄니황ᄌᆞ식호탕ᄒᆞ믈니긔지못ᄒᆞ여장을것고좌우롤도라보아다시ᄇᆡ반을나와홍낭을의심치아니ᄒᆞ거놀홍낭이다시옥슈로쥴을골나한곡조롤ᄐᆞ니그쇼릐소슬강ᄀᆡᄒᆞ여소상반쥭의져역비ᄶᅥ러지고ᄉᆡ외청쵸의찬바롬이니러ᄂᆞ니강상의나무닙희풍운의소슬ᄒᆞ고텬ᄋᆡ의기러기ᄋᆡ원이소릐ᄒᆞ니일좌츄연ᄒᆞᆫ빗치잇셔소항졔기무단이눈물을먹음더라홍낭이〃의곡조롤변ᄒᆞ여소현을거두고ᄃᆡ현을울녀우조롤알외니그쇼릐비창강ᄀᆡᄒᆞ여불평ᄒᆞᆫ심사와오열

27

ᄒᆞᆫ흉금이일좌롤경동ᄒᆞ니쥬즁졔인이일시의읍하ᄒᆞ더라홍낭이거문고롤밀치고열〃ᄒᆞᆫ빗치미우의가득ᄒᆞ여왈유〃창텬아홍낭을ᄂᆡ실졔그근본은쳔히ᄒᆞ시고마음은강열이ᄒᆞ여광활ᄒᆞᆫ셰계의일신을용납ᄒᆞᆯᄯᅡ히업ᄉᆞ니청강어복굴삼녀롤좃찰지라바라건ᄃᆡ쳡이쥭은후의신체롤건지〃말아쥭어도조결ᄒᆞᆫᄯᅡ히놀게ᄒᆞ쇼셔말삼을맛ᄎᆞ며몸을날녀강심의ᄯᅱ여드니오호셕ᄌᆡ라필경셩명이엇지된고하회롤보라강남홍탁신ᄇᆡᆨ운동양창곡ᄃᆡ칙ᄌᆞ신문각셜이ᄯᅢ의강남홍이강즁의ᄲᅡ지미쥬즁졔인이ᄃᆡ경차악ᄒᆞ여급히붓들고ᄌᆞᄒᆞ나ᄂᆞᆯ닌몸을밋쳐잡지못ᄒᆞ여물결의나군이나붓기며간곳이업는지라소항졔기와모든악공이아니우는ᄌᆡ업고냥

28

자식악연실ᄉᆡᆨᄒᆞ여사공을호령ᄒᆞ여건지라지촉ᄒᆞ니결션한ᄇᆡ롤푸러강즁의덥허ᄎᆞ지나긔쳑을보지못ᄒᆞ미모든사공이셔로도라보며왈ᄉᆞ롬이물의ᄲᅡ진즉반다시물의ᄯᅳ거놀이는긔쳑이업ᄉᆞ니슈상ᄒᆞ다ᄒᆞ더라냥ᄌᆞ식ᄒᆞᆯ일업셔ᄉᆞ공과어부롤명ᄒᆞ여물목술직희고차자라ᄒᆞ니ᄉᆞ공이고왈이호즁의셔못ᄎᆞ진즉아릐목은조셕쉬미는곳이라물형셰가장급ᄒᆞ니모릐의뭇치면ᄎᆞ질곳이업

ᄂᆞ이다ᄒᆞ거ᄂᆞᆯ냥자ᄉᆡ더욱ᄎᆞ악ᄒᆞ여눈물을흘니며각〃도라가니라ᄎᆞ시윤소졔홍낭을보ᄂᆡ고ᄉᆡᆼ각ᄒᆞᄃᆡ홍낭의셩품과금일ᄉᆞ긔반다시구ᄎᆞ이투ᄉᆡᆼ치아닐지니무삼방ᄎᆡᆨ으로져ᄅᆞᆯ구ᄒᆞ리오ᄂᆡ져ᄅᆞᆯ지긔로사ᄀᆡ여시니구치아닌즉의아니라ᄒᆞ고구ᄒᆞᆯ방약을ᄉᆡᆼ각ᄒᆞ더니맛참유모셜ᄑᆡ드러오거ᄂᆞᆯ셜파ᄂᆞᆫ경셩사ᄅᆞᆷ

29

이라위인은녕니치못ᄒᆞ나마음은츙직ᄒᆞᆫ고로소져ᄅᆞᆯ좃차부즁의잇션지임의슈년이라자연황자사부즁ᄉᆞᄅᆞᆷ과친ᄒᆞᆫᄌᆡ만터라ᄎᆞ시소졔셜파ᄅᆞᆯ보고왈ᄂᆡ그ᄃᆡ의게부탁ᄒᆞᆯ말이〃시니능히쥬션ᄒᆞᆯ쇼냐셜ᄑᆡ왈노신이소져ᄅᆞᆯ위ᄒᆞ여비록부탕도화라도사양치아니ᄒᆞᆯ지니무삼말ᄉᆞᆷ인지듯고자ᄒᆞ나이다소졔왈ᄂᆡ드ᄅᆞ니강남사ᄅᆞᆷ이물의익어혹슈즁의잠신ᄒᆞ여슈십니ᄅᆞᆯᄒᆡᆼᄒᆞᄂᆞᆫᄌᆡ잇다ᄒᆞ니그ᄃᆡ알소냐셜ᄑᆡ침음왈광구ᄒᆞ면잇슬가ᄒᆞ나이다소졔왈일이급ᄒᆞ니지금시ᄀᆡᆨ이밧바ᄢᆡ지ᄂᆞᆫ즉쓸ᄃᆡ업ᄂᆞ니그ᄃᆡᄂᆞᆫ밧비일인을쳔거ᄒᆞ라셜ᄑᆡ다시침음양구의왈물의익은사ᄅᆞᆷ을친ᄒᆞ엿더니노신이졸지의ᄉᆡᆼ각지못ᄒᆞ나이다소졔아미ᄅᆞᆯ찡긔여왈다만그사ᄅᆞᆷ을쳔거ᄒᆞ고곡졀은후의드ᄅᆞ라셜ᄑᆡ바

30

야흐로몸을니러나가거ᄂᆞᆯ소졔ᄯᅡ라나오며다시금당부ᄒᆞ여왈부ᄃᆡ지완치말나ᄒᆞ니ᄑᆡ졈두ᄒᆞ고나간지슈유의한사ᄅᆞᆷ을다리고드러와소져다려왈그친ᄒᆞᆫᄉᆞᄅᆞᆷ은남ᄌᆡ니그사ᄅᆞᆷ은어ᄃᆡ로가고맛참이녀ᄌᆡ잇시니강호상의구슬ᄏᆡᄂᆞᆫ사ᄅᆞᆷ이라물속으로능히오륙십니ᄅᆞᆯᄒᆡᆼᄒᆞᄂᆞᆫ고로닐컷기ᄅᆞᆯ슈즁야ᄎᆡ손삼낭이라ᄒᆞ나이다소졔그녀ᄌᆞ믈더옥신통이너겨불너보니그녀ᄌᆡ신장이팔쳑이오머리털이누ᄅᆞ고얼골이거무며겻희오ᄆᆡ비린ᄂᆡ코흘거사리더라소졔놀나문왈삼낭이능히물속으로몃니나가나냐ᄃᆡ왈일즉졀강어귀의셔구슬을ᄏᆡ다가이슴니ᄅᆞᆯ맛나셔로ᄊᆞ화숨십니ᄅᆞᆯ쏫ᄎᆞ단니다가잡아엇ᄀᆡ의메오고올나올ᄉᆡ져역조슈의밀니여다시슈십여리ᄅᆞᆯ긔여물밧게나오니만일단신으로ᄒᆡᆼᄒᆞᆫ즉칠팔십니ᄅᆞᆯᄒᆡᆼᄒᆞᆯ너

31

이다소졔놀나며칭찬왈닋삼낭을잠간쓸터잇시니슈고롤앗기지말나삼낭왈
맛당이갈녁ᄒᆞ리이다소졔이의빅금이십냥을쥬며왈이거시비록져그나몬져
정을표ᄒᆞ노라ᄒᆞ니하회엇지된고분셕ᄒᆞ라
셰무신오월일향목동셔

권지오

1

옥누몽권지오

어시의윤소제빅금이십냥을쥬며왈이거시비록져그나몬져경을표ᄒᆞᄂᆞ니공을닐운후다시즁상ᄒᆞ리라삼낭이ᄃᆡ희ᄒᆞ여그쓸곳을무른ᄃᆡ소졔좌우롤물니고가마이닐오ᄃᆡ금일젼당호의소항냥쥬상공이경도희롤ᄒᆞ실식반다시일긔여진슈즁의ᄲᅢ질거시니그ᄃᆡᄂᆞᆫ물속의잠신ᄒᆞ엿다가즉시구ᄒᆞ여슈즁으로긔여다라나ᄃᆡ만일소쥬사ᄅᆞᆷ의눈의ᄯᅳ닌즉ᄃᆡ홰잇실거시니십분조심ᄒᆞ여공을닐운즉ᄂᆡ다시즁상홀ᄲᅮᆫ아니라활인지덕이되리라삼낭이응낙ᄒᆞ고가거ᄂᆞᆯ소졔직삼부탁ᄒᆞ여그릇ᄒᆞ지말나ᄒᆞ니라ᄎᆞ시삼낭이〃십냥은자롤집의두고밧비젼당호로물가의나아가반일을안자경도희롤구경ᄒᆞ더니일식이반오의지나셕양ᄯᅴ의니ᄅᆞ러ᄂᆞᆫ믄득일엽소션의소

2

쥬졔기와일긔미인을붓드러쥬즁의올니거ᄂᆞᆯ삼낭이ᄉᆡᆼ각ᄒᆞᄃᆡ이반다시곡졀이〃시미라ᄒᆞ고즉시물쇽의ᄯᅱ여드러가마이긔여그빅밋희업ᄃᆡ엿더니아이오쥬즁의거문고소릐나거ᄂᆞᆯ삼낭이귀롤기우려듯더니홀연쥬즁이요란ᄒᆞ며일위미인이빅머리의ᄲᅥ러지니삼낭이몸을쇼사두로쳐업고살갓치긔여순식간의뉵칠니롤힝ᄒᆞ며ᄉᆡᆼ각ᄒᆞᄃᆡ인젹이업고등의업은녀ᄌᆡ살기가어려오니슈상의소사언덕으로좃차나오랴ᄒᆞ더니물우희일쳑소션이ᄯᅥ오며션상의냥긔어뷔낙시ᄃᆡ롤들고노릐ᄒᆞ며나려오거ᄂᆞᆯ삼낭이크게웨여왈급ᄒᆞᆫ사ᄅᆞᆷ을구ᄒᆞ라ᄒᆞ니어뷔노릐롤긋치고빅롤ᄲᆞᆯ니져어니ᄅᆞ니삼낭이그녀자롤업은치쥬즁의ᄯᅱ여올나나려놋코

3

보니운빈이훗터지고옥안이푸러져일분싱되업ᄂᆞᆫ지라마른자리ᄅᆞᆯ구ᄒᆞ여누이고져진의상을말니며회싱ᄒᆞ기ᄅᆞᆯ기다리더니그어뷔문왈이ᄂᆞᆫ엇더ᄒᆞᆫ낭지완ᄃᆡ이런익을맛나시뇨삼낭왈나ᄂᆞᆫ구슬키ᄂᆞᆫ사ᄅᆞᆷ이러니맛참져낭ᄌᆡ물의ᄲᅡ지믈보고구ᄒᆞ여가거니와이비ᄂᆞᆫ어ᄃᆡ로가ᄂᆞᆫ비오어뷔왈우리ᄂᆞᆫ고기잡ᄂᆞᆫ사ᄅᆞᆷ이라강호의싱장ᄒᆞ여슈환을당ᄒᆞᆫ자ᄅᆞᆯ만히보아시나이러ᄒᆞᆫ거동은쳐음이라이곳의인ᄀᆡ업ᄉᆞ니엇지구완ᄒᆞ려ᄒᆞ나뇨삼낭왈조금기다려싱되잇시믈다시의논ᄒᆞ리라ᄒᆞ고슈족을만져보니미〃ᄒᆞᆫ온긔잇셔슈유의졍신을ᄎᆞ려눈을ᄯᅥ삼낭을보고겨유무러왈노랑은엇더ᄒᆞᆫ사ᄅᆞᆷ이완ᄃᆡᄭᅳᆫ어진목숨을살니ᄂᆞ뇨삼낭이오히려니목이번거ᄒᆞ믈염녀ᄒᆞ여왈낭자ᄂᆞᆫ

4

졍신을찰혀셔〃이무ᄅᆞ쇼셔ᄒᆞ고어부ᄅᆞᆯ도라보아왈히임의져물고인ᄀᆡ머러갈길이업ᄉᆞ니션즁의셔일야ᄅᆞᆯ유슉ᄒᆞᆯ지라나의몸은무방ᄒᆞ나져낭자ᄂᆞᆫ규즁약질노만ᄉᆞ여싱이라풍노의쏘이미민망ᄒᆞ나혹쥬즁의방풍ᄒᆞᆯ졔귀잇ᄂᆞ냐어뷔두어조각ᄯᅳᆷ으로의지ᄒᆞᆯ곳을졍ᄒᆞ여쥬거ᄂᆞᆯ비ᄅᆞᆯ즁뉴ᄒᆞ여닷출쥬고야심ᄒᆞ미냥ᄀᆡ어뷔ᄯᅳᆷ집밧긔셔잠이깁헛거ᄂᆞᆯ삼낭이가마이홍낭다려문왈낭ᄌᆡ황쥬자사소교윤소져ᄅᆞᆯ아나냐홍낭이니러안자그믓ᄂᆞᆫ곡졀을무론ᄃᆡ삼낭이〃의윤쇼졔자긔ᄅᆞᆯ구ᄒᆞ여보니던말을일〃이젼ᄒᆞ니홍낭이묵연탄식고눈물을흘니며왈나ᄂᆞᆫ다른사ᄅᆞᆷ이아니라항쥬강남홍이라그쥭으려ᄒᆞᄂᆞᆫ곡졀을자시말ᄒᆞ니삼낭이ᄃᆡ경왈그리면낭ᄌᆡ항쥬졔

5

일방청누홍낭이니잇가홍낭이ᄃᆡ왈노랑이엇지나의일흠을아나뇨삼낭이다시놀나왈낭ᄌᆞ의ᄎᆞ환이연옥이아니〃잇가홍낭왈연ᄒᆞ다삼낭이악연이홍낭의숀을잡아왈노신이연옥의니뫼라옥이ᄆᆡ양낭ᄌᆞ의졀ᄀᆡ놉흐믈말삼ᄒᆞ오미한번뵈옵고ᄌᆞᄒᆞ나노신의싱ᄋᆡ고이ᄒᆞ여츄ᄒᆞᆫ모양으로뵈옵기ᄅᆞᆯ붓그려가지못ᄒᆞ엿더니금일이의뵈오니이ᄂᆞᆫ하날이지시ᄒᆞ시미라ᄒᆞ고더옥공경ᄒᆞ거ᄂᆞᆯ

홍낭이더옥놀나각별이친독ᄒᆞ여셔로위로ᄒᆞ며누엇더니강쳔의달이지고밤이사오경의갓가오민쯤집밧긔여러어뷔말ᄒᆞ거늘삼낭이귀롤기우려드ᄅᆞ니일인왈분명이모로고엇지경솔이ᄒᆞ리오일인왈ᄂᆡ젼일어션을팔나항쥬로단나다가드ᄅᆞ니강남홍이라ᄒᆞᄂᆞᆫ기네텬하의일식이라ᄒᆞ

6

더니금일져낭자롤보니그사룸인가ᄒᆞ노라ᄒᆞ고셔로말ᄒᆞ거늘삼낭이듯기롤다ᄒᆞ미심즁의〃혹ᄒᆞ여어부다려비롤씌오라직쵹ᄒᆞ니어뷔바야흐로운동ᄒᆞ여왈아참파도롤맛나면엇지두렵지아니리오ᄒᆞ거늘삼낭왈갈길이밧부니어셔씌오라속히가미올커늘엇지〃체ᄒᆞ리오ᄒᆞ고직쵹ᄒᆞ여가더니날이졈〃밝으미홀연풍낭이〃러나풍셰졈〃급ᄒᆞ니비롤것잡지못ᄒᆞ여물결쇼릐하날이문허지고산희썩거지ᄂᆞᆫ듯ᄒᆞ여풍낭이뫼갓치니러ᄂᆞ니삼낭이역시졍신이아득ᄒᆞ여홍낭을붓들고업드려더니반일만의바야흐로풍셰긋치며물결이조용ᄒᆞ거늘홍낭과삼낭이졍신을찰혀살펴보니망〃ᄃᆡ히의물가을보지못홀지라향홀바롤몰나다만물결을ᄯᆞ라비가ᄂᆞᆫᄃᆡ로힝ᄒᆞ더니멀니바라보니하날

7

가의한졈푸른뫼히잇거늘그곳을향ᄒᆞ여비롤져어반일을힝ᄒᆞ여바로언덕우희다희거늘자셔이보니ᄃᆡ슈풀이우거진곳의슈삼촌낙이은〃이뵈거늘언덕의올나슈풀을헷치고문을두다리니한사룸이나아오니의관이즁국졔도와다ᄅᆞ고셩음이괴이한지얼골이검고눈이푸ᄅᆞ더라문왈그ᄃᆡᄂᆞᆫ엇던사룸이완ᄃᆡ뉘집을찻나뇨삼낭왈우리ᄂᆞᆫ강남사룸이라풍파의밀니여이곳의니ᄅᆞ니이곳지명이무어시뇨그사룸이ᄃᆡ경왈이곳은남방나탁히라ᄒᆞᄂᆞᆫ바다희오나라일홈은탈〃국이니강남이육노로삼만여리오슈로〃칠만여리라ᄒᆞ거늘삼낭왈우리만ᄉᆞ여싱으로갈바롤아지못ᄒᆞᄂᆞ니일야롤ᄌᆞ고갈가ᄒᆞ노라쥬인이허락ᄒᆞ고일간긱실을졍ᄒᆞ여쥬거늘냥인이칭사ᄒᆞ고집의드러가보니갈닙흐로쳠

8

아ᄅᆞᆯ덥고돌을ᄊᆞ하벽을ᄒᆞ고ᄃᆡᄌᆞ리의풀방셕을ᄶᆞᆯ아시니일시ᄅᆞᆯ머무ᄅᆞ기어려오나ᄒᆡ임의져믄지라부득이유숙ᄒᆞᆯᄉᆡ쥬인이셕반을나오니말음열ᄆᆡ로밥을짓고비린고기와쓴나물노반찬을ᄒᆞ여시니먹을길이업ᄉᆞ나삼낭은허펍ᄒᆞ믈참지못ᄒᆞ여먹거ᄂᆞᆯ홍낭이졉구치못ᄒᆞ고누어시니누습ᄒᆞᆫ긔운과훈징한바ᄅᆞᆷ의잠을닐우지못ᄒᆞ더라홍낭이삼낭다려왈노랑이날노인연ᄒᆞ여무단이표박ᄒᆞᆫ종적이되니이곳은일시도머무지못ᄒᆞᆯ곳이라나ᄂᆞᆫ죽으미원통치아니ᄒᆞ나노랑은사라고국으로도라갈도리ᄅᆞᆯᄉᆡᆼ각ᄒᆞ라ᄉᆞᆷ낭이ᄀᆡ연왈노신이평ᄉᆡᆼ의ᄉᆞ모ᄒᆞ던정셩을오날시험ᄒᆞ여ᄉᆞᄉᆡᆼ고락을한가지로ᄒᆞ리니이곳의뫼히놉고물이ᄆᆞᆰ으니반다시도관승당이잇실지라명일다시ᄎᆞ자보미올

9

ᄒᆞᆯ가ᄒᆞ나이다홍낭이칭ᄉᆞᄒᆞ고냥인이안자밤을지ᄂᆡ고익일의쥬인다려문왈이곳의승니와도ᄉᆡ잇ᄂᆞ냐쥬인왈우리곳은본ᄃᆡ승니와도ᄉᆞᄂᆞᆫ업고산즁의혹쳐ᄉᆞᄂᆞᆫ잇ᄂᆞ니라연이나왕ᄂᆡ죵적은알길이업노라ᄒᆞ거ᄂᆞᆯ냥인이쥬인을니별ᄒᆞ고쥭장을집고산길을차자지향업시가더니한곳의니ᄅᆞ니골이깁고길이업거ᄂᆞᆯ바회우희안자쉴ᄉᆡ홀연보니한쥴기시ᄂᆡ물이놉흔봉으로셔나려오거ᄂᆞᆯ홍낭이숀으로물을우희여마시고삼낭을도라보아왈이물의셔이상ᄒᆞᆫ향ᄂᆡ촉비ᄒᆞ니우리시ᄂᆡᄅᆞᆯ좃ᄎᆞ올나가미엇더ᄒᆞ뇨삼낭이응낙ᄒᆞ고물을ᄯᆞ라올나갈ᄉᆡ슈ᄇᆡᆨ여보ᄅᆞᆯ힝ᄒᆞᄆᆡ한동학이잇고동즁의드러가ᄆᆡ긔이ᄒᆞᆫ쏫과아ᄅᆞᆷ다온경ᄀᆡ절승ᄒᆞ여남방의누츄ᄒᆞᆫ긔운이업거ᄂᆞᆯ홍낭이삼낭을도라보아

10

왈ᄂᆡ고국을ᄯᅥ난지오ᄅᆡ지아니ᄒᆞ나남즁풍토의긔운이져상ᄒᆞ엿더니금일이곳은진짓별유텬지비인간이라ᄒᆞ고셔로말ᄒᆞ며슈십보ᄅᆞᆯ더힝ᄒᆞ여가니한시ᄂᆡ구뷔잇고시ᄂᆡ우희반셕이노혓ᄂᆞᆫᄃᆡ셕상의일ᄀᆡ쇼동이흐르ᄂᆞᆫ물을ᄃᆡᄒᆞ여차ᄅᆞᆯ다리거ᄂᆞᆯ홍낭이압히나아가동자다려왈우리ᄂᆞᆫ길을닐은사ᄅᆞᆷ이라길을잠간가ᄅᆞ치미엇더ᄒᆞ뇨동ᄌᆡ왈이곳은다른길이업고일작힝인이드러오지아

니ᄒᆞ거ᄂᆞᆯ그ᄃᆡᄂᆞᆫ엇더ᄒᆞᆫ사ᄅᆞᆷ이뇨홍낭이답지못ᄒᆞ여셔일위도ᄉᆡᆨ홍안학발의풍치표일ᄒᆞ며머리의갈건을쓰고손의빅우션을들고우음을ᄯᅴ여나오거ᄂᆞᆯ홍낭이나아가녜필의ᄭᅮ러고왈이역사ᄅᆞᆷ이풍파의표박ᄒᆞ여갈바ᄅᆞᆯ아지못ᄒᆞ오니션ᄉᆡᆼ은ᄉᆡᆼ노ᄅᆞᆯ지시ᄒᆞ쇼셔도ᄉᆡᆨ숙시양구의동자ᄅᆞᆯ명ᄒᆞ여길을인

11

도ᄒᆞ라ᄒᆞ고몸을도로혀쥭님으로드러가더라홍낭과삼낭이동ᄌᆞᄅᆞᆯᄯᆞ라슈리ᄂᆞᆫ힝ᄒᆞ니슈간쵸옥이극히정쇄ᄒᆞᆫᄃᆡ일쌍빅학은숑님의조ᄅᆞᆯ고두어낫사슴은셕경의비회ᄒᆞ니홍낭이평ᄉᆡᆼ을번화지〃의ᄉᆡᆼ장ᄒᆞ여시니청졍ᄒᆞᆫ별세계ᄅᆞᆯ엇지보아시리오흉금이상쾌ᄒᆞ고정신이쇄락ᄒᆞ여거의진셰영욕을니질너라도ᄉᆡᆨ냥인을명ᄒᆞ여당의오ᄅᆞ라ᄒᆞ여왈나ᄂᆞᆫ산야늙은니라안자청ᄒᆞ믈허물치말나ᄒᆞ거ᄂᆞᆯ숨낭과홍낭이승당닙실ᄒᆞ여공경지비ᄒᆞ고좌우의시립ᄒᆞ니도ᄉᆡᆨ왈그ᄃᆡ의모양을보니뭇지아냐즁국사ᄅᆞᆷ이믈알지라이곳인물이괴희ᄒᆞ고풍속이금슈와다ᄅᆞ지아냐즁국귀인의안졉ᄒᆞᆯ곳이업ᄉᆞ니아직노부의게머무러다가고국으로도라갈긔회ᄅᆞᆯ기다리라

12

홍낭이빅비ᄉᆞ례ᄒᆞ고도호ᄅᆞᆯ뭇ᄌᆞ온ᄃᆡ도ᄉᆡᆨ소왈노부ᄂᆞᆫ운유ᄒᆞᄂᆞᆫ사ᄅᆞᆷ이라무삼도회잇시리오마ᄂᆞᆫ타인이부ᄅᆞ기ᄅᆞᆯ빅운도ᄉᆡᆨ라ᄒᆞ노라홍낭이칭ᄉᆞ하고ᄎᆞ후로산즁의머무ᄅᆞ니침식이가장편ᄒᆞ더라ᄎᆞ셜윤소졔삼낭을보닉고회보ᄅᆞᆯ기다리더니날이느진후윤자ᄉᆡ도라와젼당호의셔홍낭이익슈참ᄉᆞᄒᆞ믈말ᄒᆞ니소졔ᄃᆡ경차악ᄒᆞ여눈물을먹음어왈그쥭으미불상ᄒᆞᆯ쁜아니라그위인이앗갑도쇼이다ᄒᆞ고일변으로심즁의삼낭의회보ᄅᆞᆯ기다리더니맛참닉소식이업고ᄌᆞᄉᆡᆨ닉당의드러와소져ᄅᆞᆯᄃᆡᄒᆞ여왈홍낭의용모위인이엇지슈즁원혼이될쥴아라시리오소졔놀나왈홍낭의신쳬ᄅᆞᆯ건지니잇가ᄌᆞᄉᆡᆨ왈오날졀강직휜사공이고ᄒᆞᄃᆡ조슈의밀니여강변의두사ᄅᆞᆷ의신체잇

13

시ᄃᆡ모릐와돌의상ᄒᆞ여남녀를분간치못ᄒᆞ고인ᄒᆞ여그날조슈의밀이여왓시니상고홀곳이업다ᄒᆞ니아마도그둘즁의하나흔홍낭의신체가ᄒᆞ노라소졔심즁의더옥차악ᄒᆞ여ᄉᆡᆼ각ᄒᆞᄃᆡ이ᄂᆞᆫ반다시삼낭의실슈ᄒᆞ여둘이다쥭으미로다ᄒᆞ더라ᄎᆞ시연옥이홍낭의쥭으믈듯고발을구ᄅᆞ며통곡ᄒᆞ고관문을두다려고왈소녀ᄂᆞᆫ강남홍의ᄎᆞ환이러니일홈은연옥이라홍낭도부모친쳑이업고소녀도부모친쳑이업셔고단ᄒᆞᆫ신세로노쥬상의ᄒᆞ여정의형뎨골육의다ᄅᆞ미업더니홍낭이〃졔무죄히강즁원혼이되여남은뼈를거둘슈가업ᄉᆞ오니원컨ᄃᆡ관력을비러ᄇᆡᆨ골을슈습ᄒᆞ여무들가ᄒᆞ나이다ᄌᆞᄉᆡ그뜻을참혹이너겨관션십여쳑을쥬니옥이십여일을강즁의비회ᄒᆞ여울며ᄎᆞᄌᆞᄃᆡ종젹이

14

업거ᄂᆞᆯ홀일업셔집의도라와쥬과와지젼을갓쵸와강상의쵸혼ᄒᆞ고홍낭의닙은의상과픠물을강즁의더지고우니ᄒᆡᆼ인과ᄀᆡᆨ과ᄉᆞ공어부등이눈물을아니흘니리업더라옥이쵸혼을맛고집의도라와보니젹〃ᄒᆞᆫ누ᄃᆡ의틧글이자옥ᄒᆞ고ᄂᆡᆼ낙ᄒᆞᆫ문젼의거친풀이무셩ᄒᆞ니젼일풍뉴의ᄌᆞ최를무를곳이업셔다만문을닷고쥬야로호곡ᄒᆞ며황셩간창두를를쥬야기다리더라ᄎᆞ셜양공ᄌᆡ항쥬창두를보ᄂᆡᆫ후ᄀᆡᆨ관의젹〃ᄒᆞᆫ심ᄉᆡ날노더ᄒᆞ여과일을기다리더니맛참조졍의변이잇셔과거를퇴졍ᄒᆞ니오히려슈삭이격ᄒᆞ엿ᄂᆞᆫ지라공ᄌᆡ고향을ᄉᆡᆼ각ᄒᆞ고밤마다잠을닐우지못ᄒᆞ더니일〃은셔안을의지ᄒᆞ여한곳의니ᄅᆞ니십니강상의홍년홰셩ᄀᆡᄒᆞ엿거ᄂᆞᆯ한가지를썩고ᄌᆞᄒᆞ다가홀연광풍이ᄃᆡ작ᄒᆞ여물결

15

이니러ᄂᆞ며쏫가지썩거져강즁의ᄲᆡ지니앗갑고놀나소〃로쳐ᄭᆡ다ᄅᆞ니남가일몽이라마음의상셔롭지아니ᄒᆞ여ᄒᆞ더라슈일이못ᄒᆞ여홀연항쥬창뒤니ᄅᆞ러홍낭의셔간을드리니공ᄌᆡ반겨ᄯᅥ혀보니ᄒᆞ엿시ᄃᆡ쳔쳡강남홍은일봉셔찰을양상공긔올니나이다쳡의명되긔박ᄒᆞ여어려셔부모의교훈을모로고자라셔몸이쳥누의〃지ᄒᆞ여창누의쳔ᄒᆞᆫ몸이오군자의바린ᄇᆡ라오직일편고심이

한번지긔롤맛나쳥산녹슈의품은소회롤의논ᄒᆞ고영문빅셜의감ᄎᆞᆫ바시부롤화답ᄒᆞ여평싱의소원을닐울가ᄒᆞ엿더니ᄯᅳᆺ밧게공자롤맛나홍금이상조ᄒᆞ미강빈의회리ᄒᆞ믈효칙ᄒᆞ고건질을소임ᄒᆞ믈허ᄒᆞ샤소셩의거두시물긔약ᄒᆞ시니군

16

자의말삼이금셕갓흐시미쳔쳡이하히갓치바라숩더니조물이싀긔ᄒᆞ고신명이져히ᄒᆞ여소쥬자사황공이망망음탕ᄒᆞᆫ마음으로창기롤쳔ᄃᆡᄒᆞ여니히로다릐며위세로겁박고ᄌᆞᄒᆞ여압강졍남은풍픠젼당호의니ᄅᆞ러시니오월오일뎐즁지졀의경도회롤일홈ᄒᆞ며쳡을겁박고ᄌᆞᄒᆞ니일누잔쳔이농즁지조오망즁지어라지쳑쳥좌의조회ᄒᆞ논션비롤좃ᄎᆞ려ᄒᆞ나망부산뒤히오ᄂᆞᆫ힝인을보지못ᄒᆞ니어복고혼이영욕을니져시나막마한조의여한을난셜이라바라건ᄃᆡ공자ᄂᆞᆫ쳔쳡을유련치마로시고쳥운의ᄯᅳᆺ을두샤금의로고향의도라오시ᄂᆞᆫ날고경을싱각ᄒᆞ샤일비지젼으로강산고혼을위로ᄒᆞ여쥬쇼셔쳡이쥭은후아ᄅᆞ미잇신

17

즉상공의영귀ᄒᆞ믈흠앙홀거시오만일졍녕이민멸치아닌즉명부의발원ᄒᆞ여ᄎᆞ싱의미진ᄒᆞᆫ인연을후싱의긔약홀가ᄒᆞ나이다일빅냥은자롤보ᄂᆡ오니긱즁부비롤도으샤기리가ᄂᆞᆫ자로ᄒᆞ여금유〃구원의연〃ᄒᆞᆫ싱각을일분이나덜게ᄒᆞ옵쇼셔붓ᄃᆡ롤잡으미홍금이엄싀ᄒᆞ여싱니ᄉᆞ별의회포롤다고치못ᄒᆞ나이다"ᄒᆞ엿더라양공지남필의악연실식ᄒᆞ여셔안을치며눈물이ᄉᆞ미의가득ᄒᆞ여왈홍낭이쥭으리로다ᄒᆞ고다시글을펴보며여취여몽ᄒᆞ여창두다려문왈네어ᄂᆡ날ᄯᅥ나뇨창뒤왈쵸사일의발힝ᄒᆞ니이다공지왈쇼쥬자식어ᄂᆡ날온다ᄒᆞ더뇨창뒤ᄃᆡ왈쵸오일의젼당호의경도회롤ᄒᆞᆫ다ᄒᆞ더이다공지기리탄왈가셕다

18

홍낭이쥭으리로다ᄒᆞ고셔안을의지ᄒᆞ여눈물을금치못ᄒᆞ며심즁의싱각ᄒᆞᄃᆡ

홍낭은졀디가인이오무쌍ᄒᆞᆫ국식이라조물이싀긔ᄒᆞ도다ᄒᆞ고ᄯᅩᄉᆡᆼ각ᄒᆞ여왈홍낭이뎐셩이ᄐᆡ강ᄒᆞ여열협지풍이〃시나그번화ᄒᆞᆫ긔상과아름다온얼골이슈즁원혼이되지아닐지니후일을보리라ᄒᆞ고창두의치전을ᄉᆡᆼ혀답장을쓰려ᄒᆞ다가다시붓술더지고탄왈홍낭이졍녕죽엇도다ᄂᆡ압강졍의셔홍낭으로더부러시부ᄅᆞᆯ창화ᄒᆞᆯ시져의글의양비긔졀화홍이라ᄒᆞᆫ글귀상셔롭지아니ᄒᆞ고연노졍의니별ᄒᆞᆯ졔인ᄉᆞᄅᆞᆯ번복ᄒᆞ믈졔가탄식ᄒᆞ더니이엇지언참이아니리오그러ᄒᆞᆫ즉ᄂᆡ비록편지ᄅᆞᆯ쓰나뉘보리오ᄒᆞ더니다시탄식왈비록그러ᄒᆞ나ᄂᆡ심즁의ᄡᆞ흰졍회ᄅᆞᆯ어ᄃᆡ가포설ᄒᆞ며창두ᄅᆞᆯ엇

19

지참아그져보ᄂᆡ리오ᄒᆞ고붓슬드러두어쥴을쓰니그글의왈홍낭아네나ᄅᆞᆯ죽이미아니냐그맛나미엇지그리긔이ᄒᆞ고ᄯᅩᄶᅥ나미엇지그리쉬오며그친ᄒᆞ미엇지그리다졍ᄒᆞ며그사랑ᄒᆞ미엇지그리졍즁ᄒᆞ고그어질미엇지그리용이ᄒᆞ뇨만일죽으미아니면ᄂᆡ쑴이로다네번화ᄒᆞᆫ긔상과영발ᄒᆞᆫ풍뉴로뼈현마소슬ᄒᆞᆫ강즁의젹막ᄒᆞᆫ원혼이되며네춍명ᄒᆞᆫ직질과혜일ᄒᆞᆫ셩품으로현마강열ᄒᆞ믈자랑ᄒᆞ며함원ᄒᆞᆫ혼빅이되고ᄌᆞᄒᆞᄂᆞ냐홍낭아쑴이냐창두의말과편지ᄅᆞᆯ본즉참연ᄒᆞ미극ᄒᆞ나네얼골과모양을ᄉᆡᆼ각ᄒᆞᆫ즉그러ᄒᆞᆯ니업술지라그쑴과잠을눌다려무ᄅᆞ며질졍ᄒᆞ리오사ᄅᆞᆷ이지긔ᄅᆞᆯ즁히알믄그ᄉᆞᄉᆡᆼ과영욕을갓치ᄒᆞ믈위ᄒᆞ미라이졔천니남북의사ᄉᆡᆼ을아득히모로니이ᄂᆞᆫᄂᆡ너ᄅᆞᆯ져바리미오일

20

시협긔로빅년뇌약을쵸ᄀᆡ갓치니지믄네날을져바리미라ᄂᆡ금일눈물이엇지등도ᄉᆞ의호식ᄒᆞᄂᆞᆫ마음이리오빅아의거문고쥴이업ᄉᆞ믈슬허ᄒᆞ노라창뒤도라가기로두어쥴글을붓치ᄂᆞ니베능히살아볼쇼냐ᄒᆞ엿더라공직쓰기ᄅᆞᆯ맛고창두ᄅᆞᆯ쥬며밧비도라가소식을알게ᄒᆞ라ᄒᆞᆫᄃᆡ창뒤하직고창황이도라가니라이젹의연옥이빈집의홀노잇셔눈물노셰월을보ᄂᆡᆯ식낫이면쳥산을바라보아비회ᄅᆞᆯ졍치못ᄒᆞ고밤이면외로운등잔을ᄃᆡᄒᆞ여잠을닐우지못ᄒᆞ고창두의도라오기ᄅᆞᆯ고ᄃᆡᄒᆞᄃᆡ소식이업ᄂᆞᆫ지라일〃은심난무료ᄒᆞ여경황업시문압히셧

더니교방디로의거미열낙ᄒᆞ여곳〃이풍뉴쇼릐의구ᄒᆞ디적〃ᄒᆞᆫ제일방의문경이고요ᄒᆞ여우물우히벽도화는쏫치진

21

ᄒᆞ고열미열녀오작의밥이되니옥이쳐량ᄒᆞᆫ심사롤니긔지못ᄒᆞ여셕양을디ᄒᆞ여실셩통곡ᄒᆞ더니황셩갓던창뒤황망이도라오믈보고옥이반기며슬허ᄒᆞ여업더져긔졀ᄒᆞᆫ디창뒤바야흐로공자의말을싱각ᄒᆞ고방셩디곡ᄒᆞ며옥을붓드러닐우혀곡졀을무른디옥이오열ᄒᆞᆫ소릐로셰〃이말ᄒᆞ니창뒤회즁으로셔일봉셔간을닉여왈이는공자의셔간이라장찻어디젼ᄒᆞ리오옥이탄왈우리낭지평싱지긔업고오즉양공자일인이라그편지가엇지우리낭ᄌᆞ의고혼을위로치아니리오ᄒᆞ고향탁을빅셜ᄒᆞ고편지롤상우히놋코창두와연옥이일장을디곡ᄒᆞᆫ후그편지롤깁히감쵸니라ᄎᆞ시윤소졔홍낭의쥭으믈참혹이너겨옥과창두의〃탁이업

22

ᄉᆞ믈싱각고부즁의거두어두엇더니맛참조졍의셔윤자사로병부상셔롤비ᄒᆞ샤역마로부ᄅᆞ시니디긔윤공이치민치졍이텬하의졔일이라이러므로텬지특별이위로ᄒᆞ시미러라윤공이즉시발힝홀시연옥이울며소져와갓치가믈청ᄒᆞ니윤공이ᄯᅩ한측은이너겨허락ᄒᆞᆫ디옥과창뒤집의나와약간힝장을슈습ᄒᆞ여소져롤뫼셔황셩으로가니라ᄎᆞ셜양공지홍낭의ᄉᆞ싱을알고자ᄒᆞ여장찻창두롤보닉고ᄌᆞᄒᆞ더니일〃은항쥬창뒤일긔소복ᄒᆞᆫ녀ᄌᆞ롤다리고니ᄅᆞ럿거놀ᄌᆞ시보니이곳연옥이라쵸쵀ᄒᆞᆫ긔식과쳐량ᄒᆞᆫ모양으로계하의셔공자롤잠간보고ᄉᆞ미로얼굴을가리오고실셩오열ᄒᆞ니공지ᄯᅩ한눈물을금치못ᄒᆞ여왈네모양을보니슬픈경상을뭇지아냐알지라닉

23

ᄀᆞᆺ트여듯고자아니나젼후곡졀을디강말ᄒᆞ라옥이목이메여능히말을닐우지못ᄒᆞ며인ᄒᆞ여낭지공자롤보닉고두문칭병ᄒᆞ던말과황ᄌᆞ사의변을맛나빅골

을강슈의거두지못ᄒᆞ던말삼을일〃이고ᄒᆞ며비읍ᄒᆞ기롤마지아니〃공직쳥파의희허탄식ᄒᆞ고유체ᄒᆞ여왈ᄋᆡ지라너져롤져바리미로다ᄒᆞ고다시문왈네엇지경셩으로오뇨옥이ᄃᆡ왈윤쇼졔쳔비의고〃무탁ᄒᆞ믈측은이너기샤거두어오시니이다공직쳥파의싱각ᄒᆞᄃᆡ윤소졔규즁녀자로신의롤져바리지아니ᄒᆞ여여등을이갓치구졔ᄒᆞ니족히홍낭의조감이밝으믈알니로다ᄒᆞ고다시옥과창두다려왈여등이쥬인이업ᄉᆞ나너엇지니ᄌᆞ리오아직의지홀곳이업술지니윤소져긔탁신ᄒᆞ엿다가나의ᄎᆞ자믈기다리라옥과창뒤울며ᄉᆞ례ᄒᆞ

24

고가니라광음이훌〃ᄒᆞ여슈삭이지나미텬지변방오랑키롤평졍ᄒᆞ시고다시사방션비롤모하과거롤뵈실식영령뎐의친림ᄒᆞ샤칙문을무르시니사방의모희논션비구름갓더라그글졔의왈자고로치국ᄒᆞ논되불인ᄒᆞ나반다시션후와완급이잇ᄂᆞ니삼ᄃᆡ이상은무삼도로치국ᄒᆞ엿관ᄃᆡ텬히평안ᄒᆞ여일이업ᄉᆞ며숨ᄃᆡ이후한당이려로논엇지ᄒᆞ여ᄉᆞ방이그리분〃요란ᄒᆞ뇨짐이시로즉위ᄒᆞ여묘연ᄒᆞᆫ일신이만민을치졍ᄒᆞ미쥬야로긍〃업〃ᄒᆞ여그다사리논도롤아지못ᄒᆞᄂᆞ니만인다사즁의문학이유여ᄒᆞ여고금치란을밝히아논직잇실진ᄃᆡ각〃숨기지말고직언을극간ᄒᆞ여짐의허물을�닷게ᄒᆞ라ᄒᆞ엿더라ᄎᆞ시양공지글졔롤보고계하의부

25

복ᄒᆞ여경긔간의슈쳔어롤지어올니ᄂᆞ니그글의왓시ᄃᆡ신이듯자오니님군이텬하롤다ᄉᆞ리논되맛당이하날을법바들지라쥬역의갈왓시ᄃᆡ운지의풍우ᄒᆞ고고지의노졍이라ᄒᆞ고우왈사시힝인ᄒᆞ며빅물이셩언이라ᄒᆞ니하날이만물을싱휵ᄒᆞ시미풍우롤윤턱ᄒᆞ샤호싱지덕을나리오실ᄲᅮᆫ아니라반다시뇌졍을호령ᄒᆞ샤위엄을베푸신후ᄉᆞ시로풍우롤운힝ᄒᆞ여만물을싱장케ᄒᆞ시니봄과여름은싱장ᄒᆞ고가을과겨울은결실ᄒᆞ여거두게ᄒᆞ니이논하날조화의잇논지라고ᄌᆞ의셩왕이도롤효칙ᄒᆞ샤혜턱인졍은츈하의싱장ᄒᆞ믈모방ᄒᆞ고츄동은슉실ᄒᆞ믈본바다뇌졍의위엄과화창ᄒᆞᆫ인덕으로졍치롤밝게ᄒᆞ미교화위령이

유시로힝ᄒᆞ며혜턱과인정이유시로

26

츌ᄒᆞ며긔강과풍속이유시로닙ᄒᆞᄂᆞ니만일호싱지덕으로힝상무마ᄒᆞ고뇌경지위로음악지민을다시리사면만물이싱셩ᄒᆞ며조화롤엇지닐우혀지못ᄒᆞ리잇고시고로일국신민을일신의비유ᄒᆞ니님군은마음이오신하ᄂᆞᆫ슈족이라평거의마음이무ᄉᆞᄒᆞᆫ즉슈족이운동ᄒᆞ미안졍ᄒᆞ고환란지시의마음이운동ᄒᆞᆫ즉슈족이황난ᄒᆞ미잇ᄂᆞ니일노본즉텬하만식안닐ᄒᆞ미졔일이라이러므로고지셩군이우흐로텬도롤법밧고아릭로인ᄉᆞ롤살펴그환란ᄒᆞ믈근심ᄒᆞ고안일ᄒᆞ믈싱각ᄒᆞᄂᆞᆫ지라이졔폐히그도롤듯고자ᄒᆞ샤젼후완급을무ᄅᆞ시니ᄃᆡ직라왕언이여ᄃᆡ져치국지되완급을무론즉츙언직간이헷곳으로도라가고션후롤도착ᄒᆞᆫ즉경윤득실이실효가업ᄂᆞ니그러ᄒᆞᆫ즉요

27

슌지치롤님군마다흠앙ᄒᆞ나닐우지못ᄒᆞ고직셜지ᄉᆞ롤신하마다ᄉᆞ모ᄒᆞ나힝ᄒᆞᄂᆞᆫ직져그믄다ᄅᆞ미아니라그션후롤아지못ᄒᆞ미라신이ᄲᅧᄒᆞᄃᆡ금일조졍의급우롤말ᄒᆞᆯ진ᄃᆡ몬져긔강을셰울지니신이쳥컨ᄃᆡ옛일을징거ᄒᆞ리이다당우이젼은덕으로교화ᄒᆞ고하은이후로ᄂᆞᆫ공을다시리니이른바왕도오진나라ᄂᆞᆫ힘으로니러ᄂᆞ고힘으로직희니니른바픽도오한나라ᄂᆞᆫ지혜로창업ᄒᆞ고지혜로슈셩ᄒᆞ니이〃른바왕픽병용ᄒᆞ미오진당은실어부덕ᄒᆞ고ᄃᆡ송은병어도박ᄒᆞ니이ᄂᆞᆫ혹왕혹픽ᄒᆞ여득실이상반ᄒᆞ미라당우이젼은풍속이슌박ᄒᆞᆫ고로교쾌크고하은이후ᄂᆞᆫ인물이춍명ᄒᆞᆫ고로공으로다시리고젼국이릭로진나라의밋쳐ᄂᆞᆫ풍속이강셩ᄒᆞᆫ고로힘으로니러나고한당송이릭의ᄂᆞᆫ인긔가강셩ᄒᆞ고강약이상반ᄒᆞ므로

28

경칙을침작ᄒᆞ여지혜로ᄲᅧ다시리미라왕도ᄂᆞᆫ그흥ᄒᆞ미더ᄃᆡᆫ고로향국ᄒᆞ미장원ᄒᆞ고픽도ᄂᆞᆫ흥ᄒᆞ미속ᄒᆞᆫ고로그망ᄒᆞ미급ᄒᆞ며왕도ᄂᆞᆫ나종이위틱ᄒᆞ고픽도

ᄂᆞᆫ나종이괴란ᄒᆞ니이ᄂᆞᆫ텬지운슈오고금이부동ᄒᆞ미국가치란이규뫼다ᄅᆞ미라ᄃᆡ져왕도ᄂᆞᆫ경법이오픽도ᄂᆞᆫ권술이니경권이득즁ᄒᆞᆫ즉이ᄯᅩ한셩인지되니신은ᄲᅧᄒᆞᄃᆡ왕픽지도ᄂᆞᆫ후셰치국□□□이어ᄂᆞᆯ근일은의논이불일ᄒᆞ여왕픽지도ᄅᆞᆯ자구ᄒᆞ여그말삼을드ᄅᆞᆫ즉요슌지화의갓가오나그실효ᄅᆞᆯ의논ᄒᆞᆫ즉당송지치ᄅᆞᆯᄯᆞ로지못ᄒᆞᄂᆞ니지략이잇다ᄒᆞᄂᆞᆫ지ᄉᆞ사로자긔지조ᄅᆞᆯ자랑ᄒᆞ여묘당의셔국ᄉᆞᄅᆞᆯ의논ᄒᆞᄃᆡ져의직칙이크고체뫼즁ᄒᆞ므로자부ᄒᆞ니그말삼이불가ᄒᆞᄃᆡ감히시비ᄅᆞᆯ말ᄒᆞ지못ᄒᆞᄂᆞ니다만승평을누려안일ᄒᆞ믈일삼

29

으며ᄯᅩ한장원ᄒᆞᆫ염예업사며오즉시셰ᄅᆞᆯ도라보아언어와풍치츌즁치못ᄒᆞ면비록츙열지심이잇셔도임의로츌쳑ᄒᆞᄂᆞ니ᄌᆞ사슈령으로말ᄒᆞᆯ진ᄃᆡ관작의고하ᄅᆞᆯ의논ᄒᆞ고인지의현부ᄅᆞᆯ뭇지아니ᄒᆞ며녹봉의후박으로득실을교계ᄒᆞ고인민의휴쳑을예ᄉᆞ로이알며지금사ᄃᆡ부의힝싀곤궁독셔ᄒᆞ믈조롱ᄒᆞ고요힝진취ᄒᆞ믈희귀이아니졸ᄒᆞᆫᄌᆞᄂᆞᆫ평싱이곤궁ᄒᆞ여긔운이져상ᄒᆞ고강명ᄒᆞᆫᄌᆞᄂᆞᆫ심싀분울ᄒᆞ여강ᄀᆡᄒᆞᆫ마음이〃시니풍쇽을말ᄒᆞᆯ진ᄃᆡ윤긔문허지고염치도상ᄒᆞ여장원ᄒᆞᆫ싱각이업고변무로말ᄒᆞᆯ진ᄃᆡᄉᆞ이팔방이왕화ᄅᆞᆯ모로고졔장군졸이승평지시ᄅᆞᆯ당ᄒᆞ여병혁의괴로오믈모로고방비ᄒᆞᆯ계칙이업사며지용으로말ᄒᆞᆯ진ᄃᆡ창늠이공허ᄒᆞ여져츅ᄒᆞᆫ곡식이업사며빅

30

셩의지물을취ᄒᆞ여원망이ᄉᆞ히의가득ᄒᆞ니폐히심궁의쳐ᄒᆞ샤비록신셩예지ᄒᆞ시나졔신의보좌ᄒᆞ미아닌즉엇지텬하안위ᄅᆞᆯ아ᄅᆞ시리잇가좌우졔신이다만ᄉᆞ히지부와만승지귀로말숨ᄒᆞ와상의ᄅᆞᆯ녕합ᄒᆞ고군상의허물을간ᄒᆞᄂᆞᆫ지업ᄉᆞ오니폐히비록농누봉뎐의침식이편치못ᄒᆞ샤춍명신셩ᄒᆞ시므로만긔ᄅᆞᆯ싱각ᄒᆞ시나날이밝은즉별ᄒᆞᆫ계칙이업ᄉᆞ니이ᄂᆞᆫ좌우의찬양ᄒᆞ미업셔니러ᄒᆞ시미라오회라ᄉᆞ히지닉의억만인민의우환질괴폐하긔달역거ᄂᆞᆯ엇지살피지못ᄒᆞ시니잇가홍범의왈유벽이ᄉᆞ즉위작복이라ᄒᆞ니위복은인군지긔율이오치국지강녕이라강녕을잡으며긔율을셰운즉법녕이힝ᄒᆞ고교홰닐우ᄂᆞ니이

큰바긔강이라고인이긔강을그물의비ᄒᆞ믄그벼리롤둔즉풍속을ᄯᅡ라

31

들니믈위ᄒᆞ미니조졍은텬하긔강이오님군은만민의긔강이라폐히텬하롤다
사리려ᄒᆞ신즉몬져조졍의긔강을셰우시고만민을교화코자ᄒᆞ신즉몬져님군
의긔강을닐치마르쇼셔ᄒᆞ엿더라
셰무신오월일향목동셔

권지육

1

옥누몽권지눅

어시의양공ᄌᆡ상소ᄅᆞᆯ올니〃갈왓시ᄃᆡ고인이긔강으로뼈그물의비ᄒᆞ믄그별이ᄅᆞᆯ둔ᄌᆞᆨ즁목이ᄯᅩ로와들니믈위ᄒᆞ미니조졍은텬하지긔강이오님군은만민지긔강이라폐ᄒᆡ텬하ᄅᆞᆯ다사리려ᄒᆞ신ᄌᆞᆨ몬져조졍의긔강을세우시고만민을교화코자ᄒᆞ신ᄌᆞᆨ몬져님군의긔강을닐치마ᄅᆞ쇼셔세간장슈된ᄌᆡᄇᆡᆨ만ᄃᆡ군을거나려임진ᄃᆡ적ᄒᆞᆯᄉᆡ반다시상벌을쥬장ᄒᆞ고병권을굿게잡아ᄉᆞᆷ군을장악의너흔후공을닐우ᄂᆞ니이ᄌᆡ폐ᄒᆡ억만창ᄉᆡᆼ을거나리샤텬하ᄅᆞᆯ다시리려ᄒᆞ시며ᄉᆡᆼ살지권과뇌정지위ᄅᆞᆯ밝히못ᄒᆞ샤일이마음의어긔며경윤이ᄉᆡᆼ각의상좌ᄒᆞ시니긔강을엇지세우며풍속을엇지곳치며군하

2

ᄅᆞᆯ엇지습복ᄒᆞ며폐ᄆᆡᆨ을엇지구ᄒᆞ리잇가업ᄃᆡ여ᄉᆡᆼ각건ᄃᆡᄐᆡ조고황뎨창업ᄒᆞ신후로폐하긔니ᄅᆞ러승평ᄒᆞ미오ᄅᆡ미상하신외고습을직희여셩의ᄅᆞᆯ준ᄒᆡᆼᄒᆞ여마음이자연안일ᄒᆞ고ᄉᆡᆼ각이졀노이ᄒᆡᄐᆡᄒᆞ미덧〃ᄒᆞᆫ일이라비컨ᄃᆡ큰집을경영ᄒᆞᆯᄉᆡ북산의돌을취ᄒᆞ여남산의ᄌᆡ목을구ᄒᆞ여집을지으미견고ᄒᆞ도록ᄒᆞ여시니그후그ᄌᆞ숀이거쳐ᄒᆞ미편ᄒᆞᆫ쥴만알고슈고ᄒᆞ여시믈모로ᄂᆞᆫ고로장원이퇴락ᄒᆞ고동양이경칙ᄒᆞᆫᄌᆞᆨ쳐음은근심ᄒᆞ다가나종은ᄒᆡᄐᆡᄒᆞ여경복지환을당ᄒᆞᄂᆞᆫᄌᆡ잇ᄂᆞ니슬푸다그자숀이나의부조의창건ᄒᆞ믈ᄉᆡᆼ각지아니ᄒᆞ고이지경의니ᄅᆞ러시니엇지원통치아리잇고이제텬하갓흔큰집이세구년심ᄒᆞ여경퇴ᄒᆞᆯ지경의니

3

르되이ᄅᆞᆯ근심치아니ᄒᆞ신ᄌᆞᆨ감히말삼ᄒᆞᆯᄇᆡ아니오나젼〃긍〃ᄒᆞ샤여른어ᄅᆞᆷ을밟분듯ᄒᆞ시고셩녀로쳔만다사ᄅᆞᆯᄃᆡᄒᆞ샤고금치란지도ᄅᆞᆯ무ᄅᆞ시니신이엇지아ᄂᆞᆫ바ᄅᆞᆯ슯기고상의ᄅᆞᆯ넝합ᄒᆞ여슌리로ᄃᆡ답ᄒᆞ리잇고비록그러ᄒᆞ나셰쇄ᄒᆞᆫ조목과시급ᄒᆞᆫ경윤은창졸간의다고치못ᄒᆞᆯ지라신의말삼이그ᄅᆞ지아니믈허ᄒᆞ샤다시셩의ᄅᆞᆯ나리오샤구〃ᄒᆞᆫ흉즁의품은바ᄅᆞᆯ다ᄒᆞ라ᄒᆞ신ᄌᆞᆨ신이ᄯᅩ한ᄉᆞ양치아니ᄒᆞᆯ가ᄒᆞ나이다ᄒᆞ엿더라ᄎᆞ시의텬ᄌᆡᆨ쳔만다ᄉᆞ의글을친히ᄭᅩ노실ᄉᆡ모든글이평평ᄒᆞ여별노이우렬이업거ᄂᆞᆯ텬안이불열ᄒᆞ시더니ᄎᆈ후의창곡의글을보시고ᄃᆡ희ᄒᆞ샤왈ᄎᆞ인은한지가의오당지뉵지라짐이오날이야동양지ᄌᆡᆨ

4

ᄅᆞᆯ어덧도다ᄒᆞ시고졔일노ᄲᅩᆸ아호명ᄒᆞ라ᄒᆞ시니젼두관이승명ᄒᆞ여연ᄒᆞ여셰번부ᄅᆞᄆᆡ창곡이나와팔ᄇᆡ고두ᄒᆞ고탑젼의부복ᄒᆞ온ᄃᆡ각노황의병이쥬왈창곡은나희어린아ᄒᆡ라엇지치셰경윤지ᄌᆡᆨ잇ᄉᆞ리잇고원컨ᄃᆡ탑젼의다시칠보시ᄅᆞᆯ지이샤시험ᄒᆞ시미올흘가ᄒᆞ나이다말슴맛지못ᄒᆞ여일위ᄌᆡᆨ상이츌반쥬왈창곡은신진소년이라시무ᄅᆞᆯ아지못ᄒᆞ고ᄇᆡ은바여간문자ᄅᆞᆯ쥬ᄒᆞ여경솔ᄒᆞ미만ᄉᆞ오니과방을삭ᄒᆞ미올흘가ᄒᆞ나이다ᄒᆞ니필경은텬ᄌᆡᆨ엇지ᄒᆞ신고하회ᄅᆞᆯ분셕ᄒᆞ라양한님ᄌᆞ칙텬운윤상셔의졍녀혼ᄎᆞ셜이ᄡᅥ의텬ᄌᆡᆨ냥인의쥬ᄒᆞᆫ바ᄅᆞᆯ답고ᄌᆞᄒᆞ시더니창곡이〃말을듯고부복쥬왈소신이

5

노둔ᄒᆞᆫᄌᆡᆨ조로외람이갑과의참예ᄒᆞ니셩조의인ᄌᆡᆨᄅᆞᆯ구ᄒᆞ시ᄂᆞᆫ셩의〃불합ᄒᆞ옵고ᄃᆡ신의쥬ᄉᆞᄅᆞᆯ듯자오니신이긔군ᄒᆞᆫ죄ᄅᆞᆯ면치못ᄒᆞ올지라엇지언연이과갑의쳐ᄒᆞ리잇고복원폐하ᄂᆞᆫ신의과거ᄅᆞᆯ삭ᄒᆞ샤쳔만다ᄉᆞ의긔군지죄ᄅᆞᆯ징계키ᄒᆞ옵소셔텬ᄌᆡᆨ황각노ᄅᆞᆯ도라보샤왈창곡이비록년소ᄒᆞ나쥰엄ᄒᆞᆫ쳬뫼노셩슉유의지ᄂᆞᆫ지라엇지짐의보ᄇᆡ아니리오ᄒᆞ시고어화쳥잠과쌍ᄀᆡ안마ᄅᆞᆯ사급ᄒᆞ시고화ᄀᆡ뎐ᄐᆡ학ᄉᆞᄒᆞ이샤자금셩졔일방갑졔ᄅᆞᆯᄉᆞ급ᄒᆞ시니한님이고두ᄉᆞ

은ᄒᆞ여텬은을슉ᄉᆞᄒᆞ고금포옥ᄃᆡ로어화롤빗기고궐문을나오니일쌍보긔와니원션악이압흘인도ᄒᆞ여자금방사졔로나오니좌우의관광ᄒᆞᄂᆞᆫ지길이메여양한님의옥모풍치와

6

영화부귀롤칭찬ᄒᆞᄂᆞᆫ소리우레갓더라문젼의니ᄅᆞ미거미구롬갓고당상의오ᄅᆞ미빈긱이만좌ᄒᆞ여하례ᄒᆞᄂᆞᆫ말삼이분운ᄒᆞ더라아이오좌우고ᄒᆞᄃᆡ황각뇌오신다ᄒᆞ거놀한님이하당영지ᄒᆞ여좌롤졍ᄒᆞᆫ후의각뇌왈학ᄉᆞ의소년공명은일셰의빗ᄂᆞᆫ지라오리지아니ᄒᆞ여노부의지위의닐을지니엇지국가의득인ᄒᆞᄂᆞᆫ깃부미업ᄉᆞ리오노뷔앗가탑젼의실슈ᄒᆞ미만흐나이ᄂᆞᆫ학사의지조롤더빗너고자ᄒᆞ미니그ᄃᆡᄂᆞᆫ노부의다언ᄒᆞ믈허물치말나한님이숀ᄉᆞ부답이러라황각뇌도라간후익일의공경ᄃᆡ신을차질시몬져황각노부즁의니ᄅᆞ니각뇌흔연이마자관ᄃᆡᄒᆞ여말삼이빈〃ᄒᆞ더니아이오비반이오ᄅᆞ니금반옥긔의진슈셩찬이창

7

졸간의판비ᄒᆞᆫ바갓지아니ᄒᆞ더라술이슈비의니ᄅᆞ미각뇌문왈학ᄉᆡ님의넘신양명ᄒᆞ여시니맛당이녕존ᄃᆡ인긔품ᄒᆞ고경셩으로뫼셔셩효롤다훌지라어너써의존ᄃᆡ인을뫼시고ᄌᆞᄒᆞᄂᆞ뇨한님왈가친이산슈의뜻을두샤명니의담연ᄒᆞ시니경셩의번요ᄒᆞ믈즐겨아니ᄒᆞ시ᄂᆞᆫ지라소싱의임의로훌빅아니로소이다각뇌웃고한님의숀을잡고왈노뷔그ᄃᆡ의게청훌말이〃시니맛당이허락ᄒᆞ시랴말년의일긔녀아롤두니지용이비록특츌치못ᄒᆞ나족히군자의건질을밧들지라학ᄉᆡ아직취실치아니ᄒᆞ여시니진〃의호연을미자미엇더ᄒᆞ뇨한님이청파의심즁의싱각ᄒᆞᄃᆡ황각노ᄂᆞᆫ탐권

8

낙셰ᄒᆞᄂᆞᆫ지상이라나의쇼원이아니오쏘한홍낭이윤소져롤쳔거ᄒᆞ여시니너참아그사롬의업다ᄒᆞ여밍약을져바리〃오ᄒᆞ여ᄃᆡ왈소싱이우흐로부뫼지당

ᄒᆞ시니엇지스사로결단ᄒᆞ리잇고각뇌왈노뷔엇지모로리오마는다만학ᄉᆞ의〃향을알고자ᄒᆞ미라금일맛참조용ᄒᆞ니바라건ᄃᆡ일언을앗기지말나한님이정식왈혼인은인륜ᄃᆡ시라부모긔고치아니코엇지허락ᄒᆞ리잇고각뇌무류ᄒᆞᆫ빗치잇셔말이업더라한님이도라와ᄉᆡᆼ각ᄒᆞᄃᆡ황각노의구혼ᄒᆞ미가장급ᄒᆞ니만일지완ᄒᆞᆫ즉다른연괴ᄉᆡᆼ길지라맛당이윤상셔의의향을탐지ᄒᆞ고나라의근친말미ᄅᆞᆯ쳥ᄒᆞ고고향의도라가부공긔고ᄒᆞ고밧비윤시로셩

9

혼ᄒᆞ리라ᄒᆞ고즉시윤부의니ᄅᆞ러명함을드리니윤상셰한님을마자좌졍후쇼왈학ᄉᆡ노부ᄅᆞᆯ긔역ᄒᆞᆯ쇼냐한님이미소왈소ᄉᆡᆼ이한유ᄒᆞᄂᆞᆫ션비로일작이압강정상의셔ᄃᆡ인존안을뵈온듯ᄒᆞ오니엇지니져ᄉᆞ리잇고상셰흔연쇼왈학사ᄅᆞᆯ그ᄯᅢ의보ᄆᆡ단졍ᄒᆞᆫ일긔셔ᄉᆡᆼ이더니금일보ᄆᆡ언연ᄒᆞᆫᄃᆡ장부의쳬도ᄅᆞᆯ닐워시니거의몰나볼지라맛당이실가지락을졍ᄒᆞ여실거시니어ᄂᆡᄀᆞ문의홍안을젼ᄒᆞ뇨한님왈쇼ᄉᆡᆼ의집이본ᄃᆡ한미ᄒᆞ므로아직졍혼ᄒᆞᆫ비업나이다윤상셰침음양구의왈학ᄉᆡ니칙ᄒᆞᆫ지오럴거시니어ᄂᆡᄯᅢ의근친코자ᄒᆞᄂᆞ뇨한님이ᄃᆡ왈죠졍의슈유ᄅᆞᆯ어든후의즉시가려ᄒᆞ나이다상셰왈학ᄉᆞ의

10

근친ᄒᆞᆯ일자ᄅᆞᆯ닐으면기시의맛당이나아가작별ᄒᆞ리라한님이그청혼ᄒᆞᆯ뜻이〃시믈짐작고몸을니러도라갈시문의나오ᄆᆡ연옥이창두로더부러마젼의셔문후ᄒᆞ고일희일비ᄒᆞ여도라셔며울거ᄂᆞᆯ한님이ᄯᅩ한측연함누ᄒᆞ여왈ᄂᆡ슈일후고향의근친ᄒᆞ라가고자ᄒᆞᄂᆞ니너희한번조용이오라연옥과창뒤슈명ᄒᆞ더라한님이도라와글을올녀근친ᄒᆞ믈쳥ᄒᆞ니상이윤허ᄒᆞ샤왈한님학사양창곡은짐의근시ᄒᆞᄂᆞᆫ신히라멀니ᄯᅥ나지못ᄒᆞᆯ지니창곡의부양현을녜부원외랑을비ᄒᆞ여본현의특교ᄒᆞ샤거마힝장을치송ᄒᆞ라ᄒᆞ시니양한님이텬은을슉사ᄒᆞ고집의나와하향ᄒᆞ믈머무ᄅᆞ고

11

동자ᄅᆞᆯ몬져고향으로나려보ᄂᆡ여낭친긔셔간을올니〃그글의갈왓시ᄃᆡ소자창곡은부모의교훈을닙ᄉᆞ와일홈이갑과의참예ᄒᆞ고벼술이한원의츙슈ᄒᆞ엿사오나슬하ᄅᆞᆯᄯᅥ난지임의쥬년이라신혼셩졍의사모ᄒᆞᄂᆞᆫ졍회ᄅᆞᆯ니긔지못ᄒᆞ여조졍의근친ᄒᆞ믈쳥ᄒᆞ엿더니텬은이망극ᄒᆞ샤직쳡과거마ᄅᆞᆯ쥬ᄉᆞ부ᄌᆡ경셩으로모도이믈허ᄒᆞ시니복망야〃ᄂᆞᆫ일작이ᄒᆡᆼ장ᄒᆞ샤원노의무ᄉᆞ히득달ᄒᆞ옵소셔소ᄌᆡ군명이계시므로나려가지못ᄒᆞ오나맛당이즁노의나아가영후코자ᄒᆞᄂᆞ이다ᄒᆞ엿더라동ᄌᆡ셔찰을가지고여러날

12

ᄒᆡᆼᄒᆞ여여람부의니ᄅᆞ러쳐ᄉᆞ긔드리니ᄎᆞ시쳐ᄉᆞ부뷔아ᄌᆞ의소식을몰나근심ᄒᆞ더니경사로셔본부셔간이니ᄅᆞ럿거ᄂᆞᆯ쳐ᄉᆡᄯᅥ혀보고불승희ᄒᆡᆼᄒᆞ여즉시ᄒᆡᆼ구ᄅᆞᆯ다사려발ᄒᆡᆼ코자ᄒᆞ더니본부지뷔납명ᄒᆞ고거마와츄종을갓쵸와ᄒᆡᆼ구ᄅᆞᆯ도으니쳐ᄉᆞ부뷔인니ᄅᆞᆯ작별ᄒᆞ고황셩으로올나오니라ᄎᆞ셜윤소졔황셩으로온후로홍낭을ᄉᆡᆼ각고연옥을각별두호ᄒᆞ여사랑ᄒᆞ며일시ᄅᆞᆯ좌우의ᄯᅥ나지아니ᄒᆞ더니일〃은윤상셰ᄂᆡ당의드러와부뷔ᄃᆡᄒᆞ여혼ᄉᆞᄅᆞᆯ의논ᄒᆞᆯᄉᆡ상셰탄왈신방장원양창곡은금셰의영걸이라쳔만다사즁졔일인물이니노부갓흔쳥한ᄒᆞᆫ지상과즐겨결혼ᄒᆞᆯ쥴모로기로발셜

13

치못ᄒᆞ엿더니드ᄅᆞ니양공의혼실이불일간의상경ᄒᆞᆫ다ᄒᆞ니만일가신ᄒᆞᆫᄆᆡᄑᆡ잇신즉안흐로탐지ᄒᆞ여보미조흘가ᄒᆞ노라부인왈인가의구혼ᄒᆞᆯᄉᆡᄆᆡ파ᄅᆞᆯ잘못보ᄂᆡᆫ즉도로혀무근지셜이무슈이나오니녀아의유모셜ᄑᆡ위인이비록용열ᄒᆞ나변ᄉᆞᄂᆞᆫ업ᄉᆞ니맛당이양부의보ᄂᆡ여쳥혼ᄒᆞ미조흘가ᄒᆞ나이다상셰ᄃᆡ희왈부인의말ᄉᆞᆷ이올흐니밧비셜파ᄅᆞᆯ보ᄂᆡ소셔ᄒᆞ더라ᄎᆞ시의연옥이맛참창밧게셧다가공의부〃의말삼을드ᄅᆞ니양공자의혼ᄉᆞ믈알지라심즁의다ᄒᆡᆼᄒᆞ여ᄉᆡᆼ각ᄒᆞᄃᆡ공ᄌᆡ만일윤소져와비필이된즉홍낭의혼이라도반다시신긔이너길지라ᄂᆡ엇지이런말을소져의고ᄒᆞ여고쥬의뜻

14

을밝히지아니리오마는다만그발셜하미어렵도다ᄒᆞ고그날밤의소져의침실의가촉불을도〃다가진짓회즁의품은양공자의편지를상압히ᄲᅢ지고나가거늘쇼제집어보고괴히너겨옥을불너문왈이조희가네회즁의셔ᄠᅥ러져시니그무삼조희냐옥이거즛놀나왈이는고쥬홍낭의슈젹이라참아바리지못ᄒᆞ여품쇽의두니이다소졔정식왈너널노더부러마음을속이미업거늘네너게은휘ᄒᆞ미잇시니엇지셔로밋는ᄯᅳᆺ이리오연옥이이의눈물을흘녀ᄃᆡ왈소졔진정으로무로시니쳔비엇지심즁소회를감쵸리잇고고쥬홍낭의지긔놉흐믄쇼져의아ᄅᆞ시는ᄇᆡ라범부쇽

15

자의게허신홀ᄯᅳᆺ이업더니ᄯᅳᆺ밧게여람양공자를한번보고ᄇᆡᆨ년긔약을금셕갓치미져더니조물이져희ᄒᆞ여유〃만식일장츈몽이되니홍낭의원통ᄒᆞ믄니ᄅᆞ지말고쳔비의바라던ᄇᆡᄯᅩ한긋어진지라구〃ᄒᆞᆫ마음이일장셔간으로신젹을삼아양공자의노쥬지연을닐워홍낭의게못갑던은덕을공자의게갑하고쥬의녕혼으로ᄒᆞ여금ᄉᆞᄉᆡᆼ간의이심을두지아니믈알게홀가ᄒᆞ미로쇼이다언파의오열ᄒᆞ는눈물이녕〃ᄒᆞ거늘소졔그ᄯᅳᆺ을긔특이너겨탄왈유시쥬유시비라ᄒᆞ더라옥이다시눈물을거두고촉하의안자미미이웃는빗치잇거늘소졔문왈너의우는ᄯᅳᆺ은임의알거니와ᄯᅩ우스믄무삼곡졀이뇨

16

옥이머리를숙이고부답ᄒᆞᆫᄃᆡ소졔역시미소왈너졍히한가ᄒᆞ니아모말이나은휘치말고소회를설파ᄒᆞ라옥이다시소져의눈치를살피며우어왈쳔비앗가창밧게가셧더니틱부인이노야와쇼져의혼사를의논ᄒᆞ실식가마이드ᄅᆞ니여람양공지그사이등과ᄒᆞ여한님벼술을ᄒᆞ엿는지라노야의〃향이양한님긔졍혼코자ᄒᆞ샤설파를보너여즁믜ᄒᆞ다ᄒᆞ시더이다말을맛ᄎᆞ믜소졔옥면의홍운이취지ᄒᆞ여옥을ᄭᅮ지져왈요망ᄒᆞᆫ거시아모말이나엿듯기를잘ᄒᆞ는도다옥이진짓셩너여왈쳔비의웃기는졔속의깃부미잇사미라소졔아모말이나ᄒᆞ여파젹

ᄒᆞ라ᄒᆞ시고쏘칙ᄒᆞ시니다시ᄂᆞᆫ아모말도아니ᄒᆞ리로소이다쇼제

17

왈깃분일은무어시뇨옥이촉하의도라안자고기롤슉이고츄연이답지아니ᄒᆞ거놀소제다시미쇼왈니꾸짓지아니홀거시니네심즁의깃분일을말ᄒᆞ라옥이곳쳐눈물을먹음어왈금일양한님은셕일양공자오셕일양공자ᄂᆞᆫ고인강남홍의지긔라홍낭이일즉공자롤ᄃᆡᄒᆞ여소져의현슉ᄒᆞ시믈쳔거ᄒᆞ미공지졈두허락ᄒᆞ시믈쳔비친히드럿더니이졔만일소져의혼식양한님긔정ᄒᆞᆫ즉쳔비의노쥬인연이셔어치아닐지라이ᄂᆞᆫ쳔비의ᄉᆞ〃로이깃분빈나다만홍낭의고심혈셩을알니업ᄉᆞ니엇지불상치아니리잇가소졔비록묵묵부답ᄒᆞ나심즁의황연ᄃᆡ각ᄒᆞ여홍낭의먹음은뜻을바야흐로히득ᄒᆞ여츄연함누ᄒᆞ

18

더라ᄎᆞ시양쳐사의일힝이길의올나슈십일만의황셩의니ᄅᆞ니한님이즁노의나와마질ᄉᆡ허시한님의숀을잡고반기미극ᄒᆞ미슈항눈물이우음을ᄯᅡ라ᄂᆞ며왈니너롤유치로아라반년을의려ᄒᆞᄂᆞᆫ졍이녀모의거믄머리셔리빗츨당ᄒᆞ엿더니금일보미엄연이조관의모양이되여시니우리부뷔싱셰지락을이졔야알니로다한님이ᄯᅩ한모친무릅히업듸여손을밧들고눈물을먹음어왈소직슬하롤ᄯᅥ나ᄂᆞᆫ지거의쥬년이라쇠로ᄒᆞ신모양이거년과니도ᄒᆞ오니이ᄂᆞᆫ불쵸아의죄로소이다쳐식일셰느지믈보고일힝을ᄌᆡ촉ᄒᆞ여황셩으로드러올ᄉᆡ거마츄종이ᄃᆡ로의덥혀시니도로지인이쳐ᄉᆞ의다복ᄒᆞ믈흠션치아니

19

리업더라익일의양원외궐하의ᄉᆞ은ᄒᆞ미텬ᄌᆡ특별이인견ᄒᆞ샤왈경이비록산림의쳐ᄒᆞ여빅운과미록을벗슬ᄒᆞ여시나경녁이아직쇠치아니ᄒᆞ여시니다시환로의나와나라흘돕게ᄒᆞ라원외돈슈쥬왈신이국가의공뇌업시천신의관작을더으시니셩은을갑흘길이업ᄉᆞ오며ᄯᅩ한천신의질병이잇사와거관공직홀긔망이업ᄉᆞ오니복원폐하ᄂᆞᆫ신의벼술을거두샤무용ᄒᆞᆫ몸이집의잇기롤허ᄒᆞ

시믈바라ᄂᆞ이다텬ᄌᆡ쇼왈경이나라흘위ᄒᆞ여동양지ᄌᆡᄅᆞᆯ나하짐의게밧치니엇지공뇌업다ᄒᆞ리오경은신병을조셥ᄒᆞ여짐의향망ᄒᆞᄂᆞᆫ마음을져바리지말나원외황송퇴조ᄒᆞ여ᄌᆡ삼상쇼ᄒᆞ고벼ᄉᆞᆯ을갈고후원별당의한

20

가이쳐ᄒᆞ여금셔로소일ᄒᆞ더라한님이ᄂᆡ당의드러가냥친을뫼시고담화ᄒᆞᆯᄉᆡ부인이원외ᄅᆞᆯ향ᄒᆞ여왈아ᄌᆡ나희임의십뉵세오벼ᄉᆞᆯ이한훤의잇시니셩혼ᄒᆞ미가장급ᄒᆞᆫ지라상공이엇지코ᄌᆞᄒᆞ시나잇고원외밋쳐답지못ᄒᆞ여셔한님이피셕ᄃᆡ왈소ᄌᆡ불쵸무상ᄒᆞ와밋쳐고치못ᄒᆞ엿ᄉᆞ오나심즁의졍혼ᄒᆞᆫ곳이잇나이다ᄒᆞ고인ᄒᆞ여경ᄉᆞ로올나오ᄂᆞᆫ길의도적을맛나던말과ᄒᆞᆯ일업셔압강졍의갓더니강남홍을맛나지긔로사ᄀᆡ여건질노허ᄒᆞ던말과홍낭이윤쇼져ᄅᆞᆯ쳔거ᄒᆞ니홍낭이조감이졀인ᄒᆞ여반다시그릇보지아닐뿐아니라ᄉᆞ싱지탁을져바리지말고ᄌᆞᄒᆞ여황각노의구혼ᄒᆞ믈허치아니ᄒᆞᆫ말

21

삼을일〃이고ᄒᆞ니원외와부인이ᄎᆞ탄불니ᄒᆞ여왈이ᄂᆞᆫᄯᅩ한텬졍연분이라그러나윤상셔ᄂᆞᆫ관후ᄒᆞᆫ지상이니맛당이갓흔문미ᄅᆞᆯ구ᄒᆞᆯ거시어ᄂᆞᆯ엇지한미ᄒᆞᆫ무리와결혼코자ᄒᆞᄂᆞ뇨한님왈소ᄌᆡ윤상셔의위인을보오ᄆᆡ츙후장ᄌᆡ라시쇽ᄌᆡ상이아니오니한미ᄒᆞ믈구ᄋᆡ치아닐가ᄒᆞ나이다원외졈두무언이더라허부인이다시츄연ᄒᆞᆫ빗치잇셔갈오ᄃᆡ네만일윤쇼져와셩혼ᄒᆞᆫ즉홍낭의일이더옥참혹ᄒᆞ도다원외왈이ᄌᆡ홍의말을ᄃᆡ강드ᄅᆞ니심상ᄒᆞᆫ쳔기가아니어ᄂᆞᆯ이ᄌᆡ슈즁참ᄉᆞᄒᆞ엿다ᄒᆞ니엇지참혹지아니리오ᄒᆞ더라필경윤소져의혼ᄉᆡ엇지된고하회ᄅᆞᆯ셕남ᄒᆞ라양학ᄉᆞ망월심양누벽셩션츄야탄비파

22

각설윤부의셔양한님의부공이닙셩ᄒᆞ믈듯고셜파ᄅᆞᆯ보ᄂᆡ여혼사ᄅᆞᆯ탐지코자ᄒᆞ여부인이셜파ᄅᆞᆯ불너일〃이가ᄅᆞ쳐왈네능히양부의가즁ᄆᆡ의슈단을부려져곳허락을어들쇼냐셜ᄑᆡ왈노신의쳔ᄒᆞᆫ나희칠십이라격녁ᄒᆞ온일이만ᄉᆞ오

니현마남의눈치ᄅᆞᆯ모로리잇가ᄒᆞ니연옥이니다라소왈파픠눈치ᄅᆞᆯ엇더케보려ᄒᆞᄂᆞ뇨셜픠왈세상사ᄅᆞᆷ이반가온말을눈으로듯고괴로운말은코흐로ᄃᆡ답ᄒᆞᄂᆞ니니어두운눈을밝히쎠ᄉᆞᄅᆞᆷ의눈과코흘한번본즉그의향을귀신갓치짐작ᄒᆞ니라일좨ᄃᆡ쇼ᄒᆞ니틔부인왈시쇽믹파의말이슈다ᄒᆞ여일을그릇ᄒᆞᆯ가ᄒᆞᄂᆞ니그ᄃᆡᄂᆞᆫ양부의가셔윤부의잇ᄂᆞᆫ체말

23

고다만긔식을탐지ᄒᆞ여보고오라셜픠고ᄀᆡᄅᆞᆯ쓰덕이며왈만일어ᄃᆡ잇ᄂᆞ냐ᄒᆞ여자셔이무ᄅᆞ면엇지ᄃᆡ답ᄒᆞ리잇고연옥이쏘니다라ᄃᆡ왈만일ᄃᆡ답ᄒᆞ기어려온말을뭇거든귀먹은체ᄒᆞ라일좨쏘한ᄃᆡ소ᄒᆞ더라틔부인이쏘갈오ᄃᆡ그ᄃᆡ너모변모젹어취졸이날가ᄒᆞᄂᆞ니이런일은약간변지잇셔야ᄒᆞ나니라셜픠머리ᄅᆞᆯ흔드러왈발은말ᄒᆞ여죄되ᄂᆞᆫᄃᆡ업ᄂᆞ니텬셩을엇지고치리오ᄒᆞ며급〃히니러나가다가다시드러와문왈믹ᄉᆞᄅᆞᆯ분명히알고ᄒᆞᆯ지니이혼인이뉘혼인이니잇고틔부인이어히업셔답지아니〃연옥이쏘한니다라소왈양부의규쉬업고윤부의낭지업ᄉᆞ니파〃ᄂᆞᆫ자셔이ᄉᆡᆼ각ᄒᆞ여보라셜픠황연ᄃᆡ

24

각ᄒᆞ여돌쳐나오며왈우리소져의혼인〃고로특별이노신을보니시미로다ᄒᆞ거ᄂᆞᆯ틔부인이셜파의넝니치못ᄒᆞᆯ믈염녀ᄒᆞ여연옥을도라보아왈네셜파ᄅᆞᆯ짜라가만일실조ᄒᆞ미잇거든씨치라옥이응낙ᄒᆞ고가니라ᄎᆞ시연옥이양부일힝이납셩ᄒᆞᆫ후로한번가보고ᄌᆞᄒᆞ더니셜파ᄅᆞᆯ좃ᄎᆞ니ᄅᆞ니한님은외당의잇고바로ᄂᆡ당으로드러가미허부인이문왈노랑은엇더ᄒᆞᆫ사ᄅᆞᆷ이뇨셜픠ᄃᆡ왈노신은윤부의잇ᄂᆞᆫ사ᄅᆞᆷ이아니라지나가ᄂᆞᆫ믹파니이다옥이엽히잇다가눈ᄀᆡ여왈윤부말은도모지닐컷지말나셜픠졈두왈니그러므로윤부의잇다ᄒᆞ지아니ᄒᆞ엿노라옥이우음을참지못ᄒᆞ여ᄉᆞ미로닙을가리오고도라셔거ᄂᆞᆯ허부인

25

이쇼왈져아희ᄂᆞᆫ누구뇨옥이셜파의취졸이드러날가염녀ᄒᆞ여왈소녀ᄂᆞᆫ노랑

의ᄯᅡᆯ이니이다설ᄑᆡᄭᅮ지져왈우리소제ᄆᆡ양너다려거짓말〃나ᄭᅮ지시ᄃᆡ그버릇술곳치지못ᄒᆞᄂᆞᆫ도다옥이ᄒᆞᆯ일업셔외면ᄒᆞ고ᄃᆡ답지못ᄒᆞᄃᆡ허부인이우문왈노랑이ᄆᆡ파라ᄒᆞ니누고ᄅᆞᆯ위ᄒᆞ여즁ᄆᆡ코자ᄒᆞ나뇨설ᄑᆡ침음양구의ᄃᆡ왈시속ᄆᆡ파의말이슈다ᄒᆞ오나노신은실상만고ᄒᆞᄂᆞ니지금병부상셔윤공이일ᄀᆡ소괴잇셔귀부의결혼코자ᄒᆞ여노신을보ᄂᆡ시며윤부의잇노라ᄒᆞ지말나ᄒᆞ시나ᄉᆡᆼ각ᄒᆞ오ᄆᆡ혼인은인륜ᄃᆡᄉᆞ라그되고아니되미윤부의달니미아니오니은휘ᄒᆞ여무엇ᄒᆞ리잇고노신은본ᄃᆡ윤소져의유모설파오져아ᄒᆡᄂᆞᆫ소져의시비연옥이라

26

노신이녕니치못ᄒᆞ기로옥을보ᄂᆡ여찬조코자ᄒᆞ시미나노신의말삼이질박ᄒᆞ여바로고ᄒᆞ미오니부인은의심치마르쇼셔우리소져ᄂᆞᆫ녀즁군자오금셰의일인이라문장과녀공이막힐비업ᄉᆞᆸ고용모와녜졀이하ᄌᆞᄒᆞᆯ비업ᄉᆞ나다만ᄆᆡᆼ광의졀구들힘이부족ᄒᆞ고졔갈부인의황발흑면이아니오니타일셩혼후의만일한가지라틀니미잇ᄉᆞᆸ거든노신을발셜지옥으로보ᄂᆡ쇼셔양부상하졔인이쳥파의무장ᄃᆡ소ᄒᆞ기ᄅᆞᆯ마지아니〃허부인이그말이츙직ᄒᆞ믈쾌히너겨왈노랑은진짓슈단잇ᄂᆞᆫᄆᆡ파로다다만ᄂᆡ집이한미ᄒᆞ고윤부ᄂᆞᆫ고문ᄃᆡ족으로녕화부귀졔미ᄒᆞᆫ집이니결혼치아닐가ᄒᆞ노라설ᄑᆡᄃᆡ쇼왈우리부인은도로혀귀부의셔허혼

27

치아니실가염녀ᄒᆞ시ᄂᆞ니그러치아니시면노신을엇지쳔언만탁ᄒᆞ여보ᄂᆡ시리잇고양부좌위ᄯᅩ한ᄃᆡ쇼ᄒᆞ더라허부인이일비쥬로설파ᄅᆞᆯᄃᆡ졉ᄒᆞ여왈도라가셩혼ᄒᆞ게ᄒᆞᆫ죽ᄂᆡᄃᆞ시셰잔술노상쥬리라ᄒᆞᆫᄃᆡ설ᄑᆡᄃᆡ희ᄒᆞ여낙〃히ᄉᆞ례ᄒᆞ고도라가려ᄒᆞ더니한님이맛참ᄂᆡ당으로드러오다가연옥을보고이상이너겨문왈네엇지여긔왓나뇨옥이붓그려머리ᄅᆞᆯ숙이고ᄃᆡ답지아니ᄒᆞᆫᄃᆡ허부인이웃고양부의셔온곡졀을자셔이말ᄒᆞ니한님이미쇼ᄒᆞ더라설ᄑᆡ연옥을도라보며가마이문왈져소년상공이신랑되실상공이아니시냐옥이졈두ᄒᆞ니설ᄑᆡ어

두운눈을씻고이윽이바라보며희식이만면ᄒᆞ더라셜픽옥으로더

28

더부러부인긔하직고도라가니양부좌우제인이ᄃᆡ소왈윤부의셔미파홀지그리업셔밋친늙그니롤보닌고ᄒᆞ니허부인이탄왈노랑은질실노지식잇는사롬이니여등의위인으로말홀비아니로다싱각건ᄃᆡ일노좃차양부가중이명철ᄒᆞ믈알니라ᄒᆞ더라셜픽도라와노부인을뵈옵고ᄃᆡ감ᄒᆞ여왈범상ᄒᆞᆫ미파로는슌셜만허비ᄒᆞ고일이슌셩치못홀거시로ᄃᆡ노신은한번닙을열미ᄃᆡ식여의ᄒᆞ니슈단이놉흔줄아옵쇼셔연옥이ᄯᅩ한웃고셜파의말ᄒᆞ던거동을그린ᄃᆞ시세〃이말ᄒᆞ니셜픽역시ᄃᆡ소왈우리소져의빅년가긔롤졍ᄒᆞ며엇지간ᄉᆞᄒᆞᆫ거즛말을ᄒᆞ리오ᄒᆞ거놀윤상셰듯고그말이츙직ᄒᆞ믈칭찬ᄒᆞ더라ᄎᆞ시

29

윤쇼제부인긔문안코자ᄒᆞ여정당으로오더니셜픽니다라손을잡아좌의안치며우은닙을쥬리지못ᄒᆞ여왈가히긔특ᄒᆞ다우리소져의열굴이여복셩스러으므로ᄃᆡ식여의ᄒᆞ게ᄒᆞ여시니소져의복녹이졔미ᄒᆞ믈알니로다ᄒᆞ거놀소제도무삼소릭믈몰나손을뿌리치고왈어미는너모잡담말나셜픽ᄃᆡ소왈소졔금일은비록져러틋슈치ᄒᆞ시나타일의군ᄌᆞ롤마자빅년을히로ᄒᆞ실제는바야흐로노신의말삼이유공ᄒᆞ믈아ᄅᆞ시리이다ᄒᆞ거놀소졔바야흐로유모의말이묘믹이잇시믈알고더옥붓그러부용옥면의홍운이취지일만자티셔로빗출닷토는지라셜픽소져의자식이슈치중의더옥빗ᄂᆞ믈이중ᄒᆞ여

30

옥슈롤잡고소왈노신이양한님을잠간보미눈이가늘고얼굴이고으니반다시호식홀지라비쳡이무슈히모휜즉소제장찻엇지ᄒᆞ려ᄒᆞ시나잇고ᄒᆞ니소져의ᄃᆡ답이엇지된고하회롤셕남ᄒᆞ라
셰무신오월일항목동셔

권지칠

1

옥누몽권지칠

ᄎᆞ셜〃픠소왈만일의여러편방이모희여가변이자로니러나면쇼져장찻엇지코자ᄒᆞ시나잇고소졔더옥슈괴ᄒᆞ여옥슈룰ᄲᅮ리치고모친뒤흐로드러간ᄃᆡ셜픠ᄃᆡ쇼ᄒᆞ고쏯ᄎᆞ드러가쇼져의얼골을드려다보며등을어로만져왈노신이양원외의부인을보니셩졍이부드럽고언식공순ᄒᆞ여현슉ᄒᆞᆫ구괴될지라이ᄯᅩ한소져의복이가장두텁거니와다만슈상ᄒᆞᆫ바ᄂᆞᆫ한님이연옥을졍신드려보시니소져ᄂᆞᆫ타일구가의가시나옥을다려가지마ᄅᆞ쇼셔소졔쳥파의슈습ᄒᆞᄂᆞᆫ즁의우음을참지못ᄒᆞ여표연이자긔침소로도라가니라익일의윤상셰양한님부즁의니ᄅᆞ니원외마자빈쥐네필좌정의상세왈학싱아

2

이션싱의놉흔일홈을듯고ᄉᆞ모ᄒᆞ미오ᄅᆡ나진ᄋᆡ명니의종젹이골몰ᄒᆞ여경가옥슈의연분이업ᄉᆞ시니오날맛나미엇지늣지아니리오원외답왈만싱은쵸야종젹이오산즁우밍이니텬은이망극ᄒᆞ샤그ᄌᆞ식의남은〃춍이아비의게밋ᄎᆞ니셩은이융셩ᄒᆞ시미틔산ᄀᆞᆺ사오나쳔구의신병이잇기로직임을사례ᄒᆞ고집의편이잇사오나년소ᄒᆞᆫᄌᆞ식이조졍의츌닙ᄒᆞ니구〃지심이쥬야로우려간졀ᄒᆞᆫ지라바라건ᄃᆡ합하ᄂᆞᆫᄌᆞ로계훈ᄒᆞ샤인신지도의나아가게ᄒᆞ시물바라ᄂᆞ이다윤상셰소왈양한님은국가의동양이라쥬상의지심ᄒᆞ심과조졍의영힝ᄒᆞ미극ᄒᆞ거ᄂᆞᆯ학싱의용열ᄒᆞ므로일두룰ᄉᆞ양ᄒᆞ려든엇지가ᄅᆞ칠비잇시리오

3

ᄒᆞ더라ᄎᆞ시원외ᄂᆞᆫ윤상셔의츙후지풍을공경ᄒᆞ고윤상셔ᄂᆞᆫ원외의청고절힝

을탄복ᄒᆞ여일면이여구ᄒᆞ여윤공이〃의조용이문왈녕낭이년긔장셩ᄒᆞ여시니실가지락이급ᄒᆞᆫ지라소뎨의긔한ᄯᆞᆯ이잇셔비록규법녀측의네졀이몽ᄆᆡᄒᆞ나군ᄌᆞ의건질을밧들소임이넉〃ᄒᆞ니진〃ᄒᆞᆫᄋᆡ녀지심으로귀부의결혼ᄒᆞᆯ마음이간졀ᄒᆞ니아지못게라형의ᄯᅳᆺ이엇더ᄒᆞ뇨원외거슈칭ᄉᆞ왈합ᄒᆡ한문돈견지아ᄅᆞᆯ쳔고녕녀로ᄡᅧ허혼코자ᄒᆞ시니이ᄂᆞᆫ만ᄉᆡᆼ의녕광이오돈아의복이라엇지다른말ᄉᆞᆷ이잇사리잇고다만미거ᄒᆞᆫᄌᆞ식이한훤명ᄉᆞ의참예ᄒᆞ고ᄂᆞ히ᄯᅩ한십칠셰라셩녜ᄒᆞ미급ᄒᆞ니밧비길일을ᄐᆡᆨᄒᆞ시물바라나이다상셰ᄃᆡ희ᄒᆞ

4

여허락ᄒᆞ고인ᄒᆞ여담화ᄒᆞᆯᄉᆡ고산유슈ᄀᆞᆺ흔말ᄉᆞᆷ이흉금을상쾌케ᄒᆞ고송ᄇᆡᆨ의정즁ᄒᆞᆫ츙의ᄅᆞᆯ겸ᄒᆞᄆᆡ미〃ᄒᆞᆫ담쇼와은근ᄒᆞᆫ정의셔로ᄡᅥ날ᄯᅳᆺ이업더니좌위보ᄒᆞᄃᆡ황각뇌ᄂᆡ림ᄒᆞ다ᄒᆞ거ᄂᆞᆯ상셰즉시몸을니러원외ᄅᆞᆯ작별ᄒᆞ고도라가니라원외당의나려황각노ᄅᆞᆯ마자한훤필의각뇌왈노뷔임의녕낭의게혼사ᄅᆞᆯ통ᄒᆞ여시나존부의고치못ᄒᆞ물자져ᄒᆞ더니하날이도으샤션ᄉᆡᆼ이경ᄉᆞ의니ᄅᆞ시니노부의집이비록부귀치못ᄒᆞ나ᄯᅩ한빈한치아니ᄒᆞ고녀아의위인이비록취신ᄒᆞᆯᄇᆡ업ᄉᆞ나ᄯᅩ한용모범졀이츄류ᄒᆞ믈면ᄒᆞ여시니가위군ᄌᆞ의호귀라션ᄉᆡᆼ의고의ᄅᆞᆯ아지못ᄒᆞ나어ᄂᆡᄯᆡ의셩녜코자ᄒᆞ시나잇가원외ᄂᆞᆫ본ᄃᆡ

5

물의놉흔션ᄇᆡ라셩품이쥰직청ᄀᆡᄒᆞ여황각노의시속ᄐᆡ도와비루ᄒᆞᆫ언ᄉᆡᆨ맛당치못ᄒᆞᆯᄲᅮᆫ아니라임의윤상셔와졍혼ᄒᆞ엿ᄂᆞᆫ지라이의ᄀᆡ용칭ᄉᆞ왈상공의소교로한미ᄒᆞᆫ문호의결혼코자ᄒᆞ시니비록황공감사ᄒᆞ나쳔식의혼ᄉᆞᄅᆞᆯ임의병부상셔윤형문과완정ᄒᆞ여시니듯ᄌᆞ오미느ᄌᆞ물한ᄒᆞ나이다각뇌안ᄉᆡᆨ이변ᄒᆞ여왈노뷔임의녕낭의게셜언ᄒᆞ여시니엇지드ᄅᆞ미늣다ᄒᆞ리오ᄒᆞ야심니의앙〃ᄒᆞ믈니긔지못ᄒᆞ다가원외와쵸〃이작별ᄒᆞ고집으로도라와ᄉᆡᆼ각ᄒᆞᄃᆡ양창곡은졀셰ᄒᆞᆫ인ᄌᆡ라니동상의두지못ᄒᆞᆫ즉차셕ᄒᆞᆯᄲᅮᆫ아니라니몬져발셜ᄒᆞ고윤상셔의게아이니엇지븟그럽지아니리오ᄒᆞ고ᄯᅩ계교ᄅᆞᆯᄉᆡᆼ각ᄒᆞ고진짓슈일후조회반열의

6

참예치아니ᄒᆞᆫ디텬지원노디신을각별이네우ᄒᆞ샤근시ᄅᆞᆯ보닉여탐문ᄒᆞ신디 황각뇌바야흐로궐즁의드러와부복쳥죄왈노신이견마지셩을다ᄒᆞ여국은을 갑흘가ᄒᆞ오나쥭을날이머지아닌지황공딕죄ᄒᆞ나이다텬지딕경ᄒᆞ샤그연고 ᄅᆞᆯ무ᄅᆞ신디황각뇌빅슈의눈물을드리오며쥬왈군신지간이부자와다ᄅᆞ미업 사오니구〃쇼회ᄅᆞᆯ엇지은휘ᄒᆞ리잇고신이오십지년의일긔남아와일긔녀아 ᄅᆞᆯ싱ᄒᆞ엿사오니일자ᄂᆞᆫ소쥬자ᄉᆞ황여옥이오일녀ᄂᆞᆫ지금나희십오셰라신이 말년의녀식을사랑ᄒᆞ와가셔ᄅᆞᆯ구코자ᄒᆞ더니신방장원양창곡과졍녕언약ᄒᆞ 와결혼지ᄉᆞᄅᆞᆯ뇌졍ᄒᆞ엿더니즁도의니ᄅᆞ러거연이비약ᄒᆞ

7

고병부상셔윤형문과임의졍혼ᄒᆞ다ᄒᆞ오니이ᄂᆞᆫ다ᄅᆞ미아니오라신이년노ᄒᆞ 와젼경이볼거시업ᄂᆞᆫ연괴라신의ᄯᆞᆯ이비록네폐ᄅᆞᆯ밧지아니ᄒᆞ여시나인니족 당이퇴혼ᄒᆞ믈듯고모다의괴ᄒᆞ여츌부와다ᄅᆞ미업다ᄒᆞ여의논이분분ᄒᆞ오니 노쳐ᄂᆞᆫ우분셩질ᄒᆞ여명지경긱이옵고녀식은규리의늙어실졀치아니믈긔약 ᄒᆞ오니노신의쳐지진실노냥난ᄒᆞ온지라다만ᄲᆞᆯ니쥭어이런화변을보지말기 ᄅᆞᆯ원ᄒᆞ나이다설파의누쉬방타ᄒᆞ니텬지드ᄅᆞ시고즉시양원외ᄅᆞᆯ명쵸ᄒᆞ샤하 교왈황승상은냥조원외라짐이네우ᄒᆞᄂᆞ니이지드ᄅᆞ미경의아들과결혼코자 ᄒᆞ더니경이임의윤형문의녀아의게뇌약ᄒᆞ다ᄒᆞ니명ᄉᆞ디부의두안히

8

ᄂᆞᆫ상시라짐이즁믹훌거시니구익치말고냥긔ᄃᆞ시결혼케ᄒᆞ라원외돈슈ᄉᆞ왈 셩괴지즁ᄒᆞ시니맛당이봉힝ᄒᆞ리이다텬지다시창곡을부ᄅᆞ샤쏘하교ᄒᆞ샤왈 황각노의ᄉᆞ졍이졀박ᄒᆞ니밧비턱일ᄒᆞ여황부의보ᄒᆞ라ᄒᆞ신디한님이돈슈쥬 왈부〃ᄂᆞᆫ오륜의즁ᄒᆞᆫ비라은의로상합ᄒᆞ고의셰로겁박지못훌비어ᄂᆞᆯ이졔승 상황의병이원노디신의체모ᄅᆞᆯ도라보지아니ᄒᆞ고가닉의더러온사졍을가져 텬위의번거이쥬ᄒᆞ니노혼ᄒᆞᆫ싱각과비루ᄒᆞᆫ사졍으로위협고ᄌᆞᄒᆞ믈신이그윽 히긔연ᄒᆞᄂᆞ니복원폐하ᄂᆞᆫ하교ᄅᆞᆯ거두시고황의병의방ᄌᆞᄒᆞ믈징치ᄒᆞ쇼셔텬

ᄌᆡ청파의크게진노ᄒᆞ샤왈네불과년쇼신진으로원노ᄃᆡ신을망녕

9

도이논박ᄒᆞ며군부의명을이러틋거역ᄒᆞ니그죄젹지아닌지라용셔치못ᄒᆞ리라ᄒᆞ시고젼지ᄅᆞᆯᄂᆞ리오샤양창곡을강쥬부의찬비ᄒᆞ라ᄒᆞ시니라ᄎᆞ시텬ᄌᆡ각노ᄅᆞᆯ위로ᄒᆞ샤왈짐이임의즁ᄆᆡᄒᆞ여시니승상은근심말나ᄒᆞ시니각뇌ᄉᆞ은ᄒᆞ고나오니라각셜양한님이집의도라와밧비치힝홀ᄉᆡ허부인이아ᄌᆞ의숀을잡고눈물을흘녀왈ᄂᆡ널노더부러옥연봉아ᄅᆡ밧출가라평싱을안한이보ᄂᆡ지못ᄒᆞ고부졀업시쇼년등과ᄒᆞ여니런일을당ᄒᆞ도다한님이화ᄒᆞᆫ얼골과부드러온말삼으로모친을위로왈소ᄌᆞ의죄명이가쇼로온일노말ᄆᆡ암으미니슈히도라올지라티〃ᄂᆞᆫ과려치마ᄅᆞ소셔ᄒᆞ고인ᄒᆞ여거룸을도로혀쇼져의침

10

실의니ᄅᆞ러좌졍ᄒᆞᆫ후소져ᄅᆞᆯ향ᄒᆞ여거슈작별왈학싱이ᄉᆞ군ᄒᆞᄂᆞᆫ도리ᄅᆞᆯ삼가지못ᄒᆞ여쳔니원졍의나아가ᄆᆡ존당의시칙할ᄌᆡ업ᄉᆞ니바라건ᄃᆡ부인은신혼셩졍의냥친을위로ᄒᆞ며학싱의불효ᄅᆞᆯ더으게말나소졔운환을숙이고아미의슈운이어리여쳔연ᄃᆡ왈군ᄌᆞ의도라오실긔약이어ᄂᆡᄯᆡ의잇ᄉᆞ리잇고한님왈학싱의죄명이크지아니ᄒᆞ니불구의환가ᄒᆞ리니염녀치마ᄅᆞ쇼셔언파의동ᄌᆡ드러와보ᄒᆞᄃᆡ윤상셔노애오시니이다한님이즉시외당의나아가니상셰한님의숀을잡고탄왈노뷔현셔ᄅᆞᆯ동상의유의ᄒᆞᆫ후옹셔지의ᄅᆞᆯ밋쳐허지못ᄒᆞ여셔쳔니원졍의젹긱으로니별ᄒᆞ니비록쵸창ᄒᆞ나환히풍파ᄂᆞᆫ남ᄌᆞ의상ᄉᆡ라

11

원의보즁ᄒᆞ여슈히도라오믈바라노라한님이ᄇᆡᄉᆞᄒᆞ고부친긔하직홀ᄯᆡ원외왈강쥐비습ᄒᆞ여풍되아름답지못ᄒᆞ고네나히어리니스사로조심ᄒᆞ여울젹ᄒᆞᆫ회포ᄅᆞᆯ두지말아네아비의구〃ᄒᆞᆫ염녀ᄅᆞᆯ덜게ᄒᆞ라한님이ᄌᆡᄇᆡ슈명ᄒᆞ고즉시발힝홀ᄉᆡ일양소거의냥긔창두와종자ᄅᆞᆯ거나리고힝ᄒᆞ여십여일만의강쥬의득달ᄒᆞ여슈간모옥을치오고두류ᄒᆞ니라ᄎᆞ시양한님이젹긱으로ᄌᆞ쳐ᄒᆞ여강

쥬의니른지슈월의두문불츌ᄒᆞᆫ딕쥬인이일〃은조용이고왈이곳이예붓터츙신젹긔이무슈ᄒᆞ거늘이졔상공이엇지과도이집법ᄒᆞ샤젹막히안자계시니잇고한님이쇼왈닉조졍의죄명이잇ᄂᆞᆫ사ᄅᆞᆷ이오ᄯᅩ한셩품번화ᄒᆞ믈조하아니ᄒᆞ노라ᄒᆞ더

12

니광음이홀〃ᄒᆞ여〃람이진ᄒᆞ고가ᄅᆞᆯ이되미옥우ᄂᆞᆫ징녕ᄒᆞ고금풍이소슬ᄒᆞᆫ딕셔리기러기북으로도라가고츄풍낙엽은공산의분〃ᄒᆞ니비록심상ᄒᆞᆫ사ᄅᆞᆷ이라도긱니회포ᄅᆞᆯ진졍치못ᄒᆞ려든허물며소년젹긔의고젹ᄒᆞᆫ심식리오ᄎᆞ시양한님이자연흥금이울젹ᄒᆞ여심식쵸창ᄒᆞ고풍한의상ᄒᆞ여신긔날노불평ᄒᆞ거늘스사로염녀ᄒᆞ여왈닉남자로셔셩품이너모편협ᄒᆞ여금일죄명이즁딕치아니ᄒᆞ고ᄌᆞ고로젹긔의츌닙이쵸창ᄒᆞ믄상식라닉너모심녀ᄒᆞ여병이발ᄒᆞ면엇지군부ᄅᆞᆯ져바리미아니리오ᄒᆞ고쥬인을불너문왈닉무료ᄒᆞ미심ᄒᆞ니이근쳐의구경ᄒᆞᆯ곳이잇ᄂᆞ냐쥬인왈이압희큰강이〃시니일홈은심양강이오강상의한졍지

13

잇시니경긔졀승ᄒᆞ니이다한님이딕희ᄒᆞ여동자ᄅᆞᆯ다리고심양강으로좃차졍자우희오ᄅᆞ니표묘ᄒᆞᆫ졍직딕강을임ᄒᆞ여시니비록장녀치ᄂᆞᆫ못ᄒᆞ나ᄯᅩ한쾌활ᄒᆞ여원포귀범이물결을덥허시며셕양어촌은언덕의달녀시니강호물식이가히진누ᄅᆞᆯ사양치아닐지라한님이강산경긔ᄅᆞᆯ사랑ᄒᆞ여미일니ᄅᆞ러소유ᄒᆞ더니맛참즁츄긔망을당ᄒᆞ여월식을구경코자ᄒᆞ여셕반을파ᄒᆞᆫ후의다시졍ᄌᆞ의올나원근을바라보니안상노화ᄂᆞᆫ가ᄅᆞᆯ바ᄅᆞᆷ의소슬ᄒᆞ고포변어등은셩긘별이졈〃ᄒᆞᆫ딕진납비우ᄅᆞᆷ과두견쇼릭긱회ᄅᆞᆯ돕ᄂᆞᆫ지라한님이도로혀쵸창ᄒᆞ믈니긔지못ᄒᆞ여일슈시ᄅᆞᆯ지어읇푸

14

며난간의〃지ᄒᆞ여안자더니동직고왈이압희식로ᄂᆞᆫ쥬긔잇셔쥬미가장아ᄅᆞᆷ

답다ᄒᆞ더이다한님이웃고두어잔술을사오라ᄒᆞᄆᆡ슈유의동ᄌᆡ쥬효롤갓쵸와오니한님이한잔을마시고더욱쵸창ᄒᆞ여비쥬의뜻이업ᄂᆞᆫ지라이러나방황ᄒᆞ더니홀연드ᄅᆞ니일진청풍이니러나며청아ᄒᆞᆫ소ᄅᆡ은〃이들니거놀동자롤도라보아왈이소ᄅᆡ롤알쇼냐동ᄌᆡ귀롤기우려양구히듯더니ᄃᆡ왈반다시거문고쇼ᄅᆡ니이다한님이소왈아니로다ᄃᆡ현은조〃ᄒᆞ고소현은졀〃ᄒᆞ니반다시비파ᄐᆞᄂᆞᆫ소ᄅᆡ라셕일의ᄇᆡᆨ낙쳔이〃곳의젹거ᄒᆞ여비파힝을지어시니이제그여풍이잇도다ᄒᆞ고흔연이몸을니러동자롤다리고그쇼

15

ᄅᆡ롤좃ᄎᆞ한곳의니ᄅᆞ니쵸간슈간이ᄃᆡ슈풀을의지ᄒᆞ여쥭비롤다닷거놀한님이문을두다리니일ᄀᆡ차환이나와문을여ᄂᆞᆫ지라한님왈나ᄂᆞᆫ완월ᄒᆞᄂᆞᆫᄀᆡᆨ인이러니비파ᄐᆞᄂᆞᆫ쇼ᄅᆡ롤듯고ᄎᆞᄌᆞ왓노라ᄎᆞ환이한님의용모거동을이ᄋᆞᆨ히보더니돌쳐드러갓다가식경후도로나와드러가믈청ᄒᆞ거놀한님이ᄎᆞ환을ᄯᆞ라일각문을드러슈보롤힝ᄒᆞ여가니창송녹쥭이울타리롤닐웟고황국단풍이계하의버렷ᄂᆞᆫᄃᆡ씌쳠아와ᄃᆡ난간이소연이그림속갓흔지라당상을바라보ᄆᆡ일위미인이그림속의월하의비파롤안고표연이난간을의지ᄒᆞ여안ᄌᆞ시니일졈진ᄋᆡ업ᄂᆞᆫ지라한님의드러오믈보고몸을니러마자왈엇더ᄒᆞᆫ상공이시완ᄃᆡ젹요ᄒᆞᆫᄉᆞ롬

16

을신근이ᄎᆞᄌᆞ시뇨한님왈나ᄂᆞᆫ타향젹ᄀᆡᆨ으로심난ᄒᆞ믈인ᄒᆞ여월식을구경ᄒᆞ다가낭ᄌᆞ의비파소ᄅᆡ롤듯고왓시니허물치말나미인이즉시ᄎᆞ환을불너화쵹을밝히니한님이바야흐로그미인을ᄌᆞ시보ᄆᆡᄉᆡᆫ혀ᄂᆞᆫ틔도와아리ᄯᆞ온얼골의번화긔상을씌여시니가ᄂᆞᆫ허리와청슈ᄒᆞᆫ미목이경국지식을겸ᄒᆞ여시니담연ᄒᆞᆫ단장은월식을닷토고표묘ᄒᆞᆫ의상은청풍의나붓겨십분단아ᄒᆞ고십분무르녹아산슈간의젹막히늙을긔상이아니라미인이ᄯᅩ한츄파롤흘녀한님의긔상을보니엄위ᄒᆞᆫ톄도와탁월ᄒᆞᆫ풍치진짓ᄀᆡ셰군ᄌᆞ오영웅호걸이라심즁의ᄃᆡ경ᄒᆞ여그심상ᄒᆞᆫ젹ᄀᆡᆨ이아니믈알고자로긔식을살피며표연

17

이말이업거늘한님왈닉앗가문외의셔쥬인의비파쇼릭롤드릭미범상훈슈단이아니라다시한곡조롤듯고ᄌᆞ 흐노라미인이ᄉᆞ양치아니ᄒᆞ고비파롤나오여슬상의놋코옥슈로쥴을골나한곡조롤 ᄐᆞ니그쇼릭익원쳐절ᄒᆞ여무한훈심시잇ᄂᆞᆫ지라한님이탄왈묘지라ᄎᆞ곡이여옥이진토의뭇쳐시니이른바왕소군의츌싀곡이〃아니냐미인이미쇼ᄒᆞ고쥬현을다시골나ᄯᅩ한곡조롤알외니그쇼릭청낭강기ᄒᆞ여물외의고상훈쯧이잇거늘한님이칭션왈미지라ᄎᆞ곡이여청산이아〃ᄒᆞ고녹슈ᄂᆞᆫ양〃훈딕지긔상합ᄒᆞ여일창일화ᄒᆞ니이이른바종자긔의아양곡이〃아니냐그미인이홀연비파롤밀치고우연탄왈쳡이비록

18

빅아의거문괴업ᄉᆞ나미양종ᄌᆞ긔롤맛나지못ᄒᆞ믈한ᄒᆞ엿더니금야의상공을평슈상봉ᄒᆞ믄긔이훈연분이라엇지간담을토ᄒᆞ여츙정을의논치아니리오쳡은본딕낙양사룸이니셩은사마가오일홈은벽셩션이니난지슈년의난시롤당ᄒᆞ여부모롤실니ᄒᆞ고표박훈종젹이청누의〃탁ᄒᆞ여불힝이허명을어더안마빈긱이너모번요ᄒᆞ니응졉이괴로와딕긱ᄒᆞ기어려울쑨아니라낙양졔기드리안싀을ᄉᆡ긔ᄒᆞ여고단훈신세직흰쯧을보젼치못훌지라간신이몸을ᄲᅦ쳐이곳의안신ᄒᆞ니본의ᄂᆞᆫ종젹을감쵸고승니도ᄉᆞ롤좃ᄎᆞ평싱을한가히지닉고ᄌᆞᄒᆞ더니슈풀의ᄉᆞ슴이ᄉᆞ향을누셜ᄒᆞ고풍셩의칼이광치롤감

19

쵸지못ᄒᆞ여다시본부기안의드니실노즐겨ᄒᆞ미아니오며이곳의인걸이업고풍속이고히ᄒᆞ여인〃이상고질ᄒᆞ며집〃이고기낙가이롤즁이아ᄂᆞᆫ녹〃지비라쳡이미양탄식ᄒᆞᄂᆞᆫ비러니상공이무삼연고로이곳의젹거ᄒᆞ시니잇고한님이청파의기용탄식ᄒᆞ고자긔젹거훈곡절과평싱심회롤딕강말훈딕벽셩이ᄯᅩ한희허장탄ᄒᆞ고비반을나와술이반츄ᄒᆞ미한님이쇼왈나ᄂᆞᆫ빅면셔싱이라비록청누물싀을널니보지못ᄒᆞ여시나일작이드릭미왕〃이열협지풍이잇셔놉흔절기와기결훈마음이츌즁훈지만타ᄒᆞ더니아지못게라금세청누의낭ᄌᆞ갓

흔지몃치나되나뇨션낭이츄연ᄃᆡ왈쳡갓흔ᄌᆞ

20

는가위거짓무량이라엇지족히말할ᄇᆡ리오근일청누의일ᄀᆡ인물이〃시니비
단가무ᄌᆞᄉᆡᆨ쁜이아니라지죠와문장이거의고인을압두ᄒᆞᆯ지라쳡으로더부러
비록안면이업ᄉᆞ나셔ᄉᆞ로왕복ᄒᆞ여셔로ᄉᆞ괴미골육의지나더니근일의괴이
ᄒᆞᆫ소식이잇사오니그ᄉᆞ싱을몰나ᄒᆞ나이다한님이〃말을듯고안ᄉᆡᆨ이참담ᄒᆞ
여그녀ᄌᆞ의일홈을무ᄅᆞ니션낭이ᄃᆡ왈항쥬졔일방의잇ᄂᆞᆫ강남홍이라ᄒᆞ거ᄂᆞᆯ
한님이기리탄식ᄒᆞ고비창ᄒᆞᆫ눈물을금치못ᄒᆞ거ᄂᆞᆯ션낭이의아ᄒᆞ여그연고ᄅᆞᆯ
무론ᄃᆡ한님이탄왈ᄭᅩᆺ다온풀이셔리ᄅᆞᆯ맛나고븕은구슬이바다의ᄲᅡ져시ᄆᆡ유
〃여한이ᄆᆡ양ᄂᆡ흉즁의ᄆᆡᆺ쳣더니이졔낭ᄌᆞ의말을드ᄅᆞᄆᆡ더옥심회ᄅᆞᆯ졍치못
ᄒᆞ

21

리로다션낭이악연왈상공이과연홍낭과친ᄒᆞ시며홍낭이젹실이죽으니잇가
한님이〃의홍낭을ᄉᆞ괴여ᄇᆡᆨ년을언약ᄒᆞ엿던말을셜파ᄒᆞ고왈그ᄃᆡ의말을드
ᄅᆞ니나의심회엇지요동치아니리오홍낭이과연황ᄌᆞᄉᆞ의겁박ᄒᆞ믈맛나슈즁
원혼이되엿나니라언파의누쉬종힝ᄒᆞ니션낭이불승참연ᄒᆞ여왈홍낭의졀세
지ᄌᆡ로엇지이갓치참연이되여시믈ᄯᅳᆺᄒᆞ여시리잇고이졔상공의오ᄆᆡ불망ᄒᆞ
시믈뵈오ᄆᆡ홍낭이비록죽어도죽지아니미로소이다한님이탄왈ᄂᆡ홍낭을심
상ᄒᆞᆫ창기로친ᄒᆞ미아니라이졔낭ᄌᆞᄅᆞᆯ보ᄆᆡ언어동졍이십분방불ᄒᆞᆫ지라그쵸
창ᄒᆞᆫ즁의반가오미홍낭을다시ᄃᆡᄒᆞᆫᄃᆞᆺᄒᆞ도다인ᄒᆞ여다시잔을

22

드러셔로권ᄒᆞᆯᄉᆡ한님이젹거이후로비쥬ᄅᆞᆯ취ᄒᆞ미업더니시야의풍뉴가인을
맛ᄂᆞᄆᆡ풍졍이도〃ᄒᆞ여문장으로말삼ᄒᆞᆯᄉᆡ션낭의지ᄒᆡ민쳡ᄒᆞ고총명이졀인
ᄒᆞ여응ᄃᆡ여류ᄒᆞᆯ쁜아니라왕〃이투쳘ᄒᆞᆫ쇼견과쵸등ᄒᆞᆫ의식범인이당치못ᄒᆞᆯ
지라한님이그친ᄒᆞ미느자믈한ᄒᆞ여ᄃᆡ취ᄒᆞ믈ᄭᆡ닷지못ᄒᆞ여왈낭지임의음뉼

의벽이잇실진디무숨다른풍위잇ᄂᆞ냐션낭이쇼왈심상ᄒᆞᆫ곡조ᄂᆞᆫ군자의족히드ᄅᆞ실빅아니라쳡의게한풍뉴잇시니명일의드ᄅᆞ쇼셔ᄒᆞ니아지못게라그풍뉴무삼곡졀고하회ᄅᆞᆯ볼지어다오경벽셩취옥뎍십년청누졍흥졉화셜벽셩션이양한님을디ᄒᆞ여왈쳡의게일기옥뎍이〃시니셕일의황뎨훤

23

원시히곡의디ᄅᆞᆯ버혀봉황의소리ᄅᆞᆯ응ᄒᆞ여음뉼을지ᄅᆞᆯ시ᄌᆞ웅셩이합ᄒᆞ여십이뉼을밋ᄃᆞ니웅셩은뉼이되고ᄌᆞ셩은녀가되여웅뉼을드른즉쳔심이감동ᄒᆞ고자뉼을드른즉인심이호탕ᄒᆞᄂᆞ니이졔쳡의계잇ᄂᆞᆫ옥뎍을웅뉼의합ᄒᆞ여셰상의능히부ᄅᆞᄂᆞᆫ지업고쳡이어려셔신인을맛나조빅을비화시나그신인이말숨ᄒᆞ디텬상의문창셩이뉼을아ᄂᆞ니네이옥뎍을두엇다가문창셩의게젼ᄒᆞ라ᄒᆞ기로두엇더니명일의쳡이시험ᄒᆞ여상공이드ᄅᆞ시게ᄒᆞ려니와이곳이번요ᄒᆞ니명일의쳡의집뒤벽셩산의올나불고ᄌᆞᄒᆞ나이상공은월식을동자만다리시고쳡의집을다시오쇼셔한님이허락ᄒᆞ고긱실의도라와익

24

일의쥬인다려벽셩산의구경가믈말ᄒᆞ고동자ᄅᆞᆯ다리고다시션낭의집의니ᄅᆞ러보니동학이심슈ᄒᆞ고경기졀승ᄒᆞ여밤의보던바와다른지라션나이쥭비ᄅᆞᆯ반기ᄒᆞ고안자다가문의나와마ᄌᆞ니션연ᄒᆞᆫ티도와표〃한긔상이요지션직빅일의하강ᄒᆞᆫ둣ᄒᆞᆫ지라한님이그숀을잡아왈션낭은가위명불허젼이로이로다이곳의경기ᄂᆞᆫ진실노신션의곳이오청누물식이아니로다션낭이소왈상공이다만인간청누ᄅᆞᆯ보시고텬상옥누ᄅᆞᆯ보지못ᄒᆞ시도다쳡이본디산슈ᄅᆞᆯ조하ᄒᆞ여이곳의별당을지어시니실노이벽셩산졀승ᄒᆞᆫ경기ᄅᆞᆯ사랑ᄒᆞ미라숀보ᄂᆞᆫ청누ᄂᆞᆫ다른곳의잇시니잠간구경ᄒᆞ쇼셔ᄒᆞ고몸을니러한님을인도ᄒᆞ여동으로빅

25

여보ᄂᆞᆫ가니일좌누각이극히정쇄ᄒᆞ고분벽ᄉᆞ창의쥬쉬어리엿고문정장원이

제되ᄉᆞ치로와황셩청누의양두치아닐지라한님이소왈셕일의당나라신녀ᄂᆞᆫ아참의구름이져역이면비가되엿다ᄒᆞ더니이졔션낭이낫이면신션이되고밤이면풍뉴가인이되도다션낭이ᄃᆡ쇼왈쳡은드ᄅᆞ니한나라동방삭은금마문의ᄉᆞ후ᄒᆞ여조졍ᄉᆞᄅᆞᆯ참예ᄒᆞ고황극뎐상의근시ᄒᆞ여신ᄌᆞ지분을일치아니ᄒᆞ나션문의현묘ᄒᆞᆷ과물외의소유ᄒᆞ믈사모ᄒᆞ여시니쳡이ᄯᅩ한숀보기ᄅᆞᆯᄉᆞ양치아니ᄒᆞ믄그당돌ᄒᆞᆫ시비ᄅᆞᆯ면ᄒᆞ고싀긔ᄒᆞᄂᆞᆫ화근을피코자ᄒᆞ미라쳡의나희불과십오세오비록세ᄉᆞᄅᆞᆯ열역치못ᄒᆞ여시나ᄆᆡ양뼈ᄒᆞᄃᆡᄇᆡᆨ니의밝으미뉴화혜의화ᄒᆞᆷ만못ᄒᆞ다

26

ᄒᆞ고ᄃᆡ안도의쇄금ᄒᆞ미완쳔리고금ᄒᆞᆷ만갓지못ᄒᆞᆯ가ᄒᆞᄂᆞ니다한님이청파의활연긔용ᄒᆞ여격졀칭션ᄒᆞ더라아이오일낙셔산ᄒᆞ고월싱도녕ᄒᆞ니션낭이냥긔차환으로과합을들니고옥뎍을가지고한님과동자ᄅᆞᆯ다리고산의오ᄅᆞᆯ식물을임ᄒᆞ여ᄎᆞᄅᆞᆯ다리라ᄒᆞ고한님을도라보아왈벽셩산은강쥬의아름다온뫼희오즁츄망월은일년즁가졀이라상공은젹ᄀᆡᆨ의한이잇고쳔쳡은표박한종젹으로평슈상봉ᄒᆞ여이뫼히달을ᄃᆡᄒᆞ여시니엇지긔약ᄒᆞᆯ비리오쳡의가져온술이비록박쥬나몬져흉즁의불평ᄒᆞᆫ회포ᄅᆞᆯ씨슨후의옥뎍을드ᄅᆞ쇼셔ᄒᆞ고몬져ᄃᆡᄇᆡᆨ을기우려각〃이삼ᄇᆡᄅᆞᆯ마신후의취흥을씌여션낭이슈즁옥뎍을놉

27

히드러한번불ᄆᆡ산명곡응ᄒᆞ고쵸목이진동ᄒᆞ여영산의잠든학이쌍〃이나라들고두번불ᄆᆡ청풍이니러나고셩월이소슬ᄒᆞ여슈풀의진납비ᄋᆡ원이소ᄅᆡᄒᆞ니션낭이단슌을모와ᄆᆡᆼ열이불며셤〃옥슈ᄅᆞᆯ자로모라쎠희니상셩이알연ᄒᆞ여운쇼의소삿고하셩은흥양ᄒᆞ여목셕이징영ᄒᆞ니참담ᄒᆞᆫ구름은봉두의니러나고급ᄒᆞᆫ바ᄅᆞᆷ은모ᄅᆡᄅᆞᆯ날이며경ᄀᆡᆨ간의텬지희명ᄒᆞ고월ᄉᆡᆨ이무광ᄒᆞ여산즁ᄇᆡᆨ녕이무리지어우ᄂᆞᆫ지라한님이송연경동ᄒᆞ고동자차환은상고창황이어ᄂᆞᆯ션낭이옥뎍을놋코구슬ᄯᆞᆷ이니마의가득ᄒᆞ여ᄎᆞᄅᆞᆯᄎᆞᄌᆞ마실식요〃ᄒᆞᆫ여음이오히려요량ᄒᆞ여흣터지〃아니ᄒᆞ니한님이긔용문왈낭ᄌᆞ의옥뎍은가위텬신

이감동

28

홀지라그곡조일홈이무어시뇨션낭이소왈이곡조는시속곡죄라황뎨훤원시의풍뉴운문광악쵸장이니쳡이폐훈지오릭미슈법이셔어훈고긔운이삭막훈여삼장을취오지못훈니이다한님이딕경칭션훈니션낭이옥뎍드려한님을쥬며왈이옥뎍을범인니불면소릭나지아니훈누니상공은불어보쇼셔한님이웃고바다한번불믹청아훈소릭임의율녀의합훈지라션낭이딕희훈여옥뎍을들고닐오딕닉금일이야쥬인을맛나도다훈고다시한님긔고왈쳡이비록다른지조는업수나음율의조음훈는춍명이잇셔수광계찰의양두치아닐지라이졔상공의한마듸옥뎍을드루미잠간살벌지셩이〃시니상공이불구의병혁의

29

일이계실지라이옥뎍을빅화두신죡타일의쓸곳이잇실가훈나이다훈고인훈여두어곡조롤다시불어한님을가루치니한님이문일지십훈는춍명이잇는지라경긱간의곡조롤닐운딕션낭이탄왈상공은진실노텬상션인이라쳡의밋출빅아니로소이다훈훈더라야심훈믹셔로숀을잡고월식을띄여도라오니라이날붓터한님이날마다션낭을추자소견홀식지긔상합훈고흉금이상조훈여은근훈정이비록교칠갓흐나침셕을인훈여운우롤희롱코자훈죽션낭이고수불허훈니한님이거즛노식이잇셔왈닉비록불수훈나낭자와친훈지임의일삭이라구지허신치아니훈니이무삼연괴뇨션낭이쇼왈옛말의훈엿시딕군주의

30

수괴믄그담훈미물갓고소인의수괴믄그달미쑬갓다훈여시니쳡이평싱의지긔와허심훈믈원훈고범부의게허신훈믈원치아니훈누니금일상공은쳡의지긔라엇지감히쳥누쳔기의음난훈풍경을효칙훈리오지어부〃지연은만일바리지아니시면타일의무궁훈오니금일의상봉은다만심지로의논훈여붕우로아루쇼셔훈더라추청하회훈라셰무신삼월일항목동셔봉우로알쇼셔허더라

권지팔

1

옥누몽권지팔

화셜션낭이한님다려왈우리금일상봉ᄒᆞᄆᆞᆫ다만지긔로의논ᄒᆞ고붕우로아ᄅᆞ쇼셔한님이그지죠롤놉히아나그풍경이너모담연ᄒᆞ믈고희너기더라일〃은한님이션낭을ᄎᆞ자니ᄅᆞ니션낭이본부의부른비되여드러가고업거늘심히무류ᄒᆞ여도라오다가싱각ᄒᆞ더니벽셩산을밤의보고자셔이구경치못ᄒᆞ여시니금일닷시가셔보리라ᄒᆞ고동자롤압셰우고산길노올나갈식아름다온나무와이상ᄒᆞᆫ돌이곳〃이잇고맑은시닉와빠혀ᄂᆞᆫ봉오리구뷔〃〃둘너시니한님이경기롤ᄉᆞ랑ᄒᆞ여두로완상코자ᄒᆞ더니각녁이진ᄒᆞ고곤뇌ᄒᆞ믈니긔지못ᄒᆞ여셕상

2

의안자쉴식홀연정신이혼〃ᄒᆞᆫ즁의일기보살이금난가사롤닙고셕장을집고옥갓흔얼골의푸른눈셥의셔긔어리여시니가히죤즁ᄒᆞᆫ부쳐러라이의한님을보고기리읍ᄒᆞ여왈문창셩은별닉무양ᄒᆞ시냐한님이막연부답ᄒᆞᆫ디보살이우어왈홍낭셩은어ᄃᆡ두고졔텬션녀와힝낙ᄒᆞᄂᆞ뇨빈도ᄂᆞᆫ남히슈월암관음보살이라상뎨명을밧자와무곡셩관의병셔롤가져그ᄃᆡ의게젼ᄒᆞ라왓시니창싱을보졔ᄒᆞ고빨니상계로도라오라언필의셕장을드러바회롤치며크게소릭ᄒᆞ여왈길이밧부니빨이도라갈지어다ᄒᆞ거늘한님이놀나씨다ᄅᆞ니한ᄭᅮᆷ이라자긔몸이의구히셕상

3

의누엇ᄂᆞᆫ지라보살은간ᄃᆡ업고단셔일권이압히노혓거늘한님이〃상이너겨

집어스미의너코동자롤다리고나려올식다시션낭의집으로ᄎᆞ자가니오희려도라오지아니ᄒᆞ엿ᄂᆞᆫ지라ᄎᆞ환을불너두번왓시믈니ᄅᆞ고창연이긱관으로오니라이ᄯᅢ양한님이긱관으로도라와슈즁단셔롤ᄂᆡ여ᄌᆞ셔이보니텬상무곡셩의텬문지리와용병가마ᄒᆞᄂᆞᆫ법이라한님의춍명으로엇지여러번닑어알니오한번보미요연이ᄒᆡ득ᄒᆞᆯ지라협즁의깁히감촌후의자연이밤이들미침상의〃지ᄒᆞ여안ᄌᆞ더니홀연창밧긔신ᄭᅳ으ᄂᆞᆫ쇼ᄅᆡ나며낭〃ᄒᆞᆫ소ᄅᆡ로동자롤불너왈상공이취

4

침치아니ᄒᆞ시냐ᄒᆞ거ᄂᆞᆯ한님이션낭의셩음을아라듯고창을열고보니과연션낭이냥ᄀᆡ차환을다리고월식을ᄯᅴ여니ᄅᆞ러시니션연ᄒᆞᆫ틔도ᄂᆞᆫ월궁항ᄋᆡ광한뎐의나린ᄃᆞᆺ경연ᄒᆞᆫ거롬이은〃ᄒᆞ여운손이견우셩을찻ᄂᆞᆫᄃᆞᆺᄒᆞ거ᄂᆞᆯ한님이경신이표탕ᄒᆞ여스사로진셰인물이믈ᄭᆡ닷지못ᄒᆞ더라션낭이웃고한님긔스례ᄒᆞ여왈쳡이금일본부의부른빈되여상공이누츄ᄒᆞᆫ집의두번강님ᄒᆞ시믈녕후치못ᄒᆞ여시니그불민ᄒᆞᆫ죄롤용셔ᄒᆞ쇼셔한님왈나ᄂᆞᆫ젹막ᄒᆞᆫ과긱이라관부의츌닙ᄒᆞᄂᆞᆫ낭자롤엇지용이〃맛나리오이의다만벽셩산을바라보고무류

5

이도라오미용광이묘연ᄒᆞ더니이러틋신근이ᄎᆞ자믈ᄯᅳᆺᄒᆞ지아니ᄒᆞ엿ᄂᆞᆫ지라엇지감사치아니리오션낭이ᄃᆡ왈상공의칙ᄒᆞ시믈감히ᄉᆞ양치못ᄒᆞ려니와쳡이상공을그릇지긔로아라더니무정지식을이갓치ᄒᆞ시나잇가쳔ᄒᆞᆫ몸이관부의미이여진퇴롤자젼치못ᄒᆞ미금일본부지뷔졔기롤다리고종일토록ᄃᆡ연ᄒᆞᆯ식쳡이모피치못ᄒᆞ여비록좌셕의참예ᄒᆞ나실노풍뉴비반의ᄯᅳᆺ이업고일편정신이상공의게잇셔일모후의즉시나오려ᄒᆞ더니지뷔다시야연을빅셜ᄒᆞ고쳡을괴로이말뉴ᄒᆞ거ᄂᆞᆯ빅단으로칭병ᄒᆞ고물너와집으로도라오미상공이두번허환

6

ᄒᆞ시믈듯고창연ᄒᆞ믈니긔지못ᄒᆞ여뵈오려왓더니상공이도로혀과칙ᄒᆞ시니쳡의뜻이아니로쇼이다한님이ᄃᆡ쇼ᄒᆞ고션낭의션을잡아좌의안지니션낭이쇼왈인ᄉᆡᆼᄇᆡᆨ년의한가ᄒᆞᆫ날이만치못ᄒᆞ거ᄂᆞᆯ여ᄎᆞ양야의엇지무류히취침코자ᄒᆞ시나잇가ᄉᆡᆼ각건ᄃᆡ강두월ᄉᆡᆨ이쾌활ᄒᆞᆫ지라잠간심양강정상의올나월ᄉᆡᆨ을보시고인ᄒᆞ여집으로가ᄉᆞ이다한님이흔연이허락ᄒᆞ고동ᄌᆞᄅᆞᆯ머물너ᄀᆡᆨ실을직희라ᄒᆞ고션낭과사ᄆᆡᄅᆞᆯ연ᄒᆞ여강두로나아가니십니명ᄉᆞ의일륜츄월이벽공의걸엿ᄂᆞᆫᄃᆡ모ᄅᆡ우희잠든ᄇᆡᆨ구ᄂᆞᆫ인젹을놀나월하의편〃이나ᄂᆞᆫ지라션낭이왈

7

ᄉᆡᆨ을바라보며ᄉᆞ장의비회ᄒᆞ여한님을도라보아왈강남계집의답청ᄒᆞᄂᆞᆫ노ᄅᆡ잇시나쳡은뼈ᄒᆞᄃᆡ강남답청이월하답ᄇᆡᆨ만못ᄒᆞᆯ가ᄒᆞᄂᆞ이다ᄒᆞ고나삼사ᄆᆡᄅᆞᆯᄲᅧᆯ쳐ᄇᆡᆨ구ᄅᆞᆯ날니며알연이한곡죠ᄅᆞᆯ부ᄅᆞ니그노ᄅᆡ의왈ᄇᆡᆨ구야무단이펄〃나지마라달도희고모ᄅᆡ도희고너도희니시비흑ᄇᆡᆨ을ᄂᆡ몰ᄂᆡ라우리도평ᄉᆡᆼ의종젹을못감쵸아너ᄅᆞᆯ불워ᄒᆞ노라션낭이노ᄅᆡᄅᆞᆯ맛ᄎᆞᄆᆡ한님이웃고화답ᄒᆞ니왈강상의나ᄂᆞᆫᄇᆡᆨ구나ᄅᆞᆯ보고피치마라명ᄉᆞ십니져달빗출너혼자누릴소냐

8

나도셩ᄃᆡ젹ᄀᆡᆨ으로경ᄀᆡ차자예왓노라ᄎᆞ시한님과션낭이각〃한곡조ᄅᆞᆯ부른후셔로사ᄆᆡᄅᆞᆯ닛그러ᄉᆞ장의셔거니다가심양누의오ᄅᆞ니ᄎᆞ시강촌이젹요ᄒᆞᆫᄃᆡ고기잡ᄂᆞᆫ불빗과닷잠ᄂᆞᆫ소ᄅᆡ의ᄀᆡᆨ슈ᄅᆞᆯ돕ᄂᆞᆫ지라션낭이난간을의지ᄒᆞ여탄식왈강슈ᄂᆞᆫ동으로흐ᄅᆞ고월광은셔흐로도라지니고왕ᄂᆡ의ᄌᆡ자가인이〃졍자의오ᄅᆞᆫ지몃〃친쥴알니오마ᄂᆞᆫ지금종젹을무ᄅᆞᆯ곳이업고다만공산의진납비와쥭님의두견셩이고금흥망을조쇼ᄒᆞ니부셰인ᄉᆡᆼ이엇지가련치아니리오쳡의집의두어말술이잇시니상공은잠간왕님ᄒᆞ샤남은달빗출씌여반야한담의울젹ᄒᆞᆫ심회ᄅᆞᆯ위로ᄒᆞ

9

시미엇더ᄒᆞ니잇고한님이ᄃᆡ희ᄒᆞ여다시션낭의집의니로니션낭이임의별당을소쇄ᄒᆞ고등촉을도돈후의한님을마자비반을드릴식진슈셩찬이풍비ᄒᆞ고정쇄ᄒᆞ여그창졸간의경영ᄒᆞ미아니러라술이반취ᄒᆞ미션낭이풍뉴ᄅᆞᆯ가져방즁곡을알외니음율이화창ᄒᆞ고슈단이졍통ᄒᆞ여ᄯᅩ한심상ᄒᆞᆫ풍악이아니어늘한님이소년지심으로오ᄅᆡ긔니의울젹ᄒᆞᆫ마음이잇더니자ᄎᆞ이후로쥭일왕ᄂᆡᄒᆞ여션낭의집의셔밤으로낫술이어담쇼풍악으로셰월을보ᄂᆡ고션낭이역시왕〃이긔실의니ᄅᆞ러그도라가믈니ᄌᆞ니보는지한님의졍ᄃᆡ함과션낭의청고ᄒᆞ므로홀연이지기

10

상합ᄒᆞ여남탐여열ᄒᆞ물괴히너기더라ᄃᆡ기셰간녀지뉘아니호식ᄒᆞ리오마는기실은진짓호식지심이잇는지드무니지어유장쳔혈ᄒᆞ며상풍픠속ᄒᆞ여ᄉᆞ싱을도라보지아니ᄒᆞ는자는니른바탕ᄌᆞ음녀니엇지족히말ᄒᆞ리오이졔양한님과벽셩션ᄀᆺ흔지바야흐로호식남자오풍뉴가인이니그사랑ᄒᆞ미즁ᄒᆞᆫ고로참아설만치못ᄒᆞ며그설만치아니ᄒᆞᆫ고로ᄯᅩ한ᄉᆞ랑ᄒᆞ미쇠치아니ᄒᆞᄂᆞ니엇지져광부음녀의졍욕을낭자희ᄒᆞ여설만ᄒᆞ미진ᄒᆞ면ᄉᆞ랑이쇠ᄒᆞ고ᄉᆞ랑이쇠ᄒᆞᆫ즉원망이싱김ᄀᆺ흐리오일〃은츄위쇼〃ᄒᆞ여죵일토록긋치지아니ᄒᆞ니션낭이한병술과일쳡안쥬

11

ᄅᆞᆯ한님의게보ᄂᆡ여그가지못ᄒᆞ믈말숨ᄒᆞ엿거늘한님이바야흐로무류히안자다가인호상이자작ᄒᆞ여쥬훈을비러잠간잠드러다가야심후의ᄭᅵ여보니텬무졈운ᄒᆞ고월식이만졍ᄒᆞᆫᄃᆡ상풍홍엽이졈〃이ᄯᅥ러지는지라홀연션낭을싱각ᄒᆞ고몸을니러동자ᄅᆞᆯᄭᅵ오지아니ᄒᆞ고혼자션낭의집을ᄎᆞ자가더니멀니바라보미일기ᄎᆞ환이쳥ᄉᆞ쵸롱의불을혀들고그뒤히일위미인이슈리ᄅᆞᆯᄭᅳᆯ며오거늘ᄌᆞ셔이보니이곳션낭이라한님이소왈니졍히무류ᄒᆞ기로낭자ᄅᆞᆯᄎᆞᄌᆞ가더니즁노의셔맛나거니와이졔어ᄃᆡ로가ᄂᆞ냐션낭왈야심텬쳥ᄒᆞ고월빅풍쳥

ᄒᆞ니긱관고등의상공의심시고젹ᄒᆞ시

12

믈싱각ᄒᆞ고뵈오려가더니상공이ᄯᅩ엇지쳡을심방ᄒᆞ실쥴아라시리오ᄒᆞ고한가지로집의도라와다시별당을소쇄ᄒᆞ여좌셕을베풀고달을향ᄒᆞ여한담ᄒᆞᆯ시션낭이홀연쵸창ᄒᆞᆫ긔식이잇셔미〃이누흔이가득ᄒᆞ거ᄂᆞᆯ한님이고히너겨문왈낭ᄌᆡ엇지심난ᄒᆞᆫ빗치잇ᄂᆞ뇨션낭이침음양구의의ᄃᆡ왈쳡이평싱의지긔ᄅᆞᆯ맛나빅년을의탁고ᄌᆞᄒᆞ엿더니ᄯᅳᆺ밧긔상공을뫼셔피ᄎᆞ의울젹ᄒᆞᆫ심회ᄅᆞᆯ위로ᄒᆞ나상공이경ᄉᆞ로한번도라가신즉다시뵈올긔약이묘연ᄒᆞᆯ지라아녀자의셰〃ᄒᆞᆫ심ᄉᆞᄅᆞᆯ이로하소ᄒᆞᆯ곳이업ᄉᆞ니자연밝은달을ᄃᆡᄒᆞ여그한번둥글고한번니지러지믈감동ᄒᆞ

13

여심회ᄅᆞᆯ진정치못ᄒᆞ미로쇼이다한님이ᄯᅩ한창연불낙ᄒᆞ여왈낭ᄌᆡ엇지나의도라갈조만을짐작ᄒᆞ나뇨션낭왈십분〃명치못ᄒᆞ오나쳡이앗가잠간곤뇌ᄒᆞ여조으더니일몽을어드니상공이쳥운을ᄐᆞ고북방으로가시며쳡을도라보아한가지로가믈말삼ᄒᆞ시더니홀연벽역이ᄃᆡ작ᄒᆞ며쳡의머리ᄅᆞᆯ쳐놀나ᄭᆡ다ᄅᆞ니한ᄭᅮᆷ이라쳡의게ᄂᆞᆫ길치아니ᄒᆞ나상공이불구의영화로이도라가실가ᄒᆞᄂᆞ이다한님이머리ᄅᆞᆯ숙이고이윽히싱각ᄒᆞ다가왈금월쵸슌은황상탄신이라황ᄐᆡ휘미양황상을위ᄒᆞ샤이날을당ᄒᆞ신즉방싱지의로ᄃᆡᄉᆞ텬하ᄒᆞ시니혹자낭자의몽죄헛되지아닐가ᄒᆞ노라

14

션낭이더옥놀나왈쳡이비록불민ᄒᆞ오나엇지상공의영화로이도라가시믈깃거ᄒᆞ리잇고마ᄂᆞᆫ종차니별의ᄒᆞᆺ긔약이업ᄉᆞ니창기라ᄒᆞᄂᆞᆫ거시아참의맛나고져역의니별ᄒᆞ믄덧〃ᄒᆞᆫ일이라군자의ᄃᆡ범ᄒᆞ시므로굿ᄐᆞ여유렴ᄒᆞ실비아니나쳡이드ᄅᆞ니남방의한식잇시니그일홈이난죄라그ᄶᅡᆨ이아닌즉우지아니ᄒᆞᄂᆞᆫ고로그쇼ᄅᆡᄅᆞᆯ듯고자ᄒᆞᄂᆞᆫ지거울을빗쵀이미난죄그그림자ᄅᆞᆯ보고종일츔

츄고종일쇼릐ᄒᆞ다가긔운이진ᄒᆞ여쥭다ᄒᆞ니첩이비록쳔종이나스사로짝을
맛나지못ᄒᆞ엿더니상공을ᄭᅮᆷ결갓치뵈오니그황홀ᄒᆞᆫ마음이거울속그림자나
다ᄅᆞ미업ᄂᆞᆫ지라첩이오히려한번츔츄고한번쇼릐ᄒᆞ

15

여시니금일쥭어도한이업술지라맛당이산즁의종적을감쵸아승니도시되여
몸의괴로오믈면ᄒᆞᆯ가ᄒᆞ나이다한님이소왈나ᄂᆞᆫ낭자의뜻을알거ᄂᆞᆯ낭자ᄂᆞᆫᄂᆡ
뜻을모로미이ᄀᆞᆺ흐냐ᄂᆡ텬은을닙어집의도라가ᄂᆞᆫ날의엇지낭자ᄅᆞᆯ니ᄌᆞ리오
맛당이슈레ᄅᆞᆯ한가지로모라가영고우락을한지로ᄒᆞᆯ지니벽셩산의빗쵠둥근
달이엇지우리낭인의심사ᄅᆞᆯ밧쵀여평싱을니지러지게ᄒᆞ리오션낭이ᄉᆞ례왈
군자일언이즁여쳔금이라맛당이ᄲᅧ의삭이려니와시젼의ᄒᆞ엿시ᄃᆡ유녀동거
ᄒᆞ니안여슈화라ᄒᆞ니이ᄂᆞᆫ음풍을조롱ᄒᆞ미라상공이임의적ᄀᆡᆨ으로오샤엇지
기녀ᄅᆞᆯ싯고가시리잇고ᄯᅩ한싱각ᄒᆞᄃᆡ상공이우흐로낭위존당과아릐로부

16

인이계시니의논치아니시고거연이솔거ᄒᆞ신즉이ᄂᆞᆫ첩의당돌ᄒᆞᆫ죄ᄅᆞᆯ더ᄒᆞ시
미라가치아닐가ᄒᆞᄂᆞ니만일쳔첩을더럽다아니ᄒᆞᆯ진ᄃᆡ첩이금일노붓터뜻을
직희여명을기다릴가ᄒᆞ나이다한님이허락ᄒᆞ니라션낭이다시잔을드러권ᄒᆞ
니한님이술이반취ᄒᆞ미션낭의숀을잡고우음을씌여왈ᄂᆡ가셥의계ᄅᆞᆯ드ᄅᆞ미
업고낭지보살의후신이아니어ᄂᆞᆯ지자인이슈삭을상ᄃᆡᄒᆞ여담연이니별ᄒᆞ믄
졍니아니라금야의가기ᄅᆞᆯ허송치못ᄒᆞ리라션낭이붓그려도화냥협의홍훈이
가득ᄒᆞ여왈첩이일작듯자오니증자의효도로도증모의투져ᄒᆞ믈면치못ᄒᆞ고
악양의츙셩으로도즁산의방계

17

ᄒᆞ미잇셔시니허물며첩은풍뉴가인으로종적이창기의비쳔ᄒᆞ미잇ᄂᆞᆫ지라타
일만일군자문하의즁산의방계협즁의가득ᄒᆞ고증모의투져ᄅᆞᆯ히혹ᄒᆞᆯ비업ᄉᆞᆫ
즉첩의신세진퇴무광이라그러ᄒᆞᆫ고로십년을청누의잇시나일점잉혈을구〃

히직희여군자의거두시믈고당운우의무정ᄒᆞ미아니로소이다한님이〃말을듯고션낭의나솜사미롤거두치고보니비상의잉혈이연〃ᄒᆞ여도화일졈이월하의완연ᄒᆞᆫ지라한님이더경ᄒᆞ여긔용변식ᄒᆞ믈씨닷지못ᄒᆞ더라일노붓터한님이션낭의청고ᄒᆞᆫ뜻을알고일변공경ᄒᆞ며일변측연ᄒᆞ여그사랑ᄒᆞ고친ᄒᆞ미빅비나더ᄒᆞ더라아

18

지못게라한님이션낭을엇지다려간고하회롤보라정황혼뎐지쥬미영옥인동자하강슈각셜광음이홀〃ᄒᆞ여한님이젹거ᄒᆞᆫ지임의반년이라ᄎᆞ시텬직탄일을당ᄒᆞ샤군신의진하롤바드시고하교ᄒᆞ샤왈한님학ᄉᆞ양창곡이강쥬의젹거ᄒᆞᆫ지오릭니그죄롤샤ᄒᆞ고녜부시랑을비ᄒᆞ여부ᄅᆞ라ᄒᆞ신더양부상히감축ᄒᆞ믈니긔지못ᄒᆞ고녜부의셔긔구롤갓쵸아마지라가니라ᄎᆞ시한님이긱실의안자더니본부창두와녜부하예빅니ᄅᆞ러황명을젼ᄒᆞ고가셔롤올니거놀한님이북향사은ᄒᆞ고날이임의져믄지라명일발힝ᄒᆞ믈분

19

부ᄒᆞ고시야의한님이션낭을작별코자ᄒᆞ여동자롤다리고션낭의집의니ᄅᆞ니션낭이임의작별ᄒᆞ라오믈알고문의마자승당좌정ᄒᆞ미이의갈오더상공이텬은을닙사와황셩으로도라가시니치하ᄒᆞ나이다한님이집슈창연왈닉본더호탕한지아니라우연이낭자로더부러상봉ᄒᆞ여정의금셕갓흐니엇지금일숑별이잇실쥴아라시리오마는일별운산의막〃ᄒᆞᆫ한이식로이무궁ᄒᆞ도다션낭이머리롤숙이고답지아니ᄒᆞ더니차한이빅쥬롤드린더션낭이친히일빅롤기우려한님을권ᄒᆞᆫ더한님이바다마시고쏘한잔을부어션낭을쥬며왈낭자는잔을바다별회롤억졔

20

ᄒᆞ고옥모츈광을상히오지말나후긔롤싱각ᄒᆞ라션낭이ᄉᆞ양치아니ᄒᆞ고마시믹술이각〃미취ᄒᆞ엿는지라한님왈닉이졔도라갈지라낭지엇지일언이업셔

가는사름으로ᄒᆞ여금더옥쵸창케ᄒᆞ나뇨션낭이다만믁〃히안ᄌᆞ더니홀연몸을니러칙상머리의거문고롤닉여두어곡조롤ᄐᆞ니그곡조의왈오동쳐〃혜여오동닙히쳐〃의셩ᄒᆞ미여죽실이〃로다딕열믹기〃이밋쳣도다봉황닉집혜여봉황이와셔모도이미여옹〃기〃로다우ᄂᆞᆫ소릭옹〃ᄒᆞ고기〃ᄒᆞ도다기이의왈암한도금혜여가만ᄒᆞᆫ한을거문고의알외미여쥬현열이로다쥬현이목메리로다무한ᄉᆞ영심곡혜여무한ᄒᆞᆫᄉᆡᆼ각이심곡의밋치미여항명월이로다밝은달을향ᄒᆞ도다기삼의왈

21

강운막〃혜여강구룸이막〃ᄒᆞ미여강슈유〃로다강물이유〃ᄒᆞ도다힝인긔이발마혜여길가ᄂᆞᆫ힝인이니러말을먹이미여틱급공ᄌᆞ동귀로다공ᄌᆞ롤좃ᄎᆞ갓치도라가리로다션낭이타기롤맛고거문고롤밀치고촉하의도라안자누쉬방〃ᄒᆞ거놀한님이밤들믈보고션낭을작별ᄒᆞᆫ후의긱실노도라올식션낭이ᄯᅩ라문외의나와묵〃히셧더니동지하직ᄒᆞ믈보고바야흐로옥뉘방〃ᄒᆞ여오열지셩으로작별왈상공을뫼셔힝니롤숩가라만일하날이도으신즉다시보려니와네ᄯᅩ한도라간후의유〃혼몽이벽셩산쵸당젼의왕닉홀가ᄒᆞ노라동지역시창연함누ᄒᆞ며지삼하직ᄒᆞ고가니라익일의양한님이힝니롤지촉ᄒᆞ여황셩으로갈식ᄎᆞ시ᄂᆞᆫ십월쵸슌이라상뇌하강ᄒᆞ고목엽이진탈ᄒᆞ여산쳔이젹

22

막ᄒᆞ고풍광이소슬ᄒᆞᆫ딕홀연북풍이니러나며빅셜이분〃ᄒᆞ여경긱간의ᄯᅡ히가득ᄒᆞᆫ지라겨유슈십여리롤힝ᄒᆞ여긱졈의드럿더니아이오텬식이져물며눈이기이며황혼의니ᄅᆞ러월식이극히아름다온지라한님이동자롤ᄃᆞ리고졈문의나와월하의빈회ᄒᆞ며설경을구경ᄒᆞ더니ᄲᅢ혀ᄂᆞᆫ뫼부리ᄂᆞᆫ옥을뭇근듯광활ᄒᆞᆫ야식이유리롤쌀앗ᄂᆞᆫ듯구슬나무의잔설이어리여시니삼월츈풍의니홰만발ᄒᆞᆫ듯청정ᄒᆞᆫ경기와담연ᄒᆞᆫ터도롤딕ᄒᆞ믹홀연션낭의용모안식을ᄉᆡᆼ각ᄒᆞ고쵸창ᄒᆞ믈마지아니ᄒᆞ더니다시졈즁의드러와긱창잔등을딕ᄒᆞ여잠을닐우지못홀지라침상의누어벽셩산옥뎍이귀의희미ᄒᆞ고심양누월식이

23

눈의암〃ᄒᆞ더니홀연졈문을두다리ᄂᆞᆫ소ᄅᆡ나거ᄂᆞᆯ눈을드러보니일위소년이냥ᄀᆡ동자와쳥녀일필을ᄡᅳ롤고드러오거ᄂᆞᆯ한님이그형식이소쇄ᄒᆞ믈고히너겨소년의용모롤보니월ᄐᆡ화용이남ᄌᆞ의긔상이업고낭〃ᄒᆞᆫ소ᄅᆡ로양한님의ᄀᆡᆨ실을무ᄅᆞ며바로실즁의드러와한님을향ᄒᆞ여네ᄒᆞ니한님이황망이답네ᄒᆞ고쵹을도〃고자셔이보니이곳션낭이라반기ᄂᆞᆫ마음이여취여광ᄒᆞ여문왈낭ᄌᆡ엇지이곳의니ᄅᆞ뇨션낭이츄연ᄃᆡ왈첩이비록쳥누의노라시나나희어리고경녁이업ᄂᆞᆫ고로니별ᄒᆞᄂᆞᆫ창회롤모로고다만상공을뫼셔장구히ᄶᅥ나지아닐가ᄒᆞ엿더니일조의동문의버들을ᄶᅥᆨ거양관곡을부ᄅᆞ미창연ᄒᆞᆫ마음이압셔눈물이

24

나리오믹용광을우러〃다시보지못ᄒᆞ고목이메이미무한ᄒᆞᆫ심사롤말솜ᄒᆞ기붓그러워맛참ᄂᆡ일언고별이업시상공이총〃이발힝ᄒᆞ시니쵸창ᄒᆞᆫ즁북풍한셜의상공의가시ᄂᆞᆫ힝식이안젼의암〃ᄒᆞ와반다시상공이멀니못힝ᄒᆞ시믈알고ᄀᆡᆨ관셜즁의고젹ᄒᆞ신심사롤위로코자ᄒᆞ여오니이다한님이ᄃᆡ희ᄒᆞ여션낭의팔을다리여좌의안지라ᄒᆞ더니홀연동지불너왈상공이무어술ᄎᆞᄌᆞ시니잇고ᄒᆞ거ᄂᆞᆯ한님이놀나ᄭᆡᄃᆞᄅᆞ니침상일몽이라ᄌᆞ긔몸이침상의누어벼ᄀᆡ롤어로만져일장셤어롤ᄒᆞ엿ᄂᆞᆫ지라눈을드러보미션낭은간ᄃᆡ업고경〃ᄒᆞᆫ잔등이벽상의걸엿거ᄂᆞᆯ동자다려밤을무ᄅᆞ니임의사오경이라

25

인ᄒᆞ여안자싱각ᄒᆞᄃᆡᄂᆡ션낭의임별의일언이업ᄉᆞ므로슈상이너겨더니엇지몽즁의와셔발명ᄒᆞᆯ줄싱각ᄒᆞ여시리오ᄒᆞ고다시쵸창불니ᄒᆞ더라이러구로하날이밝으믹발힝ᄒᆞ여십여일만의황셩의득달ᄒᆞ니라ᄎᆞ시시랑이니측ᄒᆞᆫ지거의반년이라텬은을닙사와다시슬하의뫼셔일실의화락ᄒᆞ믈엇지다말ᄒᆞ리오윤상셰시랑의닙셩ᄒᆞ믈듯고즉시와셔무양환가ᄒᆞ믈두굿기며시랑을도라보아왈황상이다시황부혼인을말솜ᄒᆞ시거든현셰엇지코자ᄒᆞᄂᆞ뇨원외왈일이

본ᄃᆡ의리의불가ᄒᆞ믈알외미니엇지군상의명을여러번거역ᄒᆞ리오윤상셰ᄯᅩ
한ᄌᆡᄉᆞᆷ권고ᄒᆞ고도라가니라익일

26

의시랑이궐하의ᄉᆞ은ᄒᆞᆯᄉᆡ텬ᄌᆡ인견ᄒᆞ시고위로왈경이오ᄅᆡ적거ᄒᆞ여고쵸ᄒᆞ
미만ᄒᆞᆯ지라아름다온옥은갈ᄉᆞ록빗나고보ᄇᆡ로온칼은쓸ᄉᆞ록니ᄒᆞ다ᄒᆞᄂᆞ니
경은지ᄀᆡᄅᆞᆯᄢᅥᆯ오지말고국ᄉᆞᄅᆞᆯ힘쓸지어다시랑이황공돈슈ᄒᆞ니상이ᄯᅩ하교
ᄒᆞ샤왈황각노의혼사ᄂᆞᆫ짐이임의정ᄒᆞ미잇고네졀의어긔오지아닐일이니다
시ᄉᆞ양치말나시랑이돈슈왈셩ᄀᆈ이의밋ᄎᆞ시니맛당이명ᄃᆡ로ᄒᆞ리이다텬ᄌᆡ
ᄃᆡ열ᄒᆞ샤즉시ᄐᆡᄉᆞ관을부ᄅᆞ샤탑젼의셔ᄐᆡᆨ일ᄒᆞ라ᄒᆞ시고우왈짐이임의즁ᄆᆡ
ᄒᆞ여시니셩혼ᄒᆞᄂᆞᆫ날의ᄇᆡᆨ관이양부의나아가연셕의참예ᄒᆞ라ᄒᆞ시고호부로
납치ᄇᆡᆨ필을부조ᄒᆞ시니양원외와황각뇌셩지ᄅᆞᆯ

27

밧ᄌᆞ와길일을당ᄒᆞ여냥ᄀᆡ셩녜ᄒᆞᆯᄉᆡ그위의〃부셩ᄒᆞ믄니ᄅᆞ도말고조졍을기
우려공경ᄌᆡ상이양부의모희ᄆᆡ문젼의거ᄆᆡ메엿더라시랑이황부의나아가신
부ᄅᆞᆯ친영ᄒᆞ여본부로도라오ᄆᆡ황쇼졔봉관월픠로능나쥬취ᄅᆞᆯᄡᅳ으러구고긔
뵈올ᄉᆡ비록용광이동인ᄒᆞ고자ᄉᆡᆨ이졀등ᄒᆞ나거지의표일ᄒᆞᆷ과용모의미려ᄒᆞ
믄쵸등ᄒᆞ나요조슉녀의유순ᄒᆞ믄부족ᄒᆞ더라시랑이ᄉᆞᆷ일화쵹지녜ᄅᆞᆯ맛고익
일의윤쇼져침실의드러와쵸연이근심ᄒᆞᄂᆞᆫ빗치가득ᄒᆞ여벼ᄀᆡ의누으며조용
이문왈부인이연일황시의위인을보니엇더ᄒᆞ더뇨윤쇼졔침음부답ᄒᆞᆫᄃᆡ시랑
이탄왈ᄂᆡ부인을한갓부〃로아지아니코지긔

28

지심으로붕우로아ᄂᆞᆫ고로이갓치뭇거ᄂᆞᆯ져근혐의ᄅᆞᆯ인ᄒᆞ여심곡을토츌치아
니ᄒᆞ니엇지바라ᄂᆞᆫ뜻이리오윤쇼졔ᄃᆡ왈아녀ᄌᆞ의안목은불과슈식픠물과용
모ᄌᆞ식이나살필ᄯᆞ름이라지어심경인품의우렬장단은범상ᄒᆞᆫ남ᄌᆞ로당치못
ᄒᆞᄂᆞ니이졔상공의밝으시므로혼암ᄒᆞᆫ녀ᄌᆞ의게동열의장단을무로시니쳡이

그의향을실노써닷지못ᄒᆞ나이다시랑이탄왈ᄂᆡ군부의명을어긔지못ᄒᆞ여황시롤친영ᄒᆞ여시나황공의방ᄌᆞ무례ᄒᆞ미텬위롤비러혼ᄉᆞ롤협박ᄒᆞ니엇지통히치아니리오ᄒᆞ더라ᄎᆞ셜이씨교지남만이ᄌᆞ로반ᄒᆞ여조졍이분요ᄒᆞ미텬지근심ᄒᆞ샤병부상셔

29

윤형문으로우승상을ᄒᆞ이시고참지졍ᄉᆞ노균으로평장ᄉᆞ롤더ᄒᆞ샤군국즁ᄉᆞ롤한가지로참예케ᄒᆞ샤미일편뎐의셔변무롤의논ᄒᆞ시더니일〃은익쥬ᄌᆞᄉᆞ소유경의상쇠니ᄅᆞ니그상소의ᄃᆡ강ᄒᆞ엿시ᄃᆡ교지남만의긔셰창궐ᄒᆞ여남방십여군을함몰ᄒᆞ고장찻경ᄉᆞ로향코자ᄒᆞ니그무리빅여만이라혹산곡의웅거ᄒᆞ고혹ᄉᆞ면으로노략ᄒᆞ여괴이ᄒᆞᆫ요슐과흉녕ᄒᆞᆫ용녁으로군현을잔파ᄒᆞ니그긔셰롤져당키어려워열읍잔병이망풍와히ᄒᆞ여불구의익쥬지경을침노홀지라복원셩상은텬병을조발ᄒᆞ샤쇼멸케ᄒᆞ쇼셔ᄒᆞ엿더라텬지그표롤보시고ᄃᆡ경ᄒᆞ샤

30

황윤냥각노와노참졍양시랑등을인견ᄒᆞ샤방약을무ᄅᆞ신ᄃᆡ윤각뇌쥬왈예로붓터왕홰밋지못ᄒᆞ고풍속이강한ᄒᆞ여금슈나다ᄅᆞ미업ᄂᆞ니신의우견의ᄂᆞᆫ형익냥쥬지병을급히조발ᄒᆞ여젹병을막자ᄅᆞ고슌무ᄉᆞ롤턱ᄒᆞ여효유ᄒᆞ미올흘가ᄒᆞ나이다ᄒᆞ더라ᄎᆞ하롤셕남ᄒᆞ라

셰무신이월일향목동셔

권지구

1

옥누몽권지구

화셜우승상윤현문이쥬왈남만이녜로붓터왕홰밋지못ᄒᆞ여풍속이강한ᄒᆞ여 금슈와다ᄅᆞ미업셔덕으로무마치못ᄒᆞᆯ거시오힘으로닷토지못ᄒᆞᆯ지라신의우 견의ᄂᆞᆫ형ᄋᆡᆨ냥쥬지병으로조발ᄒᆞ여요히지쳐ᄅᆞᆯ막자ᄅᆞ고슌무ᄉᆞᄅᆞᆯ턱인ᄒᆞ여 은위로효유ᄒᆞ며니히로달ᄂᆡ여항복지아니ᄒᆞ거든바야흐로뎐병을조발ᄒᆞ여 치미올ᄒᆞᆯ가ᄒᆞᄂᆞ이다양시랑이쥬왈승상의말ᄉᆞᆷ이삼ᄃᆡ지시의용병ᄒᆞᄆᆞᆫ가ᄒᆞ 나금일젹셰ᄅᆞᆯᄉᆡᆼ각ᄒᆞ건ᄃᆡ원방오랑킈상국을규시ᄒᆞ니반다시그경눈ᄒᆞ미오 ᄅᆡ여그만ᄀᆞᆺ치지아니ᄒᆞᆯ거시오이졔즁국이오ᄅᆡ승평ᄒᆞ여창졸의응변이어려 오니졔군의됴셔ᄒᆞ여군졍을졍검ᄒᆞ고병긔ᄅᆞᆯ슈습ᄒᆞ여불우지변을방비케ᄒᆞ 쇼셔참지졍사노균이쥬왈창졸의시무ᄅᆞᆯ모로고쥬ᄒᆞ미라난시ᄅᆞᆯ당ᄒᆞ

2

여민심을몬져진압ᄒᆞ미올커ᄂᆞᆯ이졔조셔ᄅᆞᆯ나리오샤군졍을조련ᄒᆞ며병긔ᄅᆞᆯ 쥰비ᄒᆞᆫᄌᆞᆨ민심을소동ᄒᆞ기쉬울지라신의우견의ᄂᆞᆫ소유경의상쇼ᄅᆞᆯ아ᄌᆞᆨ반포 치마ᄅᆞ시고민심을진졍ᄒᆞ미올ᄒᆞᆯ가ᄒᆞᄂᆞ이다창곡이ᄯᅩ쥬왈금일묘당의논이 다만고ᄉᆡᆨ지계ᄅᆞᆯ쥬장ᄒᆞ오니신이ᄀᆡ탄ᄒᆞᄂᆞᆫᄇᆡ라이졔민심을소동ᄒᆞᄆᆞᆯ염녀ᄒᆞ 여안연이안잣다가일조의남만이범경ᄒᆞᆫᄌᆞᆨ창졸의소동ᄒᆞ미더옥엇더ᄒᆞ리잇 고노균이졍ᄉᆡᆨ고여셩왈남만오랑킈불과쥐갓ᄒᆞᆫ도젹이라무ᄉᆞᆷ병혁을이갓치 창궐ᄒᆞ리오ᄯᅩ한군국ᄃᆡᄉᆞᄅᆞᆯ경솔이못ᄒᆞ리니도젹의작난ᄒᆞᄂᆞᆫ군ᄉᆞᄂᆞᆫ막으려 니와민심의소동ᄒᆞᄆᆞᆯ시랑이장찻무어ᄉᆞ로막으리오시랑이소왈참졍의말ᄉᆞᆷ 이가위조불염셕이라젹셰소동ᄒᆞᆷ만근심ᄒᆞ고젹셰

3

가졈〃크믈요량치못ᄒᆞ시니이ᄂᆞᆫ이른바그림자ᄅᆞᆯ긔ᄒᆞ여더옥다라ᄂᆞ미로다ᄎᆞ시냥인이닷토기ᄅᆞᆯ마지아니ᄒᆞ더니노균이발연ᄃᆡ로왈셩상이나의용녈ᄒᆞ물허물치아니샤군국즁ᄉᆞᄅᆞᆯ맛지시니만일남만지즁의셔졀구투ᄅᆞᆯ겁ᄒᆞ여민심을소동ᄒᆞᄂᆞᆫᄌᆞᄂᆞᆫ법이잇시리라ᄒᆞᆫᄃᆡᄇᆡᆨ관이일시의여츌일구ᄒᆞ니상이침음양구의노참졍의〃논을좃ᄎᆞ샤쇼유경의상쇼ᄅᆞᆯ반포치아니ᄒᆞ고슌무ᄉᆞᄅᆞᆯᄐᆡᆨ인ᄒᆞ라ᄒᆞ시니윤각뇌이의쥬왈상쇼ᄅᆞᆯ임의반포치아니ᄒᆞ고슌무ᄉᆞᄅᆞᆯ조졍의셔치졍ᄒᆞ여보ᄂᆡ신즉엇지소문이민간의젼파치아니리잇고익쥬ᄌᆞᄉᆞ소유경은신의쳐질이라문뮈쌍젼ᄒᆞ고장약이과인ᄒᆞ오니소유경을슌무ᄉᆞᄅᆞᆯ겸힝ᄒᆞ여본쥬군사ᄅᆞᆯ거ᄂᆞ려젹병을탐보ᄒᆞ게ᄒᆞ미조흘가ᄒᆞᄂᆞ이다뎐지ᄯᅩ한긔윤

4

ᄒᆞ시다시랑이집의도라와부친긔남만의작난홈과노참졍의말을고ᄒᆞ고근심ᄒᆞᄂᆞᆫ빗치잇셔왈쇼ᄌᆡ금일텬긔ᄅᆞᆯ보오니ᄐᆡᄇᆡᆨ이남두의범ᄒᆞ여남방의병쾌잇ᄉᆞ오리니이ᄂᆞᆫ국가의젹지아닌근심이로쇼이다원외왈노뷔비록조졍일을아지못ᄒᆞ나근일의인긔졈〃쇠ᄒᆞ여문무지ᄌᆡ업ᄉᆞ니만일불힝ᄒᆞ여남졍ᄒᆞᆯ지경의니ᄅᆞᆫ즉뉘가히장쉬되리오시랑이머리ᄅᆞᆯ숙이고침음양구의소이ᄃᆡ왈소ᄌᆡ강쥬의잇실ᄯᅢ의일ᄀᆡ녀ᄌᆞᄅᆞᆯ맛ᄂᆞ오니본부기녀라음뉼의졍통ᄒᆞ여노ᄅᆡᄅᆞᆯ듯고능히길흉을짐작ᄒᆞ여소자다려말ᄒᆞᄃᆡ불구의병혁이잇사리라ᄒᆞ더니그말ᄉᆞᆷ이불힝이마질가ᄒᆞ나이다원외놀나왈노뷔ᄯᅩ한심즁의염녀ᄒᆞᄂᆞᆫᄇᆡ라그녀ᄌᆞ의일홈이무어시며춍명이졀인ᄒᆞ도다시랑이ᄃᆡ왈일홈은벽

5

셩션이니반년젹ᄀᆡᆨ의울젹ᄒᆞᆫ회포ᄅᆞᆯ니긔지못ᄒᆞ여션으로더부러소견ᄒᆞ고임의건질노허ᄒᆞ여쇽히다려오믈언약ᄒᆞ여시니밋쳐품달치못ᄒᆞ엿나이다원외왈굿ᄐᆡ여녀ᄉᆡᆨ을유의치아닐지언졍임의언약ᄒᆞ고다시실신ᄒᆞ믄불가ᄒᆞᆯ가ᄒᆞ노라시랑이즉시ᄂᆡ당의드러가모친긔고ᄒᆞ니허부인이ᄎᆡᆨ왈오ᄋᆡ나희어리고젼졍이만니갓거ᄂᆞᆯ녀자와실신ᄒᆞ믈슈히ᄒᆞ니엇지비상지원이업ᄉᆞ리오강남

홍의일을지금가지잇지못ᄒᆞᄂᆞ니비록금일이라도벽셩션을다려오게ᄒᆞ라시랑이즉시일봉셔롤닷가동자와창두롤쥬어강쥬로보닉니라ᄎᆞ시션낭이시랑을보닌후의쥭비롤닷고병들믈말ᄒᆞ며손을보지아니ᄒᆞ더니슈삭이지나딕일자음신이업ᄉᆞ니심즁의울〃불낙ᄒᆞ여낫이면벽셩산을바라보고어린ᄃᆞ시안

6

자시며밤이면잔등을딕ᄒᆞ여잠을닐우지못ᄒᆞ더라일〃은지뷔부ᄅᆞ거놀칭병ᄒᆞ고드러가지아니ᄒᆞ니약을보닉고신근이존문ᄒᆞ거놀션낭이의아ᄒᆞ여왈지부의후흠과양시랑의박ᄒᆞ미도시의외라만일그후ᄒᆞ미뜻이잇고박ᄒᆞ미무졍ᄒᆞ민즉닉엇지구ᄎᆞ히투싱ᄒᆞ여욕되믈감슈ᄒᆞ리오쳔ᄉᆞ만염이분〃요〃ᄒᆞ여난간의〃지ᄒᆞ여원산을바라보며희허탄식ᄒᆞ더니홀연일기칭뒤졸연이드러와셔간을드리거놀ᄌᆞ시보니이ᄂᆞᆫ향일왓든동지라동지ᄯᅩ한반겨일변셔간을젼ᄒᆞ며거마와창뒤니ᄅᆞ믈고ᄒᆞ니션낭이바다ᄯᅧ혀보니그글의ᄒᆞ엿시딕일별운산의옥안이여몽이라홍진명니의취몽의골몰ᄒᆞ여황혼가긔롤이갓치차타ᄒᆞ니참괴ᄒᆞ도다향일본부의긔별ᄒᆞ

7

여그딕의일홈이기젹의졔ᄒᆞ엿더니혹아랏ᄂᆞᆫ지이졔존당의명을밧자와거마롤보닉ᄂᆞ니무궁ᄒᆞᆫ졍회ᄂᆞᆫ화촉을도〃고원앙침을베푸러기다리노라ᄒᆞ엿더라션낭이보기롤맛고동자와거마롤슈일을머물너힝니롤다사려발힝ᄒᆞ여황셩으로오니라ᄎᆞ셜익쥬자ᄉᆞ소유경이황명을밧자와젹졍을탐지ᄒᆞ여셩야로치보ᄒᆞ니기셔의왈신이황명을밧ᄌᆞ와젹진의니ᄅᆞ러은의로위로ᄒᆞ고효유ᄒᆞᆫ즉항복홀뜻이업고틱만ᄒᆞᆫ거동과무례ᄒᆞᆫ말삼이무슈홀ᄲᅳᆫ아니라궤계로신을유인ᄒᆞ여진즁의에워ᄊᆞ고슈하비장일인을버희고독ᄒᆞᆫ형세와불측ᄒᆞᆫ계괴장찻신의게밋출지라신이다힝이방비ᄒᆞ미잇셔관병졉젼ᄒᆞ여겨유도망ᄒᆞ나신이황명을밧드러만방소쥬의게욕되믈당ᄒᆞ오니신이부월지쥬롤

8

도망치못ᄒᆞ려니와다만젹셰의강셩ᄒᆞ믈이왕쳡보ᄒᆞ엿ᄉᆞ오니복원폐하는ᄃᆡ군을급히발ᄒᆞ샤익쥬고셩으로도젹의위틱ᄒᆞ미업게ᄒᆞ쇼셔ᄒᆞ엿더라텬ᄌᆡ남필의ᄃᆡ경ᄒᆞ샤급히졔신을인견ᄒᆞ샤계괴룰의논ᄒᆞ시더니ᄯᅩ형쥬자ᄉᆞ의밀봉ᄒᆞᆫ표문이오ᄅᆞ니ᄃᆡ강ᄒᆞ엿시ᄃᆡ남만이창궐ᄒᆞ여임의동쥬셩을지나광셔셩을함몰ᄒᆞ고계림형양지간의육츅을노략ᄒᆞ고인민을살히ᄒᆞ니변방졔군이일작이쥰비ᄒᆞ미업셔창졸의젹병이니ᄅᆞ믈보고망풍소동ᄒᆞ여형익이남의인젹이조잔ᄒᆞ니젹병이기리모라무인지경갓흔지라비록군사룰슈습고ᄌᆞᄒᆞ나승평일구ᄒᆞ여미리약쇽ᄒᆞᆫ비업ᄉᆞ니그토붕와히ᄒᆞ믈것잡지못ᄒᆞ여근포이문ᄒᆞᄂᆞ니텬병을지완치마ᄅᆞ소셔ᄒᆞ엿더라

9

텬ᄌᆡ표룰보시고텬안이져상ᄒᆞ샤좌우룰도라보시며방약을무ᄅᆞ신ᄃᆡ윤각뇌쥬왈적셰여ᄎᆞ급ᄒᆞ오니정벌ᄒᆞ믈완〃이못ᄒᆞ올지라문무졔신을모화상의ᄒᆞ시미올흘가ᄒᆞᄂᆞ이다상이의윤ᄒᆞ샤빅관을명쵸ᄒᆞ시니원임각노황의병과우승상윤형문과참지정ᄉᆞ동령군국쥬ᄉᆞ노균과호부상셔한응덕과병부시랑양창곡과우림장군뇌텬풍등일ᄃᆡ문무관원이동셔반의산호만셰ᄒᆞ미텬지하교왈남만이창궐ᄒᆞ여텬조룰침노ᄒᆞ니엇지ᄒᆞ면조흐리오황각뇌쥬왈져근오랑ᄏᆡ텬명을모ᄅᆞ오니ᄃᆡ군을발ᄒᆞ여뭇지룰지라엇지족히근심ᄒᆞ리잇고참지정ᄉᆞ노균이쥬왈변방졔신이방비ᄒᆞ믈셔어이ᄒᆞ여젹셰이갓ᄐᆞ니우션형익냥쥬자ᄉᆞ와광셔슈령을논죄ᄒᆞ고북으로거용관을슈츅ᄒᆞ여만일불힝ᄒᆞᆫ일이잇거든북으로순힝ᄒᆞ샤거용관을직희

10

미만젼지칙일가ᄒᆞᄂᆞ이다윤각뇌쥬왈당〃ᄒᆞᆫ만승지국이일지만병의니ᄅᆞ믈보고엇지도셩을바리고일편고셩을직희리오급히텬병을조발ᄒᆞ여치미올흘가ᄒᆞᄂᆞ이다상이그말을올희너기샤왈뉘가히도원쉬되여종묘ᄉᆞ직의위틱ᄒᆞ믈붓들리오좌위묵〃무언ᄒᆞ고면〃상고ᄒᆞ더니ᄎᆞ시의도셩인민이소동ᄒᆞ여

혹갈오딕오리지아니ᄒᆞ여적병이니른다ᄒᆞ며혹갈오딕남만인물이궤계요슐이불측ᄒᆞ여츌젼ᄒᆞᄂᆞᆫ지싱환치못ᄒᆞ리라ᄒᆞ며혹갈오딕북흉노롤쳐결ᄒᆞ여젼후로협공ᄒᆞ니그무리슈빅만이라ᄒᆞ여듯ᄂᆞᆫ지낙담상혼ᄒᆞ여만조빅관이다츌젼ᄒᆞ믈모피ᄒᆞ니텬지탄왈짐이덕이업셔ᄉᆞ이팔만을감화치못ᄒᆞ여슈빅년종식위지조셕ᄒᆞ고억조창싱이도탄즁의드럿거늘한사룸도츙분을니여짐을구홀지업ᄉᆞ니이ᄂᆞᆫ다짐

11

의허물이라누롤한ᄒᆞ리오ᄒᆞ시며옥뉘용포의져지시더니홀연일위지상이긔연히츌반쥬왈신이비록불츙ᄒᆞ오나망극ᄒᆞᆫ텬은을닙ᄉᆞ와도보홀ᄯᅡ히업ᄉᆞ오니맛당이견마의힘을다ᄒᆞ여남만을평정ᄒᆞ고폐하의근심을더ᄅᆞ시게ᄒᆞ리이다모다그사룸을보니옥갓흔얼골의풍치발월ᄒᆞ고별갓흔눈의졍긔어리여위풍이당당ᄒᆞ고셩음이쳥열ᄒᆞ니이ᄂᆞᆫ병부시랑양창곡이라탑젼의부복ᄒᆞ니황각뇌심즁의싱각ᄒᆞ딕목금적셰져갓치급ᄒᆞ거늘양시랑은나의교셰라만일츌젼ᄒᆞ여불힝ᄒᆞ미잇신즉녀아의평싱을그릇치미라ᄒᆞ고탑젼의쥬왈양창곡은빅면셔싱이오쳥츈소년이라졍벌ᄒᆞᄂᆞᆫ즁임을맛기지못홀지니복원폐하ᄂᆞᆫ지용잇ᄂᆞᆫ장사롤턱ᄒᆞ샤딕ᄉᆞ롤그릇치지말게ᄒᆞ쇼셔말이맛지못ᄒᆞ여동반즁의

12

일원딕장이칼을안고크게소릭ᄒᆞ여왈승상의말삼이그ᄅᆞ도다셕의항적이〃십ᄉᆞ셰의긔병강동ᄒᆞ고손칙이십숨셰의횡힝텬하ᄒᆞ니용병강약이지조의잇ᄉᆞ미오년치의잇지아니며한지졔갈과송지됴텬은평싱독셔ᄒᆞ여셔싱지풍이〃시나쳔고명장이되여시니이졔양시랑이비록쇼년셔싱이나국가롤위ᄒᆞ여분불고신ᄒᆞ여시니그튱셩을알거시오즁의롤비각ᄒᆞ고위지롤ᄌᆞ쉬ᄒᆞ니그용밍이큰지라신은뼈ᄒᆞ미만일양시랑이츌젼치아니ᄒᆞᆫ즉문무졔신이묵〃상고ᄒᆞ여딕명강산이도적의게굴ᄒᆞ미될가ᄒᆞ나이다모다그장슈롤보니셔리털익이귀밋출덥허시며우레갓흔쇼릭와번긔갓튼눈이광치밍열ᄒᆞ니이ᄂᆞᆫ호분장뇌텬풍이라당나라뇌만츈의후예니만부〃당지용이〃시나평싱의강직ᄒᆞᆫ말

을잘

13

ᄒᆞ므로벼술이다만호분장의잇더라노참정이노즐왈조고만무뷔엇지감히조정ᄃᆡᄉᆞ의참논ᄒᆞ리오네만일두번말ᄒᆞᆫ즉몬져네머리ᄅᆞᆯ버혀삼군을호령ᄒᆞ리라네불과무부로무삼장약이잇관ᄃᆡ조고만도젹을ᄃᆡᄒᆞ여이갓치분〃ᄒᆞᄂᆞ뇨뇌텬풍이긔연이물너탑젼의부복ᄒᆞ여읍쥬왈노신이일분공뇌업시식군지녹ᄒᆞ고ᄇᆡᆨ발이셩〃ᄒᆞ오니엇지일신을도라보아왕ᄉᆞᄅᆞᆯ모피ᄒᆞ리잇고이제조고만오랑ᄏᆡ군현을노략ᄒᆞ여남방이요란ᄒᆞᄃᆡ문무장상이종일상ᄃᆡᄒᆞ여파젹ᄒᆞᆯ경윤은업고긔운이져상ᄒᆞ여도셩을바리고거용관을직희고ᄌᆞᄒᆞ니만일불힝ᄒᆞ미잇시면ᄇᆡᆨ만ᄃᆡ군이황셩을핍박ᄒᆞᆫ즉만조ᄇᆡᆨ관이각〃쳐자ᄅᆞᆯ다리고피란ᄒᆞᆯ진ᄃᆡ어ᄂᆡ결을의국ᄉᆞᄅᆞᆯ도라볼지업살가ᄒᆞᄂᆞ니종묘사직을엇지안보ᄒᆞ리잇고신의우견의ᄂᆞᆫ양창곡을

14

급히ᄃᆡ장으로ᄇᆡ ᄒᆞ샤도젹을ᄃᆡ젹ᄒᆞ게ᄒᆞ쇼셔텬ᄌᆡ쳥필의유예미결ᄒᆞ시더니아이오슈문장이급보ᄒᆞᄃᆡ남젹이셩외슈십니드러와각쳐ᄋᆡᆨ구ᄅᆞᆯ다취ᄒᆞ고셩문을향ᄒᆞ여드러오ᄆᆡ그세질풍뇌우갓흐여민심이물ᄭᅳᆯ듯ᄒᆞ여ᄉᆞ지불가승슈오니급히도젹을방비ᄒᆞ쇼셔ᄒᆞ거ᄂᆞᆯ텬ᄌᆡᄃᆡ경ᄒᆞ샤즉시양시랑을픽쵸ᄒᆞ여인견ᄒᆞ샤왈경으로정남ᄃᆡ원슈ᄅᆞᆯᄒᆞ이ᄂᆞ니종묘사직의위틔ᄒᆞ믈구ᄒᆞ라ᄒᆞ시고뇽안의옥누ᄅᆞᆯᄂᆞ리오시니시랑이부복쥬왈신이국은을만분지일이나갑ᄉᆞ올가ᄒᆞ여쥬야로긍〃업〃ᄒᆞ옵더니당차위란지시ᄒᆞ여진츙갈녁ᄒᆞ여남젹을쳐파ᄒᆞ여외람이텬조ᄅᆞᆯ범ᄒᆞᆫ죄ᄅᆞᆯ다사려평졍ᄒᆞ오리니폐하ᄂᆞᆫ물우셩녀ᄒᆞ쇼셔텬ᄌᆡᄃᆡ희ᄒᆞ샤즉시양창곡으로졍남ᄃᆡ원슈ᄅᆞᆯᄇᆡᄒᆞ샤상방검을

15

쥬시고슈륙군십만을조발ᄒᆞ여총독게ᄒᆞ시니시랑이ᄉᆞ은슉ᄇᆡᄒᆞ고궐문의나와교장의나아가장ᄃᆡ의올나슴군을호령ᄒᆞ고군위ᄅᆞᆯ졍졔ᄒᆞᆫ후장졸을약속ᄒᆞ

여ᄉᆞ문의둔병ᄒᆞ니라ᄎᆞ시원쉬ᄃᆡ군을셩외의유진ᄒᆞ고집의도라와공의부〃긔하직을고ᄒᆞ여왈뎐지소자로ᄲᅧ졍남ᄃᆡ원슈룰ᄒᆞ이샤남만을치라ᄒᆞ시ᄆᆡ소지ᄉᆞᆷ군을춍독ᄒᆞ와군즁ᄃᆡᄉᆞ룰찰임ᄒᆞ오ᄆᆡᄉᆞ〃룰도라보지못ᄒᆞ옵ᄂᆞ니바라건ᄃᆡ존톄룰보즁ᄒᆞ와만슈무강ᄒᆞ옵쇼셔원외왈우리부ᄌᆞ뎐은닙ᄉᆞ와일분도갑삽지못ᄒᆞ여지금가지송율ᄒᆞ더니여ᄎᆞ불힝지시룰당ᄒᆞ여황명을밧자와남만을츌졍ᄒᆞ니이ᄂᆞᆫ신자의ᄯᅧ〃ᄒᆞᆫ일이라슈히셩공반ᄉᆞᄒᆞ라허부인이눈물을흘녀왈우리아직쥭을날이머럿고두현뷔잇시니

16

아ᄌᆞᄂᆞᆫ가ᄉᆞ룰ᄉᆞ렴치말고공훈을셰워ᄲᆞᆯ니도라오라언필의불승창연ᄒᆞ여말ᄉᆞᆷ을닐우지못ᄒᆞ니원쉬ᄯᅩ한눈물을먹음어참아ᄯᅥᄂᆞ지못ᄒᆞᄆᆡ원외졍식왈신지ᄐᆡᆼ셩을다ᄒᆞ여나라흘도으미바야흐로큰효어놀이졔몸이장쉬되여구〃ᄒᆞᆫ아녀ᄌᆞ의ᄐᆡ도룰지으니이엇지네아비평일교훈ᄒᆞᆫ본의리오원쉬즉시니러지비슈명ᄒᆞ고물너윤소져침실의니ᄅᆞ러소져룰보고왈학싱이군명을밧ᄌᆞ와녕군츌젼ᄒᆞ니쳐ᄌᆞ룰ᄃᆡᄒᆞ여별회룰말홀비아니로ᄃᆡ북당ᄲᅡᆼ친의감지룰부인긔부탁ᄒᆞᄂᆞ니셩효룰다ᄒᆞ여존당을셤기라슈명지시룰당ᄒᆞ여부〃의ᄉᆞ졍을굿ᄐᆞ여유련ᄒᆞ미아니라소년젹긱의고젹ᄒᆞᆫ심ᄉᆞ룰인ᄒᆞ여벽셩션을친ᄒᆞ엿더니임의다리라갓시니부인은부ᄃᆡ의룰거ᄂᆞ리쇼셔윤

17

소졔츄연왈명ᄒᆞ시ᄂᆞᆫ바룰맛당이잇지아니ᄒᆞ리이다원쉬다시황소져룰보고왈녀ᄌᆞ유힝이온순ᄒᆞ미읏듬이니부인은냥친을뫼셔지효로셤기고윤부인과상의ᄒᆞ여가ᄉᆞ룰션치ᄒᆞ쇼셔황소져ᄃᆡ왈쳡이비록불민ᄒᆞ오나윤부인의현슉ᄒᆞᆫ덕이잇ᄉᆞ오니봉친지졀은염녀ᄒᆞ실비아니오나다만쳡이비혼비업셔관져후비의유한ᄒᆞᆫ덕셩이부족ᄒᆞ더니이졔듯ᄉᆞ오니상공이풍졍을ᄉᆞ모ᄒᆞ여하방쳔기룰소셩으로졍ᄒᆞ여다려오신다ᄒᆞ니쳡이잠간본부로도라가그견과ᄒᆞ미업게홀가ᄒᆞᄂᆞ이다원쉬졍식부답ᄒᆞ고윤소졔묵연무어러라익일의원쉬남교의나올시금갑녹포의ᄃᆡ우젼을ᄎᆞ고빅모황월을좌우의셰우고장ᄃᆡ의오ᄅᆞ니

시년이십팔세라호령이엄숙ᄒᆞ고위풍

18

이늠〃ᄒᆞ니삼군장졸이감히우러〃보지못ᄒᆞ더라아니오뎐지진문밧게니ᄅᆞ샤표신을통ᄒᆞ신ᄃᆡ원쉬단의ᄂᆞ려어가롤마ᄌᆞ왈기쥬지ᄉᆞ는불비라군례로뵈나이다뎐지흔연답네ᄒᆞ시고빅옥비의향은을가득부어권ᄒᆞ샤왈금일노붓터곤이외는장군이쥬장ᄒᆞ여자금이후의열노각읍의위령자롤션참후계ᄒᆞ고짐의게보ᄒᆞ라ᄒᆞ시고슈히남만을파ᄒᆞ고기가롤불너도라오믈니ᄅᆞ시고기리읍ᄒᆞᆫ후진문을나샤황옥거상의오ᄅᆞ시니원쉬거하의지빅ᄒᆞ직ᄒᆞ고다시즁군장상의올나흠샤ᄒᆞ신황금을삼군을호상ᄒᆞ기롤맛차미이의힝군홀ᄉᆡ고각지셩이텬지롤흔들고졍긔는일광을가리오며ᄃᆡ외정졔ᄒᆞ고군령이엄슉ᄒᆞ니지나는곳의인민이부로휴유ᄒᆞ여모다칭

19

찬왈우리셩텬지소년명장을틱졍ᄒᆞ샤군위정졔ᄒᆞ미이갓니엇지져근도적을근심ᄒᆞ리오ᄒᆞ여인심이만히안돈ᄒᆞ더라ᄎᆞ셜벽셩션이강쥬롤ᄯᅥ나황셩삼십여리긱졈의니ᄅᆞ러날이져물미인ᄒᆞ여헐슉홀ᄉᆡ길가의빅셩이교량을슈축ᄒᆞ며도로롤다사려요〃분분ᄒᆞ거놀그곡졀을무른ᄃᆡ모다닐오ᄃᆡ금일이졍남ᄃᆡ도독힝치이곳의슉쇼ᄒᆞ신다ᄒᆞ거놀다시문왈도원쉬누고시뇨답왈병부시랑양노야시니이다션낭이〃말을듯고놀나왈상공이츌젼ᄒᆞ시믈닉임의염녀ᄒᆞᆫ비어니와엇지이갓치급ᄒᆞ시뇨닉이졔셔어ᄒᆞᆫ종젹으로싱소ᄒᆞᆫ문호의누고롤향ᄒᆞ여가며닉게잇는옥젹이혹군즁의쓸ᄃᆡ잇실지니엇지ᄲᅧ상공긔젼ᄒᆞ리오군즁

20

이엄슉ᄒᆞ여남ᄌᆞ도츌닙지못하거든허물며녀ᄌᆡ리오다시한계교롤싱각ᄒᆞ고동자롤불너왈네문외의셧ᄃᆞ가원슈의힝치니ᄅᆞ시거든고ᄒᆞ라아니오고각이훤텬ᄒᆞ며동지창황이보ᄒᆞ여왈원쉬힝군ᄒᆞ여오시ᄂᆞ이다션낭왈네진짓곳을

자셔이아라오라동지이윽고도라고ᄒᆞ더원쉬셔남으로빅여보밧긔비산님유ᄒᆞᆫ무인지경의진치시더이다션낭이야심후동자다려왈닉상공의진치신형세롤구경코자ᄒᆞᄂᆞ니네인도ᄒᆞ라ᄒᆞ고옥뎍을가지고동ᄌᆞ롤ᄯᅡ라진젼의니ᄅᆞ미이ᄯᅢ월식이조요ᄒᆞᆫ딕긔치창검이정〃졔〃ᄒᆞ여방위롤직의엿고인부졀월이즁〃쳡〃ᄒᆞ여원문을닐워시니위의엄슉ᄒᆞ고군율이정졔ᄒᆞ믈뭇지아냐알지라션낭이동자롤

21

다리고북산의올나진즁을구버보고자ᄒᆞ여이의산의올나즁봉의니ᄅᆞ러동자롤불너왈너ᄂᆞᆫ산하의셧다가올나오ᄂᆞᆫᄉᆞ람이잇거든인도ᄒᆞ라ᄒᆞ고션낭이암상의놉히안자군즁경졈소릐롤드ᄅᆞ니임의삼경을보ᄒᆞ거놀션낭이옥뎍을드러한곡조롤부니ᄎᆞ시양원쉬장즁의셔〃안을의지ᄒᆞ여뉵도삼약을보더니난딕업ᄂᆞᆫ한마듸옥뎍쇼릐풍편의들니거놀병셔롤놋코귀롤기우려잠청ᄒᆞ믹그쇼릐반공의요량ᄒᆞ여셔릉의귀안이ᄶᅡᆨ을부ᄅᆞᄂᆞᆫᄃᆞᆺᄒᆞ여심상ᄒᆞᆫ쵸부의목뎍이아니라원슈의춍명ᄒᆞ므로엇지벽셩션의옛곡조롤모로리오심즁의경의ᄒᆞ여싱각ᄒᆞ딕이ᄂᆞᆫ반다시션낭이지나가다가나롤보고자ᄒᆞ미로다ᄒᆞ고즉시

22

즁군사마롤불너왈군시쳐음으로이곳의경야ᄒᆞ니항오와막치안정치못ᄒᆞᆯ지라닉평복으로한번슌힝코자ᄒᆞᄂᆞ니누셜치말고장즁을직희라ᄒᆞ고심복아장일인을다리고ᄌᆞ긔찻던딕우젼일긔롤들고원문을나가려ᄒᆞ더문직휜군식표신을찻거놀원쉬신젼을뵈이고진밧긔나와젼후좌우롤한박희슌힝ᄒᆞᆯ식산밧긔옥뎍쇼릐오희려긋치지아니ᄒᆞᄂᆞᆫ지라원쉬부쟝을도라보아왈닉뒤흘ᄯᅡ로라ᄒᆞ고압셔힝ᄒᆞ여길을찻더니동지산하의셧다가반겨문왈오시ᄂᆞᆫ상공이뉘시니잇가원쉬부장다려왈그더ᄂᆞᆫ여긔셔기다리라ᄒᆞ고동자롤ᄯᅡ라뫼히오ᄅᆞ니션낭이옥뎍을긋치고암상의나려마자왈상공의츌졍ᄒᆞ시미이리

23

급ᄒᆞ시니잇가원쉬답왈적셰창궐ᄒᆞ기로지쳬치못ᄒᆞ미라만일ᄉᆞ셰이갓흘쥴아라던들낭자ᄅᆞᆯ엇지급〃히상경케ᄒᆞ여시리오션낭이문파의함누왈쳡이미쳔ᄒᆞᆫ몸으로존문의안면이업ᄉᆞ니이졔당돌이드러가누고ᄅᆞᆯ의지ᄒᆞ리잇고원쉬츄연집슈ᄒᆞ고황소져ᄅᆞᆯ취ᄒᆞ던말을ᄃᆡ강니ᄅᆞ며왈ᄂᆡ낭자의식견이과인ᄒᆞ믈아나니만일난쳐ᄒᆞᆫ일이잇실지라도십분조심ᄒᆞ여나의도라오믈기다리라션낭왈상공이원융의쳬즁ᄒᆞ시므로쳔쳡을위ᄒᆞ여오ᄅᆡ막ᄎᆞᄅᆞᆯᄯᅥ나시니불안ᄒᆞ도쇼이다인ᄒᆞ여옥뎍을드려왈이거시혹군즁의셔쓸ᄃᆡ잇실가ᄒᆞᄂᆞ니가져가소셔원쉬바다ᄉᆞᄆᆡ의녓고다시션낭을도라보며연〃ᄒᆞᆫ빗치잇셔왈낭지부즁

24

의드러가혹어려온일이잇거든윤소져와상의ᄒᆞ라져의텬셩이현슉ᄒᆞ기로ᄯᅩ한부탁ᄒᆞ미잇시니져바리지아니ᄒᆞᆯ가ᄒᆞ노라션낭이눈물을ᄲᅮ려하직ᄒᆞ니원쉬산하의나려부장을다리고본진으로도라와익일의힝군ᄒᆞ여남으로가니라ᄎᆞ시션낭이원슈와니별ᄒᆞᄆᆡ원슈ᄂᆞᆫ부장을다리고본진으로도라와익일의힝군ᄒᆞ여남으로가니라ᄎᆞ셜션낭이동ᄌᆞᄅᆞᆯ다리고졈즁의도라와잠을닐우지못ᄒᆞ고텬식이밝으ᄆᆡ힝장을슈습ᄒᆞ여황셩의득달ᄒᆞ여양부문젼의슈레ᄅᆞᆯ머무ᄅᆞ고동자로션통ᄒᆞ니원외ᄂᆡ당의드러와볼ᄉᆡ아리ᄯᆞ온ᄐᆡ도와부드러온용뫼일분교식ᄒᆞ미업고그조결ᄒᆞᆫ일편빙심이ᄐᆡ글이사라지고션연ᄒᆞᆫ반륜츄월이ᄀᆡ인빗출ᄯᅴ엿거ᄂᆞᆯ부즁

25

상ᄒᆡᄎᆡᆨ〃칭션ᄒᆞ고원외ᄯᅩ한사랑ᄒᆞ여안지믈명ᄒᆞ고윤황냥소져ᄅᆞᆯ부ᄅᆞ니윤소제즉시승명ᄒᆞ여니ᄅᆞ럿거ᄂᆞᆯ원외왈황현부ᄂᆞᆫ엇지아니오나뇨좌위보왈황소제홀연신긔불평ᄒᆞ여오지못ᄒᆞ시나이다원외머리ᄅᆞᆯ슉이고불쾌ᄒᆞᆫ빗치잇셔윤소져ᄅᆞᆯ도라보아왈남아의일쳡은예붓터잇ᄂᆞᆫ비오부녀의투긔ᄂᆞᆫ셰간의악풍이라현부의슉덕으로ᄡᅧ싀긔ᄒᆞ미업ᄉᆞ려니와십분화목ᄒᆞ여화긔ᄅᆞᆯ닐치

말나ᄒᆞ고즉시후원별당의쳐소룰정ᄒᆞ여잇게ᄒᆞ니윤소제연옥을명ᄒᆞ여별당길을인도ᄒᆞᆯ식옥이션낭을압세우고후원으로가며그힝보거동을보니의연이홍낭갓ᄒᆞᆫ곳이잇거ᄂᆞᆯ옥이눈물을먹음고슬허ᄒᆞ믈마지아니ᄒᆞ니션낭이문왈그ᄃᆡ엇지나룰보고감창ᄒᆞᆫ

26

긔식이잇ᄂᆞ뇨옥이더옥오열왈쳔비홍즁의밋친한이잇더니이지잠간촉동ᄒᆞ미잇셔긔식을감쵸지못ᄒᆞ미니이다션낭이부귀한턱즁의어진부인을뫼셔무삼이런환이잇ᄂᆞ뇨옥이답왈쳔비ᄂᆞᆫ본ᄃᆡ강남사룸으로고쥬인을닐코이곳의잇더니금일낭자의용모룰뵈오니고쥬와의연이방불ᄒᆞ신지라자연심식요란ᄒᆞ니이다션낭왈그ᄃᆡ의고쥬인은누고뇨ᄃᆡ왈항쥬졔일방청누의잇ᄂᆞᆫ홍낭이니이다션낭이놀나왈네임의홍낭의슈하ᄎᆞ환인즉엇지이곳의잇ᄂᆞ뇨ᄂᆡ홍낭과안면이업ᄉᆞ나셔찰노셔로친ᄒᆞ미형뎨갓ᄐᆞ니이졔네말을드ᄅᆞ니엇지반갑지아니리오연옥이〃말을듯고션낭의손을잡고눈물이비오듯ᄒᆞ여왈우리낭지원통이죽어후신이낭지되니잇가낭

27

지쳔비룰속여젼신이우리낭직시니잇가셰간의아리ᄯᆞ온낭직우리낭ᄌᆞ밧긔업ᄂᆞᆫ가ᄒᆞ오미오미불망ᄒᆞ여다시한번보믈축슈ᄒᆞ더니이졔낭ᄌᆞ의용뫼우리낭ᄌᆞ와갓ᄒᆞ시뇨ᄯᅩ한우리낭ᄌᆞ와지긔지우라ᄒᆞ시니이ᄂᆞᆫ하날이쳔비의고쥬룰닐코고단이잇시믈불상이너기샤낭ᄌᆞ룰보ᄂᆡ시로다ᄒᆞ고인ᄒᆞ여윤소져의셩덕을더옥탄복ᄒᆞ더라익일의션낭이낭당의문후ᄒᆞ고윤소져침쇼의니ᄅᆞ러소져긔고왈쳡이청누쳔종으로녜도룰모로오나일작듯ᄌᆞ오미냥위소졔계시다ᄒᆞ더니일위소져긔뵈옵지못ᄒᆞ오니감히뵈옵기룰청ᄒᆞ나이다윤소졔침음양구의연옥을명ᄒᆞ여황소져침쇼룰가ᄅᆞ치라ᄒᆞ니ᄎᆞ시황소졔시비룰노하션낭의동졍을탐지ᄒᆞ니칭찬ᄒᆞᄂᆞᆫ자도

28

잇고혹시비ᄒᆞᄂᆞᆫᄌᆞ도잇셔그용모와자틔룰칭찬ᄒᆞᄂᆞᆫ소ᄅᆡ진동ᄒᆞ거ᄂᆞᆯ심즁의

분한ᄒᆞ믈니긔지못ᄒᆞ여종야불미ᄒᆞ고일작이니러나소세ᄒᆞᆯ시거울을ᄃᆡᄒᆞ여눈셥을그리며탄왈하날을나ᄅᆞᆯ닉시미엇지경국지식을앗기샤우흐로윤시의게양두ᄒᆞ고아릭로천기의게뒤지게ᄒᆞ신고ᄒᆞ여살이썰니고쎠가바아지는듯ᄒᆞ더니좌위보ᄒᆞᄃᆡ션낭이뵈오믈청ᄒᆞ나이다ᄒᆞ거ᄂᆞᆯ황소제발연ᄃᆡ로ᄒᆞ여안식이푸ᄅᆞ며한독ᄒᆞᆫ긔운이발〃ᄒᆞ니필경엇지된고하회ᄅᆞᆯ보라힝횽모간비요별당지용계노파미단약각설황소제션낭의뵈기ᄅᆞᆯ청ᄒᆞ믈듯고독ᄒᆞᆫ셩을니긔지못ᄒᆞ더니홀연싱각ᄒᆞ여왈고기ᄅᆞᆯ낙그려ᄒᆞᆫ즉믹기ᄅᆞᆯ달게ᄒᆞ고톳기ᄅᆞᆯ잡으려ᄒᆞᆫ즉올모ᄅᆞᆯ가마니노

29

흘지라졔비록지혜만코의식과인ᄒᆞ나닉한번웃고한번달익여묘리잇게농낙ᄒᆞᆫ즉닉슈단의버셔나지못ᄒᆞ게ᄒᆞ리라ᄒᆞ고즉시유화ᄒᆞᆫ얼골과아리ᄯᆞ은말솜으로그오ᄅᆞ믈지쵹ᄒᆞ니션낭이당의올나츄파ᄅᆞᆯ흘녀황소져의얼골을ᄌᆞ시보니옥갓흔얼골의잠간푸른빗출씌엿고별갓흔눈의십분헤일ᄒᆞᆫ빗출씌여시니여른닙과곱은눈셥의인후ᄒᆞᆫ긔상이업더라션낭을보고흔연소왈낭ᄌᆞ의일홈을드런지오릭나얼골을이졔야보니군자의ᄉᆞ랑ᄒᆞ시미맛당ᄒᆞ도다오날붓터빅년을긔약ᄒᆞ여군자ᄅᆞᆯ셤길지니심곡으로ᄉᆞ괴고간담을빗쵀여셔로휘ᄒᆞ미업게ᄒᆞ라션낭이ᄉᆞ례왈쳡이노류장화의쳔ᄒᆞᆫ몸으로규법녀측의놉흔말삼을듯지못ᄒᆞ여밋친힝실

30

과츄ᄒᆞᆫ거동으로단엄ᄒᆞ신용광을ᄃᆡᄒᆞ오니진퇴쥬션의그허물을용셔ᄒᆞ시고불민ᄒᆞ믈교훈ᄒᆞ쇼셔황소제낙〃히우어왈낭자는너모겸ᄉᆞ치말나나는사ᄅᆞᆷ을ᄉᆞ괸즉심곡을감쵸지못ᄒᆞᄂᆞ니의심치말지어다션낭이칭ᄉᆞᄒᆞ고도라오며싱각ᄒᆞᄃᆡ옛젹의니림보는웃는속의칼을품엇다ᄒᆞ더니이졔황소져말솜가온ᄃᆡ올뫼무슈ᄒᆞ니칼은피ᄒᆞ려니와올모는면키어려오리로다ᄒᆞ더라ᄎᆞ하ᄅᆞᆯ분히ᄒᆞ라

세무신이월일향목동셔

권지십

1

옥누몽권지십

화셜션낭이심즁의싱각ᄒᆞᄃᆡ셕일의니림뵈구밀복검이라ᄒᆞ더니이졔황소져의말삼을드ᄅᆞ니가히닙속의칼을품엇도다ᄒᆞ리로다ᄒᆞ더라익일의황소졔션낭을ᄎᆞᄌᆞ별당의니ᄅᆞ러한담홀식션낭의좌우의냥ᄀᆡ시비뫼셧거ᄂᆞᆯ소졔고왈져ᄎᆞ환은누고뇨션낭이ᄃᆡ왈쳡의다려온슈하쳔비로쇼이다소졔숙시양구의왈낭ᄌᆡ시비롤두어도져러틋졀묘ᄒᆞ니젹지아닌복이라그일홈이무어시뇨션낭이ᄃᆡ왈일ᄀᆡ의셩명은소쳥이니나히십ᄉᆞ셰라위인이심히용열치아니ᄒᆞ나일ᄀᆡ의명은ᄌᆞ연이니십일셰오텬셩이혼암ᄒᆞ여쳡의근심이로쇼이다소졔소왈나도두낫시비잇시나일ᄀᆡ의명은도화라위인이용열ᄒᆞ고일ᄀᆡ의명은츈월이니텬셩이비록암미ᄒᆞ나냥비다춍직ᄒᆞ니

2

종금이후로ᄂᆞᆫ낭자의시비와한곳의ᄉᆞ환식이미조타ᄒᆞ더라슈일후션낭이소쳥을다리고황소져침실의회ᄉᆞᄒᆞ랴니ᄅᆞ니소졔흔연이집슈왈ᄂᆡ졍히무료ᄒᆞ더니낭ᄌᆡ이갓치ᄎᆞ지니다졍ᄒᆞ도다ᄒᆞ고츈월을도라보아왈오날은ᄂᆡ션낭과종일소견ᄒᆞ려ᄒᆞ니여등도별당의가ᄌᆞ연등으로한담ᄒᆞ여일실지ᄂᆡ의화호지의롤닐치말나츈월이응낙ᄒᆞ고가니라ᄎᆞ시자연이홀노별당의안ᄌᆞ더니홀연일빵호졉이나라난간머리의안거ᄂᆞᆯ연이몸을니러잡고ᄌᆞᄒᆞ니그호졉이도로나라후원ᄭᅩᆺ슈풀노드러가니연이좃ᄎᆞ가방황ᄒᆞ더니츈월이소ᄅᆡᄒᆞ여왈ᄌᆞ연아ᄭᅩᆺ만알고동무롤모로ᄂᆞᆫ다ᄌᆞ연이소왈츈낭은엇지한가히단니ᄂᆞ뇨츈월이소왈우리소졔맛참너의낭자와한담ᄒᆞ시니ᄂᆡ틈을ᄐᆞ놀고ᄌᆞ왓노라ᄌᆞ연이ᄃᆡ희ᄒᆞ여셔로손을잡아슈풀사이의안지며츈월왈네강쥬의셔

3

니런동산과니런화림을구경ᄒᆞ엿나냐ᄌᆞ연이소왈ᄂᆡ젼의드ᄅᆞ니황셩이좃ᄐᆞᄒᆞ더니이졔보ᄆᆡ우리강쥬만못ᄒᆞᆫ가ᄒᆞ노라ᄂᆡ강쥬의잇실졔한가ᄒᆞᆫᄌᆞᆨ집뒤동산벽셩산의올나동무와ᄭᅩᆺᄡᅡ홈도ᄒᆞ고혹강변의나아가물구경도ᄒᆞ더니황셩의온후로무료ᄒᆞᆫᄯᆡ만흐니우리강쥬만못ᄒᆞᆯ가ᄒᆞ노라춘월왈벽셩산이엇더ᄒᆞᆫ뫼히며강변은엇더ᄒᆞᆫ강이뇨ᄌᆞ연왈벽셩산은바로집뒤히잇고심양강이압히잇시니강상의졍ᄌᆡ표연ᄒᆞ여경ᄀᆡ유명ᄒᆞ니춘낭이보지못ᄒᆞ믈한ᄒᆞ노라춘월왈너의낭자ᄂᆞᆫ강쥬셔무엇ᄒᆞ시뇨ᄌᆞ연왈혹청누의손도보시고혹별당의셔비파도ᄐᆞ시니엇지이갓치적〃ᄒᆞ리오춘월왈낭자의별당이엇더ᄒᆞ뇨ᄌᆞ연왈네귀의기동박고압뒤히문을ᄂᆡ고흙으로벽을치고조희로도ᄇᆡᄒᆞ믄집마다일

4

반이라무어술뭇나뇨춘월이셩ᄂᆡ여왈ᄂᆡ심〃ᄒᆞ기로무렷더니이갓치핀잔쥬니나ᄂᆞᆫ도라가노라ᄒᆞ며몸을닐거늘ᄌᆞ연이그숀을잡아왈ᄂᆡ일〃이그런ᄃᆞ시말ᄒᆞ리니노ᄒᆞ여말나우리낭ᄌᆞ의별당이씌로첨하ᄒᆞ고ᄃᆡ로문을ᄒᆞ며분벽ᄉᆞ창의셔화ᄅᆞᆯ가득이붓쳐시며섬돌아ᄅᆡ황국단풍과창송녹쥭을심어시니보ᄂᆞᆫᄌᆡ뉘아니칭찬ᄒᆞ리오춘월왈우리상공이몃번이나가셧더뇨ᄌᆞ연왈날마다나아오샤ᄆᆡ양야심후도라가시니라춘월왈몃번이나슉침ᄒᆞ시더뇨ᄌᆞ연왈일작이슉침ᄒᆞ시믄보지못ᄒᆞ엿노라춘월이희희이우스며ᄌᆞ연의손을잡고왈ᄂᆡ누셜치말지니쇽이지말나연왈무어술쇽이리오춘월이다시우스며ᄌᆞ연의귀의다혀두어마ᄃᆡ말을가마이무로ᄃᆡᄌᆞ연왈그ᄂᆞᆫᄂᆡ모로나우리낭ᄌᆡ상공의말삼을듯지아니

5

ᄒᆞ시며왈금일은붕우로아ᄅᆞ쇼셔ᄒᆞ시니나ᄂᆞᆫ그밧근모로노라춘월이ᄯᅩ뭇듯ᄒᆞ더니홀연보ᄆᆡ연옥이오다가뒤히셧거늘춘월이즉시몸을닐며왈소졔ᄎᆞ지실지라나ᄂᆞᆫ도라가노라ᄒᆞ고가니라ᄎᆞ시황소졔션낭의도라가믈말뉴ᄒᆞ여구슬바독을희롱ᄒᆞ여두어판이지ᄂᆞ미이의판을물니고소졔소왈낭ᄌᆞ의ᄌᆡ죄이

러틋긔특ᄒᆞ니응당싱소치아닐지라글시ᄅᆞᆯ구경코자ᄒᆞ노라션낭이소왈창기의글시불과졍낭의게셔찰이나홀쁜이라엇지족히쓴다ᄒᆞ리잇고소졔ᄃᆡ쇼ᄒᆞ고도화ᄅᆞᆯ불너필연을가져오라ᄒᆞ여왈닉이ᄉᆞ이한가ᄒᆞ기로글시ᄅᆞᆯ소견코자ᄒᆞᄂᆞ니낭자ᄂᆞᆫ두어자글을앗기지말나션낭이즐겨쓰지아니ᄒᆞᆫᄃᆡ황소졔웃고친히붓슬드러몬져두어쥴을쓰며왈닉임의졸ᄒᆞᆫ슈단으로뼈시니낭ᄌᆞᄂᆞᆫ쓰라션낭이마지못

6

ᄒᆞ여쁜ᄃᆡ소졔칭찬ᄒᆞ여왈낭자의글시ᄂᆞᆫ나의밋출비아니〃쏘다른톄로한쥴을쓰라션낭왈쳔ᄒᆞᆫ진죄이쁜이라엇지두가지톄잇시리잇고황소졔미쇼왈금일은소견을잘ᄒᆞ여시니명일다시ᄎᆞ지라ᄃᆡ기션낭의지혜로엇지황소졔의간교ᄒᆞ믈모로리오마ᄂᆞᆫ종시년긔어리고셩품이유약ᄒᆞ여홍낭의밍열ᄒᆞ미업ᄂᆞᆫ고로황소져의간교ᄒᆞ믈짐작ᄒᆞ나그청ᄒᆞ믈거역지못ᄒᆞ여날마다상죵ᄒᆞ니윤쇼졔심즁의염녀ᄒᆞ더라일〃은원외닉당의드러와황소져ᄅᆞᆯ불너왈앗가현부의ᄃᆡ인이셔간을보닉시ᄃᆡ존부텨부인이환휘즁ᄒᆞ시니현부ᄅᆞᆯ보닉라ᄒᆞ시여시니슈일귀령ᄒᆞ여시탕을밧들고속히도라오라황소졔슈명ᄒᆞ고즉시본부의도라와각노와모친긔뵈오니각뇌왈앗가너의셔간을보니신병이극즁

7

타ᄒᆞ기로다려오고ᄌᆞᄒᆞᆫ즉너의모친이말ᄒᆞᄃᆡ구가의셔보닉지아니홀거시니친환을말ᄒᆞ여야보닉리라ᄒᆞ기로닉친필노청ᄒᆞ엿더니이졔네얼골을보니병식이ᄃᆡ단치아닌가보니엇지편지ᄅᆞᆯ과히ᄒᆞ여노부ᄅᆞᆯ경동케ᄒᆞᄂᆞ뇨소졔쳔연ᄃᆡ왈외모의낫트ᄂᆞᆫ병은약으로곳치려니와즁심의은근ᄒᆞᆫ병은부모도모로시니그위텨ᄒᆞ미조셕의잇ᄂᆞᆫ가ᄒᆞᄂᆞ이다각뇌ᄃᆡ경왈녀ᄋᆡ무삼병이〃리깁흐뇨소졔눈물을흘니며왈야애소녀ᄅᆞᆯ사랑ᄒᆞ샤가셔ᄅᆞᆯ고로시더니풍뉴탕ᄌᆞᄅᆞᆯ맛나오작의다리은하의긋어지고황아의신셰월궁의젹막ᄒᆞ여이졔청츈심규의빅두음을부ᄅᆞ게되오니녀아의평싱이병드러쥭으미만갓지못홀가ᄒᆞ나이다각뇌츄연왈노뷔말년의너ᄅᆞᆯ어더장즁의구슬노아더니네신셰ᄅᆞᆯ닉숀으로그

릇친가시부니그곡절을자시말

8

ᄒᆞ라소졔오열ᄒᆞ여왈양낭이강쥬의젹거ᄒᆞ여일기쳔기롤다려오니음난ᄒᆞᆫ힝실과교식ᄒᆞᆫ힝실이상하롤부동ᄒᆞ여소녀롤하시ᄒᆞ고왈황시ᄂᆞᆫ나종의드러온ᄉᆞ롬이라니엇지젹쳡분의롤찰히리오그아릭되믈감슈치아니리라ᄒᆞ니금일형세〃불냥닙이라찰하리소네몬져쥭어모로고ᄌᆞᄒᆞ나이다황각뇌쳥파의딕쇼왈하방쳔기엇지이갓치방ᄌᆞᄒᆞ리오아네비록직덕이업다ᄒᆞᆯ지라도황상의사혼ᄒᆞ신비라비록양원슈라도박딕치못ᄒᆞ려든허물며쳔기리오노뷔맛당이양부의가셔쳔기롤원방으로츅숑ᄒᆞ리라위부인이말유왈상공은식노ᄒᆞ시고ᄉᆞ긔롤셔〃이싱각ᄒᆞ쇼셔강뇌그러히너기더라딕기위부인의극악ᄒᆞᆫ의ᄉᆞ와한독ᄒᆞᆫ셩식을각뇌미양거역지못ᄒᆞᄂᆞᆫ빅라이날붓터부인이녀아롤

9

도와션낭을모히코자ᄒᆞ여밀〃ᄒᆞᆫ계교와긔괴ᄒᆞᆫ경윤을이로칙양치못ᄒᆞᆯ너라십여일후의황소졔구가로도라갈식각뇌소져의손을잡아왈네구가의도라가만일어려온일이잇거든즉시알게ᄒᆞ라노뷔비록무릉ᄒᆞ나일기쳔기롤쵸기갓치아나니엇지족히근심ᄒᆞ리오위부인이닝소왈츌가ᄒᆞᆫ녀직ᄉᆞ싱고락이구가의달녀시니상공이엇지ᄒᆞ시리오네도라가만일욕되미잇거든찰하리ᄌᆞ쳐ᄒᆞ여남의치소롤업게ᄒᆞ라소졔눈물을뿌리며교ᄌᆞ의오ᄅᆞ니각뇌참아보지못ᄒᆞ여부인을ᄭᅮ짓고녀아롤위로ᄒᆞ더라광음이ᄒᆞᆯ〃ᄒᆞ여양원슈의츌젼ᄒᆞᆫ지임의십슴삭이라여롬이진ᄒᆞ고가롤이되미텬지쳥낭ᄒᆞ여광즁이소슬ᄒᆞ거놀션낭이후원별당의고젹히쳐ᄒᆞ여냥기ᄎᆞ환이난간의〃지ᄒᆞ엿더니셔리긔운이공즁의가

10

득ᄒᆞ고밝은달이운간의조요ᄒᆞ여옹〃ᄒᆞᆫ기러기남으로가거놀션낭이쵸창ᄒᆞᆫ빗치잇셔기리탄왈슬푸다이몸이나릭업셔기러기롤ᄯᆞ라가지못ᄒᆞ도다ᄒᆞ며

글한귀롤웨여왈가련규리월이유조복파명이라ᄒᆞ여시니경히오날밤의쳡의심사롤니ᄅᆞ미로다ᄒᆞ고언파의슈항뉘나삼을적시더니홀연츈월이와고ᄒᆞᄃᆡ소졔쳔비롤보ᄂᆡ시며소청자연을잠간밧고와보ᄂᆡ라ᄒᆞ시더이다션낭이냥비ᄌᆞ롤도라보아왈소졔ᄆᆡ양여등을과장ᄒᆞ시더니이제부ᄅᆞ시니만일식이시ᄂᆞᆫ일이잇거든됴심ᄒᆞ여ᄒᆞ라냥비응명ᄒᆞ고가니라츈월이션낭을ᄃᆡᄒᆞ여희〃이우어왈낭직평일의적막치아니케지ᄂᆡ시다가이졔고적ᄒᆞᆫ별당의외로이계시니우리상공이츌젼ᄒᆞ신탓이로다ᄒᆞ거ᄂᆞᆯ션낭이미쇼부답ᄒᆞ

11

니츈월이우어왈쳔비일작직상문하의싱장ᄒᆞ여규즁쳐ᄌᆞ롤만히보아시나낭자갓치아롬다온용모ᄂᆞᆫ금시쵸견이라부즁상하모든공논이우리소져의아릐되미원통ᄐᆞᄒᆞ더이다션낭이소왈ᄂᆡ십년청누의비혼비업ᄉᆞ나약간조롱ᄒᆞᄂᆞᆫ말을아라듯나니금일차환의농낙ᄒᆞ믈듯지아니ᄒᆞ리라츈월이묵연ᄒᆞ여다시말이업더라ᄎᆞ시소청자연이황소져침실의니로니소졔흔연소왈맛참본부의셔송강농어롤보ᄂᆡ신지라여등은본ᄃᆡ강쥬인물노어션의익을듯ᄒᆞᆫ고로부로미니일시슈고롤괴로와말고찬품을ᄆᆞᆫ다라먹게ᄒᆞ라냥비응명ᄒᆞ고도화로더부러쥬하의나려가일변국을ᄡᅳ리니라ᄎᆞ셜션낭이츈월의말을듯고어히업셔싱각ᄒᆞᄃᆡ져희롱이음휼ᄒᆞᆫ의사로나롤취ᄆᆡᆨ고ᄌᆞᄒᆞ미니엇지통힉치아니리오ᄒᆞ여

12

촉을도〃고ᄆᆡᆨ〃히안자밤이깁흐ᄆᆡ냥비지도라오지아니ᄒᆞ엿더니츈월왈소청ᄌᆞ연이한번간후소식이업ᄉᆞ니쳔비가셔보리이다ᄒᆞ고문을열고나가거ᄂᆞᆯ션낭이벼기의〃지ᄒᆞ여젼〃불ᄆᆡᄒᆞ며스사로울〃쳐창ᄒᆞᆫ심회롤금치못ᄒᆞ더니지게밧게홀연발ᄌᆞ최쇼릐나거ᄂᆞᆯ냥비도라오ᄂᆞᆫ가ᄒᆞ여침상의다시니러안자기다릴식부지불각의홀연한마듸고함소릐진동ᄒᆞ며소청자연이방으로달녀드니션낭이ᄯᅩ한놀나창을열치고보ᄆᆡ츈월이계하의업더지고일기남직신을들고압담을너머다라나려ᄒᆞ다가돌쳐외당즁문을ᄎᆞᄌᆞ다라나니츈월이급

히니러나며크게소ᄅᆡ질너왈별당의슈상ᄒᆞᆫ남ᄌᆡ드러왓다ᄒᆞ며ᄶᅩᆺᄎᆞ가니ᄎᆞ시외당의셔밋쳐잠드지아냣다가ᄃᆡ경ᄒᆞ여창을열고보니과연월하의

13

한남ᄌᆡ의ᄑᆡ션명ᄒᆞ고거지호한ᄒᆞ여외당담을ᄯᅱ여넘거늘츈월이ᄶᅩᆺᄎᆞ그요ᄑᆡ롤붓드니그남ᄌᆡᄲᅮ리쳐ᄭᅳᆺ코다라나거늘원외밧비창두롤ᄶᅵ와종젹을ᄎᆞ지나임의간곳이업ᄉᆞ니원외모든창두롤신칙ᄒᆞ여왈이반다시젹한이라ᄒᆞ고인ᄒᆞ여문을닷고취침코ᄌᆞᄒᆞ더니츈월이모든창두와창밧긔셔짓거리며왈도젹의쥬머니의셔이샹ᄒᆞᆫ향ᄂᆡ가ᄂᆞ니반다시ᄌᆡ상부즁물건이라ᄒᆞ거늘원외ᄭᅮ지져물이치ᄆᆡ츈월이창두와문외의나와ᄉᆞ〃로이그쥬머니롤뒤여보니한장ᄎᆡ젼의글쓴편지잇거늘츈월이희〃이우어왈그쥬머니의글쓴조희잇시니젹한이반다시글을ᄒᆞᄂᆞᆫ도젹이로다이거시엇지도젹질ᄒᆞᄂᆞᆫ문셰아니리오ᄂᆡ갓다가우리부인긔드리〃라ᄒᆞ고ᄂᆡ당의드러가니허부인이그

14

연고롤무른ᄃᆡ츈월왈앗가소쳥ᄌᆞ연이소져침실의와밤드도록노다가쳔비바ᄅᆡ여쥬라ᄒᆞ고별당돌아ᄅᆡ니ᄅᆞ니부지불각의일ᄀᆡ장ᄃᆡᄒᆞᆫ소년남ᄌᆡ신을버셔들고별당침실노나려오다가쳔비롤보고불문곡직ᄒᆞ고발길노차셔것구로치고담을넘고ᄌᆞᄒᆞ다가돌쳐외당으로ᄂᆡ다라담을넘기의쳔비ᄶᅩᆺᄎᆞ가그쥬머니롤ᄲᅧ희니이의일ᄀᆡᄉᆞ치로온금낭이라낭즁의조희잇사오니부인은보쇼셔ᄒᆞ거늘허부인이소왈젹한을님의ᄶᅩᆺᄎᆞ시니낭즁물건을보아무엇ᄒᆞ리오말을맛지못ᄒᆞ여셔황소져황망이와부인긔놀나시믈문후ᄒᆞ니부인왈현뷔엇지잠드지아니ᄒᆞ엿더뇨소졔ᄃᆡ왈부즁이요란ᄒᆞ기로놀나ᄶᅵ엿더니좌위그릇보ᄒᆞᄃᆡ졍당의도젹이드럿다ᄒᆞ기로더옥놀나급히왓ᄂᆞ이다부인왈그러미아니라별당

15

의도젹이드럿다가임의ᄶᅩᆺᄎᆞ시니현부ᄂᆞᆫ방심ᄒᆞ고도라가ᄌᆞ라소졔ᄉᆡ로이놀

나ᄂᆞᆫ빗치잇셔츈월을도라보며왈별당의ᄌᆡ물이업거늘무어술취ᄒᆞ려도적이
드뇨츈월이소왈ᄭᅩᆺ치향ᄂᆡ나ᄆᆡ나뷔스사로오나니금일취란이한낫ᄌᆡ물이리
잇고황쇼졔왈네슈즁의가진거시무엇시뇨츈월이웃고드린ᄃᆡ황소졔쵹하의
셔바다보려ᄒᆞᆫᄃᆡᄐᆡ부인이소왈젹한의물건을규즁녀ᄌᆡ굿ᄐᆞ여볼ᄇᆡ아닌가ᄒᆞ
노라황쇼졔묵연이도로츈월을쥬고즉시윤소져침실의니ᄅᆞ러ᄂᆞᆫ츈월이쇼져
ᄅᆞᆯ뫼시고드러와직거리며다시그조희ᄅᆞᆯᄂᆡ여놋코ᄌᆞᄒᆞ거늘윤소졔왈도적의
ᄂᆡᆼ즁지물을보고ᄌᆞ아니ᄒᆞᄂᆞ니밧비집어가라황소제윤소져의긔ᄉᆡᆨ이쥰졀ᄒᆞ
여요동치아니믈보고츈월을도라보며왈션낭이고단ᄒᆞᆫ종적으로

16

落張

17

시ᄒᆞ라션낭이소져의말을슈상이너겨츈낭의슈즁의가진조희ᄅᆞᆯ탈취ᄒᆞ여보
니일장ᄎᆡ젼의ᄲᅧᆺ시니왈미견군자ᄒᆞ니일〃이여삼츄라경〃고등이오유〃아
ᄉᆡᆨ로다양상셔ᄂᆞᆫ박졍ᄒᆞ여임의ᄉᆡ외ᄀᆡᆨ이되여시니젹막ᄒᆞᆫ후원의가을달이둥
그도다ᄭᅩᆺ치장두의ᄯᅥᆯ치니ᄌᆞ로옥낭의ᄌᆞ최ᄅᆞᆯ의심ᄒᆞ도다쳡이양상셔로더부
러허신ᄒᆞ미업고붕우ᄅᆞᆯᄉᆞ괴여경셩의니ᄅᆞ믄일시구경을위ᄒᆞ미라우리낭인
이ᄇᆡᆨ년긔약은심양강의깁고벽셩산이놉하시니맛당이별당의쥭비ᄅᆞᆯ닷고비
파ᄅᆞᆯᄐᆞ창송녹쥭과황국단풍으로구연을닐워지이다소쳥화ᄂᆞᆫ다만바ᄅᆞᆷ지게
ᄅᆞᆯ의지ᄒᆞ여슴오명월을고ᄃᆡᄒᆞ노라ᄒᆞ엿더라션낭이보기ᄅᆞᆯ맛고안ᄉᆡᆨ이타연

18

ᄒᆞ여소왈이ᄂᆞᆫ젹한의장물이아니라벽셩션의작물이나상ᄉᆞ평찰은창긔의본
ᄉᆡᆨ이라소져ᄂᆞᆫ괴히너기지마로쇼셔황소졔어히업셔일언을답지못ᄒᆞ고도라오
니라션낭이소져와츈월을보ᄂᆡ고혼자누어잠을닐우지못ᄒᆞ며ᄉᆡᆼ각ᄒᆞᄃᆡᄂᆡ비
록쳥누의자라시나일작더러온말이귀의니ᄅᆞ미업더니이제간인의음ᄒᆡᄒᆞ미
되여이한을신셜ᄒᆞᆯᄯᆞᄒᆡ업ᄉᆞ니엇지명도긔박ᄒᆞ미아니리오ᄯᅩ고희ᄒᆞᆫ바ᄂᆞᆫᄂᆡ

글시롤혹모방할지잇거니와벽셩산심양강과별당의죽비롤달고상공과슈작ᄒᆞᆫ말을알지업거늘이갓치본다시말ᄒᆞ니간인의조화롤니로칙냥치못ᄒᆞ리로다ᄒᆞ고심시자연요란ᄒᆞ더라홀연싱각ᄒᆞᄃᆡ원쉬가실제졉다려어려온일이잇거든윤소져와상의ᄒᆞ라ᄒᆞ여시니명일윤소져롤보고츙

19

곡을다ᄒᆞ여쳐변홀도리롤무러보리라ᄒᆞ고밝기롤고ᄃᆡᄒᆞ여윤소져롤보고ᄌᆞᄒᆞ여침실의니ᄅᆞ니소졔반겨왈낭지야ᄅᆡ의일장쇼요롤지너여시니심니의염녜젹지아니리로다션낭이척연ᄃᆡ왈쳔쳡이상공을좃ᄎᆞ쳔니의오믄실노풍경을탐ᄒᆞ미라ᄉᆞ모ᄒᆞᄂᆞᆫ마음이〃시미러니이제부즁의드러온지몃칠이못되여더러온소ᄅᆡ와ᄒᆡ연한ᄉᆞᄀᆡ아롬다온가즁의희롤짓고조용ᄒᆞᆫ문호롤요란케ᄒᆞ오니타일상공을뵈올낫치업셔고향으로가고ᄌᆞᄒᆞᆫ즉진퇴롤자젼치못홀거시오잇고ᄌᆞᄒᆞᆫ즉화익이무궁ᄒᆞ온지라쳡이그쳬변홀도리롤아지못ᄒᆞᄂᆞ니바라건ᄃᆡ밝히가ᄅᆞ치쇼셔윤소졔소왈닉무숨식견이잇셔낭ᄌᆞ의근심을덜니게ᄒᆞ리오다만드ᄅᆞ니군ᄌᆞ의쳐변ᄒᆞ믄곡노롤힝ᄒᆞ미업다ᄒᆞ니그ᄃᆡᄂᆞᆫ다만닉몸을닥고닉뜻을직희

20

여텬명을순슈홀ᄯᆞ롬이라낭ᄌᆞᄂᆞᆫ안심물녀ᄒᆞ여일이되여가믈보라션낭이심즁의탄복왈소져ᄂᆞᆫ진짓녀즁군지라엇지우리상공의호귀아니리오ᄒᆞ더라말이맛지못ᄒᆞ여셔창밧게연옥이소ᄅᆡᄒᆞ여왈츈월이여긔업듸여무삼말을듯ᄂᆞ뇨ᄒᆞ거늘션낭이즉시몸을니러도라가니라ᄎᆞ시황소졔션낭이윤쇼져침실의가믈알고츈낭을보닉여냥인의슈작ᄒᆞ믈규쳥ᄒᆞ다가연옥의게탄노ᄒᆞ미츈월이웃고옥의손을잡고왈닉너롤ᄎᆞ자오미라ᄒᆞ고도라가황소져긔션낭과윤쇼져의슈작을일〃이고ᄒᆞᆫᄃᆡ황쇼졔닝소왈윤시의혜일홈과쳔기의포악ᄒᆞ므로ᄉᆞ긔롤짐작고이갓치모의ᄒᆞ니닉ᄯᅩ한허루이잡죄지못ᄒᆞ리라ᄒᆞ더라ᄎᆞ셜션낭이일〃은별당의안ᄌᆞ더니홀연일ᄀᆡ노픽드러오거늘문왈노파ᄂᆞᆫ엇더ᄒᆞᆫ사롬이뇨

21

노퓌왈노신은퓌물파는장시라ᄒᆞ니자연이닉다라왈무삼조흔노리긔잇ᄂᆞ야 노퓌왈월갓흔명월퓌와별갓흔진쥬션과불갓흔산호구슬과쏫갓흔칠보잠이 상ᄌᆞ의가득ᄒᆞ니마음ᄃᆡ로골나라ᄒᆞ고ᄎᆞ례로닉여놋커늘ᄌᆞ연이낫낫치집어 보다가그즁의한봉지단〃ᄒᆞᆫ거시잇거늘연왈이거시무어신고ᄒᆞ며푸러보니 둥글기구슬갓고향닉촉비ᄒᆞ니퓌왈이거손일홈이벽ᄉᆞ단이니몸의진이고밤 의단녀도이미망양이현형치못ᄒᆞ고여역이셰상의퍼져도병이침노치아니ᄒᆞ 니규즁부인은긴관치아니ᄒᆞ나하예비복은져마다가지ᄂᆞ니그ᄃᆡ는사라ᄒᆞᆫᄃᆡ ᄌᆞ연이일긔롤집어션낭을뵈이며ᄉᆞ고ᄌᆞᄒᆞ니션낭이웃고하나흘ᄉᆞ쥬고소청 을도라보아왈너도가지고ᄌᆞᄒᆞᄂᆞ냐청이ᄃᆡ왈힝지광명ᄒᆞᆫ즉귀물이엇지현형 ᄒᆞ며

22

신쉬불길ᄒᆞᆫ즉질병을엇지면ᄒᆞ리잇고쳔비는사고ᄌᆞ아니ᄒᆞ나이다션낭이미 소ᄒᆞ더라ᄌᆞ연이그단약을가져손의놋치아니ᄒᆞ고사랑ᄒᆞ니소청이ᄊᆞ지져왈 쁠ᄃᆡ업는물건을사가고셰월을보닉니닉맛당이아ᄉᆞ바리〃라ᄌᆞ연이겁닉여 깁히감쵸니라일〃은연이별당밧게셧더니츈월이와갓치놀다가웃고왈닉드 ᄅᆞ니네긔이상ᄒᆞᆫ단약이잇다ᄒᆞ니잠간구경코자ᄒᆞ노라ᄌᆞ연이져고리속으로 셔그약을닉여뵌ᄃᆡ츈월이희〃이웃고왈이거시엇지져고리속의드럿나뇨연 이소왈몸의진니즉귀물이범치못ᄒᆞᆫ다ᄒᆞ기로감쵸와두엇노라츈월왈나도맛 당이일긔롤사가지리라ᄒᆞ더라ᄎᆞ시는팔월즁순이라옥계의찬니슬이나리고 ᄉᆞ벽의버러지쇼ᄅᆡ요란ᄒᆞ여규즁미인의쳐량ᄒᆞᆫ심회롤돕는지라션낭이아마 의슈운

23

이가득ᄒᆞ여원텬을바라고안자다가촉을멸ᄒᆞ고침상의누으니냥비지쏘한잠 드럿더니홀연츈월이와급히문을열나ᄒᆞ거늘션낭이친히니러나문을열믹츈 월이한손의쵸롱을들고방즁의드러와소져의말을젼ᄒᆞ여왈닉졸연이득병ᄒᆞ

여상셕의누엇더니ᄉᆡᆼ각건ᄃᆡ다시못볼가긔별ᄒᆞ엿노라ᄒᆞ거ᄂᆞᆯ션낭이놀나왈소졔무삼병환이그리급ᄒᆞ신고츈월이일변ᄃᆡ답ᄒᆞ며일변쵸롱을놋코쇼청자연의자ᄂᆞᆫ겻ᄒᆡ안자왈금야의텬긔청닝ᄒᆞ나셔풍이소슬ᄒᆞ여심히치우니엇지본부의가리오ᄒᆞ거ᄂᆞᆯ션낭왈무삼일노가나뇨츈월왈약지으러가나이다션낭왈ᄂᆡ이제ᄯᅩ한소져ᄅᆞᆯ가뵈오려ᄒᆞ니소청을ᄭᆡ와그불을촉ᄃᆡ의혀게ᄒᆞ라츈월왈쳣잠이깁허시니찬〃이ᄭᆡ오쇼셔ᄒᆞ고츈월이스사로촉ᄃᆡᄅᆞᆯᄎᆞᄌᆞ혀다가홀연촉ᄃᆡ업쳐져쵸롱을

24

쳐불이일시의ᄭᅥ지니츈월이화징ᄂᆡ여왈급히먹ᄂᆞᆫ밥이목이멘다ᄒᆞ더니과연허언이아니로다ᄒᆞ고표홀이가거ᄂᆞᆯ션낭이즉시쇼청을ᄭᆡ와불을혀라ᄒᆞ니청이니러나옷살ᄎᆞ지려ᄒᆞ니간ᄃᆡ업ᄂᆞᆫ지라어두온즁의찻노라ᄒᆞ니자연분〃ᄒᆞ거ᄂᆞᆯ션낭이ᄭᅮ지져ᄲᆞᆯ니이러나믈직촉ᄒᆞ니쇼청이황망ᄒᆞ여자연의져고리ᄅᆞᆯ닙고션낭을ᄯᆞ라황소져의침실의니ᄅᆞ미소졔상우희누어신음ᄒᆞ다가션낭을보고반겨왈ᄌᆞᄅᆡ로병든사ᄅᆞᆷ이친근ᄒᆞᆫ자ᄅᆞᆯᄉᆡᆼ각ᄒᆞᄂᆞ니낭ᄌᆡ이갓치와문병ᄒᆞ니다졍ᄒᆞ도다션낭이좌우ᄅᆞᆯ둘너보니아모도업고화로의약을노하바야흐로ᄭᅳ러넘고ᄌᆞᄒᆞ거ᄂᆞᆯ션낭이소져다려왈도홰어ᄃᆡ가니잇고소졔왈츈월은본부로보ᄂᆡ고도화ᄂᆞᆫ밧게나가더니아니오니괴히토다션낭이소청으로더부러약을보니임의다달왓거ᄂᆞᆯ

25

션낭이소져긔약이다되믈말ᄒᆞᆫᄃᆡ소졔왈비록불안ᄒᆞ나소청을시겨ᄯᆞ라쥬미엇더ᄒᆞ뇨소청이즉시ᄯᆞ라소져긔드리니소졔향벽ᄒᆞ여누엇다가아미ᄅᆞᆯ찡긔고도화ᄅᆞᆯ무슈히ᄭᅮ짓더니츈월이드러와약을보고ᄃᆡ경왈이약을뉘가다리니잇고소졔소ᄅᆡᄅᆞᆯ겨유ᄒᆞ여답왈나도졍신이혼〃ᄒᆞ여아모란쥴모로나션낭과소청이다려온거신가ᄒᆞ노라츈월이일변도화ᄅᆞᆯ칙ᄒᆞ며일변약을식혀소져긔고ᄒᆞ니소졔강잉ᄒᆞ여니러안ᄌᆞ그릇슬드러마시려ᄒᆞ다가얼골을찡기고고ᄀᆡᄅᆞᆯ도로혀왈이번약이고희ᄒᆞᆫᄂᆡ음ᄉᆡ코흘거ᄉᆞ리니먹지못ᄒᆞ리로다츈월왈약

이쓰지아니ᄒᆞ면병이낫지아니ᄒᆞᄂᆞ니소져ᄂᆞᆫ각노와부인의심녀ᄅᆞᆯ싱각ᄒᆞ샤마시쇼셔소제다시약그릇슬들고업듸여마시려ᄒᆞ다가그릇술ᄯᅥ히더지고상〃의업듸여혼졀ᄒᆞ니션낭노쥐놀나

26

급히붓들고ᄌᆞᄒᆞᆫᄃᆡ춘월이발구르며가슴을두다려왈이ᄂᆞᆫ우리소제즁독ᄒᆞ시미로다ᄒᆞ고즉시머리우희은잠을ᄂᆡ여약의담으니경ᄀᆡᆨ의거믄빗치나거ᄂᆞᆯ춘월이크게소ᄅᆡ질너도화ᄅᆞᆯ부ᄅᆞ니도홰창황이드러온ᄃᆡ춘월이손벽치며방셕ᄃᆡ곡왈네그사이어ᄃᆡ가우리소져ᄅᆞᆯ독인의슈즁의너허이지경이되게ᄒᆞ뇨소쳥의몸을뒤여남은약을보ᄌᆞᄒᆞ니소쳥이어희업셔옷슬버스며우러왈하날이우리노쥬ᄅᆞᆯ죽이고ᄌᆞᄒᆞ실진ᄃᆡ엇지못죽이샤이러ᄒᆞᆫ경계ᄅᆞᆯ당ᄒᆞ게ᄒᆞ신고져고리ᄅᆞᆯ버스ᄆᆡ한봉약이옷틈의드럿거ᄂᆞᆯ춘월이그환약을ᄂᆡ여들고ᄯᅱ놀며왈우리소제적국의모히ᄅᆞᆯ닙어독ᄒᆞᆫ화ᄅᆞᆯ당ᄒᆞ샤쳥춘지년의ᄉᆞ싱을알길이업ᄉᆞ니유〃창텬아이ᄅᆞᆯ장찻엇지ᄒᆞ리잇고ᄒᆞ며도화ᄅᆞᆯ도라보아왈소쳥노쥬ᄂᆞᆫ우리와불공ᄃᆡ쳔지슈라단〃이붓드러일치말나ᄒᆞ고정당의니ᄅᆞ러허부인긔뵈옵고소져의즁

27

독일졀을고ᄒᆞ니부인이ᄃᆡ경ᄒᆞ여곡졀을무른ᄃᆡ춘월이눈물을거두지못ᄒᆞ여오열ᄒᆞᆫ소ᄅᆡ로고왈소제셕반후의신긔불평ᄒᆞ샤본부의셔두쳡약을지어와한쳡은쳔비다려드리고한쳡은쳔비본부의간사이의션낭과소쳥이무단이와급히다려드리니소제정신이혼미ᄒᆞᆫ즁의한먹음을마시더니길〃이ᄯᅱ시며정신을일흐니쳔비빈혀ᄅᆞᆯᄲᅢ혀약의잠아보ᄆᆡ거문빗치완연ᄒᆞ고소쳥의몸의나믄약을어더ᄂᆡ여ᄉᆞ오ᄆᆡ쳔비부인긔자셔ᄒᆞᆫ소유ᄅᆞᆯ고ᄒᆞᄂᆞ니부인은명찰지ᄒᆞ옵소셔부인이묵연양구의바로윤소져침실의와소져ᄅᆞᆯ다리고황소져침당의니ᄅᆞ니션낭은어린다시상하의안졋고소쳥은겻히뫼셧다가윤소제허부인을뫼셔니ᄅᆞ믈보고션낭이니러마자며눈물이비오듯ᄒᆞ니윤소제그경상을보고불승참연ᄒᆞ여참아보지못ᄒᆞᆯ지라아미ᄅᆞᆯ슉이고쥬루ᄅᆞᆯ먹음어고ᄀᆡ

28

ᄅᆞᆯ숙이고황소져압희나아가몸을만져보ᄆᆡ한열이극ᄒᆞ고긔ᄉᆡᆨ이쳔쵹ᄒᆞ여경ᄀᆡᆨ의위ᄐᆡᄒᆞᆯ듯ᄒᆞ더라윤소제묵〃히물너셔니허부인이ᄯᅩ상압희나아가닐으ᄃᆡ현뷔일야지간의병이엇지니ᄅᆞ틋즁ᄒᆞ뇨황소졔답지아니코헷구역ᄒᆞ며늣기거ᄂᆞᆯ허부인이좌우ᄅᆞᆯ도라보아왈소동치말고소져ᄅᆞᆯ보호ᄒᆞ여안심회ᄉᆡᆼ케ᄒᆞ라ᄒᆞ나ᄒᆞ니츈월이ᄃᆡ곡ᄒᆞ고션낭의게다라드러왈네우리쇼져ᄅᆞᆯ치독ᄒᆞ고무삼낫ᄎᆞ로좌상의안ᄌᆞ나뇨ᄒᆞ며ᄡᅳ러ᄂᆡ려ᄒᆞ니윤쇼졔정ᄉᆡᆨ왈쳔비ᄂᆞᆫ너모무례치말나죄지유무ᄂᆞᆫ우흐로부뫼계시고분의로말ᄒᆞᆫᄌᆞᆨ가군의소실이라엇지이갓흔당돌ᄒᆞᆫ말노구박ᄒᆞ리오언파의긔ᄉᆡᆨ이츄상갓거ᄂᆞᆯ츈도낭비송연이물너셔니부인과소졔반향이나안ᄌᆞ다가황소져의동정을살피나별노위ᄐᆡᄒᆞ미업ᄉᆞ니부인이도라올ᄉᆡ윤소졔션낭을눈쥬어소쳥을다리

29

고허부인침실노왓더니원외드러와ᄃᆡ강곡절을듯고바로황소져침실의와ᄆᆡᆨ을집허보고츈도낭비ᄅᆞᆯ불너분부왈너의도리ᄂᆞᆫ다만소져ᄅᆞᆯ보호ᄒᆞᆯᄯᆞᄅᆞᆷ이라만일방ᄌᆞ히요란ᄒᆞᆫᄌᆞᆨ엄히다시리〃라ᄒᆞ고도로혀부인침실의니ᄅᆞ니부인이문왈황현부의동졍이엇더ᄒᆞ며가간의괴단이〃갓흐니상공이장찻엇지쳐치고자ᄒᆞ시나잇고원외침음왈황현뷔비록즁독ᄒᆞ다ᄒᆞ나다ᄒᆡᆼ이무양ᄒᆞ니다시ᄉᆡᆼ각ᄒᆞ리이다ᄒᆞ더라ᄎᆞ시황소졔공교ᄒᆞᆫ계교와간독ᄒᆞᆫ슈단으로잉쳡을모ᄒᆡ코자ᄒᆞ여구고ᄅᆞᆯ놀ᄂᆡ고안즁졍을위ᄒᆞ여신명을도라보지아니ᄒᆞ니엇지쳔츄부인의경계ᄒᆞᆯᄇᆡ아니리오소졔진짓상우히누어니지아니ᄒᆞ니가장쵸조ᄒᆞ고분독이ᄐᆡᆼ즁ᄒᆞ여츈월을본부의보ᄂᆡ여다시노혼ᄒᆞᆫ아비ᄅᆞᆯ공동코자ᄒᆞ여츈월이황부문젼의달녀드며방셩ᄃᆡ곡ᄒᆞ고복

30

지혼절ᄒᆞ니부인과각뇌ᄃᆡ경ᄒᆞ여곡졀을무른ᄃᆡ츈월이다시ᄯᆞ흘두다리며하날을부르지져왈불상ᄒᆞ다우리소제무삼죄로청츈원혼이되신고ᄒᆞ거ᄂᆞᆯ황각뇌이말을듯고ᄃᆡ경ᄒᆞ여크게소ᄅᆡ질너왈이거시무삼말이뇨츈월은자시고ᄒᆞ

라츈월이울며고왈소제작야의신긔불평ᄒᆞ샤두첩약을지어한첩은쳔비다려
드리고밧게나간ᄉᆞ이의벽셩션이ᄌᆞ긔시비롤다리고남은약을달혀드리니소
제정신이혼〃ᄒᆞ여신지무의ᄒᆞ고한번마시ᄆᆡ길〃이ᄯᅱ고졍신을찰희지못ᄒᆞ
시니쳔비빈혀롤ᄲᅢ혀남은약의너허보니빗치검고소청의몸을뒤여보니독약
한환이회즁의잇ᄉᆞ오니바라건ᄃᆡ노야ᄂᆞᆫ이원슈롤갑하쥬쇼셔위부인이닝소
왈녀ᄋᆡ잘죽엇도다사라욕되믄죽으니만갓지못ᄒᆞᆫ지라다만한심ᄒᆞᆫ바ᄂᆞᆫ일국
원노의쳔금소교롤무죄히일ᄀᆡ쳔기의숀의독

31

약으로죽으미원통ᄒᆞ도다각뇌손으로ᄯᅡ흘치며왈노뷔맛당이가즁창두롤다
리고양부의가슈인을잡아ᄂᆡ여쳐치ᄒᆞ리라위부인이사ᄆᆡ롤잡아왈츈월의소
젼을드ᄅᆞᄆᆡ양부상ᄒᆡ간인을부동ᄒᆞ여도로혀녀아롤의심ᄒᆞᆫ다ᄒᆞ니상공은가
지마ᄅᆞ소셔창뇌사ᄆᆡ롤ᄯᅥᆯ치고창두십여명을거나리고길의덥혀양부의다라
들며원외롤보고분〃이닐오ᄃᆡ노뷔녀아의원슈롤갑고왓시니형은간인을두
지말고ᄲᅢ이ᄂᆡ여보ᄂᆡ라노뷔비록불ᄉᆞᄒᆞ나일ᄀᆡ쳔기의ᄉᆡᆼ살지권은장즁의잇
다ᄒᆞ더라ᄎᆞ하롤분ᄒᆡᄒᆞ라
셰무신오월일향목동셔

권지십일

1

옥누몽권지십일

원슈디쳡흑풍산와룡현몽반사곡

화셜황각뇌분〃디로ᄒᆞ여왈노뷔비록불사ᄒᆞ나일기쳔기의싱살지권은장즁의잇노라원외소왈승상의말삼이과도ᄒᆞ도쇼이다이ᄂᆞᆫ만싱의집일이니만싱이불인ᄒᆞ나스사로쳐치ᄒᆞ려니와녕네ᄯᅩ한무양ᄒᆞ니번뇌치마ᄅᆞ소셔각뇌왈노뷔님의다알고왓거ᄂᆞᆯ형이엇지요악ᄒᆞᆫ쳔기ᄅᆞᆯ두호ᄒᆞ여인명이지즁ᄒᆞ믈도라보지아니ᄒᆞᄂᆞ뇨형이만일슈인을ᄂᆡ여쥬지아닌즉맛당이노쳐ᄅᆞᆯ보ᄂᆡ여ᄂᆡ당을슈엄ᄒᆞ여도오날이원슈ᄅᆞᆯ갑고가리라말숨을맛ᄎᆞ며분긔엄ᄉᆡᆨᄒᆞ여쳔식이휘황ᄒᆞ거ᄂᆞᆯ원외져거동을보고어희업셔ᄒᆞᄂᆞᆫ즁그노ᄒᆞᆫᄒᆞ고용열ᄒᆞ믈더옥측은이너겨다시우어왈승상의싱각지못ᄒᆞ시미엇지이의밋쳐나뇨만싱이비록

2

착지못ᄒᆞ나승상의소교ᄂᆞᆫ즉만싱의ᄌᆞ뷔라ᄌᆞᄋᆡ지정은부모와구괴다ᄅᆞ미업술지니엇지그ᄉᆞ셩지간의쳐ᄒᆞ여이갓치안연ᄒᆞ리오ᄯᅩ녀ᄌᆡ츌가ᄒᆞᆫ즉소즁이구가의잇ᄂᆞ니이졔승상이무근지셜을드ᄅᆞ시고이갓치젼도ᄒᆞ시믄도로혀영녀ᄅᆞᆯ사랑ᄒᆞ시ᄂᆞᆫ도리가아닌가ᄒᆞᄂᆞ이다황각뇌노긔ᄅᆞᆯ바야흐로진정ᄒᆞ여왈형의말갓흘진디녀아의일구잔쳔이셰상의그져잇ᄂᆞᆫ가시부니노뷔잠간보고자ᄒᆞ노라원외허락ᄒᆞ고즉시ᄂᆡ당의통ᄒᆞᆫ후황각뇌소져의침실의니ᄅᆞ니소졔진짓상〃의누어눈을감고긔운이쓴어질듯ᄒᆞ거ᄂᆞᆯ각뇌발을멈츄고어두운눈을황양이ᄶᅥ찬〃이살펴보니구룸갓흔운환이산〃이흣터져옥안의덥혀시며원산을빈츅ᄒᆞ여화긔ᄉᆞ라진즁슈쪽을거두지못ᄒᆞ고정신이약존약무ᄒᆞ여뵈거ᄂᆞᆯ각뇌

3

압희나아가몸을만지며불너왈녀아야무삼곡졀노이지경의니ᄅᆞ럿나뇨네아비여긔왓시니눈을ᄠᅥ보라소졔홀연구역질ᄒᆞ며옥안의말삼으로ᄃᆡ왈소네불쵸ᄒᆞ와슬하의이갓치불효ᄅᆞᆯᄭᅵ치오니야〃ᄅᆞᆯ뵈올낫치업ᄂᆞ이다각뇌위로왈츈비의급보ᄅᆞᆯ듯고젼도이왓더니오히려ᄉᆡᆼ존ᄒᆞ믈보니이ᄂᆞᆫ텬ᄒᆡᆼ이라간인의쳐치ᄒᆞ믄너의구가의잇시니ᄂᆡ엇지ᄒᆞ리오소졔눈물을흘녀왈소네이지경의니ᄅᆞ니ᄉᆞᄉᆡᆼ은여ᄉᆡ라잠간귀령ᄒᆞ여다시독인의화ᄅᆞᆯ면ᄒᆞᆯ가ᄒᆞ나이다각뇌다시츄연ᄒᆞᆫ빗치잇셔원외ᄅᆞᆯ보고귀령을쳥ᄒᆞᆫᄃᆡ원외허락ᄒᆞ거ᄂᆞᆯ각뇌즉시도라와부인을ᄃᆡᄒᆞ여만면희식으로녀아ᄅᆞᆯ보고오믈말ᄒᆞ고츈월이과도이소동ᄒᆞ여노부로ᄒᆞ여금하마ᄒᆞ더면인명을오살ᄒᆞᆯ번ᄒᆞ도다위부인이ᄂᆡᆼ쇼왈상공은다만그쥭어보

4

슈ᄒᆞ믈아ᄅᆞ시고살아셜치ᄒᆞ믈ᄉᆡᆼ각지아니시나잇가각뇌연기언ᄒᆞ여왈녀ᄋᆡ이제올거시니제말을드러다시상의ᄒᆞ리라ᄒᆞ더라ᄎᆞ시양원외ᄂᆡ당의드러와허부인과윤소져ᄅᆞᆯᄃᆡᄒᆞ여황각노의일을말ᄒᆞ고쳐치ᄒᆞᆯ도리ᄅᆞᆯ상의ᄒᆞᆯᄉᆡ허부인이탄왈쳡이ᄉᆡᆼ각ᄒᆞᄆᆡ한사람이ᄌᆈ의버슨즉한사람의허물이낫ᄐᆞ나고한사ᄅᆞᆷ의허물을덥고ᄌᆞᄒᆞᆫ즉한사ᄅᆞᆷ의ᄌᆈ의나아가리니상공은십분상양ᄒᆞ쇼셔원외소왈ᄂᆡᄯᅩ한짐작ᄒᆞᆫ비라맛당이아ᄌᆞ의도라오믈기다려쳐치ᄒᆞ리라ᄒᆞ더라아이오황부의셔교ᄌᆡ니ᄅᆞ러쇼져ᄅᆞᆯ다려갈ᄉᆡ부인이소져의ᄉᆞᆫ을잡고탄왈노뫼덕이업셔가즁을화목지못ᄒᆞ여이런일이ᄉᆡᆼ기니누ᄅᆞᆯ한ᄒᆞ리오쇼제답지못ᄒᆞ고다만눈물을흘니며교자의올나본부로도라가니라ᄎᆞ시위부인이ᄉᆞ갈의셩품과귀

5

역의심ᄉᆞ로투긔ᄒᆞᄂᆞᆫ말을도와간특ᄒᆞᆫ계교ᄅᆞᆯᄒᆡᆼᄒᆞ다가뜻갓지못ᄒᆞᄆᆡ더욱한독ᄒᆞ믈니긔지못ᄒᆞ여각노ᄅᆞᆯ부동코자ᄒᆞ여녀아ᄅᆞᆯ보고집슈통곡왈너의부친이쳐음ᄐᆡᆨ셔ᄅᆞᆯ그릇ᄒᆞ여소교로고쵸ᄅᆞᆯ격게ᄒᆞ고나종보슈ᄅᆞᆯ아니ᄒᆞ여타일간

인의모ᄒᆡᄅᆞᆯ넙게ᄒᆞ니우리모녜찰하리몬져죽어합연이모로리라ᄒᆞ고셔로안고몸을부듸져울거ᄂᆞᆯ츈월이ᄯᅩ한소져ᄅᆞᆯ붓들고방셩통곡ᄒᆞ여일장을뒤집으니각뇌드러와이경상을보고황망이녀아와부인을위로ᄒᆞ여왈부인은우ᄅᆞᆷ을ᄀᆞᆺ치고다시보슈ᄒᆞᆯ방약을ᄉᆡᆼ각ᄒᆞ쇼셔양원외ᄂᆞᆫ편협ᄒᆞᆫ사ᄅᆞᆷ이라노뷔다시말ᄒᆞ고ᄌᆞ아니ᄒᆞᄂᆞ니명일황상긔알외여맛당이큰거조ᄅᆞᆯ닐우리니부인은근심마ᄅᆞ소셔ᄒᆞ고익일의황각뇌조회ᄅᆞᆯ파ᄒᆞᆫ후탑젼의쥬왈남졍ᄃᆡ원슈양창곡은신의ᄉᆞ회라가되괴란ᄒᆞ와창곡

6

이츌젼ᄒᆞᆫ후요악ᄒᆞᆫ잉쳡이쥬모ᄅᆞᆯ치독ᄒᆞ니그쥬모ᄂᆞᆫ신의녀식이라픠악ᄒᆞᆫ소문과망측ᄒᆞᆫ거좨강상타변의갓갑ᄉᆞ오니신이그ᄉᆞ졍을위ᄒᆞ미아니라창곡은폐하의지우ᄒᆞ신〃ᄒᆡ라이졔밧게잇고그가되이갓치괴란ᄒᆞ오니폐하만일그악쳡을법으로다사리지아니면그가도ᄅᆞᆯ진졍치못ᄒᆞ리니그ᄒᆡ반다시창곡의게밋찰가ᄒᆞ나이다텬ᄌᆡ드ᄅᆞ시고윤각노ᄅᆞᆯ도라보ᄉᆞ왈경도창곡의악부라니런말을듯지못ᄒᆞ뇨윤각뇌쥬왈신이ᄯᅩ한드러ᄉᆞ오니규즁지ᄉᆞᄅᆞᆯ조졍의셔참예ᄒᆞᆯ비아니온고로쥬달치못ᄒᆞ엿ᄉᆞᆸ더니이ᄌᆡ무ᄅᆞ시니신의우견의ᄂᆞᆫ양창곡이도라오기ᄅᆞᆯ기다려쳐치ᄒᆞ게ᄒᆞ미올흘가ᄒᆞ나이다텬ᄌᆡ그말ᄉᆞᆷ을좃ᄎᆞ시니황각뇌ᄒᆞᆯ일업셔물너나익일의윤각노ᄅᆞᆯ보고ᄎᆡᆨ왈형은다만쳔기ᄅᆞᆯ알고타일녕녀의화

7

근을ᄉᆡᆼ각지아니ᄒᆞ니엇지원례잇다ᄒᆞ리오각뇌답왈만ᄉᆡᆼ이비록불민ᄒᆞ나벼ᄉᆞᆯ이ᄃᆡ신지렬의쳐ᄒᆞ여엇지ᄉᆞ졍을위ᄒᆞ여조졍쳬모ᄅᆞᆯ착난ᄒᆞ리오우리져와인친지의의져의가간ᄉᆞᄅᆞᆯ조용이진압ᄒᆞ미올커ᄂᆞᆯ이갓치조야의요란케ᄒᆞ리오황각뇌윤공의말을오희려유리ᄒᆞᆫ듯ᄒᆞ나오희려분〃ᄒᆞᆫ빗치잇더라ᄎᆞ시션낭이좨인을ᄌᆞ쳐ᄒᆞ여별당정실의잇지아니ᄒᆞ고ᄒᆡᆼ각협실의거젹을펴고베니불의단장을폐ᄒᆞ고소쳥자연을다리고노쥐상의ᄒᆞ여문의나지아니ᄒᆞ니참연ᄒᆞᆫ경ᄉᆡᆨ과쳐조ᄒᆞᆫᄒᆡᆼᄉᆞᄅᆞᆯ부즁상ᄒᆡ막불쵸창ᄒᆞ여비록원통이아나그쳐지ᄅᆞᆯᄉᆡᆼ

각ᄒᆞ여말뉴치못ᄒᆞ더라ᄎᆞ설원쉬힝군ᄒᆞ여구강ᄶᅡ히니ᄅᆞ러군사를칠식오표졔군의격셔롤보니여군마롤조발ᄒᆞ고인ᄒᆞ여젼령홀식젼부션봉뇌

8

텬풍이간왈방금적셰급ᄒᆞ여남방졔군이텬병을고디ᄒᆞ니비록디군을거나려빈일병힝치못ᄒᆞ나이ᄶᅡ히오리두류ᄒᆞ여시니쇼장이그의향을아지못ᄒᆞᄂᆞ이다원쉬소왈이ᄂᆞᆫ잠간쉬여오표군ᄉᆞ롤모하산양코자ᄒᆞ믄그무예롤시험코자ᄒᆞ미라ᄒᆞ더라차시남만왕이원슈의격셔롤보고군마롤졍돈ᄒᆞ여장ᄉᆞ롤ᄒᆞ여명원슈의디군을기다리더라ᄎᆞ시양원쉬무창산하의영치롤셰우고오표병을합ᄒᆞ여모든장ᄉᆞ의무예롤보고ᄌᆞ홀식활을몬져시험ᄒᆞ니시위소리반공의풍우롤닐우혀고별갓흔살이구슬ᄲᅦᆫᄃᆞ시ᄯᅥ러져각〃진조롤닷토더니홀연낭긔소년이장하의니ᄅᆞ러소리ᄒᆞ여왈원쉬이졔장ᄉᆞ롤쵸모ᄒᆞ시며엇지약ᄒᆞᆫ활과가는살노ᄲᅧ아히노롬을효칙ᄒᆞ시나잇고원컨디도치창검으로용밍을시험코자ᄒᆞ나이

9

다모다그쇼년을보니신장이팔척이오위풍이늠〃ᄒᆞ여효용ᄒᆞᆫ거동과담디한모양이외모의낫ᄐᆞᄂᆞ니원쉬그셩명을무른디고왈소장등은본디소쥬사롬이니일인은평싱의살인ᄒᆞ믈조화ᄒᆞ므로호왈소살셩마달이라ᄒᆞ고일인은담디효용ᄒᆞ여소향의무적이므로호왈빅일표동쵸라ᄒᆞ나이다원쉬그셩명을듯고바야흐로의희이ᄯᅵ다라자시보니젼일의소쥬긱졈의셔압강졍을가ᄅᆞ치던소년이라원슈크게반겨문왈너의일작소항청누의방탕이단니더니엇지여긔니ᄅᆞ뇨그쇼년이잠간우러러원슈의얼골을보고놀나는빗치잇셔왈소장등이안목이업셔회음도즁의국ᄉᆞ의다겁ᄒᆞ믈우셔더니이졔원슈ᄂᆞᆫ청츈장년의공명이의〃ᄒᆞ시고소장등은창가쥬루의종젹이낙쳑ᄒᆞ여일작이살인의범법ᄒᆞ고이ᄯᅳ히망명ᄒᆞ여산양질

10

ᄒᆞ믈닐ᄉᆞᆷ더니원쉬장ᄉᆞᄅᆞᆯᄲᆞᆸ으시믈듯고왓나이다원쉬ᄃᆡ희ᄒᆞ여창검을쥬어 ᄌᆡ조ᄅᆞᆯ시험ᄒᆞ라ᄒᆞ니냥인이청녕ᄒᆞ고창을들고말긔올나좌우로치빙ᄒᆞ니좌 작진퇴와합젼충돌ᄒᆞᄂᆞᆫ법이일호도소루ᄒᆞ미업ᄉᆞ니좌우졔장이ᄎᆡᆨ〃칭션ᄒᆞ 고원쉬ᄃᆡ희ᄒᆞ여동쵸로좌익장군을ᄉᆞᆷ고마달노우익장군을ᄉᆞᆷ아ᄃᆡ군을모라 무창산의이ᄅᆞ러크게산양ᄒᆞ니고각함셩이텬지ᄒᆞᆫ들고긔치창검이일광을가 리오니만산쵸목이살긔ᄅᆞᆯ씌엿고비금쥬쉬형용이긋치더라다시밤으로ᄲᅧ낫 슬니어슈풀을에워불을놋코호표ᄉᆡ랑지유ᄅᆞᆯ뫼갓치잡아ᄉᆞᆷ군을호궤ᄒᆞᆫ후의 바야흐로힝군ᄒᆞ여남으로갈ᄉᆡ이ᄯᆡ남만왕나탁이ᄃᆡ군을모라즁원지경을범 ᄒᆞᄃᆡ방비ᄒᆞ미업ᄉᆞᆫ고로운남구진냥읍을함몰ᄒᆞ고형익여양ᄉᆞ쥬ᄅᆞᆯ엿보아만 병을셰길노난화바로남경을

11

범코자ᄒᆞ더니원슈의ᄃᆡ군이구강ᄯᅡ희니ᄅᆞ러삼일을젼렵ᄒᆞ믈듯고ᄃᆡ경왈텬 병이칠쳔여리ᄅᆞᆯ힝군ᄒᆞ여오히려남은용ᄆᆡᆼ이〃시니그강셩ᄒᆞ믈알비오우리 군ᄉᆡ이러틋요란이셩지ᄅᆞᆯ앗ᄃᆡ이갓치타연이산양ᄒᆞ니그장약이〃시미라허 물며오표의강한지병을더ᄒᆞ여시니ᄃᆡ적기어렵다ᄒᆞ고밧비삼노병을거두어 물너나니라원슈의ᄃᆡ군이익쥬ᄯᅡ희니ᄅᆞ니ᄌᆞᄉᆞ소유경이멀니나와ᄃᆡ후ᄒᆞ거 ᄂᆞᆯ원쉬적졍을무른ᄃᆡ소자경이ᄃᆡ왈원슈의장약은텬하의당ᄒᆞᆯ지업ᄂᆞ니원쉬 구강ᄯᅡ희ᄉᆞᆷ일젼렵이아닌즉ᄉᆞᆷ노병이엇지물너나리오지금만왕나탁이퇴병 ᄒᆞ여흑풍산의웅거ᄒᆞ여시니기즁이슈십만이라독ᄒᆞᆫ살과괴희ᄒᆞᆫ긔계로ᄊᆞ홈 을당ᄒᆞᆫ즉능히호풍환우ᄒᆞ니거믄모ᄅᆡ흑풍산을덥허지척을분변치못ᄒᆞ여군 ᄉᆡ눈

12

을ᄯᅳ지못ᄒᆞ니형익냥쥬토병이셰번ᄊᆞ화셰번ᄑᆡᄒᆞᄆᆡᄒᆞᆯ일업셔요ᄒᆡ쳐ᄅᆞᆯ직희 고ᄃᆡ군을기다리나이다원쉬왈이ᄯᅡ히어ᄂᆡ곳의속ᄒᆞ뇨ᄃᆡ왈구강졉계오남만 쵸닙이니이다원쉬나탁이〃러틋강셩ᄒᆞ니힝군ᄒᆞ믈지체치못ᄒᆞ리라ᄒᆞ고뇌

텬풍으로익쥬병오쳔긔롤거나려젼부션봉을삼고소유경으로죵군사마롤숨고동쵸마달노후군이되여흑풍산으로향ᄒᆞ여진발홀ᄉᆡ졔삼일의산하의니르러진셰롤닐우고소사마롤불너왈닉몬져흑풍산형셰롤본후의나탁을사로잡으리라ᄒᆞ고시야숨경의원슈소사마와동쵸마달노신변의병긔롤진니고슈기토병을거나려흑풍산하의다〃라보니불과일좌토산이라돌과흙이빗치검어지갓고ᄉᆞ면십니의한포기풀이업고산세극히흉악ᄒᆞ거놀원슈형지롤자셔이본후

13

다시산상의올나진을구버보니흑풍산동남빅여보밧게무슈남병이혹빅여명식혹슈십명식ᄎᆞ례업시둔취ᄒᆞ여젼후좌우의검극이즁즁쳡〃이방비ᄒᆞ엿거놀원쉬바라보고놀나는빗치잇셔소사마롤도라보아왈장군이〃진세롤알쇼냐소ᄉᆞ미왈소장이약간병셔롤보아시나이러ᄒᆞᆫ진법은아지못ᄒᆞ나이다원쉬탄왈나탁이비록남즁인물이나영걸지지로다이진일홈은텬장진이니하날의텬장셩이라그별이지변이잇셔본즉북방의광치롤감쵸와현무방위롤직희고시졀이요란ᄒᆞᆫ즉녜원을침노ᄒᆞ여시셩이되나니이졔나탁의진법이〃롤응ᄒᆞ미라만일모로고범ᄒᆞᆫ즉디픽ᄒᆞ리니그러나텬장셩은살벌을쥬장ᄒᆞᆫ별이라싱왕방을응ᄒᆞ미니이지나탁이진머리롤싱왕방의두어시니그픽ᄒᆞ믈보리로다ᄒᆞ고즉시도라와군사

14

롤물녀숨십니밧게곳쳐진치고숨군을쉬라ᄒᆞ고원쉬밤마다텬상을우러〃보더니졔삼일의다시진을옴겨흑풍산셔북빅여보밧긔일자진을치고군즁의하령왈오날오시의졉젼ᄒᆞ여미시의파ᄒᆞ리니동쵸는오쳔긔롤거나려흑풍산남슈빅보밧게믹복ᄒᆞ엿다가나탁의가는길을막자ᄅᆞ라동쵀청녕ᄒᆞ고물너나니라ᄎᆞ시나탁이흑풍산남편의결진ᄒᆞ여싸홈을도〃니양원쉬홍포금갑으로진상의나와군사로ᄒᆞ여금웨여왈디명원쉬만왕다려니롤말이잇시니진젼의나셔라나탁이즉시진젼의나와읍ᄒᆞ거놀원쉬바라보니만왕이신장이구척이오

요디십위오코히놉고눈이깁흐며붉은슈염과둥근얼골의긔상이영특ᄒᆞ며우슈의장검을들고좌슈의슈긔롤들어시며싀랑의소릭로크게웨여왈디명은우리와형뎨지국이라

15

이졔긔쥬지네로셔로디ᄒᆞ니엇지불힝치아니리오원쉬ᄭᅮ지져왈네남방을직희여부귀족ᄒᆞ고즁국의셔네우ᄒᆞ시며지극ᄒᆞ거늘무단이변방을요란케ᄒᆞ여스사로부월의나아가니닉황명을밧자와빅만디군을거나려네머리롤취코자ᄒᆞᄂᆞ니만일〃작이항복ᄒᆞᆫ즉디죄롤샤ᄒᆞ고황상긔쥬달ᄒᆞ여만왕의위롤닐치아니려니와그러치아닌즉남월왕의머리롤북궐의다라텬하롤호령ᄒᆞ리라나탁이디로왈텬하는공번된물건이라덕을닥근즉왕이되고덕을닐흔즉망ᄒᆞᄂᆞ니닉오십년정병을길너즁원을도모코자ᄒᆞᄂᆞ니텬지운쉬과인의게잇셔디명을소멸ᄒᆞ고뉵합을통일ᄒᆞ미직ᄎᆞ일거라시불가실이니원슈는밧비퇴군ᄒᆞ여슈십만장졸의도탄을면케ᄒᆞ라양원쉬디로ᄒᆞ여좌우롤도라보아왈뉘능히나아가만왕을잡을

16

고션봉장뇌텬풍이벽역부롤두로고닉다라나탁을취코자ᄒᆞ니만진즁으로셔일긔만장이닉다라마자싸화불과슘합이못ᄒᆞ여텬풍의도치닐며만장의머리마하의ᄯᅥ러지니만진즁의북소릭진동ᄒᆞ며냥긔만장이일시의나오거늘명진즁의셔소사믹ᄯᅩ한방텬극을두로고닉다라싸홈을도으니무예졀윤ᄒᆞ더라ᄎᆞ시네장쉬마자싸화십여합의승뷔업ᄉᆞ니나탁이디로ᄒᆞ여좌슈의드러던슈긔롤한번쓸미홀연일진광풍이만진즁으로셔니러나흑풍산모릭롤날니믹거믄틧글이명진을덥허오니지척을분변치못ᄒᆞ고군식눈을ᄯᅳᆯ슈업ᄉᆞ니원쉬징쳐두장슈롤부ᄅᆞ고즉시등ᄉᆞ긔롤진젼의ᄭᅩᆺ고진을변ᄒᆞ여무곡셩관의팔괘진을쳐손방문을다드믹진즁이고요ᄒᆞ여풍진이침노치못ᄒᆞ더라원쉬자로군긔롤불너군즁누슈롤탐지ᄒᆞ더니

17

미시ᄅᆞᆯ보ᄒᆞᄂᆞᆫ지라원슈명ᄒᆞ여진즁의각〃살ᄶᅳᆺ히화승을다라불을혀고셔북풍이ᄃᆡ작ᄒᆞ여비ᄉᆞ쥬셕ᄒᆞ며흑풍산모ᄅᆡ돌쳐만진으로드러가니명진즁슈ᄇᆡᆨ궁뇌슈일시의ᄡᆞ미공즁의나ᄂᆞᆫ살이풍세ᄅᆞᆯ좃차별갓치흘너젹진의ᄯᅥ러지니ᄌᆞᆨ갓ᄒᆞᆫ흙의불이번져경ᄀᆡᆨ간의일좌흑풍산이화산이되여바ᄅᆞᆷ의나ᄂᆞᆫ틧글이화약갓치니러나만즁을덥허오니나탁이비록풍긔ᄅᆞᆯ급히드러동남풍을짓고자ᄒᆞ나하날조화로부ᄂᆞᆫ바ᄅᆞᆷ을인력으로엇지당ᄒᆞ리오나탁이ᄒᆞᆯ일업셔풍긔ᄅᆞᆯ바리고필마단창으로동남을바라고다라나더니일지인ᄆᆡ길을막으며일원ᄃᆡ장이장창을두로고크게소ᄅᆡᄒᆞ여왈만왕닷지말나ᄃᆡ명좌익장군동최

18

잇노라ᄒᆞ거ᄂᆞᆯ나탁이ᄊᆞ홀ᄯᅳᆺ이업셔말을도로혀다시셔남간으로닷더니ᄯᅩ일지인ᄆᆡ길을막고일원ᄃᆡ장이월도ᄅᆞᆯ츔츄어크게ᄭᅮ지져왈ᄃᆡ명우익장군마달이여긔잇시니쉬갓ᄒᆞᆫ오랑ᄏᆡᄂᆞᆫ닷지말나나탁이ᄃᆡ로ᄒᆞ여몸을돌쳐셔로슈십합을ᄊᆞ호더니등뒤희함셩이ᄃᆡ진ᄒᆞ며양원슈ᄃᆡ군을모라ᄉᆡ살ᄒᆞ거ᄂᆞᆯ나탁이황망이말을ᄲᅦ쳐정남방으로다라ᄂᆞ니원슈ᄯᅩ로지아니ᄒᆞ고ᄃᆡ군을옴겨흑풍산남편으로오십여리ᄅᆞᆯ나와진치고밤을지ᄂᆡᆯ식소사ᄆᆡ원슈긔고왈원슈의용병ᄒᆞ시믄졔갈무후라도당치못ᄒᆞᆯ지라이번흑풍산ᄊᆞ홈의소장이의아ᄒᆞᄂᆞᆫ비두가지라미시의셔북풍을엇지아ᄅᆞ시며흑풍산흙의불이달녀화약과다ᄅᆞ미업ᄉᆞ믄무삼곡졀이니

19

잇고원슈소왈장슈되여우흐로텬문과아ᄅᆡ로지리ᄅᆞᆯ통치못ᄒᆞ고엇지원융이되리오이흑풍산을보ᄆᆡ평원광야의ᄂᆡ룡이업고좌우의쵸목이희소ᄒᆞ니이ᄂᆞᆫ심상ᄒᆞᆫ야산이아니라남방화긔모혀잇고그분야ᄅᆞᆯ본ᄌᆞᆨ텬하삼셩이빗최이고방위ᄅᆞᆯ본ᄌᆞᆨ화덕이정즁ᄒᆞ여상하로화긔ᄅᆞᆯ바드니돌이타고흙이ᄌᆡ되여평지의겁화가닐지라만일불이다ᄒᆞᆫᄌᆞᆨ엇지변ᄀᆡ업ᄉᆞ리오ᄂᆡᄯᅩ작야의텬상을우러본ᄌᆞᆨ긔셩이달의갓갑고북두표셩이거믄긔운이ᄭᅵ여시니긔셩은바ᄅᆞᆷ을쥬장

ᄒᆞ고그방위졍남의잇시니이ᄂᆞᆫ오후의바롬불징조오흑풍이표셩을덥허시니
이ᄂᆞᆫ셔북풍이니러날장본이라그러나텬문지리롤불가젼신이나반다시인

20

ᄉᆞ롤합ᄒᆞ여볼지라나탁의진친거술보ᄆᆡ텨셰상문을범ᄒᆞ여흑긔진상의가득
ᄒᆞ니그픠할쥴아랏노라좌우졔장이모다탄복하니동표마달이문왈금일나탁
이남으로다라날쥴아ᄅᆞ시고소장등을보니여나믄군사롤파ᄒᆞ엿ᄉᆞ오나일긔
용장을압길의ᄆᆡ복ᄒᆞ엿드면싱금홀바롤엇지아니ᄒᆞ시나잇고원슈소왈니남
만을마음으로항복밧고ᄌᆞᄒᆞᄂᆞ니금번은쳣ᄊᆞ홈이라나탁을진짓노하그지조
롤다ᄒᆞ게ᄒᆞ미라장군이엇지졔갈무후의칠종칠금ᄒᆞ믈듯지못ᄒᆞ뇨졔장이탄
복ᄒᆞ더라원쉬힝군ᄒᆞ여남으로가며나탁의종젹을탐지ᄒᆞ니임의오릉동으로
드러가다시만병을슈습한다ᄒᆞ니ᄃᆡ긔나탁의동학이모다다셧곳이라졔일동
은쳘목동이니

21

나탁이잇고졔이동은ᄐᆡ을동이오졔삼동은화긔동이오졔ᄉᆞ동은ᄃᆡ록동이오
졔오동은오록동이니각〃우양창늠과군긔지물을두엇고도로산쳔이긔험ᄒᆞ
더라원쉬토병을불너오록동길을무론ᄃᆡ토병이고왈여긔셔오록동이일ᄇᆡᆨ여
리니가ᄂᆞᆫ길이험ᄒᆞ여반ᄉᆞ곡을지나가나이다원쉬이의우익장군마달노쳔여
긔롤거나려몬져힝ᄒᆞ여길을열나ᄒᆞ고한곳의니ᄅᆞ미산셰쥰급ᄒᆞ고셕각이참
험ᄒᆞ여힝ᄒᆞ기어렵거늘마달이남글버혀다리롤놋코돌을굴녀굴헝을메이며
가더니어언간의일식이져무러어두온빗치잇거늘마달이산어귀평탄ᄒᆞᆫ길을
어더군ᄉᆞ롤머무ᄅᆞ고ᄃᆡ군을기다리더니원쉬니ᄅᆞ러보고왈이곳이험ᄒᆞ고협
착ᄒᆞ

22

여ᄃᆡ군을머무ᄅᆞ지못ᄒᆞ리니황혼월식을ᄯᅴ여진병ᄒᆞ리라ᄒᆞ더니홀연일진광
풍이니러ᄂᆞ며풍편의나발쇼ᄅᆡ요란ᄒᆞ거늘원쉬ᄃᆡ경ᄒᆞ여군ᄉᆞ롤멈츄고산상

의올나멀니바라보딕아모긔척도업ᄉ니이의토병다려왈이곳지명이무어시뇨딕왈반사곡이니이다우문왈여긔셔평지가언마나ᄒ뇨딕왈십여리니이다원쉬이의딕군을거나려십여리평지의나려진치고밤을지닐식시야장반의쏘광풍이딕작ᄒ며풍편의납함소릭요란ᄒ거늘원슈딕희너겨동쵸마달냥장을불너멀니바라보니쏘인젹이업거늘원쉬군즁의신칙ᄒ여잠ᄌ지말나ᄒ고장즁의안자셔안을의지ᄒ여병셔롤보더니군즁의슛두어리는소릭나며

23

통셩이니러ᄂ니원쉬딕경ᄒ여즉시몸을니러군즁의순힝ᄒ며동졍을살피니모든군식머리롤부동키고알는소릭물쓸듯ᄒ니원쉬침음양구의토병을불너문왈이곳이혹셕일젼진ᄒ던곳인다토병왈소졸등도이곳이싱쇼ᄒ여다만반ᄉ곡으로만알ᄯ롬이오젼장잇시믈아지못ᄒ니이다원쉬다시침음왈져젹막공산의함셩이니러나고셩ᄒᆞᆫ군졸이일시의병드니이는반다시곡졀이〃시미라군ᄌ는산신과괴령을말ᄒ지아니ᄒ나흑풍산의니믜의작난이잇는가ᄒ노라말이맛지못ᄒ여함셩이딕진ᄒ거늘뇌텬풍이딕로ᄒ여벽역부롤두로며닉다라왈닉맛당이〃함셩을ᄯ라이곡졀을탐지ᄒ리라ᄒ고소릭나는곳을ᄎ자한곳의니

24

ᄅ니암혈이깁고좌우의슈목이참텬ᄒᆞᆫ딕귀신의우름쇼릭요란ᄒ거늘텬풍이발을멈츄고소리나는곳을살피믹나무사이와바회틈이침음ᄒ고괴희ᄒᆞᆫ바롬과누습ᄒᆞᆫ긔운이사롬을침노ᄒ니텬풍이딕로ᄒ여도치롤드러남글버희며바회롤찍어산하의굴니고도라왓더니광풍이더옥딕작ᄒ며군즁의통셩이빅빅나더ᄒ니원쉬크게근심ᄒ여평복으로원문의나와월하의빅회ᄒ며계교롤싱각ᄒ더니홀연쏘광풍과함셩이지나는ᄉᆺ희청낭ᄒᆞᆫ거문고소릭멀니들니거늘원쉬이상이너겨그쇼릭롤ᄎ자빅여보는힝ᄒ니슈간고뫼산하의잇고늙은남게야학이깃드려시니가히년구셰심ᄒ믈알니러라원쉬묘문을열고드러가니묘당졍뎐의일위

25

션ᄉᆡᆼ이단좌ᄒᆞ여시니뉸건학창의〃ᄇᆡᆨ우션을드러시니위풍이엄연ᄒᆞ거ᄂᆞᆯ원쉬졀노몸이동ᄒᆞ여상하의공슌이ᄌᆡᄇᆡᄒᆞ니그션ᄉᆡᆼ이답녜ᄒᆞ고원슈의손을잡아왈노부ᄂᆞᆫ촉한무양후제갈량이러니셕일의남졍ᄒᆞᄂᆞᆫ명을밧자와만왕ᄆᆡᆼ확을늑좌ᄒᆞᆯ졔이곳의셔만병이만히상ᄒᆞᆫ지라노뷔이곳의셔슈년을두류ᄒᆞ다가도라갓더니남방ᄉᆞᄅᆞᆷ이노부ᄅᆞᆯᄉᆡᆼ각ᄒᆞ고이곳의모옥을지어이향화ᄅᆞᆯ긋치지아니ᄒᆞᄆᆡ유〃혼령이왕ᄂᆡ무상ᄒᆞ더니맛참원슈의ᄃᆡ군이〃곳의곤ᄒᆞ믈알고위로코자왓노라원쉬ᄭᅮ러고왈무쥬공산의함셩이ᄃᆡ진ᄒᆞ고일야지간의ᄉᆞᆷ군이무단이득병ᄒᆞ니이무삼곡졀이니잇고공명이소왈노뷔일작등갑군슈만명을죽엿더니ᄆᆡ양텬음우습ᄒᆞᆯᄯᅢ면왕ᄂᆡᄒᆡᆼ인을요란케

26

ᄒᆞᄂᆞ니이졔ᄃᆡ군이〃ᄋᆡᆨ을맛ᄂᆞ미라노뷔임의졔ᄒᆞ여원혼을위로ᄒᆞ엿ᄂᆞ니원슈ᄂᆞᆫ두려말고명일의제물을갓쵸와모든원귀ᄅᆞᆯ졔ᄒᆞ여위로ᄒᆞ라원쉬ᄯᅩ고왈만왕나탁이오륙동의웅거ᄒᆞ여파ᄒᆞᆯ방약이업ᄉᆞ니션ᄉᆡᆼ은ᄇᆞᆰ히가ᄅᆞ치소셔공명이소왈원슈의장약으로져근도적을엇지근심ᄒᆞ리오마ᄂᆞᆫ몬져미후동을치라설파의우션을드러압히노흰향노ᄅᆞᆯ징연이치거ᄂᆞᆯ원쉬놀나ᄭᆡ다ᄅᆞ니장즁일몽이라원문의고각이ᄉᆡ벽을고ᄒᆞ고동텬의셔식이희미희밝아오거ᄂᆞᆯ원쉬즉시장을들고군졍을무른ᄃᆡ고왈장졸이병셰덜이고광풍이침식ᄒᆞ니군즁이안연ᄒᆞ니이다원쉬ᄃᆡ희ᄒᆞ여동마냥장을보ᄂᆡ여반ᄉᆞ곡동구의단을모으고열셤ᄯᅥᆨ과희ᄉᆡᆼ을갓쵸와극진이졔ᄒᆞ고술과우양을단하의무드나참담ᄒᆞᆫ구름이동즁의흣터지고

27

습〃ᄒᆞᆫ바ᄅᆞᆷ이곡구의니러ᄂᆞ며슈풀아ᄅᆡ와언덕머리의쵸두난익ᄒᆞᆫ무슈귀졸이고두ᄇᆡᆨᄇᆡᄒᆞ고도라가ᄂᆞᆫ듯ᄒᆞ더라평명의원쉬ᄒᆡᆼ군ᄒᆞ여압흐로나아갈ᄉᆡᄆᆞᆰ은바ᄅᆞᆷ의긔발이불녀산즁쵸목이다ᄃᆡ명군셰ᄅᆞᆯ돕ᄂᆞᆫ듯ᄒᆞ더라원쉬낙후ᄒᆞᆫ만병을잡아나탁의종젹을무른ᄃᆡ고왈ᄃᆡ왕이지금으로오륙동의계시니이다원

쉬우문왈오륙동이여긔셔몃니뇨ᄃᆡ왈남즁의미후동이본ᄃᆡ업ᄂᆞ이다익쥬병이엽히셧다가ᄭᅮ지져왈ᄂᆡ일작보ᄆᆡ만인이복셩화ᄅᆞᆯ팔나와ᄒᆞᄂᆞᆫ말이미후동복셩화라ᄒᆞ거ᄂᆞᆯ네엇지업다ᄒᆞᄂᆞᆫ다원쉬ᄃᆡ로ᄒᆞ여만병을인ᄒᆞ여버혀군즁의호령ᄒᆞ고다시만병일인을불너문왈ᄂᆡ임의짐작ᄒᆞ고무로미니만일바로고치아니면ᄯᅩ버히리라만병이황겁ᄒᆞ여바야흐로고왈만왕이군사ᄅᆞᆯ두픠의난화시니한픠ᄂᆞᆫ만왕이거나려미후

28

동의ᄆᆡ복ᄒᆞ고한픠ᄂᆞᆫ오륙동의웅거ᄒᆞ여원슈의ᄃᆡ병이오륙동의니ᄅᆞ러엄살ᄒᆞ거든만왕이미후동의ᄆᆡ복ᄒᆞᆫ군사ᄅᆞᆯᄂᆡ여가마이뒤흘엄습ᄒᆞ여ᄂᆡ외로협공코자ᄒᆞ미니이다원쉬탄왈몽즁의와룡의가ᄅᆞ치미헛되지아니토다ᄒᆞ고소사마ᄅᆞᆯ불너가마이닐너여ᄎᆞ〃〃ᄒᆞ라ᄒᆞ니ᄉᆞ미청녕ᄒᆞ고즉시ᄃᆡ군을네ᄃᆡ의난화각각지휘ᄒᆞ니라ᄎᆞ셜미후동은만왕의별업이니오륙동〃편의마조잇ᄂᆞᆫ지라만왕이만장철목탑을장속ᄒᆞ여가만왕을ᄆᆡᆫ다라오륙동의만병십만을거나려유진ᄒᆞ여명원슈의오륙동치기ᄅᆞᆯ기다리더니아이오고각이흔텬ᄒᆞ고함셩이ᄃᆡ진ᄒᆞ며양원슈의ᄃᆡ군이물미듯모라오륙동을치거ᄂᆞᆯ철목탑이나탁의긔호와복식을갓쵸와동문을열고졉젼ᄒᆞᆯ시나탁이양원슈와철목탑이졉젼ᄒᆞ믈보고ᄆᆡ복ᄒᆞ엿던군ᄉᆞᄅᆞᆯ거나려미후동으로돌츌ᄒᆞ여

29

뒤흐로양원슈ᄅᆞᆯ엄습고ᄌᆞᄒᆞ더니동문을나미문득미후동〃편으로셔일ᄀᆡ양원쉬일지군을거나려길을막고싀살ᄒᆞ여나탁을에워ᄊᆞ니철목탑이나탁의위ᄐᆡᄒᆞ믈보고오륙동을바리고와나탁을구ᄒᆞᆯ시냥ᄀᆡ만왕과냥ᄀᆡ원쉬각〃ᄃᆡ군을호령ᄒᆞ여반향을에웟다가나탁이임의계괴궁진ᄒᆞ고삼ᄀᆡ양원쉬젼후좌우로쳐드러오니심신이창황ᄒᆞ고마음이현란ᄒᆞ여엇지명병의승〃ᄒᆞ믈ᄃᆡ젹ᄒᆞ리오필마단창으로명병의에워싼거슬헷치고오륙동으로도라가고ᄌᆞᄒᆞ여분용을발ᄒᆞ여겨유버셔나동젼의니로니동문이닷치고문우희ᄯᅩ일ᄀᆡ냥원쉬놉히안자호령왈만왕나탁아네다만강포ᄅᆞᆯᄌᆞ랑ᄒᆞ고텬조ᄃᆡ원슈의신우영위ᄅᆞᆯ

ᄆᆞ로ᄂᆞᆫ도다ᄂᆡ임의오륙동을취ᄒᆞ여시니밧비항복ᄒᆞ여죽기ᄅᆞᆯ면ᄒᆞ라말이맛
지못ᄒᆞ여양원쉬ᄃᆡ우젼을ᄲᅢ혀나탁의머리우희

30

산호증자ᄅᆞᆯ맛쳐ᄯᅡ희ᄶᅥ러치니나탁이혼불부쳬ᄒᆞ여말을도로혀남을바라고
다라나더니일원노장이ᄯᅩ길을막고크게ᄭᅮ지져왈ᄃᆡ명뇌션봉이여긔셔기다
린지오ᄅᆡ니여등이흑풍산남은넉시오날〃나의도치아ᄅᆡ죽으믈면치못ᄒᆞ리
라나탁이ᄃᆡ로왈너ᄂᆞᆫ일ᄀᆡ무명노졸이라엇지과인을이러틋욕ᄒᆞ리오ᄒᆞ고창
을드러뉵십여합을ᄊᆞ호니승뷔엇지된고하회ᄅᆞᆯ볼지어다
셰무신오월일향목동셔

권지십이

1

옥누몽권지십이

화셜나탁이ᄃᆡ로즐왈무명노장이엇지과인을즐욕ᄒᆞ리오ᄒᆞ고다라드러ᄊᆞ화눅십여합의니ᄅᆞ러뒤흘도라보니쳘목탑이ᄯᅩᄑᆡᄒᆞ여도라오며그뒤희틧글이창텬ᄒᆞ고함셩이진동ᄒᆞ며양원슈의ᄃᆡ군이니ᄅᆞ거ᄂᆞᆯ나탁이ᄃᆡ경ᄒᆞ여다시말을쎼쳐셔남간으로다라ᄂᆞ니ᄃᆡ긔미후동셔편으로오던장슈ᄂᆞᆫ마달이오미후동동편으로오던장슈ᄂᆞᆫ동쵸오오륙동치던양원슈ᄂᆞᆫ소유경이오나종오륙동동문우희안졋던양원슈ᄂᆞᆫ진긔양원슈라ᄎᆞ시나탁이계교ᄅᆞᆯ힝ᄒᆞ다가도로혀낭ᄑᆡᄒᆞ여단긔로몸을쎼쳐ᄃᆡ록동으로드러가니원쉬ᄯᆞ로지아니ᄒᆞ고ᄃᆡ군을거나려오록동으로드러가니우양창늠과젼마궁시그슈ᄅᆞᆯ모를너라ᄋᆡᆨ일의원쉬소사마ᄅᆞᆯ다리고오록동쥬산의올나먼니바라보니셔남간으로십여리밧긔일

2

좌고산이〃시니산세흉험ᄒᆞ고즁〃쳡〃ᄒᆞᆫ즁의겁운을씌여시며울〃창〃ᄒᆞᆫ슈목은연긔의잠견ᄂᆞᆫᄃᆡ그압흘보니들이너ᄅᆞ고인물이조밀ᄒᆞ니가히남만왕의동학인쥴알지라원쉬소사마ᄅᆞᆯ도라보아왈만즁산천이〃갓치흉험ᄒᆞ니어ᄂᆡ날평졍ᄒᆞᆯ고셜파의근심ᄒᆞ믈마지아니〃소사ᄆᆡ왈원슈의지용과장약이당셰의졔일이시니불일간의만병을파ᄒᆞᆯ가ᄒᆞ나이다원쉬탄왈북방은슌음지방이라일양이ᄉᆡᆼᄒᆞᄂᆞᆫ고로그풍쇽이우직ᄒᆞ나교ᄉᆞᄒᆞ미업고남방은졍양지방이라일음이ᄉᆡᆼᄒᆞᄂᆞᆫ고로그풍속이강한ᄒᆞᆫ즁교사ᄒᆞ미만흐니그러ᄒᆞᆫ고로예부터장슈된ᄌᆡ북방의닙공ᄒᆞ믄쉽고남방의셩공ᄒᆞ믄어려오니ᄂᆡ이졔ᄇᆡᆨ면셔ᄉᆡᆼ으로즁임을밧드러츙셩을다ᄒᆞ고ᄌᆞᄒᆞ여이곳의니ᄅᆞ러그긔한번두름과북한번치믈엇지경솔이ᄒᆞ리

3

오이제ᄃᆡ록동을보ᄆᆡ진실노텬험지〃라힘으로뼈파치못ᄒᆞᆯ지니오날밤의맛당이여ᄎᆞ여ᄎᆞᄒᆞ라ᄒᆞ고장즁의드러와군즁의ᄉᆞ로잡은만병을다결박ᄒᆞ여장젼의ᄭᅮᆯ니고분부왈너의다텬조ᄇᆡᆨ셩이라그ᄅᆞᆺ나탁의계교의속아ᄉᆞ죄의ᄲᅡ져시나만일셩심으로항복ᄒᆞᆫ즉ᄃᆡ죄ᄅᆞᆯ샤ᄒᆞ고휘하의부리〃라슈십명만병이일시의고두ᄒᆞ여살기ᄅᆞᆯ빌거ᄂᆞᆯ원쉬ᄃᆡ희ᄒᆞ여ᄆᆡᆫ거술그ᄅᆞ고쥬육을먹이며달ᄂᆡ여왈여등이임의항복ᄒᆞ여시니다나의군ᄉᆡ라ᄂᆡ이역의드러와도로산쳔이ᄉᆡᆼ소ᄒᆞ니네인도ᄒᆞ여길을가ᄅᆞ치라만병이응낙ᄒᆞ거ᄂᆞᆯ원쉬다시군즁의하령왈나탁이임의동학을닐코멀니다라나시니근심ᄒᆞᆯ비아니라ᄃᆡ군을동즁의평안이쉬여숨일후

4

의ᄒᆡᆼ군ᄒᆞ게ᄒᆞ라ᄒᆞ고원쉬제장으로더부러술먹고바독두어군즁을조쇽지아니ᄒᆞ니모든장졸이긔ᄅᆞᆯ누이고활을지오며말긔안장을바려쵸장의ᄂᆡ여놋코군ᄉᆡ항오ᄅᆞᆯ찰희지아니ᄒᆞ여혹창을베고낫잠ᄌᆞ며혹뫼희올나노ᄅᆡᄒᆞ며방비ᄒᆞ미업거ᄂᆞᆯ만병이은근이도망ᄒᆞᆯᄡᅴᄅᆞᆯ두더니명진장졸이ᄯᅩ한무단이술먹고취ᄒᆞ믈인ᄒᆞ여만병을욕ᄒᆞ고조롱ᄒᆞ여혹칼을ᄲᅡ혀치려ᄒᆞ며능멸구박ᄒᆞ니만병이셔로의논왈명원쉬비록우리ᄅᆞᆯ관ᄃᆡᄒᆞ나제장군졸이〃갓치구박ᄒᆞ니맛당이〃ᄡᅴᄅᆞᆯᄐᆞ도망하리라ᄒᆞ고혹뫼흐로다라나며혹ᄃᆡ로〃다라ᄂᆞ니반일이못되여절반이나업거ᄂᆞᆯ원쉬다시북을쳐군사ᄅᆞᆯ모흐고긔치창검을정졔ᄒᆞ여더옥방비ᄒᆞ믈

5

단〃이ᄒᆞ니라ᄎᆞ시나탁이오록동의드러가모든만장과상의왈ᄃᆡ명원슈의장약은마복파제갈무후의양두치아니리니져와ᄊᆞ호지못ᄒᆞ려니와임의깁히드러시니제엇지ᄃᆡ록동을ᄎᆞ지리오ᄒᆞ여의논이분〃ᄒᆞ더니홀연일ᄀᆡ만병이명진으로도망ᄒᆞ여와명진동졍을일일이고ᄒᆞ니모든만장이닷토와말ᄒᆞᄃᆡ이ᄡᅴᄅᆞᆯᄐᆞ엄습ᄒᆞᄌᆞᄒᆞᆫᄃᆡ나탁이반신반의ᄒᆞ여계교ᄅᆞᆯ정치못ᄒᆞ더니ᄯᅩ슈ᄀᆡ만병이

도망ᄒᆞ여와여츌일구ᄒᆞ고그뒤흘니어혹오륙명식십여명식낙역부졀이와한갈갓치말ᄒᆞ니나탁이ᄯᅩ한십분의심ᄒᆞ여다시문왈양원슈의힝동이엇더ᄒᆞ더뇨ᄃᆡ왈술먹고바독두어군즁일을뭇지아니ᄒᆞ니군즁이산란ᄒᆞ더이다우문왈졔장은무엇ᄒᆞ더뇨ᄃᆡ왈병

6

든ᄌᆞ는신음ᄒᆞ고셩ᄒᆞᆫᄌᆞ는작난ᄒᆞ여칼을ᄲᅢ혀셔로치며일분조쇽ᄒᆞ미업더이다나탁이우문왈동문은어ᄂᆡ장사가직희더뇨ᄃᆡ왈남문은마달이직희고북문은동쵸직희나날마다ᄃᆡ취ᄒᆞ고동문은직흰사롬이업기로소졸등이셩군작당ᄒᆞ여도망ᄒᆞᄃᆡ뭇는지업더이다나탁이침음양구의소왈양원슈는범상ᄒᆞᆫ장쉬아니라군즁이〃갓치히터케아니리니반다시간계가ᄒᆞ노라철목탑왈소장이맛당이명진동졍을가마이보고오리이다나탁이ᄃᆡ희ᄒᆞ여허락ᄒᆞᆫᄃᆡ철목탑이필마단창으로월식을ᄯᅴ여오록동으로가니라ᄎᆞ시양원쉬다시군즁을조쇽ᄒᆞ여졔장즁녕니ᄒᆞᆫᄌᆞ슈인을보ᄂᆡ여오록동어귀의은신ᄒᆞ엿다가만장의왕ᄂᆡ롤탐지ᄒᆞ라ᄒᆞ니

7

라철목탑이오록동의니ᄅᆞ러가마이산상의올나동졍을구버보니긔치창검이항오롤찰혀착난치아니며등쵹이휘황ᄒᆞ고경졈소ᄅᆡ분명ᄒᆞ여삼군이잠드지아니ᄒᆞ엿거놀심즁의ᄃᆡ경ᄒᆞ여다시가마이언덕의나려남북동문을엿보니문마다장ᄉᆞ이인과군시한픠식직희여창검이별곗듯ᄒᆞ고셧시니철목탑이ᄃᆡ경ᄒᆞ여즉시본진의도라와명진의방비ᄒᆞ미철통갓흐믈고ᄒᆞ니나탁이ᄃᆡ경ᄒᆞ여즉시그만병을잡아드려힐문ᄒᆞ니만병이발명왈만일명진의조쇽ᄒᆞ미잇신즉소졸등이엇지무단이도망ᄒᆞ여오리잇가ᄒᆞ거놀만장아발되왈소장이다시가보고오리이다ᄒᆞ고ᄯᅩ단긔로오록동을향ᄒᆞ여오니라ᄎᆞ시명진의셔졔장이원슈긔고왈지금만장철목탑이단긔로우리진을규시ᄒᆞ고가니이다원쉬웃고즉시소사마뇌텬풍을불

8

너가마이약쇽ᄒᆞ여왈뇌장군소사마는각〃오쳔긔롤거나려가마이가ᄃᆡ록동남문밧긔미복ᄒᆞ엿다가본진의함셩이니러나며만병이ᄃᆡ록동을븨오고나탁을구ᄒᆞ고자올거시니이ᄣᅢ롤ᄐᆞ함ᄭᅴ돌닙ᄒᆞ여ᄃᆡ록동영치롤아ᄉᆞ라ᄒᆞ고동쵸마달다려왈장군등은각〃오쳔긔롤거나려ᄃᆡ록동으로오ᄂᆞᆫ길의가마이미복ᄒᆞ엿다가나탁이반다시오록동을향ᄒᆞ여올거시니너다라에워ᄊᆞᄃᆡ긋ᄐᆞ여잡으려말고다만긔셰롤니여단〃이에워ᄊᆞ고ᄃᆡ군을기다리라네장쉬쳥녕ᄒᆞ고나가거놀다시군즁의하령ᄒᆞ여긔롤누이고갑옷술버셔다만늙군ᄉᆞ슈삼명으로동문을직희게ᄒᆞ니라ᄎᆞ시아발되가마이명진을엿보미과연방비ᄒᆞ미업셔등쵹이희쇼ᄒᆞ고모든군식잠든듯ᄒᆞ거놀다시남북문을보니냥기노졸이문압히안ᄌᆞ조울거놀아발되ᄃᆡ희ᄒᆞ

9

여밧비도라와나탁을보고과연명진의방비ᄒᆞ미업ᄉᆞ믈말ᄒᆞ니나탁이심즁의크게의심ᄒᆞ여냥장의말이각〃다ᄅᆞ믈보고칼들고몸을니러왈과인이친히가본후결단ᄒᆞ리라ᄒᆞ고슈기만병과만장일인을다리고오록동으로향ᄒᆞ여오륙니롤오다가홀연심즁의ᄃᆡ경ᄒᆞ여왈니명원슈의슈즁의드럿도다철목탑아발도ᄂᆞᆫ나의심복이라엇지허언을ᄒᆞ리오이ᄂᆞᆫ반다시명원슈날을유인ᄒᆞ미로다ᄒᆞ고즉시말을도로혀고ᄌᆞᄒᆞ더니홀연납함쇼릐나며일ᄃᆡ군미길을막고일원ᄃᆡ장이크게웨여왈ᄃᆡ명좌익장군동쵸여긔이시니만왕은닷지말나말이맛지못ᄒᆞ여ᄯᅩ함셩이ᄃᆡ진ᄒᆞ며일ᄃᆡ군미길을막고일원ᄃᆡ장이크게소릐질너왈ᄃᆡ명우익장군마달이여긔잇시니낙탁은닷지말나ᄒᆞ며냥장이합녁ᄒᆞ여나탁을에워ᄊᆞ고비발치듯ᄒᆞ

10

니나탁이황망이쏜거술헷치고ᄌᆞᄒᆞ더니명원쉬ᄯᅩᄃᆡ군을모라오록동으로와즁〃쳡〃이에워ᄊᆞ고십만ᄃᆡ군이일시의긔셰롤발ᄒᆞ여고함ᄒᆞ니그쇼릐텬지진동ᄒᆞ더라차시철목탑아발되ᄃᆡ록동의잇셔만왕의도라오믈기다리더니홀연오록동젼의함셩이딕작ᄒᆞ며낙후ᄒᆞ엿던만병이급히보왈딕왕이명진의ᄊᆞ희여형셰급ᄒᆞᆫ지라ᄒᆞ거놀철목탑아발되딕경ᄒᆞ여만병슈빅으로동즁을직희고딕군을거ᄂᆞ려동문을열고일졔히니다라오록동을바라고오더니마달을맛나십여합을딕젼ᄒᆞᆯ식철목탑이ᄊᆞ홀마음이업셔명진을헷치고만왕을찻고ᄌᆞᄒᆞ여되는딕로츙돌ᄒᆞ니양원쉬진짓진문을열어길을빌니미나탁이필마단긔로황망이나오다가철목탑아발도롤맛나딕록동을바라고

11

도라오더니동젼의니ᄅᆞ미일원노장이벽역부롤들고문우히안자다가우어왈노뷔남방의와도치롤오릭ᄊᆞ지못ᄒᆞ엿더니오날〃네동학을취ᄒᆞ여시니네능히ᄊᆞ호려ᄒᆞ거든닉도치의툇글을씨ᄉᆞ리라나탁이딕로ᄒᆞ여만병을호령ᄒᆞ여동문을ᄶᅵ치고ᄌᆞᄒᆞ더니등뒤히납함소릭진동ᄒᆞ며양원쉬딕군을모라니ᄅᆞ거놀나탁이군사롤도로혀셔로ᄊᆞ화슈합의니ᄅᆞ러소사마뇌뎐풍이동문으로셔나와협공ᄒᆞ니나탁이딕젹지못ᄒᆞ여다시동남간으로다라나니라시야의양원쉬오록동의도라와장졸을크게호군ᄒᆞᆯ식졔장이원슈긔고왈고지명장이라도일월ᄉᆞᆷ쳡이어렵다ᄒᆞ엿거놀원슈는슈일지간의만왕의두동구롤탈취ᄒᆞ딕군ᄉᆞ롤슈고치아니ᄒᆞ고장슈롤닐흐미업ᄉᆞ니이는고지명장의지난일

12

이니이다원쉬소왈공등이그쉬오믈보고어려오믈싱각지못ᄒᆞ도다나의혜아리믄나탁이냥쳐동학을용이〃바리고죽기로ᄊᆞ호지아니ᄒᆞ니반다시밋는비잇시미라맛당이조심ᄒᆞᆯ지니엇지쉽게말ᄒᆞ리오ᄒᆞ더라나탁이딕록동을다시닐코졔ᄉᆞᆷ동으로드러가니이〃른바화과동이라ᄉᆞ면의졀벽이둘너잇고동즁의슈목이무셩ᄒᆞ여동문을닷친즉비록십만딕병이니ᄅᆞ러도파ᄒᆞ기어렵더라만왕이모든만장을딕ᄒᆞ여상의왈딕명원슈의웅직딕략을당치못ᄒᆞᆯ지라닉이졔한계교잇시니동문을단〃이닷고명병의운량ᄒᆞ는길을끈은즉슈십일이못ᄒᆞ여딕록동을도로ᄎᆞ질가ᄒᆞ노라졔장이올희너겨동문을닷고ᄂᆞ지아니ᄒᆞ더라ᄎᆞ시원쉬나탁이화과동의들고ᄂᆞ지아니믈보고딕경ᄒᆞ여왈이계괴가장난

13

쳐ᄒᆞ니화다동형지롤보고다시의논ᄒᆞ리라ᄒᆞ고익일의ᄃᆡ군을거나려화과동의니ᄅᆞ러ᄊᆞ홈을도〃니과연나탁이나지아니ᄒᆞ고남북문을단〃이다닷거ᄂᆞᆯ양원쉬거즛군사롤호령ᄒᆞ여나무와돌을ᄊᆞ코남북언덕의오로고자ᄒᆞ니나탁이독ᄒᆞᆫ살과돌을구롤여방비ᄒᆞ거ᄂᆞᆯ원쉬ᄯᅩ북문을쳐ᄉᆞ방으로돌며지형을자시보고일모후도라와연일동마냥장을슈쳔긔롤거나려화과동을치ᄂᆞᆫ체ᄒᆞᄃᆡ나탁이더옥단〃이직희고ᄂᆞ지아니ᄒᆞ더라졔오일의원쉬소사마롤불너왈ᄂᆡ장군을오십필말과오십명노약잔병을쥬나니여ᄎᆞ여ᄎᆞᄒᆞ라ᄒᆞ고ᄯᅩ동마냥장을불너ᄉᆞᆷ쳔긔롤쥬어여ᄎᆞ〃〃ᄒᆞ라ᄒᆞ니셰장쉬청녕ᄒᆞ고가니라ᄎᆞ시나탁이양원슈의홀일업셔도라가믈보고ᄃᆡ희ᄒᆞ여불츌

14

슈십일의ᄇᆡᆨ만명병이ᄃᆡ록동귀신이되리라ᄒᆞ고만병슈십인을노하명진동정을탐지ᄒᆞ며그운량ᄒᆞᄂᆞᆫ긔미롤아라보ᄒᆞ라ᄒᆞ엿더니일〃은야심후만병이급히와보ᄒᆞᄃᆡ명진의셔운량ᄒᆞᄂᆞᆫ슈레승야ᄒᆞ여낙역ᄒᆞ여오기로산상의올나바라보니십여리밧긔삼〃오〃이오ᄂᆞᆫ거시다량쵸시른슈렌가ᄒᆞ나이다만왕이ᄃᆡ희ᄒᆞ여즉시만장양인을불너왈여등은각〃운량ᄒᆞᄂᆞᆫ슈레롤겁탈ᄒᆞ여도라오ᄃᆡ만일의심된긔ᄉᆡᆨ이잇거든ᄂᆡ닷지말고그져도라오라냥장이슈명ᄒᆞ고각〃길을난화갈ᄉᆡᆨ월ᄉᆡᆨ이희미ᄒᆞᆫᄃᆡ명병슈ᄇᆡᆨ명이십여승슈레롤모라각〃함ᄆᆡᄒᆞ고불을ᄎᆞᄌᆞᄡᅳ며오니한장쉬뒤히ᄯᆞ라오며밧비말을직촉ᄒᆞ거ᄂᆞᆯ만장이혜오ᄃᆡ승야함ᄆᆡᄒᆞ니우리겁탈

15

홀가져어ᄒᆞ미오져의슈즁의병긔업ᄉᆞ니ᄃᆡ적ᄒᆞ미어렵지아니ᄒᆞ다ᄒᆞ고일시의돌츌ᄒᆞ여길을막으니명병이ᄃᆡ경ᄒᆞ여슈레롤바리고다라나거ᄂᆞᆯ그장쉬칼을빠혀닷ᄂᆞᆫ자롤호령ᄒᆞ며만장을마자ᄊᆞ화슈합의니ᄅᆞ러보니만병이발셔슈레롤모라화과동으로향ᄒᆞ니나탁이ᄃᆡ희ᄒᆞ여슈레롤모라와보ᄆᆡ무비정실ᄒᆞᆫ곡식이라셔로치하ᄒᆞ더니슈긔만병이ᄯᅩ보ᄒᆞᄃᆡ명병이운량ᄒᆞᄂᆞᆫ슈십승이ᄯᅩ

온다ᄒᆞ거ᄂᆞᆯ나탁이ᄃᆡ희ᄒᆞ여ᄯᅩ만장이인으로이쳔군을거나려가탈취ᄒᆞ여오라ᄒᆞ니만장이응명ᄒᆞ여ᄯᅩᄶᅩᆺᄎᆞ니ᄅᆞ러보니삼사십명노약잔병이슈십필말과슈십승슈례ᄅᆞᆯ글고오며셔로가마이원망ᄒᆞ여왈압히오던슈레ᄂᆞᆫ어ᄃᆡ로가시며어두온길의불도업ᄉᆞ니ᄃᆡ록동을엇지가리오ᄒᆞ

16

거ᄂᆞᆯ만장이인이ᄂᆡ다라막은ᄃᆡ그군ᄉᆡᄃᆡ경ᄒᆞ여슈레ᄅᆞᆯ바리고다라ᄂᆞ니만장일쳔명과만졸슈만이슈십승을풍우갓치모라오더니슈리ᄂᆞᆫ못와셔공즁의시위소ᄅᆡ나며냥긔만장이마하의ᄯᅥ러지니좌편의ᄂᆞᆫ마달이오우편의ᄂᆞᆫ동쵸라ᄃᆡ군을모라만병을에워ᄊᆞ고왈항복ᄒᆞᄂᆞᆫ자ᄂᆞᆫ살거시오다라나ᄂᆞᆫᄌᆞᄂᆞᆫ버희리라ᄒᆞᆫᄃᆡ만병이ᄒᆞᆯ일업셔일졔히ᄯᅡ라항복ᄒᆞᄃᆡ동마냥장이웃지아니코만병을일〃이결박ᄒᆞ여그의복을벗겨셔병을닙희고슈레ᄅᆞᆯ의구히모라화과동의니ᄅᆞ니이ᄯᅢ나탁이냥장을보ᄂᆡ고기다리다가그도라오믈보고희불자승ᄒᆞ여동문을밧비여러드리니슈레겨유동문의들며뒤히셔한쇼ᄅᆡ로크게웨여왈ᄃᆡ명원쉬한슈레ᄅᆞᆯ보ᄂᆡᄂᆞ니네머리ᄅᆞᆯ밧비드려ᄉᆞ례ᄒᆞ라말이맛지못ᄒᆞ여

17

셔슈십승슈레의불이니러ᄂᆞ니그ᄲᆡᄅᆞ미흐ᄅᆞᄂᆞᆫ별갓흐여인ᄒᆞ여동문의연염이창텬ᄒᆞ니나탁이ᄃᆡ경ᄒᆞ여창졸의방비ᄒᆞ미업고동마냥장이임의동즁의드러동츙셔돌ᄒᆞ니경긱간의불이퍼져동즁슈목의억만졈홍미홰열니ᄂᆞᆫ듯ᄒᆞ더라나탁이형세급ᄒᆞ믈보고칼을들고말긔올나졉젼코자ᄒᆞ더니동외의함셩이ᄃᆡ진ᄒᆞᄒᆞ며일원ᄃᆡ장이도치ᄅᆞᆯ들고크게웨여왈원슈의ᄃᆡ군이동젼을님ᄒᆞ여시니나탁은ᄲᆞᆯ니나와항복ᄒᆞ라ᄒᆞ며동즁의돌닙ᄒᆞ여동마냥장과쇼사ᄆᆡ합녁ᄒᆞ여동으로어르고셔흐로치며남으로어로고북으로치니방포함셩이산쳔을뒤집고화광연염이동즁의자옥ᄒᆞ니나탁이구치못ᄒᆞᆯ쥴알고단긔로몸을ᄲᅦ쳐동문을나ᄆᆡ양원쉬ᄃᆡ군을

18

거나려길을막거놀나탁이형세급ᄒᆞᄆᆡ마상의셔크게한소ᄅᆡᄒᆞ여왈과인은드ᄅᆞ니영걸의장ᄉᆞᄂᆞᆫ궁ᄒᆞᆫ적국을ᄯᅩ로지아닌다ᄒᆞᄂᆞ니원컨ᄃᆡ길을빌녀명일다시자웅을결단케ᄒᆞ쇼셔소ᄉᆞᄆᆡᄭᅮ지져왈네셰궁녁진ᄒᆞ고힘이다ᄒᆞ엿거놀오히려항복지아니ᄒᆞ고엇지코자ᄒᆞ나뇨나탁왈금일은긔계의속으미라명일정도로한번ᄊᆞ호기ᄅᆞᆯ원ᄒᆞᄂᆞ이다원쉬미쇼ᄒᆞ고긔ᄅᆞᆯ쓰러진머리ᄅᆞᆯ터쥬니라나탁이말을쎄쳐다라나니라원쉬화과동을취ᄒᆞᆫ후동즁의드러지형을보고왈이곳의ᄃᆡ군을오ᄅᆡ머무지못ᄒᆞ리라ᄒᆞ고군사ᄅᆞᆯ거나려화과산북편의비산님유ᄒᆞ여진을치니소사ᄆᆡ문왈원쉬나탁의량쵸ᄅᆞᆯ겁칙ᄒᆞᆯ쥴엇지아ᄅᆞ시뇨원쉬소왈나탁이동즁의나지아니ᄒᆞ믄나의량식이업사믈

19

기다리미라운량ᄒᆞ믈보고엇지탈취치아니리오ᄎᆞ쇼위장계취계ᄒᆞ미라그러나나탁이임의셰동학을닐허시니이른바곤한도적이라ᄂᆡ염녀ᄒᆞᄂᆞᆫ바ᄂᆞᆫ힘을다ᄒᆞ여ᄊᆞ홀가ᄒᆞᄂᆞ니긔계ᄅᆞᆯ쥰비ᄒᆞ고군사ᄅᆞᆯ호궤ᄒᆞᆫ후의기다리〃라ᄒᆞ더라ᄎᆞ셜나탁이화과동을닐코졔이동의드러가니이닐은바ᄐᆡ을동이라오ᄃᆡ동쳔즁의ᄐᆡ을동이가장크니산쳔이명녀ᄒᆞ고지형이광활ᄒᆞ여가히슈셩ᄒᆞᆯ곳이러라나탁이졔장다려왈우리동쳔이ᄃᆡ〃로상젼ᄒᆞ여과인의게니ᄅᆞ러닐케되엿거놀엇지속슈무칙ᄒᆞ여좌이ᄃᆡᄉᆞᄒᆞ리오명일은맛당이ᄃᆡ군을조발ᄒᆞ여한번죽기로ᄊᆞ화셩ᄑᆡᄅᆞᆯ판단ᄒᆞ리라말이맛지못ᄒᆞ여셔장하의일ᄀᆡ만장이크게소ᄅᆡᄒᆞ여왈ᄃᆡ명원슈ᄂᆞᆫ텬신이하강ᄒᆞ미라인력으로당치

20

못ᄒᆞ리니ᄃᆡ왕은궤계ᄅᆞᆯ쓰샤거즛항복ᄒᆞ고그틈을타ᄂᆡ응외합ᄒᆞ미조흘가ᄒᆞ나이다나탁이청파의ᄃᆡ로왈ᄃᆡ장뷔시운이불힝ᄒᆞᆫᄌᆞᆨ찰하리한번죽어쾌ᄒᆞᆫ귀신이될지니엇지구〃이아녀ᄌᆞ의간계ᄅᆞᆯ효칙ᄒᆞ리오만일항복ᄒᆞ믈말ᄒᆞᄂᆞᆫᄌᆞᄂᆞᆫ참ᄒᆞ리라ᄒᆞ고동즁만병을몰슈이조발ᄒᆞ여익일의ᄐᆡ을동젼의진셰ᄅᆞᆯ베푸니양원쉬ᄯᅩ한결진ᄒᆞ고도젼ᄒᆞᄆᆡ나탁이진젼의나셔며왈과인이여러번궤술

의낭픽ᄒᆞ여시니오날은ᄃᆡ명원슈와친히합젼ᄒᆞ여자웅을결단코자ᄒᆞᄂᆞ니원슈ᄂᆞᆫ친히나와승부ᄅᆞᆯ결ᄒᆞ라ᄒᆞ거ᄂᆞᆯ뇌텬풍이ᄭᅮ지져왈우리원쉬황명을밧자와숨군원융의쳬즁ᄒᆞ시므로엇지조고만남만왕과셔로항힝ᄒᆞ샤칼날이셔로닷토ᄂᆞᆫ무례ᄒᆞ미잇시리오노뷔비록병드러시나도치

21

ᄅᆞᆯ시험ᄒᆞ여너의부리ᄅᆞᆯ찍으리라말을맛ᄎᆞ며벽역부ᄅᆞᆯ츔츄어셔로나탁을취ᄒᆞ려ᄒᆞ니나탁이ᄃᆡ로ᄒᆞ여좌우ᄅᆞᆯ도라보아왈뉘능히ᄎᆞ인을ᄉᆞ로잡을쳘목탑아발도냥장이일시의ᄂᆡ다라뇌텬풍을ᄃᆡ적ᄒᆞ니명진즁으로셔동쵸마달이ᄂᆡ다라ᄃᆡ젼ᄒᆞᆯ시나탁이본진의셔보다가호슈ᄅᆞᆯ거사리고환안을부릅ᄯᅳ고한소ᄅᆡᄅᆞᆯ벽역갓치지ᄅᆞ고말을노하ᄂᆞ오니긔세츙험ᄒᆞ거ᄂᆞᆯ원쉬소사마ᄅᆞᆯ도라보아왈나탁이져갓치흉용ᄒᆞ니ᄉᆞ로잡기어렵도다ᄒᆞ고즉시진세ᄅᆞᆯ변ᄒᆞ여팔군진을치고징을쳐숨장을거두니나탁이ᄃᆡ로왈너희만일궤술이아닌즉엇지과인을당ᄒᆞ리오ᄂᆡ임의즁국ᄉᆞ름의다겁ᄒᆞ믈아나니졔장은닐으도말고양원쉬친젼ᄒᆞ여도과인이겁ᄒᆞ지아니리라ᄒᆞ고셔〃

22

이본진으로도라가니소사마뇌텬풍동마냥장이송젼의오ᄅᆞ고자ᄒᆞ니원쉬가마이약쇽왈그ᄃᆡ등은여ᄎᆞ여ᄎᆞᄒᆞ라ᄉᆞ장이쳥녕ᄒᆞ고다시나와뇌텬풍이벽역부ᄅᆞᆯ두로며웨여왈이우쥰ᄒᆞᆫ오랑키야네우악을밋고노부의쇠로ᄒᆞ믈업슈히너겨가장당돌ᄒᆞ니네능히다시나와한번ᄊᆞ홀소냐ᄒᆞ고말을노하ᄊᆞ로니나탁이ᄃᆡ로ᄒᆞ여칼을츔츄고말머리ᄅᆞᆯ도로혀다시뇌텬풍을마ᄌᆞᄃᆡ젼ᄒᆞᆯ시뇌텬풍이일변ᄊᆞ호며일변물너ᄂᆞᆫᄃᆡ나탁이소왈필뷔노흉ᄒᆞ여과인을ᄯᅩ유인코자ᄒᆞᄂᆞᆫ다말이맛지못ᄒᆞ여셔명진즁으로셔동쵸ᄯᅩ말을노하오며나탁을욕ᄒᆞ여왈슈염븕은오랑키것흐로장담ᄒᆞ나속은다겁ᄒᆞ도다ᄂᆡ드ᄅᆞ니남방사람이화긔ᄅᆞᆯ만히바다심통이크다ᄒᆞ니ᄂᆡ너ᄅᆞᆯ잡아위션심간을ᄂᆡ여셩쥬코자ᄒᆞ노라나탁이ᄃᆡ

23

로ᄒᆞ여다시ᄃᆡ전ᄒᆞ여십여합의니ᄅᆞ러동쇠ᄯᅩ일변ᄊᆞ호며일변물너는ᄃᆡ나탁이소왈과인이명원슈의궤계ᄅᆞᆯ아ᄅᆞ시니필부는부졀업시유인치말나말이맛지못ᄒᆞ여셔명진즁으로셔마달이ᄯᅩ말을노하오며욕ᄒᆞ여왈ᄂᆡ드ᄅᆞᄆᆡ남방오랑킈다만어미만알고아비ᄅᆞᆯ모른다ᄒᆞ니이는오륜의한궁긔막희미라ᄂᆡ맛당이그궁글통케ᄒᆞ리라ᄒᆞ고허리로셔살을ᄲᅢ혀나탁의엄신갑을맛치니나탁이ᄃᆡ로ᄒᆞ여장검을두로며다ᄅᆞ드니마달이마ᄌᆞᄊᆞ화슈합의일변ᄊᆞ호며일변물너나더니명진즁으로셔소유경이방쳔극을두로며ᄃᆡ호왈나탁은ᄲᆞᆯ니도라가라우리ᄃᆡ명원슈상통텬문ᄒᆞ고하달지리ᄒᆞ며풍운조화ᄅᆞᆯ무불통지ᄒᆞ시니네만일진즁의든즉버셔ᄂᆞᆫ지못ᄒᆞ리라말을맛ᄎᆞ며소유경이말을도로혀다라나

24

고그뒤ᄒᆡ양원슈져근슈레ᄅᆞᆯᄐᆞ고진문을열고ᄂᆞ오며우어왈나탁아네비록조고만용ᄆᆡ을밋고나ᄅᆞᆯᄃᆡ젹고ᄌᆞᄒᆞ나ᄂᆡ맛당이지혜로ᄊᆞ홀지니엇지널노더부러힘을결우리오나탁이양원슈의안연ᄒᆞ믈보고심즁의분긔만장이나니러ᄂᆞ니엇지ᄉᆞ싱을도라보리오크게한소ᄅᆡ지ᄅᆞ고말을노하범갓치다라ᄂᆞ니양원슈미쇼ᄒᆞ고슈레ᄅᆞᆯᄲᆞᆯ이돌녀진즁으로드러간ᄃᆡ나탁이급히쫏ᄎᆞ진즁의드니양원슈는간ᄃᆡ업고진문이닷치며검극이셔리갓거ᄂᆞᆯ나탁이더옥분ᄒᆞ믈니긔지못ᄒᆞ여칼을두로며동츙셔돌ᄒᆞᄃᆡ버셔날길이업ᄂᆞᆫ지라아모리ᄒᆞᆯ쥴모로더니쳘목탑아발되나탁이명진의곤ᄒᆞ믈보고ᄃᆡ경ᄒᆞ여일졔히창검을들고명진을츙돌ᄒᆞ니ᄉᆞ면이쳘통갓고다만한문이열엿거ᄂᆞᆯ냥장이돌닙ᄒᆞ니검극이삼열ᄒᆞ고시셕이여우ᄒᆞ

25

여드러온문을차질길이업ᄂᆞᆫ지라ᄎᆞ시나탁쳘목탑나발도삼인이진즁의갓치여비록힘을다ᄒᆞ여ᄯᅮᆯ코자ᄒᆞ나엇지버셔나리오동으로치면동문이열니고그문을난즉다시한문이잇고북으로치면북문이열니고그문을난즉다시한문이잇셔종일토록팔〃뉵십ᄉᆞ문을돌닙ᄒᆞ나진밧게나지못ᄒᆞ니나탁이분긔츙텬

ᄒᆞ여범갓치뛰놀더니홀연즁앙일문이열니며양원쉬놉히안ᄌᆞ호령왈나탁아네이졔도항복지아니홀쇼냐나탁이디로ᄒᆞ여그문을돌닙고ᄌᆞᄒᆞ니양원쉬긔룰둘너문을다드미다만닝풍이셔리갓고검극이숨〃ᄒᆞ거놀나탁이홀일업셔다시다른길을찻더니홀연남편문이열니며양원쉬또놉히안자호령왈나탁아네이졔도항복지아니홀쇼냐나탁이디로ᄒᆞ여그문을돌닙고ᄌᆞᄒᆞᆫ디원쉬웃고긔룰두로니문

26

이닷치고검극이셔리갓거놀나탁이홀일업셔다른길을찻더니홀연북편문이열니며양원쉬놉히안자호령왈네이졔도항복지아니홀쇼냐나탁이또분ᄒᆞ믈니긔지못ᄒᆞ여그문을돌닙고ᄌᆞᄒᆞ더니양원쉬웃고그문을다시다시닷치니검극이여젼ᄒᆞ거놀이러틋ᄒᆞ기룰다섯문을지나미나탁의영용으로도긔운이져상ᄒᆞ고분긔텅즁ᄒᆞ여앙텬탄왈닉비록쥭기룰앗기고ᄌᆞ아니나길을ᄎᆞᄌᆞᄂᆞ아가지못ᄒᆞᆫ즉지하의도라가나무삼면목으로조션긔뵈오리오ᄒᆞ고칼을쎽혀들고참아ᄌᆞ쳐치못ᄒᆞ니철목탑아발되황망이붓드러왈디ᄉᆞ룰경영ᄒᆞᄂᆞᆫᄌᆞᄂᆞᆫ져근붓그러믈도라보지아니ᄒᆞᄂᆞ니양원슈ᄂᆞᆫ의긔잇ᄂᆞᆫ장직라다시져의게비러보시미올흘가ᄒᆞ나이다ᄒᆞ고냥장이투고와갑옷술벗고장슈장젼의ᄭᅮ러울면셔비러왈원쉬황명을밧드러

27

남방을덕으로항복밧고자ᄒᆞ시믄소장의아ᄂᆞᆫ비라이졔소장이일시지분으로그릇진즁의드러다가직조룰다ᄒᆞ지못ᄒᆞ고쥭은즉비록혼빅이라도원통ᄒᆞ믈품어마음으로항복지아닐가ᄒᆞ나이다원쉬쇼왈임의너룰여러번닐넛시디종시항복지아니ᄒᆞ니금일은용셔치못ᄒᆞ리라철목탑이다시고왈소장이만일다른ᄊᆞ홈의픽ᄒᆞᆫ즉비록쥭어도한이업후일ᄃᆞ시항복고ᄌᆞᄒᆞ나이다원쉬웃고즉시셩문을열어쥬니나탁이냥장을다리고본진으로도라와희허탄왈닉이졔구ᄎᆞ히셩명을어더시나셰궁녁진ᄒᆞ니졔장은각〃계교룰닉여오날붓그리믈씻게ᄒᆞ라계하의일인이응셩디왈소장이맛당이디왕을위ᄒᆞ여한ᄉᆞ룸을쳔거ᄒᆞ

여오ᄃᆡ동쳔을불일너의회복ᄒᆞ게ᄒᆞ리이다나탁이그사ᄅᆞᆷ을보니우부춍장ᄆᆡᆼ열이니

28

ᄎᆞᆨ한시ᄆᆡᆼ확의후에라나탁이ᄃᆡ희문왈ᄆᆡᆼ춍장이엇던ᄉᆞᄅᆞᆷ을쳔거코자ᄒᆞ나뇨ᄆᆡᆼ열왈오계국치운동의일위도ᄉᆡ이시니도호ᄂᆞᆫ운룡도인이라도술이비상ᄒᆞ여능히바ᄅᆞᆷ을부리며귀신과ᄆᆡᆼ슈ᄅᆞᆯ임의로부리ᄂᆞ니ᄃᆡ왕이만일지셩으로쳥ᄒᆞ여도으미잇신즉엇지명병을근심ᄒᆞ리잇가나탁이ᄃᆡ희ᄒᆞ여즉시ᄆᆡᆼ열을다리고치운동의니ᄅᆞ러운룡도인을보고울며왈오ᄃᆡ동쳔은남방셰젼지긔라이졔즁국의닐케되여시니션ᄉᆡᆼ은비록물외의비상ᄒᆞᆫ종적이나ᄯᅩ한남방ᄉᆞᄅᆞᆷ이라바라건ᄃᆡ지조ᄅᆞᆯ앗기지마로샤과인으로ᄒᆞ여금토지ᄅᆞᆯ다시찻게ᄒᆞ여쥬옵소셔운룡도인이소왈ᄃᆡ왕의영웅으로도닐흔바동학을산인이엇지ᄎᆞᄌᆞ리오나탁이ᄌᆡᄇᆡ읍왈션ᄉᆡᆼ이만일구치아니면과인이찰하리

29

쥭고도라가지말고ᄌᆞᄒᆞ나이다설파의칼을드러ᄌᆞ결코자ᄒᆞ니운룡도인이홀일업셔허락ᄒᆞ고도인의복식으로ᄉᆞ승을ᄐᆞ고만왕을ᄯᆞ라ᄐᆡ을동의니ᄅᆞ러왈ᄃᆡ왕은다만양원슈와도젼ᄒᆞ쇼셔빈되그진셰ᄅᆞᆯ보고ᄌᆞᄒᆞᄂᆞ이다나탁이즉시진젼의나와양원슈ᄅᆞᆯ쳥ᄒᆞ여ᄊᆞ호자ᄒᆞ니원쉬소왈나탁이반다시구병을쳥ᄒᆞ미로다ᄒᆞ고ᄃᆡ군을거ᄂᆞ려ᄐᆡ을동의진셰ᄅᆞᆯ베푸니운룡도인이진상의셔바라보고놀나ᄂᆞᆫ빗치잇더니홀연진언을염ᄒᆞ고칼을드러한번가ᄅᆞ치니풍위ᄃᆡ작ᄒᆞ고뇌졍이진텬ᄒᆞ며무슈ᄒᆞᆫ신장이귀졸을모라명진을반향이나에워ᄊᆞ고치ᄃᆡᄡᅵ치지못ᄒᆞ니도인이칼을더지고탄왈ᄃᆡ명원슈ᄂᆞᆫ범인이아니라경텬위지홀지ᄌᆡ잇시니ᄃᆡ왕은각승치마ᄅᆞ쇼셔진법은텬상무곡셩관의션텬음양진이니그

30

즁의현묘ᄒᆞᆫ법이무궁ᄒᆞ니빈도의조고만ᄌᆡ조로니긔지못ᄒᆞ리이다나탁이 〃

말을듯고방셩ᄃᆡ곡왈이러ᄒᆞᆫᄌᆞᆨ어ᄂᆡ날과인의오ᄃᆡ동쳔을ᄎᆞᄌᆞ리잇고바라건ᄃᆡ션ᄉᆡᆼ은긍칙이너기샤방약을가ᄅᆞ치쇼셔운룡도인이침음냥구의묵묵이말이업ᄉᆞ니나탁이다시ᄌᆡ비왈션ᄉᆡᆼ이종시가ᄅᆞ치지아니신ᄌᆞᆨ과인이만듕ᄇᆡᆨ셩을ᄃᆡᄒᆞᆯ낫치업ᄉᆞ니찰하리션ᄉᆡᆼ을좃ᄎᆞ산즁의드러가종신코자ᄒᆞ나이다도인이난쳐ᄒᆞᆫ빗치잇셔왈빈도의게한방약이〃시나만일누셜ᄒᆞᆫᄌᆞᆨ일을닐우지못ᄒᆞᆯᄡᅳᆫ아니라빈도의게ᄃᆡ단이방ᄒᆡ로오미잇시리니ᄃᆡ왕은ᄌᆞ량ᄒᆞ여ᄒᆞ쇼셔나탁이즉시좌우ᄅᆞᆯ물니고방약을무른ᄃᆡ도인이바야흐로말ᄒᆞ여왈빈도의ᄉᆞ부탈〃국춍황녕ᄇᆡᆨ운동의한신션이〃시니도호ᄂᆞᆫᄇᆡᆨ운도ᄉᆡ라음양조화지술과텬지현

31

묘지니ᄅᆞᆯ무불통지ᄒᆞ오니우리ᄉᆞ뷔아니면명병을ᄃᆡ적지못ᄒᆞ려니와ᄯᅳᆺ이놉고덕이ᄆᆞᆰ아평ᄉᆡᆼ을산문의나지아니ᄒᆞ니ᄃᆡ왕이셩의ᄅᆞᆯ다ᄒᆞ여쳥ᄒᆞ시면혹자허ᄒᆞ실가ᄒᆞ나이다말숨을맛차며ᄉᆞ슴을ᄐᆞ고표연이ᄎᆔ운동으로가니라ᄎᆞ하ᄅᆞᆯ분ᄒᆡᄒᆞ라
셰무신오월일향목동셔

권지십삼

1

옥누몽권지십삼

화셜도식님오딕우리사부의도학이고명ᄒᆞ고지긔청상ᄒᆞ시니딕왕이졍셩을다ᄒᆞ여청ᄒᆞ셔야허ᄒᆞ시리이다ᄒᆞ고언파의ᄉᆞ승을ᄐᆞ고표연이치운동으로가니라나탁이즉시폐빅을갓쵸와가지고슈십종자를다리고빅운동으로ᄎᆞᄌᆞ가니가히우읍다나탁이구완병을청ᄒᆞ여도자긔를돕지아니코도로혀명진을도와명병을파ᄒᆞ니나탁은텬의를모로고도로의분쥬ᄒᆞ여도사의게구완을청ᄒᆞ여낭픽를더ᄒᆞ니딕져득실화복을엇지인력으로ᄒᆞ리오하회를셕남ᄒᆞ라

구만왕홍낭하산투진법원슈퇴군

각셜강남홍이만ᄉᆞ여싱으로이역쳔리의표박ᄒᆞ여갈바를모로더니산즁의〃탁ᄒᆞ미신셰아직평안ᄒᆞ여긱회를니져시나고국을싱각ᄒᆞ고심시

2

비창ᄒᆞ더니일〃은도식홍낭을불너왈노뷔그딕의상을보미타일의반다시귀훌지라나의비혼바검술이후일의쓸곳이잇ᄂᆞᆫ고로그딕의게젼코ᄌᆞ ᄒᆞ노라홍낭이쳥파의직비ᄉᆞ왈뎨직듯자오니녀자유힝이다만침션방젹을힘쓸ᄯᆞ롬이니검술의현묘ᄒᆞ믈뵈화무익훌가ᄒᆞ노라도식소왈그딕지금은진셰영욕을하직ᄒᆞ고산즁의종신코자ᄒᆞ므로빅화쓸딕업다ᄒᆞ거니와미구의고국의도라가영화부귀졔미ᄒᆞ리니두어가지직조를빅화두어야후일환귀지시의일홈이빗ᄂᆞ니라홍낭이직빅ᄉᆞ〃ᄒᆞ고그날붓터ᄉᆞ뎨지의를미ᄌᆞ도동의옷술닙고가ᄅᆞ치믈쳥ᄒᆞᆫ딕도식딕열ᄒᆞ여몬져의약복셔와텬문지리를ᄎᆞ례로가ᄅᆞ치니홍낭

3

은본ᄃᆡ총명ᄒᆞᆫ인물이라하나흘들어열을ᄊᆡ다ᄅᆞ니ᄇᆡ호미쉽고가ᄅᆞ치미어렵지아니ᄒᆞ니도ᄉᆡ일변깃거ᄒᆞ며일변ᄉᆞ랑ᄒᆞ여왈노뷔남방의오므로뎨ᄌᆞ이인이〃시니하나흔ᄎᆡ운동도인이니법술이어리고위인이혼암ᄒᆞ므로노뷔ᄆᆡ양염녀ᄒᆞᄂᆞᆫ비오하나흔상젼의셔ᄎᆞ다리ᄂᆞᆫ도동쳥운이니비록좀ᄌᆡ죄잇시나텬셩이요망ᄒᆞ여잡술을조화ᄒᆞᄂᆞᆫ고로노뷔ᄇᆡ혼바ᄅᆞᆯ젼치아니ᄒᆞ엿더니이졔너의위인과ᄌᆡ조ᄅᆞᆯ보니운룡쳥운의웨아니라타일크게쓸곳이잇실가ᄒᆞ노라ᄒᆞ고이의병셔ᄅᆞᆯ쥬어왈뉵도삼약의합변ᄒᆞᄂᆞᆫ슈단과팔문구궁의변화ᄒᆞᄂᆞᆫ법은오히려세상의잇ᄂᆞᆫᄇᆡ라ᄇᆡ호기어렵지아니ᄒᆞ나노부의게잇ᄂᆞᆫ법은션텬비셔라그사ᄅᆞᆷ

4

이아니면감히젼치못ᄒᆞ나니그법술은젼혀상ᄉᆡᆼ상극으로오ᄒᆡᆼ을응ᄒᆞ미오일호궤술이업ᄉᆞ나그풍운조화의긔묘ᄒᆞᆷ과역귀강마지법이니그ᄃᆡ힘ᄡᅥᄇᆡ화긴급ᄒᆞᆫᄊᆡ의쓰ᄃᆡ평ᄉᆡᆼ을신즁ᄒᆞ면세간의요탄ᄒᆞ다ᄒᆞ믈듯지아니리라홍낭이ᄌᆡᄇᆡ슈명ᄒᆞ여일〃이듯고쥬야로ᄇᆡ화슈월지간의그현묘ᄒᆞᆫ법을다통ᄒᆞ니도ᄉᆡᄃᆡ경왈그ᄃᆡᄂᆞᆫ텬하긔ᄌᆡ라세간의ᄃᆡ적ᄒᆞᆯ지업ᄉᆞ려니와다시무예ᄅᆞᆯᄇᆡ호라ᄒᆞ고드듸여검술을가ᄅᆞ쳐왈노부의가ᄅᆞ치ᄂᆞᆫ검술은션간의긔이ᄒᆞᆫ법이라검긔ᄅᆞᆯᄐᆞ고공즁의오ᄅᆞ며칼을드러가ᄅᆞ치며진언을염ᄒᆞ면풍운을능히부ᄅᆞ며쳔변만화ᄒᆞ여만인을ᄃᆡ적ᄒᆞ기어렵지아니ᄒᆞ리라ᄒᆞ고ᄯᅩ협즁으로

5

셔두자로칼을ᄂᆡ여쥬며왈이칼일홈은부용검이니일월졍긔와텬지음양으로된거시니돌을치면돌이ᄊᆡ여지고쇠ᄅᆞᆯ버히면쇠가ᄭᅳᆫ어지나니농쳔ᄐᆡ아검과간장막야검의비ᄒᆞᆯᄇᆡ아니라범인의게젼치아니코두엇더니이ᄌᆡ너ᄅᆞᆯ쥬어쓰게ᄒᆞ노라ᄒᆞ니홍낭이졀ᄒᆞ여바든후의일노붓터밤이면병법과검술을강논ᄒᆞ고낫이면손ᄉᆞᆷ낭을다리고산즁의평탄ᄒᆞᆫᄯᅡ흘갈ᄒᆡ여터흘닥고진법을ᄉᆞ습ᄒᆞ며검술을강논ᄒᆞ여그젹막ᄒᆞᆫ심사ᄅᆞᆯ위로ᄒᆞ더라일〃은홍낭이손삼낭으로더

부러부용검을들고연무졍의나아가검술을ᄉᆞ습ᄒᆞ더니홀연쳥운동ᄌᆡ무삼ᄎᆡᆨ을가지고와홍낭을향ᄒᆞ여왈ᄉᆞ형은검술도ᄇᆡ호려니와이거ᄉᆞᆯ보라이ᄂᆞᆫ션가의둔갑

6

방셔니션ᄉᆡᆼ이맛참잠드신ᄯᅢᄅᆞᆯᄐᆞ도적ᄒᆞ여왓노라홍낭이놀나왈네엇지이리망녕되뇨ᄉᆞ뷔나ᄅᆞᆯ사랑ᄒᆞ샤모든ᄌᆡ조ᄅᆞᆯ가ᄅᆞ치시ᄃᆡ이글은ᄇᆡ홀거시아닌고로말삼이업ᄉᆞ시니너ᄂᆞᆫ이거ᄉᆞᆯᄲᆞᆯ니갓다두라쳥운이소왈ᄂᆡ밤이면션ᄉᆡᆼ의잠든ᄯᅢᄅᆞᆯᄐᆞ이방셔ᄅᆞᆯ가마이보아임의그신통ᄒᆞᆫ법을다ᄇᆡ화시니잠간시험ᄒᆞ여보리라ᄒᆞ고버들닙하나흘ᄯᅥ혀더지며진언을염ᄒᆞ니홀연공즁으로셔일ᄀᆡ쳥의동ᄌᆡ학을ᄐᆞ고ᄂᆞ려오거ᄂᆞᆯ쳥운이웃고다시진언을염ᄒᆞ며버들닙을무슈히더지니ᄎᆡ운이ᄉᆞ면으로니러ᄂᆞ며션관션녀와신장귀졸이운우ᄅᆞᆯ멍에ᄒᆞ여나려오니쳥운이박장ᄃᆡ쇼ᄒᆞ고홍낭과ᄎᆞᆫ슴낭은신긔히너기더니홀연신ᄡᅳ으ᄂᆞᆫ소ᄅᆡ나며션ᄉᆡᆼ이쥭장을집

7

고산문의나와크게불너왈쳥운아네엇지요탄ᄒᆞᆫᄌᆡ조ᄅᆞᆯᄌᆞ랑ᄒᆞ여니목을현황케ᄒᆞᄂᆞᆫ다법술을ᄲᆞᆯ니거두라ᄒᆞ고홍낭을도라보아왈자고로둔갑지술은허황ᄒᆞᆫ법이라그ᄃᆡ의게젼치아니려ᄒᆞ엿더니임의누셜ᄒᆞᆫᄇᆡ되여시니ᄃᆡ강ᄇᆡ호미무방ᄒᆞ나타일이도ᄅᆞᆯ어더신명이욕되게ᄒᆞ고크게낭ᄑᆡ홀ᄌᆞᄂᆞᆫ쳥운이라ᄒᆞ더라시야의도ᄉᆡᆨ홍낭을불너왈세간의ᄒᆡᆼᄒᆞᄂᆞᆫ되세가지니유도불도션되라유도ᄂᆞᆫ졍ᄃᆡᄒᆞ믈쥬장ᄒᆞ고션두도ᄂᆞᆫ신이ᄒᆞᆫᄃᆡ갓가오나그마음을닷가물외의변역지아니ᄒᆞ미쥬장이라후셰의슈도지인이션불의근원을모로고둔갑지법을ᄒᆡᆼᄒᆞ여니목을현황케ᄒᆞ니엇지도ᄉᆞ의근본이리오비록그러ᄒᆞ나빈되이법을셰상의한번젼코자ᄒᆞᄂᆞ니

8

그ᄃᆡ의위인이졍ᄃᆡᄒᆞᆫ고로ᄃᆡ강가ᄅᆞ치노라ᄒᆞ고그즁의현묘ᄒᆞᆫ술을가ᄅᆞ치니

홍낭은본ᄃᆡ총명ᄒᆞᆫ인물이라엇지ᄒᆡ득지못ᄒᆞ리오슈일을공부ᄒᆞᄆᆡ임의다통ᄒᆞᆫ지라션ᄉᆡᆼ이ᄃᆡ희왈그ᄃᆡ의심졍이본ᄃᆡ단졍ᄒᆞ여잡되지아니ᄒᆞ니빈되의말을져바리지아니려니와십분조심ᄒᆞ여긴급ᄒᆞᆫᄣᆡ잇거든잠간ᄒᆡᆼᄒᆞ라자고로길인과귀인은ᄇᆡ호지아니ᄒᆞ니이ᄂᆞᆫ다른연괴아니라텬긔ᄅᆞᆯ누셜ᄒᆞ면복녹의방ᄒᆡ로오믈져허ᄒᆞ미라ᄒᆞᆫᄃᆡ홍낭이일〃이가ᄅᆞ치믈듯고물너나침소로도라올ᄉᆡ뜻밧게일ᄀᆡ녀ᄌᆡ창외의셔도ᄉᆞ의훈계ᄒᆞ믈듯다가자긔의나오믈듯고몸을도로혀홀연간ᄃᆡ업거늘홍낭이ᄃᆡ경ᄒᆞ여도로드러가션ᄉᆡᆼ긔고ᄒᆞ니도ᄉᆡ소왈이ᄂᆞᆫ반다시귀ᄆᆡ와호리의무리엿드ᄅᆞ미니

9

격동ᄒᆞᆯᄇᆡ아니나다만불ᄒᆡᆼᄒᆞᆫ바ᄂᆞᆫ우리낭인의둔갑방셔슈작ᄒᆞ믈드러신즉타일후환이되여잠간인심을소동ᄒᆞᆯ가ᄒᆞ노라ᄒᆞ더라일〃은홍낭이손삼낭으로더부러검술을익이더니믄득신긔곤뇌ᄒᆞ여칼을거두고언덕의올나ᄉᆞ면을바라보니쳥산은만쳡이오ᄇᆡᆨ운은쳔봉이라계변양뉴ᄂᆞᆫ져믄구름을ᄯᅴ엿고안상도화ᄂᆞᆫ느진봄을먹음어시니원ᄀᆡᆨ의심회ᄅᆞᆯ돕ᄂᆞᆫ지라홍낭이망연이바라보고불승비창ᄒᆞ여ᄋᆡ뤼니음ᄎᆞ손삼낭을도라보아왈우리산즁의드러온지슈년이라고국산쳔이몽즁의아득ᄒᆞ고이역츈광이심ᄉᆞᄅᆞᆯ요동ᄒᆞ니아지못게라어ᄂᆡᄯᆡ의도라가즁원산쳔을다시보며젼당ᄐᆡ호의아ᄅᆞᆷ다온경치ᄅᆞᆯ다시ᄃᆡᄒᆞ리오ᄉᆞᆷ낭이소왈노신은강남의잇실졔종일노력ᄒᆞ여슈즁의단

10

니며두어낫구슬을엇고두어낫ᄉᆡᆼ션을어든즉여득쳔금ᄒᆞ여구복을ᄎᆡ오더니이곳의오므로십지ᄅᆞᆯ부동ᄒᆞ고일신이한가ᄒᆞ여ᄇᆡ불니먹고더온방의잠을ᄌᆞ니비린몸이쳥졍ᄒᆞ고거믄살이희여오니긋ᄐᆞ여고향ᄉᆡᆼ각이업ᄂᆞ이다홍낭이미소왈ᄉᆞᄅᆞᆷ이셰상의나ᄆᆡ남녀간의졍의ᄅᆞᆯᄆᆡ자지긔ᄅᆞᆯ상합ᄒᆞ면긋드미쳘셕갓흐여ᄉᆞᄉᆡᆼ이당두ᄒᆞ여도변ᄒᆞ미업ᄂᆞ니ᄂᆡ노랑으로더부러동시강남사ᄅᆞᆷ이라셔호젼당의졀승ᄒᆞᆫ경ᄀᆡ와곡방쳥누의아ᄅᆞᆷ다온물ᄉᆡᆨ을ᄉᆡᆼ각ᄒᆞ니감회ᄒᆞᄂᆞᆫ마음이졀노이동ᄒᆞ거늘허물며친쳑붕우의원별ᄒᆞ미리오언파의희허탄식ᄒᆞ

니숨낭이홍낭의양공자싱각ᄒᆞ민쥴알고ᄯᅩ한츄연기용ᄒᆞ더라홍낭이쵸당의
도라와젼〃반칙ᄒᆞ여잠을닐우지못ᄒᆞ더니익일의션싱

11

이홍낭을불너왈그ᄃᆡ빈도의게잇실날이슈월이가렷고진셰의나아가인간힝
낙이무궁홀지라맛당이그ᄃᆡ의게일물을끼쳐우리ᄉᆞ뎨지졍을표ᄒᆞ리라ᄒᆞ고
협즁의일기옥져롤닉여친히두어곡조롤불고홍낭을가ᄅᆞ쳐왈한나라당자방
의계명산의셔옥져롤불어강동자뎨팔쳔인을흣터시니이옥져롤비화둔즉자
연쓸곳이〃시리라홍낭의위인이본ᄃᆡ춍혜ᄒᆞᆫ지라션싱의명을바다잠시간의
여러곡조롤힉득ᄒᆞ니도식ᄃᆡ희왈이옥져는본ᄃᆡ한쌍이니일기는문창셩의게
잇고일기는빈되감쵸와다가그ᄃᆡ의게젼ᄒᆞᄂᆞ니타일고국의도라갈긔약이〃
옥져의게잇실가ᄒᆞᄂᆞ니신변의감쵸와다가후일을기다리라ᄒᆞ더라광음이신
속ᄒᆞ여홍낭이산의드러온지임의삼년이라

12

일〃은야심후션싱이홍낭을다리고졍뎐의빅회ᄒᆞ며월식을구경ᄒᆞ더니믄득
쥭장을드러텬상을가ᄅᆞ쳐왈그ᄃᆡ져별을알쇼냐홍낭이눈을드러보믹일기ᄃᆡ
셩이명긔찬란ᄒᆞ여자미원을둘너거늘션싱긔고왈이는문창셩인가ᄒᆞ나이다
도식이연이웃고ᄯᅩ남방을가ᄅᆞ쳐왈한낫흉셩이남두롤범ᄒᆞ니남방의병홰잇
시려니와문창셩이광치휘황ᄒᆞ여뎨원을호위ᄒᆞ여시니셩군이반다시즁원의
강싱ᄒᆞ여영명이후셰의젼ᄒᆞ고칠십년틱평을누릴가ᄒᆞ노라홍낭이문왈임의
병홰잇신즉엇지틱평지치롤닐위리라ᄒᆞ시나잇가션싱이미소왈병난을평경
ᄒᆞ고셩덕으로치국ᄒᆞ믄슌환지이라일시병화롤엇지근심ᄒᆞ리오ᄒᆞ더라홍낭
이도라와셔안을의지ᄒᆞ여잠간조으더니신혼

13

이표탕ᄒᆞ여한곳의니ᄅᆞ니광풍이ᄃᆡ작ᄒᆞ며살긔등〃ᄒᆞ더니일기밍회소릭롤
벽역갓치지ᄅᆞ고다라드러한남자롤물녀ᄒᆞ거늘그남자롤자셔이보니이곳양

공ᄌᆡ라홍낭이ᄃᆡ로ᄒᆞ여부용검을드러치며소ᄅᆡ지ᄅᆞ니손삼낭이엽히누엇다가ᄭᆡ여왈낭ᄌᆡ무삼ᄭᅮᆷ을그리ᄭᅮ시뇨ᄒᆞ거늘홍낭이ᄭᆡ다ᄅᆞ니침상일몽이라심즁의경괴ᄒᆞ여ᄉᆡᆼ각ᄒᆞᄃᆡ우리공ᄌᆡ반다시ᄋᆡᆨ회잇시미라ᄂᆡ만니밧긔잇셔망연이쇼식을모로니비록구코자ᄒᆞ나엇지ᄒᆞ리오ᄒᆞ며은근한염녀와무궁ᄒᆞᆫᄉᆡᆼ각이오ᄆᆡ의ᄆᆡᆺ쳐능히잠을닐우지못ᄒᆞ더라일〃은홍낭이도사ᄅᆞᆯ뫼셔병법을강논ᄒᆞ더니ᄒᆞᆯ연산문밧게말소ᄅᆡ나며동ᄌᆡ황망이보ᄒᆞᄃᆡ남만왕이동문밧긔니ᄅᆞ러ᄇᆡ오믈쳥ᄒᆞ나이다도ᄉᆡ홍낭을도라보며미소ᄒᆞ고즉시몸

14

을당의나려나탁을마자네필좌졍의나탁이피셕ᄌᆡᄇᆡ왈과인이션ᄉᆡᆼ의도학이놉흐시믈우레갓치듯ᄌᆞ와시나졍셩이쳔박ᄒᆞ여이졔야뵈오니그윽히불민ᄒᆞ믈붓그리나이다도ᄉᆡ답왈ᄃᆡ왕이일국군왕의존체로엇지산야필부ᄅᆞᆯ이러틋은근이ᄎᆞ지시나잇가만왕이니러ᄌᆡᄇᆡ왈남방오ᄃᆡ동쳔은과인의셰〃상젼ᄒᆞᄂᆞᆫᄶᅡ희라명국황뎨무단이장슈ᄅᆞᆯ보ᄂᆡ여지경을침노ᄒᆞ니과인의힘으로능히ᄃᆡ젹지못ᄒᆞᆯ지라시고로션ᄉᆡᆼ을뵈옵고파젹ᄒᆞᆯ계교ᄅᆞᆯ뭇고ᄌᆞᄒᆞ나이다도ᄉᆡ소왈산야의늙으니다만뫼흘ᄃᆡᄒᆞ여물을구경ᄒᆞᆯᄯᆞᄅᆞᆷ이라무삼계괴잇셔ᄃᆡ왕을도으리잇가만왕이눈물을흘녀왈과인은드ᄅᆞ니월나라ᄉᆡᄂᆞᆫ남역가지ᄅᆞᆯᄉᆡᆼ각ᄒᆞ고됴나라말은북방바ᄅᆞᆷ을사랑ᄒᆞᆫ다ᄒᆞ니션ᄉᆡᆼ이ᄯᅩ한남방사ᄅᆞᆷ이라이ᄶᅡ히

15

셔슈도ᄒᆞ시니과인의민박ᄒᆞ믈긍칙히너기샤긔묘지술을베푸러병난을삭평ᄒᆞ여과인의국도ᄅᆞᆯ보젼케ᄒᆞ여쥬시믈바라나이다도ᄉᆡ우어왈빈되ᄌᆡ학이노둔ᄒᆞ나ᄃᆡ왕이〃러틋간구ᄒᆞ시니다시방약을ᄉᆡᆼ각ᄒᆞ오리니잠간ᄀᆡᆨ실의머무로쇼셔나탁이ᄃᆡ희ᄒᆞ여외당으로나가니도ᄉᆡ홍낭을불너갓가이좌ᄒᆞ라ᄒᆞ고이의츄연왈금일이그ᄃᆡ의도라갈날이라빈되낭자로더부러슈삼년사뎨지의ᄅᆞᆯᄆᆡᄌᆞ졍의부자나다ᄅᆞ미업더니이졔기리원별을당ᄒᆞ니엇지창연치아니리오홍낭이ᄃᆡ경ᄒᆞ여눈물을먹음어왈뎨ᄌᆡ일ᄀᆡ녀자로약간병서ᄅᆞᆯᄇᆡ화시나고국의도라갈길을아지못ᄒᆞ오니밝히가ᄅᆞ치쇼셔도ᄉᆡ소왈그ᄃᆡᄂᆞᆫ본ᄃᆡ텬상셩

신으로문창셩과슉연이잇셔인간의적강ᄒᆞ미니금

16

일노붓터곤ᄋᆡᆨ이물너가고길운을당ᄒᆞ여후일의영화부귀를극진이ᄒᆞ여인간힝낙을무궁이ᄒᆞ리니이ᄂᆞᆫ다하날이졍ᄒᆞ신비라자연우합이될거시오인력으로ᄒᆞᆯᄇᆡ아니〃근심치말나그러나나탁이역시텬상청낭셩으로하강ᄒᆞ미니빈되져를괄시치못ᄒᆞ여그ᄃᆡ를보ᄂᆡᄂᆞ니그ᄃᆡ가셔견긔ᄒᆞ여힝ᄉᆞᄒᆞᄃᆡ나탁이위ᄐᆡᄒᆞᆫᄯᆡ를당ᄒᆞ거든부ᄃᆡ구ᄒᆞ여죽으믈면케ᄒᆞ라이역텬졍ᄒᆞ시미니마음의삭이고헐우이듯지말나홍낭이듯기를맛ᄎᆞᄆᆡᄌᆡᄇᆡ슈명ᄒᆞ고눈물을ᄲᅮ려왈션ᄉᆡᆼ을금일ᄇᆡ별ᄒᆞᆫ후어ᄂᆡᄯᆡ의다시뵈오리잇가도ᄉᆡ소왈ᄂᆡ두지ᄉᆞ를미리졍치못ᄒᆞ려니와칠십년후의텬상의셔〃로맛나피차교도를펴고무궁ᄒᆞᆫ복녹을누리〃라셜파의동자를명ᄒᆞ여만왕을다시청ᄒᆞ여왈빈되나히만코몸이병드

17

러산문의나지아닌지여러십년인고로뎨ᄌᆞ일인을ᄃᆡ힝케ᄒᆞᄂᆞ니그일홈은홍흔탈이라맛당이한가지로힝ᄒᆞ여가ᄃᆡ홍흔탈과상의ᄒᆞ여텬병을항거치말고즁국의귀슌ᄒᆞ여기리왕낙을닐치마ᄅᆞ쇼셔나탁이ᄉᆞ례ᄒᆞᆫ후션ᄉᆡᆼ긔하직ᄒᆞ고산문을나니라홍낭이ᄯᅩ한도사긔하직ᄒᆞᆯᄉᆡᄯᅥ나ᄂᆞᆫ졍회를금치못ᄒᆞ여비뤼종힝ᄒᆞ니션ᄉᆡᆼ이ᄯᅩ한창연왈빈되그ᄃᆡ와슈년연분이잇기로사뎨지의를ᄆᆡᄌᆞᄆᆡ셔로졍의골육갓더니이졔텬의를역지못ᄒᆞ여피ᄎᆞ의니별을당ᄒᆞ니쳥산과ᄇᆡᆨ운이비록길이다ᄅᆞ나언마ᄒᆞ여옥경텬당의셔로맛나미잇시리오모로미그ᄃᆡᄂᆞᆫ인간의슉세영욕을누리다가상계극낙으로도라오라홍낭이눈물을ᄲᅮ려왈뎨ᄌᆡ만왕을구ᄒᆞ고고국의도라가ᄂᆞᆫ날다시산문의

18

니ᄅᆞ러션ᄉᆡᆼ을ᄇᆡ별코자ᄒᆞ나이다도ᄉᆡ미소왈빈되ᄯᅩ한셔텬으로도라갈길이밧부니그ᄃᆡ비록오나다시맛나지못ᄒᆞ리라홍낭이비회연〃ᄒᆞ여참아ᄯᅥ나지못ᄒᆞ니도ᄉᆡᄌᆡ삼가기를ᄌᆡ촉ᄒᆞ니홍낭이절ᄒᆞ여하직ᄒᆞ고청운과악슈상별ᄒᆞᆫ

후숀삼낭을다리고만왕을ᄯᅡ라가니라ᄎᆞ시나탁이홍낭을다리고도라올시심중의ᄉᆡᆼ각ᄒᆞᄃᆡ닉정셩을다ᄒᆞ여구완을청ᄒᆞ라왓다가일기잔약ᄒᆞᆫ미소년을다리고가니엇지명국장졸을ᄃᆡ젹ᄒᆞ리오다만그용모자식이녀자즁의도경국지식이라만일남지아니런들닉맛당이오ᄃᆡ동쳔부귀ᄅᆞᆯ헌신갓치바리고오호의편쥬ᄅᆞᆯ띄여범ᄃᆡ부ᄅᆞᆯ효칙ᄒᆞ리라ᄒᆞ더라ᄎᆞ셜홍낭이숀삼낭과한가지로만왕을ᄯᅡ라동쳔의니ᄅᆞ러본젹을감쵸고호ᄅᆞᆯ장건노졸이라ᄒᆞ니라익일

19

의홍낭이만왕으로더부러동즁지형을자셔이볼시동젼의일좌소산이〃시니일홈은연화봉이라홍낭이봉상의올나ᄉᆞ면을바라본후만왕다려왈닉몬져명진을구경코자ᄒᆞ노라ᄒᆞ고이윽히보다가탄왈명원쉬만일동즁의진을닐윗던들한군사도사라도라가지못ᄒᆞᆯ거시로ᄃᆡ임의ᄉᆡᆼ황방을어더시니졸연이파키어려울가ᄒᆞ나이다만왕왈그리면무삼술노명진을파ᄒᆞᆯ고션ᄉᆡᆼ은익이계교ᄅᆞᆯᄉᆡᆼ각ᄒᆞ라홍낭왈다만명원슈로더부러ᄃᆡ진ᄒᆞ여그용병을보고ᄌᆞᄒᆞᄂᆞ니ᄃᆡ왕은명진의격셔ᄅᆞᆯ보닉소셔만왕이올희너겨부장을명ᄒᆞ여젼셔ᄅᆞᆯ보닉니그글의ᄒᆞ엿시ᄃᆡ남만왕나탁은ᄃᆡ명ᄃᆡ원슈휘하의격셔ᄅᆞᆯ젼ᄒᆞ나이다고지셩군은덕으로ᄲᅧ텬하ᄅᆞᆯ무

20

마ᄒᆞ고힘으로ᄲᅧ싸호지아니ᄒᆞᄂᆞ니이졔즁국이십만ᄃᆡ병을닐위여남방소국을졍벌ᄒᆞ시니그위텩ᄒᆞ미조셕의잇ᄂᆞᆫ지라그러ᄒᆞ나속슈ᄒᆞ여안자지못ᄒᆞ여잔병을슈습ᄒᆞ여명일ᄃᆡ진ᄒᆞ여즁국병위ᄅᆞᆯ다시보고자ᄒᆞᄂᆞ니원슈ᄂᆞᆫ익이ᄉᆡᆼ각ᄒᆞ쇼셔ᄒᆞ엿더라양원쉬격셔ᄅᆞᆯ보고경아왈이글이간략ᄒᆞᆫ즁문치가빗ᄂᆞ니남방만이지국의무식표한의소작이아니오즁하의문명ᄒᆞᆫ긔상이낫ᄐᆞᄂᆞ니엇지고희치아니리오ᄒᆞ고즉시답왈ᄃᆡ명도원슈ᄂᆞᆫ남만왕의게붓치ᄂᆞ니우리황뎨폐히셩신문무ᄒᆞ샤덕턱이만방의덥헛거ᄂᆞᆯ너의남방소국이방자무례ᄒᆞ여황명을거역ᄒᆞ미만홀ᄒᆞᆫ고로텬지진노ᄒᆞ샤특별이십만ᄃᆡ병을발ᄒᆞ여문죄ᄒᆞ라ᄒᆞ시믹텬명을밧자와ᄃᆡ군을거나려

21

너의지경의니ᄅᆞ러시니한북의소혈을토멸ᄒᆞᆯ거시로ᄃᆡ우리황야의호싱지덕을베푸러인의로감화코자ᄒᆞ더니여등이명일ᄃᆡ진코자ᄒᆞ니ᄂᆡ병위를분발ᄒᆞ여특별이너를칠종칠검의신긔ᄒᆞ믈긔약ᄒᆞᄂᆞ니사로잡희기를당ᄒᆞ여뉘웃지말나ᄒᆞ엿더라홍낭이답셔를보고츄연ᄒᆞᆫ빗치잇셔왈ᄂᆡ만믹지방의슈년을침복ᄒᆞ여고국을다시보지못ᄒᆞᆯ가ᄒᆞ엿더니이글을보니임의즁화문장을알지라엇지반갑지아니리오ᄒᆞ더라익일의홍낭이져근슈레를ᄐᆞ고만병을거나려동쳔의나와진셰를베푸니원쉬ᄯᅩ한ᄃᆡ군을거나려슈십보밧게진을닐우고바라보니홍낭이슈레를모라진젼의나와명진형셰를살필ᄉᆡᄎᆞ시명원슈양창곡이장

22

ᄃᆡ의놉히안고졔장이장창ᄃᆡ검을잡아좌우의옹위ᄒᆞ여시니위풍이늠〃ᄒᆞ고군셰엄위ᄒᆞ거놀홍낭이숀삼낭으로ᄒᆞ여금진젼의셔크게웨여왈소국이남방일우의잇셔문뮈쌍젼ᄒᆞᆫ지업ᄂᆞᆫ고로젼셔를보ᄂᆡ여진법으로싸호쇼셔ᄒᆞ믄상국이ᄃᆡ군을모라용병ᄒᆞ시믈보고자ᄒᆞ미니명원슈ᄂᆞᆫ몬져한진을닐워남만지인을보게ᄒᆞ쇼셔ᄒᆞ거놀양원쉬그언ᄉᆞ를드ᄅᆞ미심히유례온공ᄒᆞᆫ지라심즁의경의ᄒᆞ여만진을바라보니일기미모쇼년이진밧게말을빗겨시니황금쇄자갑의녹금젼포를쎠닙고머리의홍금봉시투고를쓰고우슈의부용검을드러시니션연ᄒᆞᆫ틱도와찬란ᄒᆞᆫ광휘일식의조요ᄒᆞ니진실노남ᄌᆞ즁일식이오녀ᄌᆞ즁졀ᄃᆡ가인이라양원쉬ᄃᆡ경ᄒᆞ여졔장을도라보아왈이ᄂᆞᆫ반다시남방인물이아

23

니라나탁이어ᄃᆡ가셔져런사ᄅᆞᆷ을청ᄒᆞ여온고ᄒᆞ며북을치고긔를둘너진셰를변ᄒᆞ여늒화진을치니이ᄂᆞᆫ군ᄉᆞ를여셧방위의난화셔로응ᄒᆞ게ᄒᆞ미라홍낭이웃고북을치며만병을지휘ᄒᆞ여이십ᄉᆞ긔를쌍을지어열두ᄃᆡ의분비ᄒᆞ여호졉진을민다라늒화진을츙돌ᄒᆞ며숀삼낭으로진젼의셔웨여왈늒화진은승평지시의한가ᄒᆞᆫ진법이라소국의호졉진이잇셔족히ᄃᆡ젹ᄒᆞᆯ가ᄒᆞ나이다다른진을

치소셔양원쉬북을울니며긔롤둘너늌화진을변ᄒᆞ여팔〃늌십ᄉᆞ괘여덜방위롤응ᄒᆞ여팔과진을치니홍낭이ᄯᅩ북을치며만병을지휘ᄒᆞ여오방위진을베퍼팔과진을츙돌ᄒᆞ여싱문의드러가긔문으로나오며음방을쳐양방을엄습ᄒᆞ고다시숀야치로ᄒᆞ여금웨여왈한나라제갈무후ᄂᆞᆫ늌화진

24

의양의진을합ᄒᆞ니이〃른바팔과진이라싱ᄉᆞ문과긔졍문이잇고동셔방과음양방이〃시니소국의ᄃᆡ연진이잇셔족히ᄃᆡ적홀가ᄒᆞᄂᆞ니다른진을치쇼셔양원쉬ᄃᆡ경ᄒᆞ여급히팔과진을거두고좌우익을닐워조익진을치고웨여왈조익진은젹국을ᄃᆡᄒᆞ여싀살ᄒᆞᄂᆞᆫ진이라홍낭이ᄯᅩ숀삼낭으로웨여왈맛당이장ᄉᆞ진으로츙돌ᄒᆞ리니다른진을치쇼셔원쉬긔롤밧비둘너좌익진을합ᄒᆞ여학익진을닐워장ᄉᆞ진머리롤치며뇌텬풍으로웨여왈남방아희장ᄉᆞ진으로조익진ᄯᅮᆯ울쥴은아나조익진이변ᄒᆞ여학익진이되여장ᄉᆞ진머리롤치믄엇지싱각지못ᄒᆞᄂᆞ뇨홍낭이미소ᄒᆞ며북을치고장ᄉᆞ진을난화두어곳의어린진을민다라치니이ᄂᆞᆫ젹국을속이ᄂᆞᆫ법이라원쉬ᄃᆡ로ᄒᆞ여ᄃᆡ군

25

을열ᄶᅥ의난화어린진을가온ᄃᆡ넛코십면으로에워ᄊᆞ니홍낭이웃고왈이ᄂᆞᆫ회음후의십면미복이라굿ᄐᆡ여진법이아니〃소국의한진이잇셔방비코자ᄒᆞ나니보쇼셔ᄒᆞ고언린진을변ᄒᆞ여다셧ᄶᅢ의난화오방을치며그동방을친즉남북방이좌우익이되여방비ᄒᆞ고남북방을친즉동셔방이좌우익이되여방비ᄒᆞ니원쉬바라보고탄왈이ᄂᆞᆫ텬하의긔진라이진은고금의업ᄂᆞᆫ빈니오힝상극지이롤응ᄒᆞ여스사로청긔ᄒᆞᆫ진이되니비록손빈오긔라도파치못ᄒᆞ리라ᄒᆞ고그진을니긔지못홀쥴알고징쳐군을거두고뇌텬풍이진젼의셔웨여왈금일냥진이셔로진법을보아시니무예로ᄊᆞ홀지잇거든나오라ᄒᆞ니쳘목탑이창을들고나와뇌텬풍과ᄊᆞ화십여합의쳘목탑이자로

26

몸을피ᄒᆞ여겨룰치못ᄒᆞ거ᄂᆞᆯ손야치ᄯᅩ창을들고나오며ᄭᅮ지져왈네임의진법의져시니다시무예ᄅᆞᆯ결워보라뇌텬풍이ᄃᆡ로왈늙은슈염업ᄂᆞᆫ오랑ᄏᆡ당돌이말ᄒᆞᄂᆞᆫ다ᄒᆞ고셔로슈십여합을ᄊᆞ홀ᄉᆡ명진즁으로셔동쵸마달이일시의나와텬풍을돕거ᄂᆞᆯ손야치ᄃᆡ젹지못ᄒᆞ여말을ᄲᅵ쳐다라ᄂᆞ니홍낭이손야치의픠ᄒᆞ믈보고ᄃᆡ로ᄒᆞ여말을달녀진젼의나오며징을쳐쳘목탑을부ᄅᆞ고웨여왈명진은홀난ᄒᆞᆫ창법을자랑치말고몬져ᄂᆡ살을바드라ᄒᆞ고소ᄅᆡ긋치지아니ᄒᆞ여공즁의나ᄂᆞᆫ살이드러와뇌텬풍의투고ᄅᆞᆯ맛쳐ᄯᅥᆨ히ᄶᅥ러지니동쵸마달이ᄃᆡ로ᄒᆞ여일시의창검을츔츄어홍낭을ᄎᆔ코자ᄒᆞ더니홍낭의손이움작여시위소ᄅᆡᄂᆞ며흐ᄅᆞᄂᆞᆫ살이ᄭᅩ리ᄅᆞᆯ니어동마냥장의엄신갑호심

27

경을맛치니일시의징연ᄒᆞᆫ쇼ᄅᆡ나며냥장이싸홀마음이업셔말을도로혀본진으로도라오ᄃᆡ뇌텬풍은투고ᄅᆞᆯ곳쳐쓰고벽역부ᄅᆞᆯ두로며크게ᄭᅮ지져왈조고만〃장은좀지ᄅᆞᆯ밋고엇지니러틋무례ᄒᆞ리오ᄒᆞ고홍낭의게다라들더니홀연몸이번듯쳐몰ᄀᆡᄶᅥ러지니아지못게라하회엇지된고셕남ᄒᆞ라

옥젹슈창ᄌᆞ웅율요금단쇽산슈형

화셜이ᄯᅢ뇌텬풍이분긔등텬ᄒᆞ여도치ᄅᆞᆯ두로며홍낭의게다라드니홍낭이쳔연이웃고마상의셔부용검을집고박은ᄃᆞ시셔〃요동치아니ᄒᆞ거ᄂᆞᆯ뇌텬풍이더옥노ᄒᆞ여소ᄅᆡᄅᆞᆯ벽역갓치지ᄅᆞ고힘을다ᄒᆞ여홍낭을치니홍낭이홀연쌍검을츔츄어몸을반공의소ᄉᆞ니뇌텬풍이허공을치고급히도치ᄅᆞᆯ거두려ᄒᆞ더니머리우ᄒᆡ징연한소ᄅᆡ나며

28

투고ᄅᆞᆯᄭᅵ쳐나리치니텬풍이놀니번신낙마ᄒᆞᆫᄃᆡ홍낭이도라보지아니코다만칼만거두니ᄃᆡ기홍낭의칼쓰ᄂᆞᆫ법이번ᄀᆡ갓흐여머리ᄅᆞᆯ버힐거시로ᄃᆡ인명을앗겨진짓투고만ᄭᅵ친지라텬풍이임의졍신을슈습지못ᄒᆞ니엇지ᄊᆞ홀마음이〃리오급히말을도로혀본진으로도라오니양원쉐진상의셔바라보다가ᄃᆡ로

왈닙의셔겻너나는일기만장이니ᄅ틋무례ᄒ니엇지분치아니리오너맛당이 친히나아가싱금ᄒ리라ᄒ고말긔올나진젼의나셔거늘소ᄉ미간왈원슈의톄 즁ᄒ시므로엇지일기만장과경솔이졉젼ᄒ시리잇고소장이비록무용ᄒ오나 한번나가쓰화만장의머리롤버혀휘하의밧치리이다ᄒ고즉시말긔올나진젼 의나오니더기소유경이소년예긔로창법을자부ᄒ여한번결워보고ᄌᄒ미라 이의방천극을두로고바로홍

29

낭의게다라드니홍낭이마ᄌ쓰화슈합의소사마의창법이졍슉ᄒ믈보고말을 치쳐십여보롤물너셔며공즁을향ᄒ여우슈의드러던부용검을더지니그칼이 반공으로좃차소ᄉ마의머리의나려지고ᄌᄒ거늘소사미마상의셔몸을피ᄒ 여방텬극을드러막고ᄌᄒ더니홍낭이〃의말을노하드러오며우슈로칼을바 드며좌슈로부용검을드러공즁의더지니소사미즉시몸을굽혀피ᄒ며창으로 막고ᄌᄒ더니홍낭이다시나려오는칼을밧고말을빗기달니며슈즁의쌍검을 일시의더지거늘소사미연ᄒ여황망이바드며쓰홈을결을치못ᄒ더니홍낭이 다시공즁을향ᄒ여쌍검을바드며쓰기롤오리ᄒ니한풍이소슬ᄒ여쌔골의ᄉ 못고검광이슴〃ᄒ여빅셜이분〃ᄒ니니홰편〃ᄒ여광풍의날니는듯ᄒ더니 이윽고한쥴기푸른긔운

30

이안기갓치니러나며말과사롬을졈〃보지못홀지라소사미더경ᄒ여방텬극 을들고동셔로츙돌ᄒ나무슈ᄒ부용검이공즁으로셔ᄂ려와길을막으니소사 미더경ᄒ여황망이하날을우러〃보미하날의도쳔빅부용검이오싼흘구버보 미싼아리도쳔빅부용검이솟는듯ᄒ여젼후좌우가모다부용검이라진퇴의무 로ᄒ여운무즁의싸흰듯ᄒ니소사미앙텬탄왈너이곳의셔쥭을쥴어이알아시 리오ᄒ고다시부용검을드러푸른긔운을헷치고자ᄒ더니홀연공즁으로셔낭 〃이웨여왈텬조명자을너숀으로쥭이믄의아닌고로살길을빌니ᄂ니장군은 도라가원슈긔젼ᄒ여슴군을거두어쌜니도라가게ᄒ라ᄒ며ᄎ〃푸른긔운을

거두고그장쉬다시부용검을들고우ᄉᆞ며표연이본진으로도라가니소사미감히ᄯᅡ로지못ᄒᆞ고

31

도라와원슈ᄅᆞᆯ보고천식을미졍ᄒᆞ여왈소장이비록용열ᄒᆞ나병셔ᄅᆞᆯ약간보아무예ᄅᆞᆯ비혼후임진ᄃᆡ적을여러번ᄒᆞᄃᆡ별노이겁ᄒᆞ미업고적장을ᄃᆡᄒᆞᆫ즉용녁이졀노이나더니금일만장은ᄉᆞᄅᆞᆷ이아니라반다시신인〃가ᄒᆞᄂᆞ이다ᄒᆞ고만장과ᄊᆞ호던슈말을말ᄉᆞᆷᄒᆞ더라하회ᄅᆞᆯ분ᄒᆡᄒᆞ라

셰무신오월일향목동셔옥누몽

권지십사

1

옥누몽권지십ᄉ

ᄎ셜쇼사미원슈다려왈금일만장과승부롤결워보니져의칼쓰ᄂ법이신츌괴몰ᄒ여번ᄀ번득이고별이흐ᄅᄂ듯ᄒ여쏘호고ᄌᄒ되형용치못ᄒ고몸을피코자ᄒ되나갈길이업셔ᄉ면이다검광인고로아모리홀쥴모로더니젹장이검술을거두므로비로쇼도라왓ᄉ오니비록ᄉ마양져의병법과밍분오긔의용이라도져롤당치못홀가ᄒ나이다양원쉬쳥파의심즁의가장근심ᄒ여왈금일은오히려일모ᄒ여시니명일다시싸화젹장을사로잡지못ᄒ면닉밍세코회군치아니리라ᄒ더라ᄎ시나탁이홍낭의진법과검술을보고바야흐로티희ᄒ여왈하날이과인을불상이너기샤장군을쥬시미니타일맛당이남방졀반을버혀장군을봉ᄒ여부

2

귀롤한가지로ᄒ고ᄌᄒ나이다ᄒ고인ᄒ여자긔와한가지로거쳐ᄒ믈청ᄒ니홍낭이소왈산인은본디한젹ᄒ믈조화ᄒ고군즁이요란ᄒ믈괴로오니조용한긱실을어더슈하노졸을다리고잇고자ᄒᄂ이다나탁이종기언ᄒ여별노이긱실을슈리ᄒ여쥬거놀홍낭이손삼낭으로더부러밤을지닐시심즁의싱각ᄒ되닉비록녀직나엇지디의롤모로고만왕을위ᄒ여고국을져바리〃오만일닉손으로일기명장과명졸을사로잡은즉의아니라다만ᄉ부의명으로나탁을구ᄒ라왓다가그져도라감도의아니〃엇지ᄒ면냥편ᄒ리오ᄒ더니홀연한계교롤싱각ᄒ고손야치롤도라보아왈금야의월식이아름다오니닉동구의나아가연화봉의올나명진동졍을보리라ᄒ고손야치롤다리고상봉의올나명진을

3

바라보니고각이긋치고등촉이명멸ᄒᆞᆫᄃᆡ경졈소ᄅᆡ님의삼경이지ᄂᆡ엿ᄂᆞᆫ지라홍낭이사ᄆᆡ로셔옥져ᄅᆞᆯᄂᆡ여한곡조ᄅᆞᆯ부니이ᄯᆡ셔풍이소슬ᄒᆞ고월ᄉᆡᆨ이명낭ᄒᆞ니영상의도라가ᄂᆞᆫ기러기와암즁의부로지〃ᄂᆞᆫ집납비ᄂᆞᆫ타향ᄀᆡᆨ회ᄅᆞᆯ돕ᄂᆞᆫ지라만니졀ᄉᆡ의부모ᄅᆞᆯᄯᅥ나며십만진즁의쳐자ᄅᆞᆯᄭᅮᆷᄭᅮᄂᆞᆫ군ᄉᆡ리오찬니슬은갑옷슬슬적시고밝은달은장즁의조요ᄒᆞ니모든군ᄉᆡ혹창ᄃᆡᄅᆞᆯ베고누어시며혹칼등을두다리며탄식고안자더니홀연반공즁으로셔옥져소ᄅᆡ들니〃그곡죄쳐량ᄒᆞ여쳘셕을녹이고소ᄅᆡ오열ᄒᆞ여산쳔이변ᄉᆡᆨᄒᆞ거ᄂᆞᆯ시야의명진장졸이일시의잠이ᄭᆡ여늙은ᄌᆞᄂᆞᆫ쳐ᄌᆞᄅᆞᆯᄉᆡᆼ각ᄒᆞ고져믄ᄌᆞᄂᆞᆫ부모ᄅᆞᆯᄉᆞ모ᄒᆞ여혹눈물을ᄲᅮ려

4

희허탄식ᄒᆞ며혹고향을노ᄅᆡᄒᆞ며니러방황ᄒᆞ니ᄌᆞ연군즁이요란ᄒᆞ고탄셩이분〃ᄒᆞ여영문ᄃᆡ장은창ᄃᆡᄅᆞᆯ놋코망연이셧시며군문도위ᄂᆞᆫ방ᄑᆡᄅᆞᆯ안고감지오열ᄒᆞ니소사ᄆᆡᄃᆡ경ᄒᆞ여동마냥장이경황ᄒᆞ여거지슈상ᄒᆞ거ᄂᆞᆯ소사ᄆᆡ급히원슈긔고ᄒᆞ니ᄎᆞ시원슈맛참장즁의누엇더니신혼이표탕ᄒᆞ여하날의올나남텬문의들녀ᄒᆞ니일위보살이ᄇᆡᆨ옥여의ᄅᆞᆯ들고길을막거ᄂᆞᆯ원슈ᄃᆡ로ᄒᆞ여칼을ᄲᅢ여〃의ᄅᆞᆯ두다리니그쇼ᄅᆡ징연ᄒᆞ여ᄯᅡ히ᄯᅥ러져한숑이ᄭᅩᆺ치되니븕은광치와긔이ᄒᆞᆫ향ᄂᆡ텬지진동ᄒᆞ거ᄂᆞᆯ원슈ᄃᆡ경ᄒᆞ여ᄭᆡ다ᄅᆞ니한ᄭᅮᆷ이라심즁의〃아ᄒᆞ더니소사ᄆᆡ황망이장즁의드러군즁동졍을보ᄒᆞ니원슈놀나장밧긔나와안자좌우

5

다려왈지금이어ᄂᆡᄯᆡ뇨ᄃᆡ왈오경이되엿나이다원슈진즁을살펴보니인〃이슈두어리며일진셔풍의옥져소ᄅᆡ들니〃그쇼ᄅᆡᄋᆡ원쳐졀ᄒᆞ여삼군장졸의심회ᄅᆞᆯ도와슬푸믈니긔지못ᄒᆞᄂᆞᆫ지라원슈귀ᄅᆞᆯ기우려한번드ᄅᆞᄆᆡ엇지그곡조ᄅᆞᆯ모로리오졔장을도라보아왈셕일의댱자방이계명산의올나옥져ᄅᆞᆯ부러쵸병을흣터시니이곳의엇더ᄒᆞᆫ사ᄅᆞᆷ이잇셔능히이곡조ᄅᆞᆯ아ᄂᆞ뇨ᄯᅩ한어려셔옥

져ᄅᆞᆯ비화약간짐작ᄒᆞᄂᆞ니이졔한번시험ᄒᆞ여ᄉᆞᆷ군의쳐량ᄒᆞᆫ심회ᄅᆞᆯ진정케ᄒᆞ리라ᄒᆞ고ᄒᆡᆼ즁의옥쇼ᄅᆞᆯᄂᆡ여장을것고셔안을의지ᄒᆞ여한곡조ᄅᆞᆯ부니그쇼ᄅᆡ쳐량화려ᄒᆞ여만니장강의물결이흐ᄅᆞᄂᆞᆫ듯ᄒᆞ더니ᄃᆞ시한곡조ᄅᆞᆯ부니장졸의창황ᄒᆞ던마음이유연ᄒᆞ여진

6

즁이자못안〃ᄒᆞᆫ빗치잇거ᄂᆞᆯ원쉬음율을변ᄒᆞ여ᄯᅩ한곡조ᄅᆞᆯ부니그쇼ᄅᆡ웅장쇄락ᄒᆞ여삼군장졸이용긔ᄅᆞᆯ분발ᄒᆞ여어로만져츔을츄며한번ᄊᆞᆨ호고자ᄒᆞ니원쉬웃고옥소ᄅᆞᆯ긋친후도로장즁의드러가젼〃불ᄆᆡᄒᆞ며ᄉᆡᆼ각ᄒᆞᄃᆡᄂᆡ비록텬하ᄅᆞᆯ널니노라시ᄃᆡ긔이ᄒᆞᆫᄌᆡ조ᄅᆞᆯ보지못ᄒᆞ엿더니엇지만ᄆᆡᆨ지방의이런ᄌᆡ조잇실쥴아ᄅᆞ시리오작일의만장의무예와진법을보니진짓텬하긔남ᄌᆡ라금야옥젹이범인의불ᄇᆡ아니〃하날이엇지우리명진을도으샤ᄃᆡ공을일우게아니시고이런인ᄌᆡᄅᆞᆯ만이의ᄂᆡ여나탁을돕게ᄒᆞ시ᄂᆞᆫ고ᄒᆞ며탄식ᄒᆞ기ᄅᆞᆯ마지아니ᄒᆞ여잠을닐우지못ᄒᆞ고울〃불낙ᄒᆞ더니소사ᄆᆡ맛참원슈ᄅᆞᆯ뵈오려드러오거ᄂᆞᆯ이의조용이문왈장군이작일진상의셔만장

7

의용모ᄅᆞᆯ자셔이보앗ᄂᆞᆫ다쇼사ᄆᆡ왈현금동즁의ᄭᅩᆺ다온ᄇᆞ람이화창ᄒᆞ여와룡장두의보ᄇᆡ의구슬이완연ᄒᆞ니비록잠간보아시나엇지모로리잇고강ᄆᆡᆼᄒᆞᆫ긔ᄉᆞᆼ이당셰의영웅이오션연ᄒᆞᆫᄐᆡ도ᄂᆞᆫ쳔고가인이라가는허리와아ᄅᆞᆷ다온눈셥은남ᄌᆞ의모양이젹고표일ᄒᆞᆫ거동과효용ᄒᆞᆫ긔셰ᄂᆞᆫ녀자의ᄐᆡ되아니라남자로의논ᄒᆞᆫ즉만고영웅이오녀자로말ᄒᆞᆫ즉경국지ᄉᆡᆨ인가ᄒᆞ나이다원쉬묵〃무언이러라ᄎᆞ시홍낭이ᄉᆞ부의명을바다만왕을구ᄒᆞ라왓시나부모지향을져바리지못ᄒᆞ여심ᄉᆡ자연쵸창ᄒᆞᆫ지라ᄉᆞ미로셔옥소ᄅᆞᆯᄂᆡ여들고셕일댱자방의강동ᄌᆞ뎨ᄅᆞᆯ흣터바리던곡조ᄅᆞᆯ희롱ᄒᆞ더니ᄯᅳᆺ밧게명진즁으로셔쳥아ᄒᆞᆫ옥져소ᄅᆡ화답ᄒᆞ니곡조ᄂᆞᆫ비록다ᄅᆞ나음율의긔이ᄒᆞ믄자긔옥져나일호

8

틀니미업ᄉᆞ니홍낭이심즁의경아ᄒᆞ여옥쇼ᄅᆞᆯ머무ᄅᆞ고망연자실ᄒᆞ여머리ᄅᆞᆯ 숙이고이윽히혜오ᄃᆡ젼일산의나려올졔ᄉᆞ뷔말ᄉᆞᆷᄒᆞ시ᄃᆡ이옥젹이본ᄃᆡ한쌍으로일ᄀᆡᄂᆞᆫ문창셩의게이시니고국의도라갈긔회여긔잇다ᄒᆞ시더니이졔명진의옥져소ᄅᆡᄅᆞᆯ드ᄅᆞ니명원쉬문창셩이아닌쥴어이알니오그러ᄒᆞ나하날이그옥소ᄅᆞᆯᄂᆡ실졔엇지ᄒᆞ여한쌍을ᄂᆡ시며엇지남북의각거ᄒᆞ게ᄒᆞ신고ᄯᅩ다시ᄉᆡᆼ각ᄒᆞ여왈이옥젹이본ᄃᆡ졍ᄒᆞᆫ곳이잇신즉그부ᄂᆞᆫᄌᆡ반ᄃᆞ시ᄶᅡᆨ이될지니황텬이하감ᄒᆞ시고명월이조림ᄒᆞ니강남홍의ᄶᅡᆨ될ᄌᆞᄂᆞᆫ양공자일인이라혹하날이도으시고보살이ᄌᆞ비ᄒᆞ샤우리공ᄌᆡ명진즁도원쉬된쥴어이알리오ᄂᆡ작일진젼의셔진법을결우고금일월하의셔옥져소ᄅᆡᄅᆞᆯ드ᄅᆞ니금셰의무쌍ᄒᆞᆫ인

9

ᄌᆡ라ᄂᆡ맛당이명일도젼ᄒᆞ여원슈의용모ᄅᆞᆯ자셔이보리라ᄒᆞ고이의밝기ᄅᆞᆯ기다려만왕을보고왈금일은맛당이명장과ᄊᆞ화자웅을결ᄒᆞ리니ᄃᆡ왕은몬져만병을거나려동문밧게진셰ᄅᆞᆯ닐우쇼셔만왕이응낙ᄒᆞ고군사ᄅᆞᆯ거ᄂᆞ려나가거ᄂᆞᆯ홍낭이슈레ᄅᆞᆯ바리고말긔올나손야ᄎᆡᄅᆞᆯ다리고진젼의나가니양원쉬ᄯᅩ한진젼의나와보ᄆᆡ홍낭이셜화마ᄅᆞᆯᄐᆞ고부용검을허리의빗기고궁시ᄅᆞᆯ등의지고ᄂᆞ와손야ᄎᆡ로크게웨여왈명장은나와승부ᄅᆞᆯ결ᄒᆞ라동ᄎᆈ창을빗기고ᄂᆞ오니손야ᄎᆡ웨여왈그ᄃᆡᄂᆞᆫ필부지용이니나의젹쉬아니〃다른장슈ᄅᆞᆯ보ᄂᆡ라ᄒᆞ거ᄂᆞᆯ동ᄎᆈ더옥ᄃᆡ로ᄒᆞ여창을츔츄어츙돌코자ᄒᆞ더니홍낭이웃고ᄭᅮ지져왈필뷔종시물너가지아닐진ᄃᆡᄂᆡ맛당이네창ᄭᅳᆺᄒᆡ달

10

ᄂᆡᆫ상모ᄅᆞᆯ쏘아ᄯᅥ러치리니능히피ᄒᆞᆯ쇼냐말이맛지못ᄒᆞ여동쵸의창날이징연ᄒᆞᆫ소ᄅᆡ나며상뫼ᄯᅥ러지거ᄂᆞᆯ홍낭이ᄯᅩ웨여왈ᄂᆡ한살노너의좌편눈을맛치리니능히피ᄒᆞᆯ쇼냐말이맛지못ᄒᆞ여ᄯᅩ시위소ᄅᆡ나거ᄂᆞᆯ동ᄎᆈ황망이마상의업ᄃᆡ여본진으로도라오니뇌텬풍이바라보고분ᄒᆞ믈참지못ᄒᆞ여도ᄎᆡᄅᆞᆯ두로고나오거ᄂᆞᆯ홍낭이소왈노장은부졀업시뇌력ᄒᆞ여정신을허비치말나ᄂᆡ맛당이셴

명을용셔ᄒᆞ리니노장은갑옷우희칼흔젹을보라ᄂᆡ슈단을가히알리라말을맛ᄎᆞ며부용검을츔츄이젼불슈합의뇌텬풍이스사로몸을굽혀보니십여쳐칼흔젹이임의난만ᄒᆞᆫ지라감히다시ᄊᆞ홀마음이업셔말을치쳐도라오니명진장졸이셔로도라보며즐겨나갈지업거ᄂᆞᆯ양원슈ᄃᆡ로ᄒᆞ여분연

11

이니러나갑쥬를졍졔ᄒᆞ고청춍ᄉᆞ자마를ᄐᆞ고장팔니화창을두로며진젼의나오니소사미마젼의나와역간왈원쉬황명을밧자와숨군을춍독ᄒᆞ시니국가안위일신의달녀시며종ᄉᆞ의즁ᄃᆡᄒᆞ미일신의잇거ᄂᆞᆯ원쉬이졔일시지분을참지못ᄒᆞ여필마단창으로위틱ᄒᆞ믈모로시고만군진즁의돌닙ᄒᆞ여영한ᄒᆞᆫ젹장과승부를결코ᄌᆞᄒᆞ시니엇지천금즁신을보즁ᄒᆞ여셩상의우려ᄒᆞ심과본부상공의〃려지망을도라보지아니시나잇가ᄎᆞ시양원쉬쇼년예긔로홍낭의무예졀윤ᄒᆞ믈보고한번결우고ᄌᆞᄒᆞ여소사마의간ᄒᆞ믈듯지아니ᄒᆞ고봉안을부릅ᄯᅳ고풍우갓치ᄂᆡ다ᄅᆞ니홍낭이원슈의스사로나오믈보고부용검을츔츄며말을노하셔로마자ᄊᆞ화일합이

12

못ᄒᆞ여엇지양공자의면모를모로리오반기미극ᄒᆞ미눈물이압흘가리오고졍신이황홀ᄒᆞ여아모리ᄒᆞᆯ쥴모로나다만양원슈의지긔지심이나엇지구텬야ᄃᆡ의영결지녀강남홍이만리졀역의만장이되여자긔로더부러졉젼ᄒᆞᆯ쥴몽니의나싱각ᄒᆞ리오ᄎᆞ시양원쉬창을드러춰코자ᄒᆞ니홍낭이급히허리를굽흐려피ᄒᆞ며진짓슈즁쌍검을ᄯᅡ희ᄶᅥ러치고낭〃ᄒᆞᆫ쇼리로웨여왈소장이실슈ᄒᆞ여칼을노하바려시니원슈ᄂᆞᆫ잠간멈츄어칼을집기를허ᄒᆞ쇼셔양원쉬젹장의셩음이귀의익으믈듯고즉시창을거두며용모를자시살피더니홍낭이나ᄂᆞᆫ다시말게나려칼을집어가지고도로말긔올나원슈를도라보아왈천쳡강남홍을상공이이지시니잇가쳡이〃길노상공

13

을거시로ᄃᆡ슈하노졸이만진의잇사오니금야삼경의상공의진즁으로긔약ᄒᆞ나이다언필의말을ᄎᆡ쳐본진으로표연이도라가니양원쉬창을안고어린ᄃᆞ시양구히바라보다가ᄯᅩ한진즁으로도라오니소사ᄆᆡ마자문왈금일만장이ᄌᆡ조ᄅᆞᆯ다ᄒᆞ지아니코ᄉᆞ사로도라가니그곡졀을아지못ᄒᆞ리로쇼이다원쉬소이부답ᄒᆞ고급히진을물녀화과동으로도라오니라홍낭이만왕을보고왈금일명원슈ᄅᆞᆯ거의ᄉᆡᆼ금ᄒᆞᆯ거시로ᄃᆡ신긔불평ᄒᆞ여퇴진ᄒᆞ여시니금야ᄂᆞᆫ조섭ᄒᆞ여명일다시ᄊᆞ호리이다나탁이ᄃᆡ경왈장군이신긔불평ᄒᆞ시면과인이맛당이좌우의뫼셔의약을보살필가ᄒᆞᄂᆞ이다홍낭왈ᄃᆡ왕은염녀마ᄅᆞ시고본진으로도라가시면소ᄉᆡᆼ이조용이조섭고ᄌᆞᄒᆞ나이다나탁이즉

14

시본진으로도라가니라시야의홍낭이손삼낭을ᄃᆡᄒᆞ여왈진상의셔양공자ᄅᆞᆯ맛나니녀자의몸이엇지가부와싸호리오나탁의ᄉᆞ세비록난쳐ᄒᆞ나금야ᄉᆞᆷ경의명진으로도라가고ᄌᆞᄒᆞᄂᆞ니그ᄃᆡᄂᆞᆫ힝구ᄅᆞᆯ슈습ᄒᆞ라삼낭이ᄃᆡ희ᄒᆞ여밤들기ᄅᆞᆯ고ᄃᆡᄒᆞ더라ᄎᆞ셜양원쉬본진의도라와장즁의누어ᄉᆡᆼ각ᄒᆞᄃᆡ금일진상의셔맛나던ᄌᆡ진실노홍낭일진ᄃᆡ나의ᄭᅳᆫ어진인연은고ᄉᆞᄒᆞ고국가ᄅᆞᆯ위ᄒᆞ여남만을평정ᄒᆞ미홍낭의슈즁의잇실지니엇지다힝코깃부지아니리오마ᄂᆞᆫ홍낭이능히세간의ᄉᆡᆼ존ᄒᆞ여이곳의셔다시맛나믄몽ᄆᆡ의도다시ᄉᆡᆼ각지아니ᄒᆞᆫ비라아마도홍낭의원혼이흣터지〃아니ᄒᆞ고남만은ᄌᆞ릐로츙신열ᄉᆞ의익슈ᄒᆞᆫᄌᆡ만흐니동졍월야와쇼상

15

반죽이고혼이의지ᄒᆞ엿다가나의이곳의오믈보고금세의원통ᄒᆞᆫ정회ᄅᆞᆯ펴고ᄌᆞᄒᆞ미로다졔임의금야삼경의군즁으로긔약ᄒᆞ여시니다만기다려보리라ᄒᆞ고촉을도〃고셔안을의지ᄒᆞ여병셔ᄅᆞᆯ잠독ᄒᆞ더니이윽고밤이깁허삼경이되엿거ᄂᆞᆯ원쉬좌우ᄅᆞᆯ물니고장을것고ᄆᆡ〃히안ᄌᆞ더니홀연찬바ᄅᆞᆷ이촉을흔들며한쥴기푸른긔운이장즁으로드러오거ᄂᆞᆯ원쉬정신을온젼이ᄒᆞ여보니일위

소년장군이쌍검을집고표연이드러와촉하의셔거늘원쉬눈을드러보니완연훈유〃구원의싱니스별훗고심즁의경경훗여오미불망훗던홍낭이라어린다시말이업다가양구후문왈홍낭아네죽엇던홍낭이오미냐스라목숨을보젼훗엿다가차즈오미냐닉정신이망미훗여

16

너의싱스롤진실노아지못훗리로다홍낭이희허오열훗여말솜을닐우지못훗여왈첩이상공의익휼훗시믈닙스와슈즁원혼이되지아니훗고요힝이싱도롤어더산즁의숩엇다가만왕의청훗므로진젼의나왓다가상공의용밍을다시뵈오니흉즁의무궁훈말삼이잇사오나좌우의니목이번다훗여쳡의힝식이탈노홀가고치못훗└이다원쉬친히몸을니러장을나리오고홍낭의손을잡아안치며영웅의눈물이금포의써러지믈면치못훗니홍낭이원슈의손을밧들고쥬뤼만면훗여능히말솜을닐우지못훗거놀원쉬위로왈그딕는비회롤거두고소경스롤말훗라홍낭이딕왈상공은쳡의싱존훗믈몽미로아ㄹ시나쳡은상공의금일이곳의니ㄹ시믈쏘한꿈인가훗나이다원쉬탄왈장

17

부의힝식은정훈곳이업거니와그딕는불과혈〃훈아녀지라잔약훈몸이만경창파의익슈지화롤버셔이곳의니름도긔이훗거든허물며소년영직로딕장이되여만왕을구코자훗여이의니ㄹ믄뜻밧긔로다홍낭이〃의항쥬의셔익운을당훗여실씨의윤소져의〃긔현심으로손삼낭을보닉여구훗던말과그후의〃지홀곳이업셔도로의방황훗다가도사롤의외의맛나빅운동의드러가스데지의롤및고뉵도삼약과음양법술을빅호던말과스부의명을바다만왕을위훗여츌산훗던곡절을세〃이말훗니원쉬쏘한환열훗여홍낭의손을잡고별후스고롤일〃이말훗여윤소져롤취홈과황명을밧자와다시황시롤취훗던셜화롤딕강말훗고미〃훈담쇼와탐〃훈정회롤니ㄹ미피츠의반가오미넘져여취여몽훗여형용치못

18

ᄒᆞᆯ너라원쉬촉하의셔홍낭의얼골을보니ᄆᆞᆰ근골격과아ᄅᆞᆷ다온ᄐᆡ되션연자약ᄒᆞ여표〃이우화등션ᄒᆞᆯ듯ᄒᆞ니젼일과비승ᄒᆞᆫ지라ᄉᆡ로이ᄉᆞ랑ᄒᆞ믈니긔지못ᄒᆞ여젼포ᄅᆞᆯ그ᄅᆞ고장즁의셔연침ᄒᆞᆯᄉᆡ구졍의견권ᄒᆞᆷ과신졍의은밀ᄒᆞ미ᄉᆡ음ᄉᆞᆺ듯ᄒᆞ여원문의고각이ᄉᆡ벽빗ᄎᆞᆯᄌᆡ촉ᄒᆞ니밤이슈이가믈한ᄒᆞ더라이러구로하날이장찻발고ᄌᆞᄒᆞ니홍낭이몸을니러젼포ᄅᆞᆯ닙으며소왈쳡이항쥬셔맛날졔변ᄒᆞ여셔싱으로뵈왓더니금일이곳의셔변복ᄒᆞ여장슈로뵈오니붓그럽지아니ᄒᆞ나다만규즁녀자의본ᄉᆡᆨ이아니라맛당이다시산즁의ᄌᆞ최ᄅᆞᆯ감쵸와원쉬남만을평졍ᄒᆞ신후〃거ᄅᆞᆯᄯᆞ라갈가ᄒᆞ나이다원쉬쳥파의악연왈ᄂᆡ이역의드러와심복이업고군무의싱쇼ᄒᆞ미만커ᄂᆞᆯ그ᄃᆡ만일몸을ᄉᆞᆷ겨도라가면이엇

19

지ᄇᆡᆨ년지긔의환란을갓치ᄒᆞᄂᆞᆫ뜻이리오홍낭이소왈상공이쳡을장슈로부리고ᄌᆞᄒᆞ실진ᄃᆡ세가지약속을졍ᄒᆞᆯ지니한가지ᄂᆞᆫᄒᆡᆼ군ᄒᆞᄂᆞᆫ날가지쳡을갓가이마ᄅᆞ시고두가지ᄂᆞᆫ남만을평졍ᄒᆞᆫ후나탁을쥭이지마ᄅᆞ샤왕호ᄅᆞᆯ도로쥬어쳡으로ᄒᆞ여금스승의부탁을져바리지말게ᄒᆞ시고세가지ᄂᆞᆫ상공이쳡으로ᄡᅧ장막지간을엄졀이ᄒᆞ시고후연의고요ᄒᆞᆫ쳐소ᄅᆞᆯ졍ᄒᆞ여쥬시고졔장으로ᄒᆞ여금환만이츌닙지못ᄒᆞ게ᄒᆞ쇼셔원쉬쾌히허락ᄒᆞ고미쇼왈두가지약속은어렵지아니ᄒᆞ나졔일약쇽의혹실슈ᄒᆞ미잇셔도허물치말나홍낭이미쇼왈상공이임의허락ᄒᆞ샤막하장쉬되여시니아모리셕일홍낭으로ᄃᆡ졉고ᄌᆞᄒᆞ시나여의치못ᄒᆞᆯ가ᄒᆞ나이다인ᄒᆞ여몸을니러고왈쳡이금야의상공을뫼시믄사졍이라군

20

즁이졀엄ᄒᆞ여츌닙을반다시광명이ᄒᆞᆯ지니쳡이〃졔도라가여ᄎᆞ〃〃ᄒᆞᆯ거시니상공은부ᄃᆡ쳡의말ᄃᆡ로ᄒᆞ쇼셔설파의쌍검을들고표연이나가니라아지못게라홍낭의일이엇지된고하회ᄅᆞᆯ셕남ᄒᆞ라

홍혼탈망월연화봉손야치야닙ᄐᆡ을동

각셜양원쉬홍낭을보ᄂᆡ고즉시소사마ᄅᆞᆯ장즁의불너가마이닐오ᄃᆡ만장홍혼

탈은본ᄃᆡ즁국사ᄅᆞᆷ이라나탁의휘하되믈붓그려나의게도라올뜻이〃시니장군은필마단긔로이졔연화봉아ᄅᆡ간즉ᄒᆞᆫ탈이반다시그곳의셔월식을구경ᄒᆞ며방황ᄒᆞᆯ거시니장군은긔틀을보아ᄉᆞ리로다ᄅᆡ여다려오라소사ᄆᆡᄌᆞ져ᄒᆞ여왈홍ᄒᆞᆫ탈은엇더ᄒᆞᆫ장슈니잇가원쉬소왈향일쌍검을츔츄어장군을곤케ᄒᆞᆫ만장이니라소사ᄆᆡᄃᆡ경왈원쉬만일그장ᄉᆞᄅᆞᆯ어드신즉

21

남만을평졍ᄒᆞ기어렵지아니ᄒᆞ거니와소장이일작그위인을보ᄆᆡ달ᄂᆡ여항복지아닐가ᄒᆞ나이다원쉬왈홍ᄒᆞᆫ탈은의긔잇ᄂᆞᆫ장슈라귀슌ᄒᆞᆯ뜻을ᄂᆡ아나니장군은의심치말나소ᄉᆞᄆᆡ응낙고나가며ᄉᆡᆼ각ᄒᆞ더ᄂᆡ젼일진상의셔만장이원슈와졉젼ᄒᆞᆯ졔지조ᄅᆞᆯ다ᄒᆞ지아니믈슈상이보앗더니엇지심지상통ᄒᆞ여셔로약속이잇실쥴아ᄅᆞ시리오비록그러나그장슈의검술이신통ᄒᆞ여이ᄧᅥ가지가슴이셔늘ᄒᆞ니경솔이가지못ᄒᆞ리라ᄒᆞ고병긔ᄅᆞᆯ몸의진이고필마단창으로연화봉을향ᄒᆞ여가니라ᄎᆞ시홍낭이ᄀᆡᆨ실의도라와손ᄉᆞᆷ낭을ᄃᆡᄒᆞ여명진의가원슈ᄅᆞᆯ뵈옵고여ᄎᆞ〃〃ᄒᆞ믈말ᄒᆞᆫ후옥쇼와ᄒᆡᆼ니ᄅᆞᆯ거두며손삼낭을다리고연화봉의니ᄅᆞ러월식을바라보며방황ᄒᆞ더니ᄎᆞ시

22

소사ᄆᆡ원슈의명을바다쵸〃ᄒᆞᆫ단긔로연화봉을향ᄒᆞ여올ᄉᆡ반륜잔월이셔산의걸엿고일륜홍일이동방의오ᄅᆞ고ᄌᆞᄒᆞ니원촌의희미ᄒᆞᆫ빗치비최ᄂᆞᆫ지라ᄉᆞᄆᆡ봉상을바라보니두어ᄉᆞ람이표연이셧거ᄂᆞᆯᄉᆞᄆᆡ차경ᄎᆞ희ᄒᆞ여심즁의혜오ᄃᆡᄎᆞ인이반다시홍ᄒᆞᆫ탈이로다ᄒᆞ고산우희올나기리읍ᄒᆞ여왈방금냥진이상징ᄒᆞᄆᆡ위장ᄌᆡᆨ각〃승픠ᄅᆞᆯ근심ᄒᆞ거ᄂᆞᆯ장군은엇지밤이맛도록이러틋한유ᄒᆞ나뇨홍낭이쌍검을안고답네왈그ᄃᆡᄂᆞᆫ엇더ᄒᆞᆫ사ᄅᆞᆷ이완ᄃᆡ이곳의니ᄅᆞ뇨ᄉᆞᄆᆡᄃᆡ왈복은명진장슈라장군의한가ᄒᆞ신풍치ᄅᆞᆯ흠앙ᄒᆞ여뵈오려왓사오니셕일의긔양숙ᄌᆞ와두원ᄀᆡᄂᆞᆫ몸이ᄃᆡ장이로ᄃᆡ경구완ᄃᆡ로젹국을ᄃᆡᄒᆞ여의심치아냐시니이제장군이능히고인지풍이〃실쇼냐ᄒᆞᆫ탈이

23

소왈더장뷔셰상의나미마음을아는지잇신즉엇지죽기를져허ᄒᆞ리오그더임의허심ᄒᆞ고후의로ᄎᆞᄌᆞ니너쏘한방심ᄒᆞ리라너비록지감이업ᄉᆞ나그더말과거동을보고드ᄅᆞ니양슉ᄌᆞ의호의로ᄒᆞ미아니라괵쳘의츤셜을자랑코자ᄒᆞ미로다소사미소왈괵쳘은불과망녕된변ᄉᆡ라무단이회음후를달ᄋᆡ여평싱을그릇치니복이불취ᄒᆞ는비라너이졔이곳의오믄임쇼공을효칙고자ᄒᆞ미니장군은엇지니소경의무상지직를가지고임하의퇴거ᄒᆞ여산근치미를감슈코자ᄒᆞ나뇨홍흔탈이넝소왈너진상의셔양원슈를보니년소ᄒᆞᆫ장슈라엇지ᄉᆞ람의현우를알리오너찰하리산즁의종젹을감쵸와평싱을보널지언졍마

24

음을모로는자의휘하의잇지아니ᄒᆞ리라소사미탄왈양원슈는장군을아나장군은양원슈를모로는도다복이실노장녕을바다오미니나의올써의원쉬널오시더홍장군은의긔잇는장슈라만일나를좃찰진더지긔로허심ᄒᆞ여평싱을져바리지아니ᄒᆞ리라ᄒᆞ시니장군을엇지심복으로더졉지아니시리오원원쉬나히비록어리나웅지더략이금셰의일인이오졔장을네더ᄒᆞ고사졸을무휼ᄒᆞ여쥬공의토포악발ᄒᆞᆯ믈사모ᄒᆞ시니엇지한갓밍상평원의하ᄉᆞ지풍이잇실ᄯᆞ름이리오홍흔탈이쳥파의머리를슉여침음양구러니흔연이칼을집고니러셔며왈장군이반다시실언치아니시리니

25

맛당이길을인도ᄒᆞ라소사미크게깃거홍낭과노졸을다리고본진으로도라와원문밧게셰우고몬져드러가원슈긔고ᄒᆞᆫ더원쉬더희ᄒᆞ여왈홍흔탈의위인을잠간보니지긔호상ᄒᆞᆫᄌᆞ니가히녜로더졉ᄒᆞ리라ᄒᆞ고즉시융복을졍졔ᄒᆞ고원문밧긔나와마자홍흔탈의손을잡고왈ᄉᆞ히너ᄅᆞ다ᄒᆞ나일텬지하의잇고구쥐크다ᄒᆞ나뉴화지너의잇ᄂᆞ니복의안목이불명ᄒᆞ여그더를니별ᄒᆞᆫ지십년의이곳의와맛ᄂᆞ니엇지붓그럽지아니리오홍흔탈이낭연소왈만국향졸이엇지의긔를당ᄒᆞ리잇고마는이졔젼진즁의셔원슈를뵈오니소장의장검귀리ᄒᆞ미뉘

웃부미업술가ᄒᆞ나이다인ᄒᆞ여셔로손을잡고장즁으로드러올ᄉᆡ홍낭이노졸을가ᄅᆞ

26

쳐왈ᄎᆞ인의셩명은손야치니소장의심복이라약간창쓰ᄂᆞᆫ법을아옵ᄂᆞ니바라건ᄃᆡ휘하의쵸용ᄒᆞ옵소셔원슈허락ᄒᆞ더라날이밝으ᄆᆡ원슈졔장을모흐고홍혼탈을가ᄅᆞ쳐왈홍장은본ᄃᆡ즁국의ᄉᆞᄅᆞᆷ으로남방의유락ᄒᆞ미러니도로텬조장슈되여시니이사ᄅᆞᆷ은날과셕일의동고ᄒᆞ던사ᄅᆞᆷ이라열위ᄂᆞᆫ각〃쳐음보ᄂᆞᆫ녜ᄅᆞᆯ베풀나션봉장뇌텬풍이나오며우어왈노장이약간도치쓰ᄂᆞᆫ법을밋고두번호위ᄅᆞᆯ범ᄒᆞ려다가비록ᄉᆡᆼ활ᄒᆞ신덕을닙어시나갑옷우ᄒᆡ칼흔젹이셩ᄒᆞᆫ곳이업ᄉᆞ니셔리빗치가득ᄒᆞᆫ머리지금가지업ᄂᆞᆫ가ᄒᆞ나이다일좨ᄃᆡ소ᄒᆞ고소ᄉᆞᄆᆡ또한웃고혼탈의찬칼을만지며왈장군의보검이모다몃치나되ᄂᆞ뇨혼탈왈다만두ᄌᆞ루ᄲᅮᆫ

27

이니이다소사ᄆᆡ소왈만일그러ᄒᆞ면향일진상의셔보니보검이쳔만이나되더니잇가ᄂᆡ지금가지몽농ᄒᆞ여경신이현황ᄒᆞ더니다시칼을ᄃᆡᄒᆞᄆᆡ심신이황홀ᄒᆞ니이다모다ᄃᆡ쇼ᄒᆞ더라원슈소유경을좌사마청농장군을삼고홍혼탈노우사마빅호장군을삼고숀야치로돌격장군을삼으니ᄎᆞ시양원슈홍낭을군즁의두ᄆᆡ끈어진인연을다시니으니깃불ᄲᅮᆫ아니라낫이면군무ᄅᆞᆯ의논ᄒᆞ고밤이면ᄀᆡᆨ회ᄅᆞᆯ위로ᄒᆞ여일시ᄅᆞᆯ좌우ᄅᆞᆯ쪄나지아니ᄒᆞ나홍낭의위인이녕니민쳡ᄒᆞ므로종젹이탈노치아니ᄒᆞ미숨군졔장이그녀ᄌᆞᆫ쥴아ᄂᆞᆫ지업더라ᄎᆞ셜나탁이익일청신의ᄀᆡᆨ실의와홍낭의안부ᄅᆞᆯ뭇고ᄌᆞᄒᆞ여방즁의드러가니홍낭의형젹이업거ᄂᆞᆯ문직흰군사다려형젹을무

28

ᄅᆞᆫᄃᆡ〃왈홍장군이미명의슈하노졸을다리고동구로나가시나감히뭇지못ᄒᆞ니이다나탁이불승경괴ᄒᆞ여침음양구러니심즁의ᄃᆡ로ᄒᆞ여혜오ᄃᆡᄂᆡ져ᄅᆞᆯᄃᆡ

졉ᄒᆞ미극진ᄒᆞ거늘이졔비반ᄒᆞ고다라ᄂᆞ니이ᄂᆞᆫ나ᄅᆞᆯ업슈히너기미라맛당이빅운동으로가셔져의스승빅운도사ᄅᆞᆯ쥭이고다른곳의가구완을쳥ᄒᆞ여명진을파ᄒᆞ리라ᄒᆞ더니장하의일인이응셩왈소장이한사ᄅᆞᆷ을쳔거ᄒᆞᄂᆞ니이ᄂᆞᆫ운남츅융국왕이니텬하의유명ᄒᆞᆫ영웅이라츅융왕의게일기아장이〃시니쌍창을잘쓰고만부〃당지용이〃시ᄃᆡ다만츅융이탐이만하네물이져근즉즐겨오지아닐가ᄒᆞ나이다나탁이ᄃᆡ희ᄒᆞ여즉시만포이빅필과명쥬이빅기와금은치단을갓쵸와가지고츅융동으로차ᄌᆞ갈시만장쳘목탑아발도두장슈ᄅᆞᆯ불

29

너분부왈과인이회환ᄒᆞ기젼의ᄂᆞᆫ명원쉬올지라도ᄊᆞ호지말고동문을굿게직희여시라냥장이쳥명ᄒᆞ니라일〃은홍사미원슈긔고왈만왕나탁이연일동문을다다시니필연쳥병ᄒᆞ라가미니이ᄯᅢᄅᆞᆯ타텨을동을취ᄒᆞ미조흘가ᄒᆞ노라원쉬왈만국셩지즁국과다ᄅᆞ니만일직희고자할진ᄃᆡ일부당관의만부막긔라장군이무삼계교잇나뇨홍사미가마이고왈쳡이만진졔장을보니ᄭᅬ잇ᄂᆞᆫ지업ᄉᆞ니맛당이여ᄎᆞ〃〃ᄒᆞ미묘홀가ᄒᆞ나이다원쉬칭션왈ᄂᆡ오리젼진의골몰ᄒᆞ여졍신이망미ᄒᆞ니그ᄃᆡᄂᆞᆫ긔모ᄅᆞᆯ운동ᄒᆞ여남만을파ᄒᆞ면국가의홍복이오나의은인이되리라홍낭이미쇼ᄒᆞ고ᄎᆞ일손야치ᄅᆞᆯ불너약속ᄒᆞ더라익일평명의원쉬졔장을모화군즁의상의홀시홍사미원슈긔고왈남만이본ᄃᆡ간교ᄒᆞ여반복이

30

무상ᄒᆞ오니군즁의사로잡은군ᄉᆞᄅᆞᆯ오리둔즉신긔누셜홀가ᄒᆞᄂᆞ니모다쥭여화근을ᄯᅳ흐미올흘가ᄒᆞ나이다손야치간왈병법의운ᄒᆞᄃᆡ항ᄌᆞᄂᆞᆫ불살이라ᄒᆞ여시니이졔만일다버흰즉이ᄂᆞᆫ투항ᄒᆞᄂᆞᆫ길을막아젹병으로ᄒᆞ여금일심으로모흴가ᄒᆞ나이다홍ᄉᆞ미노왈ᄂᆡ혜아리미잇거늘그ᄃᆡ엇지잡담을ᄒᆞ나뇨손야치왈사마의명견을비록예탁지못ᄒᆞ나만즁빅셩도ᄯᅩ한우리셩텬ᄌᆞ의젹자창싱이라엇지무단이살육을일숨으리오홍사미익노왈네만병을두호ᄒᆞ니반다시나탁을위ᄒᆞ여반심을두미라ᄂᆡ맛당이만병과갓치버희리라숀야치ᄃᆡ로왈

너본디산즁의잇는사름이라장군과갓치만왕을구ᄒᆞ라왓시니엇지장막체통이졀엄ᄒᆞ미잇시리오너눅십지년의빅발이소〃ᄒᆞ거놀장군이〃갓치만모ᄒᆞ시니잇고홍사미더옥노ᄒᆞ여식별갓흔눈을부릅ᄯᅳ고부용검을ᄲᅢ혀들고

31

호령왈무지노졸이엇지이러틋무례ᄒᆞ리오네불과빅운동쵸당의셔ᄯᅳᆯ쓸고나무베던ᄌᆞ로사부의명을바다창을메고왓시니엇지장막체통이업ᄉᆞ리오ᄉᆞᆫ야치더옥디로왈장군이만일ᄉᆞ부의명을싱각ᄒᆞᆯ진디엇지만왕을바리고오뇨ᄒᆞ더라차청하회ᄒᆞ라

셰무신오월일항목동셔옥누몽

권지십오

1

옥누몽권지십오

화셜손야치더옥노ᄒᆞ여왈장군이만일ᄉᆞ부의명을ᄉᆡᆼ각ᄒᆞᆯ진ᄃᆡ엇지만왕을바리고반복ᄒᆞ나뇨나ᄂᆞᆫ본ᄃᆡ만즁사ᄅᆞᆷ이라만왕을위ᄒᆞ여산의나왓다가만병의쥭으미목젼의잇시믈보고엇지구치아니리오나ᄂᆞᆫ이졔산즁으로드러가무의무신ᄒᆞᆫ자의휘ᄒᆡ되지아니리라홍사미쳥파의발연ᄃᆡ로ᄒᆞ여칼을ᄲᅦ혀손야치ᄅᆞᆯ버혀려ᄒᆞ니좌우졔장이손야치ᄅᆞᆯ붓드러밧그로ᄂᆡ여보ᄂᆡ니홍사미분ᄒᆞ믈니긔지못ᄒᆞ더라손야치밧그로나오며분울ᄒᆞ여왈ᄂᆡ나희만코져ᄅᆞᆯ위ᄒᆞ여슈고ᄒᆞ미잇거ᄂᆞᆯ졔조고만ᄌᆡ조ᄅᆞᆯ밋고이갓치교만ᄒᆞ니ᄂᆡ엇지그욕을보리오ᄒᆞ거ᄂᆞᆯ졔장군졸이모다권ᄒᆞ여왈홍장군이본셩이조급ᄒᆞ미니장군은다시드러가ᄉᆞ례ᄒᆞ고거ᄉᆞ리지말나손야치하날을우러〃탄식왈ᄂᆡ머리털이셰리갓거ᄂᆞᆯ져의게작죄ᄒᆞᆫ비업시부형사죄ᄒᆞ리오ᄒᆞ고심히울〃불낙ᄒᆞ여창을집고밤든후월하의ᄇᆡ회ᄒᆞ며탄식ᄒᆞ

2

고사로잡은만병잇ᄂᆞᆫ곳으로지나가니모든만병이ᄉᆞ례왈소졸등의금일ᄉᆡᆼ존ᄒᆞ미손장군의덕이라맛당이ᄉᆡᆼ노ᄅᆞᆯ지시ᄒᆞ쇼셔숀야치탄왈너희ᄂᆞᆫ다동향사ᄅᆞᆷ이라심곡을엇지은휘ᄒᆞ리오작일의홍장군의심지ᄅᆞᆯ보니이곳의잇실마음이업ᄂᆞᆫ고로고향으로도라가고ᄌᆞᄒᆞᄂᆞ니여등도일졔히도망ᄒᆞᆯ지어다ᄒᆞ고즉시칼을ᄲᅦ혀ᄆᆡᆫ거술그ᄅᆞ고닐너왈너희이길노각〃허여져셩을너머다라나라ᄂᆡ쏘한도망코자ᄒᆞ노라만병이불승감격ᄒᆞ여눈물을ᄲᅮ려왈장군은장찻어ᄃᆡ로가려ᄒᆞ시ᄂᆞ뇨숀야치탄왈이곳이번요ᄒᆞ니여등은동문으로나가은벽ᄒᆞᆫ곳의가나ᄅᆞᆯ기다리라ᄒᆞ고시야삼경의손야치말을ᄡᅳᆯ고가마니동문을나려ᄒᆞ니문직흰장ᄉᆡ거쳐ᄅᆞᆯ뭇거ᄂᆞᆯ손야치왈ᄂᆡ이졔본향으로가노라ᄒᆞ고동문을나말긔올나슈리롤힝ᄒᆞ더니길가의오륙ᄀᆡ만병이ᄂᆡ다라왈장군이엇지이졔야오시니잇고손야치말을잡고문왈여러군식다어ᄃᆡ가고너희만여긔잇나뇨만병왈장군은잠간말긔나려

3

소졸등의말삼을드ᄅᆞ쇼셔우리장군을뫼시고동즁의드러가만왕긔말삼ᄒᆞ고부귀롤기리누릴가ᄒᆞ나이다손야치왈여등의졍니는당연ᄒᆞ나엇지구〃이다시드러가리오여등은빨니도라가화롤면ᄒᆞ라나는이길노ᄇᆡᆨ운동으로도라가리라ᄒᆞ고치롤쳐힝ᄒᆞ거놀만병이눈물을흘니며곡비롤잡아말유ᄒᆞ더라ᄎᆞ시쳘목탑아발되동문을닷고나지아니ᄒᆞ더니홀연십여ᄀᆡ만병이승야ᄒᆞ여셩을너머와울며고왈소졸등이명진의잡혀쥭게되엿더니손장군이힘뼈구ᄒᆞ여ᄉᆞ〃로이노히므로도망ᄒᆞ여오니이다쳘목탑이그곡졀을무른ᄃᆡ만병이일졔히고왈홍장군이악심을ᄂᆡ여소졸등을무죄히진젼의셔쥭이ᄌᆞᄒᆞ니손장군이간ᄒᆞ다가홍장군이칼을쎄혀쥭이려ᄒᆞᄆᆡ좌우졔장이말녀문밧그로ᄶᅩ어ᄂᆡ니손장군이불승분노ᄒᆞ여본향으로도라가며소졸등을가마이글너노흐며도망ᄒᆞ라ᄒᆞᄆᆡ일시의다라왓ᄉᆞ오니손장군은의긔잇는장시라불너장슈롤삼으시면홍낭

4

과혐극이〃시니반다시우리롤위ᄒᆞ여힘을다홀거시오ᄯᅩ한의긔즁ᄒᆞᆫ사름이니나라의유조홀가ᄒᆞ나이다쳘목탑이침음왈져일이간계아니믈엇지알리오만병이일시의몸을니러고왈소졸등의목도ᄒᆞ미라만일궤계라홀진ᄃᆡ긔식이다롤거시로ᄃᆡ손장군의힝동울보미가만ᄒᆞᆫ탄식과은근한눈물이ᄉᆞᆺ칠ᄯᆡ업셔홍장군을원망ᄒᆞ미골졀의ᄉᆞ못고심곡의믯침갓흐니엇지거즛지어홀ᄇᆡ리오아발되왈ᄂᆡ맛참보니손야치필마단긔로동젼으로지나가며군사드리간청ᄒᆞ나듯지아니ᄒᆞ더이다쳘목탑왈우리군즁의장쉬젹고손장군은도사롤좃ᄎᆞᄇᆡ혼지죄만흘지니이졔만일명진을비반ᄒᆞ고갈진ᄃᆡ엇지잡지아니리오비록그러나손야치는남방사름이니맛당이져의거동을보리라ᄒᆞ고아발도다려왈그

ᄃᆡᄂᆞᆫ손야치의힝거ᄅᆞᆯᄯᆞ라가져의힝동을보아다리여다려오라아달되응셩ᄒᆞ고즉시만병오륙ᄀᆡᄅᆞᆯ다리고말을모라ᄯᆞ로니과연

5

손야치필마단긔로월식을씌여남을향ᄒᆞ여가거ᄂᆞᆯ아발되웨여왈손장군은별ᄂᆡ무양ᄒᆞ시냐ᄂᆡ잠간ᄒᆞᆯ말이잇시니말을머무ᄅᆞ라숀야치곡비ᄅᆞᆯ돌녀길가의셔거ᄂᆞᆯ아발되ᄯᅩ한말을잡고왈장군이임의진셰의셔시셕을무릅쓰고고쵸ᄅᆞᆯ지ᄂᆡ다가엇지다시도라가나뇨손야치소왈인간ᄇᆡᆨ셰ᄂᆞᆫ풀ᄭᅳᆺ히니슬이라공명훈업이한조각구름갓거ᄂᆞᆯ엇지오ᄅᆡ견진의머물리오이졔산즁의도라가ᄆᆡᆨ반쵸식으로청풍명월노벗슬ᄒᆞ고송님치약ᄒᆞ여자지가ᄅᆞᆯ노ᄅᆡᄒᆞ미나의쾌활지싀라ᄒᆞᆫᄃᆡ아발되ᄃᆡ쇼왈장군이임의풍진을하직ᄒᆞ고산슈ᄅᆞᆯ찻고ᄌᆞᄒᆞᆯ진ᄃᆡ이ᄂᆞᆫ텬지간한가ᄒᆞᆫ사ᄅᆞᆷ이라젹국의협의ᄒᆞᆯ비업슬진ᄃᆡ동즁의잠간니ᄅᆞ러젼일졍회ᄅᆞᆯ펴고가미엇더ᄒᆞ뇨숀야치침음왈장군의말이비록감ᄉᆞᄒᆞ나도라갈마음이살갓치ᄲᆞᄅᆞ니그ᄃᆡ청을듯지못ᄒᆞᆯ가ᄒᆞ노라아발되ᄉᆞᄆᆡᄅᆞᆯ잡고ᄌᆡ삼간청ᄒᆞ니손야

6

치마지못ᄒᆞ여말머리ᄅᆞᆯ연ᄒᆞ여티을동의드러가니철목탑이심즁의깃거아니ᄒᆞ나단긔로오믈보고ᄯᅩ한겁ᄒᆞᆯ비업셔마지좌ᄅᆞᆯ졍ᄒᆞᆫ후아발되철목탑을향ᄒᆞ여왈금일손장군이작일은젹국이나금일은동향고인이라맛당이심곡을감쵸지말고셔로졍회ᄅᆞᆯ펴미좃토다철목탑왈ᄂᆡ비록ᄉᆞ괴미깁지못ᄒᆞ나장군이임의홍장군과감고ᄅᆞᆯ갓치지ᄂᆡ다가일시구셜노인연ᄒᆞ여바리고가시미의리의불가ᄒᆞ고ᄯᅩᄃᆡ명원슈의웅ᄌᆡᄃᆡ략과홍장군의무예츌즁ᄒᆞ므로공을닐우고즁국의도라가부귀ᄅᆞᆯ누리미조셕의잇거ᄂᆞᆯ이졔장군이져근분을참지못ᄒᆞ여ᄃᆡᄉᆞᄅᆞᆯ그릇ᄒᆞ니이ᄂᆞᆫ장군의허물이라마음의풍진이괴로와도라가미아니오진실노홍장군으로안연ᄒᆞ여간즉이ᄂᆞᆫ아녀자의편셩이오장부의홍ᄃᆡᄒᆞᆫ도량이아닌가ᄒᆞ노라숀야치기리탄식고아발도ᄅᆞᆯ향ᄒᆞ여왈ᄂᆡ장군의후의ᄅᆞᆯ인ᄒᆞ여잠간드러오미러니철목장군의말을드ᄅᆞ니나

7

의허물이큰지라이졔도라가ᄂᆞ니장군은힘을다ᄒᆞ여셩을직희라ᄒᆞ고몸을닐고자ᄒᆞ니아발되다시ᄉᆞᄆᆡ룰잡아왈장군은잠간안자슈비룰마시고가라쳘목탑왈뇌장군과동향지의잇ᄂᆞᆫ고로심곡을다ᄒᆞ미러니장군의귀의역ᄒᆞ미고희치아니토다만일그러치아니면산의도라가미이러틋총〃ᄒᆞ리오손야치웃고다시좌의아자두어잔을마시ᄆᆡ취ᄒᆞᆫ빗치잇셔잔을놋코희허장탄ᄒᆞ며두어쥴눈물이흐ᄅᆞ거늘아발되왈장군이무삼일번뇌ᄒᆞᄂᆞᆫ다오날은시셕풍진을하직ᄒᆞ고동향지긔룰맛나쥬비룰창음ᄒᆞ니피ᄎᆞ의심즁쇼회룰셜파ᄒᆞ미좃토다손야치니룰갈고팔을ᄲᅢᆷ닉여왈반복무신ᄒᆞᆫ조고만아희직조룰밋고이갓치교양ᄒᆞ니반다시픽ᄒᆞ믈보리로다ᄒᆞ거늘아발되문왈이ᄂᆞᆫ누룰칙ᄒᆞ미뇨숀야치탄왈장군이임의츙곡으로무ᄅᆞ시니닉엇지은휘ᄒᆞ리오빅운도시홍흔탈을보닐ᄯᅥ

8

의그년소고단ᄒᆞ믈염녀ᄒᆞ여노부룰명ᄒᆞ여우익이되게ᄒᆞ니칠십쇠로지년의져룰위ᄒᆞ여몸을앗기지아니ᄒᆞ고위틱ᄒᆞ믈무릅ᄡᅧ고쵸룰비상이지닉엿거늘이졔이갓치구박ᄒᆞ니만일방인의구ᄒᆞ미업던들져의숀의쥭으믈면치못ᄒᆞ리니엇지한심치아니리오닉ᄯᅩ한도ᄉᆞ룰좃ᄎᆞ비혼직죄져의게나리지아니커늘이갓치업슈히너기니엇지머리룰숙여져의욕을감슈ᄒᆞ리오앗가쳘목장군이나의두가지허물을말삼ᄒᆞ나져의셩품이조급ᄒᆞ고식견이쳔단ᄒᆞ여츙셩된말을듯지아니ᄒᆞ니무삼일을한가지로ᄒᆞ미오이러므로노뷔이ᄯᅥ룰ᄐᆞ고향으로도라가ᄐᆞ일히되미업고ᄌᆞᄒᆞ미라비록그러ᄒᆞ나닉십년을산즁의셔병법과직조룰비호믄딕장뷔셰상의나ᄆᆡ일홈이쵸목과갓치스러지믈면코자ᄒᆞ미러니명되긔박ᄒᆞ여ᄯᅢ룰맛나지못ᄒᆞ니오날밤의두어잔술을비러가삼가온딕불평ᄒᆞᆫ심ᄉᆞ룰쳑탕고ᄌᆞᄒᆞ미니냥위장군은소장의탄식ᄒᆞ믈

9

웃지마로쇼셔ᄎᆞ시쳘목탑이손야치의거동과말삼을드ᄅᆞ미진실노홍흔탈과

혐극이잇셔원망ᄒᆞ미라바야흐로진젹ᄒᆞ믈알고ᄃᆞ시잔을드러위로왈장군의용밍으로어ᄃᆡ가공업을닐우지못ᄒᆞ리오굿ᄐᆡ여산즁으로가지말고장부의ᄉᆞ업을닐우미올흘가ᄒᆞ나이다손야치소왈노뷔장군의고향을아나니손야치의외로이도라가는신셰를가련이너겨거두어휘하의두고ᄌᆞᄒᆞ시나노뷔엇지빅슈지년의ᄉᆞ부의명을바다만왕을구ᄒᆞ라왓다가무신ᄒᆞᆫ사ᄅᆞᆷ의간계의속아명진의투항ᄒᆞ엿더니홍흔탈의구축ᄒᆞ믈당ᄒᆞ여시니만일ᄃᆞ시휘하의〃탁ᄒᆞᆫ즉얼골이두터울ᄲᅮᆫ아니라장군은노부의심복을알거니와만왕이엇지용납ᄒᆞ시리오찰하리산즁으로도라가미록으로벗슬삼아여싱을맛ᄎᆞ미올흘가ᄒᆞ나이다쳘목탑이손야치의손을잡아왈장군은의심치말지어다우리ᄃᆡ왕이영걸지인을사랑ᄒᆞ시고도량이관홍ᄒᆞ샤홍장군의편협ᄒᆞᆷ과명

10

원슈의년소ᄒᆞᆷ과다ᄅᆞ니장군은본ᄃᆡ만풍사ᄅᆞᆷ이라ᄐᆡ일부귀를한가지로누리〃니엇지아ᄅᆞᆷ답지아니리오손야치홀연쳘목탑을이윽이보다가왈니만일홍장군의명을바거즛항복ᄒᆞ여계교를힝ᄒᆞ면엇지ᄒᆞᆯ가쳘목탑이ᄃᆡ쇼왈손장군이나를취믹ᄒᆞ시미고희치아니토다니과연장군의힝식을잠간의심ᄒᆞ여시나이는젹국지간의ᄲᅧᆺ〃ᄒᆞᆫ일이라장군은긔회치말나손야치ᄯᅩ한ᄃᆡ쇼ᄒᆞ더라쳘목탑이답왈우리ᄃᆡ왕이회환ᄒᆞ신후거취를졍ᄒᆞ리라ᄒᆞ고다시술을나와즐길시밤이거의ᄉᆞ오경의지나군즁의누쉬ᄭᅳᆫ어지고식벽별이동창의빗쵀니ᄎᆞ시쳘목탑과아발되ᄃᆡ취ᄒᆞ엿는지라갑옷술그ᄅᆞ고잠이몽농ᄒᆞ더니홀연북문밧긔함셩이ᄃᆡ진ᄒᆞ거늘쳘목탑아발되ᄃᆡ경ᄒᆞ여급히웃옷술닙고ᄃᆡ군을호령ᄒᆞ여북문으로가랴하니손야치소왈장군은경젹지말나이는홍흔탈의병법이라장찻남문을치랴ᄒᆞ면북문의

11

와허장ᄒᆞ여방비케ᄒᆞ민가ᄒᆞ나이다쳘목탑이오히려밋지아니코졍병을모라북문을방비ᄒᆞ더니과연긔척이젹연ᄒᆞ고ᄯᅩ셔문의함셩이ᄃᆡ진ᄒᆞ거늘쳘목탑이다시졍병을난화셔문을직희니손야치소왈이ᄯᅩ한홍흔탈의휼계라장찻동

문을치랴ᄒᆞ미니라철목탑이반신반의ᄒᆞ여셔북냥문을힘ᄡᅧ방비ᄒᆞ더니과연셔북문의함셩이긋치고동남문을급히치니표셩이텬지진동ᄒᆞ며시셕이비오듯ᄒᆞ니철목탑아발되바야흐로손야치의말이마ᄌᆞ믈알고급히군을둘히난화철목탑은남문을직희고아발도ᄂᆞᆫ동문을직희며나믄군사로셔북남문을방비케ᄒᆞ더니홀연손야치창을들고말긔올나크게한쇼릐지ᄅᆞ고북문을통긔ᄒᆞ니일ᄃᆡ명병이일시의납함ᄒᆞ고살갓치돌닙ᄒᆞ니일원ᄃᆡ장이벽역부롤두로며소릐롤우레갓치질너왈ᄃᆡ명션봉장뇌텬풍이여긔잇시니철목탑은부졀업시남문을직희지

12

말나ᄒᆞ며그뒤히소사미슈쳔철긔롤거나려싀살ᄒᆞ니ᄎᆞ시손야치문을ᄯᅩ통긔ᄒᆞ엿ᄂᆞᆫ지라동쵸마달이ᄯᅩ철긔롤모라돌닙ᄒᆞ니ᄎᆞ시동남문의포셩이오히려긋치지아니하고철목탑아발되슈각이황난ᄒᆞ여방비치못홀쥴알고일시의창을드러명장을ᄃᆡ젹홀ᄉᆡ뇌텬풍쇼사마와동쵸마달네장쉬합녁ᄒᆞ여싀살ᄒᆞ니철목탑아발되엇지ᄃᆡ젹ᄒᆞ리오손야치웃고창을두로며말을노하남문을향ᄒᆞ여달녀가며웨여왈철목탑장군은나롤ᄯᅡ로라남문길을빌녀다라나게ᄒᆞ리라철목탑이황망즁의손야치롤보ᄆᆡ분긔빅장이나니러나크게ᄭᅮ지져왈이슈염업고노구갓흔간젹아너의계교의쇽아시니맛당이네간을취ᄒᆞ여이분을풀니라ᄒᆞ고창을츔츄며바로지르려ᄒᆞ니손야치ᄊᆞ호지아니코말을도로혀가며간〃이ᄃᆡ쇼왈장군은분노치말나산즁의도라가ᄂᆞᆫᄉᆞᄅᆞᆷ을지셩으로말유ᄒᆞ여진즁의두고도라단니며여

13

러문을열나ᄒᆞ니엇지슈고롭지아니리오ᄒᆞ고일변말ᄒᆞ며일변말을치쳐남문을여니양원쉬홍사마와ᄃᆡ군을거나려물미듯드러오니금고지셩과납함소릐텬지진동ᄒᆞᄂᆞᆫ지라철목탑과아발되비록만부〃당지용이〃시나엇지버셔나리오하회롤볼지어다

츙융왕환술강신장홍ᄉᆞ마변진도만병

각셜쳘목탑아발되도망코자ᄒᆞ나길이업ᄂᆞᆫ지라다만창을들고동으로쳐남으로닷고셔흐로쳐북으로다ᄅᆞ며비록힘을다ᄒᆞ여죽기로ᄡᆞ호나텬나지망을엇지버셔나리오다만동문길의군ᄉᆡ져그믈보고말을노하헷치고다라나더니손야ᄎᆡ창을두로며웨여왈쳘목장군은ᄲᆞᆯ니힝ᄒᆞᆯ지어다노뷔춍망ᄒᆞ여밋쳐동문을여지못ᄒᆞ여시니장군이친히열고나가라명일은노뷔다시산으로도라갈지라쥴의장군을ᄎᆞ자쥬비ᄅᆞᆯᄂᆞ와위로ᄒᆞ리라ᄎᆞ시쳘목탑이손야ᄎᆡᄅᆞᆯ맛나ᄆᆡᄉᆡ

14

로분ᄒᆞ미두우ᄅᆞᆯᄶᅥ칠듯ᄒᆞ여크게한소ᄅᆡᄅᆞᆯ지ᄅᆞ고창을드러바로야ᄎᆡᄅᆞᆯ지ᄅᆞ려ᄒᆞ니손야ᄎᆡ웃고말을도로혀다라나며왈네능히나ᄅᆞᆯᄒᆡ코자ᄒᆞ면ᄶᅩᆺᄎᆞ오라언미필의원슈의ᄃᆡ군이니ᄅᆞ니쳘목탑아발되ᄒᆞᆯ일업셔동문을열고겨유셩명ᄅᆞᆯ도망ᄒᆞ여쳘목동으로드러가ᄑᆡ잔군을졈고ᄒᆞ니겨유졀반이나업더라아발되쳘목탑을향ᄒᆞ여왈오날〃ᄑᆡᄒᆞ믄나의죄라무삼면목으로우리ᄃᆡ왕을뵈오리오ᄒᆞ고칼을ᄲᅢ혀ᄌᆞ문고ᄌᆞᄒᆞ니쳘목탑이급히붓드러왈우리냥인이한가지로ᄃᆡ왕의명을밧자와동부ᄅᆞᆯ직희여시니공을닐워도맛당이누릴거시오죄ᄅᆞᆯ지어도갓치당ᄒᆞᆯ지니장군의야ᄎᆡᄅᆞᆯ쳥ᄒᆞᆷ도국ᄉᆡ오나의즐겨아니ᄒᆞᆷ도국ᄉᆞᄅᆞᆯ염녀ᄒᆞ미라피ᄎᆞ의국ᄉᆞᄅᆞᆯ말ᄆᆡ암으미니엇지부인녀ᄌᆞ의편협ᄒᆞ믈ᄌᆞ취ᄒᆞᄂᆞ뇨셜파의칼을아ᄉᆞᄯᅡ히더지니아발되몸을이러ᄉᆞ례왈지아ᄌᆞᄂᆞᆫ포슉이라ᄒᆞ니장군이

15

진실노소장의마음을아나이다ᄒᆞ더라ᄎᆞ시양원슈다시ᄐᆡ을동을취ᄒᆞ여ᄃᆡ군을안돈ᄒᆞ고크게호궤ᄒᆞᆯᄉᆡ소사ᄆᆡ홍ᄉᆞ마ᄅᆞᆯ도라보아왈금일ᄊᆞ홈은장군이쳐음용병ᄒᆞ미라ᄂᆡ장군을한낫무예졀윤ᄒᆞᆫ소년장ᄉᆞ로아랏더니엇지지략이굉원ᄒᆞ여운쥬유악의결승쳔니ᄒᆞᄂᆞᆫ슈단이잇실쥴아라시리오손야ᄎᆡ소왈ᄐᆡ을동ᄊᆞ홈은소장의공이라필마단긔로월식을ᄯᅴ여혼ᄌᆞ힝ᄒᆞ며아니ᄂᆞᄂᆞᆫ눈물과ᄒᆞ기슬흔탄식을억지로ᄂᆡ여도망ᄒᆞᄂᆞᆫ힝식을지으랴ᄒᆞ나쳘목탑은ᄭᅬ만흔지라의심ᄒᆞᄂᆞᆫ빗치미우의가득ᄒᆞ거ᄂᆞᆯ소장이만종의〃심을풀녀ᄒᆞᆯ제츄ᄒᆞᆫ팔독

을뽑ᄂᆡ여빠진어금니ᄅᆞᆯ가라우리홍장군을원망ᄒᆞ니이엇지직죵치못ᄒᆞᆫᄌᆞ의ᄒᆞᆯ비리오모다ᄃᆡ쇼ᄒᆞ더라ᄎᆞ설만왕나탁이ᄇᆡᆨ운동의니ᄅᆞ러도ᄉᆞᄅᆞᆯᄎᆞᄌᆞ니임의간ᄃᆡ업고다만쳥산ᄇᆡᆨ운이유〃ᄒᆞ거ᄂᆞᆯ나탁이분ᄒᆞ믈니긔지못ᄒᆞ여방황ᄒᆞ다가츙융동을

16

향ᄒᆞ여가니동학이심슈ᄒᆞ고산쳔이장려ᄒᆞ여호표의파ᄅᆞᆷ과싀랑의ᄌᆞ최ᄇᆡᆨ일의종ᄒᆡᆼᄒᆞ더라동즁의니ᄅᆞ러츙융ᄃᆡ왕을보니신장이구쳑이오눈이푸ᄅᆞ고얼골이븕으며범의나ᄅᆞᆺ과곰의허리라빈쥐마ᄌᆞ좌ᄅᆞᆯ졍ᄒᆞᆫ후만왕이치관과녜물을드리고구완ᄒᆞ여쥬믈청ᄒᆞ니츙융왕이쾌히왈과인이인국의쳐ᄒᆞ여ᄃᆡ왕의환란을엇지ᄒᆡᆼ노갓치보리오ᄒᆞ고즉시슈하만장ᄉᆞᆷ인을다려갈ᄉᆡ그하나텬화장군쥬돌통이오쥭졀강편을잘쓰고하나흔쳘목장군쳘목흘이니긔산ᄃᆡ부ᄅᆞᆯ잘쓰고하나흔둔갑장군가달이니월도ᄅᆞᆯ잘쓰ᄆᆡ각〃졀묘ᄒᆞᆫ용ᄆᆡᆼ이잇더라나탁이다시츙융ᄃᆡ왕긔쳥ᄒᆞ여왈과인이드ᄅᆞ니ᄃᆡ왕긔쳔금소괴잇셔영웅이무쌍ᄒᆞ다ᄒᆞ니비록불감ᄒᆞ나부왕을뫼셔종군ᄒᆞ신즉더옥감ᄉᆞᄒᆞᆯ가ᄒᆞ나이다츙융이침음왈녀아의나히어리고텬셩이졸ᄒᆞ여종군ᄒᆞ믈즐겨아닐가ᄒᆞ노라만왕이다시

17

명쥬와ᄇᆡᆨ벽을드리고간청ᄒᆞ니츙융왕이마지못ᄒᆞ여허락ᄒᆞ더라ᄃᆡ긔츙융의게일긔녀ᄋᆡ잇시니명왈일지년이니년긔십삼세라ᄌᆞ식이졀등ᄒᆞ고무예정슉ᄒᆞ며텬셩이강긔ᄒᆞ여항상즁국의나지못ᄒᆞ믈한ᄒᆞ여한번즁화ᄅᆞᆯ구경코자ᄒᆞ나만니남텬의북텬을바라보니녀자의유ᄒᆡᆼ이바라지못ᄒᆞᆯ지라ᄆᆡ양울〃불낙ᄒᆞ더니부왕이나탁의쳥ᄒᆞ믈젼ᄒᆞ니일지년이흔연낙종ᄒᆞ여창을들고부왕을ᄯᆞ로니라ᄎᆞ시나탁이본동의도라오니임의ᄐᆡ을동을닐코쳘목동의웅거ᄒᆞ엿거ᄂᆞᆯ나탁이ᄃᆡ경ᄒᆞ여쳘목탑나발도ᄅᆞᆯᄎᆞᄌᆞ니좌위보왈진문밧게ᄃᆡ후ᄒᆞ엿나이다만왕이밧비명ᄒᆞ여부ᄅᆞ니냥장이투고ᄅᆞᆯ벗고도치ᄅᆞᆯ지고장젼의업듸여쥭기ᄅᆞᆯ쳥ᄒᆞ여왈소장등이ᄃᆡ왕의부탁ᄒᆞ시믈삼가지못ᄒᆞ여동부ᄅᆞᆯ닐허시니

군율을도망치못홀지라복원디왕은소장의머리롤버혀법을밝히소셔만왕이 희허탄식ᄒᆞ고위로왈이는과인의운

18

쉬라장군등의삼가지못ᄒᆞ비리오인ᄒᆞ여명진동정을무른디냥장이디강고ᄒᆞ고홍흔탈의지용이양원슈의더ᄒᆞ믈말ᄒᆞ니츅융디왕이분연왈과인이비록용열ᄒᆞ나디왕의닐흔싹흘불일닉의회복ᄒᆞ리니근심치마로쇼셔ᄒᆞ더라ᄎᆞ시홍낭이년소가인의연약훈긔질노풍진시셕의상ᄒᆞ여몸이ᄌᆞ로불평ᄒᆞ더니일〃은양원쉬장즁의셔군무롤의논홀식홍낭의용뫼쵸췌ᄒᆞ고신긔불평ᄒᆞ믈보고놀나왈그디날노인ᄒᆞ여져갓치고쵸롤ᄒᆞ니쇼년약질이강잉홀비아니라몸을쉬여조셥ᄒᆞ믈싱각ᄒᆞ라홍낭이웃고ᄉᆞ례왈장쉬되여슈일풍진을엇지괴롭다ᄒᆞ리잇고원쉬웃고손을드러홍낭의도화냥협을어로만져왈부용장닉의지분을단장ᄒᆞ여시벽긔운을빗닉던옥안홍협이만니호풍의긔치창검을무릅쓰게ᄒᆞ니양창곡은박졀훈남지로다홍낭이아미롤찡긔여왈원쉬십만진즁의원융디장이되여옥협ᄉᆞ이의희언을ᄒᆞ시나잇고장밧긔

19

소사마의발자최잇나이다언미이의제장이장젼의니ᄅᆞ거놀홍사미물너막ᄎᆞ의가쉬더니야심후숀야치급히와원슈긔고왈홍사미침질이니러나디단이고통ᄒᆞᄂᆞ이다원쉬디경ᄒᆞ여막ᄎᆞ의니ᄅᆞ러보니홍낭이촉하의벼기롤의지ᄒᆞ여녹운쌍빈의셩관이기울고야류셰료의젼픠무거워쵸췌훈옥안을숙이고경신이혼〃ᄒᆞ여통셩이은〃ᄒᆞ거날원쉬겻히안자일신을만자보니홍낭이놀나니러나안거놀원쉬믹을보고왈이는풍한의상ᄒᆞ여시나깁흔염녀는업ᄉᆞ니슈일을조리ᄒᆞ라ᄒᆞ고친히요디롤그ᄅᆞ고젼포롤벗겨침상의누릴식홍낭이ᄉᆞ왈군즁은규방과달나원슈의일동일정을제장군졸이눈을밝히고귀롤기우려살피ᄂᆞ니상공이도라가신후쳡이누으려ᄒᆞᄂᆞ이다원쉬웃고몸을니러왈닉부졀업시그디롤장슈로부려후일집의도라가도ᄎᆞ습을바리지아냐화촉지하의유순훈티되업손즉엇지ᄒᆞ리오홍낭이쏘한미쇼ᄒᆞ더라익일의홍사미원슈긔고왈나탁이구

20
병을청ᄒᆞ여왓다ᄒᆞ니경적지못홀가ᄒᆞ나이다원쉬졈두ᄒᆞ고힝군ᄒᆞ여철목동
젼의니ᄅᆞ러진셰롤베풀ᄉᆡ션텬지슈롤응ᄒᆞ여음양진을칠ᄉᆡ일쳔철긔로븕은
긔롤가져경남방의진치고이쳔철긔로거믄긔롤가져두쩨의난화경북방의진
치고삼쳔철긔로흰긔롤가져세쩨의난화경셔방의진치고뉵쳔철긔로푸른긔
롤가져여셧ᄃᆡ의난화경동방의진치고칠쳔철긔로일곱ᄃᆡ의난화졔일ᄃᆡ되고
팔쳔철긔로거믄긔롤가져여덜쩨의난화졔이ᄃᆡ되고구쳔철긔로븕은긔롤가
져아홉ᄃᆡ의난화졔삼ᄃᆡ되여즁앙방의진치니이니른바션텬음양진이라진셰
롤베픈후젼부션봉뇌텬풍으로진젼의나와ᄊᆞ홈을도〃니츙융ᄃᆡ왕이머리의
븕근슈건을쓰고몸의구리갑옷술입고숀의븕근긔롤들고코기리롤ᄐᆞ고만병
을거나려나오거날원쉬소사마롤도라보아왈ᄂᆡ고금병셔롤약간보아시나져
갓흔병법은쳐음보도다말이맛지못ᄒᆞ여일ᄀᆡ만장이삼

21
쳑모롤들고말을노하나오며왈나ᄂᆞᆫ텬화장군쥬돌통이라당홀ᄌᆡ잇거든나의
창을바드라ᄒᆞ거늘뇌텬풍이벽역부롤두루고ᄂᆞ오며크게웨여왈ᄃᆡ명션봉장
군뇌텬풍이여긔이시니이도ᄎᆡ일홈은벽역부니네임의텬화장군이라ᄒᆞ니텬
화ᄂᆞᆫ벽역을ᄡᅩ리ᄂᆞᆫ불이라ᄲᆞᆯ니나와ᄂᆡ도ᄎᆡ롤바드라ᄒᆞ고마ᄌᆞᄊᆞ화십여합의
승부롤결치못ᄒᆞ더니만장즁으로셔일ᄀᆡ만장이ᄀᆡ산ᄃᆡ부롤들고ᄂᆞ오며왈나
ᄂᆞᆫ철목장군이라ᄂᆡᄯᅩ한큰도ᄎᆡ잇셔뇌흘ᄶᅵᆨ은즉뇌히문허지ᄂᆞ니노장의머리
뇌갓치단〃홀쇼냐ᄒᆞ거늘명진즁으로셔동ᄎᆈ창을츔츄어나오며ᄭᅮ지져왈나
ᄂᆞᆫᄃᆡ명좌익장군동ᄎᆈ라ᄂᆡ슈즁의일도장창이〃시니오ᄅᆡ창신의게졔ᄒᆞ지못
ᄒᆞ엿더니오날〃철목홀의피롤뭇쳐창신을위로ᄒᆞ리라ᄒᆞ고네장쉬이십여합
을ᄃᆡ젼홀ᄉᆡ뇌텬풍이홀연말을ᄡᅦ쳐다라ᄂᆞ니쥬돌통이ᄉᆞᆷ쳑부롤두로고ᄶᅩᆺᄎᆞ
오거늘뇌텬풍이한소ᄅᆡ지ᄅᆞ고

22
몸을쇼ᄉᆞ벽역부롤드러뒤흘도라치니쥬돌통이밋쳐피치못ᄒᆞ여말머리롤마

자업더지며번신낙마ᄒᆞ니만진즁으로셔둔갑장군가달이ᄃᆡ로ᄒᆞ여월도ᄅᆞᆯ두로고나오며소ᄅᆡ질너왈나ᄂᆞᆫ츙융ᄃᆡ왕의휘하명장둔갑장군가달이라명진장ᄉᆞᄂᆞᆫᄲᆞᆯ니목을늘희여ᄂᆡ월도ᄅᆞᆯ바드라ᄒᆞ고뇌뎐풍을향ᄒᆞ여다라드니명진즁으로셔손야치창을들고말긔올나ᄂᆞ오며ᄃᆡ호왈네둔갑을잘ᄒᆞᆯ진ᄃᆡᄂᆡ네머리ᄅᆞᆯ버휠거시니다시ᄉᆡ머리ᄅᆞᆯᄀᆡ비ᄒᆞᆯ쇼냐가달이ᄃᆡ로ᄒᆞ여손야치ᄅᆞᆯ마자ᄊᆞ화슈십합의홀연월도ᄅᆞᆯ엽ᄒᆡᄭᅵ고몸을근두쳐변ᄒᆞ여일ᄀᆡᄇᆡᆨ회되여다라들거ᄂᆞᆯ뇌뎐풍이ᄃᆡ로ᄒᆞ여급히벽역부ᄅᆞᆯ드러손야치ᄅᆞᆯ도으려ᄒᆞ거ᄂᆞᆯᄇᆡᆨ악회다시근두쳐변ᄒᆞ여냥ᄀᆡᄇᆡᆨᄋᆡᆨ회되여다라드니냥원쉬바라보다가놀나왈만장의환술이져갓흐니혹실슈ᄒᆞᆯ가ᄒᆞ노라ᄒᆞ고징쳐삼장을거두니츙융ᄃᆡ왕이진젼의나와승부ᄅᆞᆯ보다가양원슈의징을치믈보고급히슈긔ᄅᆞᆯ두로

23

며닙으로진언을염ᄒᆞ니븕은구름이ᄉᆞ면으로니러나며무슈귀졸이만산편야ᄒᆞ여닙으로븕을토ᄒᆞ며ᄂᆡᄅᆞᆯ쁨어명진을츙돌ᄒᆞ니양원쉬졔장을약속ᄒᆞ여놉히진문을닷고방위ᄅᆞᆯ찰혀긔치ᄅᆞᆯ졍졔ᄒᆞ고츙융의귀병이ᄉᆞ면으로에워ᄊᆞᄃᆡ파치못ᄒᆞᆯ지라츙융ᄃᆡ왕이다시진언을염ᄒᆞ며현무방위ᄅᆞᆯ가ᄅᆞ치니경ᄀᆡᆨ의텬지혼흑ᄒᆞ고풍위ᄃᆡ작ᄒᆞ여돌이구ᄅᆞᆯ며모ᄅᆡᄅᆞᆯ날니나명진의긔치졍졔ᄒᆞ고고각이분명ᄒᆞ여조곰도동치아니ᄒᆞ니ᄃᆡᄀᆡ양원슈의음양진은무곡셩관의뎨원을호위ᄒᆞᄂᆞᆫ진이라젼혀음양오ᄒᆡᆼ의상ᄉᆡᆼ지니ᄅᆞᆯ응ᄒᆞ여흔연ᄒᆞᆫ일단화긔라요ᄉᆞ지긔엇지범ᄒᆞ리오츙융이다만요술을알고진법을모로ᄂᆞᆫ지라두번침범ᄒᆞ다가파치못ᄒᆞ믈보고심즁의〃아ᄒᆞ여즉시군사ᄅᆞᆯ거두어도라가나탁을보고왈ᄃᆡ명원쉬비록진법을아나진긔ᄒᆞᆫ도술이업ᄉᆞ니맛당이명일ᄎᆞ져ᄊᆞ화눅졍눅갑의귀졸을호령ᄒᆞ여ᄉᆞ로잡으리라ᄒᆞ니나탁이ᄃᆡ희

24

ᄒᆞ더라ᄎᆞ셜원쉬소사마ᄅᆞᆯ장즁의불너왈츙융의슈하의ᄆᆡᆼ장이만코괴술이난측ᄒᆞ니졸연이파치못ᄒᆞᆯ지라엇지ᄒᆞ면조흐리오소사ᄆᆡ왈홍흔탈이일작도ᄉᆞᄅᆞᆯ좃ᄎᆞ병법을비홧다ᄒᆞ니ᄯᅩ한요슐을졔어ᄒᆞᆯ방약이잇실가ᄒᆞ나이다원쉬침

음양구의싱각ᄒᆞ더홍낭의병이젼혀젼진의노력ᄒᆞ미라이졔다시요탄ᄒᆞᆫ거동과음습ᄒᆞᆫ긔운을방비ᄒᆞᆫ즉병즁약질이엇지쳠병ᄒᆞ미업ᄉᆞ리오ᄒᆞ고소사마ᄅᆞᆯ도라보아왈홍흔탈이신병이잇셔ᄂᆡ임의조셥ᄒᆞ믈허ᄒᆞ여시니장군은조용이다만계교ᄅᆞᆯ무러보라소사미응명ᄒᆞ고가니라ᄎᆞ시홍낭이졍신이혼혼ᄒᆞ여융복을그ᄅᆞ고침상의누엇더니소사미니로믈보고몸을니러셔안을의지ᄒᆞ여안ᄌᆞ니슈쳑ᄒᆞᆫ귀밋히한축ᄒᆞᆫ빗치가득ᄒᆞ고몽농한아미의곤뇌ᄒᆞᆫ긔운이은은ᄒᆞ거ᄂᆞᆯ소사미심즁의경의ᄒᆞ여왈ᄂᆡ홍흔탈을영웅이무쌍ᄒᆞᆫ장슈로아랏더니이졔보미셔시의어리로온터도와귀비의졀츌ᄒᆞᆫ용식을띄엿도다ᄒᆞ고잠간침

25

침ᄒᆞ더니홍사미쇼사마ᄅᆞᆯ향ᄒᆞ여왈쳔질이일시미양이라염녀ᄒᆞᆯ비업ᄉᆞ나금일적진동졍이엇더ᄒᆞ뇨소사미ᄃᆡ강말ᄒᆞ고원슈의말삼을젼ᄒᆞ니홍ᄉᆞ미ᄃᆡ경왈소장이무삼계괴잇시리오마ᄂᆞᆫ친히가보리라ᄒᆞ고좌우로쌍검과젼포ᄅᆞᆯ가져오라ᄒᆞ여장속을갓쵸고소사마ᄅᆞᆯᄯᆞ라진젼의니ᄅᆞ니원쉬놀나왈장군의병셰풍한의상ᄒᆞ미염녀롭거ᄂᆞᆯ엇지임진코ᄌᆞᄒᆞᄂᆞ뇨홍사미왈소장의병이잠간ᄎᆞ되잇시니과려치마ᄅᆞ쇼셔다만뭇잡ᄂᆞ니젹셰가엇더ᄒᆞ니잇고원쉬왈나탁이식로이구병을청ᄒᆞ여오니호왈츅융왕이라도술이비상ᄒᆞ고슈하의밍장이만흐니남방의온후로쳐음강젹을맛ᄂᆞᆫ지라경솔이ᄃᆡ젹지못ᄒᆞᆯ고로문을닷고직희여시니명일젹병이ᄯᅩ니ᄅᆞ면ᄃᆡ젹ᄒᆞᆯ계괴업노라홍사미소왈소장이잠간보니우리진셰텬상무곡셩관이뎨원을호위ᄒᆞᄂᆞᆫ션텬음양진법이라그직희믄족ᄒᆞ나취승ᄒᆞ믄부족ᄒᆞ니소장이맛당이후텬진을쳐도젹을사로잡을가ᄒᆞᄂᆞ니원슈ᄂᆞᆫ슈

26

긔ᄅᆞᆯ빌니소셔원쉬ᄃᆡ희ᄒᆞ여즉시슈긔ᄅᆞᆯ쥬니홍낭이바다들고진상의올나북을쳐진셰ᄅᆞᆯ변ᄒᆞᆯ시졍남방과졍동방은의구히두고졍셔방과졍북방은방위ᄅᆞᆯ밧고〃셔방졔이위ᄂᆞᆫ셔북간방으로보ᄂᆡ고동방졔이위ᄂᆞᆫ셔남간방으로보ᄂᆡ고남방졔이위ᄂᆞᆫ동남간방으로보ᄂᆡ되졍방군ᄉᆞᄂᆞᆫ븕은긔ᄅᆞᆯ가져각〃졔방위

롤난화셔고간방군ᄉᆞᄂᆞᆫ거문긔롤가져각〃졔방위롤등지고셔라ᄒᆞᆫ후다시약속왈북치고븕은긔롤들거든졍방군식응ᄒᆞ고거문긔롤들거든간방군식응ᄒᆞ라ᄒᆞ여임의진셰롤변역ᄒᆞ고약속ᄒᆞᆫ후원슈진상의올나보고심즁의칭찬왈닉홍낭을일기졀ᄃᆡ가인으로아랏더니엇지경텬위지홀직죄잇실쥴싱각ᄒᆞ여시리오ᄒᆞ더라홍낭이다시소사마와졔장을불너가마이약속ᄒᆞ고장즁의드러와원슈긔고왈병불염ᄉᆞ라츅융의요술이엇지졍도롤ᄃᆡ젹ᄒᆞ리오

27

쳡이일작빅운도사롤ᄯᆞ라션텬둔갑방셔롤비화시니그법이외인을긔ᄒᆞᄂᆞ니원슈ᄂᆞᆫ잠간졔장을조쇽ᄒᆞ쇼셔ᄒᆞ고심야삼경의진즁의장을나리고홍낭이젼조단발ᄒᆞ고오방을응ᄒᆞ여다셧등잔의불을혀고부용검을집고가마이작법ᄒᆞ니졍히비밀ᄒᆞ여외인은알기어렵더라익일의츅융ᄃᆡ왕이만병을거나려진셰롤베풀식열두방위롤난화오식긔롤쏫고군식각〃장검을들고나셔니홍사미바라보고미쇼ᄒᆞ고뇌텬풍으로ᄊᆞ홈을도〃라ᄒᆞᆫᄃᆡ만진즁으로셔촉산장군쳘목홀이나와ᄊᆞ화슈합이못ᄒᆞ여명진즁으로셔동쵸마달이일시의창을두로며크게웨여왈닉금일츅융의머리롤취ᄒᆞ리니쳘목홀은드러가고츅융을닉여보닉라ᄒᆞᆫᄃᆡ만진즁으로셔텬화장군쥬돌통과둔갑장군가달이ᄃᆡ로ᄒᆞ여일졔히나와세장쉬어우러져ᄃᆡ젼홀식십여합의니ᄅᆞ러명장삼인이일변ᄊᆞ호며일변물너나니이ᄂᆞᆫ유인ᄒᆞᄂᆞᆫ계괴라쳘목

28

홀등이츅융다려왈이ᄂᆞᆫ명원슈의궤술이니잠간군을머무ᄅᆞ미조흘가ᄒᆞ노라축융이본ᄃᆡ셩이급ᄒᆞᆫ지라그말을엇지드ᄅᆞ리오분연왈닉오날명장을ᄉᆞ로잡지못ᄒᆞ면도라가지아니리라ᄒᆞ고긔롤쓸며진언을염ᄒᆞ니홀연광풍이ᄃᆡ작ᄒᆞ며음운이니ᄂᆞᆫ곳의무슈ᄒᆞᆫ괴졸이음긔롤모라셰장슈의위세롤도와명진을츙돌ᄒᆞ거놀홍사미급히북을치며거믄긔롤좌우로두로니간방군식일시의진문을열고나셔니ᄎᆞ시만병이귀졸의도으믈보고일시의에워ᄊᆞ고친ᄃᆡ씨치지못ᄒᆞ더니홀연명진으로셔귀졸이모라드러오며홍ᄉᆞ미다시북을치며거믄긔롤

쓰러간방진문을닷고부용검을드러오방을응ᄒᆞ여가마이작법ᄒᆞ니홀연일진청풍이간방으로좃ᄎᆞ니러나며음운이사라지고무슈ᄒᆞᆫ귀졸이변ᄒᆞ여나무닙히되여분〃이ᄯᅥ러지니쥬돌통과가달쳘목탑이크게놀나필마단창으로진즁의방황ᄒᆞ여ᄉᆞ면으로츙돌ᄒᆞ니홍사미장ᄃᆡ의

29

올나부용검을드러남으로가ᄅᆞ치며진언을염ᄒᆞ니숨미진홰니러나화광이츙텬ᄒᆞ고다시북으로가ᄅᆞ치며진언을염ᄒᆞ니담〃ᄒᆞᆫ물결이소사ᄃᆡ히망〃ᄒᆞ여동셔롤가ᄅᆞ치니질풍뇌위ᄃᆡ작ᄒᆞ니셰장슈정신이현황ᄒᆞ여갈바롤모로ᄂᆞᆫ지라둔갑장군가달이몸을근두쳐변ᄒᆞ고ᄌᆞᄒᆞ더니홍사미ᄯᅩ한부용검을드러가ᄅᆞ치니한쥴기긔운이머리우흐로두로며셰번근두쳐변치못ᄒᆞ고한마듸소릐지ᄅᆞ고말긔ᄯᅥ러지니쥬돌통쳘목흘이앙텬탄식ᄒᆞ고칼을ᄲᅢ혀ᄌᆞ문코자ᄒᆞ더니홍사미손야치롤분부ᄒᆞ여진상의셔웨여왈만장은드ᄅᆞ라너의셩명을빌녀쥭이지아니ᄒᆞᄂᆞ니ᄲᆞᆯ니도라가츅용다려젼ᄒᆞ여일작이항복ᄒᆞ게ᄒᆞ라만일더듸면큰홰잇시리라ᄒᆞ니만장등이즉시진문을보고탄왈홍장군의도술은셰간의당홀지업ᄉᆞ리라ᄒᆞ고도라와츅융다려슈말을젼ᄒᆞ니츙융ᄃᆡ왕이삼장을물니치고칼을드러다시십여방위롤

30

가ᄅᆞ치며진언을염ᄒᆞ더니홀연공즁으로셔일셩포향이진동ᄒᆞ며살긔자옥ᄒᆞ고ᄉᆞ면팔방으로신장이음긔롤모라각〃병긔롤들고풍우갓치모라오니하날이진동ᄒᆞ고ᄯᅡ희터지ᄂᆞᆫ듯일시의명진을짓치거놀홍사미슈긔롤놉히들고하령왈제군장졸은다만슈긔롤보아힝군ᄒᆞᄃᆡ위령ᄌᆞᄂᆞᆫ참ᄒᆞ리라ᄒᆞ니군즁이슉연ᄒᆞᆫ지라홍사미이의북을치며즁앙오천긔로오방진을닐워직희고다시북을치며븕은긔롤두로니동셔남북군식일시의진문을열고나셔니ᄎᆞ시츙융ᄃᆡ왕이신장을호령ᄒᆞ여명진을치려ᄒᆞᄃᆞ가홀연진문이터지믈보고신장을모라진즁의돌닙ᄒᆞ니홍사미즉시북을치며긔롤쓰러진문을닷고부용검을드러오방을가ᄅᆞ치미오식구롬이오방으로니러나진즁의가득ᄒᆞ니삼군의눈의신장이

뵈지아니ᄒᆞ고다만말굽소릭의긔치창검이운간의가득ᄒᆞ더라홍사믹바야흐로북을울니며합젼홀식정셔방빅긔의는금극목을응ᄒᆞ여갑을방을치고정동방삼쳔긔는목극토를응ᄒᆞ여무긔방을치고정남방일쳔긔는화극

31

금을응ᄒᆞ여경신방을치고정북방칠쳔긔는슈극화를응ᄒᆞ여병정방을치고즁앙오쳔긔를토극슈를응ᄒᆞ여임계방을치니산악이문허지고바다히ᄶᅥ러지는듯ᄒᆞᆫ지라홍사믹다시북을치며거문긔를두로니동셔남북간방군식일시의진문을열거놀차시십이신장이오힝상극을응ᄒᆞ여빅여쳑이나되는사ᄅᆞᆷ이되여명진을향ᄒᆞ여오니홍사믹바라보고미쇼ᄒᆞ고몸을니러장즁의드러가ᄉᆞ면으로장을나리오고젹연이동졍이업더니홀연한쥴긔흰긔운이장즁으로셔니러나빅여장이나되는홍사믹되여츙융을디적ᄒᆞ니츙유이다시변ᄒᆞ여탄ᄌᆞ갓흔ᄉᆞᄅᆞᆷ이되여침ᄭᅳᆺ갓흔칼을들고다라들거놀홍사믹ᄯᅩ변ᄒᆞ여겨ᄌᆞ갓흔사ᄅᆞᆷ이되여털갓흔칼을두로며츙융의침갓흔칼의얼키여ᄶᅥ러지〃아니ᄒᆞ니츙유이다시변ᄒᆞ여공즁의오ᄅᆞ니칼과사ᄅᆞᆷ은보지못ᄒᆞ고한쥴기거믄긔운이되여하날의자옥ᄒᆞ거놀홍사믹ᄯᅩ한푸른긔운이되여두쥴기긔운이공즁의셔어우러져ᄊᆞ호니

32

다만징연ᄒᆞᆫ칼소릭만운간의들니더니홀연거믄긔운이ᄶᅥ러져변ᄒᆞ여흰진납비되여다라나거놀푸른긔운이조고만탄ᄌᆡ되여진납비를맛치니진납비변ᄒᆞ여두어발나믄비암이되여바회궁글로드러가니그탄ᄌᆡᄯᅩ변ᄒᆞ여벽역이되여바회를ᄭᅵ친디그비암이입으로거믄안긔를토ᄒᆞ여시셕을불분케ᄒᆞ니그벽역이다시변ᄒᆞ여디풍이되여안긔를부러먼리ᄶᅩᆺ치니텬지명낭ᄒᆞ여아모것도업는지라홍사믹웃고장즁으로드러오니ᄎᆞ시졔장이진젼의셔바라보다가홍사마의드러오믈보고닷토와압히나와문왈츙융이어디로갓시며장군의도술이무삼법이니잇고ᄒᆞ더라하회를분셕ᄒᆞ라

셰무신뉵월일향목동셔옥누몽